トマス・アクィナス　霊性の教師

# トマス・アクィナス
霊性の教師

J.-P. トレル著

保井亮人訳

知泉学術叢書 7

saint Thomas d'Aquin
Maître spirituel
by
J.-P. TORRELL

Les Éditions du Cerf, ©2017
All rights reserved
Japanese translation rights arranged with
Les Éditions du Cerf, Paris
Through Japan UNI Agency, Inc., Tokyo

凡　例

一，翻訳の底本として，Jean-Pierre Torrell O.P., Saint Thomas d' Aquin, Maître Spirituel, Initiation 2, «Pensée antique et médiévale. Vestigia 19», Troisième édition, Academic Press Fribourg, Édition du Cerf Paris, 2008 を使用した。

一，英 語 訳 と し て，Jean-Pierre Torrell O.P., Saint Thomas Aquinas, volume 2, Spiritual Master, translated by Robert Royal, The Catholic University of America Press, Washington, D.C., 2003 を参照した。

一，翻訳の基本方針として，直訳は避け，読みやすい日本語になるよう工夫した。著者の意図が明確に伝わるよう意訳も多用した。

一，人名について，ラテン語名が人口に膾炙しているものはそれを採用し，それ以外ものや不明なものはフランス語の読み方を維持した。

一，読者の理解を助けるため，訳者の判断により，原文にはない補足，ラテン語の翻訳を〔　〕で行った。

一，翻訳の底本は第三版だが，それは第二版での改訂を反映しており，更新情報と第二版のあとがきを掲載している。本書では更新情報を［　］で示し，第二版のあとがきを巻末に付した。

一，註や文献表で頻出する略号は，「略号一覧」として巻頭に示した。

略 号 一 覧

註と文献表で使用されている略号について以下を参照。著
作や論文の完全な情報は文献表参照。

AFP   Archivum fratrum praedicatorum, Rome.

AHDLMA   Archives d' histoire doctrinale et littéraire du moyen
        âge, Paris.

ALMA   Archivum Latinitatis medii aevi, Bruxelles.

BA   Bibliothèque augustinienne (Œuvres de saint Augustin),
        Paris.

BPM   Bulletin de Philosophie Médiévale, Louvain-la-Neuve.

CCSL   Corpus Christianorum-Series Latina, Turnhout.

DC   La Documantation Catholique, Paris.

DS   Dictionnaire de spiritualité, Paris.

DTC   Dictionnaire de théologie catholique, Paris.

ETL   Ephemerides theologicae lovanienses, Louvain.

FZPT   Freiburger Zeitschrift für Philosophie und Theologie,
        Fribourg (Suisse).

JTS   The Journal of Theological Studies, Londres.

MM   Miscellanea medievalia, Berlin.

MS   Mediaeval Studies, Toronto.

MSR   Mélanges de science religieuse, Lille.

MThZ   Münchener theologische Zeitschrift, Munich.

NRT   Nouvelle revue théologique, Louvain.

NV   Nova et vetera, Genève.

PL   Patrologia Latina (J.P. MIGNE), Paris.

RET	Revista Espagnola de Teologia, Madrid.
RevSR	Revue des Sciences religieuses, Strasbourg.
RFNS	Rivista di filosofia neoscolastica, Milan.
RPL	Revue philosophique de Louvain, Louvain.
RSPT	Revue des sciences philosophiques et théologiques, Paris.
RSR	Recherches de science religieuse, Paris.
RT	Revue thomiste, Toulouse.
RTAM	Recherches de théologie ancienne et médiévale, Louvain.
SC	Sources chrétiennes, Paris.
ST	Studi tomistici, Rome.
STGMA	Studien und Texte zur Geistesgeschichte des Mittelalters, Leiden.
VS	Vie spirituelle, Paris.

目　次

———————

凡　例……………………………………………………………v

略号一覧……………………………………………………… vii

序　文………………………………………………………… 3

第 1 章　神学と霊性 ………………………………………… 8

聖なる教え………………………………………………… 8

対神的生を重んじる学派………………………………… 12

神学と見神………………………………………………… 17

神学の「主題」…………………………………………… 20

神の知の刻印……………………………………………… 25

「敬虔な」学……………………………………………… 31

「霊性」の三つの意味…………………………………… 33

第Ⅰ部　三位一体の霊性

第 2 章　すべてを超えるもの ………………………………… 41

神に関する知と不知……………………………………… 44

否定の道…………………………………………………… 50

知られざるものとして知られる神 …………………… 55

神に向かう三つの道……………………………………… 63

在るところの者…………………………………………… 67

すべての名を超えた名…………………………………… 72

いまだかつて神を見たものはいない ………………… 79

x 目 次

第3章 神と世界 ……………………………………… 84
アルファにしてオメガ ……………………………… 84
三位一体と創造 ……………………………………… 91
芸術家としての神 …………………………………… 99
世界における三位一体の現前 …………………… 104
世界を愛する神 …………………………………… 116

第4章 像と至福 ……………………………………… 126
始まりと終わり …………………………………… 127
三位一体の像 ……………………………………… 131
像と内住 …………………………………………… 141
神の経験 …………………………………………… 148
栄光の像 …………………………………………… 155

第5章 道，真理，生命 ……………………………… 159
神に導く道 ………………………………………… 161
新しい道 …………………………………………… 166
キリストを模倣することで神を模倣する ……… 176
わたしはあなたたちに模範を示した …………… 183
祖国と道 …………………………………………… 191

第6章 長子の像にかたどって …………………… 198
神だけが神にする ………………………………… 199
作用者と道具 ……………………………………… 203
キリストの生涯の神秘 …………………………… 208
記憶か現前か ……………………………………… 214
目に見えない星のように ………………………… 219
キリストに一致すること ………………………… 223
あらゆる被造物の長子 …………………………… 230
祭司，王，預言者の体 …………………………… 237

第7章 聖霊について ………………………………… 244
トマスの著作と聖霊 ……………………………… 245
共通の名と固有の名 —— 三位一体の適合化 …… 250
創造主としての霊 ………………………………… 256

目　次　　xi

霊の生命……………………………………259
わたしは父のもとへ行く……………………268
聖霊についての説教…………………………273

第8章　教会の心……………………………277

神が御自身を愛する愛で愛されるもの…………277
聖霊の恩恵……………………………………281
愛の紐帯………………………………………289
愛の絆…………………………………………296
教会の心………………………………………304

第9章　内なる教師…………………………313

主の霊があるところに自由がある……………315
聖霊の衝動……………………………………324
聖霊の賜物……………………………………331
聖霊の結実……………………………………337
内なる教師……………………………………346

第Ⅱ部　神を前にして世界の中で生きる人間

第10章　トマスの創造論……………………355

ある関係………………………………………360
「そして神はこれらのものが善であることを見た」…365
二次的原因と神………………………………373
世の軽蔑か……………………………………379
修道生活と世俗的営み………………………384

第11章　トマスの人間論……………………395

問題としての人間……………………………396
霊魂と情念……………………………………406
自然本性と研鑽 —— 徳について………………411
救いの喜び……………………………………416
完全な徳………………………………………420
危険を顧みない徳……………………………423

賢慮と愛……………………………………………429
第12章　友人とともに生きる………………432
「社会的」動物………………………………436
自然法とその主要な傾向性…………………442
教会，神の民…………………………………456
霊的なものと時間的なもの…………………466
最善の政治形態………………………………472
第13章　世界で最も高貴なもの……………485
世界で最も高貴なもの………………………486
良心に従う……………………………………494
良心と真理……………………………………500
すでに生じ始めた永遠の生命………………508
最も高いところに据えられた錨……………515
欲求を伝えるもの……………………………521
人間は神にならねばならない………………531
第14章　神への道……………………………539
人間と欲求……………………………………541
神を受容できること…………………………548
幸福を生み出さないもの……………………551
近　　道………………………………………556
愛を持たないなら，わたしは無である……564
愛の段階………………………………………569
愛の賛歌………………………………………575
あらゆる完全性の範型………………………581
第15章　結論 ── 中心思想と典拠…………587
中心思想………………………………………589
典　　拠………………………………………596

第二版のあとがき……………………………611
訳者あとがき…………………………………625
文献表…………………………………………627

目　次　　　　xiii

索引（人名・主題・著作・聖書）……………………… 667

トマス・アクィナス　霊性の教師

序　文

───────────

　聖トマス・アクィナスを噂を通じてしか知らないなら，霊性の教師と聞いて驚くかもしれない。確かに『神学大全』の著者は第一級の思想家と認められているが，神秘家でもあることはほとんど知られていない。さらに驚くべきことに，トマスが思想家としてだけ讃えられることは部分的には誤っている。トマスは時に哲学で有名だが，何よりも神学者であり，聖書註解者であり，教父に注意深く耳を傾け，自分の教えが人々の救済と霊的向上に役立つよう気遣う人間だった。このことをよく知っていたトマスの弟子たちは，ずっと以前から努力を惜しまずに教師の内心に人々を導こうとした。

　人々が無視してきたトマスのこの側面に光を当てようとした著述家は枚挙にいとまがないが，歴史を振り返ると，ルイ・シャルドン（Louis Chardon, 1595-1651 年）の『イエスの十字架』（Croix de Jésus）はぜひとも指摘せねばならない。シャルドンは傑作を作ったが，トマスの中心思想から大きな影響を受け自分のものにしている[1]。最近では，

───────────

　　1)　L. CHARDON, *La Croix de Jésus* où les plus belles vérités de la théologie mystique et de la grâce sanctifiante sont établies (Paris, 1647), nouvelle édition, Introduction par F. FLORAND, Paris, 1937. 著作の紹介といくつかの留保については，Y. CONGAR, *Les voies du Dieu vivant*, Paris, 1962, p. 129-141 を参照。Chardon の他にも，17 世紀には言及すべき著述家がたくさんいる──cf. J.-P. TORRELL, *La théologie*

メンシエ（Mennessier）神父が相次いでトマスに関する二冊の選集を出版したが，見事な成功を収めた[2]。また，40年前に——ただしこの書物は絶えず再版されている——，シュニュー（Chenu）神父は Maître spirituel 双書でトマスについて論じた[3]。最近では，『霊性史事典』（Dictionnaire de spiritualité）にトマスに関する詳しい項目が見出せるが[4]，その直後に雑誌 La Vie spirituelle はトマス特集を組んでいる[5]。わたし自身，数年前に出版した『トマス・アクィナス　人と著作』（Initiation à saint Thomas）の執筆を進める中で，トマスの人間性と教えについてほとんど知られていない側面があることに気づき，これをぜひとも強調せねばと思うようになった[6]。

　福音書記者聖ヨハネ（Jean）や教父の系譜に連なるトマスの神学ははっきりと観想的性格のもので，きわめて霊的であると同時に理論的である。思うに，厳密に理論的であればあるほど霊的だとも言える。どのような態度で学問

---

catholique, « Que sais-je? 1269 », Paris, 1994, p. 39-41。

　　2)　A.-I. MENNESSIER, *Saint Thomas d'Aquin*, Paris, 1942, [2]1957; *Saint Thomas d'Aquin. L'homme chrétien*, «Chrétien de tous les temps 11», Paris, 1965. 第一の選集は人間がいかにして霊的に成長するかを明らかにしており，第二の選集は救済で働く配剤と罪人である人間の条件を論じている。どちらの選集でも，導入と註解を読めばテキストをよく理解できるだろう。

　　3)　M.-D. CHENU, *Saint Thomas d'Aquin et la théologie*, « Maîtres spirituels 17 », Paris, 1959.

　　4)　J.-P. TORRELL, « Thomas d'Aquin (saint) », *DS* 15 (1991) 718-773. とりわけ第二の部分 « Théologie spirituelle », col. 749-773 を参照。

　　5)　SAINT THOMAS D'AQUIN, MAÎTRE SPIRITUEL ?, *La Vie spirituelle*, nov.-déc. 1993.

　　6)　J.-P. TORRELL, *Initiation à Thomas d'Aquin. Sa personne et son oeuvre*, «Pensée antique et médiévale. Vestigia 13», Paris-Fribourg, 1993〔拙訳『トマス・アクィナス　人と著作』知泉学術叢書4，2018年〕。この書物は 1994 年にイタリア語，1995 年にドイツ語，1996 年に英語に翻訳された。

的・哲学的・神学的考察にのぞむか，その明確な態度決定
はそのまま宗教的な態度に反映しており，厳密な理論を追
究するトマスは絶対的なものに強く惹かれる神秘主義者
だった。トマス自身，生涯の終わりに，究極的現実という
「穀粒」のために言葉という「もみ殻」を見捨てるとき，
神秘主義を表明することになる。トマスを見れば分かるよ
うに，彼の神学は敬虔さから切り離されたものではなく，
彼にとっては厳密な神学的考察を最後までやり抜くことが
敬虔な態度だったのである。

＊　　＊　　＊

　少し前，最初に『霊性史事典』に掲載した概略を読め
ば，そこで論じた主題の多くが本書にあることはすぐに分
かる。こうしたトマスの基本思想は明らかに変わりのな
いもので，『霊性史事典』の項目内容を否定する人はいな
かった。本書は独創性を追求するものではない。しかし，
最初の仕事で少ししか触れられなかった主題についてもっ
と詳しく論じるつもりである。さらに，きわめて省略的に
述べた主題，時にまったく言及しなかった主題も論じよ
う。しかし，トマスが書いてためになると思わなかった霊
的な教えを再構成つもりはなく，トマスの霊性の大要を引
き出し，まだ知られていないその豊かさを読者に伝えたい
と思っている。
　とはいえ，すべてを論じることができないのはもちろ
ん，取り上げた主題を論じ尽くすこともできないだろう。
専門家が本書を読めば，基本思想だけは述べるようにして
いるが，識者や学者の議論に深入りしていないことにきっ
と気づくはずである。様々なトマス研究者の見解をまった
く検討していないわけではないが，むしろトマスのテキス
トをたっぷり引用するようにした。それらは時に言われる
ほど専門的で難しいものではなく，しばしば非常に美し

く，本書で明らかになるトマスの霊性を正確に伝えてくれるものである。

はたしてこの霊性がトマス独自のものか，そもそもトマスの霊性といったものがあるのか，問えるかもしれない。実際のところ，態度，思想，忠告について，これはヨハネ的，これはパウロ的，これはアウグスティヌス的と指摘することがしばしばある。本当にトマスに固有の霊性といったものがあるのだろうか。……ここではこの問いを未解決のままにしておこう。答えは章を読み進めるにつれ次第に分かってくるに違いないが，体系的に解き明かそうとは考えていない。イデオロギーや護教論ほどトマスの精神から遠いものはない。〔体系的〕論証の脆弱性を最初に見抜いたトマスを〔体系的〕論証で賞賛するのは奇妙なことだろう。トマスが発見した真理は非常に美しいので，われわれが飾り立てる必要はないのである。

教訓めいた話をするのは本書の目的ではないだろう。確かに本書では一般読者も読めるように不要な専門的詳細は述べないようにするが，博識をひけらかすつもりはなくても，ある教えの基礎を明らかにする際に神学者が必要とするような厳密な議論を避けることはできない。トマスの中心思想を霊性の観点から明らかにする場合，必ずしも説教や瞑想で使われる文体を持ち込む必要はないだろう。それはこうした種類の著作を軽視しているからではなく，むしろこうした著作を柔軟に活用する能力がないからである。わたしより才能のある人が，場合によってはこの仕事を引き受け，一般読者の心を動かすような敬虔な教えを明らかにできるかもしれない。仮にこの試みがうまくいけば，トマス研究者にとってこれほど喜ばしいことはないだろう。というのも，トマスは時に学者よりも「貧しい老婆」を高く評価したのだが，トマス研究者はこうした態度を受け継いでいるはずだからである。

著者として記されるのは一人かもしれないが，書物は独力でできるものでは決してない。喜んで，ドゥニーズ・ブーティリエ（Denise Bouthillier），ドニ・シャルドンヌ（Denis Chardonnens），さらにはジル・エメリー（Gilles Emery）の名を挙げよう。本書を執筆する間，彼らは親切にもわたしを気遣ってくれただけでなく，本書を注意深く繰り返し読んで貴重な助言をたくさんしてくれた。この場を借りて心から感謝したい。

第 1 章
神学と霊性

―――――――

　言葉の検討から始めよう。「霊性」は現代の宗教的言語のうち最も曖昧な言葉の一つである。たとえ自分では「霊性」の意味を理解しているつもりでも，当然それは話している相手が理解している意味ではない。だから，あらかじめ「霊性」を詳しく説明する必要があるのだが，定義しようとしてみると，次のことにすぐ気がつく。すなわち，現代で「霊性」がどのような意味を持つかという問題以前に[1]，言葉が言い表している現実そのもの――トマスにおける――が問題となるのである。しかし，この問題を解明する前に，まずトマスが神学をどのように理解し，いかに遂行しているか見てみよう。これは一見回り道に思えるが，確実な結論を得るための近道である。

聖なる教え

　ここでは「神学」という言葉を使おうと思うが，それというのも現在でも普及しているからである。しかし，

―――――――

　1)　J.-P. TORRELL, « *Spiritualitas* chez S. Thomas d'Aquin. Contribution à l'histoire d'un mot », *RSPT* 73 (1989) 575-584.

第 1 章　神学と霊性　　　9

トマスは神学教授ではなく聖書の教師（magister in sacra pagina）という資格で教えており，また自分の教えを聖なる教え（sacra doctrina）と呼んでいた。たとえトマスが神学（theologia）という言葉をかなり頻繁に使っているとしても，現代と同じ意味で使用しているのではまったくない[2]。だから，トマスが聖なる教えという表現で示そうとした豊かさを残らず，この神学という言葉に移す必要があろう。

　聖なる教えという言葉にはきわめて多くの意味がある。ぴったり一致しない約 10 の意味を列挙できるが，大きな二つの意味に集約できる。教える「対象」の意味では，何よりもまず教えの主要部分であるキリスト教的真理を表すが，その意味は聖書から神学に至るまで，きわめて広範な領域をカバーする。教える「行為」の意味では，キリスト教的真理を人々に伝える活動をすべて表示する。すなわち，神の啓示，伝承，教会の説教——公教要理を含む——，また当然ながら神学教育である[3]。

　実際，聖なる教えがどれほど大きな領域をカバーするかは，トマスの著作と活動からかなり正確に分かる。『命題集註解』，二つの『大全』のような体系的著作，聖書の講義やアリストテレス註解といった学問的大著に加えて，二つの特殊な領域にも言及せねばならない。一つは，神学に

―――――――――――

　2)　I. BIFFI, « Per una analisi semantica dei lemmi *theologia, theologus, theologizo*, in San Tommaso: un saggio metodologico nell'uso dell'Index Thomisticus », *Teologia* 3 (1978) 148-163, repris et amplifié dans I. BIFFI, *Teologia, Storia e Contemplazione in Tommaso d' Aquino, Saggi*, « La Costruzione della Teologia 3 », Milano, 1995, p. 129-175, chap. 3: « Ricerche su 'Theologia'e su 'Metaphysica' in san Tommaso ».

　3)　詳細は，Y. CONGAR, « Tradition et sacra doctrina chez saint Thomas d' Aquin », dans J. BETZ et H. FRIES, éd., *Église et Tradition*, Le Puy, 1963, p. 157-194; A. PATFOORT, *Thomas d'Aquin. Les clefs d'une théologie*, Paris, 1983, p. 13-47 参照。

10　　　第1章　神学と霊性

関する多くの相談に答えた意見書と「要請されて」書かれた小著である。事実，当時トマスは信用取引，心臓の運動，最善の政体，占星術，くじ，魔術といった多種多様な主題について相談を受けた[4]。もう一つは，説教である。トマスは専門の説教者ではなかったが，彼の説教を読めば，神の言葉を理解するための様々な形態が相互に結びついていたことがよく分かる[5]。

　トマスにとって聖なる教えはこうした事柄をすべて含んでいた。トマスが自分のことを神学教授と同時に説教者とも見なしていたのは疑いない。しかし，トマスが聖なる教えを展開するために練りあげた形態には，三つの主要な方向性がある。まず，「思弁的」（speculative）方向性だが，トマスがこの点で有名なのは理に適っている。これは本来的意味での「信仰の理解」（intellectus fidei）——信仰に属する事柄を理性で理解しようとする努力——が目指すものである。この第一の方向性は，カプレオルス（Capréolus），カエタヌス（Cajetan），ヨハネス・ア・サント・トマ（Jean de Saint-Thomas）といった偉大なトマス主義者が進んで受け継いだが，唯一の方向性というわけではまったくなかった。さらにトマスは，今日では「歴史実証主義」（historico-positive）と呼ばれる別の方向性も追求した。当時こうした言葉はなかったが，トマスが行っているのはまさに歴史実証的研究である。トマスは生涯を通じて聖書を註解し——これはトマスの第一の仕事だった——，機会あるごとに教父と公会議録の資料を集めていた[6]。しか

---

4)　これらの「小著」——時にきわめて浩瀚なものもある——については，レオニーナ版第40-43巻を参照。

5)　J.-P. TORRELL, « La pratique pastorale d'un théologien du XIIIᵉ siècle. Thomas d'Aquin prédicateur », *RT* 82 (1982) 213-245 で示そうとしたのはこのことである。

6)　Cf. *Initiation*, p. 80-87 et 200-206〔『トマス・アクィナス　人

し，トマス主義者がこの方向性を引き継ぐことはほとんど
なかった。トマスが活用している哲学的概念に夢中になる
誤りに陥って，歴史実証的方向性を完全に見失った時代も
あった。現代になってようやく，研究者たちはトマスの
聖書註解の豊かさを発見し，トマスが聖アウグスティヌ
ス（Augustin）から大きな影響を受けていることに気づき
始めた。最後に，第三の方向性は「神秘主義」（mystique）
と呼べるが，意味を明確にする必要がある。これはトマス
が神学に認めていた「実践的」側面のことであり，ふつう
「倫理神学」と呼ばれているものである。

　トマスはこの三つの大きな方向性を不可分の統一体であ
る聖なる教えに集約したのだが，トマスの死後，これらの
方向性はすぐにバラバラになった。14世紀初頭以降——
もっともこの時代は思想史上きわめて重要な時代だったの
だが——，一連のあらゆる要因——ここでは詳しく論じら
れない——により，神学が様々な専門分野に細分化し，分
裂する事態にまで進展した。現代では，神学が総合される
ことはなく，総合は不可能だとも思えるが，このことを嘆
く人もいれば，喜ぶ人もいる。実際のところ，数世紀前か
ら始まった崩壊が今も続いているのである[7]。

　トマスの思弁的方向性は「結論の知識」を重視するとい
う誤りに陥った。そこで神学者は三段論法を使って新しい
結論を得ようとするが，こうした結論は時に神学的確実性
だけを目指して教権が決定するものである。こうした神学
の営みは，悲しいことだが今日ではきわめて時代遅れなも
ので，信仰の理解を目指す思弁的神学そのものは消えてし
まった。第一の方向性から最初に離れた歴史実証的方向性

と著作』107-114 および 241-248 ページ参照〕.

　　7）　この歴史についておおまかに知りたいなら，*La théologie
catholique*, « Que sais-je? 1269 », Paris, 1994, chap. II を参照。

は，著しく専門化した歴史的知識を得ようとますます発展した。これが最も発展した神学の一分野なのは確実である——聖書解釈と教父学の進歩を考えてみればよい。しかし，研究者たちが研究と方法の独立性を重んじるあまり本来的意味での神学からますます遠ざかっているなら，こうした事態は手放しで喜べるものではない。というのも，神学者の仕事は神学体系の中でのみ意味を持つからである。神秘主義的方向性について言えば，上の二つの方向性のいずれにも尊重されなかったので，容易に予想できる反知性的傾向とともに，自立的な一分野になろうとした。こうして，「禁欲主義的で神秘主義的な」神学ができあがったのだが，20世紀の前半でも，この神学の系譜に連なる——時に優れた——著作はたくさんある。あるいは，神学の教科書を執筆した著述家が無味乾燥な論証に敬虔な内容の文章を付け加えたのかもしれない。実のところ，本来的な神学はこうした様々な方向性を尊重するものだが，これからその理由を説明するつもりである。トマスは聖アウグスティヌスと聖アンセルムス（Anselme）が拓いた方向性を追求しているが，トマス学派の神学はどのようなものだったのか。

対神的生を重んじる学派

　何よりもまず，神学は対神的生，すなわち信仰，希望，愛の徳が十全に発揮される生の一表現である。以下ではとりわけ信仰について論じるが，それは議論を簡潔にするためであると同時に，信仰が神学の様々な側面を説明する中心概念だからである。しかし，指摘すべきことに，信仰は神学者が扱う真理の全体を前にして知的に同意するだけのものではない。信仰とはむしろ——聖書と同様トマスでも

第 1 章 神学と霊性 13

――全人格をかけて神的現実そのものを愛することであり，神的現実を伝える言明を信じることでこうした現実に結びつくことである。

　このように神学と信仰が結合していることは，「信仰の理解」あるいは「理解を求める信仰」（fides quaerens intellectum）というありふれた表現ですでに強調されている。歴史を振り返れば，思想家たちは〔神について論じるために〕どんな方法を活用すればよいか深く考えた結果，この確信を表明している。はるか後にようやく現れる「神学」という言葉は使っていないが，すでにアウグスティヌスは〔神に関する〕この知が「人間にとってきわめて有益である信仰を生み，養い，守り，強める」[8]と述べている。彼は大著『三位一体論』を締めくくる祈りの中で，行おうとしたことを神に説明して，「信仰の規範に従いつつ，できるかぎりあなたを探究した。『信じたことを理解したかった』」[9]と見事に語っている。実に注目すべきことだが，アンセルムス――「理解を求める信仰」という定式を考え出した人物――が神学の計画を明らかにしている祈りにも同じ意味の文章がある。「少しだけでもあなたの真理を理解したいと思う。心から信じ愛するあなたの真理を」。さらに，かなり重要なことを付け加えている。「信じるために理解しようとは思わない。そうではなく，『理解するために信じるのである』（credo ut intelligam）」[10]。

　この最後の表現の元になったものとして，70 人訳聖書

---

8)　*De Trinitate XIV vi 3: BA* 16, p. 348.

9)　*Ibid., XV 28, 51*, p. 564: « Desideravi intellectu uidere quod credidi ».

10)　*Proslogion* I, éd. F. S. SCHMITT, p. 100, dans ANSELME DE CANTORBÉRY, *Monologion. Proslogion*, intr., trad. et notes de M. CORBIN, Paris, 1986, p. 242.

の「あなたたちは信じないなら理解しないだろう」[11]という聖句がある。アウグスティヌスもこの聖句を頻繁に繰り返しているが，信じることと理解することが相補的である点をはっきり述べている。「信じるために理解せねばならないが，同時に，理解するために信じなければならない」[12]。だから，アウグスティヌスでもアンセルムスでも，出発点には不明瞭な信仰および理解を求める知性があるのだが，一方が他方を駆り立てながら，両者が力を合わせて〔信仰の理解という〕共通の目標を達成するのである。この確信は何世紀にもわたり神学者が共有し続けたものである。現代の神学者は——もっとも，過去の神学者にも当てはまることだが——多くの点で意見を異にすることもあろう。だが，いやしくも神学者である以上，神学と信仰がこうして結びついている事実には反対できないのである[13]。

　アウグスティヌスとアンセルムスの系譜に連なるトマスの思想を要約するなら，次のように言える。トマスによると，神学は信仰を出発点とし依拠し続けるのであり，信仰なしにはありえない。信仰は神学の出発点であるだけでなく，存在理由でもある。信仰がなければ，神学は正しいものでなくなり，対象まで失ってしまうだろう。このことはすぐに理解できる。というのも，神学者は信仰のおかげで考察対象を手に入れるからである。哲学と比較してみると分かりやすい。もし人間が現実をまったく捉えられないなら，いくら推論したとしても巧みなごまかしにすぎないだ

---

11)　Is. 7, 9. ヘブライ語聖書には「……あなたたちは把握しないだろう（vous ne tiendrez pas）」とある。

12)　*Sermon* 43, 7, 9: *PL* 38, 58.

13)　20世紀の例を一つだけ挙げよう。E. SCHILLBEECKX によると，信仰は「神学の出発点で恒久的な基礎」だが，同時に「信仰は本質的に神学を必要とする」——cf. *Approches théologique* I. *Révélation et théologie*, Bruxelles-Paris, 1965, p. 84-90。

第1章　神学と霊性　　　15

ろう。そうした推論は，どんなに論理的に構成されていて
も，現実を少しも表現していないと言わざるをえない。信
仰は人間の能力の増大に他ならず，人間知性が神的現実の
「高みに」とどまるにはこの能力の増大が必要なのである。
人間は信仰のおかげで神的現実に結びつく。というのも，
「信者の行為は使徒信経の言明を超えて神的現実そのもの
に達する」[14]からである。信仰なしには，使徒信経の言明
は内容空疎なものになり，どれほど見事な体系も意味のな
いものになるだろう。対して，信仰を持てば，本物の神学
者になることができる。このことに関して，トマスは自分
の守護聖人について驚くべきことを述べている。復活した
イエスが使徒トマス（Thomas）に傷跡を見せると，トマ
スはイエスの足元にひざまずいた。そうするやいなや，疑
い深かったトマスは真の神学者になった[15]。

　信仰は静的にその対象に結びつくのではない。愛は最初
の未熟な段階から信仰に深く浸透しているが，この愛に駆
り立てられて人間は神的真理を激しく欲するようになる。
こうした欲求で活気づいた信仰を持つ人間は，従順に啓示
を受けいれるだけの存在ではない。信仰は「約束された善
への欲求」[16]で活発に働くようになるのだが，この欲求に
より信徒は神的真理を曇らせるあらゆる恐れを排して啓示
に同意を与えるようになる。この欲求はまだ完全には知ら
れていない善に駆り立て，最終的には対神的な愛の中で完
成するもので，神学研究の真の原動力である。トマスはこ
のことを有名なテキストの中で要約している。「人間は固

---

14)　*2a 2ae q.1 a.2 ad 2*: « Actus autem credentis non terminatur ad
enuntiabile sed ad rem ».

15)　*In Joannem 20, lect. 6, n° 2562*: « Statim factus est Thomas
bonus theologus ueram fidem confitendo ».

16)　*De uer. q.14 a.2 ad 10*: « quidam appetitus boni repromissi »;
cf. *Super Boetium De Trin. q.3 a.1 ad 4*——ここには詳しい説明がある。

く信じようとして，『自分が信じる真理を愛する』。真理を
説明する論拠を発見すればするほど，真理を考察し，大切
にする」[17]。

　あらかじめ知っているものしか愛せないとしても，人間
が深く知っているのは真に愛しているものだけである。こ
の格言が人間どうしの関係に適用できることは明らかだ
が，まさにこのことのために，この格言は対神的生で十全
に実現する。信仰が愛を伴うのは，抽象的真理ではなく，
善と真が合流する人格を対象としているからである。信仰
の対象である第一の真理は，人間のあらゆる欲求と行為が
目指す最高善でもあり，それゆえ人間は複雑な働き――知
性と意志が共働する働き――を通じてはじめて真理に完全
に結びつく。聖パウロ（Paul）はこのことを「愛により働
く信仰」（ガラ5：6）と呼んでいる[18]。第一の真理の認識
は脆弱で不完全かもしれないが，獲得できる認識の中で最
も高貴であり，最も大きな喜びをもたらしてくれるもので
ある[19]。

　17）　*2a 2ae q.2 a.10*: « Cum enim homo habet promptam
voluntatem ad credendum, *diligit veritatem creditam*, et super ea excogitat
et amplectitur si quas rationes ad hoc inuenire potest ».

　18）　*2a 2ae q.4 a.2 ad 3*: « quia ueritas prima, quae est fidei
obiectum, est finis omnium desideriorum et actionum nostrarum…, inde
est quod per dilectionem operatur »〔「信仰の対象である第一の真理は
人間のあらゆる欲求と行為の目的なので，……信仰は愛により働くと
言える」〕．ここに明らかなアウグスティヌス的着想については，*De
Trinitate I 8, 17* et *10, 20*, cf. *BA* 15, p. 130 et 142 を参照。Cf. *SCG III
25, n° 2064*: « Est igitur ultimus finis hominis, et omnium operationum et
desideriorum eius, cognoscere primum uerum, quod est Deus »〔「だから，
人間のあらゆる行為と欲求の究極目的は，第一の真理である神を認識
することである」〕。

　19）　Cf. *SCG I 5* et *8*.

第 1 章　神学と霊性　　　　　　　　17

神学と見神

　トマスはふつう従属（subalternation）の理論と呼ばれる
教えで，神学が信仰に依存していることを専門的に定式化
した。この主題については詳しい研究がたくさんあるが，
ここでは本質的な事柄を指摘し，その深い意味を強調する
にとどめよう[20]。

　基本的な前提事項はアリストテレス（Aristote）の学知
概念である。この概念は今日学知という語で意味されてい
る事柄とはあまりにも異なるので，説明が必要である。す
ぐ見ることになるように，たとえトマスがこの概念を使用
するにあたり著しく修正しているとしても，論を進める全
体の流れはアリストテレスと同じものである。アリストテ
レスによると，あるものの学知を得ることは，推論を通じ
てなぜそのものが必然的にそうあるのかを明らかにして，
確実な認識を得ることに他ならない。この認識は「原理」
と呼ばれる明らかな真理を，あまり明らかでない別の真理
——これは「結論」と呼ばれ，原理に基づいて発見される
——に関連づけることで得られる。結論としての真理を原
理としての真理に必然的な仕方で結びつけることで，その

　20）　この議論は J.-P. TORRELL, *La théologie catholique*, chap.
3，あるいは H.-D. GARDEIL, « La méthode de la théologie », dans S.
THOMAS D'AQUIN, *Somme théologique* [de la Revue des Jeunes], *La
Théologie, Q.1 a.1*, Paris, 1968, p. 93-140 で補完可能。より専門的だが
基本的研究 M.-D. CHENU, *La théologie comme science au XIIIe siècle*,
Paris, ³1957 も参照。最近の研究として，J.-P. TORRELL, « La scienza
teologica in Tommaso d'Aquino e nei suoi primi discepoli », dans G.
D'ONOFRIO, éd., *Storia della Teologia*, II. *Medioevo*, Casale Monferrato,
1996 を参照。

18 　　　　第 1 章　神学と霊性

ものの「学知」は得られる[21]。トマスがきまって挙げる例
によれば，キリストの復活は原理としての真理であり，こ
れによりキリスト教徒の復活——結論としての真理——が
明らかになる[22]。

　この例はトマスが神学的推論の範例を示すときにいつも
挙げるものだが，ここからアリストテレスの学知概念を
神学に適用するのがきわめて難しいことも分かる。学知
は「明らかな」原理，基本的な真理，公理，公準から出発
する。こうした原理は証明されていないが，その必要はな
い。というのも，直観ですぐに理解できるからである。と
ころが，神学では事態が異なる。というのも，神学の原理
は明らかなものではなく，証明することもできないからで
ある。イエスの復活は，明らかであるどころか，まさしく
信仰の対象である。だから，トマスが挙げる例は，トマス
の意図とは反対の事柄を示しているようであり，最も不明
瞭なものに基づいて不明瞭なものを説明しようとしてい
る。

　「従属的」学知の概念が活用されるのはここである。ア
リストテレスは，ある学知が明らかな原理を持たず，論証
によりこうした原理に相当するものを別の学知から受けと
るのを予想していた。例えば，光学は幾何学の原理を，音
楽は数学的法則を受けとる[23]。ここで詳しい説明に立ち入
る必要はまったくなく，神学が似たような状況にあるのを
知るだけでよい。神学的真理を根拠づけて明らかなものに

---

　21)　*Super Boetium De Trinitate q.2 a.2*, Léon., t. 50, p. 94-
97; *Expositio libri Posteriorum I 2-4*, Léon., I* 2, 1989, p. 10-22; T.
TSHIBANGU, *Théologie positive et théologie spéculative*, Louvain-Paris,
1965, p. 3-34: « La notion de science selon Aristote ».

　22)　*1a q.1 a.8; De uer. q.14 a.2 ad 9; Sent. I, Prol. a.5 ad 4*.

　23)　*1a q.1 a.2; Sent. I Prol., a.3 q.2; Super Boetium De Trin. q.2 a.2
ad 5*.

第 1 章　神学と霊性　　19

する「学知」は，御自身と救済計画に関する神の認識である。神はこの認識を，まず栄光の光により至福者たち——祖国で顔と顔を合わせて神を見ている——に伝えるが，同時に信仰の光により人間——最終的な祖国への途上に生き，まだ神を見ていない——にも伝える。

　だから，信仰は人間の無知が神の知識に結びつく霊的な場であり，これこそトマスの従属理論の深い意味である。当時，この考え方は多くの反対にあった。というのも，明らかにアリストテレスの従属理論に一致しない点があったからである。しかし，このことに深入りする必要はない。トマスがアリストテレスから借用した考え方を活用するときにしばしば見られるように，トマスはこうした考え方を著しく修正しており，それというのも異教の哲学者にはまったく無縁の福音の文脈で使用しているからである。このことについてトマスやアリストテレスを非難するのは誤りだろう。だが，次のように言わねばならない。アリストテレスの原則に従えば，神学は本来的意味での学知でないかもしれない——というのも，神学は原理の学知を決して得られず，原理を信じるしかないのだから。しかし，まさにこのことのために神学は偉大な営みなのである。トマスが従属理論をどのように修正しているかを見れば，対神的信仰が神学にどれほど必要か明確に理解できる。

　　下位の学を学ぶ人が真に学知の完成に達するのは，上位の学を学ぶ人の認識と一致するときである。とはいえ，下位の学を学ぶ人は受けとった原理を完全には理解できず，原理から必然的に導き出せる結論を得るだけである。こうして，信徒は信仰箇条から導き出した結論の学知を得る[24]。

————————————

24）　*De uer. q.14 a.9 ad 3.*

20　　　第1章　神学と霊性

しかるに，神学を支えているのは神を見たいという欲求なので，神学はキリスト教的生の中に位置づけられる。神学はキリスト教徒の神を求める欲求と深くつながっており，信仰から至福直観に至る道のりそのものである。だから，神学者は他の学者とはまったく異なる状況にある。神学者は神を見出すために神学から離れる必要は少しもなく，ただ神学を最後までやり遂げるだけでよい。というのも，神学が目指すのは信徒の究極目的である神に他ならないからである。

神学の「主題」

トマスは神学を論じる上で神的現実が果たす役割を厳密に述べて，神学の「主題」（sujet）は神だとしている。彼は『神学大全』の冒頭以降で神学の主な性質を順々に挙げていく中で，いかなる点で神学が他の学から区別されるか，言い換えれば神学の特異性を問うことになる。トマスは「この学の『主題』は神である」と一語で答えているが，この一語は適切に理解する必要がある。

> 聖なる教えはすべてのものを神の観点から考察するので，神自身か，始原にして目的である神と関係するものを論じる。だから，この学の主題はまさしく神である[25]。

この答えは明らかで単純に見えるが，同時代の人々に比べると優れてトマス独自の見解だと言える。神学の題材について，ペトルス・ロンバルドゥス（Pierre Lombard）は

---

25)　*1a q.1 a.7.*

第1章　神学と霊性　　21

アウグスティヌスにしたがって聖書の文字とそれが表示する現実との対比（res et signa）だとしたが，サン・ヴィクトルのフーゴー（Hugues de Saint-Victor）は贖いの業だとし，聖ボナヴェントゥラ（Bonaventure）を含むフランシスコ会士たちはむしろキリストと教会だとした。対して，トマスは神学がこうした事柄をすべて含むことを進んで認めながらも，こうした事柄は本来的意味での主題ではないとしている。これらの様々な観点は単に現実を「叙述する」にすぎない。トマスが望むのはこの現実を「解釈する」ことである。これはきわめて野心的な企てだが，トマスが神そのものを非常に特異なこの学の主題とすることで目指しているのはこのことである。トマス主義者たちはこの点に関して誤ることなく，最初からトマスのこの主張を好んで強調してきた。

　なぜこの点が非常に重要かを理解するのは難しい。というのも，フランスの哲学用語では，トマスの言う「主題」にむしろ「対象」（objet）という語をあてるからである。ここで少し難しい説明が必要だが，致命的な混同に陥ることのないように，事態をはっきりさせておこう。このことを理解するには，トマスがアリストテレスから受け継いだ主題の概念が何を意味するか明確にし，その誤解がどんな結果を招くか指摘するだけでよい。「主題」とは学が認識しようとする，精神の外部の現実のことである。実際のところ，学の目的は主題を認識することだけである。しかし，外部にあるこの現実は，認識者が内的に理解し，知性で考察するときにだけ知られるだろう。このことは現実に基づいて形成する観念を通じて可能になるが，この観念は概念と呼ばれる。概念は知性が外的現実を把握したものであり，この概念が学の「対象」になる。こうしてトマスは，学の対象は主題について明らかになった結論の総体だとしている。主題と対象は最初にこのように区別できる

22 　　　　第 1 章　神学と霊性

が，この区別は非常に簡単ながら，やはり根本的なものである。この区別を見れば，最初に知られるもの，すなわち対象は主題ではなく，それゆえ学知が追求する目的でもないことが分かる。対象はこの目的に到達するのに必要な手段にすぎない。また，対象は主題の全体を表すものではない。事実，知性が主題について何かを言い表すためには，概念を増やし，実在に照らした判断で概念どうしを関連づけねばならない。結局，たいていの場合，認識者は知られた対象と知るべき現実が一致しないことを常に認めざるをえない。

　神を主題とするこの学知の場合，事態はもっと明らかである。真の神学者は神学の主題，すなわち神学の追求する目的が救済史で働く生ける神の認識であることを常に自覚している。またここでは，「主題」という語の意味にこだわりすぎずに，フランス語の意味を発見できる。神を「主題」として論じることは，神が「対象」に——神学者が認識する純粋な精神的対象にすら——還元できないことを意味している。ここで言う主題とは，人間が知り，愛し——というのも，神は知られ愛されるものだから——，加護を求め，祈りの中で出会う人格のことである。14 世紀以降の神学者たちは学知を「結論の習慣」と定義することで誤り，主題と対象をこのように区別することがどれほど重要かを忘れ，ついには神学の目的が主題ではなく対象を認識すること——すなわち，啓示の真理からできるだけ多くの結論を引き出すこと——だと考えるに至ったが，これは神学の重大な転換点になった。この欠点はしばしば非難されたが，詳しく述べるには及ばない[26]。トマスの見解はまっ

---

　　26)　Cf. M.-J. CONGAR, « Théologie », *DTC* 15 (1946) 398 et
418-419; E. SCHILLEBEECKX, *Approches théologiques I. Révélation et
théologie*, Bruxelles-Paris, 1965, p. 114-118; C. DUMONT, « La réflexion
sur la méthode théologique », *NRT* 83 (1961) 1034-1050 et 84 (1962) 17-

第 1 章　神学と霊性　　23

たく異なることを理解するだけでよい。確かにトマスは神
学を原理——神学ではなく信仰によってはじめて理解でき
る——ではなく結論の学知と定義しているが[27]，トマスの
考える神学の目的はこれとは異なる。神学の目的は主題を
認識することに他ならない[28]。

　だから，神学の主題は神そのものだと確言することでト
マスがまず言わんとしているのはこのことである。しか
し，次のことも分かる。すなわち，先にいくつかの観点は
神的現実を「叙述する」ことしかできないと述べたが，こ
うした叙述をよく理解するためには神に遡ることが必要な
のである。創造と同様，贖いは成し遂げられる業の次元だ
けで説明のつくものではない。この業を導く神自身と憐れ
み深い愛を考察せねばならない。なおのこと，教会はそれ
自体では説明できないものであり，その頭であるキリスト
に「遡る」必要があるのだが，人となったキリストは御父
と三位一体が遣わした者にすぎない。神学者はこうした事
柄を考察するときはいつも，三位一体の愛という始原を考
慮に入れねばならない。事実，トマスもこの始原の深い理
解から教えを引き出している。結局，神学が扱う事柄は例
外なく神との関係の中で考察すべきなのである。すべての
ものは神から出て神に向かっている。だから，すべてのも
のを神に関係づけようとするこうした態度は一見理論上の
ものに見えるが，実は神学も人間の努力——行い，語り，
考える営み——もことごとくが神を中心に営まれるべきだ

───────────

35; cf. p. 1037-1038.

　　27)　Cf. *Sent. I Prol. a.3 sol. 2 ad 2*: « In hac doctrina non acquiritur
habitus fidei qui est quasi habitus principiorum; sed acquiritur habitus
eorum quae ex eis deducuntur »〔「この教えで得られるのは，原理の習
慣である信仰の習慣ではなく，原理から引き出される結論の習慣であ
る」〕。

　　28)　*Sent. I Prol. a.3*: « Subiecti cognitio principaliter intenditur in
scientia »〔「学が主に目指すのは主題を認識することである」〕。

ということを言わんとしている。神秘主義ほどこのことを強調したものは他にない。というのも，もし神学がこのように対神的なものなら，神学に由来する霊性も当然そうだからである。

第二に——とはいえ付随的なものではまったくないが，神学の主題は神だとするトマスの主張から，神学そのものの性質が明らかになる。例えば，神学は観想的である点が挙げられよう。トマスは神学が「実践的」学かどうか問うてこのことを検討している。この問いを聞いて笑う人もいるかもしれないが，ここで問題となっているのは，神学が人間の行為の規範を論じるところまで進むかどうかである。答えははっきりしている。すでに述べたように，もし神学が何らかの仕方で神の知を分有することなら，神学が実践的学なのは確実だろう。というのも，

> 神が御自身を認識し，すべてのものを実現するのは同じ知によるからである。——しかし，トマスは次のように付け加える——。神学は実践的よりは観想的だと言える。というのも，人間の行為よりも神的現実を詳しく論じるからである。人間の行為を論じるのは，人間が行為により完全な神の認識——これが至福である——に向かうためである[29]。

この答えを見れば，神学をどう考えるか，様々な見解が現れてきた中で，トマスの見解は従来のものとは異なっていたことが分かる。トマスまで，確かに神学は観想的な知識とされてきたが，本質的には愛の完成を目指すものだった。トマスの同時代人ロバート・キルウォードビー（Robert Kilwardby）によれば，「神学は行為に秩序づけら

---

29)　*1a q.1 a.4.*

れている」。対して，トマスは『命題集註解』以降，神学が観想を目指すと考えた最初の人物となった。というのも，たった今見たように，神学が神をめぐるものなら，すべてに優って論じるべきは神であり，人間の行為とその影響でないことは明らかだからである。人間は神を作り上げることができず，自分の思うようには扱えない。神は人間が知り愛する存在である。神学は「主に」観想的なものだと確言するときトマスの念頭にあるのはこのことである。

　上の答えには別の重要な点もある。この答えを見れば，トマスが現代では当たり前の倫理神学と教義神学の区別，また実証神学と思弁神学の区別をしていないことに気づく。同一の「聖なる教え」はこれらの事柄をくまなくカバーすると同時に，見たように，後に出てくる概念である「霊性」あるいは霊的神学も含んでいる。神学の様々な分野がますます専門化して有益な成果がもたらされたことは否定できないが，神学者は神学が根本的に一つのものである事実を忘れてはならないだろう。トマスにとりこの統一性はまだ自明だったのであり，これはトマスが見事に神学を統合する様子を見ればすぐに理解できる。

神の知の刻印

　さらに，トマスの別の主張も見てみよう。これは一見非常に専門的だが，霊的観点からしてきわめて重要なものである。すなわち，信仰が神学で果たす役割は，第一原理の習慣が自然的認識で果たす役割と同じである。このことを理解するために，「習慣」とは何か，神学の「原理」とは何かを明らかにする必要がある。トマスの術語で，習慣（habitus）——ギリシャ語では hexis——はきわめて重要な概念だが，いわゆる「慣れ」（habitude）とは意味が

まったく異なる。というのも，習慣は慣れとは反対のことを意味しているからである。慣れが固定的なメカニズムやルーティンなのに対し，習慣は創意に富む力であり，能力を完成するものである。それは能力に根づき，能力を自由闊達に働かせる。職人の技量は習慣であり，医術や学知も同様である。習慣は自然本性と働きの中間にあって，自然本性の完全な発揮を助けるものである。信仰は無償で与えられる神の賜物でありながら，習慣，それゆえ特別な完全性として人間に内在する。この信仰により人間の自然的能力は増大し，新しい対象，すなわち神そのものと神的事柄の世界を理解できるようになる。信仰は恩恵が人間知性の中で明確な形をとったものだが，神の生命そのものの分有である。人間は信仰のおかげで神と親和的に交わり，神に属する事柄を自然に捉えられるようになる。「信仰感覚」（sensus fidei）と呼ばれるものは，いわば「自然的に」超自然的なものを理解するこの能力のことに他ならず，これは友人どうしが会話なしに理解し合うのと同じである[30]。

　それゆえ，このことはトマスの次の定式の意味でもある。すなわち，信仰は神学の原理を捉えることを可能にする習慣のようなものである[31]。ここで言う原理とは第一の真理のことであり，神学はそこから出発して学問的考察を行う。トマスは第一の真理の本質的意味を考察し，こう

---

30)　神的事柄を判断する二つの方法は，*3a q.1 a.6 ad 3* 参照。この問題は後で再検討する。

31)　*Super Boetium De Trin. q.5 a.4 ad 8*: « …fides, que est *quasi habitus principiorum theologiae* ». また，*ibid. q.3 a.1 ad 4* を参照してほしいが，そこでは理性の光により第一原理を直観することと，信仰により超自然的真理を理解することが詳しく比較されている。神学は最も基本的な確実性を欠いているので学ではないと主張する異論に対し，トマスは次のように反論している。信仰の習慣は，どんな論証よりも確実であるにとどまらず，第一原理の習慣そのもの——これは身体が衰弱すればうまく機能しない——よりも確実である。

第 1 章 神学と霊性 27

した神学の原理を使徒信経の条項と同一視している。さらに，原理と結論を学問的に検証することで，最終的にこうした原理を無条件的に第一の二つの真理に還元している。すなわち，神が存在することと，神が人間を愛していることである。これは恣意的な説明ではない。トマスはこの表現を『ヘブライ人への手紙』11 章 6 節に見出している。「神に近づきたいなら，神が存在し，神を求める人々に報いることを信じなければならない」。これら二つの最初に「信ずべき事柄」（credibilia）には信仰の全体が集約されている。

　神の存在には，神とともに永遠に存在すると見なせるすべてのものが含まれている。これは人間の至福である。神の摂理に対する信仰には，神が人間を救うために時間の中で行ったすべてのことが含まれている。これは至福に向かう道である[32]。

　このテキストを読めば，ギリシャ教父に見られる古い区別がすぐに確認できる。すなわち，「神学」（theologia）——神の内的生命やペルソナの三位一体を直接扱う議論——と「配剤」（oikonomia）——神が人間を救うために時間の中で行ったこと，つまり救済の歴史——の区別である。トマスはこれを目的と手段という少しばかり専門的な表現で説明しているが，次のテキストを見れば，新約聖書の言葉を拠りどころにしていることが分かる。

　信仰に自体的に属するものは，永遠の生命における見神と，人間をそこに導く事柄である。だから，二つのものが観想の対象になる。すなわち，神の秘密——人

___
32) *2a 2ae q.1 a.7.*

28   第1章　神学と霊性

間はこれを見ることで至福になる——と，キリストの
人間性の神秘——人間はキリストにより神の子の栄誉
ある自由（ロマ5：2）を得る——である。もっとも，
これは聖ヨハネが述べていることと同じである。「永
遠の生命とは，唯一の真なる神であるあなたとあなた
が遣わしたイエス・キリストを知ることである」（ヨ
ハ17：3)[33]。

　こうして信仰箇条の概念と究極的至福が結びついている
ことが明らかになったが，これは驚くべきことなので，ト
マスも進んで強調している。「自体的に信仰の対象である
のは，人間を至福にするものである」[34]。原理について述べ
ると，当然目的についても考察しなければならないのだ
が，そのためには神学の原理である信仰箇条の概念を深く
掘り下げることが役に立つ。指摘したテキストや他の多く
のテキストを検討してはっきり分かるのは，啓示の内容は
救済に有益なものだということである。確かに啓示された
真理はどれも救済に役立つのだが，こうした真理相互の結
びつき，最終的には序列は，創造主であり，被造物を至福
にする最高の目的である神との関係の中で明らかになる。
だから，啓示された真理がどの程度この目的を実現する
か，その程度に応じて真理の序列は決定される[35]。

───────────

　　33)　*2a 2ae q.1 a.8.*『神学大全』の構成の中で『ヨハネ福音書』
17章3節がどのような役割を果たしているか知りたいなら，*1a q.2
Prol. et 3a q.1 Prol.* を参照。

　　34)　*2a 2ae q.2 a.5*: « fidei obiectum per se est *id per quod homo
beatus efficitur* ».

　　35)　これ以上深入りせず，次のことを指摘するにとどめよう。
この考え方を知れば，第二バチカン公会議の忠告——エキュメニズ
ムを実行するにはカトリックの真理にどのような序列があるかもう
一度考える必要がある——はもっとよく理解できる——cf. *Unitatis
redintegratio* n° 11。Cf. Y. CONGAR, « On the *hierarchia veritatum*

第 1 章　神学と霊性　　　29

　上の議論に基づきつつ，学問論について補足を述べてお
こう。原理としての真理を結論としての真理に関係づける
営みは孤立的なものではない。学の狙いはもっと大きなも
のである。啓示された真理を残らず相互に関係づけるこ
とではじめて，啓示の内的整合性が理解できるようにな
る[36]。最終的に，二つの最初に「信ずべき事柄」をめぐっ
て神学を構成することで，うまくいけば神の救済計画の内
的秩序を捉えられる。確かに神の救済意志を支えているの
は完全に自由で公正な神の愛に他ならず，人間の知性で理
解できる構造を神に押しつけることはできない。だが，神
学者は神がすべてのものを「数，重さ，尺度を考慮しなが
ら」（知 11：20）造り，「完全な知恵と理解とともに」（エ
フェ 1：8）導いていることを確信しており，様々な神の
業の有機的つながりを発見しようとする。「神はあるもの
のために別のものを欲するわけではないが，あるものが別
のものに役立つようにする」[37]。こうして，神の業が互いに
どう関係しているかを見出し，そうした関係をできるだけ
完全に総合し，各関係にふさわしい重要性を確認すること
で，最終的には被造物と，創造主である神自身──聖なる
教えの唯一の主題としての──をさらに深く理解できるだ

», *Orientalia christiana analecta* 195 (1973) 409-420; W. HENN, *The
Hierarchy of Truths according to Yves Congar O.P.*, « Anal. Greg. 246 »,
Roma, 1987.

　36)　第一バチカン公会議の Dei Filius 第 3 章を執筆した人々は，
思弁的神学の仕事を次のように定義するにあたり，おそらく上で述べ
たような考えを念頭に置いていただろう。「信仰に照らされた理性は，
注意深く，敬虔な心で，節度をもって探究することで，神の賜物によ
り，神秘についてきわめて豊かな理解を得る。神秘と自然的認識を比
較したり，『神秘が互いにどう関係しているか，人間の究極目的にど
んな影響を与えるかを考察しながら』，理解を深めていくのである」。

　37)　*1a q.19 a.5*: « Vult ergo [Deus] hoc esse propter hoc, sed non
propter hoc uult hoc ».

30 第1章 神学と霊性

ろう。

　トマスはこの理想をアヴィケンナ（Avicenne）の伝統か
ら借用した定式で表現しているが，完全に自分のものにし
ている。すなわち，学知は「認識したものを霊魂のうちで
再現すること」に他ならない。というのも，学知は認識者
が認識したもの自体に同化することだからである[38]。ある
いは，きわめて表現力に富んだ別の定式によれば，現実の
構造を知性に再現できるのは，存在するものの概念を論理
的に組織化する（ordinata aggregatio）ときである[39]。教え
る人はすでに自分でこうした再構成を行っているので，学
ぶ人の知性に伝えたいものに関する総合的見解を刻みこめ
る。このことを踏まえると，時に誤解されるトマスの有名
な定式の意味ははっきりする。聖なる教えはそれ自体「神
の知の刻印のようなもの」[40]である。この定式から分かる
のは，神学に法外な特権があるなどということではなく
──というのも，人間の学知は例外なく神の知の分有のよ
うなものだから──，神学が神の知に依存していることに
他ならない。特権があるなら，それは神学ではなく信仰の
特権である。というのも，神の啓示が得られるのは信仰の
おかげだからである[41]。こうして，信仰により人間の知は

---

38) *De ueritate q.11 a.1 arg. 11*: « Scientia nihil aliud est quam *descriptio rerum in anima*, cum scientia esse dicatur assimilatio scientis ad scitum ».

39) *SCG I 56* (n° 470): « Habitus [scientiae]… est *ordinata aggregatio ipsarum specierum existentium in intellectu* non secundum completum actum, sed medio modo inter potentiam et actum »〔「学知の習慣は知性の中にある形象を組織的に集めたものだが，この習慣は完全な現実態ではなく，可能態と現実態の中間にある」〕。

40) *1a q.1 a.3 ad 2*: « uelut quaedam impressio diuinae scientiae ».

41) トマスは信仰についても非常に似た表現を用いている。*Super Boetium De Trin. q.3 a.1 ad 4*: « Lumen…fidei…est quasi quedam sigillatio prime ueritatis in mente… »〔「信仰の光はいわば精神に刻まれた第一の真理の刻印である」〕. sigillatio は自然的認識で使われ

第 1 章　神学と霊性　　　　31

神の知に結びつき，神学が生まれ発展する。

「敬虔な」学

　このように神学と信仰が結びついていることは神学研究
のどの段階でも確認できるが，これにより神学に不可欠な
二つの性格が明らかになる。何よりもまず，神学は信仰か
ら活力を得る「敬虔な」学であり，定義からして生ける信
仰，すなわち愛に満ちた——トマスの言葉では「形づくら
れた」——信仰を必要とする。たとえ神学が死んだ信仰，
あるいは不完全な信仰とともに営まれることがあるとして
も，やはり例外にすぎない。神学研究にはキリスト教的生
活や祈りに見られるのと同じ信仰が必要であり，活動は異
なっていても，表現されるのは同じ信仰である。「観想を
伴う祈りと神学的思索は心理的働きとしては異なるが，対
神的な構造の点では同じ対象，同じ根源，同じ目的を持っ
ている」[42]。このことから，トマスは『命題集註解』の序文
で，神学者は祈りとともに（modus oratiuus）研究せねば
ならないと言っている[43]。それゆえ，トマスにとり神学研
究が祈りを伴うことは明らかだった。
　さらに，神学はその魂で原動力である信仰にいつも支
えられており，まさしく終末を目指す途上的なものであ
る。ここで信仰と愛に並んで第三の対神徳である希望が現
れる。トマスによれば，神学は至福直観で完成する認識の
先取りに他ならない。事実，「この教えの最終目的は祖国

る impressio と同じようなものである。Cf. *De uer. q.2 a.1 arg. 6* et *ad*
6——アルガゼル（Algazel）への参照とともに。

　42）　M.-D. CHENU, *La foi dans l' intelligence*, Paris, 1964, p. 134.

　43）　*I Sent. Prol., a.5 sol.*

で第一の真理を観想することだ」[44]とはっきり述べている。神学は「思弁的」だという言明の意味はこれである。今日では価値が低くなったこの語は，トマスの語法では「観想的」と同義である[45]。だから，神学者は神学の対象に専心する必要がある。というのも，神学の対象はキリスト教的生活の究極目的でもあるのだから。

神学のこうした性格が神学を支えている信仰の性格に由来することは疑いない。というのも，信仰は至福直観で享受する神的善の「前味わい」(praelibatio quaedam) をもたらすからである[46]。しかし，トマスは適切にもこのことを神学に適用している。「神学のおかげで，人間は途上にある間でも，注がれた信仰により第一の真理そのものに結びつくかぎりで，神の知の分有や同化を享受できる」[47]。

もし神学がたった今述べたような現実に他ならないなら——このことはトマスにとり自明だった——，トマスが神学とは「別に」霊性を論じる必要を感じなかったことは理解できる。トマス神学そのものが霊的神学であり，きわめて専門的な論述からも霊的雰囲気を感じとれるが，こうした色調からトマス主義者を見分けられるだろう。こうした要素はある読者には感じとれない場合があるので，時に詳

---

44) *I Sent. Prol., a.3 sol. 1 et ad 1:* « Sed quia scientia omnis principaliter pensanda est ex fine, *finis autem huius doctrinae est contemplatio primae veritatis in patria,* ideo principaliter speculatiua est ». 詳しくは，J.-P. TORRELL, « Théologie et sainteté », *RT* 71 (1971) 205-221, cf. 205-212 参照。

45) Cf. S. PINCKAERS, « Recherche de la signification véritable du terme 'spéculatif' », *NRT* 81 (1959) 673-695.

46) *Compendium theol. I 2. 2a 2ae q.4 a.1* にはもっと明確な定義がある。「信仰とは，人間知性を見えざる現実に結びつけることで，『人間のうちに永遠の生命を生む』霊魂の習慣のことである」。この教えは，*De uer. q.14 a.2* で何度も繰り返されている。

47) *Super Boetium De Trin. q.2 a.2.*

しく述べる必要があったが，にもかかわらず少なくともテキストに潜在しているものである。しかし今日，「霊性」という語にはもっとはっきりした意味がいくつかあるので，でたらめに使うことのないように検討しておこう。

「霊性」の三つの意味

　この問題の最高権威であるウォルター・ヘンリー・プリンシプ（Walter H. Principe）にしたがって[48]，ここでは霊性の主要な意味を三つばかり指摘したい。第三の意味を除外するなら[49]，残り二つの意味はトマスにも確認できる。

　「霊性」の第一の意味は，ある人間が生きる現実のことである。パウロの語法がすでに示唆し，Spiritus からspiritualitas が出てきたという語源にも一致するように，ここで言う霊性とは霊の働きに導かれた生の性質のことである。「自然の人は神の霊（Pneuma）に属するものを受け入れない。愚かなことだと感じ，理解できないのである。というのも，このようなものについては『霊的に』判断する他ないからである。対して，霊の人（pneumatikos）は

　48）　W.H. PRINCIPE, « Toward Defining Spirituality », *Studies in Religion/Sciences religieuses* 12 (1983) 127-141, cf. 153-157; *Thomas Aquinas' Spirituality*, « The Etienne Gilson Series 7 », Toronto, 1984, p. 3-5; « Spirituality, Christian », *The New Dictionary of Catholic Spirituality*, éd. M. DOWNEY, Collegeville, 1993, 931-938. フランス語では，« Spiritualité », *DS* 14 (1990) の総括を参照。そこでは二人の著述家が分担執筆している――« I. Le mot et l' histoire » (A. SOLIGNAC), « II. La notion de spiritualité » (M. DUPUY)。

　49）　Principe によれば，「霊性」の第三の意味とは，教えられる知識，学問分野のことである。この霊性は専門的組織に属しつつ様々な観点から研究できる。すなわち，神学的観点，歴史的観点，宗教現象学的観点などがある。この第三の意味は本論とは直接関係がないので扱わない。

すべてを判断するが，誰からも裁かれない」[50]。spiritualitas
というラテン語が最初に現れるのは 5 世紀および 6 世紀
だが，この同じ意味を保っており[51]，トマスでも同様であ
る。

　霊性という語そのものはそれほど頻出するものではない
——約 70 回使われている。この語は——身体から区別さ
れた霊として——たいてい身体性（corporeitas）に対立し
ているとしても，時に適切にも聖霊の働きとしての恩恵の
生を意味している。「最初から完全な霊性を有するのは人
間キリストであり」，さらに「霊性はこのキリストからす
べての人間に派生する」[52]。こうしてキリストがすべての霊
性の根源であるのは，聖霊を限りなく受けとっているから
だが，キリストに続いて霊から生まれた（ヨハ 3：7）人々
もみな霊的人間であり，働きでそれと分かる。「聖霊の特
徴は霊的人間に見出せる——様々なしるし，とりわけ言葉
で見分けられる。言葉を聞けば，霊性を理解できる」[53]。し

---

50)　1 Co 2, 14-15. 聖パウロの言う霊の人が何を意味するかにつ
いては，以下も参照。Rm 1, 11; 7, 14; 15, 27; 1 Co 3, 1; 9, 11; 10, 3-4;
12, 1; 14, 1 et 37; 15, 44 et 46; Ga 6, 1; Ep 1, 3; 5, 19; Col 1, 9; 3, 16.

51)　霊性（spiritualitas）について最初に言及したのは，偽ヒエ
ロニムス（Ps.-Jérôme）——実際にはペラギウス（Pélage）——『書
簡 7』である。« Age ut in spiritualitate proficias. Cave ne quod accepisti
bonum, incautus et negligens custos amittas » (PL 30, 114D-115A). 次は，
1 世紀後，聖アウィトゥス（Avit）が兄弟に宛てた『書簡 14』の中
で使われている。« Minus enim procul dubio salva observatione apparet
affectus, sed ostendistis quanta spiritualitate vos exercere delectet quod
praeterisse sic doluit » (MGH, Auctores antiquissimi VI/2, éd. R. PEIPER,
Berlin, 1883, p. 47). 詳しくは，J. LECLERCQ, « Spiritualitas », Studi
medievali Serie terza 3 (1962) 279-296, ici p. 280-282; A. SOLIGNAC,
« L' apparition du mot spiritualitas au moyen âge », ALMA 44-45 (1985)
185-206, ici p. 186-189 参照。

52)　3a q.34 a.1 ad 1; In Iam ad Cor. 15, lect. VII, éd. Marietti n°
994, 991 et 1004; cf. J.-P. TORRELL, Spiritualitas, p. 582-583.

53)　In Ioh. 3, lect. 1, éd. Marietti, n° 456: « In viro spirituali sunt

第 1 章　神学と霊性　　35

かし，この霊性は愛と愛の霊がもたらす徳に支えられた生の全体でもある。「霊的生活は愛から出てくる（spiritualis autem uita per caritatem est）」[54]。だから，「霊性」のこの第一の意味はふつう理解されている意味にきわめて近く，人間の中で働く霊の恩恵——その輝きは経験できる——のことである。この意味で，トマスが個人的に霊性を有していたことは疑いない。トマスの霊性のいくつかの面はすでに提示した人物描写から理解できる[55]。

　「霊性」という語の第二の意味は，霊的教えである。こうした教えは霊性の点で傑出した人物が教えるもので，たいていの場合自分の経験をまとめたものだが，時にきわめて個人的な特徴も見てとれる。もちろんアビラのテレサ（Thérèse d' Avila）や十字架のヨハネ（Jean de la Croix）という聖人の著作，あるいは聖イグナチオ（Ignace）の実践的忠告を思い浮かべられるが，聖ベネディクトゥス（Benoît）や聖フランチェスコ（François）のような，修道会を設立した人々の作った会則も忘れてはならない。こうした人々は福音にしたがった生き方を教え，ある霊性——

---

proprietates Spiritus Sancti…Eius indicium sumis per vocem verborum suorum, quam dum audis, cognoscis eius *spiritualitatem* ».

　54）　*Sent. III dist. 38 q.1 a.4 sol.*; *Quodl. VII a.17 ad 5*: « Vita spiritualis a nullo potest conseruari nisi per actus uirtutum »〔霊的生活は徳の行為なしに成り立たない〕; *ST 1a 2ae q.65 a.2 sc.*: « Per uirtutes perficitur uita spiritualis »〔霊的生活は徳により完成する〕; cf. *3a q.59 a.3 arg. 2*; etc.「霊的な」（spiritualis）という語はトマスの著作で約 7000 回使われている。この豊かさを活用するには網羅的な研究を待たねばならないが，7000 のうち 500 の事例に関する調査結果から推定するなら，霊的生活（uita spiritualis）という表現は 280 の事例で今述べている意味と正確に合致している。すなわち，愛と福音に適う徳の生活——洗礼で始まり聖体と残りの秘跡で維持される——という意味である。

　55）　Cf. *Initiation*, chap. 14.〔『トマス・アクィナス　人と著作』第 14 章参照。〕

ベネディクト会的，あるいはフランシスコ会的など——
を始めたのである。こうした事例からよく分かることに，
「理論」は実践を拠りどころにしており，こうした教えは
知性で学んだ学知からではなく，むしろ長い霊的修養で得
られた認識から出てきたものである。常にそうだというわ
けではないが，時にこのような修養はぜひとも必要になる
ものであり，こうして霊性だけでなく，霊的教え，また霊
的神学を論じることもできる。

　このようなわけで，霊的教えの観点からトマスを検討
できる。しかし，かつてジャック・マリタン（Jacques
Maritain）は霊的教えを二つに区別したが，ここでこの区
別をあらかじめ想起しておくのがよいだろう[56]。まず，「実
際的に実践的な」（pratiquement pratique）知識があるが，
たった今言及した聖人たちの著作はこうしたものである。
これらの聖人は霊にしたがって行為する際の具体的規範を
弟子に提案することで，弟子が自分の経験を更新したり，
あるいは少なくとも似たような経験を味わったりするのを
期待している。経験に基づくこうした教えは経験を目指す
もので，「今ここ」での具体的な倫理的行為を直接的対象
としている。トマスは説教——キリスト教徒の日々の経験
に密着して述べられることがある——を除いて，こうした
実際的に実践的な教えを明らかにはしなかった。

　「思弁的に実践的な」（spéculativement pratique）知識で
は事態が異なるが，これは倫理学ないし倫理神学の領域で
ある。この知識は行為を導くかぎりで実践的だが，行為の
規範を一般的に検討し，個別的行為を具体的に規定しよう
としない点で思弁的にとどまる。周知の定式によれば，倫

56）　J. MARITAIN, *Distinguer pour unir ou Les degrés du savoir*,
Paris, 1946, 5ᵉ éd., chap. VIII: « Saint Jean de la Croix praticien de la
contemplation ».

第1章　神学と霊性　　37

理神学は拡張により実践的になる思弁的知識である。倫理神学は日常生活のあらゆる問題に直接解答するものだと言うなら，倫理神学はたちまち決疑論になってしまうだろう——多様な逸脱の形を歴史はとどめている。対して，神学はこの世で生きながら神を目指すキリスト教徒の行為を規定する主要な法則を探究し明らかにする——トマスは実際にこれを行った——もので，この場合神学は思弁的にとどまると言うなら，こうした考察は霊的教えの一つと見なせるのである[57]。

　おそらくここで一つの問いが出てくる。もしトマスにこうした教えがあるなら，なぜ彼は見落とされないように強調しなかったのか。答えは簡単である。すなわち，トマスの霊性に気づかないのは，その場かぎりでトマスを利用しようとする人だけで——他の霊的教師のもっとはっきりした霊性も一時的に参照するだけでは分からないのと同じである——，トマスに精通している人は，ふつうこの霊性を明らかにする必要を感じていないのだが，どのように対処すべきかしっかり心得ていた。トマス自身がここで論じているような霊性について何も書かなかったのは，事実上『神学大全』で代用できるからである。かつてジルソン（Gilson）が見事に述べたように，「『神学大全』は抽象的にして明晰で，人間が書いたとは思えないほど透明なものだが，トマスの内的生活そのものが結晶化したものである」[58]。

---

57)　倫理神学と霊的神学の一致点と相違点についてもっとよく知りたいなら，きわめて解明的研究 M.-M. LABOURDETTE, « Qu'est-ce que la théologie spirituelle? », *RT* 92 (1992) 355-372 を参照。Labourdette 神父は傑出した倫理神学者で，聖人と神秘主義者の経験に強い関心があるが，自分の考察を J. Maritain の延長線上に位置づけている。

58)　É. GILSON, *Le Thomisme*. Introduction à la philosophie de saint Thomas d'Aquin, « Études de philosophie médiévale 1 », Paris,

38   第 1 章　神学と霊性

　この主張を読んで驚く人もいるだろう。これからこの主
張を裏づけていくつもりだが，ここで言われていることは
ほとんど間違いない。すなわち，トマスの霊的教えは暗黙
的でありながらも彼の神学に不可欠なものである。この意
味で，トマスは単に思想家だけでなく，生の教師でもあ
る。どちらの面でも，トマスは自分の考え方を押しつける
イデオローグではまったくなく，真の教師として，自分で
考えて生きるよう弟子に教えている[59]。言い換えれば，ト
マスの教えと生には大きな価値があり，人間およびキリス
ト教徒としていかに振る舞うべきか教えてくれるが，これ
は「霊性」と呼ぶにふさわしいものだろう。

---

[6]1986, p. 457.

　59)　トマスは『真理論』第 11 問で，教師について道具的役
割しか認めていない――trad. et commentaire par B. JOLLÈS dans S.
THOMAS D'AQUIN, *Questions disputées sur la vérité, Question XI: Le
Maître*, Paris, 1983。

第Ⅰ部

三位一体の霊性

第 2 章
すべてを超えるもの

トマスは神学的知識を神を中心に体系化しようと考えたが，このことは『神学大全』の構想を一目見るだけで分かる。問題となるのが神の本質そのものであれ，ペルソナの区別であれ，創造であれ，考察されているのは常に三位一体の神——神自身との関係，あるいは神の業との関係で——である。キリスト教神学者が神を単独的なものとして論じたり，創造を三つのペルソナの生命を考慮に入れずに論じたりするなら，神秘を損なうことになろう。キリスト教徒の神は啓示の神であり，啓示の光が信仰の理解の全体を照らしているのである。

トマスがこの主題を論じる方法はあまりなじみのない読者には少しばかり意表をつくものだが，トマスの意図を知る上で役に立つものである。「まず『神は存在するか』，次にどのようにあるか，あるいはむしろ『どのようにないか』，最後に『神の働き』，すなわち知，意志，力を問わねばならない」[1]。だから，何よりもまず神の存在を明らかにする必要があるが，このことはすでに『対異教徒大全』で強調されている。

---

1) *1a q.2 Prol.*

42   第Ⅰ部　三位一体の霊性

　神を神自身との関係で検討するにあたり，最初に明ら
かにせねばならないのは神の存在証明だが，それとい
うのも著作全体の不可欠な基礎だからである。これが
確立できないなら，神的現実の探究はことごとく崩壊
することになる[2]。

　しかし，このように論を進める理由を的確に理解せねば
ならない。ここで問題となるのは，神が存在しないことを
前提したり，「あたかも」神が存在しないかのように論を
進めたりすることではない。トマスは神が存在することを
疑っておらず，方法的懐疑すらも持っていない。トマスは
信仰に基づき神の存在を使徒信経の第一の真理として認め
ており，啓示された聖書を常に参照している。例えば，き
わめて重要なことに，トマスはある項で神の存在を明らか
にしようとして五つの道を説明しているが，論証の出発点
は「わたしは在るところの者である」という燃える柴の
神顕現である[3]。論証の哲学的内容にしか注目しないなら，
トマスの着想を歪めることになろう。トマスが行おうとし
ているのは，信仰内容を理性で確証し，モーセ（Moïse）
が受けた啓示を神学的に説明することである。自然に予想
することとは反対に，トマスはこの論証で，無神論よりも
むしろ神の存在は自明で証明を要しないと主張する人を相
手にしている。トマスはこうした人に「神の存在はそれ自
体では明らかだが，人間にとって明らかではない」と反論
する[4]。というのも，不信仰者がたくさんいるからである。
しかし，神学者が少なくとも信仰は理性に反しないことを

---

　2)　*SCG I 9.*

　3)　*1a q.2 a.3 sc.* 同様に重要なことに，トマスは神の本質を論じ
たこの最初の部分の末尾で，同じ名を再検討して，「在るところの者」
が神に固有の名かどうか問うている。

　4)　*1a q.2 a.1.*

第 2 章　すべてを超えるもの　　　43

示さねばならないなら，信仰箇条の第一条が何を意味する
かぜひとも知る必要があろう。

　トマスの論証について絶えず鋭い解釈がなされてきた
が[5]，ここでは論証の構造と意味にだけ注目しよう。トマ
スは宗教性に従いつつ主観的に考えたことではなく，むし
ろ外界を観察することから論証を始めているので，運動に
基づく証明を最重要なものとしている。ここで言う運動
は，出発点にすぎない単なる物理的運動ではなく，推論で
到達できる形而上学的運動のことであり，可能態から能動
態に移行するときに必ず見出せるものである。こうして可
能態から現実態に移行することは被造世界のどこでも観察
できるが，無限には遡れないので，第一の動者が存在する
とせねばならない。この第一の動者は完全な現実態にある
ので，他のどんなものにも動かされる必要がない。また，
すべての人が神と呼んでいるのはこの第一の動者のことで
ある。他の四つの道は，創造の際に神があまねく行使する
様々な原因性の観点，すなわち作出因，可能的なものと必
然的なもの，存在の段階，世界の統帥を追究している。し
かし，論証の基本的構造は同じであり，どの道でも第一の
ものが存在するとしているが，この第一のものは世界を説
明する唯一の原因であり，それというのも，世界の始原に
して究極目的だからである。

　この論証の宗教的ないし霊的意味も十分明らかである。
トマスは神の存在を明らかにしようとしているが，この試

———————————
　5)　トマスは神の存在を明らかにするのに五つの道を活用して
いるが，この主題に関する研究はたくさんある。フランス語圏の二
つの古典的研究 É. GILSON, *Le Thomisme*, Paris, [6]1986, p. 67-97; J.
MARITAIN, *Approches de Dieu*, dans *Œuvres complètes*, t. 10, Fribourg-
Paris, 1985 を参照。上の二人は哲学者なので，不可欠な補足のた
めに，神学的研究 G. LAFONT, *Structures et méthode dans la Somme
théologique de saint Thomas d'Aquin*, Paris, 1961 (réimpr. 1996), chap. 1:
« La lumière de Dieu », p. 35-100 も参照。

みは合理主義的になされるものではなく，謙遜な態度を伴うものである。すなわち，人間は神を意のままに扱うことができない[6]。『神学大全』の冒頭の諸問題を論じた研究はたくさんあるが，「素朴に」読んですぐに分かる重要な点がある。トマスは神の存在を明らかにせねばと感じていただけでなく，神の完全な認識に到達できないことも認めていたのであり，この中心思想について繰り返し述べている。すなわち，神の「何であるか」（quid est）は知られず，「何でないか」（quid non est）を知りうるのみである。トマスは試みを断念しなかったが，「神が知られざるものとして知られる」ことを認めねばならなかった[7]。敢えて神について何か述べるとしても，「口ごもりながら」[8]述べるしかないのである。

神に関する知と不知

この問題にはトマス以前にすでに長い歴史があり，トマ

---

6) かつて J. Maritain はこのことを的確に述べた。「神の存在を証明することは，神を把握しきることでも，定義することでも，わがものにすることでも，このような対象にふさわしい観念を手に入れることでもなく，ただ人間が根本的に神に依存している事実を確認することである。理性は神の存在を証明することで，神を自然に崇めるようになり，知的に驚嘆するようになる」（Les degrés du savoir, dans Œuvres complètes, t. 4, Fribourg-Paris, 1983, p. 669）。

7) Super Boetium De Trinitate q.1 a.2 ad 1. Cf. J.-H. NICOLAS, Dieu connu comme inconnu, Paris, 1966.

8) Sent. 1 d.22 q.1 a.1:「人間は神を不完全にしか認識できないが，それと同様にあたかも口ごもりながら（quasi balbutiendo）——これは聖グレゴリウス（Grégoire le Grand）の言葉である——不完全にしか名づけられない。事実，神だけが御自身を完全に認識できるので，こう言ってよければ，神だけが本性をともにする御言を生むことで御自身を完全に名づけられる」。

第2章　すべてを超えるもの　　　45

スが登場する直前の時代でもかなり波乱に富んだ状況が確認できる。1241 年，すなわちトマスが教え始めるせいぜい十数年前に，当時のパリ司教だったオーヴェルニュのギョーム（Guillaume d'Auvergne）は大学の神学者たちの助言に基づき，13 世紀初頭以降目立つようになった思想傾向を断罪せねばならなかった。それは天使も人間も神の本質を認識できないというものである[9]。司教はこうした傾向に対して，「天使も聖なる人々も至福な霊魂も神の本質を見られる」[10]と確言した。

　実際，キリスト教思想は聖書から一見矛盾するように見える二つの主張を受け継いだ。聖パウロは，神は「近づきがたい光のうちに住んでおり，いかなる人間も神を見たことがなく，見ることもできない」と強調した。同様に，聖ヨハネは「これまで神を見た者はない」と断言したが[11]，次のように確言してもいる。「われわれは神に似た者になるだろう。というのも，神をありのままに見るだろうから」[12]。東方と西方という二つのキリスト教的伝統は，それぞれの特性と異なる背景に従いながら，これら二つの主張のどちらか一方を強調した。

　西方教会は，アウグスティヌスとそれに従う大グレゴリウスの影響下で，恩恵の生の延長として祖国で神を見ることを望むのは当然だとした。神は本性的に肉の目では見られないだろうが，イエスは厳粛に「心の清い人は幸いであ

---

9)　トマスは何度もこの断罪をほのめかしている——cf. par ex. *De ueritate q.8 a.1; ST 1a q.12 a.1; In Ioannem I, 18, lect.11, n° 212*。

10)　*Chartularium Universitatis Parisiensis* I, n° 128, p. 170: « Deus in sua essentia vel substantia videbitur ab angelis et omnibus sanctis et videtur ab animabus glorificatis ». この文書は 1241 年 1 月 13 日付のものである。

11)　*1 Tm 6, 16; Jn 1, 18.*

12)　*1 Jn 3, 2;* cf. aussi *Jn 17, 3*:「永遠の生命とはあなたを知ることである……」。

46 第Ⅰ部　三位一体の霊性

る。というのも，神を見るだろうから」（マタ5：8）と述
べているので，神を見ることはできるとせねばならない。
神は見られないと言われているのは，神は物体ではないと
いう意味であり，純粋な心の持ち主でも神の本質は見られ
ないという意味ではない[13]。アウグスティヌスによれば，
キリスト教の希望の全体は来たるべき天の国での見神を目
指すものであり，見たように，トマスはアウグスティヌス
にしたがって，神学は愛の光の中で信仰の理解を求めるこ
とだとしていた。こうしたアウグスティヌス的伝統を受け
継ぎながら，神学者たちは聖なる人々が地上でも神の本
質，すなわち神の「何であるか」を認識できると考えてい
た[14]。

　反対に，ギリシャ教父は，多かれ少なかれグノーシス主
義から出てきた様々な誤り，とりわけ神は人間理性で把握
できるとするエウノミオス（Eunome）の合理主義と対決
することで，むしろ神は見られず，言い表しがたいと強
調したのであり，新約聖書の言う顔と顔を合わせた見神
を解説するときには，神に損害を与えないよう注意して
いた。このギリシャ的伝統はとりわけ二つの道を通じて
西方のキリスト教に広まった。すなわち，偽ディオニシ

---

　13)　AUGUSTIN, *Lettre* 147, 37 et 48 (*PL* 33, 613 et 618)──これ
は見神についてパウリヌス（Pauline）に宛てた手紙である。

　14)　Cf. H.-F. DONDAINE, « Cognoscere de Deo *quid est* », *RTAM*
22 (1955) 72-78. Dondaine はボナヴェントゥラのテキストをいくつか
引用しているが，あるテキストによれば，神の何であるかの認識は
「あらゆる人間が様々に所有できる」。すなわち，「神の何であるかは
網羅的な仕方で完全に知られるが，神だけがこのように御自身を認識
できる。さらに，神の何であるかは明瞭に知られるが，至福者たちは
このように神を認識できる。また，神の何であるかは部分的に不明
瞭に知られるが，すべてのものはこのように神を認識できる。とい
うのも，神はすべての被造物の支配者にして始原だからである」（*De
mysterio Trinitatis*, q.1 a.1 ad 13, *Opera omnia*, t. 5, p. 51 b）。

ウス（Pseudo-Denys）と聖ヨハネス・ダマスケヌス（Jean Damascène）である[15]。ここでは詳しく述べずに，次のことだけ指摘しよう。すなわち，ヨハネス・スコトゥス・エリウゲナ（Jean Scot Érigène）はアウグスティヌスとディオニシウスの主張を両立させようとした最初の人物だが，エリウゲナによると，至福直観で見られるのは神の本質ではなく神の顕現である。当然，この解決は抗議を受けたが，12世紀末，サン・ヴィクトルのフーゴー（Hugues de Saint-Victor）は最も明解で説得力ある異議を述べた。すなわち，神の表象しか見られないなら，〔見神は〕もはや至福ではない[16]。にもかかわらず，他の神学者たち——とりわけサン・ジャックのドミニコ会士たち[17]——は，ギリ

15）　どのようにして「東方の光」が西方に入ってきたかについては，M.-D. CHENU, *La théologie au douzième siècle*, « Études de philosophie médiévale 45 », Paris, 1957, p. 274-322: chap. 12 (« L' entrée de la théologie grecque ») et 13 (« Orientale lumen ») を参照。

16）　「常に表象しか見られないなら，決して真理は見られない。というのも，たとえ表象が真理を示しているとしても，真理ではないからである。だから，東方の人々に対して言わせてもらえば，知性を曇らせるこうした表象はあってはならないし，神と人間の間に勝手に作り出した偶像を置くべきではない。西方の人々にとり，満足を与えてくれるのは神だけで，神に到達するまで探究は終わらない」（PL 175, 955 A）。トマスは *1a q.12 a.2* でこの問題を論じている。「神を似像を通じて見るなら，神の本質は見ていないことになる」（dicere Deum per similitudinem uideri, est dicere diuinam essentiam non uideri）。Cf. J.-P. TORRELL, « La vision de Dieu per essentiam selon saint Thomas d'Aquin », *Micrologus*, 1996.

17）　とりわけ，1230-35年にパリで，初期のドミニコ会出身の教授だったサン・シェールのフーゴー（Hugues de Saint-Cher）——cf. H.-F. DONDAINE, « Hugues de Saint-Cher et la condamnation de 1241 », *RSPT* 33 (1949) 170-174 と，同僚にしてアルベルトゥス・マグヌス（Albert le Grand）の前任者だったサン・カンタンのゲリクス（Guerric de Saint-Quentin）——cf. H.-F. DONDAINE et B.-G. GUYOT, « Guerric de Saint-Quentin et la condamnation de 1241 », *RSPT* 44 (1960) 225-242; C. TROTTMANN, « Psychosomatique de la vision

シャ的伝統がもたらす深い宗教性も洞察していた。こうして，神は認識できないという主張により西方神学の伝統に属する権威たちは動揺したのであり，ついには1241年，パリ司教が介入することになったが，この反動は実際のところ小さなものではなかったのである[18]。

　教師アルベルトゥスの解答を受け継ぐトマスは，解決策として，地上での神認識と祖国での神認識を注意深く区別することを提案した。こうして，トマスは1257年に『真理論』で，ギリシャ的伝統の主要権威であるディオニシウスとヨハネス・ダマスケヌス──彼らによると，神の何であるかは認識できない──と対話するにあたり，穏やかに次のように答えている。

　　　地上での神認識は，知性が何らかの可知的形象を受けとることで生じるとせねばならない。こうした形象は神の本質を十分に表すものではないので，それにより神の本質は見られない。分かるのは，神が知性の受けとる形象を超えていることだけで，神の「何であるか」は隠れたままにとどまるのである。そして，これはこの世で生じる神認識の最高段階である。このよう

---

béatifique selon Guerric de Saint-Quentin », *RSPT* 78 (1994) 203-226 を挙げることができよう。〔至福に関するこの話には広大な背景がある。Cf. C. TROTTMANN, *La Vision béatifique. Des disputes scolatiques à sa définition par Benoît XII*, « Bibliothèque des Écoles françaises d'Athènes et de Rome 289 », Rome, École française, 1995──この浩瀚な書物の大要は，S. Th. Bonino, *RT* 96, 1996, p. 495-499 の紹介を参照。〕

　18)　この歴史は，H.-F. DONDAINE, « L' objet et le 'medium' de la vision béatifique chez les théologiens du XIIIe siècle », *RTAM* 19 (1952) 60-130 が見事に描写した。S. TUGWELL, *Albert & Thomas Selected Writings*, New York-Mahwah, 1988, p. 39-95 と，Tugwell の要約 « La crisi della teologia negativa nel sec. XIII », *Studi* n.s. 1 (1994), 241-242 も参照。

なわけで，認識できるのは神の「何であるか」ではなく，「何でないか」だけである。——しかし，祖国では事態が異なる。というのも，トマスはアルベルトゥスの解答を受け継ぎ磨きをかけているのだが，その解答によれば，祖国では神を見るのに被造的形象は一切必要なく，神が直接知性に現前し，至福が生じるからである——。事実，〔祖国では〕神の本質そのものが十全に現前する。だから，神自身が知性の形象になるので，神の「何でないか」だけでなく，「何であるか」も認識できるだろう[19]。

　ある研究者が的確に述べているように，「ここで，聖書の『ありのままに〔見る〕』(sicuti est) と『形象を通じて見る』(uidere per speciem) という表現はアリストテレスの語法と結びついているが，この結びつきはトマスの弟子たちに受け継がれた。しかし，トマスはこうした理解に基づいて，1257年に注目すべき判断を下した。この判断がどれほど重要かは，偉大な同時代人たちの判断と比較してはじめて明らかになる」[20]。それほどアリストテレス的ではないボナヴェントゥラは，地上でも神の「何であるか」はどうにか認識できると考えた。アルベルトゥスによれば，神の本質や存在を「ありのままに」(ut est) ——たとえ不明瞭でも——認識することは不可能ではないが，この認識は神の「何であるか」ではない[21]。こうした見解に対し，

───────────

19)　*De ueritate q.8 a.1 ad 8.*

20)　H.-F. DONDAINE, « Cognoscere de Deo quid est », p. 72.

21)　Cf. H.-F. DONDAINE, *ibid*., p. 72-75. 以下は，トマスが参照しているアルベルトゥスの文章である。「事物をありのままに（ut est）見ることと，事物の何であるか（quid est）を知ることが異なるように，神をありのままに見ることと，神の何であるかを知ることを区別する必要がある。『事物をありのままに見ることは事物の存在や本質を知ることだが，事物の何であるかを知ることはあらゆ

トマスはたった今引用した『真理論』のテキストの中でうまく反論している。すなわち，事物の本質を知ることはその「何であるか」を知ることである。

したがって，ディレンマは，1241年の断罪に象徴されるラテン的伝統の方向性を完全に受け入れ，神を完全に認識できるという無邪気な幻想を抱かずに，神の本質はどうにか認識できるとする態度と，実際に顔と顔を合わせて神を見るという聖書にある希望を断念せずに，神秘とその超越性を尊重するきわめて深い宗教性を備えたギリシャ的伝統を取り入れる態度，この二つの態度の間にあった。一方には人間は神秘を把握できるという冒瀆的な主張があり，他方には人間は神の非人格的超越性を理解できないという不可知論がある。最終的に神と出会えると考えることで，キリスト教徒は希望を持ち，無限の欲求をかなえるために奮闘するのだが，不可知論のせいで見神の希望は消えてしまうのである。

否 定 の 道

こうした異なる二つの着想を同時に満たす神認識を得るために，トマスはある方法を活用する。その方法は確かに理性のあらゆる力を要するが，肯定よりも否定に重点を置くもので，神が何であるかを明言するよりも「神ではないすべてのもの」を順々に遠ざけていくものである。それゆえ，これは偽ディオニシウスから受け継いだ「除去の道」（uia remotionis）だが，いわば『対異教徒大全』の序文に

るデータを含む固有の定義を知ることである』（Rem enim videre, ut est, est enim videre esse rei sive essentiam rei; videre autem, quid est res, est videre propriam diffinitionem includentem omnes terminos rei)」（*De resurrectione, tract. 4 q.1 a.9*, éd. Col., t. 26, 1958, p. 328 b）。

第2章　すべてを超えるもの　　　　51

相当する部分で見事に活用されている。この円熟期の最初
の大作では，トマスは『神学大全』のように過度に簡潔に
書こうとはしていない。だから，そこには詳しい説明があ
り，おかげで読者は理解しやすくなっている。二つの著作
で，神の存在はすでに証明済みなので──「神と呼ばれる
第一のものが存在する」──，次に神が神自身において何
か問われている。

　　神の本質を検討するにあたり，何よりもまず必要なの
　　は「否定の道」である。事実，神の本質は無限なので
　　人間知性で得られるあらゆる形相を超えている。だか
　　ら，神の本質について，「何であるか」（quid est）は
　　分からないが，「何でないか」（quid non est）を知る
　　ことでどうにか認識できる。そして，知性を使ってよ
　　りたくさんのものを神から遠ざけるほど，神の本質は
　　よく理解できる[22]。

　次の比較は少しばかり卑近だが，一時的にイメージを述
べてみたい。トマスが活用するのは単純な考え方で，相手
が考えている人物や事物を推測する室内遊戯で見られるも
のである。最も簡単なのは，順々に可能性を取り除いてい
く方法である。相手が考えているのは事物か生物か，動物
か人間か，男か女か……。除去を重ねてついに相手が考え
ているものを言い当てる。しかし，神の場合，事態はそれ
ほど単純ではない。

　　事実，あるものと他のものの違いをより完全に知れば
　　知るほど，そのものをいっそう知ることになる。実
　　際，どんなものにも他のすべてのものと異なる固有の

───────────
　22)　*SCG* I 14.

特徴がある。このようなわけで，まず定義を知っているものの「類」を規定しよう。これで，そのものの一般的な認識が得られる。次に，他のものとの違い，すなわち「種差」を付け加えよう。こうして，あるものを完全に認識できる。

こうした推論方法に慣れていないなら，簡単な例を考えてみてほしい。この方法を使えば，まずあるものは最も一般的な特徴である類で定義できるが，これに固有の特徴である種差が付け加わる。例えば，人間を「理性的動物」と定義する場合，「動物」という規定で人間は生物の類に属すことになり，植物や鉱物から区別できる。他方，「理性的」という規定は種差を示すもので，あらゆる生物から人間を区別する特徴を表している。これで人間の全体，とりわけ一人ひとりの人間が認識できたとは誰も思わない。こうした一般的「人間」の認識は最も一般的な特徴を述べた抽象的認識にすぎず，ペトロやパウロがどんな人間かという個物の認識——まったく別の探究方法が採られる——ではない。しかし，類と種差によるこうした認識は，どんなにわずかなものでも，神には適用できない。

しかし，神の本質の検討では，「何であるか」を捉えて類とすることができず，〔積極的に神の性質を述べる〕肯定的種差に基づいて他のものと区別することもできないので，〔他のものを神について否定する〕否定的種差を頼りに神の本質を理解せざるをえない。

先ほど人間を定義するにあたり「動物」に「理性的」を付加したが，この「理性的」という規定が肯定的種差にあたる。神の場合こうした手続きはとれないので，むしろ神は事物でもなく，動物でもなく，理性的でもない……と言

第2章　すべてを超えるもの　　53

わねばならないだろう。にもかかわらず，論の進め方はよく似ている。

　　肯定的種差の領域で，種差に種差を重ねて，あるものを他の多くから区別し，そのものの定義をより限定するのと同様に，「否定的種差の領域でも，種差に種差を重ねて，あるものを他の多くから区別する」。例えば，神は付帯性ではないと主張するなら，このことで神をあらゆる付帯性から区別している。次に，神は物体でないと付け加えるなら，さらに神を一定数の実体から区別することになる。「こうして，徐々に，否定に否定を重ねて，神を神でないすべてのものから区別する」。「神をすべてのものから区別して知るとき」，これは神の本質に関する固有の認識だろう。「しかし，完全な認識ではないだろう。というのも，『神が神自身において何であるか』（quid in se sit）は知られていないから」。

　このテキストは長く難しいものだが，引用せねばならなかった。というのも，最終的には内容の面でも，トマスの意図に関してもきわめて明解だからである。トマスは，神の何でないかを知れば，神について何らかの認識が得られると深く確信していた。こうした否定的種差の一つ一つは，先行する種差をより明確に限定し，認識対象の外的な輪郭をますますはっきりさせる。「こうして，順々に否定を繰り返していき，神を神でないすべてのものから区別するなら，神の本質について『積極的ではないが真の』認識が得られるだろう。というのも，神を他のすべてのものから区別して知るからである」[23]。室内遊戯のイメージはここ

---

23)　É. GILSON, *Le Thomisme*, Paris, ⁶1986, p. 114.

にきて不十分になり，比較はすべての点で当てはまらなく
なる。相手が考えていた人物や事物を特定できれば，状況
は明らかとなり，もはや謎は存在しなくなる。神の場合は
こうはいかない。というのも，確かに判断により神を真に
肯定できるが，神秘を表す考えや概念は分からないからで
ある。「分かるのは神の定義ではなく，神が神でないすべ
てのものと異なることである。だから，神の何であるかは
知られるのではなく，肯定される，すなわち判断により措
定されるのである」[24]。否定神学は否定を目的とする神学で
はまったくない。

　上のテキストは内容が的確なだけでなく，トマスの暗黙
的な霊的方法と呼べるものも教えてくれる。この厳密な否
定的弁証法はきわめて注目すべきもので，それ自体，偉大
な禁欲の営みである。もし神学者が本書の冒頭で示唆した
ような態度でこの弁証法を実行しようとするなら，推論を
進めていくことがそのまま神に向かって上昇することなの
に気づくだろう。さらに，完全な信仰者として，生ける神
（使 14：14）に向かうために偶像を捨てねばならないなら，
自分の作り出した偶像である知性の概念——これは相当執
拗なものである——からも離れる必要がある。トマスが独
自に哲学者の観想とキリスト教徒の観想を区別することで
勧めているのはこのことである。哲学者の観想は認識その
ものの喜びにとどまる傾向があり，結局自己愛から出てく
るものである。対して，聖なる人々の観想は全体として神
的真理への愛から出てくるもので，対象そのものに到達す
るまで終わらない[25]。この観想による上昇は対象そのもの

---

24)　T.-D. HUMBRECHT, « La théologie négative chez saint
Thomas d'Aquin », RT 93 (1993) 535-566; 94 (1994) 71-99, cf. ici p. 81.
これはこの主題に関する最新の成果だが，きわめて洞察に富む研究の
一つである。

25)　Cf. III Sent. d.35 q.1 a.2 sol.1. トマスは意志ないし情動が観

第 2 章　すべてを超えるもの　　　55

が展開を規定するという意味で完全に客観的なものだが，それに専心する主体は何も持っていてはならない。対象がこの空虚を埋め充実をもたらしてくれるのである。こうして，神学の営みを通じて霊的生活が学べる。

知られざるものとして知られる神

　否定神学という方法が『対異教徒大全』と『神学大全』で同じ役割を果たしているとしても，具体的な展開はかなり異なる。『対異教徒大全』では，出発点は神の不変性である。これは哲学的な公理や結論ではなく，啓示内容の一つである。聖書は異なる三つの箇所でこの主張を繰り返している。すでに『民数記』23 章 19 節で「神は人間のように変わることがない」とあり，同じように「わたしは神であり，変わることがない」（マラ 3：6），「神にはいかなる変化もない」（ヤコ 1：17）と述べられている。トマスはこうした言明に基づいて，神は不動なら永遠でもあり，それゆえいかなる点でも可能態にないことを明らかにしている。したがって，神には質料もなく——というのも，質料

想的生活でどのような役割を果たすか問うているが，観想が知性の業だとしても，知性は絶えず意志に駆り立てられることを強調している。「こうして，観想的生活は意志に駆り立てられた認識能力の働きである。しかるに，働きはいわば主体と対象の中間にある。働きは認識主体の完成であると同時に対象に規定される。だから，認識能力の働きは二つの仕方で情動から影響を受ける。一方，『働きが認識者の完成である点では』，認識の働きの情動的要素は自己愛に由来する。『哲学者の観想的生活の情動性はこうしたものだろう』。他方，『働きが対象に到達するかぎりでは』，観想の欲求は対象への愛に由来する。というのも，愛のあるところ，そこに目があるからである……。『ここで言う，聖なる人々の観想的生活の情動性はこうしたもので，……愛が必要になる』」。Cf. *2a 2ae q.180 a.1 et 7.*

は可能態にあるから——，こうして神からあらゆる複合を遠ざけられる。さらに，他の何かと複合されていないなら，神はその本質にして存在そのものなのがはっきり分かる。論証を詳しく最後まで検討する必要はない。論証は神の単一性を確証するに至り，神の他の完全性の検討に移る。

　トマスは『神学大全』では反対の順序を採用し，神の単一性から論じ始めているが，にもかかわらず最初の着想を捨てず，むしろ掘り下げている。このことは先ほど引用した『対異教徒大全』のテキストの並行箇所を読めばすぐに理解できる。

　　　あるものが存在することが分かったら，次にどのようにあるか問うことで，そのものが何であるか判明する。しかし，「神の何であるかは分からず，何でないかを知りうるだけ」なので，考察できるのは神がどのようにあるかではなく，むしろどのようにないかである。だから，まず「神がどのようにないか」を，次にどのようにして人間に「知られるか」を，最後にどのように「名づけられるか」を検討しよう。神がどのようにないかは，神にふさわしくない事柄，すなわち複合，運動，他の似たような事柄を神から遠ざけることで明らかにできる。このようなわけで，まず神の単一性を取り上げるが，この考察で神からあらゆる複合を遠ざけることになる。だが，物体界では単一なものは不完全なので，次に神の完全性，無限性，不変性，一性を検討する必要があろう[26]。

---

　26)　*1a q.3 Prol.* このテキストは第4-11問の構成を要約している。

第2章　すべてを超えるもの　　　57

　それゆえ，トマスは神の単一性から論じ始めているが，
神の存在の充実と，神では本質と存在が同一なこと——神
は存在そのものである——を強調している。そして，神の
単一性に続く神の属性の考察を支えているのはこれらの主
張である。考察はどれも詳しく検討すべきものだろうが，
トマスの論証からはっきり分かることを指摘するにとどめ
よう。論証を通じて，人間は神秘を完全に把握するどころ
か，反対に神秘が把握できないものだと強く意識するよう
になる。否定神学は神秘を敬い崇める認識の一形態なので
ある[27]。

　トマスはこうした考察でギリシャ的伝統をいくばくか受
け継いでおり，すでに経歴の最初期——その頃トマスは否
定神学（apophatisme）を唱える著名な人々を初めて知っ
た[28]——に，このことを説明している。ここで問題となる
のは，神がモーセに啓示した「在るところの者」（Qui est）
というウルガタ聖書の表現が，真に神の「何であるか」
（quid est）を意味するのか，それともヨハネス・ダマスケ
ヌスの言うように，「膨大な無数の実体」[29]を意味するだけ
なのかである。異論にあるように，ダマスケヌスが正しい
とするなら，無数のものは網羅的に把握できないので，神

---

　27)　É. GILSON, *Le Thomisme*, p. 99 を参照。「こうして否定的方
法を通じて神を考察することが，人間の神認識の特徴なのがますます
明らかとなる。神は単一だが，単一なものは人間には理解できない。
だから，人間は神の本性を理解できない。『それゆえ，人間のこうし
た神認識は，否定神学という形でしか成立しない』。神の存在が何か
を知ることは，それを知らないと認めることである」。

　28)　'Apophatisme' (du grec apophasis = négation) は，時に「否定
神学」（theologia apophatikè）と同じ意味で使われているが，偽ディオ
ニシウス自身の表現である。

　29)　*De fide orthodoxa* 1 9, 2: PG 94, 836; *Burgundionis versio*,
éd. E.M. BUYTAERT, Louvain, 1955, p. 49: « Totum enim in seipso
comprehendens habet esse, velut *quoddam pelagus substantiae infinitum
et indeterminatum* ».

も「名づけ」られない。だから，神は論じられず，知られ
ざるものにとどまるだろう。対して，トマスには何の疑い
もなかった。あらゆる名のうちで，「在るところの者」とい
う名には神を論じる上で明白な利点があり，それという
のも啓示された名だからである。だからと言って，神秘を
完全に把握したことにはならない。

　「賢者」〔という名〕がある存在を言い表すように，他
の名はどれも特定の存在を言い表す。だが，この「在
るところの者」という名は，どんな付加にも限定され
ていない絶対的な存在を言い表す。それゆえ，ダマス
ケヌスによれば，この名は神の何であるかを意味する
ものではなく，「限定されていない膨大な無数の実体」
を意味している。だから，否定の道を通じて神を認識
するにあたり，まず物体的なものを，次に被造物に見
出せる善や知恵のような霊的なものも否定しよう。す
ると，知性には神の存在 (quia est) 以外の何も残ら
ず，知性は混乱する。最終的に，「被造物に見出せる」
この存在そのものも否定することになり，知性はいわ
ば無知の闇に入る (et tunc remanet in quadam tenebra
ignorantiae) が，この無知を通じて少なくとも現在の
生では最も強く神に結びつくことになる。ディオニシ
ウスが言っているように，この無知は密雲のようなも
ので，そこには神が住むとされる[30]。

―――――――――――

　30）　*Sent. 1 d.8 q.1 a.1 ad 4.* 以下が，この文脈でいつも言及さ
れる偽ディオニシウスのテキストである。*De diuinis nominibus VII 3*
(*PG* 3, 869-872); *De mystica theologia 1-2* (*ibid.*, 997-1000); *Epistola V,*
Ad Dorotheaum (*ibid.*, 1074). フランス語訳は，M. DE GANDILLAC,
Œuvres complètes du Pseudo-Denys l' Aréopagite, Paris, 1943, p. 144-
145; 177-178; 330-331 参照。この文脈で，SAINT ALBERT LE
GRAND, *Commentaire de la 'Théologie mystique' de Denys le Pseudo-*
Aréopagite suivi de celui des Epîtres I-V, introd., trad., notes et index par

第2章　すべてを超えるもの　　59

　このテキストは「聖トマスのすべての著作の中で最も否定主義的だ」[31]と言われてきた。しかし，こうしたテキストは他にもあり，かなり注目すべきことに，トマスの学問的発展のあらゆる段階で似たような言明を見出せるのである。『命題集註解』から十年後の『対異教徒大全』では，同じことがもっとはっきり論じられている。

　　離存的実体は自分自身を通じて，神が存在すること（quia est），また神がすべてのものの原因で，すべてのものを超えていること（eminentem），さらに存在するすべてのものからだけでなく被造知性が思い描くすべてのものからも遠く離れていること（remotum）を知る。人間もどうにかこうした神認識を得られる。というのも，神の結果から，神が存在すること（quia est），また神がすべてのものの原因で，それらを超えて遠く離れていること（supereminens et remotus）を知るからである。ディオニシウスが『神秘神学』第1巻3章で言っているように，これはこの世での神認識の最高段階である。すなわち，「人間は知られざるものとしての神に結びつく」。このことは神の「何でないか」（quid non sit）を認識することで生じるが，神の「何であるか」（quid est）はまったく知られないままにとどまる（penitus ignotum）。こうして，この崇高な知を伴う無知を意味するために，「モーセは神の住む暗い密雲に近づいた」（出 20：21）と言われてい

─────────

É.-H. WÉBER, « Sagesses chrétiennes », Paris, 1993 も参照。

　31）　T.-D. HUMBRECHT, *RT* 1994, p. 78ss.『命題集註解』のテキストはしばしば詳しく解説された。とりわけ，J. OWENS, « Aquinas-'Darkness of Ignorance' in the Most Refined Notion of God », *The Southwestern Journal of Philosophy* (Norman, Oklahoma) 5 (1974) 93-110 を参照。

60 　　　　　第 I 部　三位一体の霊性

る[32]。

　トマスは天使の認識と比較しながら詳しく説明している
が，次のことは注目に値する。トマスは神秘を完全に把握
しようとは思っていないが，人間が神秘についてまったく
何も知らないわけではないことも指摘している。この二つ
の方向性について簡潔に述べたテキストはたくさんある
が，すべてを指摘するには及ばない。ここでは学問的著作
から離れて，トマスが信徒にどのように語りかけているか
見てみよう。トマスは神学的考察に基づいて説教してお
り，同じ考えを述べている。

　　　神を認識するのに，除去の（per remotionem）道ほど
　　　有益な方法はない。「人間が神を完全に認識するのは，
　　　神は考えられるすべてを超えていると自覚するときで
　　　ある」。このようなわけで，モーセ──この世に限れ
　　　ば神と最も親密（familiarissimus）だった──は密雲
　　　と暗闇の中の神に近づいた，すなわち「神の何でない
　　　か」を学ぶことで神を認識するに至ったとされる。こ
　　　の除去の道こそ，「聖なる」──『イザヤ書』6 章 2
　　　節でセラフィムたちが三度繰り返す「聖なる」──と
　　　いう名が意味しているものである[33]。

────────────

　　32)　*SCG III 39, n° 2270.* このテキストからは，ディオニシウス
の影響だけでなく，プロクロス（Proclus）の影響も分かる。という
のも，トマスはプロクロスから「まったく知られざるもの」(penitus
ignotum) という表現を借用しているからである。Cf. *Super librum
De Causis, prop. 6*, éd. H.-D. SAFFREY, Fribourg-Louvain, 1954, p. 43;
C. D' ANCONA COSTA, *Tommaso d' Aquino, Commento al 'Libro delle
Cause'*, Milano, 1986, p. 229ss.『対異教徒大全』の文章について，A.
PEGIS, « Penitus manet ignotum », *MS* 27 (1965) 212-226 の解説を参照。

　　33)　Sermon *Seraphim stabant* (inédit), dans J.-P. TORRELL, *La
pratique pastorale*, p. 241, note 141.

第 2 章　すべてを超えるもの　　　61

　連禱のようなこの一連のテキストはさらに増やせる
が[34]，ここから，この問題に取り組む謙虚な態度が決して
失われず，機会あるごとに繰り返されているのが分かる。
だが同時に——またしばしば必要なことに——，神学者は
神について論じることをあきらめない。神学者は神から最
も貴重な善として知性を受けとっているが，力を尽くして
神秘を探究することが神を最高に讃えることだと考えて
いる。トマスの否定神学を論じた研究はたくさんあるが，
この語を使うときには意味に含みを持たせる必要がある。
この文脈ではきまってディオニシウスが参照されている
が，このことからディオニシウスが中世で大きな影響力を
持っていたことが分かる。しかし，トマスはいつものよう
に——アリストテレスや他の著述家の場合と同様に——，
ディオニシウスの場合にも思想を大幅に修正している。

　こうした修正で最も明らかなものは，正当にもずっと以
前から指摘されてきた。トマスが使用した翻訳に書かれて
いたこととは反対に，トマスはここでディオニシウスのよ
うに神が「まったく」知られざるもの（‘omnino’ ignoto）
にとどまると言っているのではなく，人間が知られざるも
の「としての」神（‘tamquam’ ignotum; ‘quasi’ ignoto）に
到達すると言っているだけである[35]。さらに，ディオニ
シウスは神が存在を超えているとし，決して知られないと結
論したが，対してトマスは神が「被造物に見出せるこれこ
れの存在」を超えているとし[36]，神と被造物に共通な存在
の概念はないと言っている。だが，このトマスの主張は

---

34)　Cf. *Sent. III* d. 35 q.2 a.2 sol.2; *Super Boetium De Trin.* q.2 a.2
ad 1; *De ueritate* q.2 a.1 ad 9; *De potentia* q.7 a.5 ad 14; *In Col.* 1, lect. 4,
n° 30.

35)　Cf. la note de P. MARC sur *SCG III 39* n° *2270* et T.-D.
HUMBRECHT, *RT*, 1994, p. 91, n. 92.

36)　最初に引用した *Sent. I* d.8 q.1 a.1 ad 4 を参照。

「在るところの者」という名が決して神に適用できないという意味ではない[37]。トマスの考える神は単なる存在の原因ではない。神は存在の原因以上のものである。確かにトマスは原因性の道を活用して神について知る必要のあることを述べているが、さらに先へ論を進めようとしている。

トマスは有名なディオニシウスが神に近づくために提案した三つの道を取り上げ、延長し、修正しているが、そこからトマス特有の方法が浮かび上がってくる[38]。トマスは三つの道の順序そのものを必要に応じて変えているが、このことだけで、トマスがディオニシウスの絶対的な否定神学に与していないこと、また〔神について何かを〕否定することで肯定する可能性がなくなってしまうわけではないことが分かる[39]。トマス自身がマイモニデス（Maïmonide）について指摘しているように、神の存在は無生物の存在では「ない」ので神は生きているとは言えない。こうした考えによれば、神の存在は鳥の存在では「ない」ので神は獅子だと述べても正しいことになろう。

　　否定の意味そのものは何らかの肯定に支えられている……。だから、「人間知性が神について肯定的な知を

37）　É. GILSON, *Le Thomisme*, p. 165 参照。Gilson によれば、トマスはディオニシウスの推論の順序を変えているが、このことでディオニシウスの教え全体が破壊されている。トマスがディオニシウスの教えを完全に覆しているのは本当だが、事態はそれほど単純ではない。トマスはディオニシウスの三つの道はそのままでは採用できないとはっきり認めているが、これは不注意のせいでも、恣意的な判断でもなく、むしろ次註の M.B. Ewbank が明らかにしたように、文脈を考慮してのことである。

38）　M.B. EWBANK, « Diverse Ordering of Dionysius's *Triplex Via* by St. Thomas Aquinas », *MS* 52 (1990) 82-109.

39）　貴重な T.-D. Humbrecht の研究によれば、否定神学は肯定神学を前提せずには機能しない。

得られないなら，神について何も否定できなくなるだろう」。というのも，人間知性が神について述べることがどれも肯定的に立証できないなら，いかなる神認識も得られないはずだからである。このようなわけで，ディオニシウスにしたがって，神の完全性を示す名は，不完全にではあるが，実際に神の本質を示していると言わねばならない[40]。

神に向かう三つの道

この神に向かう三つの道を少し詳しく論じることはここで重要である。トマスが神を完全に認識できないことを弟子に教えているのは本当だとしても，それは何か口実を作って任務を果たさないことではまったくない。神学者には偉大な知性が求められるが，それは知性の能力を十全かつ正確に発揮するためである。このことはとりわけ三つの道の推論が方法的にどのように進められているかを見れば分かる。この推論をおおまかに理解するために，最も明解なある説明——「世界の創造以来，目に見えない神の力はその業から理解できる」（ロマ1：20）に関する註解——を取り上げよう。聖書によく見られるこうした言明は，聖パウロがアテナイ人にした演説（使17：24-28）や，『知恵

---

40) *De potentia q.7 a.5*: « Intellectus negationis semper fundatur in aliqua affirmatione…*Unde nisi intellectus humanus aliquid de Deo affirmatiue cognosceret, nihil de Deo posset negare*. Non autem cognosceret si nihil quod de Deo dicit uerificaretur affirmatiue. Et ideo… dicendum est quod huiusmodi nomina significant diuinam substantiam, quamuis deficienter et imperfecte ». G. Emery によれば，トマスはこの点で教師アルベルトゥスに似ている。« Omnis negatio fundatur supra aliquam affirmationem; unde ubi non est uere affirmatio, neque erit etiam uere negatio » (*Super Dion. Myst. Theol. V*; éd. Col., p. 475).

の書』13 章 5 節「被造物の偉大さと美しさから，類比により，創造主を観想できる」にも見出せるが，こうしたテキストは説明を要する。

　　だが知るべきことに，「神の何であるか」（quid est Deus）はこの世で生きる人間にはまったく知られない……。というのも，人間の認識は人間と同じ本性の物体的被造物から始まるのだが，物体的被造物は神の本質をうまく表せないからである。しかし，ディオニシウスが『神名論』7 章 4 節で確言しているように，人間はこうした被造物に基づいて三つの仕方で神を認識できる。
　　第一は「原因性」の道である。物体的被造物は不完全で変わりゆくものなので，不変にして完全な始原──こうした被造物の説明原理──に還元する（reducere）必要がある。この道をたどることで，神の存在が理解できる（cognoscitur de Deo an est）[41]。

　この第一の道は，それだけでは不十分であり，まったく誤ってもいる。というのも，原因の概念は神に適用する場合と人間にそうする場合とでは同じ意味を持たないからである。専門用語──説明を要するが，ここでは不可欠である──を使って言えば，ここで問題となるのは一義的概念ではなく，類比的概念である[42]。二つあるいはそれ以上の異なるものに同時に適用できるのが一義的概念である。すなわち，犬と猫に適用した「動物」はいつも同じ意味である。対して，類比的概念は〔二つあるいはそれ以上の対象が〕まったく似ていないことを認めつつも，何らかの類似

---

41)　*In Ad Romanos I, lect.6, n° 114-115.*
42)　Cf. *1a q.13 a.5.*

第2章 すべてを超えるもの 65

性を表すものである。このことは神に適用できる名や性質のどんなものについても妥当する。人間の完全性はどれも，たとえ思い描ける最高のものでも，人間に適用するのと同じようには神に適用できない。例えば，神あるいは人間に適用する原因の概念について，神が創造で果たす役割は職人が作品に対して果たす役割に等しいと簡単には言えない。誤りに陥らないように，この最初のおおざっぱな見解はすぐに修正する必要がある。世界の創造の原因が創造主であることは，絵画があれば描いた画家がいると結論するように推論できるものではない。というのも，神はあらかじめ存在する物質に働きかけるのではなく——創造以前には何もなかった——，被造物の存在原因を見出すには被造的次元を離れねばならないからである。このようなわけで，トマスはすぐに付け加えている。

　　第二は「卓越性」の（excellentiae）道である。事実，被造物が始原に還元されるのは，固有の一義的な原因——人間が人間を生む場合のように——ではなく，普遍的で超越的な原因に還元されるということである。こうして，神がすべてのものを超えていること（super omnia）が分かる。

　神を超越的な原因，すなわちあらゆる原因を超える原因とすることで，推論が完成したと思うかもしれない。しかし，このように考えることは誤解であり，トマスの知性と霊性はもっと先に進もうとしている。

　　神は生きていると言うとき，神は人間の生命の原因だとか，神は無生物とは異なるといったこととは別の事柄を理解している……。同様に，神は善だと言うとき，その意味は神が善の原因だということでも，神は

悪でないということでもなく，むしろ「被造物に見出せる善が神のうちに先在する」──しかもより優れた仕方で──ということである[43]。したがって，神は善の原因だから善なのではなく，むしろ反対に，善だから善を事物に与えるのであり，これは「神が善なので人間は存在する」という聖アウグスティヌスの言葉によっている[44]。

神はこの世界に見出せるあらゆる善や知恵の原因でしかないとするなら，この世界に基づいて神を理解しているわけである──こうした考えによると，神は人間と同じような仕方で存在し，善であり，知恵があることになる。まさしくここで，神と人間を一義的に理解してしまう危険が出てくる。だから，最後の道を検討しよう。

第三は「否定」の道である。実際に神が超越的原因なら，被造物に見出せるものは何一つ神に帰すことができない……。こうして，神は「無」限（in-fini），「不」変（im-muable）などと言われる。

それゆえ，推論の最終段階は，存在，善，知恵と呼ばれるものがこの世と同じ仕方で神について実現することを否定するものである。すなわち，神は存在，善，知恵の根源である。というのも，それらはどれも神のうちに先在する

---

43) この主題に関するトマスの説明は，*1a q.4 a.2-3* 参照。

44) *1a q.13 a.2* avec citation du *De Doctrina christiana I 32, 35.* トマスは同じ問題の第 6 項でこの主題を再検討している。「神に帰すべき名は，神の原因性だけでなく本質にも関わっている。というのも，『神は善である』ないし『神は知恵がある』という言明は，神は善や知恵の原因だということだけを意味しているのではなく，『こうした性質は神のうちに優れた仕方で先在していることを言わんとしている』からである」。

からである。だが，神は人間と同じ仕方で存在し，知恵を
持ち，善であるのではない。トマスは神にこうした完全
性があることを認めながらも，それらが神で実現する様
態は認識できないと言う[45]。だから，神がこの世の善を残
らず優れた仕方で所有していることは分かるのだが，ど
のように所有しているかは絶対に分からない。こうした
完全性の本質——よく用いられる表現では ratio ないし res
significata——は神のうちにあるのだが，人間の認識と言
語の様態（modus significandi）をもってしては，こうした
完全性が神のうちでどのように存在するかを明らかにでき
ないのである。

在るところの者

にもかかわらず，結論はまったく否定的なものではな
い。トマスはこの世で得られる神認識を論じた長い問題の
末尾で，推論の成果を次のように要約している。

それゆえ，神が被造物とどう関係しているか，すなわ
ち神はすべてのものの原因だということが分かる。さ
らに，神がどういう点で被造物と異なるか，すなわち
神自身は自分が生み出したどんなものでもないことも
分かる。最後に，神からあるものを遠ざける場合，そ
のものが神にないからではなく，あり余るほどにある

---

45) このことは T.-D. HUMBRECHT, *La théologie négative*, p.
92 が的確に指摘したが，Claude GEFFRÉ, « Théologie naturelle et
révélation dans la connaissance du Dieu un », dans *L' existence de Dieu*, «
Cahiers de l' actualité religieuse 16 », Paris-Tournai, 1961, 297-317 も参
照。

からそうすることも判明している[46]。

　トマスのすべての努力がこの三つの確実性に支えられていることが分かれば，たとえ最も「否定的な」テキストでもはっきりとした肯定で締めくくられることが理解できる。

　　推論の最後に，「知られざるものとしての神を認識する」と言うことができる。というのも，知性は認識を極限まで進めることで，「神の本質が現在の生で知りうるすべてのものを超えている」ことを認めるからである。たとえ「神の何であるか」は知られていないとしても，「神が存在する」ことは分かっている[47]。

　恩恵で神を認識したとしてもこの確実性が強化されるだけであり，地上での神認識の構造は根本的には何も変わらない。恩恵のおかげで，より大きな働きに基づいて神を認識でき，理性の力だけでは到達できない理解が得られるが，神の何であるかがより明らかになるわけではない。だから，誇張的表現や詩的な比喩以外の方法で神を論じることができるかどうかを問わねばならない。ここで問題となるのは，いかに神を「名づける」かであり，それというのも「事物の名はその事物の認識に基づくからである」[48]。神学者で説教者のトマスはこの試みをあきらめられない。というのも，もしあきらめるなら，ドミニコ会の使命を果たせないだけでなく，自分自身の知的企ても完全に崩壊するからである。

---

46)　*1a q.12 a.13.*

47)　*Super Boetium De Trin. q.2 a.2 ad 1.*

48)　*1a q.13*: « Des noms divins »

第 2 章　すべてを超えるもの　　　69

　トマスはすでに述べたすべてのことにしたがって，最初から次のことを認めている。「被造物に基づいて神を名づけられるとしても，この試みは神の本質そのものを言い表そうとするものではない」。この意味で，ディオニシウスにしたがって，「神は名を持たない，あるいはすべての名を超えている」⁴⁹⁾と言うのは適切である。しかし，トマスがこれで満足していたと考えるなら，彼を誤解することになろう。トマスの否定神学は不可知論ではなかったのである。トマスは神の名を知ろうとして神の御使いと格闘したヤコブ（Jacob）のように，祝福されるまで放そうとはしない。トマスは忍耐強く，被造物に基づいて神を論じることができるかどうか，またできるならいかなる条件でかを問うている。トマスによれば，もちろん岩や砦のような比喩的な名は被造物に優先的に適合するのだが，知恵や善といった完全性の名について事態は同様ではない。完全性の名は被造物よりも神に優先的に適合するので，こうした名を神について否定することは本来できない。ディオニシウスによれば，こうした名を神に帰す場合，肯定するより否定する方が正しいのだが，この言明の意味は，「名が表示する現実は，通常その名が意味する様態にしたがってではなく，より優れた様態にしたがって神に適合する」⁵⁰⁾ということに他ならない。だから，表示された現実とその現実が本来的に実現する神的様態を区別すると分かりやすい。トマスは神を概念のうちに閉じ込めようとはまったく思っていないが，神を適切に論じる方法を模索している。

　特権的な二つの名を取り上げよう。まず，慣例的な「神」という名そのものには利点がある。この名を神以外のものに適用する場合，それはうわべだけの，「臆見にしたがっ

---

49)　*1a q.13 a.1 et ad 1.*
50)　*1a q.13 a.3 ad 2.*

た」使用法である。というのも，神の本性は人間本性のように複数の個物に伝達できるものではないからである。他のあらゆる名と同様，この名から神の本性は分からないが，この名が卓越性，原因性，否定の道の最後を飾るのはきわめて適切である。というのも，「この名はまさに，あらゆるものを超えており，あらゆるものの始原であり，あらゆるものから隔たった存在を言い表すものだからである。すべての人が神という名で示そうとしているのはちょうどこのことである」[51]。

最も神にふさわしい第二の名は，神が御自身をモーセに啓示した名，すなわち「在るところの者」（出3：14）である。トマスはすでに複数回にわたりこの名を解説しているが[52]，『神学大全』でこの名を検討する際，この名が優れている三つの理由を挙げている。まず，「『意味』のためである。というのも，この名は実在に固有な形相ではなく存在そのものを言い表すからである」。神の存在はその本質と同一――このことは神にだけあてはまる――なので，他のどんな名もこれ以上的確に神を名づけられないだろう。というのも，すべてのものはその形相に基づいて名づけられるからである。第二に，この名が神にふさわしいの

---

51)　*1a q.13 a.8 ad 2*. 驚くべきことに，*1a q.2 a.3* の五つの道の各説明を締めくくる結論をここでも発見できる。

52)　É. ZUM BRUNN, « La 'métaphysique de l' Exode' selon Thomas d' Aquin », dans *Dieu et l' être. Exégèses d' Exode 3,14 et de Coran 20,11-24*, Paris, 1978, 245-269 は，トマスがこの聖句を解説している約 20 のテキストを考慮に入れている。トマスは初期の著作では「在るところの者」（Qui est）という定式を用いているが，『神学大全』以降は「わたしは在るところの者である」（Ego sum qui sum）という完全な定式を好んでいるようだ。どうやらこの法則は絶対的なものではない。というのも，確かにこの最後の定式は *1a q.2 a.3 sc.* にあるが，*1a q.13 a.11* ではまさしく「在るところの者」と書かれているからである。

は「普遍性」のためである。というのも，限定されている
ものは神にふさわしくないが，無条件的で一般的なものは
どれも うまく神に適用できるからである。このようなわけ
で，ヨハネス・ダマスケヌスは「在るところの者」を神の
主要な名としている。というのも，「在るところの者」に
は膨大な無数の実体であるすべてのものが含まれているか
らである。他のどんな名も事物のある様態を規定するもの
だが，「在るところの者」という名は個物のいかなる様態
も規定しない。この名はいかなるものも限定しない。最後
に，「この名の含意」（consignificatio）のためである。す
なわち，この名は「現在的な」存在を意味しているが，こ
れは最も神にふさわしい。というのも，神の存在には過去
も未来もないからである。

　このテキストを読めば，問題は解決したように見える。
すなわち，神を表すのに「在るところの者」以外のどんな
名もふさわしくないだろう。しかし，事態はもっと微妙な
差異を含んでおり，補足的な解答ではたった今検討した二
つの主要な名についていわば競争が行われている。

　　　名の起源（id a quo imponitur），すなわち存在と，名
　　　の意味と含意に注目するなら，「在るところの者」と
　　　いう名は「神」という名そのものより的確に神を名づ
　　　けている。だが，名が示そうとしている事柄（id ad
　　　quod imponitur nomen）を考えるなら，「神」という
　　　名はよりふさわしい。なぜなら，それは神の本性を示
　　　すからである。

　おそらく「神」という名は神の本質を何も告げていない
が，神の本質を示すという利点がある。これはちょうど一
般的な名をある個物に固有なものとして適用する場合と同
じである――例えば人間という名をペトロだけに適用する

場合のように。対して,「在るところの者」という名は,存在するすべてのものに見出せる完全性を通じて神を示すものなので, 神だけにうまく適用できるものではない。にもかかわらず, 神学者が存在という語を捨てないのは,「在るところの者」という啓示からこの名の確証を得ているからである。「したがって, 二つの名がある。『神』は確かに神の本性を告げるが, 単に指示的なものにすぎない。他方, 『存在』は確かに神の優れた完全性を示すが, 被造物から取られたものである。だから, 『神』が存在の様態を表示しても説明することはないのに対し, 『在るところの者』は存在の様態を説明しても表示することはない。『どちらの名をもってしても神の本質は包含できないので, トマスの言う『在るところの者』は言い表しがたい神を述べたものである』」[53]。

すべての名を超えた名

たった今述べたすべてのことから, トマスがついに求めていたものを得たと考えるかもしれない。しかし, トマスはそうではないと言う。二つの名を比較しているこの同じ解答の中で, かなり奇妙にも執筆上の失敗を感じさせる言明を付け加えている。「もっとふさわしいのは, テトラグラマトン (Tétragramme) という名である。この名は神の本質そのものを示すもので, 他のものに帰すことができず, こう言ってよければ神だけの名である」[54]。

周知のとおり, テトラグラマトンは神が燃える柴の啓示

---

53) T.-D. HUMBRECHT, *La théologie négative*…, p. 93. 強調はわれわれが行った。

54) *1a q.13 a.11 ad 1.*

第 2 章　すべてを超えるもの　　　73

で御自身を示した名である。四つの文字（YHWH）から
成るこの名は，ユダヤ人たちが畏怖心から発音しないよう
にし，正確に何を意味し，どう発音するか分からなくなっ
たものだが，この名については無数の解釈がある[55]。たと
えこの名がラテン神学の伝統の中で知られていたとして
も，トマスはマイモニデスを読んで初めてこの名の重要性
に気づいたようである。マイモニデスはこの名を詳しく論
じ，テトラグラマトンが「在るところの者」とは異なる名
だと考えていた[56]。

　たとえトマスがマイモニデスの曖昧で極端な否定神学に
与していないとしても[57]，この由来は指摘に値する。とい
うのも，トマスはマイモニデスに影響されて否定神学を主
張するようになったからである。いずれにせよ，トマスは
マイモニデスの解釈のおかげでテトラグラマトンが「在る
ところの者」より適切な名だと確言できた。「神」という
名が適切かどうか問うている『神学大全』の先行する項の
中で，トマスはすでにこのことを述べている。「ある名は
神についてその本性だけでなく『具体的存在』としての主
体も示すのだが，こうした名は完全に神だけのものだろ
う。『おそらく』ヘブライ人の言うテトラグラマトンはこ

---

　55)　問題の現状分析は，A. CAQUOT, « Les énigmes d'un hémis-
tiche biblique », et A. CAZELLES, « Pour une exégèse de Ex. 3,14 », dans
Dieu et l' être, p. 17-26 et 27-44 参照。

　56)　Cf. A. MAURER, « St. Thomas on the Sacred Name 'Tetra-
grammaton' », *MS* 34 (1972) 274-286――この論文はそのまま同著者の
選集 *Being and Knowing*. Studies in Thomas Aquinas and Later Medievals
Philosophers, Toronto, 1990, 59-70 に再録されている。Maurer が強調
するに，こうして「在るところの者」とテトラグラマトンを区別する
ことは，マイモニデス以前に，すでに聖ヒエロニムス（Jérôme）や
フィロン（Philon）に確認できる。

　57)　Cf. A. WOHLMANN, *Thomas d'Aquin et Maïmonide. Un
dialogue exemplaire*, Paris, 1988, surtout p. 105-164.

うした名である」[58]。「おそらく」という語から，トマスが
この名の本当の意味を量りかねていたことが分かるが，次
のことはもっと重要である。すなわち，トマスはすでに
『対異教徒大全』でこのことに言及しているが[59]，この名を
適切に使っているのは『神学大全』が初めてである。この
変化はきわめて重要である。というのも，トマスはもはや
名の起源という観点だけでなく，名が示す現実という観点
からも考察しているからである。信徒に啓示された名は哲
学的推論で得られた名に優る。この名は完全に神だけのも
ので，真にすべての名を超えた名であり，神のみを表す。
　探究がここまで来れば，神を理解しようとしてもこれ以
上先に進めないように思われるだろう。トマスが単なる哲
学者として推論しているならこれは当たっているだろう
が，実際にはそうではない。たとえトマスが自然理性の力
だけに頼っているように見えるとしても，すでに神学者と
して明確な方針を立て，恩恵を通じて得られたより高次の
認識を活用している。

　　　恩恵を通じた啓示にもかかわらず，この世で生きてい
　　　るかぎり，神の本質，すなわち神の何であるかは認識
　　　できず，こうして「知られざるものとしての」神に結
　　　びつくことしかできない。しかし，より多くまたより
　　　優れた結果を通じて神に近づけば近づくほど，さらに
　　　「神の啓示により，例えば神は一にして三であるとい
　　　うような，自然理性で理解できない性質を神に帰すこ
　　　とができればできるほど」，より完全に神を認識でき
　　　る[60]。

---

58)　*1a q.13 a.9.*
59)　T.-D. Humbrecht が指摘しているように。Cf. *SCG IV 7, n*[o]
3408.
60)　*1a q.12 a.13 ad 1.*

第2章　すべてを超えるもの　　　75

　トマスはすぐにこうした考察をしてはいないが，少し先
の三位一体論の中で神的ペルソナのそれぞれに固有の名を
問うにあたり，このことを再検討している。すなわち，御
父には他に固有の名はなく，御子には御言と像という固有
の名があり，聖霊のペルソナには賜物と愛という名を帰す
べきである[61]。この新しい物の見方により，この世の生で
神の「何であるか」は認識できないという事実，ないし神
の結果から得られた神認識の構造が変わるわけではない
が，このテキストを読めば，トマスが啓示により理性に開
かれた新たな観点を見失っていないことが分かる。

　しかし，すでに「在るところの者」という啓示のおかげ
で，神学が後を引き継ぎ，神の一性を超えた神秘を探究で
きるようになったのであり，哲学的理性ではそれ以上先に
進めなかったのである。中世の神学者たちは確かな直観に
基づき聖書の偉大な認識を尊重することで，ためらわずに
『出エジプト記』の「在るところの者」を延長し，そこに
三位一体の神秘が萌芽的に啓示されていると主張した。彼
らは，学芸と典礼に明らかな長い伝承を踏まえれば，こう
した解釈は可能だと思っていたが，ある註解にその影響が
うかがえる。「この真の存在は生ける神の存在であり，三
位一体の存在である。この存在だけが真に父，子，聖霊で
ある。こうして，次のように言われている。神は生きてい
る。というのも，神の本質は死で損なわれない生命を生き
ているからである」[62]。フランシスコ会士であれドミニコ会
士であれ，多くの著述家は，『出エジプト記』のテキスト
と新約聖書のいたるところにある文章——そこでイエスは
御自身について「わたしは在る」と確言してその存在を示

---

　61)　Cf. *1a q.33-38*.

　62)　示唆に富む研究 É. WÉBER, « L'herméneutique christologique
d'Exode 3,14 chez quelques maîtres parisiens du XIIIe siècle », dans *Celui
qui est*, Paris, 1986, p. 47-101 を参照。上の註解の引用は，p. 54 参照。

している——を結びつけて理解し，モーセに啓示された名をキリストに関係づけて解釈した。

　トマスも同じ方向性を追究し，ある註解を参照して，神の名は御子のペルソナに帰すことができると指摘している。ただし，それは「本来的意味に基づいてではなく，文脈を尊重するためである。すなわち，神がモーセに伝えた言葉が後に御子が成し遂げる人類の救済を前表しているかぎりで，神の名を御子にあてることができる」[63]。『カテナ・アウレア』の関連文書を読めば，トマスがどれほど教父の一般的見解に与していたか分かる。教父によれば，旧約聖書の神顕現は不明瞭な仕方ではあっても御言を告げるものであり，受肉の前表だった[64]。だが，当時の神学者の中で，トマスはおそらく他の人々よりも否定神学の方向性を尊重している[65]。テキストをすべて取り上げるわけにはいかないので，最も明解なものを挙げよう。これを読めば，純粋に理性的な探究が啓示でどれほど変化しているか分かるだろう。

　　キリストは御自身について信ずべき三つの事柄を教えている。まずその神性が偉大であること，次に御父から出てきたこと，最後に御父と分かちがたく結びついていることである。
　　キリストはその神性の偉大さを「わたしは在る」と言って教えている。すなわち，わたしは神の本性を有しており，「『わたしは在るところの者である』とモー

---

　　63)　*1a q.39 a.8.*
　　64)　Cf. WÉBER, *ibid.*, p. 92.
　　65)　É. WÉBER の的確な表現によれば，「アルベルトゥスとトマスは，ヨハネス・スコトゥス・エリウゲナが説明したディオニシウスの否定主義の主唱者だったが，ほとんど誰からも支持されなかった」(*ibid.*, p. 88)。

第2章 すべてを超えるもの　　　77

セに語った神と同一である」。

　しかし，自存する存在は三位一体全体に属している
ので，ペルソナを区別する必要がある。そこで，次に
キリストはユダヤ人に「わたしは自分からは何も行わ
ず，御父がわたしに教えたように語る」と述べて，御
自身が御父から出てきたことを信じるよう教えてい
る。だが，イエスは初めから業を実現し教えたことに
より，御父から出てきたことを示している。すなわ
ち，イエスが御父から出てきたことは，一方でイエス
が実現する事柄──「わたしは自分からは何も行わな
い」──……，他方でイエスが教える事柄──「御父
がわたしに教えたように」，すなわち御父が認識を通
じてわたしを生むことでわたしに知を与えたように
──から分かる。真理は単一なものなので，御子に
とって知ることは存在することである。こうして，御
父は御子を生むことで存在を与えたのだが，同様に御
父は御子に知ることを与えた。「わたしの教えはわた
しのものではない」。

　あたかも御子が御父から離れるかのように御父のも
とから遣わされたと理解しないために，第三にキリス
トは次のように述べて，御自身と御父が分かちがたく
結びついていることを信じるよう教えている。「また，
わたしを遣わした者，すなわち御父はわたしとともに
いる」。これは一方で本質の一性のためで──「わた
しは御父のうちに，御父はわたしのうちにいる」──，
他方で愛の合一のためである──「御父は御子を愛
し，御自身の行うすべてのことを示す」。こうして，
御父は御自身から御子が離れないような仕方で御子を
遣わした。「御父はわたしを一人きりにしなかった」。
というのも，御父の愛がわたしを包んでいたからであ
る。しかし，御父と御子は引き離せないとはいえ，一

78   第Ⅰ部　三位一体の霊性

　方は遣わされる者（missus），他方は遣わす者である。
というのも，受肉は派遣であり，御父ではなく御子に
だけ属するからである[66]。

　テキストの続きはぜひとも読むべきだが，ここでは論じ
られない。少なくとも指摘しておかねばならないことに，
ここで聖霊が言及されていないことに驚いてはならない
──他の箇所でも同様に驚いてはならない。トマスはこの
ことを注意深く読者に知らせていた。「たとえここで聖霊
に言及していないとしても，『御父と御子が問題となると
ころではどこでも』，とりわけ神の偉大さを検討する場合
には，『聖霊は示唆されている』──文字通りには『含意
されている』。『というのも，聖霊は御父と御子を結びつけ
る紐帯だからである』」[67]。特に強調しなくても，このこと
でどれほど大きな領域が考察に開かれるか明らかだが，探
究の基本方針は変わっていない。すなわち，トマスは神の
本質は認識できないという主張を修正していない。もっと
もトマスは，燃える柴の神顕現でモーセに為された一なる
神の啓示が，時を経て三位一体の啓示で完成することを心
得ており，理性を超えた神の絶対的超越性の啓示をキリス
ト教信仰に基づき謙遜に受け入れている。イエスが来たの
は，神は何かという問いに人間の想像を超える答えを与え
るためだった。

────────
　66)　*In Ioannem 8,28, lect.3, n° 1192*; trad. et notes sous la dir. de
M.-D. PHILIPPE, Rimont, 1987, p. 272
　67)　*In Ioannem 17,3, lect.1, n° 2187.*

いまだかつて神を見たものはいない

トマスが最後にこの問題に取り組んだのは，生涯の終わり，『ヨハネ福音書』の講義のときだが，おそらくこの註解はトマスの聖書註解で最も完成度の高いものである[68]。周知のように，『ヨハネ福音書』の冒頭の言葉は，本章の出発点をなしていた主張で終わっている。「いまだかつて神を見たものはいない。御父のふところにいる独り子がそれを知らせたのである」（ヨハ1：18）。にもかかわらず，トマスが指摘しているように，神は見られると主張するテキストもある。では，聖ヨハネの言明はどう理解すべきか。それゆえ，トマスはこの主題を最も詳しく説明しようと仕事に取りかかった。ここで必要のないきわめて難しい専門的説明を避けつつ，註解を紹介しよう。このテキストにはこれまで論じてきた主題がおおむね含まれている。

「神を見る」と言われるのに三つの方法がある。まず，神を表現している，目に見える被造物を通じて神を見ることができる。こうして，アブラハム（Abraham）が三人の人間を見てそれを唯一の者として崇拝したとき，神を見たと考えられる（創18）。

次に，表象を通じて神を見ることができる。こうして，イザヤ（Isaïe）は高いところにある王座に座している主を見た（イザ6）。聖書にはこれに似た幻がいくつかある。

さらに，可感的なものから抽象した可知的形象

---

68) Cf. *Initiation*, p. 288-292〔『トマス・アクィナス　人と著作』339-344 ページ参照〕．

（species intelligibilis）を通じて神を見ることができる。被造物の偉大さを考察することで，知性により創造主の偉大さを理解する人々がこれにあたる（知 13：5，ロマ 1：20）。

また他にも，神は観想の際に知性に何らかの光を注入するが，この光を通じて神を見ることができる。こうして，ヤコブは顔と顔を合わせて神を見たが（創28：10-19），聖グレゴリウスによれば，ヤコブは高度な観想のおかげでこの直視を得たのである。

しかし，こうした見神のどれを通じても神の本質は見られない……。というのも，いかなる被造的形象（creata species）も神の本質を表せないからである。なぜなら，限られたものは無限のものを表現できないからである……。だから，被造物を通じた神認識は神の本質を見ることではなく，ただ遠くから，謎のように鏡を通して神を見ることである（Ⅰコリ 13：12）……。というのも，こうした認識からは，神の何であるかではなく，ただ神の何でないか，あるいは神が存在することだけが分かるからである。このようなわけで，ディオニシウスによれば，人間がこの世で持つ最高の神認識は，被造物と頭に浮かぶものをことごとく否定することで得られる。

神の本質はどんな被造的知性を通じても見られず，天使にも至福者にも見られないと主張した人々がいる。——1241 年に断罪された命題が知られている。トマスは三つの理由からこの主張が誤りで異端的だと述べ，最後の理由がきわめて重要だとしたが，以下がその理由である——。すなわち，人間が神の本質を見られないなら，至福そのものが成立しなくなる。だから，神の本質を見ることは被造的知性の至福に必要である。「心の清い人々は幸いである。というのも，神

第2章 すべてを超えるもの 81

を見るだろうから」（マタ5：8）。

神の本質を見ることが問題となる場合，三つのことに注意せねばならない。まず，神の本質は身体の目には決して見えず，感覚や想像力でも捉えられない。というのも，感覚で捉えられるのは可感的なものだけだが，神は物体ではないからである……。

次に，人間知性は身体に結びついているかぎり神を見られない。というのも，人間知性はこの滅ぶべき身体に圧迫されて観想の頂点に到達できないからである。霊魂は身体の情念から浄化され，地上的な愛情から自由になればなるほど，高次の真理を観想できるようになり，「どれほど主がすばらしいものか」（詩33：9）知ることになる。しかるに，観想の最高段階は神の本質を見ることである。だから，人間は身体と結びついて生き，必然的に多くの情念に縛られているかぎり，神の本質を見られない。「わたしを見て，なお生きていることはできない」（出33：20）。それゆえ，人間知性は神の本質を見るために，死（Ⅱコリ5：8）や脱魂（Ⅱコリ12：3）により，身体から完全に離れる必要がある。

最後に，仮に死や脱魂により身体から完全に離れた被造的知性があるとして，「そうした知性でも神の本質を完全には把握できない」。また，ふつう次のように言える。たとえ至福者が神の本質を全体として（tota）見ているとしても――というのも，神の本質は完全に単一であり，部分的なものを含まないから――，完全に（totaliter）見ているのではない。というのも，完全に見ることは「把握すること」だからである。「完全に」という語は，直視のある様態を表している。しかるに，神の様態は何であれ神の本質と同一である。だから，神を完全に見ていないなら，「把

握していない」。本来的に言って，あるものを「把握する」のは，そのもの自体の認識可能性をすべて理解することである。言い換えれば，認識することと「把握する」ことは異なるのである。——こうした網羅的認識は被造物にだけ適用できるもので，被造的で有限な知性は造られざる無限の神を把握できない——。神だけが御自身を把握できる。というのも，神の認識力は神の存在性に対応して大きいからである……。

　それゆえ，これまで述べたことにしたがい，「いまだかつて神を見たものはいない」という聖ヨハネの言葉は三つの意味で理解すべきである。1. 誰も，言い換えればどんな人間も，いまだかつて神，すなわち神の本質を身体の目や表象を通じて見なかった。2. 誰も，死すべき生の間に，神の本質そのものを見なかった。3. 誰も——人間にせよ天使にせよ——，神を把握しなかった[69]。

　この長いテキストは本章の要約として役立つだろう。このテキストで締めくくることで，本質的要素を全体的視野——他ではなかなか見出せない——の中で理解できる。ラテン神学の伝統によれば，神の本質を見られないなら人間は決して真に幸福にはなれないのだが，トマスは最初からこの考え方を守り抜こうとしており，その態度から強い印象を受ける。しかし，同時にトマスは，神秘は完全には認識できないと固く信じており，ギリシャ神学の伝統はこのことを強調したのだった。すなわち，神の本質を見ることは決してそれを完全に認識することではなく，このことは祖国でも当てはまる。トマスがこの点を正しく認識してい

　69）　*In Ioannem 1,18, lect.11, nᵒ 208-221*; trad. Philippe, p. 226-237——ただし，あちこちで大幅に手直ししている。

たことは異論の余地がない。

　　キリストの至福の霊魂そのものも神を完全に把握していたわけではない。御父のふところにいる神の独り子だけが神を完全に把握していたのである。だから，主は言っている。「御子と御子が啓示しようとした者以外に，御父を知る者はいない」（マタ 11：27）。おそらく福音書記者はここで，神を完全に把握することを念頭に置いている。事実，唯一の神，父，子，聖霊以外に，神の本質を把握する者はいない[70]。

　　　　　　　*　　*　　*

　聖人伝を通じて広まっている挿話によれば，トマスはまだ子供だったときに，近くにいる人々に「神とは何か」と繰り返し問うていた。これは本当の話ではないだろうが，やはり真相を教えてくれるもので，しばしば歴史的に保証されている真実よりこうした伝説から実際のところを明らかにできるのである。トマスが子供のときから持ち続けたこの問題は，老練の神学者に成長してからも主要な関心事になった。トマスの弟子もトマスの方法を活用して教えを掘り下げることで，すべてのものを超えた神を探究できる。

---

70)　*In Ioannem, 1,18, lect.11, n° 219.*

第 3 章
神 と 世 界

神学は概念上神を中心に論じられるものだが，大きな方針をいくつか立てる必要がある。最も直接的な方針は神学的題材の組織化そのものに関するものである。すなわち，神に関する知識をまとめるとき，必ず唯一の主題である神を中心に行うべきなのだが，『神学大全』の構想は一つの答えだと言える。この問題について，『神学大全』がどのような教育的意図で書かれたか正しく認識する必要がある。というのも，その教育的意図はトマスの教えの全体に関わるものだからである。とりわけ創造，神の像としての人間，世界に対する神の現前および神に対する世界の現前の教えが問題となるが，こうした重要な神学的問題は時代を超えて妥当する霊性の主要テーマでもある。

アルファにしてオメガ

トマスは教育を始めて十数年後，様々な聴衆を見てきた経験を踏まえて，当時の神学部で行われていた教育の限界を見定めることができた。教授たちは『命題集』であれ聖書であれ，ある書物を註解してきたが，この方法では，註解するテキストが提供する機会に応じて，分散的で断片的

第 3 章 神と世界　　　85

な教えを述べることしかできなかった。討論で問題を再編
成すると，ある程度主題を秩序立てることはできたが，そ
れでも主題は散らばったままで，生徒たちは神学的題材の
全体を見渡せなかった。『神学大全』の有名な序文が反映
しているのはこうした状況である。

　　観察したところでは，様々な著述家の著作を使うこと
　で神学の初心者は大変困惑している。すなわち，一つ
　は問題，項，議論が無益に増えていくからで，さらに
　は知るべき事柄が教えの秩序にしたがって（secundum
　ordinem disciplinae）ではなく，註解や討論の必要に
　応じて論じられているからで，最後に同じ事柄が度々
　繰り返されるせいで，学ぶ人が倦怠と混乱を感じるか
　らである[1]。

　トマスが教えた生徒がどれほど優秀だったかしばしば問
われてきた。というのも，今日でもなお，『神学大全』は
経験を積んだ専門家が読んでも得るところが多いからであ
る。しかし，読むのが難しいアルベルトゥスやボナヴェン
トゥラについても同じように問えるだろう。トマスが聴
衆の能力を過大評価していたとしても，念頭にあったの
は，難しい主題をどう易しく論じるかではなく，むしろ体
系的な教えの中でそうした主題をいかに関係づけるかだっ
た。トマスは緊密なつながりなしに問題を羅列していく代

────────────
　　1)　*1a q.1 Prol.* この批判がどれほど辛辣かはあまり理解されて
いない。「問題，項，議論の無益な増加，説明の非論理的で偶然的な
秩序，同じ事柄の繰り返し。その結果，反教育的で教義を崩壊させる
教え方のせいで，知性はますます混乱し，生徒はうんざりし，教えは
停滞する」（M. HUBERT, « L'humour de saint Thomas d'Aquin en face
de la scolastique », dans *1274-Année charnière-Mutations et Continuités*,
Paris, 1977, p. 729）。トマスのいつもの節度ある態度から推測して，
この非難はきわめて辛辣なものである。

わりに，問題の結びつきと内的整合性を強調することで，すでに何らかの知識をもたらすような総合を行った。『神学大全』の主要な新しさは内容ではなく——大部分について，トマスは伝統的なキリスト教の教えを取り上げることで満足しており，これは多くの哲学者や神学者に訴えている事実から明らかである——，組織化にある。［この見解はもっと微妙な差異とともに述べるべきだったかもしれない。『神学大全』は組織化だけでなく，内容についてもきわめて新しいものだった。このことは第1部と第3部を読めばはっきり分かることだが，第2部の倫理学にもあてはまる。］トマスが「教えの秩序」（ordo disciplinae）と呼ぶのはこの組織化のことで，第2問の冒頭でうまく要約している。

> 「聖なる教え」の主要な目的は神についての認識を伝えることだが，その際神は，神自身においてだけでなく，「すべてのもの，とりわけ理性的被造物の始原にして終局である」かぎりでも検討されるので……，まず神について（第1部），次に理性的被造物の神に向かう運動について（第2部），最後にその人間性に関して神へ導く道であるキリストについて（第3部）論じる必要があろう[2]。

この言明は偉大で単純なものだが，明らかにすべての事柄を述べていないので，必要に応じて説明を付け加えねばならないだろう。さしあたり，肝要なのは神学の主題を論じて得られた事柄とのつながりを指摘することである。すなわち，「神はすべてのものの始原にして目的である」。表現は少しばかり異なるが，すでに『命題集註解』で次のよ

---

2)　1a q.2 Prol.

第3章 神と世界   87

うに述べられている。「神学者は被造物を，始原から発出
し，神そのものである究極目的に還帰することにしたがっ
て考察する」[3]。だから，神学者たちの慣用表現を用いるな
ら，『神学大全』の構想は「発出と還帰」(exitus-reditus)
の図式に基づいている。この問題は他のところで詳しく論
じたが，その際トマスがどんな経緯でこの図式を採用する
に至ったか，また現代のトマス研究者たちがこの問題をど
う解釈しているかを指摘した[4]。それゆえ，ここで詳細を
繰り返す必要はないが，「発出と還帰」の図式を採用する
ことにどんな意味があるのか詳しく述べねばならない。

　トマスが使っている図式は新プラトン主義に由来する
としばしば強調されてきた。これが本当か確かめるには
意味を明確にする必要があり，さもなければ重大な誤解
に陥る恐れがある。被造物が神から「発出する」ことを
述べるのに，トマスが典拠にしたがって「発出」(exitus
ou egressus) という語を使うとき，新プラトン主義的な，
永遠的で必然的な流出を考えていないことは明らかであ
る[5]。トマスはユダヤ・キリスト教の系譜に連なる思想家

---

3) *Sent. II, Prol.*

4) Cf. *Initiation*, chap. VIII〔『トマス・アクィナス　人と著作』
第 8 章参照〕。そこで提示した文献の他に，この問題についてはる
かに詳しく検討している次の研究も参照。I. BIFFI, *Teologia, Storia e
Contemplazione*, p. 223-312, chap. 6: « Il piano della *Summa theologiae* e
la teologia como scienza e como storia ».

5) トマスはこの教えを同時代人ボナヴェントゥラとアルベル
トゥスに見出せたのだが──註 10 の G. Emery を参照，その他にはと
りわけ『原因論』と偽ディオニシウスを指摘しよう。今なお決定的で
ある著作 M. SECKLER, *Le salut et l'histoire*. La pensée de saint Thomas
d'Aquin sur la théologie de l'histoire, « Cogitatio fidei 21 », Paris, 1967 を
参照。とりわけ chap. III: « Saint Thomas et le néoplatonisme » を参照。
当該の章を読めば，創造というキリスト教的な考え方──神の自由な
主導権と時間の始まり──により，プロティノス的な必然論が二つの
点で修正されたことが分かる。

なので，この発出を自由な創造——時間と救済の歴史はこ
こから始まる——と理解している。トマスが『命題集註
解』に比べて『神学大全』で発出という語をあまり使わな
くなった理由はおそらくここにある。すなわち，トマスは
被造物の「発出」(sortie) を論じる代わりに，被造物が創
造主の働きで神からいかに「生じる」(procèdent) かを論
じるようになる[6]。

　しかし，このことで主要な直観は少しも変わっていな
い。すなわち，世界と神の関係は円環運動として説明でき
るのであり，この円環運動により被造物は起源としての神
から出てきて目的としての神に還る。少し前まで，トマス
は時間を直線的に捉える新しい考え方により円環運動を取
り除いたとして賞賛されていたが[7]，時間を直線的に捉え
る考え方そのものは——救済の歴史は目的に向かうので正
しい面もあるが——「発出と還帰」という大きな運動に含
まれるものである。トマスはこの運動が世界全体に確認で
きることを明らかにし，この図式に基づいて『神学大全』
を構成した。

　　結果が完成するのは始原に還帰したときである。こう

---

　6)　ウルガタ聖書のラテン語で，イエスが「神から発出し
た (processi)」(ヨハ 8：42) ことを述べるために使われているの
は procedere という語である。聖霊についても「御父から発出する
(procedit)」(ヨハ 15：26) と言われている。このようなわけで，三
位一体の関係を論じるために，特に「発出」という語が使われるよう
になった。トマスは「発出」(procession) という同じ語を，創造で被
造物が神から「発出すること」(sortie) を意味するために用いている
——とりわけ 1a q.44, Prol. を参照。しかし，こうしたニュアンスは融
通のきかないものではない。というのも，発出 (procession) という
語はすでに『命題集註解』で頻出しているからである。

　7)　Ainsi É. GILSON, *L'esprit de la philosophie médiévale*, «
Études de philosophie médiévale 33 », Paris, [2]1948, p. 369.

第 3 章　神 と 世 界　　　89

して，あらゆる幾何学的図形のうちで円は，またあら
ゆる運動のうちで円環運動は最も完全である。という
のも，円および円環運動では始原への還帰が確認でき
るからである。だから，被造世界は究極的完成に至る
ために，始原に還る必要がある。しかるに，被造物が
始原に還るのは，自分の存在と本性を通じて始原に似
ることによってであり，こうした類似性は被造物の完
全性に他ならない[8]。

　この考え方は一見あまりにも単純に思えるが，素朴な想
像的見解だと見なしてはならない。哲学的な定式ははるか
に明確である。

　　人間に見出せるものはすべて神に由来し，作出因，範
　　型因としての神に関係づけられる。すなわち，作出因
　　としての神に。というのも，神が人間のうちで働いて
　　すべてを成し遂げているからである。また，範型因と
　　しての神に。というのも，人間に見出せるものはすべ
　　て神に属し，何らかの仕方で神を模倣しているからで
　　ある[9]。

　トマスは機会あるごとにこの全体的な円環運動を強調し
ているが，この運動こそ『神学大全』の構想が再現しよう
としているものである。こうして，キリスト教の啓示に基

---

　8)　*SCG II 46, n° 1230.*

　9)　*SCG IV 21, n° 3576.* この物の見方はますます認められてき
ている。Cf. *Initiation*, p. 223-228〔『トマス・アクィナス　人と著作』
268-273 ページ参照〕; J. AERTSEN, « The Circulation-Motive and Man
in the Thought of Thomas Aquinas », dans *L' homme et son univers au
Moyen Age*, Chr. WENIN, éd., Louvain-la-Neuve, 1986, t. 1, p. 432-439;
Nature and Creature, Thomas Aquinas's Way of Thought, « STGMA 21 »,
Leiden, 1988.

づいて唯一にして三つのペルソナから成る神を論じている部分（第2-43問）に続き，第1部の大半は主に被造物の創造主からの発出と創造の仕組みを論じている（第44-119問）。次に，被造物の神への還帰が論じ始められるが，これは第2部の全体「および」第3部を占める。この「および」を強調せねばならない。というのも，トマスの主張する円環運動は新プラトン主義的であるという最初の誤解からしばしば別の誤解が生じるのだが，その誤解をここで知らせる必要があるからである。読者の中には，あまりにも融通のきかない仕方で発出の運動を第1部に，還帰の運動を第2部に適用したために，もはや第3部を的確に位置づけられなくなった者がいた。それで，当然ながら，トマスが構成上の付け足しとしてしかキリストを論じていないことに驚いたわけである。

　きわめて厳格なキリスト教著述家トマスが，構想を練る上でキリストを「忘れた」とは到底思えない。トマスがキリストを第3部で論じたのはまさにそうしたかったからで，理由はすぐに分かるだろう。しかし，こうした誤解は「発出と還帰」の図式をプロティノス的な流出論と同一視してしまっていることから生じると言える。トマスの著作を注意深く何度も読むと，こうした誤解はほぼ避けられる。すなわち，言葉は新プラトン主義的だとしても，現実は聖書的である。ここで問題となるのは，永遠の還帰という非時間的神話がもたらす構造だけでなく，時間の中で展開する救済の歴史でもある。したがって，被造物の神への還帰は第2部の末尾にある観想的生活の論述で終わるのではなく，キリストが神に還帰し，選んだ人々を栄光に導き入れることでわれわれが実際に至福に入るときにようやく完結する。トマスは死のために著作を完成できなかったが，読者を招き入れようとしたのはまさにこの至福である。第3部の序文はこのことをはっきり述べている。

第3章　神と世界　　91

われわれの救い主，主イエスは……「真理への道」と
して現れた。それ以後はこの道をたどることで，「復
活と永遠の生命の至福に到達できる」ようになった。

　このテキストは『神学大全』の冒頭の言葉をほとんど字
句通りに繰り返すものだが，事実そこではすでに「キリス
トはその人間性によりわれわれにとって『神に向かう道』
である」と述べられ，第3部の内容が予告されている。そ
れゆえ，トマスがどんな理由から，また具体的にどういう
思考を経てこのような説明に至ったのかはとりあえず措く
としても，トマスの主張する円環運動がキリストによりよ
うやく完結することは疑いない。トマスの考える神は理神
論が主張する非人格的な始原ではなく，聖書の創造主およ
び贖い主である。このことは，第2部の序文——『創世
記』の冒頭を取り上げながら，神の像としての人間を論じ
ている——を読めばすぐに分かる。すぐに検討することに
なるこの箇所は，『神学大全』の中心に置かれた要となる
テキスト——そこでトマスは「発出」を論じた後に「還
帰」を論じ始めている——で，聖書的霊感をはっきり伝え
るものである。

三位一体と創造

　トマスは世界と創造主の関係が三位一体の図式に基づい
て理解できることをすでに知っていたが，この三位一体の
図式を考慮に入れてはじめて，『神学大全』の円環的図式
は完全に理解できる。神を中心に統一されたこの世界観
——トマスはこの考え方を偉大な同時代人アルベルトゥス
とボナヴェントゥラと共有している——は，初期の神学的

考察ですでに確認できる[10]。トマスの若い頃のこうしたテキストはあまり知られていないが、円熟期のテキストを解明するのに役立つことがある。しばしば確認できることに、トマスはいくつかの主題について、経歴の後期よりも初期にいっそうはっきり説明している。この現象はよく知られている。すなわち、まずトマスは重要な考え方を見出すと、徹底的に探究し、あらゆる側面から明らかにしようとする。後になると、その考え方を簡潔に想起するにとどめ、最初に説明したことが知られているのを前提に話を進めようとする。創造と三位一体の関係についても同様であり、『命題集註解』には『神学大全』より詳しい——とはいえきわめて密度の高い——教えがある。

被造物が始原から発出する際、円環運動のようなもの（quaedam circulatio uel regiratio）が確認できる。というのも、すべてのものは目的に還るのだが、この目的はすべてのものが出てきた始原だからである。このようなわけで、目的への還帰は始原からの発出と同じ原因から生じるとせねばならない。しかるに、すでに述べたように、ペルソナの発出は始原が被造物を生み出すことを説明する論拠（ratio）——この語は同時にきわめて多くの意味を持っており、それは原因、範型、理性、動機などである——なので、被造物が目的に還ることを説明する論拠でもある[11]。

---

10) このことは G. EMERY, *La Trinité créatrice. Trinité et création dans les commentaires aux Sentences de Thomas d'Aquin et de ses précurseurs Albert le Grand et Bonaventure*, « Bibliothèque thomiste 47 », Paris, 1995 が見事に強調した。この書物がなければ、簡単な紹介 G. EMERY, « Trinité et Création. Le principe trinitaire de la création dans les Commentaires d'Albert le Grand, de Bonaventure et de Thomas d'Aquin sur les *Sentences* », *RSPT* 79 (1995) 405-430 を参照。

11) *Sent. I d.14 q.2 a.2.*

第3章 神と世界　　　93

　このテキストは簡潔なために少しばかり不可解だが，ト
マスが指示している文章を参照すればすぐ理解できる[12]。
トマスは少し前で，被造物の発出，言い換えれば創造は
二つの観点を考慮することではじめて創造主の側からうま
く説明できると述べている。すなわち，その観点は一方で
神の本性であり，被造物の完全性は神の本性の充実と完全
性から説明できる―― というのも，神の本性は被造物の作
出因にして範型だから。他方で神の意志であり，神は被造
物をある種の自然的必然性ではなく自由な愛により創造す
る。しかるに，一なる神の本質の内部でペルソナの発出が
あることは信仰より明らかなので，完全な三位一体の発出
は被造物が発出することの原因にして論拠だと結論でき
る。
　本性の観点では，被造物の完全性はきわめて不完全にし
か神の本性の完全性を表現していない。このことは明らか
だが，にもかかわらず被造物の完全性は説明原理としての
御子――御子は神の本性の完全性を余すところなく含んで
いる――に還元できる。というのも，御子は御父の完全な
像だからである。こうして，御子の発出は被造物が自然界
に発出することの範型にして論拠であり，被造物はある意
味で神の本性を模倣し再現している。
　第二の観点，すなわち被造物の発出が神の意志に由来す
ることにしたがえば，被造物は神の意志で与えられるあら
ゆる賜物の説明原理に還元できる。この説明原理は愛以外
にない。というのも，神の意志がすべてのものを自由に承
認するのは愛を通じてだからである。だから，愛も被造物
を説明する論拠である。このようなわけで，被造物の発出

────────────
　12）　トマスが参照しているのは，決定的なテキスト *Sent. 1 d.10
q.1 a.1* である。このテキストは密度が高く翻訳に値するが，上の説明
はこのテキストに基づいている。

は神の自由に由来しているので，愛として発出する聖霊の
ペルソナに還元できる。

　この教えは他にも，『命題集註解』第１巻の様々な箇所
に確認できるが[13]，『神学大全』でははるかに明確に述べら
れている。

　　　創造が神に属するのは神の存在のためだが，神の存在
　　　は神の本質と同一であり，神の本質は三つのペルソナ
　　　に共通のものである。だから，創造はあるペルソナに
　　　固有のものではなく，三位一体全体に共通のものだと
　　　分かる。だが，神のペルソナは発出することを通じて
　　　事物の創造の原因となる。事実……，神は知性と意志
　　　によって事物の原因であり，これは職人が自分の技術
　　　で生み出す作品の原因なのと同じである。しかるに，
　　　職人は知性で抱く言葉に基づきながら，意志で作品を
　　　愛することで働く。「同様に，御父なる神は御子であ
　　　る御言と聖霊である愛を通じて被造物を生み出した。
　　　こうして，ペルソナの発出は被造物の発出の原因だ
　　　が，それというのもペルソナの発出は本質的に知と意
　　　志に関わるからである」[14]。

　こうして，被造物の「産出」に直接関わる事柄は明らか
になったので，先ほど解説した『命題集註解』のテキスト
に戻ろう。テキストの続きは被造物の神への「還帰」を論

---

　13)　例えば，*Sent. 1 d.14 q.1 a.1* では三位一体の発出と被造
物の関係が論じられている。Cf. *Sent. 1 d.27 q.2 a.3 ad 6*: « …non
tantum essentia [divina] habet ordinem ad creaturam, *sed etiam processio
personalis. quae est ratio processionis creaturarum* »〔「被造物に関係し
ているのは神の本質だけでなく，ペルソナの発出もそうである。『ペ
ルソナの発出は被造物の発出の根拠である』」〕.

　14)　*1a q.45 a.6.*

第3章　神と世界　　　95

じているが，この還帰は同じように御子と聖霊の発出に関係している。

　　実際，人間が御子と聖霊を通じて創造されたのと同様に，人間が究極目的に結びつくのも御子と聖霊を通じてである。これはすでに聖アウグスティヌスが抱いていた考え方であり，彼は「人間の還る始原」，つまり御父，「人間の倣う範型」，つまり御子，「人間と神を結ぶ恩恵」，つまり聖霊について言及している。同様に，聖ヒラリウス（Hilaire）も「始原を持たない唯一のもの，すなわちすべてのものの始原——すべてのものは御子を通じてここに還る」について論じている[15]。

　このテキストの利点は多いが，とりわけ被造物の発出の教えを神的「派遣」の教えに基づいて詳しく説明するという利点がある。周知のとおり，派遣とは，御父が御子を派遣すること（missio），あるいは理性的被造物に恩恵の賜物を与えるために御父と御子が聖霊を派遣することである。これについては次章で詳しく論じるので，さしあたり，霊が被造物の中で働くことで被造物は神に還ることを知るだけでよい。しばしば再発見するとはいえ，ここで初めて，トマスの世界観をはっきり表すきわめて重要な考え方が現れる。すなわち，存在の賜物と恩恵の賜物の次元が異なるにもかかわらず，トマスは両者が断絶していないと

————————
　15）　*Sent. I d.14 q.2 a.2.* アウグスティヌスの引用は *De uera religione* c.55, n° 113 (*BA* 8, 188-191)，ヒラリウスの引用は *De Synodis* 59, XXVI (*PL* 10, 521) 参照。また，きわめて優れた研究 G. EMERY, « Le Père et l'œuvre trinitaire de création selon le Commentaire des Sentences de S. Thomas d'Aquin », dans *Ordo sapientiae et amoris*, p. 85-117 を参照。

考えていた。世界の一なる救済計画の中でこの二つの賜物を自由に与えているのは同じ神である。

> 被造物に見出せるペルソナの発出は二つの仕方で考察できる。まず，ペルソナの発出は被造物が始原から発出することの原因である。自然的賜物——この賜物のおかげで人間は存在できる——について確認できるのはこのペルソナの発出である。こうして，ディオニシウスが『神名論』で確言するところでは，神の知恵と善性は被造物に発出する。

「自然的賜物」はたった今自然〔あるいは存在〕の次元と呼んだものに対応している。人間が存在するすべてのものと共有しているのは存在しているという事実だが，この事実は人間の場合特に高貴なものである。というのも，人間は知的で自由な霊魂を与えられているから。これはまさに神の賜物だが，こうした霊魂があるからと言って，理性的被造物は神に還ることができるわけではなく，還帰の説明としては十分でない。このようなわけで，トマスは続けている。

> ペルソナの発出は被造物が目的に還ることの原因でもあるが，この還帰は人間を究極目的である神に固く結びつける賜物があってはじめて可能となる。この賜物はこの世の生では聖化の恩恵，将来の生では栄光のことである……。

このことを理解してもらうために，トマスは自然的出生を引き合いに出している。子は懐胎されたときから父と同じ人間という種に属するわけではなく，完全に生まれ成長してからそう言われるのである。同様に，人間は神的善を

第 3 章　神 と 世 界　　　　　　97

様々に分有するが，創造という最初の賜物——すなわち自
然的次元で自存すること——により神に直接結びつくこと
はない。この結合は究極的賜物により人間が目的としての
神に結びつくことではじめて実現する。だから，聖霊は自
然の存在と同時に与えられるのではなく，恩恵の生をもた
らす聖化の賜物とともに与えられるとせねばならない[16]。

　直接創造を論じているテキストは正当にも，範型として
の像と始原の力——こうして受肉した御言が強調される
——がきわめて中心的な役割を果たすと述べているが，今
解説しているテキストでは明らかに霊が最重要な位置に置
かれている。というのも，被造物が実際に範型に結びつく
のは，この霊と霊の賜物のおかげだからである。言い換え
れば，トマスは創造する三位一体を論じつつ，それを延長
して神化する三位一体を論じている。トマス神学の中心に
ある三位一体が創造と救済の教えに直接関係していること
は明らかである。トマスは好んでこうした関連づけを行
い，『神学大全』でも取り上げているが，このテキストを
読めば事態はより明らかになるだろう。

　　神的ペルソナを認識することは二つの理由から必要で
　　ある。第一に事物の創造を正しく理解するためであ
　　る。実際，神は御言を通じてすべてのものを造ったと
　　主張するなら，神は自然的必然性によって事物を生み
　　出したとする誤りを退けることができる。また，神に
　　愛の発出があると考えるなら，神が被造物を生み出し
　　たのは必要のためではなく，別の外的な原因のためで
　　もなく，御自身の善性を愛しているからに他ならない
　　ことが分かる[17]。

---

16)　この段落は *Sent. 1 d.14 q.2 a.2* の末尾の言い換えである。

17)　*1a q.32 a.1 sol. 3.*

98　　　　第Ⅰ部　三位一体の霊性

　こうした事情から円環的図式の起源を正しく認識すべき
だと忠告したわけだが，同時にトマスの考える神が狭量で
ないことも分かる。トマスは経験に基づき，この世の存在
はどれも目的を目指すことでしか，すなわちあるものを獲
得したり成果を達成したりするためにしか──言い換えれ
ば利害関係でしか──働かないことを心得ていた。しか
し，すべてを超える存在の場合，自分に欠けている何かを
得るために働くなどということはない。だから，神が世界
を創造したのはまさに御自身の善性や完全性を伝えるため
だったと結論せねばならない。神には何も欠けていないの
で，神だけが利害関係を度外視して働ける[18]。だから，新
プラトン主義的な言葉が使われていることにこだわりすぎ
てはならないのである。似ている点があるとしても，せい
ぜい表面的なものである。問題となっているのは完全にキ
リスト教的な思想であり，流出論の図式に見られる弱点は
根本的に修正されている。ロゴス，言葉（ヨハ 1：3）を
通じた神の創造は，自然的流出ではなく熟慮に基づく働き
である。創造は「芸術家の働きであり，実体の増殖ではな
い」[19]。

　三位一体の啓示のおかげで，まずは創造の理由を正しく
理解できたが，神的ペルソナを認識する理由は他にもあ
り，これをトマスは最初の理由より重要だと考えた。

────────────

　18）　Cf. *1a q.44 a.4*:「働くものは例外なく目的のために働く
……。また，働くもので不完全なものはみな……働いて何かを得よう
とする。だが，第一の動者は何らかの目的を達成するためには働かな
い。こうした存在が目指すのは，自分の完全性，すなわち自分の善性
を伝えることだけである。被造物はどれも自分の完全性を得ようとす
るが，この完全性は神の完全性や善性を真似たものなので，神の善性
こそがすべてのものの目的である」。Cf. *ibid. ad 1*; *De pot. q.3 a.7 ad 2*;
etc.

　19）　H.-F. DONDAINE, Annotation 85 à SAINT THOMAS D'
AQUIN, *La Trinité*, « Revue des Jeunes », Paris, 1950, t. I, p. 200.

第3章　神と世界　　99

　第二の，そして主要な理由は，人類の救済を正しく理解できることである。すなわち，救済は御子の受肉と聖霊の賜物を通じて実現する。

　こうして，創造と救済，世界の始まりと至福における完成が結びつけられている——『神学大全』の構想が確認できる——が，ここから時間的な出来事はことごとく三位一体の中で生じていることが分かる。すなわち，発出としての創造と還帰としての神化は，神的ペルソナの発出という永遠の円環に包含されている。最も優れたあるトマス研究者の強い印象を与える表現を借りれば，「三位一体の神秘の具体的啓示と，救済の配剤と世界の始まりの啓示は互いに切り離せない」[20]。

芸術家としての神

　この創造の教えはあらゆる種類の教義的および霊的意味に満ちているが，以下で少しずつ明らかになるだろう。考察すべき最初の意味は，神は職人であり，自分の作品に自分の美しさを刻みこむ芸術家でもあるということである[21]。これは中世思想によく出てくる考え方だが，絵画の世界にまで及ぶもので，例えばシャルトル派の細密画——創造主がコンパスを手に持ち，地を完全な球体として描こうとしている——が挙げられる。ここで，このような芸術

---

　20)　H.-F. DONDAINE, *ibid.*; もっと完全な研究は，É. BAILLEUX, « La création, œuvre de la Trinité, selon saint Thomas », *RT* 62 (1962) 27-50 参照。

　21)　Cf. R. IMBACH, « Dieu comme artiste. Méditation historique sur les liens de nos conceptions de Dieu et du Beau », *Les Échos de Saint-Maurice* N.S. 15 (1985) 5-19.

は自然を模倣しているとは言えない。というのも，創造以前には何もなかったからである。だから，創造主である神は御自身を範型にしたはずである。さらに，周知のとおり，一般的原則として，結果は原因に——もっと正確に言えば作品は作者に——似るので，被造物は創造主に似ていると結論せねばならない。

　　神はすべてのものの最初の範型因である。これを理解するには，あるものを生み出すためには範型が必要である——というのも，結果には一定の形があるから——事実を思い出すだけでよい。事実，職人は範型を眺めながら素材を一定の形に作るのだが，この範型は職人の外部に存在することもあれば，知性で内的に捉えられることもある。しかるに，自然が生み出したものに一定の形があることは明らかである。こうした形の規定は始原，あるいは神の知恵に帰すべきだが，神の知恵は世界の秩序を描くもので，この秩序はものの様々な配置のことである。このようなわけで，神の知恵はすべてのものの観念を含んでいると言わねばならないが，この観念はすでに「イデア」と呼んだもので，神の知性に存在する範型的形相のことである[22]。こうした形相は現実には多くあるとしても，実際に神の本質から区別できるものではない。というのも，神の本質は様々なものが色々に模倣，分有できるからである。こうして，神御自身はすべてのものの最初の範型である[23]。

---

　　22)　重要な研究 L.B. GEIGER, « Les idées divines dans l'œuvre de S. Thomas », dans *Commemorative Studies* I, p. 175-209 を参照。

　　23)　*1a q.44 a.3.* こうした考え方はトマスによく見られる。Cf. *De uer. q.2 a.5* et le commentaire de S.-Th. BONINO, THOMAS D'AQUIN, *De la vérité*, Q. 2 (La science en Dieu), « Pensée Antique et

第3章　神と世界　　　　　101

　たとえおおよその比較だとしても，創造という仕事について芸術家としての神と地上の職人を比較することはきわめて示唆に富んでおり，一見して思われる以上にそうである。というのも，世界という芸術作品を生み出したのは三位一体であり，見たように，各ペルソナは発出の秩序そのものに由来する役割にしたがって世界に関与するからである[24]。事態がこうなら，新しい結論が導き出せる。すなわち，人間だけでなくどの被造物にも，必ず三位一体の類似性や「痕跡」（vestigium）がある。アウグスティヌスにしたがって，トマスはためらわずこう主張しているが，結果が原因に似るのに二つの方法——痕跡と像——があるとしている。

　像については次章で再検討するが，痕跡の教えはそれだけで十分に豊かである。痕跡ないし跡は，結果が作用因を示すときに使われる表現だが，作用因の形相を示すことはない。こうして，煙ないし灰は火を想起させるが，再現してはいない。「確かに足跡から誰かがそこを通ったことは分かるが，誰であるかは分からない」。にもかかわらず，痕跡は無意味なものではなく，トマスは次のように確言している。

---

médiévale, Vestigia 17 », Fribourg, 1996, p. 448, note 38; F.J. KOVACH, « Divine Art in Saint Thomas Aquinas », dans *Arts libéraux et Philosophie au Moyen Age*, Actes du quatrième Congrès international de philosophie médiévale, Montréal 27 août-2 sept. 1967, Montréal-Paris, 1969, p. 663-671; plus largement H. MERLE, « Ars », *BPM* 28 (1986) 95-133.

　24)　結果から原因を明らかにする哲学的推論は軽視すべきでないが，被造物に三位一体の痕跡を見出すというこの文脈で哲学的推論を過大評価しないことも大切である。すなわち，痕跡を痕跡だと解釈できるのは，ひとえに三位一体の啓示のおかげである。ペルソナの三位一体を自然理性で「証明」しようとしてはならないと強く忠告されている——cf. *1a q.32 a.1*。

被造物はみな痕跡という仕方で三位一体を表現している。すなわち，どの被造物にも原因である神的ペルソナに還元すべきものがある……。事実，被造物は実体であるかぎりで原因と始原を表現しているが，こうして始原なき始原である御父を明らかにしている。さらに，被造物は一定の形相と種を持つかぎりで，御言を表現している。というのも，作品の形は職人の知性に由来するからである。最後に，被造物は他のものと関係するかぎりで，愛である聖霊を表現している。というのも，あるものが他のものに向かうのは創造主の意志に由来するからである[25]。

　トマスはアウグスティヌスから受け継いだこうした例証を支えるために[26]，彼と同じように，『知恵の書』11 章 21 節の有名な三重構造を参照している。すなわち，神はすべてのものを「数，重さ，尺度にしたがい」定めた。「尺度は固有の要素に限定されたものの実体に，数は種に，重さは秩序に関係している」。トマスによれば，様々な思想家の説明はこの三重構造に容易に還元できるかもしれないが，この三重構造を体系的に何にでも適用しないように注意している。もっとも三位一体は信仰により明らかなので，これらの要素のいずれかが見出せるなら，ペルソナに関するこうした適合化は可能である。

　しばしばトマスは像と痕跡の主要な違いについて説明し

---

25)　1a q.45 a.7; cf. SCG III 26 n° 3633——トマスはこうした事例では像ではなく痕跡が問題になっていると強調している。というのも，非理性的なものは遠くから不明瞭にしか神に似ていないからである（propter remotum repraesentationem et obscuram in irrationabilibus rebus）。

26)　De Trinitate VI 10, 11-12: BA 15, p. 496-501，もっと詳しくは Livres X-XI を参照。« L'homme à l'image », p. 589-591 の補足註 45 も参照。

第3章　神と世界　　　　　　　　　　103

ているが[27]，ここでは深入りせず，痕跡の教えの霊的な利
点についても強調しておこう。こうして神が被造物の中に
痕跡として確認できる（reconnaissable）ことは神の存在
証明の出発点に違いないが[28]，「認める」（reconnaître）は
「告白する」（confesser）という意味にも解釈できる。す
ると，賛美と感嘆に道は開かれる。トマスは詩編作者に
したがって，確かに〔いわば〕「空が神の栄光を歌ってい
る」ことを知っていたが，こうしたことを主張した最初の
人でも唯一の人物でもなかった。特にアウグスティヌスに
したがって，「被造物は神の唯一の御言を表現する声のよ
うなものだ」[29]と考えている。トマスの著作にはアウグス
ティヌスのような修辞的装飾や十字架の聖ヨハネ――彼も
神の痕跡について探究している――のような抒情性はな

---

27)　Cf. notamment *Sent. 1 d.3 q.2 a.2*; *De pot. q.9 a.9*; et surtout *1a q.93 a.6*――すぐに検討する。痕跡という考え方の意味を掘り下げるために，B. MONTAGNES, « La Parole de Dieu dans la création », *RT* 54 (1954) 213-241 を参照。しかし，最初のテキストはトマスの真正の説教ではない。

28)　Cf. *1a q.2 a.3*; *Super Iob 11, lignes 112-114*, Léon., t. 26, p. 76: 「痕跡は被造物に見出せる神のしるしのようなもので，こうしたしるしから何とか神を認識できる」。ここで問題となっているのは「上昇」の道だが，対して解説している『神学大全』では「下降」の道が示されている。

29)　*Sent. 1 d.27 q.2 a.2 qc.2 ad 3*:「被造物は本来的に言えば『言葉』ではない。むしろ言葉の声（uox uerbi）である。事実，声が考え（verbum）を示すのと同様，被造物は神の技芸を明らかにする。このようなわけで，教父によれば，神は唯一の御言を通じてすべての被造物を語り出した。だから，被造物は神の唯一の御言を表現する声のようなものである（Vnde creaturae sunt quasi uoces exprimentes unum Verbum diuinum）。ここから，聖アウグスティヌスは『すべてのものは神が造ったと叫んでいる』（Omnia clamant, Deus fecit）と言ったが，これは比喩的に理解すべきである」。*Confessions X 6, 9* (*BA* 14, p. 154-159) には忘れられない一節がある。すなわち，美しい被造物は神を求めて尋ねる人に「われわれを造ったのは神だ」と答えている。

いが[30]，トマスは彼らと同じ確信を共有しており，それを
自分の霊的賜物を駆使して簡潔に述べている。「世界は全
体として，御父が抱く神の知恵の壮大な表現に他ならな
い」[31]。しかし，トマスの弟子たちは被造物に基づくこう
した神認識を正確に述べようと気遣ったのであり，この気遣
いは確かに正しく必要なものだったが，これにより三位一
体のあらゆるしるしを見てうっとりとする感嘆の念が薄ら
いでしまうこともあった。だが，こうした感情を抱きつつ
トマスを読むことは禁じられていない[32]。

世界における三位一体の現前

　こうした，創造と回復の業に密接に関わる三位一体の教
えを知ることで，神は世界に現前しているという教えに立
ち入ることになる。この教えはトマスが最も偉大な神秘主
義者たちと共有し，思いがけない力強さで表現しているも

　30）　時に試みられてきたように，十字架のヨハネをトマス主
義者にするつもりはないが，こうしたトマスの霊感は『霊の賛歌』
（Cantique spirituel）第 5 節で容易に確認できる。「神は無数の恩恵を
拡散しながら／この森を大急ぎで通り過ぎた／森を眺め／顔の威光で
照らし／すべてを美しく飾った」。実に驚くべきことだが，この神秘
主義者の説明は多くの神学者の表現と一致している。「神はすべての
ものを易々と素早く創造し，各被造物に神の本質の痕跡を残した。す
べてのものを無から引き出すだけでなく，存在を与え，さらに無数の
恩恵と徳を与えた……。被造物は神の痕跡のようなもので，この痕
跡から神の偉大さ，力，知恵，他の徳を推測できる」（JEAN DE LA
CROIX, Œuvres complètes, trad. Cyprien de la Nativité, Paris, ⁵1985, p.
553-555）。

　31）　In Ioannem 1,10, lect. 5, nᵒ 136.

　32）　『詩編講解』は単なる講義録なので無味乾燥なものだが，そ
れでもこうした感情に触れられる著作である。例えば，In Ps. 8, nᵒ 3;
18, nᵒ 1-3, passim; Vivès, t. 18, p. 266; 326-328 を参照。

第3章　神と世界　　105

のだが，トマスは神が世界に現前している理由をいつも
のように正確に説明している。『ヨハネ福音書』冒頭の一
節（ヨハ1：3）——トマスは異なる六つ以上の解釈を知っ
ていたが，アウグスティヌスにしたがって「造られたもの
は神のうちでは生命だった」[33]と読んでいる——を直接参
照しながら，トマスは霊的被造物だけでなく被造物はみな
神のうちに先在していると考えている。「事物を御言のう
ちに存在する点から考察するなら，事物は生きているだけ
でなく，生命そのものである。というのも，事物の『イデ
ア』は神の知恵の中に霊的に存在し，御言が事物を造ると
きに活用したものだが，このイデアは生命に他ならないか
らである」[34]。

　ここで芸術の創作と新たに比較してみよう。本来的に言
えば，作品は作られる前に存在していないわけではない。
というのも，すでに芸術家の心のうちに存在しているから
である。しかし，作品は純然たる生命ではない。というの
も，芸術家の知性と存在は同一ではないからである。対し
て，神のうちには神でないものは何もなく，神の知性と生
命と本質は同一である。「このようなわけで，神のうちに
あるものはすべて生きているだけでなく，生命そのもので

33）« quod factum est in ipso vita erat ». アウグスティヌスの他
に，トマスはオリゲネス（Origène），ヒラリウス，クリソストムス
（Chrysostome），マニ教徒，匿名作者の説教を引用している。今日の
聖書解釈者たちはむしろ，「御言なしには何もなかった。御言はすべ
てのものの生命だった」と読んでいるが，この議論に立ち入るべきで
はない。ここではトマスがどこから考察を始めたか指摘するだけでよ
い。

34）*In Ioannem I, lect. 2, n° 91.* 神秘主義者たちは好んで生命
という語を用いている。Cf. par ex. ANGELUS SILESIUS, *Le pèlerin
chérubinique* I 73, « Sagesses chrétiennes », Paris, 1994, p. 48:「わた
しは何らかのものである前は神の生命だった。こうして，神はわたしの
すべてだった」。

ある……。それゆえ，神のうちにある被造物は創造主の本質と同一である（creatura in Deo est creatrix essentia）。こうして，事物は御言のうちにあるかぎり生命である」。これはトマスが主張してやまない教えであり，常に『ヨハネ福音書』冒頭の言葉が引き合いに出されている。「事物は御言そのもののあり方にしたがって神のうちに先在している。すなわち，事物は神のうちでは単一で非物体的に存在しており，『生きているだけでなく生命そのものである』。というのも，御言はその存在だから」[35]。

こうして，被造物は神のうちに存在しているのだが，逆も同じく真である。すなわち，「神は事物のうちに存在している」[36]。ここから，一見ただ哲学的に見える見解にも神学的説明と神秘主義的態度がどれほど必要か理解できる。トマスは最も明確な考え方の一つから考察を始めている。すなわち，神だけが本質による存在であり，神の本質は神の存在そのものである（Ipsum esse subsistens）。こうして，他のものの存在はどれも，存在を固有結果として生み出す神が創造し与えたものになる。トマスの好む物理的比喩によれば，「神は本質によって存在そのものなので，被造的存在は必然的に神の固有結果である。焼くことが火の固有結果であるように」。こうして，存在するものはみな神に

---

35) *SCG IV 13, nº 3494*; cf. *De pot. q.3 a.16 ad 24*; *1a q.39 a.8*; *q.4 a.2*:「神は事物の第一の作出因なので，すべてのものの完全性はより優れた仕方で神のうちに先在するはずである」。このトマスの教えはアウグスティヌスの教えにきわめて近いが──*La Genèse au sens litteral* V 15, 33: *BA* 48, p. 419-420; *Homélies sur l'évangile de saint Jean* 37, 8: *BA* 73A, p. 231-235, おそらくそれ以上にアンセルムスの教えに近い──*Monologion* 36, éd. F.S. SCHMITT, Edinburgh, 1946, t. I, p. 55。ここで持ち上がる形而上学的問題については，J.-H. NICOLAS, *Synthèse dogmatique. Complément: De l'univers à la Trinité*, Fribourg-Paris, 1993, p. 34-42 を参照。

36) Cf. *1a q.8*. 第 8 問は全体としてこの主題を論じている。

第3章　神と世界　　107

依存しているのだが，この依存関係は創造されたとき，す
なわち存在し始めた瞬間にだけ確認できるものではなく，
存在しているかぎり持続するものである。このことは次の
きわめて表現力に富んだ比較からたやすく理解できる。太
陽がその光で空気を照らしている間だけ昼は続く。太陽が
沈めば，もはや光も昼もなくなる。この比較を存在を与え
る神に適用すると，次の結論が出てくる。

　　「だから，あるものが存在を有するかぎり，神はその
　　ものに現前せねばならない」が，これは存在がそのも
　　のにとってどういうものかに関係している。しかる
　　に，存在は各事物の最内奥に，最も深いところに内属
　　している。というのも，存在は事物のうちにあるもの
　　すべてに対し，形相ないし規定的原理の役割を果たす
　　からである……。それゆえ必然的に，「神はすべての
　　ものの最内奥に存在する」と結論せねばならない[37]。

トマスはこの点をかなり力強く強調しているが[38]，ここ

_____

37)　*1a q.8 a.1*: « Oportet quod Deus sit in omnibus rebus, et intime
». *1a q.3* の「神の単一性について」およびとりわけ *a.4*——神の本質
と存在（esse）が同一なこと——を参照。存在は存在するすべての
ものの形相という主張について，*1a q.4 a.1 ad 3* のきわめて力強い
定式「存在そのものはすべてのものの現実性であり，形相そのもの
の現実性でもある」（ipsum esse est actualitas omnium rerum et etiam
ipsarum formarum）を参照——cf. *De Pot. q.7 a.2 ad 9*:「存在はあら
ゆる働きの現実性であり，それゆえあらゆる完全性の完成である」
（esse est actualitas omnium actuum et propter hoc est perfectio omnium
perfectionum）。エティエンヌ・ジルソンはこの教えを最重要な位置に
置こうと尽力した——cf. notamment *Le Thomisme*, Paris, ⁶1986, début
du chap. III, p. 99-112。

38)　というのも，トマスは神が悪魔のうちに存在する——なぜ
なら，悪魔が実際に存在していることは確かだから——ことまで認め
ているからである（*a.2 ad 4*）。まして，罪人のうちに神が存在するこ

には逆説的な主張がある。物理的現実の場合とは反対に、こうして神が事物のうちに存在するからと言って、神が閉じ込められるわけではない。事物は神を包含しない。真相はその反対である。「霊的なものは自分を受容しているものを包含している。ちょうど霊魂が身体を包含しているように。だから、神も事物のうちに存在しながら事物を包含している」[39]。トマスはこの点をはっきりさせてから、ためらわず次のように続けている。「神はあらゆるものの各部分に全体として存在する。霊魂が身体の各部分に全体として存在するように」[40]。それゆえ、最初の主張は豊かになり、正確に述べられている。すなわち、知られるものは知るもののうちに、愛されるものは愛するもののうちにあるので、知性と意志の点から見て、「神が事物のうちに存在するというよりむしろ事物が神のうちに存在する」[41]。

だから、神がすべてのもののうちに存在すると言うのは、単に物体的世界に基づいて類推しているだけである。しかし、こうした比較は注意深く行うべきである。トマスはこのことを心得ていたので、汎神論を知ってからは[42]、神を世界霊魂と見なす古代のストア派の見解を遠ざけている。こうした神人同形説はかなり乱暴なもので、被造物への神の内在を満足いくように説明できないだけでなく、さらに神の超越性もまったく弁護できていない[43]。ところが、トマスは神の超越と内在を同時に満たしつつ、それを超えて神がどのように被造物に内在するかを詳しく説明しよう

とは言うまでもない。というのも、罪の行為そのものは神が各瞬間に与える物理的現実に他ならないからである。

   39) *1a q.8 a.1 ad 2.*

   40) *1a q.8 a.2 ad 3.*

   41) *1a q.8 a.3 ad 3*: « Magis res sunt in Deo quam Deus in rebus ».

   42) *1a q.3 a.8.*

   43) Cf. J.-H. NICOLAS, « Transcendance et immanence de Dieu », *ST* 10 (1981) 337-349.

第3章 神と世界 109

としたのだが，こうしてこの問題を無数の観点から考察する道を拓いたのである。

トマスは若いときの有名なテキストの中で，神が被造物のうちに存在すると言われるのに三つの仕方があるとしている[44]。第一は，生きていようがいまいがどの被造物にも確認できるものである。対して，第二は，霊的存在にだけ見出せるもので，こうした存在は恩恵を受けられるので，人格的に神へ近づけるのである。第三は，キリスト・イエスにだけ実現するもので，キリストは位格的結合により被造物の頂点に立っているのである。

　　第一の存在様態は，単なる類似性により，すなわち被造物が神の善性を模倣しているかぎりで実現する──上で「痕跡」と呼んだのはこのことである──が，この仕方では被造物は神の本質に到達できない。神と被造物のこうした結びつきはどの被造物にも見出せるが，この場合，神は被造物のうちに本質，現前，力によって存在する。

神学者たちはここで「無限の存在」を論じている。トマスはこれを『神学大全』できわめてはっきり説明しているが[45]，経歴の終わりのテキストでも同様である。

---

44)　*Sent. I d.37 q.1 a.2.*

45)　*1a q.8 a.3*：「神はすべてのもののうちに力によって存在している。というのも，すべてのものは神に従属しているからである。また，神はすべてのもののうちに現前によって存在している。というのも，すべてのものは神に露わだからである。さらに，神はすべてのもののうちに本質によって存在している。というのも，神は存在の普遍的原因としてすべてのものに現前しているからである」。トマスはこの項でこれら三つの語を活用して，対立する同数の誤りを論駁している。「力」によりマニ教徒の誤りが無効になる。マニ教徒によれば，物体的で目に見えるものは善い神の影響下にはなく，思想体系の中で

110   第Ⅰ部　三位一体の霊性

　神はすべてのもののうちに本質，現前，力によって
存在すると一般に言われている。このことを理解する
には，次のことを知る必要がある。ある人は自分に従
属するすべての人々のうちに「力」によって存在する
と言われる。ちょうど王が自分に従属する王国のどこ
にでも存在すると言われるように——だが，この場
合，王は現前によっても本質によっても存在していな
い。また，ある人は「現前」によって自分が見ている
すべてのもののうちに存在すると言われる。ちょうど
王が王宮のうちに現前によって存在すると言われるよ
うに。さらに，ある人は自分の実体があるところに
「本質」によって存在すると言われる。ちょうど王が
個体として一定の場所に存在するように。

　神は「力」によって世界のいたるところに存在して
いると言える。というのも，すべてのものは神の力に
従属しているからである。「わたしが天に上っても，
あなたはそこにおられる……，わたしが曙の翼を取っ
て海の果てに住もうとしても，あなたの手がわたし
を導き，あなたの右手がわたしを捕えるだろう」（詩
138：8）。さらに，神は「現前」によっていたるとこ
ろに存在している。というのも，世界のうちにあるも
のはみな神に露わだからである（ヘブ4：13）。最後
に，神は「本質」によっていたるところに存在してい
る。というのも，神の本質はすべてのものの最内奥に
あるから……。しかるに，神は各事物の存在の働きに

善い神に対立する悪い神に従属している。「現前」によりアヴェロエ
ス（Averroès）と他の人々の誤りが退けられる。彼らによれば，神の
力はすべてのものを支配しているが，卑しく物体的なものには関わら
ない——cf. 1a q.22 a.2.「本質」によりアヴィケンナの見解が修正さ
れる。アヴィケンナによれば，神の摂理はすべてのものに及ぶが，創
造は中間者を通じて行われた——cf. 1a q. 45 a.5.

第 3 章　神と世界　　　　111

したがってすべてのものを創造し保持している。また，存在の働きは各事物の最内奥に見出せるので，神がすべてのもののうちに本質——この本質を通じてすべてのものは創造された——によって存在していることは明らかである[46]。

　残念ながら，『詩編』138 章に関するトマスの註解はないが，『ヨブ記註解』での考察から次のことが分かる。すなわち，トマスはすべてのものを見つめながら心の奥底も究めるこの神を，情け容赦のない裁き主——時にそう言われる——と考えるどころか，むしろ人間を「永遠性の道へ」[47]導く者と見なしている。事実，神が被造物のうちに存在する第二の様態がある。

　　第二の様態は，被造物が単なる類似性ではなく本質にしたがって神自身を受容する場合に確認できるが，これは被造物の働きによるものである。この様態は，信仰により第一の真理そのものに結びつき，愛により最高善と一つになるときに生じる。第二の様態はこうしたもので，「神は特別に聖なる人々のうちに恩恵を通じて存在する」。

　こうして，トマスは飾り気のない文体で神の内住の教えを述べている。この教えは学問的に様々に解釈されたが，トマスはヨハネにしたがって単純に考えている。「誰かがわたしを愛するなら……，われわれはその人のもとに行っ

---

46)　*In Ioannem 1, lect. 5, n° 134*, trad. dans S. THOMAS D'AQUIN, *Commentaire sur l'Evangile de saint Jean*, Préf. de M.-D. PHILIPPE, t. I, Versailles, 1981², p. 167-168.

47)　*Ps 139, 24*. 詳しくは，J.-P. TORRELL, *Dieu qui es-tu ?*, Paris, 1974, p. 170-175 参照。

て一緒に住もう」（ヨハ 14：23）。この文章の意味はかなり明らかで，ここで問題となるのは聖列に加わった聖人ではなく，むしろ対神徳にしたがって生きるキリスト教徒全員である。この詳しい説明を読めば，創造主である神が物体的なものも含めたすべてのもののうちに無限に存在することと，神を愛する――というのも，神が最初に愛したから――人々のうちに住むことがどれほど異なっているかはっきり分かる。「実体に付加される完全性は多くあるが，神を知り愛することを可能にするのは恩恵だけである。恩恵を通じてはじめて神は事物に特別な仕方で内在する」[48]。

神が世界に存在する第三の様態について言えば，トマスはかなり簡潔に述べている。「だが，神が人間のうちに存在するのに別の特殊な様態があり，『合一による』ものである」。この簡単な言葉はそれだけでは少しばかり不可解だが，トマスは『命題集註解』でこのことを説明しており，このテキストを読めばおおまかなところは把握できる。

被造物が神そのものに到達するのは働きを通じてだけでなく，固有の存在においてでもある。この存在は神の本質の働きではなく――というのも，被造物が神の本性に変わることはないから――，合一する位格ないしペルソナの働きである――この合一で被造物は高められる。これは最後の存在様態であり，こうして神は位格的結合によりキリストのうちに存在する。

それゆえ，もっと簡潔に述べるなら，神が被造物のうち

48）　*1a q.8 a.3 ad 4.* この文章のもっと詳しい説明は，網羅的研　究　J. PRADES, « *Deus specialiter est in sanctis per gratiam* ». *El misterio de la inhabitación de la Trinidad en los escritos de santo Tomás*, « Analecta gregoriana 261 », Roma, 1993 参照。

第3章　神と世界　　　　　113

に存在する第三の様態を実現するのは御言が肉を摂ること
だが，ここで神学者たちをとらえてきた受肉の理由の問題
が持ち上がってくる。なぜ神は人となったのか。……トマ
スはこうした問題は聖書に頼ってはじめて答えられるとい
う原則から出発しているが，人間が罪を犯さなかったな
ら，おそらく神は受肉しなかっただろうと述べている。し
かし同時に，様々な見解が考えられることも認めている。

　　人間が罪を犯さなくても神の子は受肉しただろうと言
　う人もいれば，その反対を主張する人もいる。後者の
　見解に賛成するのがよいようだ。実際，ただ神の意志
　に依存し，被造物がどうにもできない事柄は，神が聖
　書を通じて明らかにしているかぎりで人間に知られ
　る。しかるに，聖書はいたるところで受肉の理由を述
　べているが，その理由は最初の人間が罪を犯したから
　である。だから，神が罪を解消するために受肉しよう
　としたことは「よりありそうなこと」(conuenientius)
　に思えるのであり，したがって罪がなければ受肉は起
　こらなかっただろう。「しかし，神の力は罪を解消す
　ることに限られず，神は罪がなくても受肉できたこと
　を認めねばならない」[49]。

───────────
　49)　*3a q.1 a.3. Sentences III d.1 q.1 a.3* の並行箇所は，この最後
の見解により賛成的に見える。「他の人々によれば，神の子が受肉し
たことで，人類が罪から解放されただけでなく，人間本性が讃えら
れ (exaltatio)，世界全体が完成した (consummatio) ので，こうした
理由のために罪がなくても神は受肉できただろう。『そしてこの見解
は本当らしく思える』」。Cf. encore *In Iam ad Tim. 1,15, lect.4, n° 40.* こ
の問題はかつて激しく議論されたが，完全な研究 H. BOUËSSÉ, *Le
Sauveur du Monde, 1. La place du Christ dans le plan de Dieu*, Chambéry-
Leysse, 1951 を参照。また，次の研究は優れたものだが，すべての主
張に従うわけにはいかない。M. CORBIN, « La Parole devenue chair.
Lecture de la première question de la *Tertia Pars* de la Somme théologique

114 　　　　第Ⅰ部　三位一体の霊性

　この問題についてトマス主義者はスコトゥス主義者と激しく論争したが，上のトマスの解答をいささか執拗に主張した。トマスが「後者の見解に賛成するのがよいようだ」と緩和的に述べ，確からしい「適切さ」を強調するにとどめており[50]，他の見解にも可能性を残していることは十分に指摘されなかった。事実，トマスはもっと広い枠組みの中で受肉の適切さを問うときには，むしろ形而上学的な理由を挙げており，ディオニシウスにしたがって次のように説明している。

　　　神の本性は善性に他ならない……。それゆえ，本質的に善に属するものは何でも神に適合する。しかるに，善の本質は自分自身を伝えることである……。だから，最高善は被造物に自分自身を最大限伝えようとする。そして，こうした最高の伝達は，神が御自身を被造的本性に結びつけ，聖アウグスティヌスが述べるように，御言，霊魂，肉という三つのものから唯一のペルソナを形づくるときに実現する……。それゆえ，受肉が「適切」なのは明らかである[51]。

de Thomas d'Aquin », *RSPT* 67 (1978) 5-40, reprise dans *L'inouï de Dieu. Six études christologiques*, Paris, 1980, p. 109-158──p. 112 で，Corbin は『テモテへの手紙註解』のテキストにはない 'non' を読んでいるが，むしろ「この問題はたいして重要ではない」（cette question *n'est pas* d'une grande importance）とすべきである。

　　50）　適切さによる議論の重要性については，重要な学位論文 G. NARCISSE, *Argment de convenance et esthétique théologique selon saint Thomas d'Aquin et Hans Urs von Balthasar*, Diss., Fribourg (Suisse), 1996 を参照。Narcisse の解明的な予備研究 « Les enjeux épistémologiques de l'argument de convenance selon saint Thomas d'Aquin », dans *Ordo sapientiae et amoris*, p. 143-167 も参照。

　　51）　*3a q.1 a.1.*

第3章　神と世界　　　115

　こうして，御言が肉を摂る理由は，もはや幸いなる罪
（felix culpa）だけにあるのではない——ここにある種の人
間中心主義を見ることは容易である。キリストは世界全体
の頂点にして完成でもあり，この世界はすでに述べた三つ
の主要な存在様態にしたがって，神の存在と善の伝達によ
り支配されていたのだった[52]。こうしてようやく，神が世
界のうちにどのように存在するか，その驚くべき段階性を
トマスにしたがって理解できる。だが明らかなことに，第
二と第三の存在様態は第一の様態と違和感なく連続してい
るとは言えない。第一の様態は恩恵がそれに「付け加わ
る」ために存在せねばならないが，それでも第一の様態と
第二，第三の様態の間で，可能態性を含む自然と神がもっ
ぱら自由に与える恩恵は根本的に相容れない関係にある。
このようなわけで，自然と恩恵は厳密に対称的であるわけ
ではない[53]。自然的賜物の下降的秩序では，存在の伝達が
問題となる場合，神の働きと被造物の間にいかなる中間者
もないが，被造物が神に還帰する上昇的秩序では，何らか

---

　52)　本論に直接関係するものではないが，きわめて詳しい研究
Th.R. POTVIN, *The Theology of the Primacy of Christ According to St.
Thomas Aquinas and its Scriptural Foundations*, « Studia Friburgensia N.S.
50 », Fribourg (Suisse), 1973 を参照。

　53)　トマスはこのことを位格的結合に関してはっきり説明して
いる（*3a q.6 a.1*）。「被造物と神の二つの関係を考察できる。第一の関
係は，被造物が神から生み出され，存在の始原としての神に依存して
いることに由来する。この観点では，神は無限の力によりすべてのも
のを生み出し保持しつつ直接触れている。こうして，神はすべてのも
ののうちに本質，現前，力によって直接的に存在している。第二の関
係は，事物が目的としての神に還ることに由来する。この観点では，
被造物と神の間に中間者を確認できる。というのも，ディオニシウス
が『天上位階論』4章3節で教えているように，下級の被造物は上級
の被造物を通じて神に還帰するからである。神の御言が人間本性を摂
取したのはこの第二の関係および秩序にしたがってであり，神の御言
はこの摂取の完成であり，こうして霊魂を通じて肉に結びつく」。

の媒介が可能なだけでなく，むしろ必要である。すなわち，キリストの人間性と聖霊の恩恵の賜物である。事実，キリストは下降的秩序と上昇的秩序を完全に結びつける役割を果たしている。こうして，円環運動が最も完全かつ見事に実現するのはキリストについてだが，トマスは「川は出てきたところに戻る」（シラ 1：7）という少しばかり不可解な聖句を解説して，このことを説明している。

　　川が出てきたところに戻ることで意味されているのは受肉の神秘である……。実際，ここで言う川は神が被造物にたっぷり与えた自然本性的善，すなわち存在，生命，知性のことで，……川が出てきたところは神のことである……。こうした善は被造物全体に散らばっているが，人間に集まっている。というのも，人間は地平線や境界のようなもので，物体的本性と霊的本性が合流しているからである。中間者として，人間は霊的善と時間的善を分有する……。このようなわけで，受肉の神秘により人間本性が神に結びついたとき，自然本性的善という川はすべて出てきたところに戻った[54]。

世界を愛する神

　これらのテキストにある円環的図式の論理により，御父

───────────
　　54）　*Sent. III Prol.* 次のテキストはまったく同じ意味のことを述べている。*SCG IV 55, n° 3937*：「人間はある意味で被造物の完成──というのも，出生の自然的順序を見れば分かるように，人間はあらゆる被造物を前提にしているから──なので，『世界がある種の円環運動で完成するために』，人間が始原に結びつくことはまったく適切だった」。

第3章　神と世界　　　117

に向かうキリストを論じることは避けられないだろう。だが，還帰の運動を続く章でもっと詳しく検討する前に，発出の運動をもう少しだけ論じなければならない。キリスト教徒がこの世界でどう振る舞うべきか，すぐに論じることになるが，そのためにも，こう言ってよければ神自身がこの世界にどういう態度をとるか確認しておくことは重要である。

簡単な確認から考察を始めよう。周知のとおり，トマスは聖書に精通していたが，知恵文学を特に熟知していた[55]。しかるに，トマスはしばしば『知恵の書』を引用するが，次の聖句は最も頻出するものの一つである。「あなたはすべてのものを愛し，造ったものはどんなものでも憎まない。というのも，あるものを憎むなら，造らなかっただろうから。あなたが欲するからこそ，あるものは存立する。あなたが存在へと呼び出すからこそ，あるものは存在を保てる」[56]。それゆえ，トマスはこれらの言葉を好んで引用し，「神はすべてのものを愛するか」と問うとき，ためらわず次のように答えている。

　　　「神は存在するすべてのものを愛する」。事実，存在するものはみな存在するというだけで善である。というのも，存在はそこに含まれるあらゆる完全性と同様にそれ自体で善だからである。神の意志はすべてのものの原因なので，すべてのものには神が欲するかぎりで存在や完全性がある。だから，存在しているなら，とにかくも神が善を欲していることになる。しかる

---

55)　Cf. J.-P. TORRELL et D. BOUTHILLIER, « Quand saint Thomas méditait sur le prophète Isaïe », *RT* 90 (1990) 5-47, cf. p. 9.

56)　Sg 11,25-26 Vulg., cité en *1a q.20 a.2 sc*. 約 10 の著作の中に，第 25 節から合計 18，第 26 節から合計 4 の引用を確認できるが，数の多さは二つの大全で顕著で，10 の引用を数える。

に，ある人を愛することは彼に善を欲することに他な
らないので，神が存在するすべてのものを愛すること
は明らかである。

　　しかし，この愛は人間の愛と同じものではない
……。人間はある人を愛して彼に善を欲するが，この
愛は彼の善性の原因ではない。反対に，ある人の善性
——真の善性でも偽の善性でも——こそが人間の愛の
原因であり，この愛により彼の善の維持，増大を望
み，尽力するのである。「対して，神の愛は事物のう
ちに善性を生み出す原因である」[57]。

　神の愛と人間の愛がどう違うかをこれほど簡単かつ力強
く述べた言明は他にない。人間が最も激しい愛をもってし
ても最愛のものに為しえないことを，神は一人ひとりの人
間に行う。太陽が種を蒔いたり水をやったりせずに花その
ものを開花させるように，神は愛を通じて絶えず事物を
無から生み出し，存在のうちに保ち，善性で満たしてい
る。というのも，創造は支離滅裂な働きではないからであ
る。神は創造したこの世界を絶えず気遣っている。神が被
造物を存在のうちに保っていることは，信仰からも理性か
らも確認できる。「被造物は，神の力の働きで存在のうち
に保たれないなら，一瞬たりとも存立できず無になるが，
それほど被造物の存在は神に依存している」[58]。神が各事物
の「生成」の原因だけでなく，最も直接的かつ深い仕方で
「存在」そのものの原因でもあることを思い出すなら，こ
のことは容易に説明がつく[59]。結論はそれ自体で説得的な

　57）　*1a q.20 a.2*: « *Sed amor Dei est perfundens et creans bonitatem
in rebus* ».

　58）　*1a q.104 a.1.*

　59）　トマスは次の比較を好んでいる（*ibid.*）。「すべての被造
物と神の関係は，ちょうど空気と空気を照らす太陽の関係に等しい

第3章 神と世界　　　　119

ものだが，神の新たな介入を想像する必要はない。「神が
事物を保つことは神の新たな働きではなく，神が存在を与
え続けると考えるだけで理解できる」[60]。

　このことは今や明らかに違いないので強調するには及ば
ないが，次のことは指摘しておこう。すなわち，こうした
神の支配あるいは摂理——この二つの言葉はほぼ同義語で
ある——の文脈でも，事物の最初の創造と同じように，三
つのペルソナが働いている。トマスは『ヨハネ福音書』5
章17節「わたしの父は今日まで働いておられる。わたし
も働いている」というキリストの言葉を，ためらわず次の
ように註解している。

　　こうして，「わたしの父は」最初に被造物を創造する
　　ことで「今日まで働いており」，同じ働きで被造物を
　　保っている。「そして，わたしも働いている」。という
　　のも，わたしは御言であり，この御言を通じて御父は
　　すべてを働くからである……。こうして，御父は御言
　　を通じて事物を最初に創造したが，同じようにして事
　　物を保っている……。「わたしも働いている」。という
　　のも，わたしは御父の御言であり，この御言を通じ
　　てすべてのものは造られ保たれているからである[61]。
　　——トマスは機会あるごとに，こうした御言の働きが

……。神だけが本質による存在であり，それというのも神の本質と存
在は同一だからである。対して，被造物はどれも分有による存在であ
り，それというのも被造物の本質と存在は異なるからである」。

　60）　もし望むなら，ここで連続的創造を論じることができよ
う。だが，創造が時間に関係するのは人間の側から見たときに限ら
れることに注意すべきである。神の側から見れば，「創造の働きは運
動と時間の外部で起こる」（*1a q.104 a.1 ad 4*）。Ch.-V. HÉRIS, dans
SAINT THOMAS D'AQUIN, *Le gouvernement divin*, « Revue des Jeunes
», Paris, 1959, t. I, p. 253ss. の注釈を参照。

　61）　*In Ioannem 5,17, lect.2, nº 740.*

絶え間ないものなのを強調しているようだ。このように
して，トマスは「わたしは世を離れて御父のもとへ
行く」というイエスの言葉を説明するにあたり，次の
ことを明言するのがよいと考えている。すなわち，こ
の言葉が意味しているのは，イエスが物理的に出発す
ることだけで，世界を見捨てることではない──。だ
から，イエスは摂理により世界を統帥することをやめ
ない。というのも，「イエスが世界を統帥する働きは
絶え間なく，御父と協力して行われるからである」。
そして，イエスは恩恵を通じて常に彼の友のそばにい
る[62]。

　聖霊についても同じように言える。トマスは「神的ペル
ソナが発出そのものを通じて事物を創造する原因であるこ
とについて，また適合化により各ペルソナに帰属する事柄
について論じるとき，聖霊の役割を次のように明言してい
る。「主人として統帥し，御父と御子が創造したものを活
気づけること」。こうした役割を聖霊にあてるのは，「聖霊
には善を帰すのがふさわしいからである。そして，善は事
物を統帥することで固有の目的に導き，活気づける。とい
うのも，生命は内的な運動のようなもので，事物を最初に
動かすのは目的と善だからである」[63]。この教えはきわめて
正確に『対異教徒大全』の見事なテキストに対応している
が，このテキストは聖霊を論じるときに再検討しよう。

　　世界の統帥は，神がすべてのものを支配し固有の目的
　　に導く運動のようなものである。愛としての聖霊に衝
　　動や運動が属するなら，世界とその拡大を司っている

---

62)　*In Ioannem 16,28, n° 2163.*

63)　*1a q.45 a.6 ad 2.*

第3章 神と世界　　　121

のが聖霊だということはまったく正しい[64]。

　創造と「力ある言葉で世界を支えている」[65]御言の恒存
という教えをきっかけとして，ついでにトマスは実現する
ことのないある想定を検討した。こうした想定は，歴史を
紐解けば，神秘主義者たちが頻繁に考察してきたものであ
る。「神が一瞬でも被造物を支えることをやめれば，被造
物はすべて無になり，存在できなくなるだろう」。トマス
は次のような示唆に富む比較をオリゲネス――だが，実際
はヨハネス・スコトゥス・エリウゲナだろう――に帰して
いる。人が語ることをやめるなら，もはや声は聞こえなく
なる。同様に，神が御言を発することをやめるなら，御言
の結果はただちにやみ，もはや被造世界は存在しなくなる
だろう[66]。
　トマスはこうした想定に驚くどころか，もっと詳しく考
察している。神は創造した事物を無に戻せることを認めね
ばならない。「というのも，神は自然的必然性で創造した
わけではないから」。すべては神の自由意志次第なので，
創造や被造物の保持を神に強制できるものは何もない。神
には新たな働きも必要なく，働きをやめるだけでよい[67]。
しかし，ここにきてこうした想定が不可能なことが分かる
ので，事実トマスはすぐに修正している。「神が何かを無
に戻すことは絶対にない」。というのも，こうした根絶に
より神の力が明らかになることは決してなく，むしろ弱
まってしまうだろうから。なぜなら，神の力と善性が最も

---

64)　*SCG IV 20, n° 3572.*

65)　He 1,3. この文章の見事な註解は，*In Hebraeos 1, lect.2, n°
30-37* 参照。

66)　*In Ioannem I, lect.5, n° 135*; *Commentaire sur S. Jean*, trad. M.-
D. Philippe, p. 168-169; *De pot. q.4 a.2 ad 8 et 14.*

67)　Cf. *1a q.104 a.3.*

明らかになるのは事物を保つときだからである[68]。

　トマスは神が変わらないことを教えているが，この考え方から神が被造物に関心を持たない帰結が出てくるのではないかと思い，この教えを疑問視する人もいた。実際，トマスは「被造物は神に対して実在的関係にあるが，……神は被造物に対して実在的関係にはない」[69]と述べている。この文章は反論できない形而上学的考えを述べたものだが，単に心理的意味に解釈すると誤解の結果としてある疑義が生じるので注意が必要である。この文章は単に，「神は完全に被造的秩序の外部にある」(cum…Deus sit extra totum ordinem creaturae…) ことを意味している。神は被造物を支えているが，逆は成り立たず，当然関係は非対称的になる。ここで想像は何の役にも立たず，神を被造物との実在的関係に入れようとしても——例えば，現代の神学者の多くは神が人間の苦しみを共有すると考えたがっている——，こうした試みは余計な偶像をでっちあげること以外の何ものでもなかろう[70]。こうした神は神ではないと言

---

68) Cf. *1a q.104 a.4 et ad 1.*

69) *1a q.13 a.7.* Cf. H. SEIDL, « De l'immutabilité de Dieu dans l'acte de la création et dans la relation avec les hommes », *RT* 87 (1987) 615-629. おそらくもっと入手しやすくきわめて解明的な研究 M. GERVAIS, « Incarnation et immutabilité divine », *RevSR* 50 (1976) 215-243 も参照。Gervais は，当時の神学者たちのトマス批判が的外れだったことを説得的に示している。

70) Cf. J.-H. NICOLAS, « Aimante et bienheureuse Trinité », *RT* 78 (1978) 271-292. Nicolas は，J. MOLTMANN, *Le Dieu crucifié, La croix du Christ, fondement et critique de la théologie chrétienne*, Paris, 1974 を的確に修正し，多くの著述家を引き合いに出している。J. MARITAIN, « Réflexions sur le savoir théologique », *RT* 69 (1969) 5-27 は実際に神の共苦を論じているが，心理的に解釈しないようにしている。「……苦しみという概念と言葉は比喩的にだけ神について使える……。しかし，神の完全性のうちに，「名づけられてはいない」が人間の高貴な苦しみに対応する永遠の範型を探すべきである」(p. 314)。

第 3 章　神と世界　　　123

わねばならない。

　トマスの考える神は，被造物から疎遠などころか，各存在が自分自身に現前するよりも深く各存在に人格的に現前している。ここで学識豊かな読者は間違いなく，トマスに大きな影響を与えたアウグスティヌスのことを思い起こすだろう。「しかし，あなたはわたし自身の最も深いところよりも深くに，わたし自身の最も高いところよりも高くに存在する」[71]。確かにトマスにはアウグスティヌスのような文学的才能はないが，同じことを述べているのである。トマスが被造物に現前する神の働きについて論じている箇所を読めば，神の現前から生まれる感嘆の念が伝わってくる。

　こうした感情は，トマスの考える神が世界と関わり合わない理神論の非人格的な始原とどれほど異なるか十全に理解すれば，増大するだろう。トマスの考える神はまさに聖書の伝える三位一体の神であり，被造物に積極的に関わり合う神である。神は始原として被造物を生み出し絶えず支えているが，同時に御自身を愛するように愛している。

　　御父は聖霊を通じて御子を愛するだけでなく，「御自身と被造物も愛する」。というのも……，愛することは，三位一体論では，神的ペルソナの発出だけでなく，愛から生まれたペルソナも示唆しており，この愛は愛されるものに向かうからである。このようなわけ

[この問題について，今日では G. EMERY, « L'immutabilité du Dieu d'amour et les problèmes du discours sur la "souffrance de Dieu" », *Nova et Vetera*, 1999/1, p. 5-37 の深遠で正確な研究を参照。]

　71)　*Confessions III 6,11*: « Tu autem eras interior intimo meo et superior summo meo ». *Bibliothèque augustinienne* (t. 13, p. 383) の解説によれば，この簡潔な神の「定義」で神の超越と内在が完璧に表現されている。「こうして，神は人間の最も深いところに存在する。たとえその人間が罪人や聖性に無縁な人間であっても」。

で，御父は自分で生む御言を通じて御自身とすべての
被造物を表現する——というのも，御父が生んだ御言
は御父とすべての被造物を表すことができるから。し
かし同時に，「御父は聖霊を通じて御自身とすべての
被造物を愛する」。というのも，聖霊は根源的善——
御父はこの善のために御自身と「すべての被造物」を
愛する——への愛として発出するからである。だか
ら，御言と愛が発出することには，被造物への関係が
二次的なものとして含意されている。「というのも，
神は御自身の真理と善性に基づいて被造物を認識し愛
するからである」[72]。

　御子のペルソナについて似たような教えがあるが，驚く
には値しない。トマスは聖パウロの『エフェソの信徒への
手紙』1章6節「恩恵は最愛なる御子においてわれわれに
与えられた」を次のように註解している。

　　本人のために愛される人もいれば，他の人のために愛
　　される人もいる。事実，わたしがある人を本当に愛し
　　ているなら，わたしは彼と同時に彼に属するすべての
　　人も愛している。こうして，神が人間を愛するのは，
　　直接的に人間自身のためではない。「人間は御父の最
　　愛なる者のために愛される」。このようなわけで，使
　　徒は「最愛なる御子において」と付け加えている。と
　　いうのも，御父は人間が御子に似ているかぎりで，御
　　子を理由として人間を愛するからである。事実，愛は

---

72)　*1a q.37 a.2 ad 3.* 詳しさの程度は異なるが，似たようなテキ
ストがある。例えば，*De uer. q.22 a.1 ad 11*: « Ex hoc enim quod Deus
se ipso fruitur alia in se diligit »〔「神は御自身を享受することで他のも
のを御自身のうちで愛する」〕を参照。Cf. *De pot. q.3 a.15 ad 14*; *Sent.
1 d.32 q.1 a.3.*

類似性に基づいている……。しかるに，御子は本性的に御父に似ているので，御子は御子自身のために第一に愛される。御子は「本性的に」かつ最も優れた仕方で御父の最愛なる者である。対して，人間は本性による子である御子に一致するかぎりで，「養子による」子である。こうして，人間はどうにか神の愛に与ることができる[73]。

＊　　＊　　＊

　本章で引用したテキストを読めば，テキストから明らかになる世界と神についての見解が首尾一貫していることが十分に分かる。トマスは創造を論じるときはいつも，三つのペルソナが働いていることを示している。同様に，被造物における神の現前を論じるときはきまって，被造物の完成としてのキリストに言及している。さらに，存在への創造が，救済，すなわち愛への再創造と密接に関わっていることも知っていた。トマスがこれらのことをいつも強調するのには理由があったのであり，こうした結びつきは，たとえ明言されていなくても，いたるところで前提になっている。密接に関わり合うこうした構造は『神学大全』の構成そのものに確認できるので，忘れてはならない重要な点である。

---

73)　*In ad Ephesios 1,6 lect.2, n° 16.*

第 4 章
像 と 至 福

像と至福を結びつけて理解することは,『神学大全』の冒頭以降,ぜひとも必要である。トマスは,被造物は神に似ることができるかと問い,聖書の二つのテキストで答えている。「人間をわれわれの像にかたどって造ろう」(創1：26) という第一のテキストは予想できるものだが,「御子が現れるとき,われわれは御子に似た者になる。なぜなら,御子をありのままに見るだろうから」(Ⅰヨハ3：2) という第二のテキストは意表をつくものである[1]。これら聖書の言葉は簡潔だが示唆に富んでおり,これらの言葉により創造と再臨が並置されることになる。あるいはもっとはっきり言えば,像の最終目標が明らかになり,そこへ到達するために踏破せねばならない道のりが全体として浮かび上がってくる。このように像と至福を関連づけることは偶然によるものではまったくない。トマスは至福を論じ

---

1) *1a q.4 a.3 sc.* わたしが像と至福を関連づけることに注目したのは,優れた研究 C.E. O'NEILL, « L'homme ouvert à Dieu (*Capax Dei*) », dans N.A. LUYTEN, éd., *L'anthoropologie de saint Thomas*, Fribourg, 1974, p. 54-74, cf. p. 61-62; repris dans P. BÜHLER, éd., *Humain à l'image de Dieu*, Genève, 1989, p. 241-260 のおかげである。『命題集註解』の全体的序文にも創造論と終末論の結びつきはたくさん確認できるが,このことを教えてくれた G. Emery によれば,こうした関連づけはトマス独自の直観から出てきたものである。

第 4 章 像 と 至 福　　　127

るときになって，改めて『ヨハネ福音書』の同じ聖句「わ
れわれは神をありのままに見るだろう」を引用し，その少
し後で「永遠の生命とは，唯一の真の神であるあなたを知
ることである」という同福音書の別の言葉を付け加えてい
る[2]。

始まりと終わり

　始まりと終わりを結びつけて理解するこの方法はトマス
お得意のものだが，この方法によりトマスの弟子はいつも
トマスが定めた目的，あるいはより適切には神が教えた目
的を念頭に置くことになった。ふつう『神学大全』第 2 部
の序文――すぐに再検討する――が引用されるが，実際に
はすでに第 1 部 1 問で次のように述べられている。

　　人間は理性では理解できない目的である神を目指す。
　　というのも，預言者イザヤによれば，「神であるあな
　　たを除いて誰も見なかったものを，あなたはあなた
　　を愛する人々に用意した」（イザ 64：4）からである。
　　しかるに，人間は目的を知ってはじめて，その目的を
　　欲し働ける。だから，人間が救いに達するには，神が
　　理性で理解できない事柄を人間に啓示する必要があっ
　　た[3]。

　「人は手段を通じて目的に到達する」というよく知られ
た格言をここで思い出さずにはいられないが，トマスはこ
うした考え方を著しく洗練し，完全に究極的な目的――残

---

　2)　1a q.12 a.1 sc. et a.4 sc.
　3)　1a q.1 a.1.

りのものはどれもこの目的を目指す——を被造物に示している。このようにして，残りのものは何であれ単なる手段には還元できないことになる——もし還元するなら，各手段が真の目的でもあり，正当な価値を持っている事実を無視することになろう。だが同時に，トマスはこうした手段そのものを完全に活用できるのは究極目的に照らしてであることをはっきり理解していた。最後に到達する目的は最初に知る必要があり，残りはみなこの目的に応じて調整すべきである。だから，この目的を何とか理解したいなら，神の主導権が完全に発揮されるところを突きとめる必要があるが，これはまさしく救済の歴史の始まりと終わりである。トマスはこうした考えに基づき，還帰の運動を論じ始めるにあたり，神の像と神の像に示される目的の教えを対にして提示している。

　　人間は神の像——ここからヨハネス・ダマスケヌスにしたがい，人間は知性と自由意志と自立的に行為する能力に恵まれていることを理解せねばならない——なので，範型としての神を論じた後に……，今や神の像である人間を論じるつもりである。というのも，「人間も」自由意志を持つ行為の主人なので，自分の行為を生む根源だからである。

　第2部の序文の中にあるこのテキストは，すぐに次の数行の文章で補完されているが，ここからトマスの意図がはっきり分かる。トマスはこれから論じるこの人間を，こう言ってよければ，静物としてではなくむしろ成長する存在と捉えている。

　　被造物の神に向かう運動について，まず考察すべきは人間の生の究極目的で，次に人間が目的に到達する，

第 4 章 像と至福 129

あるいは逸脱する方法を問うべきだろう。というのも，目的に関係する事柄を正しく理解するには目的を考慮せねばならないからである。しかるに，「人間の生の究極目的は至福」なので，まず究極目的一般を，次に至福を論じよう[4]。

この第二のテキストは，おそらく先のテキストよりも知られているが，しばしば活用する読解の手がかりを教えてくれる。しかし，トマスの意図を明らかにするこれら二つの言明を同時に読むことで，すでに重要な点を指摘できる。すなわち，『神学大全』第 1 部から第 2 部に論を進めるとき，トマスは人間を論じるために神を無視しているわけではない。「聖なる教え」の主題は常に神なのだが，トマスは第 2 部で神を，もはや直接神自身についてではなく，また人間と世界の絶対的な始まりとしてでもなく，むしろ人間と世界の完成として，同様に絶対的な究極目的として考察している。この究極目的は最高善の発散によりすべてのものを自分自身に引き寄せるのだが，これに対し理性的被造物は特別な仕方で自由に応えようとする。霊的生活は全体としてここから始まり，究極目的に魅力を見出すことで発展していく。

しかし，最初のテキストで強調されているのはまだ目的の概念ではなく範型の概念である。人間が神を目的にするのは，神が人間を「神の像にかたどって」（創 1：26）造り，人間本性そのものに神に似ようとする抗いがたい力を刻みこんだからである——ちょうど像が範型に似ようとするように。人間の完成は神にますます似ようとすることにある。このようなわけで，トマスは第 1 部（第 93 問）で人間と人間本性の創造を扱うときに神の像の主題を詳しく

---

4) *1a 2ae q.1 Prol.*

130   第Ⅰ部　三位一体の霊性

論じているが，人間の行為を扱う際にも自然とこの主題を
論じている。こうして，神の像の主題は第1部と第2部
を有機的に結ぶ役割を果たしている[5]。

　だから，トマスは目的と範型という対概念のおかげで，
神から人間へ——少し前まで言われていたように，教義神
学から倫理神学へ——論を進め，同一の神学の中で，観想
すべき基礎事項と福音にしたがったキリスト教的生活の規
範を統合できたのである。トマスは人間行為の考察をこと
ごとく，回復すべき像と到達すべき目的という不可分の対
概念——というのも，像が回復するのは目的に到達すると
きだから——の枠組みの中で捉えることで，自己実現の生
を教えている。というのも，被造物は目的に到達すること
で自己を実現するからである。それゆえ，これは幸福の倫
理学と呼べるが，ここで言う幸福は人間が自分の範型に似
ようとすることではじめて得られるものである。同じこと
を述べたものに，「最愛なる子らとして，神に似ようとし
なさい」（エフェ5：1）というパウロの言葉，「天におられ
るあなたたちの父が完全なように，あなたたちも完全にな

───────────
　5）　このことは，G. LAFONT, *Structures et méthodes dans la
Somme théologique de saint Thomas d'Aquin*, Paris, 1961, p. 265-298 が
適切に強調した。ただし，Lafont は H.-D Gardeil, A. Solignac, D.J.
Merriell といった著述家——続く註を参照——にしたがって，像の主
題が第2部の残りと第3部で「触れられている」ことにおそらくこ
だわりすぎている。対して，像の主題が『神学大全』の構成上どれ
ほど重要な役割を果たしているかは，S. PINCKAERS, « Le thème de
l'image de Dieu en l'homme et l'anthropologie », dans P. BÜHLER, éd.,
Humain à l'image de Dieu, p. 147-163 参照。［より最近になって，K.
KRÄMER, *Imago Trinitatis*. Die Gottesebenbildlichkeit des Menschen in
der Theologie des Thomas von Aquin, Freiburg im Breisgau, 2000 は，神
の像の主題が『神学大全』の構成に照らしてどれほど重要かを明らか
にした。KRÄMER によると，像という語がはっきり使われていなく
ても，神の像の主題は『神学大全』の第1部，第2部，第3部のどの
部分にも構成上の重要要素として存在している。］

第4章　像と至福　　131

りなさい」（マタ 5：48）という山上の説教がある。

　聖書の教師トマスが神の像の主題をこれほど強調しているのは偶然ではない。こうして，トマスは神の言葉という尽きない源から汲みとろうとしており，霊性を気にかける神学者として聖書に基づいて論じている。内的生活の初心者，進歩者，完成者を論じるにあたり，宗教心理学的考察にしか訴えられないと考える時代は幸いにも過ぎ去った。しかし，問題となっているのが教父の主要モチーフであり，ヨハネス・ダマスケヌスの引用がこれを証明していることは強調に値する[6]。事実，ダマスケヌスは東方教父全体の伝達役を果たしており，トマスが東方教会の伝統に結びつくのは彼を通じてである。トマスはおそらく当時のどの神学者よりもこの伝統に注意を払っていた──『カテナ・アウレア』はこのことを雄弁に物語っている。この教父の伝統を受け継いだトマスが神化の倫理学を論じていると見なしても確かに間違いではない。トマスのこの側面はほとんど知られていないが，実際に確認できるものである。

三位一体の像

『神学大全』を読めば，トマスの人間論が二つの部分から成ることはすぐに分かる。すなわち，第 75-89 問は人間の「本性」を，第 90-102 問は人間の「創造」（de

---

　6）　ほとんど指摘されていないことだが，ダマスケヌスのこのテキストは神の像を検討する際にすでに引用されている──1a q.93 a.5 arg. 2。Cf. D. MONGILLO, « La Concezione dell'Uomo nel Prologo della Ia IIae », dans *De Homine: Studia hodiernae anthropologiae, Acta VII Congressus thomistici internationalis*, t. 2, Rome, 1972, p. 227-231.

productione prima hominis) を論じている。読者が哲学者
で少し急いでいるなら，第一の部分だけを検討し，第二の
部分は神学者に任せるかもしれない。これは致命的誤り
で，こうした読み方ではトマスの意図は理解できない。と
いうのも，適切にもトマスは神学者として人間の本性を考
察したいと述べているからである[7]。身体の検討は医者に
任せ，とりわけ霊魂および霊魂と身体の関係を論じようと
いうわけである。同時にトマスは，人間の検討は神の像を
論じてようやく完成するが，それというのも神の像は神が
人間を創造する際に定めた「目的」だからだとはっきり述
べている[8]。ある哲学者が的確に述べたように，トマスは
像の主題を「人間が何のために生み出されたかを表すもの
と理解していた。人間は神の像として存在する『ために』
造られ生み出された。『目的』ないし『終局』という語を
重視するなら，人間は例えば思惟するものや理性的動物と
してではなく，神の像として存在する『ために』創造され
たと言わねばならない。だから，最終的には創造主は人間
がこうした目的を目指すことを欲したわけである」[9]。言い

---

7) Cf. *1a q.75, Prol.*:「神学者（theologus）の仕事は，人間本性
を身体ではなく霊魂の側から考察すること，あるいは霊魂と身体の関
係を考察することである——人間本性を身体の側から考察することは
医者の仕事である」。

8) この表現は神の像を論じた問題（*1a q.93*）の表題そのもので
ある——De fine siue termino productionis hominis prout dicitur factus ad
imaginem et similitudinem Dei。

9) L.B. GEIGER, « L'homme image de Dieu. A propos de Summa
theologiae, Ia, 93, 4 », *RFNS* 66 (1974) 511-532, cf. p. 515-516. Geiger は，
続けてあることを指摘しているが，本章の続きを読めばこの指摘がど
れほど重要か分かるだろう。「だから，ある事物を造るときに定めた
目的は，この事物を完全に定義しようとするなら，定義の中に入れる
べきである。目的から事物の本性が分かる……。しかるに，人間が生
み出された目的は，神が御自身を認識し愛するように，人間も神を認
識し愛することだった。すなわち，神が人間を創造したのは，神が生

第4章　像と至福　　　　133

換えれば，トマスは『創世記』1章26節を解釈するとき，作出性と目的性が同時に働いているのを見てとった。すなわち，神が人間を創造したのは御自身の類似性を伝えるためだった。

　トマスは神学的論述の決定的な箇所で何度も神の像を論じている[10]。最初の探究の基本方針は変わっていないが，

み出した本性にしたがい，神が御自身を認識し愛するように，神を認識し愛するためだったが，このことは恩恵の賜物により不完全に，栄光の賜物により完全に実現する。もっとも，すぐ分かることだが，『神学大全』第2部で人間の至福はこの目的に到達することだけだと言われているのはこうした考え方に基づいている。人間が生み出された目的を知れば，何のために造られているかが分かり，人間は何であるかが理解できる。だから，人間を完全に定義しようとするなら，この目的を定義の中に入れるべきである」（p. 518-519）。

　10）　重要な箇所は時に散らばっているが，主要な箇所は *Sent. I, d.3 q.2-5; II d.16; De uer. q.10,* surtout *a.1,3,7; SCG II 26 n° 3631-3633; De Pot. q.9 a.9* である。この主題の研究はきわめて多いが，以下を参照。M.-J.S. DE LAUGIER DE BEAURECUEIL, « L'homme image de Dieu selon saint Thomas d'Aquin », *Études et Recherches* 8 (1952) 45-82; 9 (1955) 37-96 によれば，トマスは次第にアウグスティヌスから離れ，アリストテレスと偽ディオニシウスの見解を採用するようになった。しかし，D.J. MERRIELL, *To the Image of the Trinity*. A Study in the Development of Aquinas' Teaching, « Studies and Texts 96 », Toronto, 1990 は，反対に，トマスがアウグスティヌス『三位一体論』を深く読みなおすことで発展したと主張しているが，この見解のほうが正しい──最新の文献表も参照。H.-D. GARDEIL, Appendice II, « L'image de Dieu », dans SAINT THOMAS D'AQUIN, *Les origines de l'homme*, « Revue des Jeunes », Paris, 1963, p. 380-421 は Beaurecueil と同じ見解である。A. SOLIGNAC, art. « Image et ressemblance », *DS* 7 (1971) 1446-1451 はうまくまとまった項目であり，文献表も備えている。だが，Solignac によれば，トマスに像の主題があまり見られなくなったのは，創造は三位一体に基づいている（本書第2章参照）と考えなくなったからだが，この見解は間違いである。J. PELIKAN, « Imago Dei. An Explication of *Summa theologiae*, Part 1, Question 93 », dans A. PAREL, éd., *Calgary Aquinas Study*, Toronto, 1978, p. 29-48 もアウグスティヌスの影響が大きかったと強調している。

134   第Ⅰ部　三位一体の霊性

アウグスティヌスを新たに読みなおすことで絶えず進歩していると言えよう[11]。

　神の像の主題は第Ⅰ部の終わりになってからはっきり論じられることになるが、『神学大全』の冒頭でも見出せるもので[12]、すでにトマスはこの主題に基づいて被造物が創造主にどのように似ているか明らかにしている[13]。トマスがこうしてこの主題を早い段階で参照していることから、はっきり論じていないときにも念頭にあったことが分かる。しかし、このことはもはや驚くには値しない。トマスは三位一体論と創造論で決定的な方針を示すことになる[14]。聖書で御子に「像」という語があてられている理由を説明する際、この語は人間にも使われるという反論に対し、トマスは御子と人間を根本的に区別することで答えている。

----

　11)　このことは、D.J. MERRIELL, *To the Image of the Trinity* の綿密な研究からはっきり分かる。

　12)　Cf. *1a q.3 a.1 ad 2*:「人間が神の像と言われるのは、身体のためではなく、理性と知性の点で他の動物をことごとく超えているためである。だから、人間が神の像なのは非物体的な知性と理性のためである」。

　13)　*1a q.4 a.3.* 被造物が創造主に似ていることから、創造主も被造物に似ていると結論するのは素朴な誤りだが、ここでトマスは控えめではあるが、特にこの誤りを退けようとしている。「ある意味で被造物は神に似ているが、神が被造物に似ているとは言えない」(*ad 4*)。神はあらゆる類の外側に存在するので、神の力は類や種とは関係なく働く。被造物が神に似ているのは、あらゆる存在の普遍的始原〔である神〕に還元できるためで、類比的にのみそう言われるのである (illa quae sunt a Deo assimilantur ei in quantum sunt entia ut primo et uniuersali principio totius esse)。

　14)　かなり注目すべきことに、トマスの言う「神の像」は「三位一体の像」と表現できる。確かにトマスは人間が神の本性に似ていることを知っていたが (cf. par ex. *1a q.93 a.5*)、最重要な位置に置かれるのは概してこの類似性ではない。

第4章　像と至福　　135

ある者の像を他のものに見出すのに二つの仕方がある。あるときは同じ種的本性のものに見出せる。王の像が子に見出せるように。あるときは異なる本性のものに見出せる。王の像が硬貨に見出せるように。しかるに，御子が御父の像なのは第一の仕方，人間が神の像なのは第二の仕方による。「人間について言われる像が不完全なのを意味するために，人間は神の像だと言うときはニュアンスを加えねばならない。すなわち，人間は『像にかたどって』あり，これで完成に向かう努力を表せる」。対して，神の御子は「像にかたどって」あるとは言えない。というのも，御子は御父の完全な像だから[15]。

　なぜトマスは像の概念をこれほど強調したのか，その理由は——神の像の考え方が啓示に基づくことはそれだけで十分な理由なのだが——，上のテキストで述べたニュアンスを活用してうまく解明できる。現実は完成しておらず進歩するものだという考え方は，トマスの言う自然本性の概念と深く結びついている。というのも，自然本性は確かに堅固な基礎を意味しているが，次第に完成されていくものだからである。人間が研鑽を積んで始めて完成するように，神の像は人間が霊的活動の頂点に達するときに完成す

---

　15)　*1a q.35 a.2 ad 3*. トマスはこの簡潔な説明で，被造物と造られざるものが存在論的にどれほど異なっているか強調している。被造物が神に似ているのは同一性ではなく類比的類似性にしたがってだと述べるときに意味されているのはこのことである。トマスは「像にかたどって」（à l'image）という表現を繰り返しているが，それは人間が「像の像」，すなわち単に御子の像と言われないようにするためである。トマスは人間が真に「三位一体の」像であることに執拗にこだわっている。このようなわけで，「像にかたどって」（ad imaginem）という表現は範型因の考え方に基づいている。すなわち，像は「範型」との関係で理解される——*1a q.93 a.5 ad 4*。

る。

　まったく当然のことだが，トマスが『神学大全』で像について論じるのは，被造物が創造主に似ていることについて，また芸術家としての神が作品に残した痕跡について問うときで，三位一体の痕跡についてはっきり教えているのもこの機会である[16]。しかし，ここで思想上の決定的な進歩が確認できる。人間もすべての被造物と同じく身体的条件の下で痕跡の類似性を分有するのだが，三位一体の本来的な像でもある。というのも，人間は知性と意志に恵まれているので，言葉と愛を抱けるからである。人間には単なる外的類似性をはるかに超えるものがある。像が論じられるのは，人間のうちで最も霊的なもの，すなわち精神（mens）の水準である。

　　　造られざる三位一体は，御言がそれを生む者から発出し，愛が両者から発出することで区別できるが……，理性的被造物には知性の側で御言の発出が，意志の側で愛の発出が確認できるので，ここで造られざる三位一体――特別な特徴を含む――の像を論じられよう[17]。

　だから，身体には痕跡の類似性しかないのだが，霊魂の次元には像が見出せるのであり[18]，これは霊魂が神自身の

---

　16)　Cf. *1a q.45 a.7.* 本書第 3 章参照。

　17)　*1a q.93 a.6.* このことを明言している別の箇所もある。例えば，以下参照。*1a q.45 a.7*:「神的ペルソナの発出は知性と意志の働きから理解できる……。というのも，御子は知性の御言として，聖霊は意志の愛として発出するからである。したがって，知性と意志を備える理性的被造物では言葉が抱かれ愛が発出するので，三位一体の像を見出せる」。

　18)　それゆえ，トマスは *1a q.93 a.4 ad 1* で，「像が主要的に確認できる知的本性を考察するなら，神の像の性質は男にも女にも見出

第4章　像と至福　　137

ように認識し愛せる事実に基づいている。これは創造の事実を拠りどころに全人類に見出せる基本事項で、上のテキストでトマスが論じている本来的な比例の類比を支えているものである。しかし、これは出発点にすぎず、トマスはたゆまず議論を重ね、このありのままの静的な所与を説明するにとどまらず、像が成長する動的なものであることを強調しようとしている。像は成長するもので、人間本性に根ざす呼び声に他ならない。このようなわけで、トマスは像が発展するものであることを示唆するために、破壊できない存在論的所与に基づく比例の類比に加えて、神に向かって上昇していく一致の段階を活用し、人間が無限に成長することを主張しようとした。

せる」と述べている。この解答により、女は神の像ではないというきわめて否定的な反論が無効になるが、トマスも時代の子であり、パウロの教えを弁護するために、『コリントの信徒への手紙1』11章7-9節を引用しながら、すぐに付け加えている。「二次的な観点に立てば、神の像は女ではなく男に見出せる。というのも、神がすべての被造物の始原にして目的であるように、男は女の始原にして目的だからである」。今日では、『創世記』1章27節「神は男と女を創造した」という聖句は、本来的な「神の像」とはまったく関係がなく、ほとんど人間の性差しか述べていないことが知られている。だから、この聖句に基づいては、男と女が平等であることもそうでないことも主張できないのである――cf. l'étude de Phillis A. BIRD, dans K.E. BØRRESEN éd., *Image of God and Gender Models in Judaeo-Christian Tradition*, Oslo, 1991. 周知のとおり、神の像の女性蔑視的解釈――キリスト教の伝統を代表しながらもこれに抗えなかった人々がたくさんいる――を避けるために、神の像の教えをきっぱり捨てることを提案した著述家――たった今挙げた書物の著者 R.R. Ruether も含まれる――もいる。神の像の教えを捨てることがどれほどもったいないかは述べるまでもなかろう。ここではこの問題に深入りせず、バランスのとれた著作 C. CAPELLE, *Thomas d'Aquin féministe ?*, « Bibliothèque thomiste 43 », Paris, 1982 と、C.J. PINTO DE OLIVEIRA, « Homme et femme dans l'anthropologie de Thomas d'Aquin », dans P. BÜHLER, éd., *Humain à l'image de Dieu*, p. 165-190 を参照。

だから，人間に見出せる神の像は三つの段階で確認できる。まず，人間に「神を認識し愛する自然本性的な適性」があることにしたがってであり，この適性は霊魂の本性そのものに内属するもので，どんな人間にも見出せる。第二に，不完全であるとはいえ，人間が「神を実際にまた習慣的に認識し愛する」ことにしたがってであり，これは恩恵による一致の像である。第三に，人間が「実際にかつ完全に神を認識し愛する」ことにしたがってであり，これは栄光の類似性による像である。また，『詩編』4章「主よ，あなたの顔の光がわれわれに刻まれている」について，註解は三種類の像を区別している。すなわち，創造の像，再創造の像，類似性の像である。第一の像はすべての人間に，第二の像は義人だけに，第三の像は至福者だけに見出せる[19]。

　ある研究者はきわめて的確に，「こうした像の三側面は同じ霊的道のりの三要素として互いに密接に関連している」[20]と指摘した。トマスは初めからこの最終的な定式に

---

　19)　*1a q.93 a.4.*「実際に」神を「認識する」および「愛する」という動詞が強調されているのが分かる。像の最高段階は常に「働き」である。それゆえ，これはアウグスティヌスの遺産であり，トマスはこのことを強く自覚していた――cf. *De uer. q.10 a.3*。ある研究者が適切に示したように，アウグスティヌスが名詞形でmemoria, intellegentia, dilectio を使うのは，例えば人間の記憶のような像の下位段階の場合だけである。神に対する活動の場合，常に動詞形で meminit, intellegit, diligit を使っている。W.H. PRINCIPE, « The Dynamism of Augustine's Terms for Describing the Highest Trinitarian Image in the Human Person », *Studia Patristica* 18,3, E.A. LIVINGSTONE éd., Oxford and New York, 1982, 1291-1299 の解明的な註を参照。

　20)　A. SOLIGNAC, *Image et ressemblance*, col. 1448 は，解明的なテキストをいくつか引用し，「像の三側面は精神の三つの光――自

第4章 像と至福　　139

至ったわけではないようだが，少なくとも自分なりに像を
理解して，ある段階は他の段階を前提としつつ高次の段階
で完成するといった像の段階を提案したのであり[21]，ここ
からこうした像のダイナミズムこそが霊的神学に役立つ教
えなのが分かる。「天上的人間であるキリスト——『コリ
ントの信徒への手紙 1』15 章 49 節参照——の像に一致す
るのに二つの方法がある。一つは恩恵の生に，もう一つは
栄光の生に確認できるが，恩恵の生は栄光の生に向かう道
（uia ad aliam）である。というのも，恩恵の生を生きては
じめて栄光の生に到達できるからである」[22]。最近のトマス

然，恩恵，栄光の光（lumen naturale, gratiae, gloriae）——にも対応し
ている」ことを強調している。

21)　G. LAFONT, *Structures et méthodes*, p. 271 は，像の第一の
段階理論を *De Pot. 9,9* に見出している。そこでトマスは「実体，形
相，秩序」という三要素に確認できる創造主の痕跡から論じ始め，次
に「自分自身を」認識し愛する霊的被造物という特別な像に論を進め，
最後に「神を」認識し愛して一致する，恩恵を生きる被造物を論じて
いる。トマスは他の箇所（*3a q.23 a.3; Sent. III d.10 q.2 a.2 qc.1*）で，
第二の段階理論を提案している。これは第一の理論に似てはいるが，
養子の概念を活用するものである——御言は像と同時に御子でもある
ので，こうした関連づけには根拠がある。まずすべての被造物が外的
に神に似ている段階——これはまだ真に子になることではない——，
次に霊的被造物が特別に神に似ている段階——これはいわば自然本性
のレベルで子になることである——，最後に恩恵と愛を通じて神に一
致する段階がある。養子になると本来的に言えるのは，最後の段階だ
けである。というのも，この最後の段階になってようやく，神の子ら
の遺産である至福を受ける権利が認められるからである。第三の段階
理論は認識と愛の段階を活用するもので，上で分析した『神学大全』
のテキストに見出せる。

22)　*In I ad Cor. 15,49, lect. 7, n° 998.* トマスは別の箇所で，だが
常に神の像の文脈にしたがって，「主の栄光を鏡に映すようにしなが
ら，われわれはますます栄光に輝くこの同じ像に変わっていく」とい
う聖パウロの言葉を取り上げ，認識と愛の進歩をはっきり説明してい
る。「ここで言う映す人は見張る人ではなく鏡のことである。この
ことが意味するのは，理性には神の何らかの像が刻まれているが，人

研究者が見事に述べているように，像である人間が三位一体である神を反映するのは，鏡ではなく役者のようにしてであり，それというのも役者は表現するモデルの人生にますます深く入り込むことで模倣するからである[23]。

これらはすべて真理だが，トマスの主要な直観に忠実に従うために，さらに先を述べる必要がある。像の教えがこ

間はこの理性という鏡を通じて神の栄光を認識するということである。そして，自分自身を考察することを超えて，人間を変える神をどうにか認識しようと上昇するとき，人間が映しているのは神である。しかるに，どんな認識も認識者が認識対象に同化することで生じるので，神を見たいなら何とかして神に変わる必要がある。神を完全に見ているなら，完全に神に変わっている。至福者は祖国で合一を享受しているのである……。神を不完全にしか見ていないなら，変容も不完全である。この世で信仰をもって生きている者がこれにあたる……。聖パウロはキリストの弟子の認識を三段階に区別している。第一の段階は，自然的認識から信仰の認識に移行することである。第二の段階は，古い契約の認識から新しい契約あるいは恩恵の認識に進むことである。第三の段階は，自然的認識と古い契約の認識および新しい契約の認識から永遠の見神に高まることである」（*In 2 Cor. 3,18. lect. 3, n° 114-115*）。; trad. (retouchée) de A. CHARLIER, dans SAINT THOMAS D'AQUIN, *Commentaire de la seconde épître aux Corinthiens*, t. I, Paris, 1979, p. 129-130.

23）D.J. MERRIELL, *To the Image*, p. 245:「トマスはアウグスティヌス『三位一体論』の研究を通じて次のことを理解した。すなわち，人間が神の三位一体を映すのは，単に鏡が一定の距離を隔てた事物を反映するようにではなく，役者が役の人生に移入することで模倣するようにしてである」。明らかなことだが，この文脈での「鏡」という語は，前註の聖パウロのテキストの鏡の比喩とまったく同じ意味では理解できない。「役者」という語について言えば，不適切なものではまったくない。というのも，意味されているのは内的な模倣だからである。トマスはどのようにして恩恵そのものが神の像とされるか説明しているが，そこから内的な模倣について理解できる。*Sent. II d.26 q.1 a.2 ad 5*:「神の像と類似性は霊魂と恩恵に異なる仕方で適用される。霊魂は神を模倣するかぎりで像であり，恩恵は霊魂が神を模倣する媒介として像である」。すぐに検討する「最愛の子らとして神を模倣しなさい」という聖パウロの言葉が想起できる。

のように重要なのは，この教えのおかげで，どのようにして発出と還帰の構造が被造物に実現するか理解できるからである。実際，第一の像，すなわち創造の像は「発出」の項，第二の像，すなわち再創造ないし恩恵の像は「還帰」の項にあたるが，還帰の項から始まる運動は，第三の像，すなわち栄光の像ないし完全な類似性に達して終わる。こうしてはじめて，像の内的な推進力は完全な力を発揮する。というのも，この推進力は個々の人間の中にとどまるものではなく，もっと壮大なダイナミズム，すなわちすべての被造物を神に導く絶え間ない円環運動の一部だからである。

　被造物の全体——とりわけ自覚的にこの運動に入ろうとする人間——は，こうして三位一体の交わりに含まれることになる。アンドレイ・ルブリョフ（André Roublev）の描いた三位一体のイコン——祭壇の下の長方形は被造世界を象徴している[24)]——に見られるように，被造物は三位一体の交わりの外部ではなく交わりそのもののうちにある。天才画家ルブリョフは知らずに神学者トマスの直観を取り入れており，御父から御子を通じて始まり，世界を愛のうちに導き入れる聖霊を介して御父に還るこの「円環運動」をどうにか表現している。

像と内住

　像の範型への一致の三段階を述べた『神学大全』の主要テキストはダイナミズムに満ちているが，これを正しく評価するために，少し後戻りし，恩恵を通じた「再創造の

---

　24)　Cf. COSMAS INDICOPLEUSTÈS, *Topographie chrétienne* IV 7, « Sources chrétiennes 141 », Paris, 1968, p. 544-545.

像」（imago recreationis）の類似性についてもっと詳しく検討しよう。すなわち，再創造の像が完成するのは，三位一体が霊魂に住まうことにより，この世で実現できる最大の類似性に達するときである。トマスはいつものように順序立てて考察を進めているが，三位一体の類似性を能力の次元だけでなく，働きの次元でも明らかにしようとしている。ただし，ここで言う働きは何でもよいわけではない。

　　霊魂に三位一体の像があるなら，この像は神的ペルソナの特殊的な表現にできるだけ近い事柄に基づいて考察すべきである。しかるに，神的ペルソナは御言を生む者から御言が発出すること，両者を結びつける愛が発出することにより区別できる。他方，聖アウグスティヌスが述べるように，言葉は「実際に思考しているときにだけ」人間の霊魂の中にある。このようなわけで，霊魂に見出せる神の像は第一に主として働きの次元で理解すべきである。すなわち，神の像は「人間がすでにある認識に基づきつつ思考することで言葉を形成し，そこから愛が湧き出る」ことから理解できる[25]。

　全体の文脈を考えれば，ここでは「神に関する」認識と愛が問題となっているのが分かるが，こうして，トマスが使っている言葉が理解できる。トマスは語源に一致しながら，かなり頻繁に prorumpere という語を活用し，抗えない内的な推進力を表現している。すなわち，「快楽に溺

　25）　*1a q.93 a.7.* Patfoort は « Revue des Jeunes » の版で「人間の愛が湧出する」（jaillit notre amour）と訳しているが，オリジナルのテキスト——そこでは主語は思考する人間である——を完全に再現していない。« cogitando interius uerbum formamus, *et ex hoc in amorem prorumpimus* ».

第4章　像と至福　　　143

れる」,「罵詈雑言を浴びせる」,「泣き崩れる」, あるいは
もっと高尚な例として「恩恵の行為を爆発させる」などが
挙げられる。こうしたニュアンスと主語を尊重するなら,
prorumpimus in amorem は「このように認識された神への
『愛に浸る』」と訳すべきだろう。この問題は再検討すべき
だが, いずれにせよここから, トマスが愛を, 愛する人
を愛の対象に駆り立てる生命力として理解しているのが
はっきり分かる。昔からよく知られている偽ディオニシウ
スの定式を借りれば, 愛は脱自を引き起こす (amor facit
extasim)[26]。愛のために, 愛する人は日常生活を捨て, 傷
を受ける冒険に突き進む。こうした指摘は重要である。と
いうのも, prorumpere という語が同じ意味で使われてい
るテキストは他に一つしかないからである[27]。

　　恩恵により人間は神に一致する。また, 恩恵により神
　的ペルソナが霊魂に派遣されるために, 霊魂は恩恵の
　賜物を通じて「このペルソナに一致ないし同化せねば
　ならない」。しかるに, 聖霊は愛である。だから, 霊
　魂は愛の賜物により聖霊に同化するのであり, この愛
　に基づいて聖霊の派遣は論じられる。御子は御言であ
　る。ただし, どんな言葉でもよいわけではなく, 愛
　を霊発する御言でなければならない。アウグスティ
　ヌスの言うように,「ここで言う御言は愛の完全な認
　識のことである」(『三位一体論』第9巻10章15節)。
　それゆえ, 御子の派遣は, 知性を完成するためでは

---

　26)　Cf. par ex. *1a q.20 a.2 ad 1*; *1a 2ae q.28 a.3*; *2a 2ae q.175 a.2*;
etc.

　27)　このことは D.J. Merriell, *To the Image of the Trinity*, p. 231 が
指摘したが, この語がアウグスティヌスのものではないことも確認し
ている。Merriell は prorumpere を to burst forth into love と的確に訳し
ている。

なく，知性を教え，「知性が愛の情動に浸るために」（quo propumpat in affectum amoris）為されるが，これは『ヨハネ福音書』6章45節「御父の言うことを聞き，教えを学んだ者はみなわたしのもとに来る」という言葉によっている。あるいは『詩編』38章4節では，「わたしを瞑想すれば，心に火がつくだろう」と書かれている。また，アウグスティヌスは重要な言葉を使っている。「御子は認識され『知覚される』ときに派遣される」（『三位一体論』第4巻20章28節）。実際，「知覚」という語は「何らかの経験的認識」を意味している。これは本来的意味での「知恵」あるいは「味わい深い知識」だが，『シラ書』6章23節「教えの知恵はその名を示す」という言葉によっている[28]。

トマスは prorumpere という言葉をこれら二つの箇所に限って使っているのだが，この事実により二つのテキストを結びつけて理解できるのは明らかである。トマスがあまり強調していないのを残念に思う人もいるだろうが，いつものように示唆的に論じているのである。鋭いトマス研究者が的確に指摘したように，「天使的博士〔であるトマス〕は霊的な事柄をおおっぴらに述べることを慎んだので，こうした像の神学をもっと詳しく説明することや，読者が期待する霊的神学の詳細に立ち入ることがなかった」[29]。しかし，おそらくこれは，トマス自身が構想のために詳しく述べられなかった，もしくはそうするべきではないと考えた事柄を解釈者が明らかにできるような格好の例である。す

---

28)　*1a q.43 a.5 ad 2.* このテキストや上で引用した別のテキストを読めば分かることに，人間が恩恵により神に一致することや，愛により聖霊に同化することが強調されている。当然ながら，この主題は再検討するつもりである。

29)　G. Lafont, *Structures et méthodes*, p. 288.

第4章　像と至福　　　145

なわち，三位一体の内住の教えは神の像の教えの完成に他
ならない[30]。このことを理解するには，トマスがこの内住
の教えを，神的ペルソナの派遣の教えと密接に結びつけ
て，あるいはむしろ派遣の教えの帰結として説明している
箇所を読むだけでよい。

　神的ペルソナはある人のうちに新たに存在し始めると
き「派遣される」と言われ，ある人に所有されるとき
「与えられる」と言われる。しかるに，どちらも聖化
する恩恵に基づいて起こる。実際，神は本質，力，現
前によりすべてのもののうちに共通的に存在する。こ
うして，神は神の善性を分有するすべてのもののうち
に，原因が結果のうちにあるように存在する。しか
し，この共通の様態を超えて，「理性的被造物に固有
の特別な様態がある。すなわち，神は理性的被造物の
うちに，認識されるものが認識する人のうちに，愛さ
れるものが愛する人のうちにあるように存在してい
る」。そして，神を認識し愛することで，「理性的被造
物は働きを通じて神自身にまで達するので，この特別
な様態により，神は理性的被造物のうちに存在するだ
けでなく，理性的被造物を神殿としてそこに住むと言
われる」[31]。

――――――――――
　30）　少しばかり驚くべきことだが，Merriell, p. 226-235 は肯定
的な結論（p. 242）を下しているとはいえ，内住の教えと像の教えを
結びつけることをとてもためらっている。この方向性を追究している
ものとして，F.L.B. CUNNINGHAM, *St. Thomas' Doctrine on the Divine
Indwelling in the Light of Scolastic Tradition*, Dubuque, Iowa, 1955, p.
339-349 を参照。
　31）　*1a q.43 a.3*. 神的な派遣と内住の教えは，たくさんの人が
研究している，今なお現代的な主題である。便利で信頼できる要約
は，J.-H. NICOLAS, *Synthèse Dogmatique* I, p. 227-265 参照。網羅的
な研究は，J. PRADES, « *Deus specialiter est in sanctis per gratiam* ». *El*

146　　　第Ⅰ部　三位一体の霊性

　周知のとおり，この「存在の特別な様態」は単に「そこに存在すること」，つまり二人の人間が物理的には同じ場所にいるものの何の関係もないような事態ではない。こう言ってよければ，この特別な存在により神の存在の強度は倍になる。というのも，神が存在を与えることで無限の存在と言われる事態が生じる働きに，神が恩恵を与える働きが付け加わるからである[32]。それと同時に，神は人間に能力を与え，この新たな次元で神に到達できるようにする。これは異なる二つの働きではない。すなわち，神にとり，恩恵を与えることは御自身を認識と愛の対象として差し出すことに他ならない。トマスはある箇所でこの世で始まり至福直観で実現する事柄を要約しているのだが，その要約によれば，「見る能力を与えると同時に見られるもの自体でもあるようなものがあるなら，見る者はこのものから見る能力と見るための『形相』を受けとる必要があろう」[33]。この世で「われわれは神をはっきり見ているわけでなく信仰を頼りに歩んでいる」ことを考えると，この特別な存在により実現するのはまさに今述べたことである。すなわち，神は人間に会いに来るだけでなく，同時に神に出会う能力を与える。

　それゆえ，聖化する恩恵の賜物のおかげで可能になるのはこのことである。こうして，人間は認識に関わる信仰と愛情に関わる愛という対神徳の働きを通じてはじめて神自身に結びつく。しかし，これは本論に深く関わることだが，トマスは神が霊魂に住むことと，再創造の恩恵により

---

misterio de la inhabitación de la Trinidad en los escritos de santo Tomás, « Analecta gregoriana 261 », Roma, 1993 参照。

　　32)　トマスの好む比喩によれば，「恩恵は人間のうちに神性の現前により生じるが，それは光が空気のうちに太陽の現前により生じるのと同じである」(*3a q.7 a.13*)。

　　33)　*1a q.12 a.2.*

第 4 章　像 と 至福　　　147

像が範型に一致することは同じ働きだとしている。このよ
うなわけで，これら二つの教えはつながっていると強調し
たのである。神の像の概念に見出せるダイナミズムがこの
世で完成に達するのは，人間が行う最大の冒険，すなわち
霊魂が神と一つになり，神を自由に所有し愛するときで
ある。このことをトマスにしたがって説明するなら本論
から大きく逸れることになるが，聖霊に「賜物」——Veni
Creator では donum Dei——の名を帰す理由をトマスが説
明している箇所を読めば，事態はよく理解できるだろう。

　「所有する」と言われるのは，自由に好きなだけ使っ
たり享受したりできるものについてである。この意味
で，神に結びついた理性的被造物だけが神的ペルソナ
を「所有」できる。他の被造物は確かに神的ペルソナ
により動かされるが，だからと言って，神的ペルソナ
を享受したり，その働きを活用する能力は得られな
い。「だが，理性的被造物は時にこの特権に与るので
あり，神の御言と愛を分有することで，実際に自由に
神を認識し完全に愛することができる」。だから，理
性的被造物だけが神的ペルソナを所有できるのであ
る。しかし，理性的被造物は自力で神的ペルソナを所
有できるわけではない。すなわち，天から「与えられ
る」必要がある。というのも，他から得るものは「与
えられる」と言われるからである。このようなわけ
で，ある神的ペルソナは与えられる，もしくは賜物で
あるのがふさわしい[34]。

────────────────
34)　1a q.38 a.1.

神 の 経 験

　こうした説明はすでにきわめて力強いものだが，トマス
は何が問題となっているかをもっと正確に述べようと，た
めらうことなくさらに示唆的な言葉を活用している。すな
わち，トマスはあるテキストで像が地上で最も神に似ると
きの「愛の情動に浸る」ことを取り上げているが，そこで
神に関する「経験的認識」も論じている。この表現のため
に研究者の多くは困惑し，トマスが「いわば」（quasi）に
緩和の役割を認めつつ，「いわば経験的な」認識を論じて
いると強調した。これは結局，「いわば」あるいは「ほぼ」
経験的な認識と述べるに等しい。だが，アルベール・パッ
トフォールト（Albert Patfoort）神父の研究が公になって
からは[35]，こうした躊躇はもはや通用しなくなった。事実，
パットフォールトによれば，トマスは別のテキストの中で
はいかなる修飾語もつけずに神に関する経験的認識を論じ
ており[36]，「いわば」という語を用いるときにも，同じテキ

　35）　A. PATFOORT, « *Cognitio ista est quasi experimentalis* (1
Sent., d.14, q.2, a.2, ad 3m) », *Angelicum* 63 (1986) 3-13. 同じ方向性で，
H.R.G. PEREZ ROBLES, *The Experimental Cognition of the Indwelling
Trinity in the Just Soul: The Thought of Fr. Ambroise Gardeil in the Line
of Saint Thomas*, Diss. P.U.S.T., Roma, 1987 を参照。

　36）　例えば，*Sent. I d.15 q.2 ad 5*:「たとえ認識が御子に適合す
るとしても，こうした経験的認識（experimentalis cognitio）を伝える
賜物——これは派遣のために必要である——は必ずしも御子に適合
するものではなく，時に愛としての聖霊に適合するものである」，ま
た *Sent. II d.16 a.2*:「聖霊が目に見えない仕方で派遣されると，恩恵
は神の愛の充溢により霊魂にも波及するが，聖霊を受けた人は恩恵の
こうした働きを通じてこの神的ペルソナに関する経験的認識を得る
（cognitio illius personae diuinae experimentalis ab ipso cui fit missio）」
を参照。

第4章　像と至福　　149

ストで続けざまに「本来的に」という語を使っている。ト
マスが二行を隔てて自己矛盾に陥ったとは考えられない
ので、「いわば」という語で和らいだ経験が意味されてい
るのではなく、むしろトマスは神の経験を知的な次元だ
けで見出せる認識から区別しようとしていたと結論でき
る。だから、トマスはアウグスティヌスを解説しながら
次のように書いたのである。「『御子ないし聖霊はそれぞ
れ、認識されるときに派遣される』。この認識は『思弁的
次元にとどまる』認識ではなく、まったく経験的な面も
ある（quodammodo experimentalis）認識と理解すべきで
ある。アウグスティヌスは『（認識され、）知覚されるとき
に』と続けて述べることでこのことを強調しているが、こ
の表現は受けとった賜物を本来的に経験すること（proprie
experientiam）を意味している」[37]。

　これらのテキストについて、対立しているとは言わない
までも様々な解釈が現れた。トマスの言う経験はトマスの
先行者や同時代人に見られるような強く情動的な意味に還
元できると考えた人もいれば[38]、こうした主張に激しく時
に正当に異議を唱え、反対にトマスは経験という語から一
般的な意味を取り去り、代わりに知的な重要性を付与して
いると主張した人もいる[39]。本論から大きく逸れるこの議

---

37)　*Sent. I d.15, expositio secundae partis textus*: « Hoc
intelligendum est non tantum de cognitione speculativa, sed quae est etiam
quodammodo experimentalis; quod ostendit hoc quod sequitur: 'atque
percipitur'quod *proprie experientiam* in dono percepto demonstrat ».

38)　この言明は、J.F. Dedek, *Experimental Knowledge of the
Indwelling Trinity: An Historical Study of the Doctrine of S. Thomas*,
Mundelein, Ill., 1958 という学位論文をきわめて単純に要約したもの
である。トマスに関する本質的な事柄は、ID., « Quasi experimentalis
cognitio: a Historical Approach of the Meaning of St. Thomas », *JTS* 22
(1961) 357-390 参照。

39)　これは A. COMBES, « Le P. John F. Dedek et la connaissance

論に立ち入るつもりはないが，トマスの意図をこの二者択一のどちらかに還元するのは難しいと思われる。なるほどこの経験は本来的には知的な認識だろうが，同時に情動的な認識でもあるのは疑いない。この経験は霊魂が地上で神と出会う究極の段階なので，一つの能力しか関わっていないとすれば，かなり奇妙なことだろう。

　おそらくここで，こうした研究でほとんどあるいはまったく活用されていないテキストをいくつか指摘できる。というのも，それらのテキストは専門的議論に直接関わるものではないが，この問題を解明してくれると思うから。事実，まず感覚の次元から取られた「経験」という語は[40]，神的事柄の領域で使われると，現実と直接接触することを示唆するものになる。

　　あるものの経験は感覚を通じて生じる……。しかるに，神は人間から遠く離れているのではなく，人間の外部に存在するのでもなく，人間のうちに存在している……。このようなわけで，神の善性の経験は「味わい」（gustatio）と呼ばれる……。この経験がもたらすものに二つあり，第一は知性の確証，第二は情動の安

---

quasi-expérimentale des Personnes divines selon saint Thomas d'Aquin »,
Divinitas 7 (1963) 3-82 の見解だが，A. PATFOORT, « Missions divines
et expérience des Personnes divines selon S. Thomas », *Angelicum* 63
(1986) 545-559 が微妙な差異とともに承認した。

　　40）　Cf. *1a q.54 a.5 ad 2*:「個物を感覚を通じて認識するとき，経験が成立する」。最も詳しいテキストは，*Super Iob 12, 11-14*, Léon.,
t. 26, p. 81, lignes 163-226 参照。感覚から始まる聴覚と味覚（auditus
et gustus）の経験は，観想的ないし実践的認識の仕組みを理解する範例として役立つ。様々な水準の経験的認識を完全かつきわめて入念に検討したものとして，F. ELISONDO ARAGÓN, « Conocer
por experiencia. Un estudio de sus modos y valoración en la *Summa
theologica* de Tomás de Aquino », *RET* 52 (1992) 5-50, 189-229 を参照。

第 4 章　像 と 至 福　　　　151

心である[41)]。

　それゆえ，こうして神的現実を直接経験することで，知
性と意志はそれぞれの領域で活発に働くようになる。明ら
かなことだが，ここでトマスは一般的語法——経験という
語は純粋に知性的な認識とは別の事柄を表す——に従い，
経験という語に何らかの情動的役割も付与している。

　　　神の善性や意志を認識するのに二つの方法がある。一
　　つは思弁的認識であり，この観点からすれば，神の
　　善性を疑うことも試すこともできない——ここでは
　　神を「試す」ことが問題になっている。もう一つは
　　神の善性や意志を情動や経験を通じて（affectiua seu
　　experimentalis）認識することで，これは親密に（dum
　　quis experitur in seipso）神の甘美さや意志の親切さを
　　経験するときに成立する。例えば，ヒエロテウスについ
　　て，ディオニシウスは「彼は神的な事柄を学び，体
　　験した」と確言している。この観点に立てば，進んで
　　神の意志を試し，その甘美さを味わうこともできよ
　　う[42)]。

　それゆえ，神的事柄の認識の中にはもっぱら勉学だけで
は得られない認識がある。トマスがすでに神学の知恵につ
いて偽ディオニシウスの同じ引用を参照していることから

---

　　41)　*In Ps. 33, n° 9*: Vivès, t. 18, p. 419.
　　42)　*2a 2ae q. 97 a. 2 ad 2*; cf. *1a q. 64 a. 1*:「真理の認識は二つある。
一つは恩恵を通じて，もう一つは自然本性を通じて得られる。さらに，
恩恵を通じて得られる認識は二つある。一つは単に思弁的な認識で，
例えば啓示を通じて神秘を認識する場合がこれにあたる。もう一つは
情動的認識で，神の愛をもたらしてくれるが，この認識は聖霊の賜物
である」。

も，この主張がどれほど重要なものか分かる。トマスはそこで明晰に認識することを断念してはいないものの，親和性による認識——聖霊が注入した知恵の賜物によりもたらされる——を最重要なものとしている[43]。同時に，トマスはこうした経験に訴えることで，神的ペルソナとの出会いの言い表しがたい特徴を示そうとしている。

> キリストは『ヨハネ福音書』で，「来て，見なさい」と言っている。この霊的意味は，栄光の内住も恩恵の内住も「経験を通じてしか認識できない」ということである。というのも，内住は言葉で説明できないからである。信じ働くことで「来なさい」，そして経験し理解することで「見なさい」。指摘すべきことに，こうした認識は四つの仕方で得られる。すなわち，善き業を行うことで……，霊魂が休息することで……，神の甘美さを味わうことで……，祈ることで[44]。

このようなわけで，他の言葉がぜひとも必要であり，経験という語を神的現実の「享受」という語で補完しよう。この言葉は神秘主義者たちが好んだものだが，使用（uti）するものと享受（frui）するものを区別したアウグスティヌスにまで遡る。さらに，とりわけきわめて伝統的なペトルス・ロンバルドゥスの『命題集』を通じて伝えられたので，トマスの註解の冒頭のよく見えるところに見出せ

---

43) Cf. *1a q.1 a.6 ad 3*. 親和性による認識についてはたくさんの研究がある。Cf. I. BIFFI, *Teologia, Storia e Contemplazione in Tommaso d'Aquino*, p. 87-127, chap. 2: « Il giudizio 'per quandam connaturalitem' o 'per modum inclinationis' secondo san Tommaso: Analisi e prospettive », avec la bibliographie, p. 90, n. 22.

44) *In Ioan. 1,39, lect. 15, n° 292-293*; cf. encore *ibid. 17,23, lect. 5, n° 2250*.

第4章 像と至福 153

る[45]。さらにトマスは，完成した状態であれ始まりの状態
であれ至福を，すなわち神的ペルソナの内住を論じるにあ
たっても，自然にロンバルドゥスを想起している。例え
ば，最初の部分をすでに引用したテキストは次のように終
わっている。

　神的ペルソナが理性的被造物のうちに新たに存在し始
める原因は，聖化する恩恵以外にはない。また，神
的ペルソナが時間的に派遣されたり発出したりする
のは，聖化する恩恵に基づいてはじめて可能である
……。ところで，「所有する」と言われるのは，自由
に使用ないし享受できるものについてだけである。し
かるに，「神的ペルソナを享受できる」のは，ひとえ
に聖化する恩恵のおかげである。だが，聖化する恩恵
の賜物は，それ自体聖霊であり，人間は聖霊を所有
し，聖霊が人間に住むのである。したがって，聖霊そ
のものが与えられ，派遣される。——トマスは続く異
論解答で次のように述べている——。聖化する恩恵の
賜物のおかげで，理性的被造物は完成し，被造的賜物
を自由に使用するだけでなく，「神的ペルソナそのも
のを享受」できるようになる。聖化する恩恵の賜物を
通じて目に見えない派遣があるが，人間に与えられる
のは神的ペルソナそのものである[46]。

　それゆえ，恩恵により信徒はキリスト教的生活を送るこ
とができるだけでなく，最高の神秘的経験である神的ペ

---

　45)　*Sent. I d.1*; cf. aussi *1a 2ae q.11.* トマスは被造的恩恵が習慣
であることを明らかにできなかったとしてロンバルドゥスを退けてい
るが，与えられるのはペルソナとしての霊に他ならないという教えを
受け継ぎ，確証している。
　46)　*1a q.43 a.3 ad 1.*

ルソナの享受に向けて整えられる。いわゆる「恩恵の状態」は、「習慣的にこうした享受を体験できる状態であり、習慣的に神的ペルソナの経験的認識を味わえる状態である」[47]。これは知的能力とは一切関係がなく、トマスによれば、学問的知識を何も知らなくても完璧に実現できるものである。というのも、「『愛を生み出すこの認識』は熱心に神を愛する人々に豊かに見出せるからである。なぜなら、こうした人々は神の善性を究極目的と考え、そこから多くの恩恵を期待しているからである」。反対に、「愛に燃えていない人々はこうした認識を不完全にしか享受できないだろう」[48]。

　このような神の経験に関するテキストはほとんど知られていないが、他にもたくさんある。それらのテキストは神的ペルソナの経験——これは神的ペルソナに関する明晰な認識以上のものである——についてたった今引用した諸テキストと密接に関係しているが、いわば定型的な定式として次のことを指摘できる。すなわち、トマスは神への愛に燃える「しがない老婆（uetula）」は思い上がった学者よりも優れているとはっきり述べている[49]。このことはキリスト教徒には明らかだが、トマスのような偉大な学者が述べると深い意味を持ってくる。哲学をほとんど信用していなかったパスカル（Pascal）だけは、「哲学はすべて無駄な骨折りだ」と確言している。

---

47)　A. PATFOORT, *Missions divines et expérience*, p. 552.

48)　*Sent. 1 d.15 q.4 a.2 arg. 4 et ad 4.*

49)　Cf. J.-P. TORRELL, *La pratique pastorale*, p. 242.

栄光の像

いつの間にか像の主題から逸れてしまったと思えるかも
しれないが，実はそうではない。というのも，今やはっき
り分かるように，霊魂が恩恵のおかげで神を認識し愛する
ことで神的範型に似ることは，神が霊魂のうちに住むこと
で霊魂が想像を絶する神の近さと甘美さを体験することに
他ならないからである。だから，トマスは正しく考えを述
べるには神学的知恵が必要だと自覚していたが，同時に，
この知恵を断念してしまわずに経験という語を活用してい
る。トマスは情動が必然的に知性と結びつくこうした完全
な充実を何とか示そうと，経験という語を採用したのであ
り，それというのも神は真としても善としても理解できる
からである。

神の像が完成するのは，恩恵による一致に加えて栄光に
よる一致を実現するときだけである。トマスは，このこと
は像の定義そのものから導き出せると考えていた。

像とは，範型の種的特徴を何とか表現できる類似性の
ことである。したがって，霊魂に見出せる三位一体の
像は，被造物に可能なかぎりで神的ペルソナを種的特
徴に至るまで表現できるものから考察すべきである。
しかるに，神的ペルソナは御言を生む者から御言が発
出することと両者から愛が発出することで区別でき
る。他方，神の御言は神が御自身を認識することで神
から生まれ，愛は神が御自身を愛することで神から発
出する。また明らかなことだが，対象が違えば言葉と
愛も種的に異なってくる。事実，人間が石や馬につい
て心のうちに抱いた言葉は同じ種に属さず，愛につい

ても同様である。だから，人間に見出せる神の像は，神認識に基づいて抱く言葉と神認識から出てくる愛にしたがって考察する必要がある。こうして，霊魂に見出せる神の像は，霊魂が神に向かうあるいは向かえることにしたがって理解すべきである。——何であれ時間的な対象を認識すれば，こうした認識と愛の活動が生じるという反論に対し，トマスは次のように答えている——。像の概念を確証するために，あるものが他のものから発出することに加えて，いかなるものがいかなるものから発出するかも考慮すべきである。像の概念を満たすためには，神認識から発出する神についての言葉が必要なのである[50]。

この観点に立てば，人間は最高段階に達すると「神を」認識し愛することが分かる。だが，それ以上に次のことも分かる。トマスは言葉がどこから発出すべきかを述べたが，これは思いもよらぬほど見事に実現する。すなわち，至福では，神認識はいかなる被造的な類似性も介さずに生じるので，そのときには神自身が「直接的な」起源にして終局となって，こうした至福の認識と愛を司っていると言わねばならない。的確な表現を借りれば，「神と像である霊魂が実際に結びついているなら，そこにはいかなる媒介もない。神自身が人間の働きを通じて神から発出しているのだ」[51]。

---

50)　*1a q.93 a.8 et ad 1.*

51)　G. LAFONT, *Structures et méthodes*, p. 270. ここで Chardon の偉大な一節を指摘せねばならない。そこでは，神的ペルソナの永遠の発出が時間的発出としての派遣に延長する事態が見事に説明されているが，末尾だけ引用しよう。「永遠的産出は第二の産出の原因である。あるいはむしろ，第二の産出は第一の産出が延長したものにすぎない。もっと適切に言えば，永遠的発出と時間的発出は同一の産出に他ならない。不変であらゆる完全性に満ちた神は，時間という条件か

第 4 章 像と至福 157

＊ ＊ ＊

一種の賛辞で本章を締めくくることができるなら，トマス主義に対して大きく貢献したある著述家の文章をここで引用したい。この文章はトマス研究の名に恥じない密度と正確さで書かれており，本論で述べようとしたことの本質をうまくまとめている。

　理性的被造物の還帰は，対象である神を認識し愛することで神と一つになるときに成就する。時間的な発出の円環運動の全体が完成するのはこのときであり，これは世界の歴史全体の終局である。ここに至って，理性的被造物は神的ペルソナの秘められた栄光を知ることになる。こうして霊魂が三位一体である神と一つになることは，少なくとも習慣の次元で，恩恵を最初に受け，霊魂が徳と賜物のおかげでこうした神的対象にふさわしく働けるようになることで始まる。こうして神と一つになることは，この世でキリスト的生活を送り，不完全ながらも神を捉えようとすることで次第に実現していくものだが，最終的には完全で不変な至福直観の完璧な直視で完成する。この霊的成長の全体を通じて，神は三つのペルソナを御自身として与えることで霊魂に現前するが，こうして神の実体が現前することは内住と呼ばれる。この神の現前は経験を通じて捉えられるものだが……，最終的に完全に把握し享受できるのは至福直観の中だけである。しかし，この世で段階を経て神を認識していくことは，御子と聖霊が

───────────
らいかなる影響も受けない。新たに変化するのは被造物だけで，永遠より存在する神を分有するようになる。すなわち，『神はペルソナを聖なる霊魂の中に生み出し始めるのだが，このペルソナは神のふところで時間に先立って発出しているものである』」(*La croix de Jésus*, p. 413-414)。

そのつど目に見えない仕方で派遣されているからこそ可能なのである[52]。

---

52) H.-F. DONDAINE, *La Trinité*, II, p. 437-438. Dondaine神父は，数多くの業績を執筆し，上の文章の引用元であるトマスの三位一体論の二巻本を見事に註解したが，加えて四巻から成るトマスの小著（Léon., t. 40-43）も首尾よく校訂した。

第5章

道，真理，生命

　　前章を読めば容易に理解できることに，像である人間が至福に向けて前進することと栄光の中へ入ることには踏破すべき道が必要だが，これは神に完全に似ることが模倣すべき範型を前提としているのと同様である。三位一体の第二位格は，すでに御父の技芸，完全な像として論じられたが，人間が御父から発出し御父に還ることを可能にするもので，その造られざる完全性のために，御父と同じように近づくことのできない範型でもある。しかし，御言は受肉により人間になろうと欲したのであり，イエス・キリストは道と同時に人間が求める範型であり，さらには熱望する祖国でもある。

　　トマスはこのことについて明解で豊かな教えを述べているが，すでに『神学大全』の中枢箇所できわめて堅固な文章が見出せる。「キリストはその人間性のために人間を神に導く道である」[1]。力強いが簡潔なこの主張は，第3部の冒頭でさらに詳しく説明されている。

　　　われわれの救い主，主なるイエスは「民を罪から解放することで」（マタ1：21）……そのペルソナにおい

---

1)　*1a q.2 Prol.*

て「真理」の「道」を示したが，この道を通じて人間は復活を経て永遠の「生命」の至福に到達できるようになった。だから，この『神学大全』を完成するためには，人間の生の究極目的および徳と悪徳を論じ終えた後に，今やすべての人々の救い主自身を，そして救い主が人類にもたらした恩恵を考察する必要がある。

　見事に構成されているこのテキストを読めば，『神学大全』について，これまでの論述の概略をつかむことができ，『ヨハネ福音書』の「わたしは道，真理，生命である」（ヨハ14：6）というイエス自身の言葉とともに，これから論ずべき事柄が分かる。ここでも，トマスは聖書を尊重しており，テキストの中で違和感なく活用し，一つの文章でキリストの業の「否定的な」面である罪からの解放と「肯定的な」面である御父への還帰を結びつけて教えているが，人間が御父に還ることができるのはキリストがそのペルソナにおいて具現化した道を通じてであり，これは「わたしを通じてはじめて御父のもとへ行ける」という言葉によっている。こうして，トマスが『神学大全』の完成について，『神学大全』は全体としてキリストを目指していると述べたことの意味がよく分かるだろう。

　しかし，キリストが著作の末尾になって特に論じられていることについて，神学者たちは疑問に思った。トマスがそうしたのには深い理由があるのだが，この理由が分からないかぎり疑問は解消しないだろう。それゆえ，第3章ですでに述べた誤解を取り除き，なぜトマスはキリストを第3部になってはじめて論じたのか，その理由を解明してみよう。神学的であると同時に教育上のものでもあるこの理由は，うまくいけば，トマスが倫理学とキリスト論を全体の中でどう組み合わせているかを知れば理解できるだろう。その後，議論を続けることも可能である。というの

も，キリストを考察することが神学的議論を完成するのに必要なら，キリストから霊感を得ようとするキリスト教的生活はなおのこと，こうした考察に基づいてはっきり明らかにできるからである。トマスはこうしたことを非常に見事に論じているが，それを読めば，キリストがキリスト教的生活やトマス自身の生にどれほど大きな影響を与えているか明確に理解できよう。

神に導く道

　トマスが神学的知識を自分なりにまとめようとしたとき，すでにペトルス・ロンバルドゥスの『命題集』に倫理的問題を論じた二つの大きな部分があった[2]。第一の部分は第2巻第24-44区分だが，そこでロンバルドゥスは創造と最初の人間の罪を論じた後，恩恵と自由意志，原罪とその伝達，人間の行為の善悪などの様々な考察を再編成した。残りの題材はキリスト論の後に第3巻第23-40区分で論じられているが，そこでは対神徳と倫理徳，聖霊の賜物，生の状態，掟が考察されている。『神学大全』をよく知っているなら，この二つの部分は大きな極のようなもので，この極の周りに第2部の1と第2部の2の題材は配置できるとすぐに分かる。題材は『神学大全』では著しく豊かになっており，もはやロンバルドゥスから借りてきたものではない構想にしたがって再構成されているが，こうした題材を最初に素描したのは『命題集』である。

　だから，二つの選択が可能だった。第一はキリスト論の

---

　2)　Cf. L.-B. GILLON, « L'imitation du Christ et la morale de saint Thomas », *Angelicum* 36 (1959) 263-286. この研究はイタリア語と英語でも出版された。ID., *Cristo e la teologia morale*, Rome, 1961; *Christ and Moral Theology*, Staten Island, 1967.

162 　　　　第 I 部　三位一体の霊性

後に倫理神学の全体を再編成するもので，これは『命題集』の第二の部分で行われていた。こうして，トマスは倫理学全体をキリストとの関連の中で構築できただろう。この選択には，範型としてのキリストを，キリスト教的生活と同様，倫理神学でも最重要な位置に置ける利点がある。トマス自身の言葉では，事実神の御子としてのキリストは「すべての被造物がそれぞれの仕方で模倣する絶対的範型であり，それというのも御父の真にして完全な像だからである」[3]。対して，この選択には欠点もあり，上で述べたことは聖なる教えの全体的視野とうまく調和しない。トマスは無条件的に神を中心に置こうとするが，それは神だけがあらゆる神学的知識の要にして説明原理だからである。体系的神学が神のものではない論理を神に押しつけずに，神の計画の秩序と整合性を見出そうとするものなら，現実と同様に神学的説明でも，必ず三位一体を最重要な位置に置かねばならない。このことは創造の業にも再創造の業にも当てはまる。神学者はキリストの人間性が媒介の役割を果たすことを忘れてはならないが，キリストの人間性を通じて，恩恵と救済をもたらす唯一の始原である神自身にまで遡る必要があるのだ。

　それゆえ，トマスは第二の方針を選び，創造と神の統帥を論じた後に倫理神学を論じることにした──これは『命題集』の第一の部分で行われていたことである。トマスは倫理神学を，キリストを中心に展開する代わりに，人間を神の像として教える聖書に基づいて三位一体に結びつけたのである。というのも，まさに神の像である人間について，創造主からの発出を論じた後に創造主への還帰を論じ

---

3)　*In ad 1 Cor. 11,1, n° 583*: « Primordiale exemplar quod omnes creaturae imitantur tanquam ueram et perfectam imaginem Patris ». テキストの全体は少し後で引用する。

第5章 道，真理，生命   163

るつもりだからである。しかし，第一の選択の利点も活用
しようとするのであり，それというのも第二の選択にたやす
く統合できるからである。人間を神の像として論じること
は，事実上人間の範型——創造と還帰の範型——に言及
することになるのだが，第2部の序文の「範型，すなわ
ち神を論じた後に……神の像，すなわち人間を論じるべき
である……」という言明はこのことを言い表している。だ
が，被造物の還帰というこの最終目標はキリストを通じて
はじめて達成される。というのも，像が範型に似ることは
「恩恵による一致を通じて」のみ可能だが[4]，この恩恵は
「恩恵の根源である」[5]キリストが仲介することではじめて
得られるからである。だから，構造的にキリストは恩恵の
あるところにはどこにでも存在しており，聖霊についても
同じように言える。「人間は聖霊による一致を通じて……
キリストを介して御父に近づける。というのも，キリスト
は聖霊を通じて働くからである……。このようなわけで，
何であれ聖霊が実現するものは，キリストも実現するので
ある」[6]。

　それゆえ，もっぱらキリストのペルソナだけが『神学大
全』やトマス倫理学で中心的役割を果たすわけではないの
は確かである。だが，トマスはキリストを軽視しているの
ではなく，三位一体を重視しているのである。この方針が
どれほど聖書の言明に一致しているか強調しないなら，ト
マスを正しく評価しているとは言えまい。こうした考え方
は『創世記』の物語だけでなく，「天におられるあなたた
ちの父が完全なように，あなたたちも完全になりなさい」
（マタ 5：48）という山上の説教にも，「最愛の子らとして

―――――――――
4)　Cf. *1a q.97 a.4.* 本書第 4 章「像と至福」を参照。

5)　*In Ioannem 1,16, lect. 10, n° 201*: « quasi auctori gratiae ».

6)　*In ad Ephesios 2,18, lect. 5, n° 121.*

神を模倣しなさい」（エフェ5：1）という聖パウロの言葉にも見出せるものである。

　この考え方が豊かなものであることはすぐに明らかになるが，なぜトマスが『神学大全』をあのように構想したか，その理由をまず理解する必要がある。たった今言及したように，トマスは聖書から着想を得て神学上の大きな方針を立てたが，加えて同様に重要な教育上の理由も指摘すべきである。トマスは倫理学を論じ始めるにあたり，キリストという範型を引き合いに出すことはなかった。というのも，まず人間の行為の本質的構造を明らかにする必要があったからである。こうした構造は非常に普遍的なものなので，キリストの人間性そのものにも適用できる。というのも，キリストの人間性は御言に摂取されても，内的な構成の点では変わらないからである。第3部のキリストの人間的行為——自由，功績，情念，徳——の論述を少し注意深く読むだけで，第2部の1の内容が反映しているのが分かる。キリストの人間性は無条件的に唯一のものなので，おそらくこの人間性にしか妥当しない説明がたくさんあるだろうが，キリストは「罪を除く」あらゆる点で人間の条件を受け入れたので，第2部の1の内容はキリストを論じる際に活用できるのである。これは明らかなことであり，仮にトマスが最初にキリストを論じたとすれば，後に無数の繰り返しを行う羽目になったことだろう。この方針は先の方針より専門的なものだが，やはり題材を検討することで得られたものである。

　だからと言って，第2部の1の一般的倫理学がキリストとその恩恵を引き合いに出さずに論じられるわけではない。古代の哲学者の引用も多くあるが，徳論は本来的意味でのキリスト教的教えに満ちている。トマスはこれに続けて，聖霊の賜物を説明し，山上の説教を解説しているが，こうした論述を読めば，トマスがキリストをはっきり論じ

第5章　道，真理，生命　　165

る前にもすでに念頭に置いていたことが十分に分かる[7]。旧法の論述も同様で，トマスは旧法がキリストの神秘を前表する点を力強く強調している[8]。新法の論述も同様で，新法の本質はキリストを信じることで得られる聖霊の恩恵に他ならない[9]。第2部の1の全体は恩恵そのものを検討することで完成するが，ここでトマスは人間の行為と徳についてそれまで論じたことをすべて再検討し，まとめている[10]。こう見てくると，トマスの意図はうまく理解できるだろう。すなわち，トマスが『神学大全』第3部でキリストを論じたのは，キリスト教特有の事象を不可解なものとして棚上げするためではなく，むしろ深い考えに基づくもので，被造物が神に還帰し救済の歴史が完成する運動の中で，キリストがどれほど重要な役割を果たすか示すためだったのである。

　神の新たな現前は恩恵と神的派遣により実現するが，この教えはすでに挙げたたくさんのテキストに見出せる。この教えのおかげで，神が世界に単に存在するという考え方は豊かになったのだが，この神の新たな現前は理性的被造物だけの特権である。キリストをこの世界の頂点に置くことで，トマスはこの教えに福音に基づく「還帰」のダイナミズムを付与した。この還帰の運動は，ただの御言ではなく，むしろ人間に絶えず霊を派遣する「受肉した」御言を通じて起こる。この受肉した御言は，唯一の仲介として三位一体に由来する恩恵を人間に与えるのだが，同時に最高の導き手として人間が神に還帰する運動を司っている。「事実，多くの子を栄光に導こうと，すべてのものの始原にして目的である者が，『子らを救済に招き入れる導き

---

7)　Cf. *1a 2ae q.68-70.*
8)　Cf. *1a 2ae q.98-105.*
9)　Cf. *1a 2ae q.106-108.*
10)　Cf. *1a 2ae q.109-114.*

手』を苦しみの中で完成したことは適切だった」（ヘブ 2：10）。

新しい道

先の説明はおそらく無味乾燥な専門的余談に見えるだろうが，問題となっている事柄を理解するのに役立つ。今こそトマスがキリストを論じているテキストを読み直すときである。とりわけトマスは位格的結合にまつわる形而上学的問題を最も見事に論じた点で正当にも有名だが，これはトマスの教えの一側面にすぎない。この入門書の目的に適うように，トマスが別の仕方で神秘を探究する様子を明らかにしよう。議論の全体を繰り返すつもりはないが，ここでトマスにしたがって，ずっと前から神学者たちが問うていた問題を取り上げるのはきわめて解明的だろう。その問題は，「なぜ神は人となったか」（Cur Deus homo ?）である。

すでにトマスの解答の最もよく知られた部分を取り上げたが[11]，この主題についてトマスが述べたすべてを論じ尽くしたわけではない。トマスは受肉の無条件的な必要性を論じようとはしておらず——というのも，神の全能に限界はなく，神はまったく別の仕方でも人間を救えたから[12]——，むしろ神をこれほど極端な行為に駆り立てた人知を超えた愛を何とか理解しようと，適切な論拠を探究している[13]。アウグスティヌス，アンセルムス，他の多くの人々は聖書に基づいてこうした方向性を追究したが，トマスは

---

11) 上記第 3 章「神と世界」113 ページ参照。

12) *3a q.1 a.2.*

13) 上記第 3 章 114 ページ参照。

第 5 章　道，真理，生命　　　167

彼らにしたがって，当然ながら罪の傷の治癒（remedium peccati），人間と神の友愛関係の回復（reparatio），罪の贖いを最も明らかな理由として取り上げている[14]。こうして，贖いの主題はすでに『命題集註解』に現れ，『神学提要』で完全に定式化されているが，『神学大全』でも見出せる。

　　受肉のおかげで，人間は罪に隷属することから解放される。聖アウグスティヌスが述べるように，「人となったイエス・キリストの義により悪魔は打ち負かされたのである」。そして，これはキリストがわれわれを贖うことで生じた。人間，単なる人間は全人類を贖うことが「できなかった」。神は贖う「べきでなかった　」（Homo autem purus satisfacere non poterat, Deus autem satisfacere non debebat）。それゆえ，イエス・キリストは神であると同時に人でなければならなかった。——定式に見出せる釣り合った表現を見れば，起源は明らかである。ここでアンセルムスは仲介役でしかない。トマスはこの起源を隠すどころか明示しており，アウグスティヌスを引用した後で教皇レオ（Léon）の文章を続けている——。力は弱さを，威厳は謙遜をまとった。というのも，人間を癒すために，「神と人間をとりなす唯一の者」（Ⅰテモ 2：5）は，一方で死に，他方で復活せねばならなかった。真の神が癒し，真の人間が模範を示した[15]。

　14）　Cf. ANSELME DE CANTORBÉRY, *Pourquoi Dieu s'est fait homme*, éd. R. ROQUES, *SC* 91, Paris, 1963. アンセルムスとトマスの比較は，J. BRACKEN, « Thomas Aquinas and Anselm's Satisfaction Theory », *Angelicum* 62 (1985) 501-530 参照。だが，Bracken は徹頭徹尾この二人の著述家に反対している。

　15）　*3a* q.1 a.2; cf. *Sent. III* d.1 q.1 a.2; *Compendium theol. I 200* (Léon., t. 42, p. 158). この主題に関する最近の業績では，R. CESSARIO, *The Godly Image*. Christ and Salvation in Catholic Thought

罪のせいで失った均衡を回復するというこの主題は，確かに妥当で繰り返し主張されてきたものだが，受肉を人間中心的に解釈する危険を常にはらんでいる。すなわち，罪により神は計画していない目的を押しつけられるかのようである。トマスは受肉を解釈する新しい方法を探し，『対異教徒大全』で見出したようだが，そこでは伝統的な考え方を捨ててはいないものの，権威でがんじがらめになった状態から少しばかり自分を解放し，独自の見解を主張している[16]。トマスが提案した論拠は，少なくともこうした形では，当該の文脈で斬新なものだった。すなわち，神は人間が神を見られるように人となったが，これは適切だった。

> 注意深く敬虔な気持ちで受肉の神秘を観想するなら，人間が認識できない知恵の深淵が見えてくる。使徒が的確に述べたように，「神の愚かさは人間よりも賢い」（Ⅰコリ1：25）。だから，敬虔な気持ちで考察するなら，この神秘の理由はますます驚嘆すべきものに思われてくる[17]。

---

from St Anselm to Aquinas, Petersham, Mass., 1990 と，A. PATFOORT, « Le vrai visage de la satisfaction du Christ selon St. Thomas. Une étude de la Somme théologique », dans Ordo sapientiae et amoris, p. 247-265 を参照。Cessario と Patfoort は贖いに主要な役割を認めているが，これには疑問がある。[同じ方向性を追究している最近の研究 J.-H. NICOLAS, « Le Christ est mort pour nos péchés selon les Écritures », RT 96 (1996) 209-234 も参照。]

16) M. CORBIN, La Parole devenue chair はこの観点の変化を的確に見てとったが，この観点を強調しすぎていると思う。トマスは他の観点を捨てたわけではない。

17) SCG IV 54, n° 3922; cf. De rationibus fidei 7, Léon., t. 40, p. B 66.

第5章　道，真理，生命　　　169

　この短い言葉は長い章——これからかいつまんで取り上
げる——の導入部分だが，こうした言葉の背後に抑えられ
た情熱があることに気づくだろう。トマスはこうした感情
を隠すのを常としていたが，ここに見られるのは，伝記の
中でキリスト・イエスを愛していたと言われた同じ人間に
他ならない[18]。以下の厳密な推論を支えているのも同じ感
情である。

　　　何よりもまず，受肉により，至福を目指す人間は（ad
　　beatitudinem tendenti）最も頼りになる助けを得る。
　　すでに述べたように（SCG III 48 ss.），人間の完全な
　　至福は神を直接見ることである。神と人間の本性は無
　　限に離れているので，人間がこうした状態に達するこ
　　と，すなわち人間知性が直接，可知的な神の本質その
　　ものに結びつくことは不可能に思えるだろう。「だか
　　ら，人間は絶望して無力になり，至福を熱心に求めな
　　くなるかもしれない」[19]。だが，神がペルソナにおいて
　　人間本性に結びつこうとしたことを考えれば，人間は
　　神を直接見ることで知性により神に直接結びつけるこ
　　とがはっきり分かる。それゆえ，人間が熱心に至福を
　　希望するために，神が人間本性を摂取するのは最も適
　　切だった。また，キリストの受肉以降，人々は天の至
　　福をより激しく求め始めたのであり，これは「わた

────────────
　18)　Cf. *Initiation*, p. 414-423〔『トマス・アクィナス　人と著作』
480-490 ページ参照〕.
　19)　トマスが「こうした偉大な人物の苦悶」に同情している有
名な一節（quantam angustiam patiebantur…eorum praeclara ingenia）が
この文章に反映していると考えるのは，あまりにも心理学的な解釈だ
ろうか。ここで言う偉大な人物とは，アフロディシアスのアレクサン
ドロス（Alexandre d'Aphrodise），アヴェロエス，アリストテレスの
ことだが，彼らは霊魂が不滅なのを知らなかったので，何を人間の至
福とすべきか分からなかった——cf. *SCG III* 48, n° 2261。

しが来たのは，彼らが生命を豊かに持つためである」（ヨハ 10：10）というキリスト自身の言葉によっている[20]。

このテキストにすぐ続く部分では，人間——受肉のおかげで明らかな顕現を得る——の尊厳に基づく論拠を考察しているが，これは後で再検討する。しかし，先の数行を正しく読むために，表面に現れている「主知主義」を過大評価しないことが大切である。テキストの続きを読めば分かるように，至福は理性のみが関わる抽象的な事柄ではない。至福は愛する能力を含めた人間全体を対象としているのである。

人間の完全な至福は神を享受すること（fruitio）なので，人間の情動は神を享受することへの欲求，すなわち人間に見出せる至福への自然本性的欲求に従って整えられる必要がある。しかるに，あるものを享受したいと思うのは，そのものを愛しているからである。だから，完全な至福を目指す人間は神を愛さねばならない。だが，人間はある者に愛されていると知ると，よりいっそうその者を愛そうとする。ところが，人間は神がペルソナにおいて人間に結びつくのを見て，どれほど神が人間を愛しているかを深く理解する。というのも，愛するものと愛されるものをできるかぎり一つにするのが愛の役割だからである。それゆえ，神の受肉は至福を目指す人間に必要だった[21]。

ほとんど強調しなくても，ここに瞑想に適した題材がた

20）　*SCG IV 54, n° 3923.*
21）　*SCG IV 54, n° 3926.*

第 5 章　道，真理，生命　　　　171

くさんあるのは明らかである。至福を求める人間について
は再検討するが，それというのもトマスの倫理的考察は最
初から最後までこうした人間を論じているからである。し
かし，愛の主題もある。トマスは暗黙的に偽ディオニシウ
スを引用しつつ論じており，これによりアリストテレスの
友愛論を思い出したようだが，これは偶然ではない。

　　何か等しい点がなければ友愛は成立しないので，あま
　　りにも異なるものは友愛を結べない。それゆえ，神と
　　人間の友愛がより深いものになるために，神が人とな
　　ることは人間に好都合だった。というのも，人間は本
　　性的に人間を友にするから。こうして，「人間は目に
　　見える神を認識することで，目に見えないものを愛す
　　るようになる」[22]。

　アリストテレスを参照していることが事実だとしても，
トマスはこの文章の末尾でキリスト降誕祭の導入文——
Dum uisibiliter Deum cognoscimus, in inuisibilium amorem
rapiamur——を明らかに引用しており，おそらくそこから
着想を得ている。御言が肉を摂ることで神の人類愛と神の
顕現が示されたが，こうした考え方に基づくクリスマスの
典礼のおかげで，トマスは受肉の適切さの考察を掘り下げ
ることができた[23]。この導入文は『対異教徒大全』にある
が，この主題はトマスがずっと前から考察してきたもの

---

　　22)　*SCG IV 54, n° 3927*; cf. ARISTOTE, *Ethique à Nicomaque VIII*
1,3 (1155 a) et 5,5 (1157 b).

　　23)　かつて Y. Congar は，この主題について——とりわけ
教父に関する——見事な研究を公にした。« *Dum visibiliter Deum
cognoscimus*…Méditation théologique », *La Maison-Dieu*, n° 59 (1959)
132-161, repris dans ID., *Les voies du Dieu vivant. Théologie et vie
spirituelle*, Paris, 1962, 79-107.

だった。というのも，すでに『命題集註解』で論じられているからである。

> 神へ上昇するのを容易にするために，人間が知っているものに基づきつつ，知性と意志で探究を始める（consurgeret）ことは適切だった。しかるに，人間は現在のみじめな状態では，目に見えるものを認識し愛するのが自然本性的なので，神が人間本性を摂ることで目に見えるようになったのは適切だった（congruenter）。こうして，人間は目に見えるものに基づいて，「目に見えないもの」を「愛し」認識するようになる[24]。

　典礼は参照されていないが，この主題は最後に『神学大全』で論じられている。トマスがあまり強調していないように見えるのは，『神学大全』では知識を総合しようと気遣っていたため，適切さに関する補足的理由を二つの一続きの議論にまとめたからで，この話題に関するどんな事柄も省略しないよう心がけているかのようだ。強調点は少しだけ異なるが，他の著作の言明と合わせて読めば，この主

---

24) *Sent. III d.1 q.1 a.2.* 人間が経験できるものに基づいて神的なものに次第に慣れていくというこの主題はトマスによく見られるもので，『信仰の諸根拠について』（*c.5, n° 976,* Léon., t. 40, p. B 62）の中の受肉の理由を論じている一章にも見出せる。「人間の知性と情動は物質に結びついているので，高次のものに上昇するのは容易でない。人間が他の人間を認識し愛するのは容易だが，すべての人が神の高みを観想し，正しい愛に駆り立てられてそこに向かえるわけではない。物体的なものから離れて霊的なものへ上昇できる人だけが，大変な苦労と専心のかいあって，神に助けられつつ神の高みに到達できるのである。それゆえ，誰もがたやすく神に近づけるように，神は人になろうとしたが，『それは取るに足らない人も神をいわば自分に似た者として観想し愛するためだった』。結果，こうした人も理解したものに基づきつつ，少しずつ完全な神に近づくのである」。

第 5 章 道，真理，生命　　　173

題が確かに論じられているのが分かる。

　　第五の理由は，人間が神性を完全に分有すること――
　　これは「人間の至福であり人間の生の目的そのもので
　　ある」――に関係している。そして，こうした完全な
　　分有はキリストの人間性により人間に与えられた。ま
　　たも，聖アウグスティヌスが次のように述べている。
　　「人間が神になるために，神は人間になった」（Factus
　　est Deus homo, ut homo fieret Deus）[25]。

　出典はまったく明らかにされていないが，このテキスト
の末尾の文章は教父でよく見られるものである。とはい
え，至福が言及されていることに注目するなら，こうした
主題はこの文脈ではトマス独自のものである。神は人間の
罪のために受肉したというあまりに偏った人間中心主義的
な理由と，神を見たいという欲求――これはいわば創造主
が人間に残した穴である――に基づく理由が大きく異なる
ことは明らかである。神は人間を深く愛しているので，罪
が壊した均衡を厳格な義に基づいて回復するだけでなく，
救済計画が成就することも望んでいる。こうして，受肉は
導き（manuductio）[26]，すなわち神が人間の手を取り神への
道に導くことと理解される。これはまさに『ヘブライ人へ
の手紙』10 章 20 節が論じている「新しい，生ける道」に

───────────
　25）　*3a q.1 a.2.* ここで問題となっているのはアウグスティヌス
の偽書である――cf. *Sermon* 128: *PL* 39, 1997. 適切さに関する一連の
理由のうち，先行する四つの理由――これらは「人間が善の点で成長
すること」に関係している――は，受肉により人間の信仰，希望，愛，
徳の実践にどういう善い影響があるか順々に検討している。それゆえ，
至福はキリスト教的生活のあらゆる徳を活用して踏破すべき道のりの
終局だと言える。
　26）　*2a 2ae q.82 a.3 ad 2*：「キリストの人間性はその神性に導く
最も適切な教育法である」。

他ならない。

　　使徒は人間が信頼して神に近づくのはいかにしてかを
　　明らかにしている。というのも，キリストはその血
　　により「人間のために新しい道を拓いた（initiauit）」，
　　すなわちつくった（inchoauit）からである……。だか
　　ら，これは天に通じる道である。この道は「新しい」。
　　というのも，キリスト以前にこの道を見出した者は
　　いなかったからである。「天から下る者だけが天に上
　　る」（ヨハ 3：13）。このようなわけで，天に上りたい
　　なら，肢体が頭に結びつくように，キリストを愛す必
　　要がある……。この道は「生きている」，すなわちそ
　　こには常に生きている神性の豊かさ（uirtus）がある
　　ので，永遠に続く。使徒は「垂れ幕，すなわちその肉
　　を通って」と続けて，この道がいかなるものか正確に
　　述べている。大祭司が垂れ幕を通って至聖所に入るよ
　　うに，栄光の聖域に入りたければ，垂れ幕であるキリ
　　ストの肉を通じてキリストの神性に達するしかない。
　　「あなたは真に隠れた神である」（イザ 45：15）。受肉
　　を信じないなら，神を信じているとは言えないのであ
　　る[27]。

　実際，道という主題から離れたことは一度もなかったが
――というのも，上で引用した多くのテキストに見出せる
から――，ここでこの主題が改めて重要なのがはっきり分
かる。これは至福への欲求と同じく，トマスの全著作に見
出せる主題である。もっと注目すべきことに，この文脈で
再び円環運動が論じられているのであり，この運動の豊か
さはすでに考察した。次のテキストはすでに部分的に引用

　27）　*In ad Hebraeos 10,20, lect. 2, n° 502.*

第5章　道，真理，生命　　　175

したが，ためらわず繰り返し，円環運動に関するトマスの
直観がどれほど主要なものだったか強調しよう。

　受肉は，至福をもたらす合一——そこで被造知性は知
性認識により造られざる知性に結びつく——の注目す
べき範例である。「神が人間本性を摂って人間と結び
ついてからは，被造知性が神の本質を見て神と結びつ
くことは信じられる事実になった」。こうして，最後
に創造された人間が受肉の業のおかげで事物の始原そ
のものに結びつき，ある種の円環運動により始原に還
帰するとき，いわば神の業の全体は完成する[28]。

　こうして短いテキストを引用してきたが，非常に豊かな
ものである。というのも，これらのテキストを読めば，キ
リストが『神学大全』の構想の最後で論じられていること
は不思議ではなくなるから。トマスは神中心主義を主張す
るが，キリストを付加的に論じているのではない。キリス
トはまさに然るべき場所に置かれている。すなわち，人類
史の完全な中心，神と人間の繋ぎ目である。キリストは静
的な中央ではなく天の祖国へ上る道として，「人間の信仰
を完成に導く指導者」（ヘブ 12：2）として，御自身の人
間性を生かす抗いがたい力により人間を御父に導く[29]。

---

28)　*Compendium theologiae I 201.*

29)　『ヨハネ福音書』6 章 44 節「わたしの父が引き寄せないな
ら，誰もわたしのもとに来ない」の註解を参照しよう。そこでトマ
スは，「キリストに従う人々が……御父に引き寄せられる」が，こ
れは暴力ではなく，こうした人々の欲求を満たすことだと説明して
いる——*In Ioannem 6,44, n° 935 ss.*。優れた研究 R. LAFONTAINE,
« La personne du Père dans la pensée de saint Thomas », dans R.
LAFONTAINE et al., *L'Écriture âme de la théologie*, « Institut d'études
théologiques 9 », Bruxelles, 1990, p. 81-108 を参照。

キリストを模倣することで神を模倣する

最後の晩餐の夜，イエスは神から出てきて神に還ること
を知っていたので，足を洗うことで，最後のしるしを示
し，御自身に属する人々から何を期待するか教えた（ヨハ
13：3）。トマスはもはや註解の中でこの聖句が示す完全な
「円環運動」を強調するには及ばなかった。むしろキリス
トの態度から分かることを強調しようとした。

> この光景から様々なことが分かるが，第四の事柄はキ
> リストの聖性に関係している。というのも，「キリス
> トは神のもとへ赴く」からである。人間の聖性は神の
> もとへ赴くことにある。このようなわけで，イエスは
> すぐ次のように言うつもりだった。キリスト自身が神
> のもとへ赴くのだから，他の人々を神に導くのがキリ
> ストの役割である。キリストは特別に謙遜と愛を通じ
> て足を洗い，弟子たちに謙遜と愛の模範を示した[30]。

このテキストのおかげでうまく次の議論に移ることがで
きる。キリストの範例を論じるときにトマスの念頭にある
のは，固定的な範型をそのまま再現することではない。そ
うではなく，神に似ようとする像について述べたように，
むしろトマスはこうした模倣を道として理解している。す
なわち，キリストを模倣することはキリストに従うことで
ある。この先，この二つの態度はいつも結びついて出てく
るが，同時に第三の態度も出てくる。すなわち，キリスト
に従うことは御父に従うことでもある。

---

30) *In Ioannem 13,3, lect. 1, no 1743.*

第5章 道，真理，生命　　　177

　こうしたことはどれも，多くのテキストに散らばってお
り，密接に関係し合っているので，どれを選び，どういう
順序で示すかということだけが問題である[31]。もっともこ
のことに意味がないわけではない。というのも，こうした
考え方がトマスの著作のいたるところに見出せることが分
かるからである。当然ながら，新約聖書の註解に見出せる
テキストはより多く明白なものだが，体系的著作から分か
ることをさらに詳しく述べるためにだけ活用するつもりで
ある。実際，キリストの範例を引き合いに出すことが倫理
的な勧奨だけを目指すものではないことを知るのはきわめ
て重要である。キリストの範例はトマス神学の構造そのも
のに深く入り込んでおり，トマスは二つの明確な方法でそ
のことを明らかにしている。

　これまで述べたことを考え合わせればそれほど驚かない
だろうが，キリストの範型性は第一に受肉の適切さの議論
で活用されている。例えば，トマスは『対異教徒大全』の
中で，御言が肉を摂ったことは人間が至福に近づくために
必要だったと明言した後，本論に直接つながる次のことを
付け加えている。

　　　至福は……徳の報いである。それゆえ，至福を目指す
　　人々は徳を形成する必要があるが，人間が徳の形成に
　　駆り立てられるのは言葉と模範を通じてである。しか
　　るに，ある人物の模範と言葉は，その人物が善人なの
　　がより明白であればあるほど，より効果的に人々を徳

────────────

　31）　著作ごとに分類したテキストの総体は，A. VALSECCHI,
« L'imitazione di Cristo in san Tommaso d'Aquino », dans *Miscelleanea
Carlo Figini*, G. COLOMBO, A. RIMOLDI, A. VALSECCHI, éd.,
Venegono Inferiore, 1964, p. 175-203 参照。Valsecchi は正当にも，トマ
スがキリストの模倣の主題を知らなかったと言われてきたことに驚い
ている。

の実践に導く。だが，ただの人間ならどんな人間について
いても，完全な徳を持っているとは言えない。という
のも，聖性の点できわめて優れた人間にも弱さが見出
せるからである。だから，人間は徳を強化するため
に，「人となった神から徳の教えと模範を受けとる必
要があった」。このようなわけで，主御自身が『ヨハ
ネ福音書』13 章 15 節で，「わたしがあなたたちに模
範を示したのは，わたしがあなたたちにしたように，
あなたたちも行うためである」と述べている[32]。

　より簡潔だが明白な同じ推論が『神学大全』の中にある
が，新たに強調されている点が少しある。すなわち，トマ
スは御父の模倣とキリスト・イエスの模倣を結びつけて理
解している。

　　すでに見たように，善の点で成長するという観点か
　ら，受肉の理由をいくつか指摘できる……。第四の理
　由は，「受肉により徳の実践の模範が示される」こと
　である。このようなわけで，聖アウグスティヌスが述
　べているように，「倣うべきは，目に見える人間では
　なく目に見えない神である。それゆえ，神が人となっ
　たのは，見て倣える模範を人間に示すためだった」[33]。

　したがって，これら二つのテキストを読めば，トマスが
キリストの人間性の範例を活用している第一の方法ははっ
きり分かる。しかし，第二のテキストはそれだけで，キリ
ストの範例をおそらくもっと深く活用する別の方法を教え

---

　32)　*SCG IV 54, n° 3928.*

　33)　*3a q.1 a.2,* avec citation du *Sermon* 371,2: *PL* 39, 1024. この主
題はより暗示的にではあるが，*Compendium theologiae* I 201: Léon., t.
42, 158 に見出せる。

第5章　道，真理，生命　　179

てくれる。というのも，このテキストは三位一体とその世界への関係の教えを考慮に入れて読むべきものだからである。このことを十全に理解し，うまく本論の文脈の中で論じるために，第2部の1の要となる文章を引き合いに出す必要があるが，こうしてうまくいけば次のことが分かる。すなわち，確かにトマスは御父が完成の究極的範例なのを忘れていないが，第3部でキリストの役割をもっとはっきり論じる前に，御父に達する方法を示そうとしている。この文章はかなり典型的なもので，それというのもトマスは聖書の権威に結びつけて，アウグスティヌスやアリストテレスといった著述家を参照しているからである。これは指摘に値する。というのも，この文章を読めば，どのようにトマスが古代の哲学者の知恵を活用し，至福の追求が神の心遣いに基づくことを強調しているか分かるからである。

　　聖アウグスティヌスが述べるように，「霊魂は徳を形成するために，模範に従わねばならない。この模範は神で，神に従うなら善く生きられる」。「だから，すべてのものの理念が神のうちに先在しているのと同様に，人間の徳の範型が神のうちに先在していることは明らかである」……。哲学者自身が述べ，聖書が多くの仕方で勧めるように──「天におられるあなたたちの父が完全なように，あなたたちも完全になりなさい」（マタ5：48）──，人間はできるかぎり神的なものに近づくべきである[34]。

最終的に御父を模倣すべきことは，はっきり強調されて

──────────

　34)　*1a 2ae q.61 a.5*; avec citation de S. AUGUSTIN, *De moribus ecclesiae c.6, n° 9-10.*

180   第Ⅰ部　三位一体の霊性

おり，最重要な点なのは疑いない[35]。だが，この項がどれ
ほど成長の考え方に基づいて書かれているかということ
も指摘に値する。しばしば中庸は徳の特徴とされる正確な
中間の考え方と結びつけて理解されるが，これに対しトマ
スは人間の徳と神的徳を「運動と終局として」区別してい
る。

　　　すなわち，神に似ようと努力する人々に属する徳があ
　　　る。そして，この徳は「浄化する」徳と呼ばれている
　　　……。他方，すでに神の類似性に達した人々に属する
　　　徳もある。この徳はすでに浄化された霊魂の徳と呼ば
　　　れているが，以下のようなものである。すなわち，賢
　　　慮はもはや神的なものしか気にかけず，節制はもはや
　　　地上のものを一切欲せず，勇敢は情念から疎遠になり，
　　　正義は神の知性を模倣することに専心して，いつ
　　　も強く結びついている。こうした徳は至福者たちの
　　　徳，あるいはこの世で完成に達した人々の徳である。

　このテキストのたたみかけるような調子から，学問的説
明を超えて進む情熱のようなものが伝わってくる。このテ
キストを読めば，トマスがしばしば考察した創造，神の
像，霊的成長の主題が想起できるが，同時にあらゆる善を
超える最高善への激しい欲求も感じとれる。しかし，本論
に直接役立つのは，テキストの前半部分で論じられてい

────────────
　　35)　Cf. *In ad Ephesios V,1, lect. 1, nº 267*:「人間本性は神と一つ
　になってようやく完成する……。だから，できるかぎり神を模倣せね
　ばならない。というのも，父に似ることが子の役目だからである（ad
　filium pertinet patrem imitari）……。人間は神の子らである。というの
　も，神は人間を創造して人間の父になったから……。また，われわれ
　は神の最愛の者である。というのも，神はわれわれを選び，御自身の
　生命を分かち与えた──文字どおりには「御自身を分かち与えた」（ad
　participationem sui ipsius）──から」。

第 5 章 道，真理，生命 181

る，すべてのものの神的範型の考え方である。トマスによれば，キリストはあらゆる徳を模範的に実現しているが，それはキリストが受肉した御言として永遠よりしてすべてのものの創造を司っているからである。別の非常に重要な一節は，構造的に上のテキストと驚くほど似ているが，きわめてはっきりこのことを説明している。

事物の発出全体の始原は神の子である。「御言を通じてすべてのものは造られた」（ヨハ1：3）。だから，神の子は御父の真にして完全な像として，すべての被造物が模倣する最初の範型（primordiale exemplar）でもある。このことに基づいて，『コロサイの信徒への手紙』1章15節では，「御子は目に見えない神の像，すべての被造物のうちで最初に生まれた者である。というのも，すべてのものは御子を通じて創造されたからである」と言われている。特別な仕方では，神の子はあらゆる霊的恩恵——霊的被造物はこの恩恵で輝く——の範型（exemplar）でもあるが，これは『詩編』109章3節で御子に「曙光の只中で，聖なる人々の輝きの中で今日わたしはあなたを生んだ」と言われていることによっている。神の子はあらゆる被造物に先立って，輝く恩恵により生み出されたので，神の子には範型的に（exemplariter）聖なる人々の輝きがみな含まれている。しかし，この神的範型は人間からかけ離れている……。このようなわけで，神の子は人間的な範型を示そうと人になろうとした[36]。

––––––––––

36) *In ad I Cor. 11,1, n° 583.* とりわけ *De rationibus fidei 5, n° 973* (Léon., t. 40, p. B 61) に同じ議論がある。「すべてのものは御言を通じて創造されたので，御言を通じて贖われたことは適切だった」。以下で，『ヨハネ福音書』13章15節の註解も参照。

第Ⅰ部　三位一体の霊性

　トマスは続けて，実践的な適用としていくつかの例を挙げているが，これはさしあたり無視できる。もっと重要なのは，このテキストにより二つの考え方が瞑想および観想できるようになることである。あらゆる点で第一の考え方──というのも，そこで事物は神の観点から考察されるから──は，すでに読んだたくさんのテキストを直接敷衍するもので，「存在論的範型説」と呼べる。もっと聖書的な言葉を使うなら，この考え方で強調されているのは，神が像に似せて被造物を再創造することである。この考え方では聖パウロがよく述べる教えが活用されているが，その教えによれば，人間はキリストを介して恩恵を受けることで，最愛の子にかたどって内的に「再形成される」。「神はあらかじめ見分けた人々を御子の像を再現するよう予定したが，それは御子が多くの兄弟の長子になるためだった」（ロマ8：29）。この主題はトマスの著作で重要な役割を果たし，きわめて豊かなものだが，かなり複雑なので次章で論じよう。

　「倫理的範型説」の考え方はもっと明白なものだが，実際のところ第一の考え方と比べると二次的なものにすぎない。この考え方の背後にも，すでに言及した非常に多くの箇所で見出せる，神を目指す推進力がある。すなわち，御言の受肉により，像である人間は近づきやすい模範を得るのであり，この模範により近づけない最初の範型──だがこれは創造を司っていたものである──に一致するよう促されるのである。ここで強調されているのは，キリスト，すなわち福音の徳を具現化した生ける人間と，人間の努力──キリストの恩恵を通じて神と共働する──である。むしろ説教的雰囲気を持つこの主題は聖書註解にたくさん見出せるが，他の著作にも存分にある。

第5章　道，真理，生命　　183

わたしはあなたたちに模範を示した……

キリストはキリスト教的生活の絶対的模範であることを
考えれば，トマスがこの点を強調したことはうまく理解で
きる。しかし，強調の理由をもっとよく理解するために，
洗足式に関するトマスの註解を参照しよう。トマスはまさ
に霊性の教師として，ためらうことなく実践的側面を強調
している。

　それゆえ，キリスト・イエスは次のように述べた。
わたしがこうしたのはあなたたちに模範を示すためで
ある。だから，「あなたたちは互いの足を洗わねばな
らない」。というのも，わたしがこうしたのはそのた
めだからである。事実，人間の行為では模範は言葉よ
り強力である（plus mouent exempla quam uerba）。人
間は善いと思ったことを選び行う。このようなわけ
で，あることを選ぶべきだと述べたことではなく，実
際にあることを選んだ事実からして，その人が何を善
いと思ったか分かるのである。したがって，あること
を述べながら別のことを行っている場合，人をより説
得するのは発言ではなく行為である。こうして，言葉
に模範を加えることは最も必要である。
　だが，単なる人間の模範は全人類が模倣するのに十
分なものではない。というのも，人間理性は生命ある
いは善についてすべてを理解できないし，考察しても
誤るからである。このようなわけで，神の子の模範が
示されたが，神の子は誤らず，すべてを理解してい
る。聖アウグスティヌスは「傲慢を治せるのは神の謙
遜だけだ」と確言しているが，貪欲や他の悪徳につい

ても事態は同じだろう。

　以上のことを考え合わせれば，神の子があらゆる徳の模範として示されたことはきわめて「適切」だった。実際，神の子は御父の技芸であり，それゆえ「被造物の最初の範型であると同時に聖性の最初の範型でもある」。「キリストは人間のために苦しみ，後に続けるよう模範を示した」（Ⅰペト2：21）[37]。

　「模範は言葉より強力である」。模範が示された。トマスは『ヨハネ福音書講解』のこの定式をずっと前から知っていた。というのも，トマスはすでに『対異教徒大全』で受肉に関する一連の理由の中で活用しているし[38]，『神学大全』では一般的な経験にはっきり訴えながら字句通りに繰り返しているからである[39]。おそらくこの定式が表現しているのは広く知られた人間の知恵だろうが，トマスがドミニコ会の伝統から影響を受けたことも考えられる。という

---

37)　*In Ioannem 13,15, lect. 3, n⁰ 1781.*

38)　*SCG IV 55, n⁰ 3950-3951*：「キリストが十字架の死を受け入れたのは謙遜の模範を示すためだったと確言しても，間違いではない。──ここで問題となるのは，おそらく神にふさわしくない徳だが，御言はその人間性にしたがってこの徳を受け入れた──。人は神の教えに基づいて謙遜になるとしても……，言葉よりも模範となる行為により，いっそう駆り立てられる（ad agendum magis prouocant facta quam uerba）。そして，これは模範を示す者の徳の評判が確かなものであればあるほど有効である。こうして，謙遜の模範は他の人々にも多く見出せるが，とりわけ人間にして神である者が模範を示すことで，人は謙遜になろうとするのである。というのも，この者は誤らず，謙遜を示すのが偉大な者になればなるほど賞賛に値するからである」。古代と教父でこの定式がどう使われてきたか知るために，この文章に関する P. Marc（éd. Marietti de la *SCG*）の注釈を参照。

39)　*1a 2ae q.34 a.1*：「人間の行為と情念の領域では大衆の経験が重視されるが，そこでは言葉より模範が有効である（magis mouent exempla quam uerba）」。

第 5 章　道，真理，生命　　185

のも，聖ドミニクは言葉と模範で（uerbo et exemplo）説教したと繰り返し述べられているからである[40]。

　キリストとその行為がキリスト教的生活全体にとって模範となることは，多くの著作，とりわけ修道生活を弁護するために書かれた小著で論じられているが，修道生活を通じてキリストに従うことを取り上げるときに別の文脈で再検討しよう。また，『神学大全』第 2 部に散在するテキストも集められるが，こうしたテキストを読めば，この主題が常にトマスの念頭にあったことが分かる。しかし，この仕事についてはすでに見事な業績があるので[41]，第 3 部の論述をたどり，キリストが信徒に模倣するように示した徳を論じるテキストを紹介するなら，ここでの議論はもっと豊かになるだろう。例えば，トマスは受肉の理由を敷衍しながら，キリストが可感的身体を受けとり，「勇敢に苦しみと人間的な限界を耐え忍ぶことで忍耐の模範を示した」[42]ことは適切だったと説明している。反対に，キリストは罪を受けとろうとはしなかった。というのも，罪を受け入れてしまうと，人間性の範型も――なぜなら，罪は人間本性の定義に含まれないから――，徳の模範も――なぜなら，罪は徳に対立するから――示せなくなるからである[43]。その代りに，キリストは祈ろうとしたが，これはま

---

　　40)　Cf. M.-H. VICAIRE, *Histoire de saint Dominique*, t. I, Paris, 1982, p. 279.

　　41)　Cf. A. VALSECCHI, *L' imitazione di Cristo*, p. 194-198. Valsecchi は 解 明 的 な 論 文 « Gesù Cristo nostra legge », *La Scuola Cattolica* 88 (1960) 81-110; 161-190 で，トマスの教えを聖書的および教父的伝統というより広い文脈の中で考察したが，こうした考え方の多くはキリスト教思想に共通のものなので，他の著述家，とりわけボナヴェントゥラにも見出せると指摘している。

　　42)　*3a q.14 a.1*: « propter exemplum patientiae quod nobis exhibet passiones et defectus humanos fortiter tolerando ».

　　43)　*3a q.15 a.1*.

さに人間が神を信じて繰り返し祈るためだった[44]。キリストは割礼や律法の他の掟を受け入れたが，これは謙遜と従順の生きた模範を示すためだった[45]。同様に，キリストは洗礼を受けたが，これは人間に洗礼を勧めるためだった[46]。

　イエスの生涯の各出来事——断食，誘惑，群衆の中での生活——についても同じように言える。したがって，トマスは次のように要約している。「主は生き方（conuersatio）を通じて，救済に直接関わることの完全な模範を残らずすべての人々に示した」[47]。トマスはもっと的確に定式化し，強い印象を与える表現で，「キリストの行為は人間を教えるものだった」（Christi actio fuit nostra instructio）と言っている[48]。この格言は文脈に応じて少しずつ異なっているが，トマスがペトルス・ロンバルドゥスを通じてカッシオドルス（Cassiodore）から受けとったもので，トマスの著作に17回見出せる[49]。確かにトマスはキリストと人間では事態が異なることを指摘し，この格言を適切に理解するには真の信仰の光が必要であることを強調しているが，この

---

44)　*3a q.21 a. 3.*

45)　*3a q.37 a.4.*

46)　*3a q.39 a.2 ad 1; cf. a.1 et a.3 ad 3: Christus proponebatur hominibus in exemplum omnium.*

47)　*3a q.40 a.2 ad 1.*

48)　*3a q.40 a.1 ad 3.*

49)　正確で示唆に富む研究 R. SCHENK, « *Omnis Christi actio nostra est instructio*. The Deeds and Saying of Jesus as Revelation in the View of Thomas Aquinas », dans *La doctrine de la révélation divine*, ST 37, 1990, p. 103-131 を参照。この定式は『神学大全』——上で引用した唯一の箇所にだけ確認できる——よりも『命題集註解』で頻出するが，別の様々な箇所にも見出せる——cf. Schenk, p. 111, n. 51。説教 Puer Iesus (Busa, t. 6, p. 33a) にも同じ意味の定式がある——*Cuncta quae Dominus fecit uel in carne passus est, documenta et exempla sunt salutaria*。

第 5 章　道，真理，生命　　　187

格言が根本的に真理を述べていることをはっきり認めている。この格言は頻出しているので，トマスがキリストの具体的行為を教えと同様に重視しようとしていたことがよく分かる。

　言うまでもないことだが，模範としてのキリストの行為が最も重要なものになるのは，この世の生の最後の数日である。トマスは人類を解放するのに受難よりふさわしい方法があったかどうか問うて，いつものように適切さの論拠を列挙している。第一に，何より重要な論拠によれば，受難により人間は「どれほど神が人間を愛しているかを知り，こうして神を愛し返すようになるが，これが救済の完成である」。しかし第二に，キリストは受難により，「従順，謙遜，堅忍，義に加え，そのときに明らかになった他の徳の模範を示したが，こうした徳は人間の救済にも必要である。このようなわけで，聖ペトロ（Pierre）は『キリストは人間のために苦しみ，後に続けるよう模範を示した』（Ⅰペト 2：21）と書いたのである」[50]。

　『神学大全』に見出せるこうした短い言明から，キリストの模範という考え方が常にトマスの念頭にあったことが分かるだろう。しかし，こうした言明を読んでも，トマスが講義や説教で語るときの熱気は伝わってこない。だから，講義や説教の一節も取り上げてみたい。まず，キリストの謙遜を強調する洗足式の註解に加えて，キリストを従順に駆り立てる愛を論じる次のテキストを引用しよう。

　　掟の遵守は神の愛から出てくるが，ここで言う神の愛は人間が神を愛する愛だけでなく，イエスが人間を愛した愛も含んでいる。イエスが人間を愛していると

---

　50)　*3a q.46 a.3*; autres mentions analogues: *ibid. a.4*; *q.50 a.1*; *q.51 a.1*, etc.

いう事実そのものから，人間はイエスの掟を守るよう駆り立てられ促されるが，これはひとえに恩恵の業である。「神の愛は，われわれが〔最初に〕神を愛したのではなく，神が最初にわれわれを愛したことから明らかである」（Ⅰヨハ4：10）。

イエスは「わたし自身がわたしの父の掟を守ったように」と言うことで，模範を示している。実際，御父がイエスを愛する愛が，御父が人間を愛する愛の範型なのと同じように，イエスは御自身の従順を人間の従順の模範として示した。こうして，キリストはあらゆる点で御父の掟を守っていることから，御自身が御父の愛にとどまっていることを明らかにしている。というのも，キリストは死へ進んだからである。「キリストは死に至るまで，十字架の死に至るまで従順だった」（フィリ2：8）。さらに，キリストは罪を遠ざけていたからである。「キリストは罪を犯したことがなく，いかなる偽りも述べなかった」（Ⅰペト2：22）。以上のことはキリストの人間性にしたがって理解すべきである。「御父は決してわたしを一人きりにしておかれない。というのも，わたしは常に御父の気に入ることをしているからである」（ヨハ8：29）。このようなわけで，キリストは次のように言えたのである。わたしは御父の愛にとどまっている。というのも，わたしのうちには——その人間性にしたがって——御父の愛に対立するものは何もないのだから[51]。

容易に理解できることに，こうしたテキストはキリスト教的生活が神学から霊感を得る格好の例としてきわめて重要なものである。先に進み，次に『使徒信経』の説教を借

---

51) *In Ioannem 15,10, lect. 2, n° 2002-2003.*

第 5 章　道，真理，生命　　　189

用して締めくくろう。トマスはそこで十字架の意味につい
て見事に考察している。

　　幸いなるアウグスティヌスが言っているように，キ
　リストの受難は人間がどう生きればよいか完璧に教え
　るものである。完全な生活を送りたい人間ができるの
　は，キリストが十字架で軽蔑したことを軽蔑し，欲し
　たことを欲することだけである。
　　事実，十字架はあらゆる徳の模範を教えてくれる。
　愛の模範を求めているのか。「愛する人のために命を
　捧げることより大きな愛はない」が，キリストが十字
　架で行ったのはこのことである……。
　　忍耐の模範を求めているのか。最も完全な忍耐は十
　字架に見出せる……。謙遜の模範はどうか。十字架に
　つけられた者を見なさい。従順の模範はどうか。死に
　至るまで御父に従順だった者に従いなさい……。地上
　的なものの軽蔑の模範はどうか。主の中の主，王の中
　の王である者の後に続きなさい。キリストには知恵の
　宝がみなあるが，にもかかわらず彼は十字架につけら
　れ，裸にされ，嘲りを受け，唾を吐きかけられ，打た
　れ，茨の冠をかぶせられ，胆汁と酢を飲まされ，殺さ
　れた[52]。

こうした情熱的な強調は学問的著作にはほとんど見出せ

---

　52)　*In Symbolum 4, n° 919-924.* この一節は S. Augustin, *Enarratio
in Ps. 61,22: PL* 36, 745-746 の影響をかすかに受けているかもしれな
いが，論述はトマス独自のものだろう。*Enarratio in Ps. 48, ser. 1,11:
PL* 35, 551 も参照できるが，たとえトマスの『ヨハネ福音書註解』に
アウグスティヌス的な着想が確認できるとしても，上のテキストか
ら伝わってくるような高揚感はトマスだけのものである。Cf. *3a q.46
a.3*──上記註 50 参照。

190 　　　　第Ⅰ部　三位一体の霊性

ないことを認めねばならない。それだけいっそう，他の著作がほとんど知られていないのは残念である。というのも，こうした著作を読めば，トマスの天才の別の側面が分かるからである。しかし，こうした著作に注目した読者もおり，例えばルイ・シャルドンはトマスがどれほど十字架を愛していたか分かるこうした文章を活用した[53]。少し後になるが，トマスが提案した神への道を論じるときに，この問題を再検討しよう。

　しかし，トマスは十字架を論じてキリストの神秘の考察を終えたわけではなかった。受難と十字架の後に，復活，昇天，御父の右に座すことが考察されるのは明らかである。すぐに検討するように，研究方法は異なるかもしれないが，トマスがキリストの過越の食事についてどんなことも無視せず論じていることに注目しよう。この点でトマスは研究計画に忠実で，キリストが人間のために行い蒙ったこと（acta et passa Christi in carne）を残らず考察するつもりである[54]。

　53）　Cf. L. CHARDON, *La croix de Jésus*, Introduction, p. XCVI-CV. D. BOUTHILLIER, « Le Christ en son mystère dans les *collationes du super Isaiam* de saint Thomas d'Aquin », dans *Ordo sapientiae et amoris*, p. 37-64 も 参 照。[Cf. D. BOUTHILLIER, « *Splendor gloriae Patris*: Deux collations du *Super Isaiam* de S. Thomas d'Aquin », dans K. EMERY, Jr., and J.P. WAWRYKOW, éd., *Christ Among the Medieval Dominicans*. Representations of Christ in the Texts and Images of the Order of Preachers, Notre Dame, U.N.D. Press, 1998, p. 139-156. 表題から分かるように，この選集にはドミニコ会士たちがキリストにどのような位置を認めていたかを論じた研究がきわめてたくさんあるが，多くはトマスに関するものである。]

　54）　Cf. *3a Prol.*; *q.27 Prol.*; *q.48 a.6*: « omnes actiones et passiones Christi instrumentaliter operantur in uirtute diuinitatis ad salutem humanam ».

第 5 章　道，真理，生命　　　191

祖 国 と 道

　本章では主に道という主題を論じているので，キリス
トを門として，次に人間が御父に至るために通らねばな
らない道として論じている『ヨハネ福音書』の註解を指
摘して締めくくろう。言い換えによる説明や豊富な引用を
見れば，聖書註解者としてのトマスの方法をもっとよく理
解できるだろう。晩年に書かれた『ヨハネ福音書講解』か
ら[55]，トマスの神学的解釈の最も完成度の高い例を一つ挙
げてみたい[56]。

　羊小屋に通じる門（ヨハ 10）について，トマスは最初
に心遣いとともにヨハネス・クリソストムスの解釈を挙げ
ているが，クリソストムスによればこの門は聖書を意味し
ている。事実，人間はまず聖書を通じて神を認識し始め
る。次に，門が中の人々を守るように，聖書は信徒を生命
のうちに保つ。最後に，門が狼を中に入らせないように，
聖書は信徒を異端者の誤りから守る。それゆえ，聖書と異
なる仕方で信徒を教えようとするなら，正しい門から入っ
ていない[57]。これはクリソストムスの解釈だが，トマスは
神学者としての気遣いから同じことを他の箇所で繰り返し
ている。神を論じる場合，軽々しく聖書の言葉から離れて
はならない[58]。

---

　55)　執筆時期はおそらく 1270-72 年である——cf. *Initiation*, p.
288-293〔『トマス・アクィナス　人と著作』339-344 ページ参照〕。

　56)　M.-D. PHILIPPE dans *Saint Thomas d' Aquin, Commentaire
sur l' Evangile de saint Jean*, Versailles-Buxy, t. I, ²1981, p. 7-49 の序文
を参照。

　57)　*In Ioannem 10,1, lect. 1, n⁰ 1366.*

　58)　Cf. *Contra errores graecorum I*, Léon., t. 40, p. A 72.

192 第Ⅰ部　三位一体の霊性

　にもかかわらず，クリソストムスのこうした解釈に対し
ては，イエスが「わたしは羊の門である」とはっきり述べ
ている事実を想起できる。確かにクリソストムスはこのこ
とを心得ており，トマスも彼にしたがって，キリストが御
自身を門だけでなく，門番，さらには羊飼いとまで言って
いることを指摘している。それゆえ，キリストは御自身を
かなり異なる仕方で呼んでいるのだが，こうして「門」と
いう語にも異なる二つの意味があることになる。すなわ
ち，この語はまずキリストを意味するが，次にきわめて適
切にも聖書を意味する[59]。だが，トマスは別の解釈も知って
いた。

　　しかし，聖アウグスティヌスによれば[60]，門という語
　はまずキリストを意味する。というのも，『ヨハネの
　黙示録』4章1節「開かれた門が天にあった」という
　言葉によれば，人間が天に入るのはキリストを通じて
　だからである。だから，羊小屋に入りたければ，別の
　入り口ではなく，門であるキリストを通じて入る必要
　がある。だが指摘すべきことに，羊小屋に入るのは羊
　だけでなく，羊飼いも入る。すなわち，羊は守られる
　ために，羊飼いは羊を守るために入るのである。それ
　ゆえ，守られる羊として，あるいは羊を守る羊飼いと
　して羊小屋に入りたいなら，別の道ではなく門である
　キリストを通じて入らねばならない。──トマスは悪
　い羊飼いの特徴をかなり詳しく述べた後に，次のよう
　に結論づけている──。門であるキリストを通じて入
　らないなら，羊として守られないように，この同じ門

───────────

　　59）　*Ibid., n° 1367.*

　　60）　Cf. *Homélies sur l' évangile de saint Jean, tractatus 45, 6 et 15,*
BA 73 B, Paris, 1989, p. 55 et 83-85.

第5章　道，真理，生命　　　　193

であるキリストを通じて入らないなら，羊飼いとして
羊を守ることもできない……。悪い羊飼いはこの門か
らではなく，野心，権力，聖物売買の門から入るので
あり，こうした人々は泥棒や強盗である……。この門
であるキリストは謙遜により小さな者になったので，
この門から入ることができるのはキリストの謙遜を真
似る人々だけだろう。この門ではなく別の道から入る
人々は，傲慢な人々であり，人となった神を模倣せ
ず，その謙遜も認めない[61]。

　天に入るためにキリストが不可欠なことは，このテキス
トから十分明らかなので，これ以上強調する必要はないだ
ろう。しかしついでに指摘したほうがよいのは，トマスの
論じ方である。すなわち，ここでは倫理的な勧奨と教義的
で聖書解釈上の説明が違和感なく結びついている。すでに
引用したテキスト同様，このテキストも説教ではないのだ
が，説教にきわめて近い。実際のところ，聖書註解の教師
に期待するのはこうした論述である。すなわち，トマスは
聖書の霊的意味も明らかにする必要があったのである[62]。
こうして，このようなトマスの著作が今なおほとんど知ら
れていないことがどれほど残念なことか分かるだろう。ト
マスがキリスト教的生活の教師として教える様子を少しで
も知りたいなら，こうしたテキストも繰り返し読む必要が
ある。上のテキストの続きを読めば，このことはもっとよ
く理解できる。

　　キリストが門であるなら，キリストは羊小屋に入るの

_____

61)　*Ibid., n° 1368.*

62)　Cf. *Initiation*, p. 81-86〔『トマス・アクィナス　人と著作』
107-114 ページ参照〕.

194   第Ⅰ部　三位一体の霊性

に御自身を通じて入ることになる。だが，これはおそ
らくキリストに固有なことだろう。実際，至福には真
理の門を通じて入るしかない。というのも，至福は真
理についての喜び（gaudium de ueritate）に他ならな
いからである。しかるに，キリストは神性の側から言
えば真理と同一である。このようなわけで，キリスト
は人間であるかぎり御自身を通じて，すなわち神の真
理を通じて入る。対して，人間は真理ではないので，
真の造られざる光を分有して光の子になることしかで
きない。こうして，人間は真理であるキリストを通じ
て入らねばならないのである[63]。

　同じ霊感に属するもっと詳しい説明として，「わたしは
道，真理，生命である。御父にはわたしを通じてしか行け
ない」（ヨハ 14：6）というイエスの言葉の註解があるが，
そこでトマスはかなり驚くべきことを述べている。

　　キリストはすでに御父と御子について弟子たちに多
　くを教えたが，弟子たちはキリストが御父のもとへ行
　くこと，キリストが通る道が御子であることを知らな
　かった。実際，御父のもとへ行くのは難しいので，知
　らなくても驚くべきではない。というのも，弟子たち
　は，キリストの人間性をよく理解していたとしても，
　キリストの神性はきわめて不完全にしか知らなかった
　からである……。
　　イエスは「わたしは道，真理，生命である」と答
　え，一度に道と道の終局を明らかにしている……。す
　でに見たように，「道」とはキリストのことだが，こ

　　63)　*Ibid., n° 1369*; cf. J.C. SMITH, « Christ as 'Pastor', 'Ostium' et
'Agnis' in St. Thomas Aquinas », *Angelicum* 56 (1979) 93-118.

第5章　道，真理，生命　　195

れは「人間はキリストを通じて御父に近づける」（エフェ2：18）という言葉によっている……。しかし，この道は終局から離れておらず，結びついている。それゆえ，キリストは「真理，生命である」と付け加えている。キリストは人間性にしたがって道であると同時に，神性にしたがって終局である……。

「この道の終局は人間のあらゆる欲求の目的である」。事実，人間は特に二つのことを欲求する。一つは人間に固有なことで，真理を認識することである。もう一つは存在するものすべてに当てはまることで，存在を保つことである。しかるに，キリストは真理に到達するための道であり，それというのも真理だからである……。同時に，生命に到達するための道でもあり，それというのも御自身が生命だからである……。こうして，キリストは御自身を道であると同時に終局として示した。キリストは終局である。というのも，「キリスト自身があらゆる欲求の対象だからである」。すなわち，キリストは「真理，生命である」。

それゆえ，道を探しているなら，キリストを通じて歩みなさい。というのも，キリストは道だからである。イザヤは「これが道である。これをたどりなさい」（30：21）と預言している。また，聖アウグスティヌスが言っているように，「神に到達するために人間を通じて歩みなさい」。「きっぱりとわき道に逸れるより道にあってびっこをひく方がよい」。早く進まなくても，びっこをひきながらでも正しい道を歩めば目的地に近づく。道を外れて歩むなら，早く走れば走るほどいっそう目的地から遠ざかる。

どこに行けばよいか分からないなら，キリストに結びつきなさい。キリストは誰しもが到達したいと思っている真理である……。どこで休息すればよいか分か

らないなら，キリストに結びつきなさい。というの
も，キリストは生命だから……。だから，安心したい
なら，キリストに結びつきなさい。キリストは道なの
で，キリストを通じて歩めば逸れることがないだろ
う。キリストに結びつくなら，荒野ではなく踏み固め
られた道を歩める……。同様に，キリストは真理で，
あらゆる真理を教えるので，キリストに従えば誤らな
いだろう……。さらに，キリストは生命で，生命を与
えるので，キリストに依り頼めば動揺しないだろう
……。聖アウグスティヌスが繰り返し述べるように，
主が「わたしは道，真理，生命である」と言うとき，
あたかも次のように言わんとするかのようである。ど
こを通って行くつもりか。わたしは道である。どこへ
行くつもりか。わたしは真理である。どこにとどまる
つもりか。わたしは生命である[64]。

　トマスに慣れ親しんだ読者は，この一節の抒情的雰囲気
に驚き，すぐにアウグスティヌスの強い影響を推測し，普
及版に見出せない明白な引用があるのではと疑うかもしれ
ない。検証してみると，アウグスティヌスの影響は確認で
きるが，字句通りの引用はほとんどない[65]。とりわけ，道

---

　64)　*In Ioannem 14,6, lect. 2-3, n° 1865-1870*; cf. P. de COINTET, «
'Attache-toi au Christ!' L'imitation du Christ dans la vie spirituelle selon
S. Thomas d'Aquin », *Sources* 12 (1989) 64-74.
　65)　内容的に最も近い一節は *Sermon 141, 4,4*: *PL* 38, 777-778
で，字句通りの引用が二つ借用されている。すなわち，'Ambula per
hominem, et peruenis ad Deum' と 'Melius est enim in uia claudicare,
quam praeter uiam fortiter amblare' である。*Tractatus in Iam Ioannnis
X,1*, SC 75, p. 408-410; *Enarratio in Ps. 66,3,5*: *PL* 36,807; etc.も参
照。Cf. M.-F. BERROUARD, « Saint Augustin et le mystère du Christ
Chemin, Vérité et Vie. La méditation théologique du *Tractatus 69 in
Iohannis Euangelium* sur Io. 14 6a », dans *Collectanea Augustiniana*

第5章　道，真理，生命　　197

と終局を絶えず対比するのはアウグスティヌスがしばしば
行うことで，この点でアウグスティヌスの影響を認めざる
をえないが，アウグスティヌスは「キリストに結びつきな
さい」と繰り返し述べることはなく，トマスにはアウグス
ティヌスの好んだ「祖国と道」の対比は，確かに考え方と
しては見出せるが，字句通りにはない[66]。それゆえ，こう
した要素はむしろトマスの心に自然と思い浮かんだものだ
が，非常に根強いものだったので，トマスの言葉に言い換
えられることになったのである。トマスは哲学的ないし神
学的大作の簡潔で練られた文体で有名だが，教える様子を
見れば驚かざるをえない。事実，『ヨハネ福音書講解』は
ピペルノのレギナルドゥス（Raynald de Piperno）の講義
録（reportationes）として伝わっているので，トマスが実
際に語る様子を反映しているはずである。したがって，ト
マスが「キリストに結びつきなさい」（Adhaere Christo）
と執拗に勧めていることから，ドミニコ会士としての心構
えのようなものが理解できるが，こうした事柄は本来の研
究に付随する取るに足らない成果ではないと思われる[67]。

Mélanges T. J. Van Bavel, Louvain, 1991, t. II, p. 431-449.

[66]　美しい表題の著作 G. MADEC, *La patrie et la voie*. Le Christ
dans la vie et la pensée de saint Augustin, « Jésus et Jésus-Christ 36 »,
Paris, 1989 を 参 照。Cf. Augustin, *Sermo 92,3,3*: « Ipse est patria quo
imus, ipse uia qua imus » (*PL* 38,573); *Sermo 123,3,3*: « Deus Christus
patria est quo imus: homo Christus uia est qua imus » (*PL* 38,685).

[67]　［トマスはキリストを一般的意味でのキリスト教的霊性の
中で考察するだけでは満足せず，キリストが優れてドミニコ会が大
切にする模範であることをより正確に示している——cf. U. HORST,
« Christ, *Exemplar Ordinis Fratrum Praedicantium*, According to Saint
Thomas Aquinas », dans K. EMERY, Jr., and J.P. WAWRYKOW, éd.,
Christ Among the Medieval Dominicans（190 ペ ー ジ 註 53 参 照），p.
256-270。『トマス・アクィナス　人と著作』の更新情報で U. Horst の
他の業績も参照。］

第6章
長子の像にかたどって

　人間の観点からすれば，キリストが倫理的範型であることは神学者がすべてに先立って考察する事柄である。キリスト教的生活の場合，キリストに倣うことはまさしく救済の道である。だが，もっとよく考えてみれば，すぐにこの最初の研究方法は不十分だと分かる。しばしば倫理学は道徳至上主義にたやすく変わってしまうのであり，キリストを偉大な人間の一人として人類の模範にしてしまう恐れがある。偉大な人間は確かに人類の誇りだが，キリストはキリスト教徒にとって単なる人間とはまったく別の存在である。

　トマスは『神学大全』でむしろ神の観点から考察するよう勧めている。こうして，神学者にははるかに広大な見地が開けてくる。というのも，キリストに倣うことは，人間がキリストから恩恵を受けキリストに一致することではじめて実現するからである。シャルトル大聖堂の北正面入口に見出せる見事な像にしたがえば，神は最初の人間を創造する際，新しいアダム（Adam）であるキリストを見つめ，キリストの像にかたどって人間を造った。今後は，もはや人間の努力ではなく，神が人間のうちでどのように働くかに注目しよう。

　このことを論じるためには専門的説明に訴える必要があ

るが，これにより本章は読みづらくなるかもしれない。だが，こうした難しさは避けられない。本書の冒頭で述べたように，トマス神学が霊的生活に影響を与えるのは，厳密な議論を経た上でのことである。だから，作用者ないし道具，作出因ないし機会因といった表現を初めて見るとしても，うんざりしないでほしい。こうした表現は問題となっていることを正確に説明するのに必要で，豊かで深い神学思想に結実するものだが，このような思想はぜひとも広く知られるべきだと思う。

　本章をたやすく読めるように次のことを指摘したい。考察はすでに挙げた聖パウロの聖句——その深い意味はまだ十分に活用していない——をめぐって行われる。「御父はあらかじめ見分けた人々を御子の像に一致するよう予定したが，それは御子が多くの兄弟の長子になるためだった」[1]。神学者たちがもっと専門的に，恩恵は「キリストに一致させる」（christoconformante）ものだと述べて言い表しているのはこのことである。この表現の意味は明らかで，教えは単純ですばらしいものである。この教えは二つの主要な考え方に基づいている。すなわち，神だけが恩恵を生み出すこと，しかし人間はキリストを通じてはじめて恩恵——キリストの刻印——を得ることである。

神だけが神にする

　それゆえ，基本原理は神だけが恩恵を与えるということである。その理由は自明である。というのも，『ペトロの手紙2』1章4節の説明にあるように，もし恩恵が「神性

1）　*Rm* 8,29. ここでは，TOB の翻訳——トマスが使っていたラテン語テキストよりギリシャ語原本に近い——に従っている。

の分有」なら，神だけが恩恵を伝達できるのは明らかだからである。トマスはもっと正確にまとめているが，述べているのは同じことである。

　　恩恵の賜物はどんな被造的本性の力も超えている。というのも，恩恵はあらゆる被造物を超越する「神性を分有すること」に他ならないからである。だから，恩恵を生み出せる被造物はない。「それゆえ，神だけが神にする（deificet）のである」。神だけが同化による分有の形で神性を分かち与える（consortium）のである……[2]。

　主要な結論は明らかで強調するには及ばないが，加えてこのテキストでは「神にする」（déifier）という動詞が使われていることを指摘できる。西方神学の伝統はキリスト教的生活を「神化」として理解するギリシャ教父の教えを活用していないと非難されることがある。ここで本論に関係ない不毛な論争に立ち入らず，この非難はトマスにはまったく当てはまらないとついでに指摘しよう。トマスにとり恩恵は神的なもので，こうして神だけが恩恵を与えることができるのである。このことは，トマスが「神にする」および「神の形」という語をとても頻繁に使っていることから確証できる[3]。もっとも，ここで不可解な点は

---

　　2)　*1a 2ae q.112 a.1.* これは *De ueritate q.27 a.3* の確固たる結論でもあるが，そこでは deifico という語は使われていない。
　　3)　インデックス・トミスティクスによれば，deifico は，34 回——そのうちの 10 回はディオニシウス『神名論』の註解に確認できる——は神の分有ないし合一の意味で，他の 17 回はキリスト論の文脈で——というのも，キリストは優れて神になった人間だから——使われている。deiformitas という語は 51 回確認できるが，大多数の 28回は天使に関して使われており，知的な意味合いを強く含んでいるが，この含意は deifico にはないと思われる。

第 6 章　長子の像にかたどって　　　　201

何もない。トマスは『カテナ・アウレア』で 22 人のラテ
ン教父に対して 57 人ものギリシャ教父の著作を引用して
いるが，ここからトマスがギリシャ教父の正統な後継者
を自任していたことが分かる。それゆえ，トマスはこの
文脈できまってナジアンゾスのグレゴリオス（Grégoire de
Nazianze），偽ディオニシウス，あるいはヨハネス・ダマ
スケヌスの名を挙げ，その専門用語を活用しているが，こ
れは不思議なことではない[4]。

　こうして，トマスははっきり示してはいないが，ためら
うことなくこの語を自分のものにして使っており，聖なる
人々は養子の恩恵により[5]，あるいは祖国で神の栄光を認
識することにより神になった人々（déifiés）だと言ってい
る[6]。トマスはこの最後の文脈の中で，聖なる人々は顔と
顔を合わせて神を見ることで神の形になった（déiformes）
と言っているが[7]，まだこの世で生きている聖なる人々に
ついてもこの語を使っている。恩恵と愛は実際に人間を神

---

　4)　Cf. *Initiation*, p. 200-206〔『トマス・アクィナス　人と著作』
241-248 ページ参照〕。 新たな業績のおかげで明らかになってきたの
だが，トマスは証拠固めと方法の点で一般的に想像もつかないほど教
父を活用している――cf. G. EMERY, « Le photinisme et ses précurseurs
chez saint Thomas. Cérinthe, les Ebionites, Paul de Samosate et Photin »,
RT 95 (1995) 371-398。

　5)　*Compendium theol. I 202* (Léon., t. 42, p. 138). 文脈は位格的結
合に関する誤りを論じており，トマスは，キリストは「恩恵を通じ
て神になった人間」ではなく，「養子の恩恵を通じて神になった人間」
でもなかったと繰り返し述べている。

　6)　*In Ioannem 13,32, n° 1830.*

　7)　*1a q.12 a.6*; *In de diuinis nominibus I, 2, n° 70*; cf. aussi la
déiformité des corps glorieux: *In ad 1 Thessal. 4,16, n° 103.*

202　　　　　第Ｉ部　三位一体の霊性

の形にするが[8]，知恵の賜物も同様である[9]。しかし事実上，
キリスト教徒は洗礼以来神の形になっている。というの
も，洗礼で主に働くのは聖霊だからである[10]。こうした議
論は，厳密には〔「神にする」と「神の形」という〕二つ
の専門用語にだけ関係しているが，トマスが被造的恩恵を
神性の分有として論じるあらゆる考察と合わせて理解する
必要がある。トマスは神性を分有するのはきわめて偉大な
ことだとし，恩恵の賜物を古い創造をしのぐいわば新しい
創造のようなものと考えている[11]。というのも，恩恵は全
世界の善に優る善だからである[12]。恩恵はキリストの高貴
な霊魂も超越する[13]。というのも，恩恵は，実体的には神
に他ならず，神の善性を分有する霊魂では付帯的に生じる
からである[14]。

---

8)　Sent. II d.26 q.1 a.4 ad 3：「恩恵は霊魂を神的にして完成する
が，これは働きの次元で妥当するだけでなく，『恩恵を受けた人々が
神の形になる』ことでもある。このようなわけで，恩恵を受けた人々
は子らとして神に気に入られる」。Sent. III d.27 q.2 a.1 ad 9：「人間は
『愛により神の形になる』ことで，人間の条件を超え，天の『交わり』
を実現する。こうした人間は神や天使に似ているので，神や天使のそ
ばにいるが，これは『天におられるあなたたちの父が完全なように，
あなたたちも完全になりなさい』（マタ 5：48）という主の言葉によっ
ている」。

9)　Sent. III d.35 q.2 a.1 qc.1 ad 1.

10)　Sent. IV d.3 a.3 qc.1 ad 2.

11)　In ad 2 Corinthios 5,17, n° 192.

12)　1a 2ae q.113 a.9 et a.2.

13)　De ueritate q.27 a.1 a.6.

14)　1a 2ae q.110 a.2 ad 2.〔トマスの神化の主題は次第に注目さ
れ始めた。Cf. A.N. WILLIAMS, « Deification in the Summa Theologiae:
A Structural Interpretation of the Prima Pars », The Thomist 61 (1997)
219-255. Williams は確信をもって，『神学大全』に神化を論じた問題
がまったくないのは，神化が第 1 部，第 2 部，第 3 部の各部分の主
題だからだと結論づけている。また，Williams は神化の主題について
トマスとパラマス（Palamas）を比較する書物を出版している。The

第 6 章　長子の像にかたどって　　　203

作用者と道具

　先の説明は多くの候補の中から選んだものだが, さしあたりこれ以上増やす必要はない。というのも, これから恩恵が人間の生でどのように働くか論じる機会はたくさんあるから。トマスが恩恵をまさに人間の神化の原理にしたことを覚えているだけでよい[15]。今やさらに, この神化がキリストの仲介で実現することを述べる必要がある。というのも, トマスが著作でしばしば使用する専門用語にしたがえば, キリストは神化の「道具」(l'instrument) だからである。

　　聖ヨハネス・ダマスケヌスが述べるように, キリストの人間性は「神性の道具」のようなものである。しかるに, 道具は自力で主要な作用者の働きを生み出すのではなく, この主要な作用者に動かされることではじめて生み出す。このようなわけで, キリストの人間性は自分で恩恵を生み出すのではなく, 結びついている神性を通じてはじめて生み出すのであり, こうした働きを救済に役立つものにするのは神性なのである[16]。

Ground of Union. Deification in Aquinas and Palamas, Oxford-New York, 1999――G. EMERY, *RT* 100, 2000, p. 625-630 の書評も参照。]

　15)　上で述べたことを補完するために, 関連テキストの総体を H.-T. CONUS, art. « Divinisation », *DS* 3 (1957) 1426-1432: « Saint Thomas » で参照。

　16)　*1a 2ae q.112 a.1 ad 1*; cf. S. JEAN DAMASCÈNE, *De fide orthodoxa*, éd. BUYTAERT, *cap.* 59, p. 239, et *cap.* 63, p. 258 (*PG* 94, 1060; 1080). トマスは初めからこの教えを述べていたわけではない。トマスはアウグスティヌスにしたがって, 『命題集註解』(*III d.13 q.2 a.1*) では, キリストの人間性を機会因 (une causalité dispositive ou

第Ⅰ部 三位一体の霊性

　この最初の説明は容易に理解できる。金槌や万年筆を例にとれば，道具はそれだけでは何もできない。使う人が必要である。ここで特に注目すべきは，ヨハネス・ダマスケヌスに言及していることである。この〔道具の〕教えはきわめて基本的で西方のスコラ学が独自に生み出したものと考えられていたが，これもギリシャ教父の遺産である。同時に，この教えはトマスがおそらく先行者たち以上に詳しく展開することになるが，特にキリストに適用するときには，さらに掘り下げる価値のあるきわめて豊かな教えになる。

　この教えはトマスが『神学大全』第3部の冒頭でネストリウス（Nestorius）の異端を論駁するときに見出せる。聖キュリロス（Cyrille）によれば，ネストリウスは，御言が人間性を摂取したのは位格的結合によってではなく，道具として使うためだと主張した。この考え方にしたがえば，この人間は真の神ではなく，神の道具にすぎない。しかし，キュリロスがこの文脈でこのように論じることをきっぱり拒絶したのに対し，ヨハネス・ダマスケヌスはとりわけ聖アタナシオス（Athanase）にしたがって，この考え方にも一片の真理はあるとした。トマスはこのダマスケヌスの見解に賛成し，道具には異なる二つの意味があることを指摘して説明している。道具や武器，のこぎりや剣といった「分離した」道具がある一方で，人間の身体や手の

---

ministérielle）として論じている。すなわち，神はキリストの働きをきっかけとして恩恵を生み出す。トマスがキリストの人間性を真の道具的原因（une causalité instrumentale）とするのは，ようやく『真理論』第27問から第29問になってからである。それ以後のトマスの考えでは，キリストの人間性は恩恵を生み出すことに実際に共働し，恩恵に刻印を残す。恩恵はもはや神的であるにとどまらず，「キリスト的」なものでもある。J.R. GEISELMANN, « Christus und die Kirche nach Thomas von Aquin », Theol. Quartalschrift 107 (1926) 198-222; 107 (1927) 233-255 は，このトマスの発展をうまく論じている。

第 6 章　長子の像にかたどって　　205

ような「結合した」不可分の道具もある。キリストの人間
性は神の子のペルソナと不可分に結合した「道具」として
働く[17]。

　これまで述べたことから分かるように，こうして道具を
密接かつ不可分に人間に結合したものとして理解すること
で，〔道具の概念による〕基本的な類推は大きく修正さ
れ，厳密すぎる物質的イメージから自由になる。すぐに気
づくことだが，トマスはこの類推をこのように修正しなが
らも，キリストの人間性を論じるときにはもっと和らげて
使っている。というのも，この道具はただ結合しているだ
けでなく，生きており自由でもあるから。だが，この類推
についてもっと正確に述べる前に，この類推が特に活用さ
れている例を検討しておこう。この考察により道具の概念
が恩恵産出の仕組みの中でどういう役割を果たしているか
分かるだろう。トマスは新法の秘跡がキリストの受難から
力を得るかどうか問うている。

　　恩恵を生み出すために，秘跡は道具として働く……。
　　しかし，道具には二種類ある。一つは杖のように分離
　　したものであり，もう一つは手のように結合したもの
　　である。分離した道具が働くのは結合した道具を通じ
　　てである。ちょうど杖が手で動かされるように。しか
　　るに，恩恵を生み出す主な原因は神自身であり，神に
　　とってキリストの人間性は結合した道具で，秘跡は分
　　離した道具である。このようなわけで，キリストの神
　　性の救済の力（uirtus）はキリストの人間性を通じて
　　秘跡に伝えられる必要がある……。それゆえ明らかな
　　ことに，教会の秘跡に特別な力があるのはキリストの
　　受難のためで，人間は秘跡を通じてキリストの受難の

17)　3a q.2 a.6 ad 4.

救済の力に与るのである。十字架につけられたキリストのわき腹から水と血が流れ出たが，これらは今述べた真理を象徴的に表している。すなわち，水により洗礼が，血により聖体が示されているが，それというのもこの二つは最重要な秘跡だからである[18]。

少し読むだけで，このテキストには教会論が続くことが予想できる。忘れてはならないことだが，トマスは教会に属する存在こそがキリスト教徒だと考えていた。しかし，ここで直接本論に関わる問題は，恩恵を生み出す原因に正確に言ってどのような秩序が見出せるかである。最初の根源である神は，最後の仲介である秘跡を通じて人間に結びつくが，そのとき必ずキリストを通過せねばならない。道具の概念の隠れた力が新たに明らかになるのはここである。トマスがいつも述べる教えによれば，道具は主な原因の働きを「修正する」。

道具には二つの働きがある。一つは道具的働きだが，この働きでは道具は自力ではなく主要な作用者の力で働く。もう一つは固有の働きだが，この働きは固有の形相のために道具に帰属する。こうして，切ることは刃のために斧に帰属するが，斧を職人が使用する道具と見る場合，家具を作ることが斧の仕事である。「だが，斧は固有の働きを通じてはじめて道具的働きを行

---

18) *3a q.62 a.5.* こうした説明は特に秘跡論に見出せる——cf. *3a q.64 a.3 et 4.* だが，トマスは恩恵の原因を問うときにすでにこのことを述べていた——cf. *1a 2ae q.112 a.1 ad 2.* もっと詳しい説明は，例えば A.-M. ROGUET, dans S. THOMAS D'AQUIN, *Somme Théologique, Les sacrements*, éd. de la Revue des Jeunes, Paris, 1951² を参照。

第 6 章　長子の像にかたどって　　　207

う。すなわち，斧は切ることで家具を作る」[19]。

　トマスは日常経験から借用した初歩的な例を活用し，単純ながらも本論を続ける上できわめて重要な教えを述べた。道具を使わないこともできるが，もし使うなら，生み出されたものには道具の痕跡が残るだろう。道具はそれだけでは何もできないことは本当だが，何かを行い，最終的な成果には道具の痕跡が残るのである。音楽の世界を考えてみればよい。バイオリンは名手の道具にすぎないが，ストラディバリウスと安バイオリンでは音の響きがまったく違ってくる。この一般的な教えは，高度でまったく特異な形をとってではあるが，キリストの人間性とその働きにも適用できる。

　　　──トマスによると，キリストの二つの本性にはそれぞれ固有の働きがあるので，人間性の働きは御言のペルソナにおいて神性と合一してもなくならない──。しかし，神性は人間性の働きを主要な作用者が道具の働きを活用するように使う。道具そのものの働きは主要な作用者の働きと同じだが，このことで道具固有の働きがなくなるわけではない。したがって，キリストについて，人間性の働きは神性の道具であるかぎり神の働きと同じである。すなわち，人間の救済はキリストの人間性と神性の唯一の業である。だが，キリストの人間性そのものには神性の働きとは異なる働きがある[20]。

---

　19)　*3a q.62 a.1 ad 2.* 同じ教えは *1a q.45 a.5*，もっと明確には *SCG IV 41, n° 3798-3800* に見出せる。

　20)　*3a q.19 a.1 et ad 2.* この問題のテキストは完全に引用するには長すぎるが，この主題を論じた決定的な箇所である。トマスは道具の概念を必ずしも作出因に限って適用したわけではない──上記

したがって，他の言葉——ただし，すぐに意味を明らかにし，適用範囲を確かめる必要がある——で表現するなら，恩恵は神的な性質はそのままに，キリスト的な特徴も備えていると言える。

キリストの生涯の神秘

たまたま利用する人も含めて，『神学大全』の読者は誰でも，第3部でキリストの神秘が検討されている（第1-59問）ことを知っているが，トマスが人となった神を存在論的かつ霊魂論的に探究した（第2-26問）後で，「イエスの生涯」——この表現は不適切だが示唆に富んでいる——と呼ばれる事柄（第27-59問）も考察したことに注目する人は少ない[21]。トマスはキリストの地上での生活の年月と同数の33の問題の中で，自分の好む円環図式にしたがって[22]，イエスの存在を特徴づける重要な行為を残らず検討し，そうした行為が救済にどう影響するか問うている。ト

註16参照。*Sent. III d.18 a.6 qc.1 sol.1* では功績の原因にも適用しているが，贖いについてのアンセルムスの議論に関係する唯一の例外箇所（*3a q.1 a.2 ad 2*）を除いて，こうした適用はもはや『神学大全』には見出せない。

21)　この主題の補足的詳細は，*Initiation*, p. 381-389〔『トマス・アクィナス　人と著作』444-452ページ〕参照。

22)　この円環図式は最初の三つの部分で確認できる。1) 事実上受肉と同時に起こることだが，神の子がこの世界に進入すること（ingressus）（第27-39問）。2) 主な出来事を含む地上での生活（progressus）（第40-45問）。3) この世界から出て行くこと（exitus），すなわち受難と死（第46-52問）。第4の部分（第53-59問），すなわち勝利したイエスの天上的生活（exaltatio）は，円環運動に直接含まれるものではないが，円環運動の終局を詳しく説明している。この最後の考察に至って，「イエスの生涯」という表現は不適切なものになる。

第 6 章 長子の像にかたどって 209

マスはキリストの救済の業を最後の日々の苦難と十字架の
死に還元するどころか，受肉した御言が経験したことはど
れも救済にとって意味があると考えている。こうしたイエ
スの言動は今日のキリスト教徒の生活に影響を与え続けて
いるのである。

　この企てに固有の名を与えるとすれば，トマスが行お
うとしたのはイエスの生涯の「神秘の神学」である。何
が問題になるか理解したいなら，聖パウロの言う神秘
（mysterion）が神の救済計画と同時にこの計画がどのよう
にイエスに実現したかを要約していることを思い出すだけ
でよい[23]。したがって，キリストの全生涯そのものが歴史
の中で働く神の愛の神秘なら，キリストの各行為もこの
「神秘」全体を示し実現するかぎりで「神秘」である。

　こうした考え方はきわめて伝統的なものだが――という
のも，遠い昔の教父たちに由来するから[24]――，スコラ学
者たちはあまり注目しなかった。だから，トマスは従来の
キリスト論にはなかった論述を少なくともこうした形で新
たに導入したのである[25]。以前あるいは同時代の神学者た
ちは，一般的にキリストの生涯の神秘を，『使徒信経』の
条項の検討や，ペトルス・ロンバルドゥス『命題集』のキ
リスト論の註解で考察しており，それゆえこうした神秘
はばらばらに，あるいは他の問題とあわせて論じられて
いた[26]。トマスはこうした神秘を体系的にまとめ，キリス

　23）　例えば，エルサレム聖書（la Bible de Jérusalem）の注釈と
ともに，Ep 3,1-14 を参照。

　24）　Cf. A. GRILLMEIER, « Généralités historiques sur les
mystères de Jésus », dans *Mysterium salutis*, t. 11, Paris, 1975, p. 333-357.

　25）　重要な研究 L. SCHEFFCZYK, « Die Stellung des Thomas
von Aquin in der Entwicklung der Lehre von den Mysteria Vitae Christi
», dans M. GERWING und G. RUPPERT, éd., *Renovatio et Reformatio...*
Festschrift für Ludwig Hödl···, Münster, 1986, p. 44-70 を参照。

　26）　例えば，トマス自身も，最初キリストの復活そのものを

210   第 I 部　三位一体の霊性

ト論の中にキリストの具体的生活の議論を組み込むこと
で，キリストの生涯がどれほど重要か示すと同時に，新約
聖書と教父が神学的考察に欠かせないことも明らかにして
いる。『神学大全』のこの部分は長い間無視されてきたが，
正当にもふさわしい注目を集め始めている[27]。というのも，
この部分はトマスの神学的方法を知る上で範例とも言える
箇所だからである。同時に，おそらくこれは，うまくいけ
ば神学上の決定的な考え方が霊的領域にどう影響するか分
かる部分であり，それというのもここでトマスは，キリス
トの人間性を道具と見なす自分の教えをはっきり活用して
いるからである。

　トマスは何度も強調して，キリストが行い蒙ったことは
どれも道具的に救済の力をもたらすと述べているが，概し
て自分の考えを明らかにせず，抽象的に論じるにとどめて
いる。実際にトマスが言わんとしているのは，キリストの
人間性が働いたどの行為にも救済の力があり，この力は今
も続いているということである。この教えを基礎づけるの
に決定的で，それゆえきわめて重要なよく知られた箇所は

Sent. III d.21 q.2 で，次にキリストの復活が人間の復活に及ぼす力を
Sent. IV d.43 q.1 a.2 で論じている。

　27)　Cf. R. LAFONTAINE, *La résurrection et l'exaltation du
Christ chez Thomas d' Aquin. Analyse comparative de S. Th. IIIa q.53
à 59*, Excerpta ex Diss. P.U.G., Roma, 1983——オリジナルの学位論
文も参照。同じ表題だが，出版された要約より完全である。; L.
SCHEFFCZYK, « Die Bedeutung der Mysterien des Lebens Jesu für
Glauben und Leben des Christen », dans ID., éd., *Die Mysterien des
Lebens Jesu und die christliche Existenz*, Aschaffenburg, 1984, p. 17-34.
I. BIFFI, *I Misteri di Cristo in Tommaso d'Aquino*, « Biblioteca di cultura
medievale 339 », t. I, Milano, 1994 は，自分がした一連の研究をまと
め，この主題はトマスの全著作に見出せるもので，豊かな教えに富
んでいることを示した。ラーナーの伝統に属する G. LOHAUS, *Die
Geheimnisse des Lebens Jesu in der Summa Theologiae des hl. Thomas
von Aquin*, « Freiburg. theol. Studien 131 », Fribourg/Br., 1985 も参照。

第 6 章 長子の像にかたどって 211

復活の問題である。

アリストテレスによれば，「ある類の最初のものはその類に属するすべてのものの原因である」[28]。しかるに，人間の復活の領域で最初のものはキリストの復活である。それゆえ，キリストの復活は人間の復活の原因であるはずだ。もっとも，使徒が次のように述べて言わんとしているのはこのことである。「キリストは眠りについた人々の初穂として，死者の中から復活した。というのも，死は一人の人間を通じて入り込んできたので，死者の復活も一人の人間を通じて起こるからである」[29]。

この項の冒頭のアリストテレスの引用に驚いてはならない。明らかなことだが，哲学者を引き合いに出しているのは，よく知られた推論方法を活用して説明を続けるためで

───────────────

28) ここで適用されているのは,「最もそのようなもの」(maxime tale) の原理だが，トマスはこの原理を独自に──というのも，アリストテレスの元の意味を転倒させているから──たくさん活用している。すなわち，「ある類の最初のものは，同じ類の他の要素の根源ないし原因である」。決定的業績 V. DE COUESNONGLE, « La causalité du maximum. L'utilisation par saint Thomas d'un passage d'Aristote », et « La causalité du maximum. Pourquoi saint Thomas a-t-il mal cité Aristote? », *RSPT* 38 (1954) 433-444; 658-680 を参照してほしいが，これはL. SOMME, *La filiation divine par adoption dans la théologie de saint Thomas d'Aquin*, Diss., Fribourg (Suisse), 1994, p. 437-442 で補完できる。[この学位論文は出版された。Cf. L.-Th. Somme, *Fils adoptifs de Dieu par Jésus Christ. La filiation divine par adoption dans la théologie de saint Thomas d'Aquin*, « Bibliothèque thomiste 49 », Paris, Vrin, 1997. ある研究者によると，「最もそのようなもの」の原理は，個々の問題の論述の中に現れるだけでなく，現実世界と神学の根本構造を明らかにするための手がかりも教えてくれる──cf. G. Emery, *La Trinité créatrice*, Paris, 1995, p. 276-285.]

29) *3a q.56 a.1*, avec citation de *1 Co 15,20*.

ある。真の出発点は，聖パウロが述べるキリストの復活を信じることである。しかし，説明すべきはまさにこの主張である。このようなわけで，トマスは少し後で，きわめて特殊なこの領域の「最初のもの」に帰すべきはどのような原因か問うている。

　本来的に言えば，キリストの復活が功績となって人間の復活が起こるのではない。――事実，功績は地上の時間的生活に関わるものだが，復活したキリストはこの世の条件に縛られない。だから，キリストはもはや功績を働くことはなく，反対に功績を所有している――。そうではなく，キリストの復活は人間の復活の作出因および範型因である。何よりもまず作出因である。すなわち，すでに述べたように――cf. *3a q.13 a.2 ; q.19 a.1 ; q.43 a.2*，「キリストの復活を働いたキリストの人間性は，ある意味で神性の道具であり，神性の力で働く」。このようなわけで，すでに明らかにしたように――cf. *3a q.48 a.6*，「キリストが人間性において行い蒙ったことはどれも神性の『力』により人間を救済するものなので，キリストの復活も人間の復活の作出因だが」，これは死者を生き返らせる神の「力」によるものである。「この『力』はあらゆる場所と時間に現前し触れているが，この『力の』接触から真の作出性が生じるのである」。したがって，たった今述べたように――cf. *3a q.56 a.1 ad 2*，人間の復活の最初の原因は神の義であり，この神の義によりキリストは人の子として（ヨハ5：27）裁きを行えるのだが，キリストの復活の作出的「力」は善人だけでなく悪人にも及ぶ。というのも，キリストは悪人も裁くからで

第 6 章　長子の像にかたどって　　213

ある[30]。

　このテキストを読むとき，トマスがこの教えのある側面を論じたと確言して，たくさんの箇所を参照していることに驚かずにはいられない。明らかなことだが，トマスがどのような戦略を持って考察しているかが分かる。原因の範型的側面は再検討するが，さしあたり復活が働く作出的側面を論じるにとどめよう。明白さのために，このテキストはいつも参照されるが，これ以外にも多くのテキストがある。というのも，トマスは受難についても同じように論じているからである。「受難は作出因として働く。すなわち，キリストは肉のうちで受難を耐え忍んだが，この肉が神性の道具であるかぎり……」[31]。キリストの死や死体についても同じように言える。「というのも，この身体はキリストの神性の道具だったからである。死んでいても神の力で働くのである」[32]。この主張に驚く人にトマスは次のように明言している。確かにキリストの身体は死んでいるときはもはや功績の道具ではなかったが，神性とつながっていたのでうまい具合に作出性の道具になることができた──こう

───────────

　30)　*3a q.56 a.1.* トマスはあらかじめ *3a q.53 a.1* で，キリストの復活は神の義の業だった──というのも，謙遜な者が高められるのは適切だから──と説明していた。トマスがそこで引用している『ルカ福音書』1 章 52 節によれば，これはマニフィカトの論理と呼べる。すなわち「神は力ある人々を倒し，身分の低い人々を高める」。トマスがここで人の子に帰している業については，*In Ioannem 5,21, lect.4, n° 761* を参照。

　31)　*3a q.49 a.1*; cf. *3a q.48 a.6 ad 2*:「キリストの受難は，身体的なものだとしても，キリストが神性に結びついているために霊的な力を有しており，霊の接触を通じて，すなわち信仰と信仰の秘跡を通じて働く」。

　32)　*3a q.50 a.6 et ad 3.* ここでうまくいけば次のことが確認できる。すなわち，トマスはキリストの人間性を考察するとき，厳密な意味での意志的な行為だけを考えているわけではない。

して，トマスは確証されている教義的既知事項，すなわち御言のペルソナは死の三日間身体を見捨てなかったという教えにしたがっている。昇天についても同じように説明できる。「キリストの昇天は人間の救済の原因だが，これは功績のために働く原因ではなく，作出因に他ならない。復活の場合と同じように」[33]。

　ここでは復活の神秘の重要要素だけに言及したが，トマスがこの教えをそうした要素に限って論じたと結論づけるのは誤りだろう。事実，トマスはこの教えをキリストが行い蒙ったことすべてに適用している。

　　主要的作出性と道具的作出性という二つの作出性がある。人間の救済の主要的作出性は神だが，キリストの人間性は神性の道具なので，「キリストが行い蒙ったことはすべて神性の力により人間の救済のために道具的に働く」と言える。このようなわけで，キリストの受難は作出因として人間の救済を働く[34]。

記憶か現前か

　この教えはトマスが若い頃から述べていたもので，聖書註解にも見出せる。それゆえ，この主張は変わらず明らかなものだが，どのように説明するかについてトマス研究者の意見は分かれている。時に議論は微妙なものになり，ここでは深入りできないが，それでも少しだけ詳しく述べる必要がある。というのも，これは霊的神学のきわめて重要

---

33)　*3a q.57 a.6 ad 1.*

34)　*3a q.48 a.6*: « omnes actiones et passiones Christi instrumentaliter operantur in uirtute diuinitatis ad salutem humanam ».

第 6 章　長子の像にかたどって　　　215

な点だからである。問題は，上で挙げたようなテキストを
どう理解すべきかである。すなわち，これらのテキスト
では，復活や様々な「神秘」は，すでに起こった（in facto
esse——これは専門家がよく使う言葉である）現実として論
じられているのか，それとも起こりつつある（in fieri）現
実として論じられているのか。もっと簡単な言葉で言え
ば，今日人間を救うのは復活した（ressuscité）キリスト
か，それとも復活している（ressuscitant）キリストか。こ
こでは簡潔にするため復活に限って論じるが，この議論が
他の神秘にも適用できるのは明らかである。

　ある著述家たちは，少し前まで伝統的だとされていた見
解にしたがって，問題となるのは達成された復活だと考え
ている[35]。彼らによれば，復活が現在でも働くのは，栄光
に達したキリストの人間性により永遠的なものになったか
らに他ならない。キリストはこの世では各行為の神の力を
人間性を通じていわば「記憶した」が，栄光に達してはじ
めてその力を働いたのである。「復活したキリストは人間
性の点でこのようだった。というのも，キリストの人間性
はこうした状態や感情を残らず経験したが，キリストはそ
の永遠的な『記憶』，内的な結実，徳，霊を所有している
からである……。恩恵の道具的原因は栄光に達したキリ
ストの人間性だが，この人間性は地上的生の神秘を通じ
て『修正されている』（in quantum modificata per mysteria
vitae hujus terrestris）」[36]。

―――――――――
　35)　Cf. J. GAILLARD, « Chronique de liturgie. La théologie des
mystères », *RT* 57 (1957) 510-551. Gaillard は様々な業績で主要な見解
を検討している。いわゆる「伝統的な」見解は p. 538，トマスの真の
見解は p. 539-540，トマスの見解の補足――これはキリストが至福直
観を享受していることを理由として他の研究者が提案したものである
――は p. 540-542 を参照。
　36)　M.-J. NICOLAS, « Les mystères de la vie cachée », dans H.
BOUËSSÉ et J.-J. LATOUR, éd., *Problèmes actuels de christologie*, Paris,

216 　　　第 I 部　三位一体の霊性

　この解釈は『ヘブライ人への手紙』7 章 24-25 節を拠り
どころにしようとしている。そこでは栄光に達したキリス
トの人間性のとりなしが論じられているが，そのキリスト
には常に受難の傷跡が見出せる。トマスは当然このとりな
しを認めているが，栄誉あるこうした傷に特別な道具的作
出性があるとは考えていない[37]。キリストが人間性におい
て永遠的に所有している傷痕を論じてはじめてこうしたと
りなしが理解できるなら，他の神秘はどうなるのか。とい
うのも，他の神秘は目に見える痕跡を何も残さなかった
──例えば，ナザレでの人目につかない生を考えてみれば
よい──のに，人間の救済を働き続けているからである。
なぜなら，受肉以来，キリストの全生涯には救済の力があ
るから[38]。

　栄光に達したキリストの人間性が今も道具的なとりなし
を働き続けていることは本当だとしても，トマスが復活や
他のあらゆる神秘の作出性を論じるときに言わんとしてい

1965, p. 81-100, cf. 84-85. Nicolas の同じ方向性の研究 « La théologie
des mystères selon saint Thomas d'Aquin », dans *Mens concordat voci
(Mélanges A.-G. Martimort)*, Paris, 1983, p. 489-496 も参照。同じ方向
性 で は，J. LÉCUYER, « La pérennité des mystères du Christ », *VS* 87
(1952) 451-464; « La causalité efficiente des mystères du Christ selon
saint Thomas », *DC* 6 (1953) 91-120 を参照。［今後は，この問題を
徹底的に論じようとした次の業績を参照。Cf. J.-P. TORRELL, « La
causalité salvifique de la résurrection du Christ selon saint Thomas », *RT*
96 (1996) 179-208.］

　37）　Cf. *3a q.54 a.4.*

　38）　この理論に賛成する人々は，これがトマス主義の伝統的見
解だと主張するが，この主張は誤りである。Ch. JOURNET (*La Messe
présence du sacrifice de la croix*, Paris, 1957, p. 110) は，この理論は実
際にはスアレス（Suarez）に由来することを明らかにした。カエタヌ
スの立場ははっきりしない。カエタヌスは『神学大全』の註解 *In 3am
q.56 a.1 n° II* の中で，復活の作出性をスアレス的な方向性に解釈して
いる。対して，キリストの死体の作出性を説明するときには，完全に
トマスの思想を明らかにしている──cf. *In 3am q.50 a.6 n° II.*

第6章　長子の像にかたどって　　　217

るのはこのことではなく，はっきり次のように考えてい
た。すなわち，人間を救うのはまさしく復活しているキリ
スト（le Christ en acte de résurrection）である。この見解
はすでに『命題集註解』に見出せる。「キリストは，神に
して復活する人間（homo resurgens）なので，人間の復活
の直接原因にしていわば一義的原因である」[39]。同じ主張は
『ローマの信徒への手紙註解』や『ヨブ記註解』にもある
が，常にトマスは起こりつつある復活を論じている[40]。そ
して当然ながら，『神学大全』では上で引用した文章の近
くに次の文章がある。

　　キリストの復活の作出性が霊魂に働きかける――ここ
　　では霊的な復活，すなわちいわば罪で死んだ霊魂が恩
　　恵の生に戻ることが論じられている――のは，「復活
　　する身体」そのものの固有な力を通じてではなく，キ
　　リストの身体と位格的に結合している神性の力を通じ
　　てである[41]。

　これらのテキストを読めば，トマスがどういう見解を抱
いていたかはっきり分かるのであり，微妙な差異はある
ものの多くの著述家がこの見解に賛成している[42]。しかし，

---

39)　*Sent. IV d.43 q.1 a.2 sol.1*; cf. *ad 3*: *mediante Christo homine resurgente*.

40)　*In ad Romanos 6,10-11, nᵒ 490*: « uita quam *Christus resurgens* acquisiuit »; *nᵒ 491*: « ut (fidelis) conformetur uitae *Christi resurgentis* »; *Super Iob 19,25*, Léon., t. 26, p. 116, lignes 268-270: « Vita *Christi resurgentis* ad omnes homines diffundetur in resurrectione communi ». こ
の聖句のトマスの註解については, D. CHARDONNENS, « L'espérance
de la résurrection selon Thomas d'Aquin, commentateur du Livre de Job »,
dans *Ordo sapientiae et amoris*, p. 65-83 を参照。

41)　*3a q.56 a.2 ad 2*.

42)　上で言及した Journet と Gaillard の他に，以下の業績も参

218   第Ⅰ部　三位一体の霊性

キリストの生涯の神秘は，歴史的に見て過去の行為なの
に，いかにして今も働き続けるのだろうか。かつてオド・
カゼル（Odo Casel）が提案したように[43]，神秘は歴史的に
永続するもので，教会の典礼に現前し続けるというように
考えないかぎり，栄光に達したキリストの人間性そのもの
が働いていると認めるしかなく，こうして記憶された神秘
という説明に戻ってくると思われる。

　これに対し，トマスにしたがって，常に持続しているの
は過去の行為そのものではないとたやすく反論できる。過
去の行為それ自体はまったく消えてしまっている。神の動
かしにより作出的であり続けているのは過去の行為の道具
的影響である。キリストの生涯の過去の神秘が今も働いて
いるのは，あらゆる時間と場所に触れている神の力のお
かげである。そして，この「力の」（virtuel），すなわち力
（uirtus）による接触の考え方を活用すれば，キリストの神

───────────────

照。H. BOUËSSÉ, « La causalité efficiente instrumentale de l'humanité
du Christ et des sacrements chrétiens », RT 39 (1934) 370-393; « La
causalité efficiente et la causalité méritoire de l'humanité du Christ », RT
43 (1938) 265-298; T. TSCHIPKE, Die Menschheit Christi als Heilsorgan
der Gottheit unter besonderer Berücksichtigung der Lehre des hl. Thomas
von Aquin, Fribourg/Br., 1940; F. HOLTZ, « La valeur sotériologique de
la résurrection du Christ selon saint Thomas », ETL 29 (1953) 609-645;
Cl.-J. GEFFRÉ, recension critique de J. Lécuyer et F. Holtz, ci-dessus,
dans BT 9 (1954-56) n° 1569-1571, p. 812-817──私見では，トマス
の思想を最も的確に述べているのはこの研究である。より最近のも
のでは，M.G. NEELS, La résurrection de Jésus sacrement de salut. La
causalité salvifique de la résurrection du Christ dans la sotériologie de St.
Thomas, Diss. P.U.G., Roma, 1973; R. LAFONTAINE, La résurrection
(thèse originelle), p. 267-278 を参照。

　　43）　とりわけ O. CASEL, Le mystère du culte dans le christianisme,
Paris, 1956; Faites ceci en mémoire de moi, Paris, 1962を参照。Th.
FILTHAUT, La Théologie des Mystères. Exposé de la controverse, Paris-
Tournai, 1954 も参照。

第6章　長子の像にかたどって　　　　219

秘の作出性はうまく説明できる[44]。

目に見えない星のように

　この見解に対し，道具的作出因は結果とともに存在しなければ働かないと反論されることがある。この問題は物理的次元での原因の接触の場合にだけ持ち上がるものだが，トマスはこれとは別様に復活の原因を考察している。この「力の」接触はすぐれて霊的な働きである。トマスが的確に説明するように，道具は結果を生み出すように主要的原因に動かされ，主要的原因の条件——時間的な条件も含む——に従う。キリストの行為は，神の力の中で（in uirtute diuina）働くかぎり，時間に縛られない。というのも，神は永遠の中で，人間から見て過去や未来のものに現在的に触れているからである。それゆえ，神は道具が働きかける対象が存在し始めるときに，道具の作出性を働かせることができるだろう。道具固有の働きそのものは対象に触れていないとしても[45]。言い換えれば，キリストの復活は復活に与る各人間のうちに，現在的な働きを神が定めた時に生み出せるのである。

　　結果は道具的原因により主要的原因の条件にしたがって生み出される。このようなわけで，神は人間の復活

---

　44)　以下が上で引用した文章のラテン語テキストである。*3a q.56 a.1 et ad 3*: « *Virtus diuina praesentialiter attingit omnia loca et tempora. Et talis contactus uirtualis sufficit ad rationem efficientiae* ».

　45)　この解答は J.-H. NICOLAS, « Réactualisation des mystères rédempteurs dans et par les sacrements », *RT* 58 (1958) 20-54 が厳しく批判したが，Nicolas はこれがトマス自身の見解——後に引用するテキストで検討する——なのに気づいていないようだ。

220 第Ⅰ部　三位一体の霊性

の主要的原因であり，キリストの復活は人間の復活の
道具的原因なので，「人間の復活はキリストの復活に
より神の計画が定めた時に起こる」と言える[46]。

　同じ教えは次のテキストにも見出せるが，興味深いこと
に，そこでトマスは時間的に遅れた結果は起こらないと反
論する話し相手と対話している。

　　人間の復活の共通の原因はキリストの復活である。
　　「キリストの復活はすでに起こったのに，どうして結
　　果が生じなかったのか」とあなたが問うなら，キリス
　　トの復活は「神の力にしたがって働く」かぎりで人間
　　の復活の原因だと答えよう。しかるに，神は御自身の
　　知恵の計画にしたがって働く。それゆえ，「人間の復
　　活は神の計画が定めたように生じるだろう」[47]。

　この現実は本質的に霊的で，それゆえ物体的な比喩で決
して言い表せないものだが，少しだけ具体的に述べよう
とするなら，かつてシャルル・ジュルネ（Charles Journet）
が提案し，アンベール・ブエッセ（Humbert Bouëssé）が
仕上げた例を引き合いに出せる。「今も影響を与え続けて
いるこの過去は，現在存在しているが目には見えない星の
光に少しだけ——というのも，ふさわしいイメージがない
から——似ている。この星の光は栄光に達したキリストの
人間性のことだが，惑星——これはもはや存在しないキリス
トの地上での行為のことである——の屈折した光線を通

────────────

　46)　*In ad I Cor. 15,12, lect.2, n° 915.*

　47)　*In ad I Thess. 4, lect.2, n° 98*, 同じ解答は *3a q.56 a.1 ad 1: Non*
oportet quod statim sequatur effectus, sed secundum dispositionem Verbi
Dei に見出せるが，すでに *Sent. IV d.43 q.1 a.2 ad 1 et ad 2* にある。

じて今日わたしのもとに届いている」[48]。

　比較が的確かどうか，専門家の様々な説明が妥当かどう
かは措くとして，専門的議論に目を奪われてこの教えがど
れほど単純で深いものか見失ってはならないのであり，こ
の教えの霊的な意味は明らかに魅力的である。この教えに
より，トマスの霊感の根底にある三位一体的な特徴は少し
も損なわれず，救い主キリストがキリスト教的生活の中心
にあることがきわめて力強く強調されている。恩恵を受け
た各人間に恒常的かつ普遍的に現前しているのは，三位一
体としての神だけではなく，人間性を摂ったキリストでも
ある。このキリストの現前は，ただ記憶に基づくものや，
認識と愛の働きを通じた概念的なものではなく，まさに恩
恵の働きそのものである。今日栄光に達している歴史上の
キリストは，地上での各行為を通じて人間に触れており，
こうしてキリストの行為には人間を神にする生命と活力が
あるのだ[49]。

　救い主が肉において行い蒙ったことのすべては今日の人
間にも直接働きかけているが，その具体的方法はどのよう
なものかと言えば，トマスにしたがって次のように答える
だけでよい。「信仰を通じて霊的に，秘跡を通じて物体的
に働きかける。というのも，キリストの人間性は霊である
と同時に身体なので，こうして霊と身体から成る人間はキ
リストの聖化の働きを受けとることができるから」[50]。聖パ

---

48)　H. BOUËSSÉ, « De la causalité de l'humanité du Christ », dans
Problèmes actuels de christologie, p. 175.

49)　この教えがどれほど重要か強調してもしすぎることはない
が，注意すべきことに，トマスがキリストの生涯の神秘について考察
したことはこの教えに還元してしまえるものではない。『神学大全』
第 3 部第 27-59 問はきわめて豊かな部分で，ぜひ直接読むことを勧め
たい。

50)　*De ueritate q.27 a.4 (in fine)*; cf. *ST 3a q.49 a.3 ad 1*:「キリス
トの受難は『信仰と愛に生き，信仰の秘跡を活用する』人々に働きか

222   第 I 部　三位一体の霊性

ウロと同じくトマスも，人間は洗礼の恩恵により霊的にキリストの死と復活に与ると考えており，聖体と他の秘跡についても事態は同様である[51]。

　キリストの人目につかない生の神秘は，秘跡にはっきりと取り上げられていないものの，救いの力があるものだが，こうした神秘はどうなるのかと問う人もいるだろう。そうした神秘は広い意味で考えるときにだけ秘跡的だと言えるが，典礼での記念祭を思い浮かべることができる。というのも，記念祭は信仰が表現し養う特別な機会の一つだからである。修道士や熱心な信徒が集う復活祭ないしクリスマスのミサに参加するだけで，有名な神秘が祈りを通じて内面化されて今なお働いていることが分かるだろう。記念の神学は時に聖体だけを問題にするが，次のように拡張できるのは疑いない。すなわち，キリストは「今日」生まれ……，「今日」復活し……，「今日」昇天する……。公の祈りによく当てはまることは個人の祈りにも適用できる。ここでは，聖イグナティオス（Ignace）や他の人々がキリストの生涯の様々な場面を好んで瞑想していた事実を考えてみればよい[52]。だが，明確に宗教的な行為だけが問題と

――――――――――――――

ける」; *ibid. a.1 ad 4 et ad 5*; *q.48 a.6 ad 2*：「キリストの受難は霊の接触を通じて，すなわち『信仰と信仰の秘跡を通じて』働く」。

51)　扱われているのは大きく繊細な問題だが，救い主のこうした行為は秘跡の儀式に参加できない正しい異教徒に働きかけているのだろうか。ためらわずに，そうだと答えよう。キリストの恩恵以外に恩恵はなく，キリスト教徒も異教徒も恩恵を救い主の受難と復活から受けとる。信仰と信仰の秘跡は通常一体となっているが，偶然的に切り離されることもあり，救済の配剤のおかげで各状況にふさわしい代替物がある。だから，次のように言える。「霊的に」（spiritualiter），まだはっきりとはキリスト教的ではない信仰を通じて，また「物体的に」（corporaliter），神が定めた異教徒にふさわしい媒介を通じて，正しい異教徒はイエスの死と復活の恩恵を分有できる。

52)　ただし，イグナティオスがこの瞑想に付与した意味と，ここでトマスにしたがって「神秘」という語で表現しようとした意味は

なっているわけではない。兄弟的奉仕や愛の業でも，真の人間にして真の神であるイエスは恩恵を働き続けている[53]。イエスが目の前にいることがイエスの同時代人には恩恵だったように。

キリストに一致すること

今，神秘は道具的作出性により人間のうちに何を実現するか問うなら，トマスの好むある説明を取り上げねばならないが，トマスは大胆にもその説明の中で，アリストテレスから受けとった原理をアリストテレスが想像すらしなかった現実に適用している。問題となるのは，どんな働きでも結果は原因に似るので，作用者は自分に似たものしか生み出せないという偉大な法則である。この法則をここでの議論に活用すれば，神秘はまず人間をイエスに似せ，そしてイエスを通じて神自身に似せることがはっきり分かる。あるいはもっと正確に言えば，御父としての神はキリストの仲介で人間に恩恵を与えつつ人間のうちで働き，こうして人間を長子である御子の像に一致させる。人間が受ける恩恵は養子の恩恵だが，同時にキリストを通じて，キリストとともに，キリストにおいて苦しみ，死に，復活し，昇天するための恩恵でもある。これは存在論的範型説の核心にして，キリストに一致させる恩恵の神秘の中心で

───────────

かなり異なる──cf. H.J. SIEBEN, art. « Mystères de la vie du Christ, I: Étude historique », *DS* 10, 1874-1880。

53）ここでは，第二バチカン公会議で修道士に忠告されたことが想起できる。「修道士は次のようにして信仰者と不信仰者にキリストを伝えるべきである。山で観想し，人々に神の国を宣べ伝え，病人や傷ついた人を癒し，罪人をより善い生に回心させ，子供を祝福し，すべての人々に親切にし，しかし常にキリストを遣わした御父の意志に従うようにして」（*Lumen gentium* n° 46）。

ある。

この主題が具体的にどれほど重要かは，導入として取り上げるいくつかの数字からはっきり分かる。事実，conformitas という語は恒常的に現れるが，強い印象を受ける[54]。conformitas とその類似語は合計 435 回現れている。半分を少し超える 236 の事例では，被造物が神ないし神の意志に一致することが問題になっている。これまで述べたことから理解できるように，トマスは像とその最終的範型という主題を忘れていない。残りの 199 の事例はキリストに関するもので，そのうちの 102 は一般的な意味でキリストに，32 は受難に，11 は死に，47 は復活に，7 は生と徳の他の側面に一致することを論じている。

こうした数字は明らかに加重平均する必要があるが——configuratio という語は頻発しないが，似たような確認を提供してくれる[55]——，にもかかわらずこうした数字を見るだけでこの主題がどれほど重要かはっきり分かる。子細に検討するなら，この主題はとりわけ救済の主要な神秘を論じている文章に見出せる。キリスト教的生活は遍歴的なものなので，おそらくトマスはキリストの受難に一致することを好んで論じているが，すぐ気づくことに，受難を復活から切り離してそれだけで考察しているわけでは決してない。

キリストの贖いの働きにより，人間はキリストに，肢

---

54) Cf. J.-P. TORRELL, « Imiter Dieu comme des enfants bien-aimés. La conformité à Dieu et Christ dans l'œuvre de saint Thomas », dans *Novitas et veritas vitae*, p. 53-65.

55) 57 回現れている。すなわち，10 は神に，15 は一般的な意味でキリストに，12 は受難に，10 は死と埋葬に，6 は復活に，4 は神秘の他の側面——司祭職や聖性——に一致することが問題になっている。

体が頭に結びつくように，結びつく……。しかるに，肢体は頭に従わねばならない（membra autem oportet capiti conformari）。それゆえ，キリストが恩恵と同時に受動的な身体を受けとり，受難を通じて永遠の栄光に到達したように，キリストの肢体である人間もキリストの受難によりあらゆる苦しみから解放され，「養子の霊」（ロマ8：15）を受けとり，この霊を通じて永遠の栄光という遺産を獲得せねばならない。人間が永遠の栄光に入るのはその後，すなわち「キリストの苦しみと死に一致した後」（フィリ3：10）のことで，これについて使徒は，「神の子，それゆえ神の相続人でキリストの共同相続人なら，少なくともキリストとともに苦しむ必要があり，その後キリストとともに栄光に達するのである」（ロマ8：17）と言っている[56]。

　一般的な意味でキリストの受難にこうして一致することも，他の神秘に特別に適用できる。すなわち，とりわけキリストの死について。

　　人間は罪に死ぬかぎりで「キリストの死に一致する」が，それというのもキリスト自身は罪がないにもかかわらず，罪に似た地上の生で死んだからである。こうして，誰しも洗礼を受けるなら，罪に死ぬのである[57]。

---

56)　*3a q.49 a.3 ad 3.* まさに同じ意味の次の文章も引用できる。*3a q.56 a.1 ad 1*：「まず人間は，変わりやすくはかないこの世で苦しんで死んだキリストに一致せねばならない。その後に，キリストの復活に与って復活できるのである」。Cf. *1a 2ae q.85 a.5 ad 2*; *3a q.66 a.2*; *SCG IV 55 n° 3944 (in fine)*; *In ad Romanos 8, lect.3 et 4, n° 651-653*; cf. J.-P. TORRELL, *Inutile sainteté ?*, Paris, 1971, p. 49-64.

57)　*In ad Romanos 6,3, lect.1, n° 473.*

226 第Ⅰ部 三位一体の霊性

　ほとんど予想できないことだが——しかし，トマスは
聖パウロと復活の神秘の成行きに従っているだけであ
る——，埋葬の神秘についても同じように言える。「人
間は洗礼によりキリストにおいて葬られる（sepeliuntur
Christo），すなわち『キリストの埋葬に一致する』」[58]。この
論理が復活にも適用できることは言うまでもない。「キリ
ストは死んだ後に復活した。それゆえ，洗礼により『キリ
ストの死に一致した』人々が汚れのない生のために『キリ
ストの復活にも一致する』ことは『適切である』」[59]。こう
した指摘はとりわけ秘跡論に多い。というのも，「人間が
洗礼によりキリストに結びつき，キリストの肢体になるな
ら……，『頭に実現したことが頭に結びついている肢体に
も起こるのは適切だからである』」[60]。この文脈で，きわめ
て具体的な補足説明が続くことになるが，悔悛の秘跡を検
討してみよう。

　　時間的な苦しみからうまく自由になるには，キリスト
　　の受難を分有する必要があるが，これは二つの仕方で
　　実現する。第一に受難の秘跡である洗礼を通じてであ
　　り，洗礼を受けた人はキリストとともに死に埋葬さ

　58）　*Ibid., n⁰ 474.* 続くテキストが強調するに，洗礼に三度の浸
水があるのは三位一体のためだけではなく，キリストの三日間の埋
葬を表現するためでもある（ad repraesentandum triduum sepulturae
Christi）。

　59）　*Ibid., n⁰ 477.*

　60）　*3a q.69 a.3*; cf. *a.7 ad 1*:「洗礼により信徒に天の国の門が開
かれるが，これは洗礼により信徒がキリストの受難の『力』を受けて，
『キリストの受難に結びつく』ためである」; *q.73 a.3 ad 3*:「洗礼はキ
リストの死と受難の秘跡だが，これは人間がキリストの受難を通じて
キリストにおいて生まれ変わるからである。他方，聖体はキリストの
受難の秘跡だが，これは人間がキリストの受難に一致することで完成
するからである」。

第6章　長子の像にかたどって　　227

れるが，これは『ローマの信徒への手紙』6章4節に
よっている。また，洗礼には神の力が強力に働くの
で，洗礼を受けると時間的な苦しみは取り除かれる。
第二に，「キリストの受難を分有するのは，実際にキ
リストの受難に一致するとき，すなわち苦しむキリス
トとともに苦しむときであり」，これは悔悛により実
現する。最後に述べた一致は人間の働きで生じるの
で，完全なこともあれば不完全なこともある……[61]。

　すべてのテキストは引用できないが，ここでこの教えが
聖パウロの影響を強く受けていることを強調すべきだろう
──この点は長い間理解されていなかった。神学者トマス
はキリストを論じるときは，格別に聖書に注意を払ってい
る。トマスのテキストを気をつけて読めば，きわめて厳密
な専門的議論がこれほど容易に深い信仰生活に活用されて
いるのに驚かされるはずである。この教えを直接支えてい
るのが本章の中心テーマにした聖句なのは明らかである。

　　御父はあらかじめ知っていた人々を御子の像に一致
するよう予定した……。──「ある人々」は，神は人
間の将来の功績をあらかじめ知っており，この知に基
づいて予定すると主張し，聖パウロの言葉を「神は御
子の像に一致することになるとあらかじめ知っていた
人々を予定した……」というように理解するが，こう
した人々にトマスは反論している──。予定が功績の
報いである永遠の生命だけに関わるものなら，上のよ
うに主張しても間違いではなかろう。しかし，実際に
は，予定は救いにつながるあらゆる親切に関わるもの
であり，こうした親切は永遠よりして人間に計画され

────────
61）　*Sent. III d.19 q.1 a.3 sol.2.*

たものである。神は予定に基づいて，時間の中で生きる人間にあらゆる親切を永遠よりして用意するのである。予定は人間の功績を前提としており，功績こそが予定の根拠だと確言するなら，人間は功績により恩恵を得られ，自力で善を行えることになり，神には善い業を完成するだけの役割しかないことになる。

むしろ次のようにテキストを読むべきである。「神が御子の像に一致するよう予定したのは，あらかじめ知っていた人々である」。「この一致は予定の根拠ではなく，予定の終局ないし結果である」。使徒は適切にも他の箇所で，「神は人間を養子になるよう予定した」（エフェ1：5）と述べている。「養子になることはこの一致以外の何ものでもない。神の養子になるなら，真の御子に一致するのである」。

この一致は，遺産を分有する権利から生じるが，これについてはもっと前で「人間は子にして相続人，神の相続人，キリストの共同相続人である」（ロマ8：17）と言われている。次に，神の栄光の分有により生じる。事実，キリストは御父により「栄光の輝きとして」（ヘブ1：3）生み出された。このようなわけで，「神は聖なる人々を知恵と恩恵の光で照らし，御自身に一致させる」。こうして，『詩編』109章4節では，「曙光の只中で，聖なる人々の輝きの前で」，すなわち聖なる人々の輝きを発散しながら……，「わたしはあなたを生んだ」と言われている。

この予定の結果について，パウロは「御子が多くの兄弟の長子になるために」と付け加えている。事実，神は神性を他の人々に伝えて神の善性の類似性を分有させようとしたが，これは神が善であるだけでなく善の創始者になるためだった。同様に，神の子は子になることの一致を伝えようとしたが，これは神の子が唯

第6章　長子の像にかたどって 229

一の子ではなく，子らの長子になるためだった。こうして，「唯一の御子が御父のふところに存在する」（ヨハ1：18）という言葉にあるように，永遠の出生により唯一である御子は，恩恵を伝えることで「多くの兄弟の長子」になる。それゆえ，「死者の中から最初に復活し，地上の王の中の王であるキリスト」（黙1：5）と言われている。

　こうして，人間はキリストの兄弟だが，それはここで述べたように，キリストが人間に子になることの類似性を伝えたからであり，同時に「イエスはすべての点で兄弟に似なければならなかった」（ヘブ2：17）という言葉にあるように，キリストが人間本性の類似性を受けとったからである[62]。

　パウロの影響に加えて，一目で教えの全体がどのように構成されているかつかめる。トマスは受肉した御言を，人間の創造と再創造の範型として，また人間が行為を通じて模倣すべき模範として示しているが，この方法により，キリスト教的生活の中でどれほどキリストが重要か強調し，同時に霊的生活が完全に三位一体的なものであることも主張できたのである[63]。模範としてのキリストという教えはトマスの主要な霊的主題の一つだが，この教えを支えているのは像の主題であり，この像の考え方により最終的範型へとスムーズに移ることができる。「御子は本質の等しさにより御父に似ているので，『人間は御子に似るなら，必ずや御父にも似るのである』」[64]。すでに見たように，この

---

62)　*In ad Romanos 8, lect.6, n° 703-706.*『神学大全』の予定論を導くのも，この『ローマの信徒への手紙』8章29節である――cf. *1a q.23*, en particulier l'*a.5*。

63)　Cf. G. RE, *Il cristocentrismo della vita cristiana*, Brescia, 1968.

64)　*1a q.93 a.5 ad 4*; cf. É. BAILLEUX, *A l'image du Fils premier-*

文章は次のように続いている。「実際のところ，人間が一致するのは三位一体全体である」。すぐに再検討するのでこれ以上強調するつもりはないが，少しだけ聖霊の役割に言及しておこう。聖霊は人間がキリストと神に一致する営みの中にはいないどころか，この一致の作用者である。

　　聖書には「人間が聖霊を介して御子に一致する」ことが書かれている。その証拠に，『ローマの信徒への手紙』8章15節では「あなたたちは養子の霊を受けとっている」，『ガラテヤの信徒への手紙』4章6節では「あなたたちは神の子なので，神はあなたたちの心に御子の霊を遣わした」と言われている。しかるに，あるものが範型に一致するのは，範型のしるしを通じてのみである。このことは被造物に確認できるが，被造物では範型に似たものにするものは範型から出てくるのである。例えば，人間から出てくる精液が人間に似たものにするように。しかるに，聖霊は御子のしるしとして御子から発出する。このようなわけで，キリストについて，「キリストは人間に御自身のしるしを刻み，御自身の油を注いだ。キリストは人間の心に保証として聖霊を与えた」と言われている[65]。

あらゆる被造物の長子

　恩恵に見出せるキリスト的色調は，ルイ・シャルドンが活用した見事なイメージで例示できるかもしれない。その

---

né, p. 192-203.

　　65） *De potentia q.10 a.4*, d' après la traduction d' É. Bailleux, p. 202-203.

第 6 章　長子の像にかたどって　　　231

イメージとは，鉱物の特性を取り込みつつ鉱物の間を流れ
る湧き水のことだが[66]，道具の概念による類推と同じよう
に，物質的な意味合いを真に受けてはならない。キリスト
は人間にとって単なる道具以上のものであり，キリストの
神秘体としての教会の頭である。トマスはこうした理由か
ら，キリストが第一の普遍的な根源となり，キリストに結
びつくすべての人々のうちに恩恵を生み出すために，恩恵
はキリストに与えられたと述べたのである[67]。きわめて洗
練されたこの形而上学的原理のおかげで，「キリストは単
なる仲介ではなくむしろ恩恵の原因である」ことを強調で
きる。トマスは非常に早くから道具の概念による類推に限
界があると感じていたが，論を進める上で大変役立ったこ
の類推を捨てずに，キリストの体というパウロの教えをさ
らに掘り下げようとする。

　　聖ヨハネス・ダマスケヌスによれば，キリストの人
　　間性は神性の道具のようなものだったので，キリスト

---

　66)　L. CHARDON, *La Croix de Jésus*, p. 127-128：「水源から湧き
出る水は鉱物の性質や固有性を取り込みながら鉱物の間を流れるが，
この湧き水を飲んだり触れたりすれば，鉱物のこうした働きを得られ
る。ちょうどこの湧き水のように，恩恵はイエスの霊魂を根源とし，
イエスが人となった目的へ向かう傾向性を生み出すので，当然恩恵
を分有する人々にはこうした傾向性が生じることになる。神の使徒が
「駆り立てる愛」と呼ぶのはこの傾向性のことであり，心はこの愛に
より強く縛られる。「というのも，一人の人間がすべての人々のため
に死んだなら，他の人々も同じように死んだからである」（Ⅱコリ 5：
14）。これはあたかも次のように言わんとするかのようである。頭の
恩恵によりイエスは死ぬことになり，十字架を強く求めるようになっ
たとすれば，恩恵により信徒の霊魂に同様の駆り立てる愛が生じるの
は当然である」。

　67)　*3a q.7 a.9*: « tanquam cuidam uniuersali principio in genere
habentium gratiam ». ここで「最もそのようなもの」の原理が適用され
ているのが分かる。

の行為は人間に救済をもたらすことができた。——これは既知事項で，活用すべき考え方だが，以下の説明がぜひとも必要である——。「キリストの人間性は神性の特別な道具だったので，神性と特別に結びつく必要があった」。

　ディオニシウスによれば……，各事物は神に近づけば近づくほどいっそう神の善性を分有する。それゆえ，キリストの人間性は，他のどんな被造物よりも密接に特別な仕方で神性に結びついているので，より優れた仕方で神の善性を分有している。「このことのために，キリストの人間性には恩恵を有する能力だけでなく伝達する能力もある」が，これは発光体が太陽の光を他のものに伝達するようなものである。また，キリストは恩恵をあらゆる理性的被造物に伝達するので，人間性にしたがって「キリストはいわばあらゆる恩恵の根源のようなものであり，これは神があらゆる存在の根源なのと同じである」。さらに，存在の完全性がことごとく神に集約されているように，恩恵の充実は残らずキリストに見出せる。キリストは恩恵の次元で働けるだけでなく，他の人々を恩恵に導くこともできる。こうして，キリストは頭と呼ぶにふさわしい存在である。

　しかるに，自然界の身体の頭には，見ること，聞くこと，触れることなどを可能にする感覚的能力があるが，「感覚的能力が頭にあるのは，諸感覚を他の肢体に伝える根源が頭だからである」。こうして，キリストは，神性に結びついていることから「合一の恩恵」と呼ばれる習慣的恩恵，恩恵を他の人々に伝え救済に導くことから「頭の恩恵」，人間性において恩恵を通じて功績を働くことから「個人の恩恵」を有してい

第 6 章　長子の像にかたどって　　　233

る[68]。

　若い頃に書かれたこのテキストと『神学大全』のもっと
完成度の高い定式では，いくつかの相違点がある。このテ
キストでキリストは恩恵の発散のために頭だとされている
が，少し後の時代に出てくるのはこれとは反対の定式であ
る。すなわち，トマスは恩恵が教会の成員に発散するの
は，キリストが頭であるからだと主張するのである。同様
に，トマスは『神学大全』で，合一の恩恵を他の二つの恩
恵からはっきり区別するようになる。合一の恩恵は御言の
ペルソナが摂取した人間性に結びつけた造られざる賜物の
ことだが[69]，この恩恵は個人の恩恵にも頭の恩恵にも比較
できない。さしあたり明らかなのは，この教えがどのよう
に構成されているかである。実際のところ，キリストは神
の子そのものだからこそ，「恩恵と真理に満ちており」[70]，
それゆえ道具――たとえ作用者に結合したものであっても
――の権限をはるかに超えた権限で恩恵を生み出せるので
ある。上のテキストで強調したとても力強い定式が指摘で
きよう。「キリストはいわばあらゆる恩恵の根源のような
ものであり，これは神があらゆる存在の根源なのと同じで
ある」(principium quodam modo omnis gratiae, sicut Deus
est principium omnis esse)。トマスにはこれ以上強い言葉
は思い浮かばなかったのであり，こうして少し後で「キリ
ストはいわば自力で（quasi ex propria uirtute）人間の救済
を働いた」[71]と付け加えている。
　キリストの体の教えは，キリスト教徒が恩恵を通じてキ

---

　68)　*De ueritate q.29 a.5.* É. BAILLEUX, « Le Christ et son Esprit»,
RT 73 (1973) 386-389 の解説を参照。

　69)　Cf. *3a q.2 a.10; q.6 a.6; q.7 a.11*; etc.

　70)　*Jn1,14*, cité dans *De ueritate q.29 a.5 ad 1.*

　71)　*De ueritate q.29 a.5 ad 3.*

234   第 I 部　三位一体の霊性

リストに一致することをもっとよく理解するために決定的
なものである。霊的には，キリストとその部分は途切れる
ことなくつながっている。というのも，キリストとその部
分が合わさって「唯一の霊的人間」[72]ができあがるからで
ある。またそれゆえ，「功績」や「贖い」といったキリス
トの行為はどれもキリストの部分に属するが，「これは恩
恵を受けた人間の行為がその人間全体に属するようなもの
である」[73]。このようなわけで，トマスによれば，キリスト
はキリスト教的生活のいたるところに働き影響を与えてい
るが，こうしたキリストの遍在を最もうまく表現したのが
神秘体の教えなのである。というのも，恩恵は頭であるキ
リストからキリストのしるしとともにキリストの部分に伝
えられるが，こうしてキリストの部分はキリストに一致す
るからである。トマスは今日の聖書解釈者にはおそらく奇
妙に映るテキストの中で，『パウロ書簡』の唯一の主題は
キリストの恩恵であり，これは教会というキリストの体と
の関係で考察できるとし，自分なりに説明している。

　　使徒は 14 の手紙を書いた……。この教えは全体として
　　キリストの恩恵に関わるもので，三つの観点から考
　　察できる。何よりもまず，恩恵は頭そのものであるキ
　　リストのうちにあるが，これは『ヘブライ人への手
　　紙』で論じられている。次に，恩恵は神秘体の主要な
　　成員のうちにあるが，これは高位聖職者や司牧者に宛
　　てた手紙で論じられている。最後に，恩恵は神秘体そ
　　のもののうちにあるが，これは異邦人に宛てた手紙で
　　論じられている[74]。

---

72)　*3a q.48 a.2 ad 1.*

73)　*3a q.48 a.1.*

74)　Prologue général aux Epîtres no 11. こ の テ キ ス ト は，
Initiation, p. 373-374〔『トマス・アクィナス　人と著作』433-434 ペー

第 6 章　長子の像にかたどって　　235

　この再構成が正確かどうかはここではあまり重要ではない。このテキストを読めば，少なくともトマスが教会をどのようなものと考えていたか分かるが，トマスはきわめて力強く教会の交わりの内的要素である恩恵を強調している。トマスは特にパウロとアウグスティヌスに従いつつも，ダマスケヌスのおかげでアウグスティヌスの考えをさらに深め[75]，教会は何よりも恩恵の有機体であり，キリストという頭に全面的に依存していることを示した[76]。

　　　キリストは個人の恩恵だけでなく教会の頭の恩恵も有
　　　していた。肢体が頭に結びつくように，すべての人々
　　　は教会の頭であるキリストに結びつき，キリストとと
　　　もに霊的に唯一の人間となる。その結果，キリストの
　　　功績はキリストの部分である他の人々にも及ぶが，こ
　　　れは通常の人間の頭の働きが何らかの仕方ですべての
　　　肢体に属するのと同じである。というのも，頭はそれ
　　　自体のためだけでなく，すべての肢体のために働くか
　　　らである[77]。

　キリストは御自身のうちに恩恵を受けた人々を残らず包

―――――――――――
ジ〕でもっとたっぷりと訳出した。
　　75)　Cf. Y. CONGAR, « Saint Augustin et le traité scolastique *De gratia capitis* », *Augstinianum* 20 (1980) 79-93. Congar によれば，アウグスティヌスはキリストの働きは機会因でしかないと考えていたので，キリストの人間性が道具となって恩恵を生み出す考え方を知らなかった――上記註 16 参照。
　　76)　Cf. *3a q.8 a.1 et 5; q.7 a.1 et 9.*
　　77)　*3a q.19 a.4*; cf. *q.48 a.2 ad 1*:「頭と肢体は唯一の霊的人間のようなもの（quasi una persona mystica）を形成する」。上記註 55-56 を参照。キリストが頭であることの様々な側面は，Th.R. POTVIN, *The Theology of the Primacy of Christ*, p. 27-35 et 226-249, notamment 参照。

括しているので，こうした人々に無限の功績を伝えられるが，この功績は愛をもって御父の意志に従うことで得たものである。また，人々が聖霊を受けられるのは，キリストに結ばれているかぎりである。

> 使徒は「キリスト・イエスにおいて」（ロマ8：2）と付加しているが，これは聖霊がキリスト・イエスのうちにある人々にだけ与えられるからである。生き物の息が頭とつながっていない肢体には達しないように，聖霊も頭であるキリストに結びついていない成員には伝えられない[78]。

とはいえ，先ほど述べたように，霊は人間がキリストに一致することの作用者であり続ける。最初にあるのは三位一体であり，神的ペルソナは相互に浸透し合うものなので，あるペルソナの働きが他のペルソナの働きの条件になることもあればその逆もあるといった具合に，場合に応じてどのペルソナが優先されるかは変わってくる。こうして，霊がキリストのうちにある人々にだけ与えられるなら，霊はキリストを長子，「多くの兄弟の長子」にする存在でもある。というのも，霊はキリストに「限りなく」（ヨハ3：34）与えられたからである。しかし，御父も示唆されている。というのも，御子があらゆる被造物の長子なのは，御父が御子をそのように生んだからである。

> 神は御自身を認識するのとは別に被造物を認識するのではなく，第一作出因である神の本質を通じてすべてのものを認識している。しかるに，御子は神が御自身を認識するかぎりで神の知的概念であり，こうして神

---

78) *In ad Romanos 8,2, lect.1, n° 606.*

第6章 長子の像にかたどって　　　237

は被造物を残らず認識する。それゆえ，御子は生み出
されるかぎり，あらゆる被造物を表す御言で，あらゆ
る被造物の始原である。「御子がこのように生み出さ
れなかったなら，御子は御父の長子ではあっても，あ
らゆる被造物の長子ではなかっただろう」。──しか
るに，知恵は自分自身について言っている──。「い
と高き方の口から出たわたしは，あらゆる被造物の長
子である」（シラ 24：5, Vulgate）[79]。

祭司，王，預言者の体

　それゆえ，受肉した御言が人間にどう関わっているか理
解するために，またも三位一体の内部の発出を参照するこ
とになった。しかし，神がその善性を被造物に伝えたよう
に，「神の子はただの子ではなく子らの長子となるために，
子になることの一致を他の人々に伝えようとした」ことを
すでに指摘したが[80]，この議論は続けて展開できる。すな
わち，神の子は霊を通じて他の人々に油を伝えるのだが，
この油によりキリストはすぐれて油を注がれた者，すなわ
ちメシアになったのである。こうして油を注がれた人々は
祭司，王，預言者という三つの性質をキリスト同様に持つ
ことになる。この三項構造は 20 世紀に再評価されたが[81]，

---

79)　*In ad Colossenses 1,15, lect.4, n° 35.*

80)　上記 228-229 ページ参照。

81)　Y. CONGAR, *Jalons pour une théologie du laïcat*, « Unam
Sanctam 23 », Paris, [3]1964 はこの問題の解明に貢献した。P. DABIN,
Le sacerdoce royal des fidèles dans la tradition ancienne et moderne, «
Museum Lessianum 48 », Bruxelles-Paris, 1950 も 参 照。Dabin は 神
の民に祭司，王，預言者の性質があることについて，大昔から現代
までの 650 ページにも及ぶ豊かな関連資料を集めた。最近の優れた
総括 J. ALFARO, « Les fonctions salvifiques du Christ comme prophète,

トマスにも見出せる。

　古い契約では，ダビデ（David）（サム上 16）やソロ
モン（Salomon）（王上 1）に見られるように，祭司と
王に油を注いでいた。また，エリシャ（Elisée）がエリ
ヤ（Elie）に油を注がれたように（王上 19），預言
者も塗油を受けていた。この三つの塗油はキリストに
ふさわしい。というのも，キリストは王であり——
「イエスは永遠にヤコブの家を治めるだろう」（ルカ
1：33）——，神に自分自身をいけにえとして捧げた
祭司であり（エフェ 5：2），「主はイスラエルの子らか
ら預言者を立てるだろう」（申 18：15）と言って救い
の道を告げた預言者でもあったから。キリストはどの
ようにして油を注がれたのか。目に見える油によって
ではない。というのも，キリストの「国はこの世には
属していない」（ヨハ 18：36）からである。また，キ
リストは実際に祭司職を果たさなかったので，油を注
がれたのは実際の油ではなく聖霊の油によってである
……[82]。

---

roi et prêtre », « Mysterium salutis 11 », Paris, 1975, p. 241-325 と，Y.
CONGAR, « Sur la triologie Prophète-Roi-Prêtre », *RSPT* 67 (1983) 97-
116 を参照。[Cf. B.-D. DE LA SOUJEOLE, « Les tria munera Christi,
Contribution de saint Thomas à la recherche contemporaine », dans le
volume *Saint Thomas d'Aquin et le sacerdoce*, RT 99 (1999) 59-74; G.
EMERY, « Le sacerdoce spirituel des fidèles chez saint Thomas d'Aquin »,
ibid., p. 211-243.]

　　82)　*In Ps. 44,5* (Vivès, t. 18, p. 508) ; cf. *In Matthaeum 1,1, lect.1,*
n⁰ 19-20 :「旧法では三つの塗油があった。事実，アロン（Aaron）は
祭司の塗油を……，サウル（Saül）はサムエル（Samuel）から王の塗
油を……，エリシャは預言者の塗油を受けた……。キリストは真の祭
司，王，預言者だったので，果たした三つの役割から，正当にもキリ
スト——すなわち油を注がれた者——と呼ばれている……。キリスト
は王，祭司，預言者だったので，アブラハムとダビデの子と呼ばれて

第 6 章　長子の像にかたどって　　　239

　定式は文脈に応じて少し異なることもあり，必ずしも後に確立されるように不変的ではないとしても，塗油の三項構造ははっきり活用されている。

　　人間は個々の恩恵を所有するだけだが，キリストはあらゆる人々の頭としてすべての恩恵を完全に所有している。このようなわけで，人間に関して言えば，立法者，祭司，王はそれぞれ別の人が務める。対して，キリストはあらゆる恩恵の根源なので，この三つの役割をみな果たす。それゆえ，キリストについて『イザヤ書』33 章 22 節では，「主は人間の裁き主，立法者，王である。主が来て人間を救うだろう」と言われている[83]。

　これまで述べたことから的確に予想できるように，キリストの体としての教会は頭の恩恵の拡散なので，洗礼により教会に加わる人々はみなキリストとともに王，祭司，預言者になる。

　　──トマスは塗油の意味とキリストという語の意味を指摘し，次のように続けている──。キリスト自身は王であり……，祭司でもあり……，預言者でもあった

───────────
いるのは正しい」; *In ad Romanos 1,1, lect.1, n° 20*：「キリストとは油を注がれた者という意味である……。これによりキリストの威厳が明らかとなる。すなわち，聖性──祭司は油を注がれていたから──，力──王も油を注がれていたから──，認識──預言者も油を注がれていたから──の威厳が明らかになる」。
　83)　*3a q.22 a.1 ad 3.*「預言者」とあるはずのところに「立法者」が置かれているが，一般的な文脈を考えれば，この違いにこだわる必要はなかろう。Cf. *q.31 a.2*：「キリストは王，預言者，祭司である」; *Super Isaiam 61,1* (Léon., t. 28, p. 240, lignes 65ss.); *In Matthaeum 28,19, n° 2462-2464.*

……。それゆえ，聖化と歓喜の油——トマスの解釈では聖霊——を注がれることがキリストにはふさわしかった。事実，恩恵の道具である秘跡はキリストに由来している……。しかし，「この塗油はキリスト教徒にもふさわしい」。事実，キリスト教徒は王にして祭司である。「あなたたちは選ばれた民，王の系統をひく祭司である」（Ⅰペト2：9）。「あなたはわれわれを神のための国と祭司にした」（黙5：10）。キリスト教徒は聖霊も有しているが，これは預言者の霊である。「わたしはわたしの霊をすべての人に注ぐ」（ヨエ2：28；使2：17参照）。このようなわけで，すべての人は目に見えない塗油により油を注がれている。「われわれとあなたたちをキリストに固く結びつけ，われわれに油を注いだのは神である」（Ⅱコリ1：21）。「あなたたちは聖なる方から油を注がれたので，すべてのことを知っている」（Ⅰヨハ2：20）。しかし，油を注がれたキリストとキリストのように油を注がれたキリスト教徒にはいかなる関係があるのか。すなわち，キリストは主要な最初の者として油を注がれたのに対し，キリスト以外の人はキリストから油を注がれたのである……。それゆえ，キリスト以外の人は聖なる人々と呼ばれるが，キリストは聖なる人々の聖なる方と呼ばれる。キリストはあらゆる聖性の根源である[84]。

簡潔に述べようと，トマスのテキストにある聖書の引用をいくつか省略したが，それでも聖書の引用はたっぷりあるので，この教えが聖書から大きな影響を受けているのが分かる。おそらくこれは，この教えと第二バチカン公会議の教え——塗油の三項構造は教会憲章 Lumen gentium の

---

84) *In ad Hebraeos 1,9, lect.4, n° 64-66.*

第6章　長子の像にかたどって　　　241

骨子である——がとても自然に一致していることの理由の
一つだろう。公会議が着想を得たのはおそらくトマスから
ではないだろうが，ついでに次の事実を強調することには
意味がある。すなわち，公会議の時代に真に新しいと見な
された教えは，実は伝統に深く根ざすもので，トマスも同
じ教えを述べていたのである。

＊　　＊　　＊

　本章を終えるにあたり，これまで述べたことをきちんと
まとめる必要はないだろう。本章の考察で，キリストの人
間性はトマスの思想体系で構造的に活用されており，トマ
スの経験だけでなくキリスト教徒の経験にも影響している
ことが明らかになった。トマスは自分自身をキリスト教徒
である「われわれ」——テキストに何度も出てくる——の
当事者と見なしている。テキストをいくつか読めば，トマ
スがキリスト・イエスの人間性に対しどのような態度を
とっていたか，またキリストのとりなしをどれほど信頼し
ていたかが見えてくる。

　　使徒によれば，キリストは人間のために自分の血を流
　した（ロマ8：31-39）ので，人間を告発することも断
　罪することもできず，反対に人間性と神性にしたがっ
　て聖なる人々に大きな親切をもたらす。パウロはキ
　リストの人間性にしたがって四つの親切を指摘してい
　る。1. キリストの死。これにより人間は救われる
　……。2. キリストの復活。これによりキリストは人
　間に生命，すなわち地上では霊的生命，将来の生では
　身体的生命を与える……。パウロはまさしく復活を強
　調している——わたしは「復活した方」と言うほかな
　い——。というのも，現在の時に思い出すべきは受難
　の弱さよりむしろ復活の力だから。3. 御父を通じた

キリストの勝利。というのも，パウロによれば，「キリストは神の右に座っている」，すなわちキリストは神性にしたがって御父である神と等しく，人間性にしたがって最高善を所有しているからである。これは人間の栄光でもある。というのも，使徒は「神はキリスト・イエスによりわれわれを復活させ，天の王座に着けてくださった」（エフェ2：6）と言っているからである。われわれはキリストの部分なので，キリストとともに御父である神のそばに座る……。4. 人間のためのキリストのとりなし。というのも，使徒によれば，あたかも弁護人のように「キリストはわれわれのためにとりなすので」，「われわれには御父のそばにイエス・キリストという弁護人がいる」（Ⅰヨハ2：1）からである。弁護人の仕事は，告発したり断罪することではなく，反対に告発を退け断罪を妨げることである。キリストは人間のために二つの仕方でとりなす。何よりもまず，キリストは人間のために祈るが……，この祈りは人間を救おうとするキリストの意志である。「わたしのそばに彼らもいてほしい」（ヨハ17：24）。「もう一つのとりなしは，キリストが御父に，人間のために摂った人間性と人間性を通じて行った神秘を示すことである」。「今やキリストは，神に対しわれわれをとりなすため，天の中に入った」[85]。

　数行後の文章は，トマスがヨハネス・クリソストムスから強い影響を受けつつも自分なりに内容を書き直したものだが，そこでトマスは，恋する人が自分の愛する人のことを誰にでも触れ回る様子を指摘している。そのときトマスの念頭にあったのは聖パウロだが，パウロは「キリストを

---

85)　*In ad Romanos 8,33-34, lect.7, n° 719-720.*

第 6 章　長子の像にかたどって　　　243

激しく愛する人」（eximius amator Christi）としてキリス
トを力の限り語り出している[86]。トマス自身が感傷的であ
ることはめったにないが，トマスの感情はキリストについ
て述べた事柄からうまく推測できる。

---

86)　*Ibid., nº 728*; cf. S. JEAN CHRYSOSTOME, *Ad Demetrium De Compunctione I 8*: *PL 47*, 406.

第7章

聖霊について

エキュメニズムの対話によりラテン神学者たちが東方教会の神学者たちと交わるようになってから，西方の神学と霊性では聖霊が取り上げられていないと嘆く声が高まりつつある[1]。ここでは，この非難や遺憾の声が正しいかどうか論争するつもりはないが，少なくともトマスに関してはこうした不満は論拠薄弱だと直ちに言わざるをえないだろう。トマスは聖霊をきちんと論じているからである。聖霊の主題はトマス神学に，それゆえトマスの霊性にもキリストの主題と同様に見出せる。しかし，この非難を無視せず，何が誤解を生んでいるか明らかにしてみよう。

---

1) Y. CONGAR はこうした不満を検討し，行き過ぎたものであることを示した。« Pneumatologie ou 'christomonisme' dans la tradition latine ? », dans *Ecclesia a Spiritu Sancto edocta. Lumen Gentium, 53.* Mélanges théologiques offerts à Mgr Gérard Philips, Gembloux, 1970, p. 42-63; « La pneumatologie dans la théologie catholique », *RSPT* 51 (1967) 250-258. さらに，同じ Congar の見事な書物 *Je crois en l'Esprit-Saint,* 3 t., Paris, 1979-1980 を豊富な参考文献とともに参照。

トマスの著作と聖霊

　すでに見たように，キリストについての無理解は，キリストが『神学大全』の構想の中で占める位置から出てきたものだった。聖霊についての誤解はもっと根拠があるようだ。というのも，聖霊を必ず論じることになる三位一体論を除いて，聖霊を論じている箇所はまったくないように見えるからである。その場かぎりの読者が『神学大全』の目次に聖霊だけを論じている箇所を探しても無駄である。それゆえ，学問的であるなしに関わらず，唯一の主題をあらゆる角度から論じるモノグラフに慣れている人は，トマスが聖霊についてモノグラフのようなものを書いていないことに意表をつかれるだろう。

　主題に入る前に，こうした読み方は適切ではないとはっきり述べたい。また，事実に基づかない弁護に陥らずに，トマスの著作のここかしこで聖霊が論じられていないのは，事実上いたるところで論じられているからだと確言できる。優れた研究者たちは綿密な計算に専心し，聖霊は統計的に見て『神学大全』のいたるところで論じられていることを明らかにした[2]。だがほとんどの場合，統計的デー

　2）　Cf. A. CALVIS RAMIREZ, « El Espiritu Santo en la Suma teológica de santo Tomás », dans *Tommaso d'Aquino nel suo settimo centenario*, t. 4, Naples, 1976, 92-104. Ramirez によれば，聖霊を論じている項は，第 1 部は 70，第 2 部の 1 は 45，第 2 部の 2 は 108，第 3 部は 138 ある。これらの数字は，後になってから使用できるようになったインデックス・トミスティクスを活用せずに得たものなので，今日ではもっと正確かつ含みを持たせて提示できるかもしれないが，この数字から導き出せる結論は変わらないばかりか，さらに強化できるだろう。というのも，実際のところこの数字から分かるのは，「聖霊が『神学大全』の中に根本的かつ深く浸透しており，各部分，各議

タからは量的な側面しか明らかにならないので，こうした
データにこだわるよりも，むしろここではある程度詳しく
聖霊を論じている主要な箇所を素早く指摘する方が有益だ
ろう。この一覧は完全でも詳細でもない。というのも，こ
うしたことは後で述べるつもりだからである。しかし，読
者がここでの指摘をもっと広い文脈で活用しようとするな
ら，こうした情報はおそらく役に立つだろう。

　明らかなことだが，聖霊はまず三位一体論で論じられて
いる。トマスは『神学大全』で発出と関係に基づいて三つ
のペルソナをそれ自体として論じているが，この第一の部
分（第 1 部第 27-38 問）の後で，第二の部分（第 39-43 問）
では三つのペルソナを様々なものと比較して検討してい
る。本論にとって重要なのは，各部分の内的な構成如何よ
りも，各ペルソナを個別的に論じる際の驚くべき進め方で
ある。トマスは御父には一問（第 33 問），御言と像である
御子には二問（第 34-35 問），霊，愛，賜物である聖霊に
は三問（第 36-38 問）をあてている。この進め方はとても
規則的なので偶然と言うことはできず，とりわけトマスが
数の象徴論を知っていたことを考え合わせればなおさらで
ある[3]。この主題についてこれ以上あれこれ述べなくても，
この進め方を見れば，少なくとも聖霊が他の二つのペルソ
ナと同様に考察されていることが分かる[4]。

　『神学大全』の全体に必要に応じて散らばっている言及

論を生かし，調和し，統一している」(p. 94) ことに他ならないから
である。

　3)　Cf. J. TONNEAU, *La loi nouvelle*, traduct. fse., notes et
Appendices à S. THOMAS D'AQUIN, *Somme théologique 1a 2ae QQ.*
106-108, Paris, 1981, p. 98-99.

　4)　微妙な差異はあるが，これらの各問題は『命題集註解』でも
論じられている。『神学大全』の適切な版を活用すれば対応箇所はた
やすく見出せる。

第 7 章　聖霊について　　　　247

を無視するなら[5]，注意深い研究者が「聖霊論が集中して
論じられている大きな箇所」[6]と呼ぶものは第 2 部の 1 の
終わりに見出せる。第一の箇所は，まさに賜物，至福，聖
霊の結実を論じた三問（第 2 部の 1 第 68-70 問）である
――聖霊は 94 回言及されている。こうして賜物と至福と
結実を関連づける方法はトマス独自のものだが，これは
再検討するつもりである[7]。第二の箇所は，少し後で，福
音の法あるいは「新法」を論じた三問（第 2 部の 1 第 106-
108 問）に見出せる。この主題はスコラ学者たちによく知
られていたが，トマスがきわめて独自の仕方で論じてお
り，そこで聖霊――34 回現れる――は偶然的に言及され
ているわけではない。というのも，問題になるのは福音書
の最も主要な教えだからである[8]。予想できるように，第
三の大きな箇所は恩恵論（第 2 部の 1 第 109-114 問）だが，
トマスは恩恵をきちんと「聖霊の恩恵」（gratia Spiritus
Sancti）――ラテン語の表現には考えられる二つの意味が

5）　予想できるように，こうした言及は徳――とりわけ対神徳
――を論じる第 2 部の 2，そしてキリストと秘跡――秘跡の力は聖霊
に由来する――を論じる第 3 部に多く見出せる。

6）　Cf. PATFOORT, « Morale et pneumatologie. Une observation de
la Ia IIae », dans Les Clés, p. 71-102. 後で Patfoort の成果をたくさん検
討するつもりである。

7）　Cf. S. TH. PINCKAERS, « La loi évangélique, vie selon l'Esprit,
et le Sermon sur la montagne », NV 1985, 217-228; ID., Les sources de la
morale chrétienne. Sa méthode, son contenu, son histoire, Fribourg-Paris,
31993, chap. VII, p. 180-200.

8）　Cf. U. KÜHN, Via caritatis. Theologie des Gesetzes bei Thomas
von Aquin, Göttingen, 1965, p. 218-223. Kühn は p. 49-120 で，『神学大
全』以前の著作についてこの主題を詳しく検討している――フランス
語の概観と議論は，M. FROIDURE, « La théologie protestante de la loi
nouvelle peut-elle se réclamer de saint Thomas ? », RSPT 51, 1967, 53-61
参照。もっと簡潔なものとして，J. TONNEAU, La loi nouvelle, p. 196-
203 を参照。

あり，一つは聖霊としての恩恵，もう一つは聖霊が与える恩恵である——と呼んでいる[9]。この三箇所は聖霊を論じ尽くしているわけではないが，聖霊がキリスト教的生活に現前し働く様子を知る上で多くの洞察と示唆に富んでいる。

『対異教徒大全』にも重要な部分がある。周知のとおり，この著作の意図と構成は『神学大全』とはかなり異なっており，三位一体は「理性が近づけない真理」にあてた第4巻で論じられている[10]。トマスは序文で第4巻の概観を述べた後に，御言の誕生から論じ始め（第2-14章），聖霊の発出にまつわる問題を続けて論じ（第15-25章），実際のところ神には三つのペルソナしかないことを示して終えている（第26章）。読めば分かることに，これらの論述はトマスの神学的方法，特に聖書と教父をどのように活用しているかを知る上で格好の例である。とりわけ指摘すべきことに，トマスはそこで三章を使って，聖霊が創造，救済の歴史，被造物の神への還帰でどのような役割を果たしているか，壮大な全体図を描いている。この三章では聖書神学と思弁神学が模範的に総合されており，瞑想の題材が汲み尽くせないほどたくさんある[11]。

---

9) Cf. J. TONNEAU, *La loi nouvelle*, p. 226-233. 明らかなことだが，恩恵論の対応箇所は『命題集註解』第3巻26-29区分，『真理論』第27-29問である。注意すべきことに，トマスの恩恵論はセミ・ペラギウス主義との対決の中で発展した——cf. H. BOUILLARD, *Conversion et grâce chez S. Thomas d'Aquin*, Étude historique, « Théologie 1 », Paris, 1944, p. 92-122。

10) Cf. notre présentation dans *Initiation*, Chap. VI, surtout p. 157-170〔トマス・アクィナス　人と著作』191-207ページ参照〕。

11) *SCG IV* 20-22.『対異教徒大全』は対訳版があったが，今は入手できない。1993年にCerfから出版された再版にはフランス語のテキストしかなく，使いづらい。というのも，ラテン語のテキストに付してあった聖書と教父の参照をすべて取り除いているからである。

第 7 章 聖霊について 249

　大作に見出せるこうした説明は練りあげられたものだ
が，聖書註解の論述も付け加えよう。『ヨハネ福音書講解』
では，主要箇所はイエスとニコデモの会話である。トマス
は「水と聖霊から新たに生まれる」ないし「霊は思いのま
まに吹く」というヨハネの表現をきっかけに聖霊を論じ
ている[12]。さらに，生きた水の流れの約束に基づいて，こ
の湧き出る水源は聖霊そのものだと明言している[13]。また，
イエスが弁護者について語っている数章も味わい深く解
釈し，読者を魅了する霊的な教えを述べている[14]。しかし，
同じく『パウロ書簡註解』も教えに富んでいる。『ローマ
の信徒への手紙』第 8 章の註解はおそらくこうした説明で
は最高のものだが[15]，『コリントの信徒への手紙 1』の霊的
賜物（第 12 章）に関するパウロの教えの註解も非常に面
白いものであり[16]，さらに『ガラテヤの信徒への手紙』第
5 章の註解も忘れてはならないが，そこで論じられている
霊の自由はまさしくトマスの好む主題の一つである[17]。

　おそらくこのリストはもっと長くできるだろうが，ここ
での狙いは題材を網羅的に提示することではない[18]。こう
したテキストが豊富にあることを示し，近づきやすくした
かっただけである。約 30 年前から質の高い研究がたくさ

---

12)　*Super Ioannem 3, lect. 1 et 2, n° 449-456* surtout.

13)　*Super Ioannem 7, lect. 5, n° 1091-1096.*

14)　*Super Ioannem 14, lect. 4 et 6, n° 1907-1920 et 1952-1960; cap. 15, lect. 5, n° 2058-2067; cap. 16, lect. 2-4, n° 2082-2115.*

15)　*In ad Romanos 8, lect. 1-7, n° 595-731.*

16)　*In ad I Cor. 12, lect. 1-2, n° 709-730.*

17)　*In ad Galatas 5, lect. 6-7, n° 327-341.*

18)　にもかかわらず，『使徒信経』の聖霊と教会に関する条項の見事な註解——*Expositio in Symbolum n° 958-998*——と，『イザヤ書註解』のコラチオ 19 とわたしの解説——J.-P. TORRELL et D. BOUTHILLIER, « Quand saint Thomas méditait sur le prophète Isaïe », *RT* 90 (1990) 5-47, cf. 35-37——を指摘しておこう。

ん出版されてきたが，トマスの聖霊論が価値相応に注目されているとは到底言えない[19]。上の列挙から少なくとも分かるのは，トマス研究者が怠慢だったからと言って，トマスも同じように聖霊をないがしろにしていたと断じるのは間違いだということである。

共通の名と固有の名 ——三位一体の適合化

たった今述べた指摘では不十分なので，テキストの内容に踏み入り，トマスが聖霊についてどういう方法で何と言っているか検討しよう。しかし，このためには三位一体

---

19) すでに言及した著作やこれから出版される著作の他に，補足的な業績として以下のものがある。G. FERRARO, « Lo Spirito Santo nel commento di San Tommaso ai capitoli XIV-XVI del quarto Vangelo », dans *Tommaso d'Aquino nel suo Settimo Centenario*, Atti del Congresso internazionale, t. IV, Naples, 1977, p. 79-91; ID., « Il tema dello Spirito Santo nel Commento di San Tommaso d'Aquino all'Epistola agli Ebrei (Annotazioni di dottrina e di esegesi di tomista) », *ST* 13 (1981) 172-188; ID., « Aspetti di pneumatologia nell'esegesi di S. Tommaso d'Aquino dell'Epistola ai Romani », *Euntes Docete* 36 (1983) 51-78; ID., « La pneumatologia di San Tommaso d'Aquino nel suo commento al quarto Vangelo », *Angelicum* 66 (1989) 193-263; ID., « Interpretazione dei testi pneumatologici biblici nel trattato trinitario della 'Summa theologiae'di san Tommaso d'Aquino (*1a qq.27-43*) », *ST* 45 (1992) 53-65; L. ELDERS, « Le Saint-Esprit et la Lex Nova dans les commentaires bibliques de S. Thomas d'Aquin », dans *Credo in Spiritum Sanctum*, Atti del Congresso teologico internazionale di Pneumatologia, Cité du Vatican, 1983, t. II, 1195-1205; S. ZEDDA, « Cristo e lo Spirito Santo nell'adozione a figli secondo il commento di S. Tommaso alla lettera ai Romani », dans *Tommaso d' Aquino nel suo settimo centenario*, t. IV, p. 105-112. 研究をもっと掘り下げたいなら，A. PEDRINI, *Bibliografia tomistica sulla pneumatologia*, « Studi tomistici 54 », Roma, 1994——1870 年から 1993 年までの文献を挙げている——を参照。

の神秘と向き合い，神的ペルソナの特性を根拠ある仕方で論じる方法を問う必要がある。ここで神学者は人間が知性により主観的に理解できると同時に，神の本質の一性に適った議論をせねばならない。そのため，キリスト教思想史で長い間繰り返されてきた二つの困難を避けるべきである。すなわち，一方で三神論の困難があり，これはペルソナの違いを強調するあまりペルソナを三つの神にしてしまい，キリスト教的一神論を多神教的な偶像崇拝に逸脱させるものである。他方で様態論の困難があり，これは反対に御子と聖霊は唯一の神的ペルソナの出現様態ないし表示様態にすぎないと考え，三位一体以前の一神論に逆戻りしてしまうものである。

　それゆえ，この二つの困難を見据えながら，教会は教義を明確化しようと大いに努力し，325 年のニカイア公会議，381 年のコンスタンティノポリス公会議で，三位一体は一にして三であるとはっきり主張した。だが，この真理を「考察する」こと，すなわち「信じたことを理解する」課題が残った。この課題は，ラテン神学の伝統では，アウグスティヌスが取り上げ，アンセルムスが引き継ぎ，さらにトマスと 13 世紀の偉大な神学者たちが検討したが，少なくとも三位一体論は，こうした人々のおかげで最高の水準に達して完成した。起源に基づくペルソナの区別の教えは，この最も注目すべき成果の一つである。的確に理解すべきは，この第二の努力，すなわち信仰の理解の試みである。というのも，ここでは言い表しがたいことがたどたどしく語り出されているからである。問題となるのは，適合化（l'appropriation）と呼ばれる考え方である[20]。

―――――――――

　20）　この偉大で美しい主題もきわめて広大である。本書で触れない事柄については，H. de LAVALETTE, *La notion d'appropriation dans la théologie trinitaire de S. Thomas d'Aquin*, Rome, 1959 と，H.-F. DONDAINE, *La Trinité*, t. II, p. 409-423――本書の指摘の多くは

第Ⅰ部　三位一体の霊性

　適合化の方法は，定義そのものによれば，「共通の名を固有の名に適用する」（trahere commune ad proprium）ことである。例として古代ラテン世界の慣行がある。すなわち，人々は数十の集落を意味する都市（urbs）という語をすぐれて帝国の首都に適用していた。ローマは適合化により都市（Urbs）だった。三位一体について，三つのペルソナに事実上共通の性質を一つのペルソナに帰す場合もこれに似ている。というのも，その性質は神の本質そのものに属しているからである——こうして，一方で「本質的」属性が，他方でペルソナの「固有性」が論じられる。例えば，御子に「知恵」，聖霊に「善性」をあてる場合を考えてみればよい。以上述べたことから，この方法はきわめてありふれたものだということが分かるが，この方法の理解を深めてみよう。

　　この信仰の神秘を明らかにするために，「本質的属性をペルソナに適合化することは『適切だった』」。すでに述べたように，三位一体は本来的意味での論証で証明できないとしても，「人間理性で理解できる事柄を通じて神秘を明らかにすることは『適切である』」。しかるに，ペルソナの固有性より本質的属性の方が理性で理解しやすい。というのも，人間は認識の根源である被造物から出発して，神の本質的属性を確かに認識できるが，ペルソナの固有性は認識できないからである。だから，神的ペルソナを明らかにするためには，被造物に見出せる痕跡と像から類推するかたわら，本

Dondaine に負っている——を参照。J.-H. NICOLAS, *Les Profondeurs de la grâce*, Paris, p. 110-126; B. MONTAGNES, « La Parole de Dieu dans la création », *RT* 54 (1954) 213-241——適合化については，p. 222-230——も参照。トマスの主要テキストは *1a q.39 a.7-8; q.45 a.6-7* とその対応箇所である。

質的属性にも訴える必要がある。「こうして本質的属
性に頼ってペルソナを明らかにすることは、『適合化』
と呼ばれる」[21]。

この短いテキストは選集に入れるほどの価値があるだろ
う。このテキストを読めば，トマスの方法の決定的な点が
はっきり分かる。すなわち，より明らかなものからあまり
明らかでないものへと次第に推論を進めていくこと，三位
一体は神秘であり証明できないこと，しかし「適切さ」の
論拠によりできるかぎり神秘を明らかにしようとすること
——神秘は明らかにすべきもの——である。実際，適合化
はまさにこうした適切さによる推論のことだが，こうした
推論は神学に典型的なものである。というのも，神学は必
然的な結論を得ようとするものではないが，そのままでは
不明瞭な領域を少しでも明らかにしようとするものだから
である。
　実のところ，この推論は単に神学特有のものではない。
アウグスティヌスと彼に従うトマスは，こうした推論をす
でに新約聖書に見出していた。そこでは，ふつう「神」と
いう名を御父に，「主」という名を御子に，「霊」という名
を第三の位格にあてている（エフェ 2：18）。他のところ
で，聖パウロは賜物を霊に，務めを主に，働きを神に帰し
ている（I コリ 12：4-6）。こうした論じ方は『使徒信経』
にも見出せる。そこでは，創造を御父に，人間の救済を御
子に，聖化と活性化を霊に帰している。しかし，いずれの
場合でも，三つのペルソナに同時に適合する「本質的な」
名や，三位一体の共通の働きが問題になっている。それゆ
え，こうした語り方は救済計画の啓示に基づくと同時に，
信仰の教義的表現にも支えられているので，神学でも活用

---

21)　*1a q. 39 a. 7.*

254 第Ⅰ部 三位一体の霊性

できるはずである。唯一の問題は，何を根拠にそう言える
か，どこまで活用できるかである。

　上のテキストからは，「主観的」根拠と呼べるものが分
かる。すなわち，三位一体の適合化を最初に正当化するの
は，適合化により神学者が得る利点，すなわち神秘のいく
ばくかの理解である[22]。この方法は正当なものだが，恣意
的な適合化を多く認めてしまうことになろう。こうした適
合化は考案者にだけ意味があるものだろう。それゆえ，適
合化を客観的に正当化するものは何か，確認する必要があ
る。しかし，この点についてトマスの見解ははっきりして
いる。すなわち，「適合化の唯一にして主要な根拠は固有
性との類似性である」[23]。

　　本質的属性は三つのペルソナに共通だとしても，形相
　　的観点から考察されたある属性は，あるペルソナの固
　　有性よりも他のペルソナの固有性に似ている。した
　　がって，その属性をそのペルソナに適合化するのはき
　　わめて適切である（conuenienter）。例えば，力は始原
　　を想起させるので始原なき始原である御父に，知恵は

---

　22)　明らかなことだが，このことは重要である。トマスは対応
箇所である『命題集註解』（I d.31 q.1 a.2）で，こうした論議から引き
出せる「有用性」を論じている。すなわち，本質的属性によってはペ
ルソナの固有性を十分認識できないとしても，にもかかわらず適合化
されるこうした属性にはペルソナの類似性があり，こうして不完全に
ではあっても信仰を何とか「明らかにできる」のである。被造物に見
出せる三位一体の像と痕跡に基づいて考察する方法と同じように，適
合化はペルソナを探究する確実な方法（uia persuasiua）だと言える。

　23)　Sent. 1 d.31 q.2 a.1 ad 1. 1a q.39 a.7 でも，最重要な根拠は
「類似性」である。すなわち，知恵を御言に帰すのは，御言が知性的
に発出するからである。第二に，トマスは「非類似性」にも言及して
いる。すなわち，人間の父親が老年になると弱くなるのと対照的に，
御父に力をあてる。しかし，これはもっと主観的な物の見方であり，
トマスはこの考え方を掘り下げなかったようだ。

御言として発出する御子に，善性は善を目指す愛として発出する聖霊に適合化できる。こうして，適合化の客観的な正しさを支えているのは，適合化する属性がペルソナの固有性に似ていることである[24]。

この文章に注目を促したドンデーヌ神父が強調するところでは，こうした属性の類似性は，『『力』のようにペルソナの起源に関わることもあれば，『知恵』や『善性』のように起源の特徴に関係する場合もある……。明らかなことに，『聖トマスは徹底的かつ無条件的に，知性的な事柄を御子に，意志的な事柄を聖霊に適合化している』。以上が，聖アウグスティヌスと聖アンセルムスに由来する三位一体神学の適合化理論全体の大要である」[25]。こうした専門家の指摘は，トマスの意図を理解するために貴重である。というのも，驚くべきことに，この考え方によれば，トマスが聖霊に帰している領域は，実際のところ限界がないほど広大なものになるから。

適合化は単なる言葉遊びのようなもので現実そのものには関係しないという考えと，適合化する属性は働くペルソナに「だけ」，あるいは単に「いっそう」ふさわしいと主張し，適合化を限界を超えて活用しようとする考えがあったが，上で述べたように，トマスはより控えめに，適合化の根拠は「人間知性の活動以前の，属性と固有性の真の類似性」であり，人間知性ができるのはこの類似性を認める

---

24) *Sent. I d.31 q.1 a.2.* これは Dondaine の訳だが，少し修正している。

25) H.-F. DONDAINE, *La Trinité*, t. II, p. 418, note——強調はわれわれが行った。またも Dondaine によると，トマスは適合化の教えではボナヴェントゥラより先に進んでいる。というのも，ボナヴェントゥラは起源の秩序を示す適合化だけが真に正しいと考えていたからである。

ことだけだとした。おそらくこれは相当わずかなことであり，適合化を思う存分活用できない神学者たちは適合化を無視して何も引き出そうとせず，単なる言葉遊びに還元しようとしたが，これも理解できない態度ではない。しかし，ドンデーヌが指摘するように，適合化で得られるものが理性に照らしてわずかに見えるとしても，これは理性が限界に達した証拠ではないだろう[26]。トマスは神秘に直面して格闘し，何とか理解し表現しようとしている。成果がどれほどささやかであっても，適合化は正しい方法であり，神学者は言い表せないことを語ろうとしながら，おそらく適合化に限定的ではあるが真の重要性を認められるのである[27]。

創造主としての霊

　これまでの考察は一見少し理論的だが，今やその必要性

　26）　Cf. *ibid.*, p. 418-420. この点について，Dondaine はカエタヌスのかなり注目すべき言明を引用している。「この主題では言葉そのものが不足している。だが，適合化に基づいて『ペルソナの固有性を理解し示す必要がある』」（*In Iam q.36 a.4 n° 8*）。

　27）　トマスは，適合化は排他的なものではないことを常に念頭に置いていた。Dondaine 神父は，適合化にあたり意志的な事柄と知性的な事柄が区別できることを指摘した。他にもテキストは多くあるが，以下でこの考え方をはっきり確証するテキストを見ておこう。「事実，あらゆる賜物は賜物であるかぎり聖霊に適合化できる。というのも，聖霊は愛なので，最初の賜物の特徴を持つからである。『しかし，賜物でも固有で特殊と見なせるものは，御子に適合化できる。というのも，こうした賜物はまさに知性に関係しているからである』。また，こうした賜物について御子の派遣を論じることもできる。それゆえ，聖アウグスティヌスは，御子は『認識され知覚されるとき，目に見えない仕方で各人に派遣される』（*De Trinitate IV 20*）と言っている」（*1a q.43 a.5 ad 1*; cf. *De ueritate q.7 a.3 ad 3*）。

第 7 章　聖霊について　　　257

は明らかである。こうして，予備的考察を終えたので，指
摘したテキストの一つを読んでいこう。検討するテキスト
は『対異教徒大全』の主要な一節で，適合化の原理を駆使
して聖霊を論じている。いつものように，たっぷりとテキ
ストそのものを引用しよう。そうすることで，トマスが
どれほど聖霊を重視していたか具体的に見えてくるだろ
う[28]。

　トマスは最初の章で，被造物全体に関わる聖霊の働きを
聖書から分かるかぎりで指摘している。まず明らかなこと
に，創造そのものの働きがあるが，この理由はすでに見
た。

　　神が御自身の善性を愛する愛は事物の創造の原因であ
　　る……。しかるに，聖霊は神が御自身を愛する愛によ
　　り発出する。「それゆえ，聖霊は事物の創造の始原で
　　ある」。このことについて，『詩編』103 章 30 節では，
　　「あなたが霊を送れば，事物は創造される」と言われ
　　ている[29]。

---

　28)　取り上げるのは『対異教徒大全』第 4 巻第 20-22 章である。
優れた解説者によれば，トマスはここで「神の原因性を適合化を駆使
しつつ情熱を込めてはっきり説明しようとしている」（A. PATFOORT,
« Morale et pneumatologie », dans Les clés, p. 95, n. 16——適合化理論
に関する非常に優れた概要も参照）。Patfoort が別の論文 « Missions
divines et expérience des Personnes divines selon S. Thomas », Angelicum
63 (1986), p. 557, n. 30 で正しく強調するには，『対異教徒大全』の当
該箇所に三位一体神学のいくつかの点が見出せないことに驚いてはな
らないが，本書の目的にとって議論は十分にある。

　29)　Chap. 20, n° 3570. 先に進まずとも，たった今述べたように，
適合化が排他的なものではないことがここで確認できる。というのも，
トマスが創造を御父に帰している箇所はたくさんあるから——cf. G.
EMERY, « Le Père et l'œuvre trinitaire de création selon le Commentaire
des Sentences de S. Thomas d'Aquin », dans Ordo sapientiae et amoris, p.
85-117, cf. p. 105ss.。

第Ⅰ部　三位一体の霊性

　第二に，事物の運動も聖霊に帰すべきである。この適合化も発出の仕方から理解できる。

　　聖霊は愛により発出するが，愛には衝動や運動の力がある。「それゆえ，神が事物に伝える運動は聖霊に固有のものである」。——このことについて，『創世記』1章2節では，霊が水の面に「漂う」と言われている——。聖アウグスティヌスによれば，「水」は第一質料のことで，水の上に漂う主の霊は第一質料に従わず運動の始原の役割を果たしている[30]。

　こうした聖霊の基本的性質を考慮して，トマスは被造世界の統帥も聖霊に帰している。

　　実際，神が事物を統帥するのはある種の運動と理解すべきで，神はこの運動にしたがってすべてのものを固有の目的に導く。それゆえ，愛のために衝動や運動が聖霊の働きなら，「事物の統帥と展開を聖霊に帰すのは適切である（convenienter）」。このようなわけで，『ヨブ記』33章4節では「霊がわたしを造った」，『詩編』142章10節では「あなたの善い霊がわたしを安らかな地に導く」と言われている。また，従属者を支配するのは主人に固有の働きなので，主であることを聖霊に帰すのは適切である（convenienter）。使徒は「霊は主である」（Ⅱコリ3：17）と言い，別の『使徒信経』にも「聖霊は主である」と書かれている[31]。

　上のテキストで convenienter という副詞が定期的に繰り

---

30)　*Ibid., n° 3571.*

31)　*Ibid., n° 3572-3573.*

第 7 章　聖霊について　　　259

返されていることに気づくだろう。この適切さの考え方は
適合化の方法と密接に結びついている。事物を創造し，動
かし，目的に導くことは神だけの特権である。トマスはこ
のことを否定しないが，こうした働きのすべてを説明す
る「隠れた」力——トマスは好んで霊の「隠れた」起源と
言っている——を探究する中で，聖霊と同一視できる愛よ
りも適切な説明原理はないと考えた。トマスは運動から出
発して運動が表す生命を論じるときにもこの愛に訴えてい
る。

　　生命を明らかにするのはとりわけ愛である……。それ
　　ゆえ，愛のために衝動と運動が聖霊に属するなら，生
　　命を聖霊に帰すのは「適切である」。聖ヨハネは「生
　　命を与えるのは霊である」（6：63），同様にエゼキエ
　　ル（Ezéchiel）は「わたしがあなたたちに霊を与える
　　と，あなたたちは生きるだろう」（37：6）と言ってい
　　る。別の『使徒信経』でも，人は「生命を与える」霊
　　を告白している。もっとも，このことは霊という名そ
　　のもの——霊は息である——から導き出せる。すなわ
　　ち，生命の息が初めから全身に行き渡ることで，生物
　　の身体的生命は保たれている[32]。

霊 の 生 命

　ここまでトマスは物体的なあるいは生命を持たない被造
物に働く霊の「自然的」働きを論じるにとどめていた。だ
が，続く第 21 章では理性的被造物を取り上げ，人間と神
の交わりの中で聖霊が果たす役割を，いつものように聖書

---

32)　*Ibid., n° 3574.*

を多く引用しながら詳しく説明している。周知の表現を使うなら，無限の存在を論じた後に，恩恵で実現する新しい存在様態を論じようとするのである。

> 聖霊は神が御自身を愛する愛により発出するので……，また人間は神を愛することでこの愛に同化するので，聖霊は神により人間に与えられると言える。このようなわけで，使徒は「神の愛はわれわれに与えられた聖霊によりわれわれの心に注がれている」（ロマ5：5）と確言しているのである[33]

すぐ気づくことに，ここでもトマスは絶えずその出発点に立ち帰り，聖霊が愛として発出することに訴えているが，この愛はこれから展開する適合化を客観的に支えているものである[34]。トマスは何よりもまず，神の働きは神が事物を存在に呼び出し創造するだけにとどまらないと指摘している。すべてのものを存在に保つことも神の働きである。もちろんこの保持の働きは，作用者が結果に現前しているように神が遍在していることを前提としている。

---

33) *SCG IV 21, n° 3575.*

34) しかし，ここでトマスはもっと正確に述べようとしている。「というのも，神よりして人間のうちにあるものはみな，作出因および範型因としての神に関係づけられるからである」。神が「作出因」なのは自明である。というのも，存在するものはすべて，神の力を通じてはじめて存在するようになるのだから。神が「範型因」なのも同様に明らかである。というのも，どんな完全性も神の本質を模倣したものだから。しかし，このことは三つのペルソナに等しく妥当する。それゆえ，人間の神認識を導く知恵の言葉は適合化により御子に帰すべきだが，それというのも特に御子を表すからである。「『同様に，人間が神を愛する愛も特に聖霊を表すものである。このようなわけで，愛は特に聖霊により人間のうちに存在すると言える』。たとえ愛が御父，御子，聖霊に共通の働きだとしても」(n° 3576)。

第7章　聖霊について　　261

神の働きが見出せるところにはどこでも，神自身が作用者として存在せねばならない。人間が神を愛する愛は聖霊の働きにより人間のうちに見出せるので，人間が愛を有しているかぎり，聖霊そのものが人間のうちにとどまるはずである。このようなわけで，使徒は「あなたたちは自分が神の神殿で，聖霊があなたたちのうちに住むことを知らないのか」（Ⅰコリ3：16）と問うている。——この最初の確認から直接的な帰結が導き出せる——。人間は聖霊により神の友になるので，また愛されるものはまさに愛されるものとして愛するもののうちに存在するので，御父と御子も聖霊により人間のうちに住むことになる。このことについて，主は『ヨハネ福音書』14章23節で，「われわれはその人のもとに行き，一緒に住もう」と言っている。同様に，『ヨハネの手紙1』3章24節では，「神がわれわれのうちにとどまることは，神がわれわれに与えた霊を通じて分かる」と言われている[35]。

それゆえ，愛という神の賜物が人間のうちに存在することから最初にもたらされるのは，与える者自身である聖霊と，義人の霊魂に住むためにやって来る三位一体全体が現前することである。トマスが恩恵や聖霊の教えを論じるとき，あらゆる時代の神秘主義者が経験の最高段階に置いた基本的で崇高な真理にたやすく達しているのは驚くべきことである。しかし，トマスはそれに満足せず，補足的真理を力強く強調している。

明らかなことに，神は聖霊により友にした人々をきわめて深く愛するが，こうした善をもたらすのは非常に

---

35)　*Ibid., n° 3576.*

大きな愛だけである……。しかるに,「愛されるもの
はすべて愛するもののうちに住むので,聖霊により神
が人間のうちに住むだけでなく,人間も神のうちに住
むことになる」。まさしくこのことについて,聖ヨハ
ネは「愛のうちにとどまる人は神のうちにとどまり,
神もその人のうちにとどまる」(Ⅰヨハ4：16),「わ
れわれが神のうちにとどまり,神もわれわれのうちに
とどまることは,神がわれわれに与えた霊により分か
る」と言っている[36]。

　すぐに聖徒の交わりと,教会のすべての成員を相互に結
びつける「情動的な相互内在」(circumincession affective)
を論じるつもりだが,そのとき上のテキストを思い出す必
要がある。この「相互内在」という専門用語は,三位一体
の言い表せない一性の中で三つのペルソナが相互に内在す
る事態を示すために神学で使われるものだが,教会の交わ
りが被造的次元で三位一体内の言い表しがたい交わりのよ
うなものを実現する様子も示せる。実のところ,これは友
愛の定義そのもので,トマスはこの定義をアリストテレス
から借用し,愛の神秘を考察するために愛の概念に応用し
たのである。トマスはこの友愛としての愛の概念をここで
徹底的に活用し,愛の神秘を少しでも明らかにしようとし
ている。

　　友人に秘密を打ち明けるのが友愛の特徴である。友愛
　により,感情は共有され,いわば二つの心が一つにな
　るので,打ち明けた秘密は友人の心に残るはずであ
　る。このようなわけで,主は弟子たちに「わたしはあ
　なたたちをもはや僕ではなく友と呼ぶ。というのも,

---

36)　*Ibid., nº 3577.*

第 7 章　聖霊について　　　263

わたしは御父から聞いたことを残らずあなたたちに知らせたからである」（ヨハ 15：15）と述べたのである。「聖霊により人間は神の友になるので，人間に神秘を啓示することを聖霊に帰すのは適切である」。このことについて使徒は，「目が見ず，耳が聞かず，人間の心に思い浮かびもしなかったことを，神は御自身を愛する人々に用意しており，聖霊を通じて啓示する」（Ⅰコリ 2：9）と言っている。また，人間は知っていることに基づいて語るので，「人間が神秘を語ることを聖霊に帰すのは適切である」……。ちょうど聖霊について別の『使徒信経』に，「聖霊は預言者を通じて語った」と書かれているように[37]。

　トマスは神が聖霊を通じて人間と結ぶ友愛の適切な特徴をくまなく少しずつ展開し，神の秘密の啓示を多くの人々に伝えることに論を進めた。事実，トマスは預言者と聖書作者の霊感は霊に由来することを述べた聖書の文章をいくつか引用しており，預言者が預言を述べるには内的な経験の中で伝えるべき事柄の啓示を得る必要があると言っているが，これはトマスの預言論の主要な特徴の一つである[38]。

　最後に述べたことは一般的な法則のようなもので，代弁者が誰であれ神の言葉のあらゆる言明に適用できる。すなわち，「説教者は公に説教するために，観想に沈潜すべきで

---

37)　*Ibid., n° 3578.*

38)　Cf. *2a 2ae q.171-174* (surtout *q.171 a.1-2* et *q.173 a.2*); J.-P. TORRELL, « Le traité de la prophétie de S. Thomas d'Aquin et la théologie de la révélation », dans *ST* 37 (1990) 171-195, repris dans *Recherches sur la théorie de la prophétie au Moyen Age*, p. 205-229. あまり専門的ではないものとして，« Révélation et expérience (bis) », *FZPT* 27 (1980) 383-400, repris *Ibid.*, 101-118 を参照。

ある。実のところ，説教者は後に説教で広める事柄をまず
観想から得る必要がある」。トマスの説教から抜粋したこ
の文章を読めば，トマスの主要な考え方の一つがはっきり
分かる。この考え方は『神学大全』の有名な一節——そこ
ではドミニコ会士の理想が論じられている——にも見出せ
る。

　　教育や説教のような，観想の充実に基づく活動的生活
　　は単なる観想より望ましい。単独で輝くより照明する
　　方が善いように，一人で観想するより観想した事柄を
　　人々に伝える方が望ましい[39]。

　これらのテキストを掘り下げるなら，『対異教徒大全』
から離れてしまうことになる。しかし重要なことに，こう
したテキストを読めば，トマスが聖霊と生命を親密に共有
する経験を重視していたことが分かる。本題に戻り，トマ
スが友愛の経験に基づいてどのように議論を進めるか見て
いこう。友愛は打ち明け話，そう言ってよければ「言葉だ
けの親切」の次元を超えて展開していく。

　　心を一つにして（propter unitatem affectus）友人に秘
　　密を伝えることだけが友愛の特徴ではない。こうして
　　心を一つにするなら，持ち物も友人と共有することに
　　なる。友人は「もう一人の自分」なので，持ち物を残
　　らず与えて，自分を助けるように友人を助けるべきで
　　ある。こうして，「友人の善を望み実現する」という
　　友愛の定義ができあがった。このことについて，『ヨ

　39）　*2a 2ae q.188 a.6.* 少し前の引用は Exiit qui seminat という
説教から取ったものである。この説教の解説は，J.-P. TORRELL, «
Le semeur est sorti pour semer. L'image du Christ prêcheur chez frère
Thomas d'Aquin », *La Vie spirituelle*, nov.-déc. 1993, p. 657-670 参照。

第7章　聖霊について　　　265

ハネの手紙 1』3 章 17 節では,「この世の富を持ち,
困窮している兄弟に同情しないなら, どうやって神の
愛を得るだろうか」と言われている。このことは欲す
ることと働くことが同じである神に最も当てはまる。
このようなわけで,「聖霊により神の賜物はみな人間
に与えられると言うのは適切である」[40]。

ついでに指摘できることに, このテキストにはアリスト
テレスによく見られる表現があるが[41], こうした表現はト
マスが神の人間への愛を論じるときに非常によく使うも
ので, 聖徒の交わりの教えにも見出せる。これからトマス
は, 神が友愛に基づいて人間に分かち与えることになる神
的善を詳しく述べるわけだが, まずためらうことなく「本
性的に神に固有な至福の享受」に言及している。

人間は至福に達するために, まずいくつかの霊的性質
により神に一致し, 次にこうした性質にしたがって行
為する必要がある。そうすれば, 至福に達するだろ
う。「しかるに, 霊的賜物は聖霊により人間に与えら
れる。だから, 聖霊によりまず神に一致し, 同じく聖
霊により善く行為できるようになり, またも聖霊に
より至福に向かえるようになる」。これは使徒が述べ
た三段階である。すなわち,「神は人間に油を注ぎ,
証印を押し, 心に霊の保証を置いた」(Ⅱコリ 1：21-

---

40)　*Ibid.*, nº 3579.

41)　Cf. *Ethique à Nicomaque IX 4, 1166a*, et *Ibid., VIII 11, 1159b32*:「兄弟や友人はあらゆるものを共有する」。この文章をトマスは次のように註解している。「こうして絆で結ばれた兄弟や友人はあらゆるもの, すなわち家, 机などを共有する……。この観点からすれば, どれだけのものを共有するかに応じて, 友愛には大小があることになる」(*In Ethic. VIII, lect.9*, Léon., t. 47,2, p. 472-473)。

22)，「あなたたちはわれわれの遺産の保証である聖霊の証印を押された」（エフェ 1：13）と言われている。証印（signatio）は神に一致することに，油を注ぐこと（unctio）は業を完成することに，保証（pignus）は希望により天上的な遺産である完全な至福に向かうことに関係しているだろう[42]。

　賜物はみな霊により人間に与えられる。すべては霊の影響下にあるので，このように一般化しても問題ないのである。霊により神に一致し，さらに霊により善く行為できるようになり，なおも霊により至福に向かえるようになる。とても執拗に強調されているので，このことがきわめて重要なのが分かる。また，トマスによれば，至福は像である人間が神的範型に完全に一致する霊的な場所であり，究極目的は人間の生と神学体系の中で非常に重要な役割を果たすものだが，こうしたトマスの考え方を思い出すなら，聖霊はキリスト教的生活になくてはならない存在だと強調した理由はすぐに分かる。このことを確証する例は他にもたくさんある。

　至福は最終的にして完全な善で，人間の地上での遍歴の終わりになってようやく与えられるものだが，この善に加えて，神は人間を愛して，養子にし，いわば御自身の遺産を確実に受け継げるようにした。このことも聖霊に帰すべきである。というのも，『ローマの信徒への手紙』8 章 15 節によれば，われわれはわれわれのうちでアッバと叫ぶ養子の霊を受けとったからである[43]。この指摘はかなり簡潔だが，他の箇所でも，三位一体の適合化に関する重要な説明とともに繰り返されている。「養子にすることは三位一

────────────────

42)　*Ibid.*, nᵒ 3580.

43)　*Ibid.*, nᵒ 3581.

第 7 章　聖霊について　　　267

体全体に共通の業だとしても，作用者としての御父，範型
としての御子，『範型の類似性を人間に刻む聖霊に適合化
できる』」[44]。

　霊から受けとる賜物のうちで，トマスが最後に言及して
いるのは罪の赦しである。これはかなり奇妙に見える。と
いうのも，むしろ最初に罪が赦されるべきだと思われるか
らである。しかし，この理由はこれまで述べたことの理由
と同じである。すなわち，二つのものが友愛で結ばれてい
るなら，友愛を損なう恐れのある罪はことごとく遠ざけら
れる。「愛はすべての罪を覆う」（箴 10：12）。

　　人間を神の友にするのは聖霊なので，当然，神は聖霊
　　により人間の罪を赦す。このようなわけで，主は弟子
　　たちに「聖霊を受けとりなさい。あなたたちが罪を赦
　　せば，罪は赦される」と述べた。また，『マタイ福音
　　書』12 章 31 節によれば，聖霊を冒瀆する人々の罪は
　　赦されない。というのも，こうした人々は罪の赦しを
　　働く聖霊を持たないからである。こうして，聖霊は人

―――――――――

　44)　*3a q.23 a.2 ad 3.* このテキストについては，É. BAILLEUX,
« Le cycle des missions trinitaires d'après saint Thomas », *RT* 63 (1963)
166-192, cf. p. 186-192 を参照。ここでついでに言及したこの養子
の主題はトマスの著作で重要な位置を占めているが，このことは
L. SOMME, *La filiation divine par adoption dans la théologie de saint
Thomas d'Aquin*, Diss., Fribourg (Suisse), 1994 が適切に示した。Cf. C.
BERMUDEZ, « Hijos de Dios por la gracia en los comentarios de Santo
Tomás a las cartas paulinas », *ST* 45 (1992) 78-89. 〔L.-Th. Somme の学
位論文は，本書 211 ページ註 28 参照。Somme は *Thomas d'Aquin, La
divinisation dans le Christ*, Genève, Ad Solem, 1998 も出版し，神の養子
になることを論じているトマスのテキストを翻訳し，註解している。
この著作を読めば，トマスの神学は霊的で観想を促す豊かなものだと
いうことがはっきり分かるが，これは正しい見解であり，わたし自身
が本書で強調しようとしたことである。〕

間を新たにし，清め，洗うと言われる……[45]。

　こうした一連の議論で人間が聖霊から受けとる賜物は残らず検討したと思うかもしれないが，トマスはそう考えていない。事実，トマス自身が続く章の冒頭で述べるように，神が人間を再創造するときに聖霊がどういう役割を果たすかを聖書にしたがって構成しただけである。次に，トマスにしたがい，いかなる聖霊の働きで人間は神に還帰するようになるか検討してみよう。

わたしは父のもとへ行く

　トマスは霊的道のりをおおざっぱにあちこちで示している。これは何度も述べるべき主題だが，走り書きのようなものである。というのも，トマスは『神学大全』——あまり重要でない他の著作は言うまでもない——の目的を考慮して，霊的道のりについてきちんとまとめる機会をつくらなかったからである。しかし，こうした内容は確かに見出せる[46]。『対異教徒大全』のこの新たな章の利点は，聖霊が霊的道のりに現前することを強調しているところにある。被造物が神に還帰するとき，聖霊が構造的に働いていることをすぐに見ることになるが，あらかじめ見事な具体的説明を挙げよう。

　　すぐれて友愛に固有なことは友人と親密に生きることである。しかるに，人間と神の友愛は神を観想することで実現するが，このことについて，使徒は『フィリ

---

45)　*Ibid., n° 3582.*
46)　本書第 14 章「神への道」を参照。

第7章 聖霊について 269

ピの信徒への手紙』3章20節で,「われわれの国は天
にある」と言っている。「人間は聖霊により神の友に
なるので,当然,神を観想することも聖霊によるもの
である」。このようなわけで,またも使徒は「われわ
れはみな顔の覆いを取り除かれて,神の栄光を観想
し,明るさから明るさへと移行し,同じ神の像に変わ
るが,これは主の霊の働きによるものである」(Ⅱコ
リ3:18)と言っている[47]。

　観想が道のりの始まりできわめて重要な役割を果たして
いることはすぐに分かる。至福が究極目的なら,正しい方
向に確実に向かうために,出発するときからこの至福を念
頭に置くことが重要である。もっとも,こうしてはじめ
て,友とともに生きるという友愛の基本的条件を満たせる
のだが。というのも,観想的生活は神との親密な交わりを
この世で先に味わうことだからである。この交わりは将来
の至福ではじめて完成するが,地上のもろく不安定な状況
でもすでに霊的な喜びに満ちている。

　　友人が目の前にいることを楽しみ,その言葉や振る舞
　いを喜び,不安なときはいつも慰めを期待するのは友
　愛の特徴である。悲しみのときにもとりわけ友人のも
　とに逃れ慰めを求めるものだ。しかるに,たった今述
　べたように,「聖霊により人間は神の友になり,神は
　人間のうちに,人間は神のうちに住む。それゆえ,当
　然,人間が神の喜びやあらゆる逆境や世の攻撃に対す
　る慰めを得るのは,聖霊の働きによっている」。もっ
　とも,『詩編』50章14節では「あなたの救いの喜び
　を与えてください。あなたの寛大な霊で支えてくださ

47) *SCG IV 22, n° 3585.*

い」と言われ，聖パウロは「神の国は聖霊の義，平
和，喜びである」（ロマ 14：17）と確言し……，さら
に主は聖霊を「弁護者」，すなわち慰める者と呼んで
いる（ヨハ 14：26）[48]。

　明らかなことだが，上のテキストで述べられていること
は，心理的次元をはるかに超えた事柄である。心理的次元
では，人間の喜び——霊的なものでも——は不純で打算的
なものにとどまることがあり，しばしば様々な悲しみや不
安と混合している。トマスの念頭にあるのは，間違いな
く，聖パウロが「あらゆる人知を超えている」（フィリ 4：
7）と言った「神の平和」である。にもかかわらず，霊が
信徒にどのように働くか説明するために，トマスが絶えず
友愛を拠りどころにしているのは驚くべきことである。推
測できるように，トマスは友愛について机上の知識以上の
ものを有していた。トマスの表現からは，トマスが直接
友愛を経験し，友に同情していたことが十分伝わってく
る[49]。トマスは霊の役割を味わい深く論じているが，そこ
にトマス自身の経験が反映していると考えても行き過ぎで
はないだろう。人間は霊によりすべてを超えて愛する神と
ともに生きられるだけでなく，友人を前にして喜びを感じ
る。しかし，神との友愛は，被造物である人間が創造主で
ある神に絶対的に依存する関係でもあり，人間は愛に基づ
く従順を通じて神の意志に一致しようとする。

　　友愛の特徴は他にもあり，それは友人の意志に一致し
　　ようとすることである。しかるに，神の意志はその掟

　48）　*Ibid., n° 3586.*

　49）　Cf. *Initiation*, p. 414〔『トマス・アクィナス　人と著作』
479-480 ページ参照〕.

第7章　聖霊について　　271

から明らかである。それゆえ，神の掟を果たすことは
神への愛に属する。「あなたたちは，わたしを愛して
いるなら，わたしの掟を守る」（ヨハ14：15）。「人間
は聖霊により神の友になるので，いわば神の掟を果た
すように駆り立てるのも聖霊だ」が，これは「神の霊
に動かされる人々は神の子である」（ロマ8：14）と
いう使徒の言葉によっている[50]。

　意志の一致は具体的には人間の意志が神の意志に従うこ
とだが，従うことは一方的なものなので，トマスはすぐに
曖昧さを避け，はっきり説明しようとしている。すなわ
ち，こうして人間が神に従うことは奴隷として従うことで
はまったくない。

　しかし，指摘すべきことに，神の子が聖霊に動かされ
るのは奴隷としてではなく，むしろ自由な人間として
である。自由な人間は「自分自身の主人」（アリスト
テレス）なので，人間が自由に行うのは，自分で，す
なわち自分の意志で果たす事柄である。自分の意志に
反して行う事柄は，自由にではなく奴隷的に為され
るものである——意志がどのように強制されようとも。「人間は聖霊により神の友になり，自発的に行為
するよう促される。神の子であるわれわれは，聖霊に
より，恐れながら奴隷的にではなく，愛に基づいて
自由に行為できようになる」。もっとも，これは使徒
が「あなたたちが受けとったのは，再び恐れながら生
きることになる奴隷の霊ではなく，養子の霊である」
（ロマ8：15）と言っていることに他ならない[51]。

---

50)　*Ibid., n° 3587.*

51)　*Ibid., n° 3588.*

272　　　　　第Ⅰ部　三位一体の霊性

　このテキストを読めば，トマスの主要な考え方の一つが
はっきり分かる。トマスは長い時間をかけて『ローマの信
徒への手紙』第 8 章を考察したはずで，この箇所の註解
は聖霊について書かれた最も見事なテキストの一つだが，
説教でも同じことが強調されている[52]。疑いないことだが，
トマスは奴隷制が社会的現実であった時代に，聖パウロと
同じように，奴隷とキリスト教徒を特別に比較すること
で，神の子の偉大さや栄誉ある自由を語り出そうとした。

　　本性上，意志は真の善に向かう。情念や悪い習慣ない
　し状態により，意志の本性的秩序に適う真の善から逸
　れるなら，外的な作用者に駆り立てられるかぎりで奴
　隷的に行為している。対して，見かけの善に向かう意
　志の働きに注目するなら，人間は情念や悪い習慣に
　従っていても自由に行為している。だが反対に，同じ
　ような意志の状態で，律法が禁じているという理由で
　恐れからやりたいことを控えるなら，奴隷的に行為し
　ていることになる。「愛を通じて働く聖霊により，人
　間の意志は本性的な真の善に向かう。同時に，聖霊の
　おかげで，人間は情念や罪の奴隷として意志の本性的
　な方向性に反して行為する隷属，および友ではなく奴
　隷として意志の運動に反して律法に従って行為する隷
　属から自由になる」。「主の霊があるところに自由があ
　る」（Ⅱコリ 3：17），「あなたたちは，霊に導かれる

───────
　52）　少し後で Emitte Spiritum という説教を紹介するが，十戒の
説教も引用できる。「恐れの法と愛の法は二つの点で異なる。まず，
恐れの法を守る人々が奴隷になるのに対し，愛の法を守る人々は自由
な人間になる。事実，もっぱら恐れから働く人は奴隷的に働くが，愛
により働く人は子として働く。このようなわけで，使徒は『主の霊が
あるところに自由がある』と言っている」（De Decem preceptis I, ed.
J.-P. TORRELL, p. 25, lignes 28-52; cf. ibid. III, p. 29, lignes 43: Caritas
facit liberum et amicum）。

第 7 章　聖霊について　　　273

なら，もはや律法に縛られていない」（ガラ 5：18）。
このようなわけで，聖霊は肉の業を根絶するとも言わ
れる。すなわち，「愛を通じて働く聖霊により，人間
は肉の情念に打ち勝って真の善に向かう」が，これは
『ローマの信徒への手紙』8 章 13 節「霊により肉の業
を絶つなら，あなたたちは生きる」という言葉によっ
ている[53]。

　こうして『対異教徒大全』を読んできたわけだが，新し
い生を選ぶよう促すことで，とりあえず終わりとしたい。
適合化理論の豊かさを「確認」しようとして判明したの
は，三位一体の第三位格について聖書から分かる事柄は，
この理論のおかげで承認され，神学的に構成されるという
ことである。トマスの聖霊論はこれで終わりではないが，
これまで述べたことから，霊がどれほど人間の歴史のいた
るところに現前し働いているか十分理解できる。こうし
て，事物の統帥と活性化，「要するに……世界と教会の歴
史全体」を聖霊に帰すことができるなら，聖霊は「神的ペ
ルソナとして特別に，被造物，とりわけ愛に動かされてい
ると感じる人々に現前する」[54]と言えるだろう。

聖霊についての説教

　こうした聖霊の教えはそれだけで十分近づきやすいもの
だが，単なる神学的考察の題材にはとどまらない。トマス
は説教でも好んで聖霊を論じている。『使徒信経』の説教
を活用したことがあるが，聖霊論をもっと具体的に理解す

---

53)　*Ibid.*, n° 3589-90.
54)　A. PATFOORT, *Les clés*, p. 96.

るために，聖霊について述べた見事な説教も利用できる。

聖霊降臨祭に為されたこの説教は，朝の説教に加えて晩課に為された第二の説教も含んでおり，希少にして貴重なテキストである[55]。つまり，このテキストを読めばかなり詳しい概要が分かるわけである。残念ながらいまだに未刊なので，ここでは短く要約するにとどめよう[56]。しかし，この要約には，すでに本章で検討した多くの主題があり，著作形態の違いにもかかわらず，思想的な深いつながりが確認できる。

前置きの言葉により方向性が示されている。「今日話題にするのは，ふさわしく雄弁に語るために必要な霊についてである」[57]。それから，トマスは霊をあらゆる存在の根源としている。というのも，創造の初めに，あらゆる生命，運動，聖性を生み出すものとして存在するのは愛だからである。この考え方を『使徒言行録』17章28節「人間は神のうちで生き，動き，存在する」と比較してみよう。トマスが聖性を付け加えているのは，トマスによれば，霊はこうしたものをみな与えることで，霊の隠れた起源である神自身に導いているからである。しかし，創造主としての霊を論じることは，事物の最初の自然的産出だけに関わるものではなく，恩恵の次元での再創造にも関係している。この再創造の業には四つの側面がある。すなわち，まず愛の恩恵であり，これにより霊魂は生きる。次に認識の知恵で

---

55) トマスの説教の詳細は，*Initiation*, p. 101-108〔『トマス・アクィナス 人と著作』130-137ページ〕参照。もっと詳しく知りたければ，« La pratique pastorale d'un théologien du XIIIe siècle: Thomas d'Aquin prédicateur », *RT* 82 (1982) 213-245 を参照。

56) 取り上げるのは Emitte Spiritum という説教であり，Bataillon 神父はレオニーナ版のために用意したテキストを親切にも見せてくれた。

57) « Loquendum est de eo sine quo nullus recte loqui potest et qui omnes habundanter loqui potest facere uel facit ».

第7章 聖霊について　　275

あり，これにより人間の心は恩恵を通じて理解した事柄を
認め行うよう促される。第三に平和の一致であり，これに
より人間は自分自身，他の人々，神と協調して生きるように
なる。最後に意志の強さであり，これによりキリスト教
徒はあらゆる恐れや臆病に打ち勝って戦うようになる。

　霊は新しくする者でもある。ここでも，この刷新の働き
は四つの観点から考察できる。まず恩恵にしたがってであ
り，恩恵により霊魂は罪の古さから清められ，まったく新
しいものになる。次に義の点で成長することにしたがって
であり，それというのも人間は日々の戦いの疲労に屈する
代わりに，良心の証言のおかげで新しい力を得るからであ
る。第三に照明する知恵にしたがってであり，それという
のもキリスト教徒は神を知れば知るほど新しくなるからで
ある——キリストは新しい人間であり，考え方，出生，受
難，復活，昇天はどれも新しい。最後の刷新は栄光に達す
るときに生じる。そのとき人間の身体は罪の「古さ」と苦
しみから完全に解放される。聖霊はこの栄光の保証であ
り，聖霊により人間は天上的な遺産を得る。

　この短い要約では，この説明に点在する聖書の引用や参
照を再現していないが，読む途中で気づくだろう。しか
し，最後の特徴として，トマスの説教のこの部分を読め
ば，演説の技術のようなものがはっきり見てとれる。例え
ばトマスは，人間は恩恵により罪の古さから解放されると
確言するとき，この新しさは何に由来するのかと聴衆に問
いかけている。解答は自明であり，すなわち聖霊に由来す
る。それから，次のように続けて言う。人間は恩恵により
義の点で成長するが，この成長を可能にするのは何か。言
うまでもなく聖霊である。問いと答えによるこの方法は，
この説教に七回以上見出せる。この方法は気取ったものだ
と思うかもしれないが，実はまったくそうではない。反対
にこの方法により，説教は魅力的になり，霊がキリスト教

的生活のいたるところに現前していることが聴衆に実によく伝わるのである[58]。

　上で述べた説教は霊が普遍的にいつも現前していることを示しているが，これにきわめて見事な万聖節の説教を付け加えられるだろう。万聖節の説教は教会の交わりを説き明かしたものだが，この主題は次章で論じることにしよう。明らかなことだが，テキストを直接読んだり，ましてこうした説教を直接聞いたりすることは，何ものにも代えられないほど価値がある。上で述べたことはこうした説教を部分的にしか再現していないが，少なくとも基本的な考え方を教えてくれる。残っている課題は，どのようにしてトマスが説教で述べようとしたことを教会論の中で神学的に説明したかを検討することである。

　58）　ここでの目的はトマスの演説技術を分析することではないが，次の専門家の意見を挙げておこう。「聖トマスの真正の説教にはきわめて大きな価値がある。妥当でありながらも当時の説教の平均的水準を超えていない説教もあれば，優れた説教もある。良い出来の説教を読めば，トマスは13世紀の偉大な説教者の一人ではないが，次いで尊重すべき説教者なのがはっきり分かるのであり，同時にトマスの天才も見てとれる」（L.-J. BATAILLON, « Un sermon de saint Thomas sur la parabole du festin », *RSPT* 58, 1974, p. 451-456, cf. p. 451）。

第 8 章

教 会 の 心

————————

　前章では，いわば「テキストの表面」に現れている聖霊の教えを論じた。聖霊は春の桜草のように，あらゆる状況のいかなる場所にも見出せるが，どんな要求にも必ず答えてくれる存在だった。しかし，この水準でトマスは，ほとんど聖書から分かることを整理しているだけであり，これは神学者の仕事の一部でしかない。霊が普遍的にいつも現前している理由をもっと深く理解したいなら，トマスの神学体系を支えている主要な直観を検討する必要がある。聖霊を愛と「定義」し，三位一体の交わりの只中に特別に位置づけることではじめて，聖霊が被造物全体にどのように働きかけ，被造物の「教会を通じた」神的始原への還帰でどんな役割を果たしているか見えてくるだろう。

神が御自身を愛する愛で愛されるもの

　またも，発出の概念が特別な手がかりとなる。すでに見たように〔第 3 章註 6 参照〕，トマスは三位一体神学のこの専門用語を新約聖書から直接得た。「御父から『発出す

第Ⅰ部　三位一体の霊性

る』真理の霊」[1]。トマスによると、「神的ペルソナの発出そのものは、本来的には始原からの発出しか表現しておらず」、発出するペルソナの運動がどこで終わるかは分からない。しかし、聖霊の発出の場合、聖霊は愛として発出するので、聖霊の発出には終わりがあるとせざるをえない。事実、人間は愛の対象なしには愛を抱けない。「だから、聖霊の発出の特徴は、対象である他のもの、すなわち愛するものに向かうことである」。このことを明らかにしたトマスは、しばしば活用する原理に照らして、御子と聖霊を比較している。

　　「ペルソナの永遠的発出は被造物の産出全体の原因および根拠である」。こうして、御父は御子によりすべてを造ったとされるので、御子の誕生は被造物の産出全体の根拠である。同様に、御父が御子を愛する愛は、神が愛のあらゆる働きを被造物に与える根拠なはずである。「このようなわけで、聖霊は御子が御子を愛する愛であると同時に、御父が被造物を愛して完全性を分かち与える愛でもある」[2]。

　言葉の重みが分かる人には、このテキストは驚くべきもので、めまいを覚えるようなものでもあり、下手な解説で台なしにしないよう気をつけたい。だが、トマスにしたがって神と創造の神秘を熟考するなら、書かれているのはきわめて自明の事柄なのが分かる。人間が神を愛したのではなく、神が人間を最初に愛したのである。神が外部のものに促されて世界を創造したり、世界に関心を抱いたりすることは決してないので、創造の動機は神自身の内部にあ

---

1)　Cf. Jn 15,26: « Spiritum ueritatis qui a Patre *procedit* ».

2)　*Sent. 1 d. 14 q.1 a.1.*

第8章 教会の心 279

るはずだ。それゆえ，御父が御子を，御子が御父を愛する
愛——これは聖霊のペルソナに他ならない——に基づいて
はじめて，こうして神が外部に「発出すること」は説明で
きる。人間は神が御自身を愛する愛で愛されている。

　この真理は少ない言葉で理解してしまえるものではない
だろうが[3]，すでにトマスが聖霊と，信仰の世界での聖霊
の働きをこの上なく強調しているのが分かる。これはまた
も三位一体神学の核心であり，語句の説明が必要だとして
も，この教えはきわめて見事で深いものなので，こうした
努力に値するだろう。というのも，このように聖霊を理解
すれば，新たに，様々な仕方で神を論じられるようになる
から。そのために，愛の発出という考え方が何を意味する
かもっと掘り下げてみよう。

　　それゆえ，この愛の発出は二つの仕方で考察できるだ
　　ろう。一つは，この愛が永遠的な対象に向かうことに
　　したがってであり，これは「永遠的発出」である。も
　　う一つは，この愛が愛として被造的対象に向かい，神
　　がこの愛を通じて被造物に何かを与えることにした
　　がってであり，これは「時間的発出」である。実際の
　　ところ，被造物には新しいものが与えられるので，被
　　造物と神は新しい関係を結ぶことになるが，この新
　　しい関係に基づいて神は新しい名で呼ばれるのであ
　　る[4]。

───────────────

　3）　トマスはこの真理を字句通りに *1a q.37 a.2* で検討している。
Sent. I d.32 q.1 a.3; De Potentia q.9 a.9 ad 13 も参照。トマスはこのこ
とを他の箇所で日常的経験に基づいて説明している。「『愛する人物に
与える最初の贈り物は，その人物に善を望む愛そのものである』。し
たがって，愛は最初の贈り物であり，この愛に基づいて他のあらゆる
贈り物は与えられる。『それゆえ，聖霊は愛として発出するので，最
初の贈り物として発出するのである』」（*1a q.38 a.2*）。
　4）　*Sent. I d.14 q.1 a.1.* この言明は少し抽象的だが，*Super*

一般的に言って，この最後の指摘は神の時間的な働きすべてに妥当する。神はきわめて豊かな内なる生命のおかげで永遠よりして父，子，聖霊であり，被造物に対してだけ「創造主」である。同様に，御子が「救い主」，聖霊が「生命を与える主」——別の『使徒信経』の言葉を借りるならば——と言われるのは人間に対してである。それでは，神，もっと限定すれば聖霊——聖霊により被造物は創造主と新しい関係を結ぶ——の時間的働きとは何だろうか。この働きが恩恵なのは明らかだが，トマスは恩恵と聖霊はきわめて密接かつ特別に結びついていると考えたので，ほとんどいつも「聖霊の恩恵」と呼んでいる[5]。

霊が世界の中で働くのは恩恵を通じてなので，霊がトマス神学で構造的にこれほど重要な役割を果たしている理由も最終的には恩恵にある。このことを理解するには，着想の元になった『命題集註解』の偉大な一節を改めて読み直すだけでよい。基本的な考え方は以下のものである。「すべてのものは出てきた始原を目的にして還るので，こうして目的に還るのは始原から出てきたのと同じ原因で起こる

Ioannem 15,26, lect.7, n° 2061 ではもっと具体的に述べられることになる。「第三に，ヨハネは聖霊の二つの発出を論じている。まず，「わたしが父のもとからあなたたちに遣わそうとしている弁護者」と述べて，『時間的発出』に言及している。知るべきことに，聖霊が遣わされると言われるのは，あたかも聖霊が場所的に移動するという意味ではなく——というのも，聖霊は「世界全体に満ちている」（知1：7）から——，『聖霊が神の神殿になった人々のうちに新たに住み始めるという意味である』」。

5）インデックス・トミスティクスによれば，聖霊の恩恵（gratia Spiritus Sancti）という表現はトマスのすべての著作に合計158回現れている。ここでは最も有名な文章を引用するにとどめよう。「新法の中で最重要かつ最も強調すべきものは，キリストを信じることで得られる聖霊の恩恵である。それゆえ，新法の本質は，キリストを信じることで得られる聖霊の恩恵そのものにある」（*1a 2ae q.106 a.1*）——この箇所は次章でもっと詳しく検討する。

第 8 章　教会の心　　　281

と予想できる」。トマスは好んでこの円環運動の大きな全
体図を示し，自明に思われたことを述べている。「人間は
御子と聖霊を通じて創造された。これと同じように，人間
は御子と聖霊を通じて究極目的に結びつく」。この原理は
受肉した御言だけでなく聖霊にも妥当するが，その理由は
美しく深いものである。御父と御子が愛し合い，被造物を
愛するのは聖霊を通じてなので，被造物が御父に還るのも
聖霊を通じてである。もっと専門的に言えば，霊は神が愛
のあらゆる働きを被造物に与える ratio だが，ratio は範型
と同時に原因を意味しており，それゆえ説明原理でもあ
る。被造物が御父に還る運動は，ひとえに聖化する恩恵の
賜物，霊の賜物を通じて始まるので，終局に達するのも霊
の導きを通じてなのは疑いない[6]。事実，はっきり確言で
きることだが，自然の世界，恩恵の世界を問わず，すべて
のものは霊の支配下にある。霊は完全に一なるもので，す
べてを満たしている[7]。このことが適合化で得られたから
と言って，真実なことに変わりはない。この霊の教えがキ
リスト教的生活にどう影響してくるか，さらに掘り下げて
みよう。

聖霊の恩恵

　トマスによると，人間は神が御自身を愛する愛で愛され
ているが，実のところこの見解はアウグスティヌスに遡る

---

6)　*Sent. I d.14 q.2 a.2.*

7)　*Sent. III, d.13 q.2 a.2 qla 2 ad 1*: « Unus numero omnes replet ».
「主の霊が全地を満たした」（Spiritus Domini repleuit orbem terrarum）
（Sg 1,7）という聖霊降臨祭の交唱がすぐに思い浮かぶが，トマスはこ
の言葉を好んで引用している——*Sent. II, Prol.*; *SCG IV 17*。

神学的伝統を反映したものである[8]。しかし、『命題集』の著者であるペトルス・ロンバルドゥスはこの見解に独自の解釈を混ぜ合わせたので、13世紀の神学者とトマスはこの解釈を採用しなかった。この議論は知るに値する。というのも、単なる大学内の議論として片づけることはできないからである。さて、ロンバルドゥスによれば、聖霊は御父と御子の愛なので、「御父と御子が互いに愛し合い、人間を愛するのはこの愛を通じてである」。トマスはこの教えをそのまま受け入れ、生涯を通じて立場を変えなかったが、続く教えは認められなかった。「そして、神と隣人を愛するために人間の心に注がれる愛もこの聖霊である」[9]。それゆえ、ロンバルドゥスによれば、愛は造られざる聖霊のペルソナそのもので、この聖霊が人間の自由意志に働きかけることで、人間は愛したり善く行為したりできるのである。

　一見すると、この主張は偉大である。すなわち、聖霊が信徒の心に直接かつ多様に働きかけることほど単純で美しい考え方があるだろうか。だが、トマスはこの見解に満足せず、根源的愛——これは聖霊そのもので、最初の造られざる賜物である——と、人間の愛——これは人間が霊から受けとる賜物で、被造的なものである——を区別しようとしている[10]。トマスはすぐに恩恵についても同じことを述べ、以後は機会あるごとに恩恵を愛より先に論じるようにし、恩恵と愛が被造的なものであることを絶えず確認して

---

8) Cf. *De Trinitate VIII 7,10 et XV 19,37.*

9) PIERRE LOMBARD, *Sent. 1 d.17 c.6* (éd. I. BRADY, t. 1, p. 148): « …Spiritus Sanctus caritas est Patris et Filii, qua se invicem diligunt et nos, *et ipse idem est caritas quae diffunditur in cordibus nostris ad diligendum Deum et proximum* ». 同じ主張は、*Sent. II d.27 c.5* (*ibid.*, p. 484): caritas est Spiritus Sanctus でも繰り返されている。

10) *Sent. 1 d.17 q.1 a.1.*

いる[11]。

　では，トマスはいかにして恩恵が被造的なものであることを明らかにしたのか。方法はきわめて単純で，事物に関する認識と愛について神と人間を比較することだった。人間の場合，すでに存在する事物が認識対象であり知識の起源である。神の場合は反対である。神は事物が存在するから認識するのではなく，神が認識するから事物は存在するのである。神が認識すれば，事物は生じ存在するようになる。ここでは認識ではなく愛が問題だとしても，同じように推論してみよう。人間が事物を愛するのは，事物の善性──これは真の善性のときもあれば偽の善性のときもあるが，人間は愛すべきだと思ったものしか愛せない──のためである。神の場合はまたも反対で，神が事物を愛するからこそ事物の善性は生まれるのである。こうして，神が事物を愛することは，神が愛する事物に神の愛そのものから生じる結果をもたらすことを意味している。

　恩恵の賜物に論を移せば，そこでは神，もっと正確には造られざる聖霊が働いていると指摘して間違いはない。しかし，人間が以前有してなかった恩恵の賜物を受けとるのは，聖霊そのものが変化するからではない。むしろ人間自身がこうした霊の働きで変化するのである。だから，聖霊が人間に与えられると言われるのは，この被造物が以前有

---

　11)　Cf. par ex. *Sent. II d.26 q.1 a.1*; *De uer. q.27 a.1-2*──恩恵と愛について；*1a 2ae q.110 a.1*──恩恵について；*2a 2ae q.23 a.2*──愛について。『真理論』以降，自説を述べるトマス──『命題集註解』ではそうはいかなかった──は，愛を論じる前に恩恵を論じている。このことは理解できる。というのも，恩恵は霊魂の本質を規定し，それにより霊魂は超自然的な領域で働く根本的原理──自然的領域での人間本性のような──になるが，愛は霊魂の能力である意志を規定するからである。そのため，恩恵はトマスでは存在に関わる習慣（habitus entitatif），愛はスコラ学では働きに関わる習慣（habitus opératif）と呼ばれる。

してなかった神の愛の賜物を受けとったという意味である。この賜物は無ではないので，神が無償で与えた被造的な賜物でなければならない。

この賜物は必ず被造的であることをもっとよく理解するために，この推論を支えている「神が最初に人間を愛した」という聖ヨハネの言葉を参照しよう[12]。それゆえ，神が人間を愛するのは，人間そのものが愛すべきものだからではない。トマスは単純な言明を付け加えている。神が最初に人間を愛したので，人間は神を愛せるようになった。これはこの主張と解決すべき問題の核心である。実際，被造物は神の導く目的にふさわしくなる必要がある。周知のとおり，この目的は至福であり，認識と愛を通じて完全に神を享受することである。定義よりして，この幸福は人間の力にまったく対応しておらず，神にだけ自然本性的である。それゆえ，神は人間に，この目的を目指し進んで「働く」ための何かだけでなく，人間の「本性」そのものがこの高次の目的に引き上げられるための何かも与える必要がある[13]。

こうして神の生命そのものにまで高められた被造物には，至福はいわば自然本性的なものになる。まさにこのために恩恵は与えられるのである。すなわち，恩恵により被造物は超自然的目的の高みまで上昇し，超自然的被造物と

---

12) Cf. 1 Jn 4,10 et 19. トマスは進んでこの聖句を取り上げている。例えば，*Super Ioannem 14,15, lect.4, n° 1909* で次のように述べている。「神を愛すには聖霊が必要である。人間が神の恩恵に先立つのではなく，神の恩恵が人間に先行する。「人間を最初に愛したのは神である」。それゆえ，使徒たちは神を愛し掟に従うために最初に聖霊を受けた。しかし，もっとたくさん受けとるために，神を愛し掟に従うことで，神から受けとったこの最初の賜物を存分に活用する必要があった」。

13) トマスはこのことを，*De uer. q.27 a.2* ではっきり説明している——cf. *1a 2ae q.110 a.3.*

第 8 章　教会の心　　　285

してこの新しい領域で働く原理になる。神はこうして「神化した」本性に愛の賜物と他の対神徳も与えるが，これらにより人間は超自然的なものになった知性と意志を通じて，こうした賜物を受けてはじめて到達できる超自然的次元で実際に働けるようになる。だからと言って，トマスは一片の真理を含むロンバルドゥスの主張を完全に退けているわけではない。事態はむしろ反対である。

　　愛の習慣は愛の働きの形相的原理だが，人間はこれを持つ必要がある。「だが，愛を持つ人間には依然として，造られざる愛である聖霊が現前するのである」。すべてのものが神により働くように，霊魂は聖霊により愛を働く。しかし，すべてのものは固有の形相を通じて愛を働く。したがって，「神はすべてのものを甘美に（suauiter）秩序づける」（知 8：1）。というのも，神はすべてのものに，神が定めた目的に向かうための形相と徳を与えるからである。その結果，「すべてのものは強制されてではなく自発的に目的に向かう」[14]。

　このテキストは次章で法と自由の関係を検討するときにも役立つだろう。このことについて，トマスには何の問題もなかった。というのも，聖霊を受けた人間は神の意志と考えることを自由に愛するからである。しかし，この主題に立ち入る前に，ロンバルドゥスの主張が提起した別の議論も検討しておこう。これは歴史的な関心にとどまるどころか，東方神学で活発に議論されてきた問題である[15]。

　実際，トマスはこの同じ文脈で，時に誤解される他の点

───────

　14)　*De caritate, q.un., a.1.*

　15)　Cf. J. MEYENDORFF, *Introduction à l'étude de Grégoire Palamas*, « Patristica Sorbonensia », Paris, 1959. Ch. JOURNET, « Palamisme et thomisme », *RT* 60 (1960) 429-462 の重要な議論も参照。

を強調している。すなわち，恩恵は人間本性に関して霊魂を規定するのだが，この場合恩恵は付帯的質である[16]。この主張は一見人を驚かせるものだが，やはりきわめて重要なものである。この主張が意味するのは，恩恵を持つことは人間には付帯的な事柄だということではなく——救済の配剤の観点からすれば，人間が恩恵によらずに救われることは決してない——，まったく単純に，恩恵は人間の定義には含まれないということである。恩恵が人間の定義に含まれるなら，人間は恩恵を失えば人間でなくなることになろう。さらに，恩恵を持たない人間は本当の人間ではないことになるだろう。誰かがこの考え方に異を唱え，義なる神は必ず恩恵を与えると主張するなら，こうした条件では神自身が恩恵を与えるよう「強制される」ことになり，恩恵そのものはもはや無償のものではなくなると答えるだけで十分である。

このように恩恵を付帯性として論じることで，最初の重要な確認ができる。実際のところ，本来的に言えば，付帯性が創造されるわけではない。というのも，付帯性は自存せず，付帯するものの存在に与っているからである。白い壁や人間は存在するが，白さそのものはどこにもない。だから，白さが存在しているのではなく，白さという付帯性が規定する実体がこうして新たに規定を受け存在し始めるのである。恩恵についても同じことが言える。恩恵は恩恵の根源である神以外では自存できない。存在するのは，恩恵の賜物を受けとり，新たな規定の下に生きている人間である。このようなわけで，ごく簡単に恩恵を被造的なものと主張すれば，誤りに陥る可能性がある。トマスはためらわずにこの表現を使うが，必ずその前にどのようにして付帯性が基体のうちに存在するか説明している。その際，ト

---

16) Cf. *1a 2ae q.110 a.2*——並行箇所も参照。

第 8 章 教会の心 287

マスはきわめて重要な説明を付け加え，聖パウロの教えに
直接結びつけている。

　　恩恵が創造されるという表現は，人間が恩恵に関して
　創造される，すなわち「新しい存在として確立され
　る」ことに基づいている。そして，人間は無から（ex
　nihilo）——これは最初の創造を形容するために一般
　に使われる固有の表現である——，すなわち人間のい
　かなる功績にもよらずに再創造されるが，これは『エ
　フェソの信徒への手紙』2章10節「われわれは善い
　業を行うようキリスト・イエスにおいて創造された」
　という言葉によっている[17]。

　この議論は少しばかり専門的だが，正しく理解すべき問
題である。これはトマス思想およびキリスト教思想そのも
のが主張するきわめて中心的な教えの核心である。トマス
がロンバルドゥスの解答を退けるのは，何よりもまず不条
理に陥るからである。聖霊が人間のうちで人間の愛の業を
働くには，キリストの人間的意志が御言の神の意志に結び
ついていたのと同じように，人間の意志が聖霊の意志に結
びつく必要があるだろう。言い換えれば，人間はペルソナ
にしたがった合一，すなわち位格的結合により聖霊に結び

_____

　17)　*1a 2ae q.110 a.2 ad 3.* 言い換えれば，恩恵は「倫理的意味で
は」創造される，すなわち恩恵の次元で先行するものなしに与えられ
る。しかし，このことは厳密な「形而上学的意味では」妥当しない。
というのも，形而上学的観点からすれば，創造されるのは付帯性では
なく実体だけだからである。このように区別することで，とりわけ恩
恵の産出でキリストの人間性と秘跡が道具的役割を果たすという考え
方を正当化できる。というのも，厳密に言えば，創造はいかなる媒
介もなく行われる——創造は神にのみ属する働きである——からであ
る。

かねばならないだろう[18]。

　トマスがここで述べているわけではないが，こうして見てくると次のことは明らかである。すなわち，聖霊が人間の代わりに働くのなら，働いているのはもはや人間ではない。人間という主体は聖霊に吸収されてしまっている。そうなると，人間は愛の業の主人ではなくなり，愛の自由も功績もなくなるだろう[19]。実際のところ，人間は，神と隣人を愛することがまったくできなくなり，神の愛が働く「場」にすぎないものになるだろう。人間が真に自分で，ささやかながらも自由に功績ある仕方で愛すには，神がその機会を作る，すなわち人間と人間の能力──知り働き愛する──にとって自然本性的な働きの原理を与える必要がある。これを実現するのが被造的恩恵とそれに伴う諸徳である。

　いずれもっと詳しく再検討するつもりなのでここでは少ししか触れないが，恩恵は被造的なものだというこの見解は，キリスト教徒がこの世界にどう関わるべきか論じるときに，直接的で大きな影響を持ってくる。被造的恩恵の媒介はいわば神が見出した方法であり，この方法により人間本性の自立性と世界の事物の堅固さは保たれるのである。事実，恩恵が「付帯的」なものなら，恩恵によりこの世界の固有の秩序は変化しない。すなわち，この世界のものはそのままで，自分たちの目的に向かう。しかし他方で，恩恵は単に理性的被造物にいわば「かぶせられる」──物体に純金がかぶせられるように──わけではない。恩恵は基体に内属する付帯性として理性的被造物と一体となり，それを修正し，高める。こうして，恩恵により生まれ変わった人々にはキリストの人間性を中心とする新しい世界が開

18）　Cf. *Sent. 1 d.17 q.1 a.1.*
19）　Cf. *1a 2ae q.114.*

第 8 章　教会の心　　　　289

けてくるが，これは教会と呼ばれる。同じようにして，こ
の地上の事物を使用する人々はこの世界の中に新たな目的
を見出し始めるが，こうして罪により神から離れた被造
物は再び神に向かうようになる[20]。トマスが好んだ格言に，
アレクサンドリアのクレメンス（Clément d'Alexandrie）
の意味深長な次の格言がある。「神の意志は『世界』とし
て成就したが，同時に『教会』を通じて人間を救うことで
もある」[21]。事実，教会の交わりは聖霊の特別な業である。
というのも，聖霊は教会が歴史を通じて一つであることを
保証するからである。なぜなら，聖霊は三位一体の永遠の
交わりの中で御父と御子が愛し合う愛だからである。

愛 の 紐 帯

　ギリシャ神学がまったく異なる道を選んだのに対し，ア
ウグスティヌスはその天才をいかんなく発揮して，ラテン
神学の三位一体論について革新的な教えを述べたが，中世
のラテン神学者たちはこのアウグスティヌスにしたがっ
て，聖霊は御父と御子が愛し合う愛だと好んで強調した。
アウグスティヌスによれば，聖霊は「他の二つのペルソナ
の一致，聖性，愛」だが，これはペルソナとしての聖霊に
固有のことである。というのも，「聖霊は御父と御子の聖
性であるがゆえに愛であり，愛であるがゆえに一致だとは
いえ，御父でも御子でもなく，御父と御子の結合である」
から。また，聖霊は実現する業に基づいてはじめて適切に
名づけられる。

　20）　Cf. Rm 8,19-21.
　21）　CLÉMENT D'ALEXANDORIE, *Le Pédagogue*, I VI 27, 2 (*SC*
70, p. 161).

御父と御子が愛し合う愛が両者の言い表しがたい交わりを示すものなら，御父と御子に共通の霊に愛という固有の名を帰すことはきわめて適切だろう[22]。

　トマスも他の神学者とともにこの見解に賛成しており，初期の著作でアウグスティヌスへの心遣いを示しながら，この主題を詳しく論じている。

　聖霊は愛として発出するので，この特有の発出形態により，御父と御子の一致（unio Patris et Filii）であることが分かる。事実，御父と御子は，一つは同じ本質を共有することで本質により結合していることにしたがって，一つはペルソナとして区別されつつも愛の一致により（per consonantiam amoris）結合していることにしたがって考察できる。万一，本質により結合していないと仮定しても，「御父と御子の喜びが完全なものであるために，なおも愛の一致を認める必要があるだろう[23]。

　それゆえ，この観点では霊は自存的愛の働きであり，御

---

22)　*De Trinitate XV 19,37* (*BA* 16, p. 523); cf. *ibid. VI 5,7*:「それゆえ，聖霊は御父と御子に共通の何かである……。だが，この共有物は本質をともにする永遠的なものである。聖霊は『友愛』と呼ばれることもあるが，『愛』と呼ぶ方が適切である」(*BA* 15, p. 485; avec la note 40, p. 587-588: « L'Esprit amour et lien »)。M.-A. VANNIER, *Saint Augustin et le mystère trinitaire*, « Foi Vivante 324 », Paris, 1993 も参照。Vannier は主要テキストを翻訳し，解明的な導入を付している。

23)　*Sent. I d.10 q.1 a.3.* この教えは同じ項の様々な解答で繰り返されている。Cf. *ibid. a.5 ad 1*:「聖霊が愛として発出するのは『適切である』。というのも，聖霊は他の二つの別々のペルソナを結合することで発出するから」(procedere per modum uoluntatis conuenit Spiritui sancto, qui procedit a duobus uniens eos, inquantum sunt distinctae personae)。

第8章　教会の心　　　291

父と御子が共通に発するものである。この働きにより御父
と御子は愛し合い，一つになるのだが，これは愛により愛
するものと愛されるものが一つになる衝動的で恍惚とした
結合である。この考え方はきわめて美しいので，多くの
人々を魅了した。しかし，この考え方では，「概念的な」
愛の働き，すなわち御父と御子が聖霊を霊発することと，
「ペルソナとしての」愛の働き，すなわち御父と御子が愛
し合う愛——これは聖霊そのものである——を区別できな
いという不都合が生じる[24]。言葉の問題と擬人観の危険に
加えて，こうして霊を御父と御子が合流する「中間」とし
てしまうと，霊の起源を示しづらくなる。というのも，発
出する神的ペルソナは起源の関係に基づいて理解すべきだ
からである[25]。このようなわけで，トマスは上で述べた考
え方は完全ではないことに気づき，少しずつ別の説明を探
し始めたが，見出した説明を『対異教徒大全』や『神学大
全』といった大きな体系的著作では最重要な位置に置いて
いる。トマスは神学の厳密な要求を満たすために，その後
は神が御自身の善性を愛する愛に基づいて，第三位格の神
秘を論じるようになる。神は御自身を認識することで御言

---

24)　この説明は，*Sent. 1 d.10 q.1 a.1 ad 4* ではっきり述べられて
おり，*Sent. 1 d.32 q.1 a.1* では最重要なものとされている。

25)　トマスはきわめて注意深く，アンセルムスに由来し，後
にフィレンツェ公会議で取り上げられた原理を尊重している。「神の
うちではすべてのものは同一であり，『いかなる関係の対立もない』」
(Omnia in Deo sunt unum et idem *ubi non obuiat relationis oppositio*)
——cf. ANSELME DE CANTORBÉRY, *De processione Spiritus sancti*,
cap. I, Opera omnia, éd. F.S. SCHMITT, t. 2, p. 181。御子は御父である
ことを除いて御父が有しているものを残らず有している。というのも，
御子は御父から出てきたからである。霊は御父と御子であることを除
いて御父と御子が有しているものを残らず有している。というのも，
霊は御父と御子から出てきたからである。もっとも，これは聖霊が御
子からも出てきたこと（Filioque）の理由である。というのも，さも
なければ，御子と聖霊は区別できないだろうから。

を生み出すが，同様に御自身を愛することで霊を生み出すないし「霊発する」。実際のところ，トマスは愛の働きの核心に，愛されるものが愛するものに現前する恋の「感情」や「感動」があるのに気づいていた。愛するもののうちに生じるこうした愛の引力や感動を言い表すのに適当な言葉がないので，これは愛と呼ばれている[26]。このようなわけで，聖霊の発出は神が御自身を愛することに基づいて理解すべきである。

　このように説明することの利点はすぐに分かる。この説明により，一方で，三つのペルソナに共通の愛である「本質的」愛と，御父と御子が聖霊を霊発する愛である「概念的」愛を神の善性という同じ対象に関係づけることができる。他方で，聖霊のペルソナが愛として発出するときの関係を厳密に明らかにできる[27]。にもかかわらず，トマスはアウグスティヌスの直観も念頭に置いている。というのも，上の説明にその直観を組み入れているからである。

　　聖霊は愛であるかぎり御父と御子の紐帯（nexus）だと言わねばならない。事実，御父が御自身と御子を愛し，御子も御父を愛するのは唯一の愛を通じてである。したがって，愛としての聖霊により，御父と御子の相互関係が愛するものと愛されるものの関係として示されている。しかし，御父と御子は互いに愛し合うので，相互的愛，言い換えれば聖霊は両者から発出するはずである。「それゆえ，〔神が御自身を愛すること

26）　しかし，トマスはこの愛の発出は神秘的なものだと言っている。というのも，これを言い表す言葉はなく，遠回しに述べるしかないからである――cf. 1a q.37 a.1。

27）　したがって，聖霊は愛の自存的働きだとする考え方に関わる諸問題は克服されている。H.-F. DONDAINE, *La Trinité*, t. II, p. 393-409 の説明を参照。

第 8 章　教会の心 293

で発出するという〕起源に注目するなら，聖霊は中間的なものではなく，三位一体の第三位格である。だが，たった今述べた相互関係に注目するなら，聖霊は中間的なもので，他の二つのペルソナを結びつける紐帯としてそれら各ペルソナから発出する」[28]。

　このテキストはきわめて重要であり，これを読めば，控えめだが決定的な修正がどこで行われているかすぐに分かる。アウグスティヌスの天才的直観は霊的にきわめて豊かだったので，トマスはその直観を捨てず，説明の第二の要素として活用しているのだが，その前に神が御自身の善性を愛する愛という考え方を述べ，もっと堅固な形而上学的で概念的な基礎を明らかにしている。神が御自身を愛するこの唯一の愛に基づいて，御父と御子は互いに愛し合うのであり，こうして愛としての聖霊は愛するものと愛されるものの相互関係を含意することになるが，すべての被造物に広がるのもこの同じ愛に他ならない[29]。

　しかしはっきり強調すべきことに，愛の紐帯としての霊というこの主題は，確かにトマスの説明では第二の要素にすぎないが，存分に活用されている。それどころか，この主題は『パウロ書簡註解』では何度も繰り返されている。たといていの場合，既知の教えとしてついでに指摘されているだけだとしても[30]。興味深いことに，時にこの主

---

28)　*1a q.37 a.1 ad 3.*

29)　詳しくは，*1a q.37 a.2* 参照。

30)　例えば，トマスは聖書註解で，聖パウロが手紙の受取人に挨拶するときに御父と御子にしか言及していないことについて，きまって次のように付け加えている。「聖霊のペルソナがはっきり示されていないのは，恩恵と平和という聖霊の賜物から理解できるからである。あるいは，御父と御子という二つのペルソナ──『聖霊はそれらの一致にして紐帯である』──から理解できるからである（intelligitur in duabus personis Patris et Filii, *quarum est unio et nexus*）」

294   第Ⅰ部　三位一体の霊性

題は見事なまでに詳しく展開されているのだが，そうした
説明を読めば，この霊の性質がどれほど霊の定義そのもの
に結びついているか分かる。トマスはある定期討論集で少
しだけもっともらしい異論を検討しているが，この異論に
よれば，交わり（communio）の概念は聖霊の発出から切
り離して考えられる。同時に，この異論は，交わりと交わ
りが意味する御子からの発出を度外視しても，聖霊の発出
は考察できることを明らかにしようとしている。一見かな
り単純な論証によれば，聖霊の発出と交わりは概念的に区
別できるので，聖霊の発出を問題にせずに交わりを否定で
きる。こうして，交わりがなくても，神的ペルソナの複数
性を損なわずにそれらを考察できるだろう。というのも，
この複数性の根拠である起源からの発出は問題にならない
から。トマスはこの異論に対し次のように反論している。

　　　共通のものが固有のものに先立つように，発出が交わ
　　　りに先行することは概念的には（per intellectum）正
　　　しい。だが，「この発出」（talis processio），すなわち
　　　愛，交わり，御父と御子の愛の紐帯として聖霊が発出
　　　することは，概念的に見ても，交わりに先行するもの
　　　ではない。──その結果，交わりを取り去るなら，も
　　　はや聖霊は発出しなくなるだろう。というのも，交わ
　　　りと聖霊の発出は，実は同じ事柄だからである。この
　　　ことは次の例からすぐに理解できる。すなわち，「動
　　　物」は「人間」に概念的に先立つが，これは「理性的
　　　動物」の場合には当てはまらない。というのも，理性
　　　的動物は人間の定義そのものだからである──[31]。

（*In ad Rom. 1, lect.4, n° 73*; cf. *In I ad Cor. 1, lect.1, n° 10*; *In 2 ad Cor. 1, lect.1, n° 10* (!); *In Gal. 1, lect.1, n° 7*; *Ad Ephes. 1, lect.1, n° 4*）。

　　31）　*De Pot. q.10 a.5 ad 11*: « Licet processio sit prius per intellectum quam communio, sicut commune quam proprium; tamen *talis*

第 8 章　教会の心　　295

　この議論はこうした言葉遣いに慣れていないと少し難し
く感じるかもしれないが，大きな問題点がある。異論で
は，御子や霊に無差別に適用される「発出」の一般的意味
と，聖霊の発出（talis processio）を示す固有の意味が混同
されている[32]。しかし，「聖霊が発出することは，御父と御
子の愛や交わりとして発出することに他ならない」。知性
の中でこうした御父と御子の交わりを取り除くなら，聖霊
の発出も否定することになるだろう——というのも，この
二つの現実は結びついているから。そうなると，もはや第
三位格は区別できなくなり[33]，第三位格が教会の交わりで
果たす業も説明できなくなる[34]。

---

processio, scilicet spiritus sancti, qui procedit quasi amor et communio et
nexus patris et filii, non est prius secundum intellectum quam communio;
unde non oportet quod remota communione remaneat processio; sicut
animal est prius secundum rationem quam homo, non autem animal
rationale ». Gilles Emery は，このテキストの意味を的確に解き明かし
てくれただけでなく，本章の三位一体の教えについてたくさんの示唆
を伝えてくれた。

　　32）　Cf. *Sent. I d.13 q.1 a.3.*

　　33）　上記註 25 参照。

　　34）　ここでは，神学の専門的議論に深入りすべきではない。御
父と御子の相互的愛としての霊の教えや，この教えが教会にどう影響
するかもっと詳しく知りたいなら，この分野の専門家を参照してほ
しい。F. BOURASSA, *Questions de théologie trinitaire*, Rome, 1970, p.
59-189; ID., « L'Esprit-Saint 'communion' du Père et du Fil », *Science et
Esprit* 29 (1977) 251-281; 30 (1978) 5-37; ID., « Dans la communion de
l'Esprit-Saint », *Science et Esprit* 34 (1982) 31-56; 135-149; 239-268. こ
れらの研究は歴史的で体系的なものだが，大部分はトマスを論じてい
る。[基本的な研究 G. EMERY, « La procession du Saint-Esprit *a Filio*
chez saint Thomas d'Aquin », *RT* 96 (1996) 531-574 も参照。トマスが
この主題をきわめて詳しく論じた理由を知りたいなら，ぜひこの論
文を読む必要があろう。同時に，J.-M. GARRIGUES, « La réciprocité
trinitaire de l'Esprit par rapport au Père et au Fils selon saint Thomas
d'Aquin », *RT* 98 (1998) 266-281 も参照。]

愛 の 絆

すぐ分かることに，アウグスティヌス——と彼を引き合いに出すすべての人々——は聖霊を論じるために，聖パウロの表現——少なくとも二度繰り返して聖霊の交わり（koinônia）に言及している——にきわめて近い言葉を使っているが，このことは重要である[35]。トマスはウルガタ聖書で koinônia の訳語として societas ないし communicatio を見出したが，おそらく元の言葉が同じギリシャ語だとは予想しなかっただろう。とはいえ，こうした表現にある三位一体の教えが教会に影響を及ぼすことをはっきり理解していた[36]。すべてを短く要約するなら，聖霊は教会の中心で愛を通じて一致の役割を果たしているが，この愛は三位一体の只中で聖霊が働く愛を思わせるものである。こうして，聖霊により，洗礼を受けた人々は三位一体に似た愛の交わりを形成する[37]。

---

35) *2 Co 13,13* et *Ph 2,1*. 共同訳聖書は「聖霊の交わり」（communion du Saint-Esprit）ないし「聖霊における交わり」（communion dans le Saint-Esprit）と訳して，この表現を使っている文章で三位一体が示唆されていることを強調している。

36) Cf. B.-D. DE LA SOUJEOLE, « 'Société' et 'communion' chez saint Thomas d'Aquin. Étude d'ecclésiologie », *RT* 90 (1990) 587-622. 特に，communio と communicatio がどのような意味でどう使われているかを述べた第二の部分を参照。

37) すぐ気づくことに，三位一体の交わりと教会の交わりを比較すれば，事態ははっきり理解できるようになるが，この比較は徹底的には活用できない。三位一体の交わりでは，聖霊は愛や一致の「根源」ではなく，愛や紐帯として発出するものである——トマスの挙げる「花の咲いた木」のイメージで説明するなら，開花の根源は花ではなくむしろ木である。他方教会の交わりでは，すぐに述べることになるが，聖霊は本来的意味で，教会を生かし統一する愛の根源——範型

第8章 教会の心   297

　周知のとおり，トマスの教会論は実に典型的にキリスト
の体の神学である[38]。トマスは聖パウロにしたがって，こ
の体は頭から恩恵が湧出してできたとしている。「キリス
トの霊魂は卓越していたので恩恵を最大限に受けとった。
このようなわけで，キリストの霊魂は卓越さからして恩恵
を他の人々に伝えるものである。これは頭としてのキリス
トの役割そのものである」[39]。この文脈で，聖霊の役割はま
さに，頭であるキリストと肢体である信徒を「つなぐ」こ
とである。というのも，聖霊には，頭と肢体で数的に「同
一」にとどまる特性があるからである。トマスはかなり頻
繁にこの定式を取り上げるが[40]，少しだけ詳しく説明して

因かつ作出因──である。

　38)　研究はたくさんあるが，全体的概観は Y. CONGAR, « L'idée
de l'Église chez saint Thomas d'Aquin », dans ID., Esquisses du mystère
de l' Église, nouvelle éd., « Unam sanctam 8 », Paris, 1953, p. 59-91 参照.
Cf. aussi « 'Ecclesia' et 'populus (fidelis)' dans l'ecclésiologie de saint
Thomas », dans Commemorative Studies I, Toronto, 1974, p. 159-174,
repris dans ID., Thomas d'Aquin, Sa vision de la théologie et de l'Église,
Londres, 1984, ou bien dans ID., Église et Papauté, Regards historiques, «
Cogitatio fidei 184 », Paris, 1994.

　39)　3a q.8 a.5; cf. a.1. この教えは教会論にも応用できる。例え
ば，ピウス12世（Pie XII）は Mystici Corporis (éd. S. Tromp, section
78) で少しばかり重々しく，「賜物，徳，特能は残らず，頭のうちに優
れた仕方で，豊かに，活発に存在するが，これらは教会のすべての成
員に伝わる……」と述べている。またより最近では，第二バチカン公
会議が Lumen Gentium I,7 で，「この体ではキリストの生命が信徒に広
がる……」と表明している。

　40)　De ueritate q.29 a.4: « Est etiam in Ecclesia continuitas
quaedam ratione Spiritus sancti, qui unus et idem numero totam Ecclesiam
replet et unit »; cf. Expositio in Symbolum a.9 n° 971:「カトリック教会
は様々な肢体を持つ唯一の体である。この体を生かす霊魂は聖霊で
ある」。こうした表現は約15回現れる（下記，Vauthier を参照）が，
たいていの場合きわめて簡潔である。ただし，Super Ioannem 1,16,
lect.10, n° 202 は例外である。「習慣的賜物は人間とキリストでは異な
るが，キリストにある『同一の』聖霊がすべての聖なる人々を満たす。

いるのは，ほぼ次のテキストだけである。

> 自然的身体では，能力はあらゆる肢体に分散しており，本質にしたがって数的に異なるが，数的に一つの根源——これはトマスの身体論では霊魂のことで，霊魂は生きたものの形相であり，心や頭にあるとされる——を持ち，合流している。さらに，能力は唯一の究極的形相——これも霊魂のことで，超越的原理として身体と結合し，人格を形成する——を持っている。同様に，神秘体の成員はみな究極的完全性として（pro ultimo complemento）聖霊を持っているが，この聖霊はすべての人々で数的に一である——こうして聖霊は教会という体で霊魂の役割を果たす。また，聖霊を通じてすべての人々に注がれる愛そのものは，様々な人々で本質にしたがって異なるが，数的に一つの根源により統一される。というのも，働きに固有の根源は働きを限定する対象そのものだからである。このようなわけで，信徒はみな同一の対象を信じ愛しているので，信徒の信仰と愛は同一の根源——最初の根源である聖霊だけでなく，直接的根源である固有対象も含む——により統一される[41]。

このテキストの説明は見事だが難しいので，様々に解釈

この意味で，キリストの充実は聖霊であり，聖霊はキリストから発出し，本性，力，威厳の点でキリストに等しい。実際，習慣的賜物はキリストの霊魂と人間で異なるが，にもかかわらずキリストにある『同一の霊』が聖化すべきすべての人々を満たす。『唯一の同じ霊がこうした賜物をみな生み出す』（Ｉコリ 12：11）。『わたしはわたしの霊をすべての肉に注ごう』（ヨエ 3：1；使 2：17）。『キリストの霊を持たないなら，キリストに属していない』（ロマ 8：9）。『というのも，教会は聖霊の一性で統一されるから』」。

   41) *Sent. III d.13 q.2 a.2 qla.2 ad 1.*

第 8 章　教会の心　　299

されたのだが[42]，意味を理解するのに微妙な問題に深入り
する必要はない。ここでは本質的な教えを確認するだけで
よい。聖霊が教会という体の中で果たす役割は，霊魂が人
間の身体の中で果たす役割と同じである。すなわち，聖霊
は全体にも各部分にも全体として存在する。聖霊は頭にも
体にも各部分にも存在する。聖霊は教会全体に超自然的生
命を伝えることで教会の統一的原理になるだけでなく，教
会の聖性，超自然的働き，豊かさの原因でもある。教会に
遍在する霊は教会の内なる主人であり，これは霊が義人の
霊魂を支配するのと同様である。しかし，聖霊とともに三
位一体全体が教会にとどまるのは明らかであり，それとい
うのも先ほど指摘した，トマスがよく述べる原則によれ
ば，一つのペルソナが働いているところには，必ず他の二
つのペルソナも臨在しているからである。「キリストいわ
く，誰かがわたしを愛し，わたしの言葉を守るなら，わた
しの父もその人を愛すだろう。われわれはその人のもとへ
行き，一緒に住もう」（ヨハ 14：23）。

　しかしこのテキストは，アウグスティヌスから受け継い
だキリスト教思想の共通見解に[43]，少しだけ詳しい教えを

---

42)　Cf. E. VAUTHIER, « Le Saint-Esprit principe d'unité de l'Église
d'après S. Thomas d'Aquin. Corps mystique et inhabitation du Saint-
Esprit », *MSR* 5 (1948) 175-196; 6 (1949) 57-80, avec la discussion de Y.
CONGAR, *Sainte Église. Études et approches ecclésiologiques*, « Unam
sanctam 41 », Paris, 1963, p. 647-649; S. DOCKX, « Esprit Saint, âme de
l'Église », dans *Ecclesia a Spiritu Sancto edocta*, p. 65-80.

43)　次の見事なテキストを参照。「人間を生かす人間の霊は霊魂
と呼ばれる……。霊魂は身体の中で何をしているのか。霊魂はすべて
の部分を生かしている。霊魂は目を通じて見，耳を通じて聞く……。
霊魂はすべての部分を生かすためにすべての部分に同時に存在してい
る。霊魂はすべての部分に生命を，各部分に役割を与えている。聞く
のは目ではなく，見るのは耳ではなく，語るのは耳でも目でもない。
にもかかわらず，各部分は生きている。耳も舌も生きている。機能は
異なるが，生命を共有している。神の教会はこれに似ている。教会は

300   第Ⅰ部　三位一体の霊性

付け加え，「別の」統一的原理を論じている。すなわち，
教会の成員は信仰と愛で，あるいはもっと正確には同一の
ものを信じ愛することで結びつく。トマスはこのことをよ
り専門的な言葉で説明し，対象が働きを限定すると述べて
いる。これは自然的領域でよく見られる経験的事実の単な
る言い換えである。すなわち，異なる人々はただ同じもの
をともに欲することで結びつく。そのとき，この同じもの
はこれらの人々の共通目的，統一的原理の役割を果たして
いる。では，信徒が知り愛する目的，教会という体の統一
的原理とは何だろうか。トマスはここで明言しておらず，
こうした目的や統一的原理は最初の根源——霊魂——であ
ると同時に直接的根源——信徒が知り愛する対象——だと
述べ，それは聖霊だと主張しているように見えるが，実の
ところ三位一体である神そのものなのは疑いない[44]。この
三位一体こそは教会全体の，選ばれた人間の霊魂の，すで
にこの世で至福を分有する義人の霊魂の完全な至福であ
る。というのも，信仰と愛があるところには必ず，信仰と
愛により到達できる目的として，神自身が現前するからで
ある。

　トマスがキリスト教共通の教えに付け加えたこの説明の
利点は，まさにこの説明のおかげで共通の教えを完全に理

――――――――
聖なる人々を通じて奇跡を行い，他の人々を通じて真理を教え，また
別の人々を通じて純潔を守る……。このことを行う人もいれば，別の
ことを行う人もいる。各人は固有の性質から行うが，すべての人々は
等しく生きている。『霊魂と人間の身体の関係は，聖霊とキリストの
体である教会の関係に等しい。聖霊が教会全体で果たす役割は，霊魂
が唯一の身体のすべての部分で果たす役割と同じである』」（*Sermon
267, n° 4: PL* 38, 1231; trad. dans SAINT AUGUSTIN, *Le visage de
Église*, Textes choisis par U. von BALTHASAR, trad. par TH. CAMELOT
et J. GRUMEL, « Unam sanctam 31 », Paris, 1958, p. 120）。
　　44）　この点について，Vauthier の研究に関する議論で Congar 神
父が主張することは正しい。

第8章　教会の心

解できることにある。共通の教えは見事で魅力的に映るだろうが，聖霊は教会の霊魂だと言うときに何が意味されているかもっと正確に理解しようとすれば，この言明はあまりに多くを述べている，あるいはきわめてわずかしか述べていない。あまりに多くを述べているというのは，自然的なものでは，霊魂と身体は解体できないほど密接に結びついているからである。これを表現しようとして，霊魂は身体の「形相」であり，身体に「生命，運動，存在」を与えると言われている。この結合は死の暴力によってはじめて終わる。だが，聖霊について同じようには言えない。いかにして「造られざる」霊が教会の成員である「被造的」人間と複合されるだろうか。こうしたことは形而上学的に見て不可能である。

　活用できる最も関連の深い強力な例は受肉だが，受肉により御言とその人間性が複合されるわけでは決してない。合一は「混同も混合もなく」生じるというカルケドン公会議の主張を思い出そう。合一が混同や混合とともに生じるなら，受肉した御言は神でも人間でもない混種のものになるだろう。しかし，受肉した御言の人間性はペルソナにおいて御言に合一している――これは専門用語では位格的結合と呼ばれる。聖霊については決してこのように言えない。というのも，もしそうなら，教会の成員はみな聖霊に位格的に結びついていることになるから。この不合理は，第四ラテラノ公会議で「異端」ではなくむしろ「狂気」と断じられたが，狂人しか理解できないものである。では，教会の霊魂というこの表現は，真の意味をまったく持たない，比喩的表現にすぎないと考えるべきだろうか。それが本当なら，この表現はきわめてわずかしか述べていないことになろう。

　トマスはこの文脈で信仰と愛を持ち出してきたが，まさにこうして，聖霊がいかにして「ある意味で」教会の霊魂

と言えるか説明しているのである。この説明により，不合理をことごとく回避できるとともに，この表現に真理性を回復できる。霊魂に見出せる恩恵と，知性と意志の能力に見出せる信仰と愛は，間違いなく聖霊の賜物である。聖霊の賜物は，人間が恩恵により高次の神的生命を分有し，信仰と愛により神の子として恩恵の次元で働くために与えられる。こうして神を認識し愛するときに何が起こっているかできるだけ理解するために，日常世界で認識し愛する経験と比較してみよう。わたしの愛する人物は，わたしに現前していても，わたしの精神のうちに「物理的に」存在するわけではない。この人物はわたしが見て再現することではじめて現前するが，こうした存在を心に内面化することにより，物理的に存在しなくなってからも，思い出すことができるのである。専門家によれば，これは認識と愛を通じた「概念的」（intentionnelle）存在だが[45]，にもかかわらず確かに真の存在である。すなわち，愛されるものは愛するもののうちに，愛するものは愛されるもののうちに霊的に住む。

　こうした再現は，人間の肉的条件の制約から完全に自由で，もっぱら人間に関わるものだが，これに基づいて類推してみよう。すでに見たように，神は人間が認識し愛するどんなものよりも深いところで人間に現前するが，恩恵の現前でもこうした再現が問題となる。人間は恩恵を通じて神から新しい存在を得る。というのも，以後神は超自然的に知られ愛されるものとして人間に現前するからである。上で神が被造物にどのように存在するか論じたが，そのとき発見した事柄はここで別の道を通じて見出せる。すべてのものに共通の無限の存在に加えて，

---

　45)　ここで「概念」はまさしく現実の代替物を意味しているが，こうした代替物は認識と愛を通じて内面化された再現である。

第 8 章 教会の心 303

理性的被造物に固有なこの特別な存在様態がある。神は理性的被造物に「知られるものが知るものに，愛されるものが愛するものに現前するように」存在すると言われる。また，理性的被造物は神を知り愛する働きを通じて神自身に達するので，この特別な存在様態により，神は理性的被造物に現前するだけでなく，「理性的被造物を神殿としてそこに住む」とされる[46]。

こうして，聖霊は「教会の霊魂」であるという言明が正確にどのような真理を述べているか見えてくる。それゆえ，先ほど指摘した不合理を回避するために，聖霊とその賜物を区別する必要があった。聖霊は霊魂の役割を直接的には果たせないが，その賜物を通じて間接的に果たす。もっと聖書に近い言葉を使い，少し角度を変えて言えば，起こっていることは次のように図式化できる。神は人間を最初に愛するだけでなく（Ⅰヨハ4：10, 19），神を愛する手段も与える。「というのも，われわれに与えられた聖霊により神の愛がわれわれの心に注がれているからである」（ロマ5：5）。そして最後に，神は神を愛する人間のうちに到来する（ヨハ14：23）。だから，神は人間霊魂の主人にして教会の主人だと確言できる。こうした働きの全体を優先的に聖霊に帰すのは，最初に示した理由のためである。すなわち，教会で愛を通じて信徒を一つにするのは，御父と御子の愛の紐帯である聖霊の特別な業である[47]。

---

46)　*1a q.43 a.3.* 本書第3章および第4章参照。

47)　おそらく学識ある読者は，ここで教会の造られざる霊魂——聖霊——と被造的霊魂——恩恵——を区別して論じていないことに気づくだろう。だがそれは，この文脈にそぐわない議論を避けようとしたまでのことである。というのも，ふさわしくないと判断した——しかし適切な表現だったかもしれない——言葉を除けば，この区別が必要なことは明らかだからである。この区別は今ではほとんど論じられなくなったが，現代を代表する二人の教会論者は正当

教 会 の 心

　微妙な差異を除けば，聖霊を教会の霊魂として論じることはトマス独自の見解ではまったくない。しかし，聖霊を教会の「心」としたのは，当時トマスだけだった[48]。「心は外的な肢体に隠れた影響を及ぼす。このようなわけで，目に見えない仕方で教会を生かし統一する聖霊は心に例えられる」[49]。教会という身体について頭をキリストにあてる──というのも，キリストははっきり見えるように現れたから──なら，目には見えずとも不可欠な心の働きはむしろ聖霊の業である[50]。心という言葉の意味合いからして，これは愛が教会の生命と一性の最高の原因だと述べるのと同じである。

にも採用している──Ch. JOURNET, *L'Église du Verbe incarné*, t. II, Paris, 1951, p. 510-580; Y. CONGAR は補足的に Journet の見解に賛成している（*Sainte Église*, p. 643 et 647-649）が，すでに *Chrétiens désunis. Principes d'un 'oecuménisme' catholique*, « Unam sanctam 1 », Paris, 1937, p. 64 et 68-70 で同じ見解を主張していた。S. Dockx（上記註 42）の批判は，教会が霊的な「人間」，あるいはそう言ってよければ霊的な人格そのものであることを考慮に入れていない。ここではこの新しい主題に立ち入らず，議論の本質を理解するのに上で挙げた二人の神学者を参照しよう。Ch. JOURNET, « La sainteté de Église. Le livre de Jacques Maritain », *Nova et Vetera* 46 (1971) 1-33 (présentation et discussion de J. MARITAIN, *De l'Église du Christ*, Paris, 1970); Y. CONGAR, « La personne 'Église' », *RT* 71 (1971) 613-640.

　　48)　D'après M. GRABMANN, *Die Lehre des heiligen Thomas von Aquin von der Kirche als Gotteswerk*, Regensburg, 1903, p. 184-193.

　　49)　*3a q.8 a.1 ad 3*.

　　50)　「むしろ」という条件は外せない。というのも，トマスでは適合化は排他的なものではまったくないからである。トマスは *De ueritate q.29 a.4 ad 7* の並行箇所で，「心は隠れた器官である……。だから，『キリストの神性も聖霊も』示せる」と指摘している。

第 8 章　教会の心　　　305

　この比喩から別の比喩が出てくる。人間の物理的身体で
どの肢体も心臓から流れ出る同じ血で潤されるなら，神秘
体では生命を維持するこの流れは愛である。愛を通じて働
く聖霊により，すべての成員は有機的につながり，同じ交
わりの中で相互に依存する。

　　自然的身体ではある肢体の働きは身体全体の善に変わ
　るが，教会という霊的身体でも同様である。そして，
　信徒は集まって唯一の体を形成しているので，ある信
　徒の善は他の信徒に伝わる。「われわれはみな互いに
　部分である」（ロマ 12：5）。このようなわけで，使徒
　が伝えた信仰箇条の一つに，教会での善きものの交わ
　り（communio bonorum）がある。これは聖なるもの
　の交わり（communio sanctorum）と呼ばれるもので
　ある[51]。

　『使徒信経』の歴史を遡るかぎり，聖霊，教会，聖徒の
交わりは必ず一緒に言及されている。並置されているの
ではなく，むしろ密接に結びついているものとして示さ
れている。「わたしは聖霊，聖なる普遍の教会，聖徒の
交わりを信じる」[52]。聖徒の交わりはここで教会に付加さ
れているわけではなく，教会を説明したものにすぎない
が，この表現はあらかじめ注意が必要である。この表現
は文法学と神学の両方から考察できるが，単なる文法的
関心にとどまらない価値がある。おそらく周知のように，

───────────
　51)　*Expositio in Symbolum art. 10, nº 987.*
　52)　周知のとおり，これは『使徒信経』の真正の定式で，その
最初の証明の一つは紀元 200 年頃にローマの聖ヒッポリュトス（saint
Hippolyte de Rome）に見出せる──cf. P. NAUTIN, *Je crois à l'Esprit-
Saint dans la sainte Église pour la résurrection de la chair*. Étude sur l'
histoire et la théologie du Symbole, « Unam sanctam 17 », Paris, 1947。

communio sanctorum という定式は二つの意味が考えられる。sanctorum は sancti の複数属格なので，この定式は「聖徒の交わり」，すなわち信徒，すなわち信仰を持つ人々の交わりを意味する。しかし，sanctorum は sancta の複数属格でもあり，sancta は聖なるもの，信徒が共有し結びつく善きもの，すなわち秘跡，信仰，愛，神自身のことである。歴史的に見れば，この二つの意味は適切に証明されており，いずれが最初に現れたか正確に述べるのは難しいだろう。だが神学的に見れば，事態ははっきりしている。すなわち，聖なるものの交わり，そして聖なるものを通じて聖なる三位一体そのものの交わりが信徒の交わりを支えているのである。

しかるに，ここでトマスが使っている communio bonorum という表現についても同じように言える。bonorum は boni として，善人，すなわちここでも信徒として理解できるが，bona，すなわち信徒が共有する善としても理解できる。トマスがどちらを優先しているかは明らかである。

しかし，教会の成員のうちで主要な成員はキリストである。というのも，キリストは教会の頭だからである。「神はキリストをキリストの体である教会全体の頭にした」（エフェ 1：22-23）。「だから，頭の力がすべての肢体に伝わるように，キリストの善はすべてのキリスト教徒に伝わる」。そして，この伝達は教会の秘跡を通じて起こるが，秘跡で働くのはキリストの受難の力であり，これにより信徒は恩恵を受け罪の赦しを得る[53]。

---

53) *Expositio in Symbolum art. 10, n° 988.*

第 8 章　教会の心　　　307

　それから，トマスは七つの秘跡とその働きを簡単に検討
し，その後にようやく第二の意味として聖徒の交わりを論
じているが，この意味はおそらく最も自然に思い浮かべる
ものだろう。

　　さらに知るべきことに，キリストの受難の効力だけ
　でなく，キリストの生涯の功績も信徒に伝わる。ま
　た，聖なる人々が働いた善はみな愛に生きる人々に伝
　わる。というのも，愛に生きる人々は一つだからであ
　る。「わたしはあなたを恐れるすべての人々の友にな
　る」（詩 118：63）。このようなわけで，「愛に生きる
　人々は全世界で生じた善を残らず分有する」[54]。

　強調した文章に注目しよう。この文章はトマスがこの主
題を論じるあらゆるテキストに見出せる[55]。ここで再現す
る次のテキストはめったに引用されないが，それというの
も引用元の著作はたいていのトマス読者には知られていな
いからである。

　　──他の人に祈る場合，祈りの効力を説明する二つの
　理由がある。その人物のために祈ることはもちろんだ
　が，何より重要なのは──「愛の一致である。という
　のも，愛に生きるすべての人々は唯一の体のようなも
　のを形成するからである」。その結果，手や他の部分
　が身体全体に役立つように，一人の善はすべての人々
　に及ぶ。こうして，一人が達成したどんな善も愛に生
　きるすべての人々に関係するのだが，これは『詩編』

───────────────

54)　*Expositio in Symbolum art. 10, nᵒ 997.*

55)　例えば，*Sent. IV d.45 q.2 a.4 qc.1 (=Suppl. q.71 a.12)*；
Quodlibet VIII q.5 a.2 [12] を参照。

308 第Ⅰ部 三位一体の霊性

118 章 63 節「わたしはあなたを恐れ，あなたの掟を
守るすべての人々の友になる」という言葉によってい
る[56]。

　これらのテキストでは愛の重要性を指摘できるが，それ
というのも「聖徒の」交わりが論じられており，愛の外に
聖性がないのは明らかだからである。しかし，なぜ愛にこ
うした神秘的豊かさがあるか理解したいなら，愛と聖霊に
特別なつながりがあることを思い出す必要がある。教会の
霊魂である霊が現前することではじめて，聖徒の交わりと
呼ばれる，霊的善のこうした神秘的な浸透は生じる。シャ
ルル・ジュルネはここで驚くべき比喩を挙げている。目の
ない人に目を与えるなら，確かにこの人は「限られた」完
全性，身体的器官としての「肉」の目を得るだろうが，同
時に「無限の」視界も「霊的に」手に入れることになる。
この人に見る力を与えるなら，彼は無限に広がる外的世界
を概念的に自分のものにできるのであり，こうして新しい
仕方で世界とつながることになろう。
　愛にもこうした二つの側面がある。愛は被造的賜物，す
なわち聖霊がわたしのうちに生み出した結果であるかぎ
り，わたしの霊的存在を完成するが，わたし個人に限定さ
れる。こうした意味の愛では，問題にしているこの相互的
交わりを説明できないだろう。しかし，わたしがこの「限
られた」愛により聖霊である「無限の」愛の交わりに入
り，この無限の愛が霊的形相としてわたしのうちに住むな
ら，事態はまったく異なるものになる。というのも，わた
しは根源的愛により，愛を持つ他のすべての人々と交わる
ようになるからである。なぜなら，根源的愛は教会全体を
満たしつつ統一している同一の造られざる愛だからであ

---

56)　*Quodlibet II q.7 a.2 [14]*.

第8章 教会の心   309

る。この造られざる愛は教会全体と各部分に存在するの
で，恩恵を受けたすべての人々は互いのうちに住むことに
なるが，これは「教会の成員の情動的な相互内在」（ジュ
ルネ）と呼ばれる。愛の霊がわたしのうちに住み，わたし
が霊のうちに住むなら，同じように霊と交わるすべての
人々もわたしのうちに住み，わたしもこうした人々のうち
に住む。聖徒の交わりの神秘を説明するにはここまで論を
進める必要がある。わたしの愛は兄弟に達して終わるので
はなく，わたしの愛は兄弟の愛であり，兄弟の愛もわたし
の愛である。信徒は霊から得た力と豊かさを互いに伝え合
い，その結果弱い人の愛は強い人の愛により高められ，両
者の愛は教会全体の一つの愛に合流する。というのも，す
べての信徒が共有するのは造られざる愛であり，この愛
は不可分で偏在しているからである[57]。それゆえ，「一人の
信徒の敬虔で聖なる業はどれも信徒全員のもの」[58]なのだ
が，これはまさに信徒に共通の根源である愛のためであ
り，この愛は教会の心である聖霊の結実に他ならないので

---

57)　前章で見た友愛の教えが最高の仕方でキリスト教に取り入
れられているのが分かる。トマスはこの教えをアリストテレスから得
たが，アリストテレスはすでにプラトン（Platon）から受けとってい
た。初期キリスト教思想家たちは非常に早くにプラトンを活用し，上
で説明したような意味でキリスト教的に解釈した。例えば，アレクサ
ンドリアのクレメンスは次のように述べている。「『友人の善は共通の
もの』（PLATON, *Phèdre*, 279 C; *Lois*, V, 739 C）で，人間は神の友人
──事実，人間はロゴスの仲介により神に愛されている──なら，す
べては人間の所有物になる。というのも，すべては神のものなので，
すべては神と人間という二人の友人に共通だからである」（*Protreptique*
XII 122,3: *SC* 2, p. 192）。

58)　この表現はトレント公会議が述べたローマのカテキズムの
ものだが，上で指摘したトマスの諸テキストとうまく調和する──
cf. *Catechismus Romanus*…, éd. P. RODRIGUEZ, Vatican, 1989, Pars Ia,
cap. 10, p. 119。このことは *Catéchisme de l'Église catholique*, Paris,
1992, p. 204-207 ではっきり取り上げられた。

310   第 I 部　三位一体の霊性

ある[59]。

　　　　　　　　＊　　＊　　＊

　今も残っているトマスの説教は数少ないが，本章で述べた大部分の主題は万聖節の説教に見出せる[60]。ドミニコ会士トマスは練り上げた神学上の教えをどのように説教に活用しているのか，改めて検討して理解を深めてみよう。

　非常に明らかなことに，この説教は信徒の集まり（congregatio fidelium）という考え方を拠りどころにしているが，この表現はおそらくトマスの好む教会の定義であり，人々の交わりをはっきり強調している[61]。トマスはこのことを前提として述べた後，唐突に始めている。正しく考えるなら，神と天使と人間の交わり（societas）がただ一つであることが分かる。この主張は聖書の二つの引用に基づくが，両引用とも神が御子イエス・キリストにおいて人間を呼び出す交わり――ウルガタ聖書では societas――に言及している[62]。トマスはこの交わりを，至福という同

───────────

　　59)　Cf. *Sent. IV, d.45 a.2 q.1 sol.1*: « propter communicantiam in radice operis quae est caritas ». 言うまでもないが，この聖徒の交わりの教えは上でした要約をはるかに超えて広大なものである。とりわけ Ch. JOURNET, *L'Église du Verbe incarné*, t. II, p. 548-561 et 662-667 と，非常に優れた論文 J.-M.R. TILLARD, « La communion des saints », *La Vie spirituelle* 113 (1965) 249-274 で補完できる。Y. CONGAR, « Aspects de la communion des saints », *Les voies du Dieu vivant*, Paris, 1962, p. 347-356; *Je crois en l'Esprit-Saint*, t. II, Paris, 1979, p. 83-87 も詳しい文献表とともに参照。

　　60)　Sermon *Beati qui habitant*, dans Th. KÄPPELI, « Una raccolta di prediche attribuite a S. Tommaso d'Aquino », *AFP* 13 (1943) 59-94, cf. p. 88-94.

　　61)　Cf. *Expositio in Symbolum a.9, n° 972*:「知るべきことに，教会は『集まり』（congregatio）を意味する。だから，『聖なる教会』は『信徒の集まり』（congregatio fidelium）に他ならず，キリスト教徒は誰しもこの教会の部分である」。

　　62)　Cf. 1 Co 1,9 et 1 Jn 1,7.

第 8 章　教会の心　　　311

じ目的で天使と人間が交わることに基づいて説明している。しかし，神はこの至福を本質的に所有しているが，天使と人間は分有することしかできない。交わりはさらに拡張される。すなわち，この同じ目的を分有する人々はみな業を共有して交わるはずである。したがって，目的にまだ達していない人々，地上で生きる人々——よく使われる言葉では旅人（uiatores）——は，すでにこの目的を所有している人々の言葉と模範によりそこへ向かう。このようなわけで，すでに至福を得た聖人たちの祝日を祝い，彼らの祈りで力を得，彼らの模範から学び，彼らの報いを刺激として，今度はわれわれが至福を手に入れようではないか。

　こうした基本的考え方から直接出てくることだが，トマスはキリスト教徒の努力やこの努力の終局を個人主義的には捉えておらず，人間は所属する共同体を当てにできることを指摘している。すなわち，人間は常に迅速に赦す決心をしていないとしても，実際に「主の祈り」を唱えることができる。というのも，罪人は自分のために（in persona sui）だけ祈るのではなく，偽ることのない教会のためにも（in persona ecclesiae）祈るからである[63]。もっとも，キリストは人間が教会の交わりに基づいて生きることを強調するために，単に「父よ」ではなく，「われらの父よ」と言うように教えている[64]。実際のところ，聖徒の交わりは，人間が超自然的な恩恵の世界で結びつく神秘のことで，この恩恵の世界は新しいアダムであるキリストの体に他なら

---

63)　*In orationem dominicam expositio VI, n° 1090.*

64)　*In orationem dominicam expositio, Prol., n° 1024*：「神への愛を示すために，神を『父』と呼ぶ。隣人愛を示すために，心を一つにしてすべての人々のために，『われらの父よ』，そして『われらの罪を赦してください』と祈るが，このように祈ることでさらに隣人を愛するようになる」。

ないのである[65]。

---

65) かつてある研究者は，ペラギウス主義は「二つの神秘，すなわち悪と死……善と生命を分かち合うことを拒絶するキリスト教と言って差し支えない」と述べた──E. MERSCH, *Le corps mystique du Christ, Études de théologie historique*, Bruxelles-Paris, ³1951, t. 2, p. 66。聖徒の交わりの教えはこうした逸脱の対極にある。

第 9 章

内なる教師

　時に専門家は「霊性」という語の正確な意味について意見が一致しないが，少なくとも霊性が歴史や神学の主題であることは認めている。「霊的」人間——男でも女でも——が何か定義する場合，必ず「霊に導かれる人間」が問題になる。明らかなことに，トマスの見解も同じであり，ためらわずこの面を強調している。「霊的人間（homo spiritualis）は，為すべきことを霊から教わるだけでなく，心そのものも聖霊に動かされる」[1]。トマスはイエスとニコデモの会話（ヨハ 3 : 8）の註解で，霊的人間には霊の特性そのものがあると説明している。

　　「風は思いのままに吹く。あなたはその声を聞くが，それがどこから来てどこへ行くのか知らない。『霊から生まれた人はみなこのようである』」。問題となっているのはもちろん聖霊だが，驚くべきものは何もない。というのも，イエスは「霊から生まれた人は霊である」と言っているからである。というのも，「熱した炭に火の特性があるように，霊的人間には霊の特性があるから」。

---

1)　*In ad Rom. 8, 14, lect. 3, n° 635.*

しかるに，霊から生まれた人にはたった今列挙した霊の四つの特性がある[2]。まず，霊的人間は「自由」を享受する。「主の霊があるところに自由がある」（Ⅱコリ3：17）。というのも，霊は正しいことに導き──「あなたの善い霊がわたしを正しい地に導く」（詩142：10）──，罪と律法への隷属状態から解放するからである──「キリストにおいて生命をもたらす霊の法がわたしを解放した」（ロマ8：2）。

次に，霊的人間の言葉で霊の存在が分かる。というのも，「こうした言葉を聞けば霊性が認識できる」からである。「口は心に溢れていることを語る」（マタ12：34）。最後に，霊的人間の「起源」と「終局」は隠れている。というのも，誰も霊的人間を裁けないからである。「霊的人間はすべてを判断するが，彼自身は誰にも裁かれない」（Ⅰコリ2：15）。あるいは，「あなたは霊がどこから来るのか知らない」は洗礼の恩恵である霊的誕生の根源に，「あなたは霊がどこへ行くか知らない」はこの世では隠れたままの永遠の生命に結びつけて理解できる[3]。

---

2) Cf. *Super Ioannem 3,8, lect.2, n° 451-454.* 主はニコデモに霊の四つの性質を示している。「第一の性質は力である……。というのも，霊は自由な意志の力からして，『望むときに望むところで』心を照らし霊感を与えるからである……。第二の性質はしるしである。『あなたは霊の声を聞く』──これは二つの意味で理解できる。一つは霊が人間の心に内的に語りかける声で，この声を聞くのは義人と聖なる人々だけである……。もう一つは霊が聖書や説教者を通じて語る声で……，この声は不信仰者や罪人も聞く。第三の性質は隠れた起源である。あなたは霊の声を聞いても，『霊がどこから来るのか知らない』。というのも，霊は『近づけない光』に住む御父と御子から来るからである。第四の性質は終局だが，これも隠れている。『あなたは霊がどこへ行くか知らない』。それゆえ，霊は永遠の至福という隠れた終局に導くと理解すべきである……」。

3) *Super Ioannem, ibid., n° 456.*

第9章　内なる教師　　　315

主の霊があるところに自由がある

　霊的人間のこうした三つの性質はしばしば論じられているが，注目すべきことに，第一の性質はいたるところで言及されていると言って差し支えない[4]。きまってトマスは，「霊から生まれた人は霊である」（ヨハ3：8），「主は霊である。主の霊があるところに自由がある」（Ⅱコリ3：17）という二つの聖句をはっきり結びつけ，直接的な文脈に関わる文言を除けば，ほとんどいつも同じように解釈している。

　　第一の意味では，「霊」はペルソナとして理解できる。それゆえ，法を生み出す「聖霊」は主である，すなわち望むままに自由に働くと読むべきである。「霊は思うがままに吹く」（ヨハ3：8）。「霊は望むままに賜物を分け与える」（Ⅰコリ12：11）。パウロは「主の霊があるところに自由がある」と付け加えているが，これはあたかも次のように言わんとするかのようである。霊は主なので，霊は旧約聖書を自由に覆いなしに用いる自由を与える[5]。聖霊を持たないなら，こうしたことはできない。
　　第二の意味では，「主」はキリスト自身として理解

---

　4)　Ainsi dans le *Super Ioannem 15,26, lect.5, nᵒ 2058*：「ここで聖霊に関する四つの点を挙げよう。すなわち，『自由』，甘美さ，発出，働きである……」。
　5)　明らかなことだが，覆いとは『コリントの信徒への手紙2』3章12-18節で論じられているものである。この覆いはモーセにかかっていたが，聖パウロいわく，ユダヤ人の心にもかかっていたので，ユダヤ人はイエスをメシアと認めなかった。しかし，回心してキリスト教徒になれば，この覆いは取り除かれる。

できる。それゆえ，次のように読める。「主」，すなわちキリストは「霊的である」，つまり力の霊（spiritus potestatis）である。このようなわけで，「主の霊があるところに」，霊的に理解できる（spiritualiter intellecta）キリストの法がある。これは「書かれた法だけでなく，信仰により心に注がれた法でもある」ので，そこには自由もあり，覆いがもたらす障害は何もない[6]。

　それゆえ，聖霊は自由であり，聖霊の最初の賜物は信徒の霊魂を解放することである。トマスに精通していれば，ここで新法の教えを思い浮かべるだろうが，この教えはきわめて中心的なので度々言及されている。だが，『神学大全』に詳しくないと，この教えを見過ごしてしまうかもしれない。というのも，スコラ神学でしばしば起こるように，この教えは「新法は書かれた法か」という平凡に見える問題で論じられているからである。しかし実際には，そこでは福音が旧法に比べてどれほど新しいか強調されている。

　　アリストテレス『ニコマコス倫理学』第9巻によれば，すべてのものはその最も重要な事柄から定義できる。しかるに，新法の最も重要で強調すべき事柄は，キリストを信じることで得られる聖霊の恩恵である。それゆえ，新法は主としてキリストが信徒に与える聖霊の恩恵そのもののことである……。このことについて，聖アウグスティヌスは『霊と文字』第21章

---

　6)　*In ad 2 Cor. 3,17, lect.3, n° 111.* 周知のとおり，今日の聖書解釈者たちは聖パウロの表現をキリストについて理解しているので，第一の解釈より第二の解釈を好むだろう。しかし，この文章は依然として論争の的であり，トマスがすでにそれを自覚していたことが分かる。

第9章　内なる教師　317

36 節で，「だから，神自身が人間の心に刻んだ神の法
は聖霊の現前そのものに他ならない」と述べている
……。したがってここから，新法は主として内的な法
であり，二次的には書かれた法だと言える[7]。

正当にも有名なこの項は，非常に見事な解説がたくさん
ある[8]。この項の主張はあらゆる点で斬新なものではない
——アウグスティヌスの影響がはっきりうかがえる——
が，重要なのはこのことではなく，聖書と伝統に基づきつ
つ，聖霊と聖霊の恩恵がどれほど中心的役割を果たすか
はっきり打ち出していることである。その結果，残りの事
柄はどれも根本的に相対化できることになる。というの
も，残りの事柄は〔聖霊の恩恵という〕唯一の大きな目的
に比べれば，単に道具的で従属的なものになるから。
　しかし，この考え方はあらゆる法を無秩序に拒絶すると
いう意味ではない。というのも，トマスはすぐにテキスト

---

7)　*1a 2ae q.106 a.1.* J. TONNEAU, S. THOMAS D'AQUIN, *La
loi nouvelle*, 1a 2ae, Questions 106-108, trad. fse, notes et appendices, «
Revue des Jeunes », Paris, 1981 の優れた解説を参照。翻訳はここから
借用した。

8)　J. Tonneau に加えて，とりわけ S. PINKAERS, « La loi de
l'Evangile ou Loi nouvelle selon saint Thomas », dans *Loi et Evangile*,
Genève, 1981, p. 57-80; *Les sources de la morale chrétienne*, chap. VII, p.
180-200 を参照。簡単な紹介は J. ÉTIENNE, « Loi et grâce. Le concept
de loi nouvelle dans la Somme théologique de S. Thomas d'Aquin », *RTL*
16 (1985) 5-22, 関連研究の総体は L.J. ELDERS and K. HEDWIG, *Lex
et Libertas. Freedom and Law according to St. Thomas Aquinas*, « Studi
Tomistici 30 », Rome, 1987 参照。アウグスティヌスがした貢献につい
ては，I. BIFFI, *Teologia, Storia e Contemplazione in Tommaso d'Aquino*,
p. 177-213, chap. 4: « La legge nuova. Agostino e Tommaso » を参照。
〔この主題について，L. ELDERS, « La relation entre l'ancienne et la
nouvelle Alliance, selon saint Thomas d'Aquin », *RT* 100 (2000) 580-602
も参照。〕

の末尾で，福音という唯一の法に役立つ二次的要素を認めているからである[9]。事実注目すべきことに，トマスは聖パウロと同じように，この教えを誤解すると，自由ではなく放縦に行きついてしまうことを心配している。トマスはこの機会を利用して，今述べたことを警告するだけでなく，いかにして聖霊はキリスト教的自由を生み出すか，有益な説明をしている。

　　知るべきことに，「主の霊があるところに自由がある」，「律法は義人のためにあるのではない」（Ⅰテモ1：9）といった言葉を拠りどころとして，霊的人間は神の律法の掟に従属しないと間違って教えた人がいる。これは誤りである。というのも，神の掟は人間の行為の規範だからである……。
　　「律法は義人のためにあるのではない」という言葉は，次のように理解すべきである。律法が公表されたのは，神の律法が定める事柄に内的に動かされる義人のためではなく，むしろ不正な人々のためである。だからと言って，義人は神の律法に縛られないわけではない。
　　同様に，「主の霊があるところに自由がある」という言葉は次のように理解すべきである。自分を意のままに扱う人が自由（liber est qui est causa sui）なのに対し，奴隷（seruus）は主人に依存している。だか

---

9)　U. KÜHN, *Via caritatis. Theologie des Gesetzes bei Thomas von Aquin*, Göttingen, 1965, p. 201 は，正当にも次のように指摘している。「書かれた法としての新法は，すべての成文法と同様，心に刻まれた法（lex indita）の不明瞭さ——事実的なものであれ，想定されるものであれ——を補完し，修正するためのものである。明らかなことだが，トマスはここで現実を見据えている。すなわち，この世で生きる人間は絶えず罪におびやかされているので，人間が道を踏み外さないように，書かれた法は必要なのである——新法は霊の法であるとはいえ」。

第9章　内なる教師　　　　　　　　　319

ら，自分で働く人は自由に働くが，他の人に動かされ
て働く人は自由に働いていない。「こうして，悪だか
らという理由ではなく，神の掟だからという理由で悪
を避ける人は自由ではない。だが，悪だからという理
由で悪を避ける人は自由である。ところが，聖霊が実
現するのはこのことであり，聖霊は人間が神の律法の
命じる事柄を愛により行うために，善い習慣を通じて
人間精神を内的に完成する。このようなわけで，人間
が自由と言われるのは神の律法に従っているからでは
なく，善い習慣に駆り立てられて，神の律法の命じる
事柄そのものを行うからである」[10]。

　トマスの言明は挑発かと思うほどにきわめて力強く，法
律至上主義を奉じる人々には理解できないものでもある。
法律至上主義は数世紀前から人々を支配してきた考え方
で，これによれば行為は法律ないし社会的規範に一致して
いるかどうかで評価される。トマスは律法を軽視している
ように見えるが，実はもっと要求の多いことを主張してお
り，こうして聖パウロの見解に一致しているのは疑いな
い。「信仰の確信に由来しないものはみな罪である」[11]。こ

---

　10)　*In ad 2 Cor. 3,17, lect.3, nº 112.*『テモテへの手紙1』1章9節
(nº 23) の註解も明らかに同じ意味である。「律法は義人に負担として
課せられるのではない。というのも，義人は内的な習慣により律法に
属する事柄を進んで行うからである。律法は義人にとって重荷ではな
い。というのも，『自分自身が律法』（ロマ2：14）だからである。『律
法は義人ではなく不正な人々のために与えられている』という言葉も
同じように理解できる。『というのも，義人しかいないなら，律法は
必要ないだろうから。なぜなら，すべての義人は自分自身が律法だか
らである』」。同じ意味を述べた *1a 2ae q.93 a.6 ad 1* も参照。「霊的人
間は律法に従属していない。というのも，聖霊が心に注ぐ愛により，
律法に属する事柄を自発的に行うからである」。

　11)　Rm 14,23. この聖句は，倫理的行為での良心の役割を論じる
ときに再検討する。

320　　　　　　第Ⅰ部　三位一体の霊性

こには，律法の軽蔑や軽視ではなく，むしろ人間の偉大さ
に基づく主張がある。「人間の最高の尊厳は，他の人に促
されてではなく自分から善に向かうことである」[12]。

　トマスは自由な行為は人間の内側から出てくる必要があ
るのを知っていたが，この考え方はやはり決定的な聖パ
ウロの別の聖句「神の霊に導かれる（Spiritu Dei aguntur）
人々は神の子である」（ロマ 8：14）と矛盾するように見
える。これはどう理解すべきか。

　　「霊に導かれる人々」は，案内人や導き手に導かれる
　　ように，霊に導かれる。霊は人間に為すべき事柄を内
　　的に教えるとき，このことを行っている。「あなたの
　　善い霊がわたしを導くだろう」（詩 142：10）。「しか
　　し，こうして『導かれる』人は自分で行為していない
　　ので，霊的人間は聖霊に教えられるだけでなく，心も
　　動かされる」。それゆえ，「神の霊に導かれる人々」と
　　いう表現はもっと強い意味で理解すべきである。実
　　際，「導かれる」ものは高次の衝動で導かれるのであ
　　る。こうして，動物は自分で行動するのではなく，導
　　かれる，すなわち自分から働きに向かうのではなく，
　　自然本性に動かされると言われる。同様に，霊的人間
　　が何かを行うよう駆り立てられるのは，第一に，自分
　　の意志ではなくむしろ「聖霊の衝動」のためである。
　　このことについて，イザヤは「主は激しい流れのよう

────────────

　12）　*In ad Rom. 2,14, lect.3, n° 217.* この箇所は「彼らは自分自身
が律法である」という聖句の註解だが，トマスは善い行為になくては
ならない自発性を強調するためにこの聖句を好んで引用している。註
10 で引用したテキストに加えて，例えば *Sent. III, d.37 a.1 ad 5; 1a 2ae
q.96 a.5 ad 1* も参照。この聖句がトマスの著作でどれほど重要かは，
注目すべき研究 B. MONTAGNES, « Autonomie et dignité de l'homme »,
Angelicum 51 (1974) 186-211 が的確に強調した。この問題は再検討す
る。

第 9 章　内なる教師　　　　321

に臨み，主の霊がその上を吹く」（イザ 59：19），ル
カはキリストに関して「キリストは荒野で霊に導か
れた」（ルカ 4：1）と言っている。「だからと言って，
霊的人間は自分の意志と自由決定力で行為しないわけ
ではない。というのも，聖霊により，霊的人間の意志
と自由決定力の運動そのものが生じるからである」。
これは『フィリピの信徒への手紙』2 章 13 節「神が
人間のうちで働くことで，意志と行為は生じる」とい
う言葉によっている[13]。

　トマスは聖パウロのこの表現を好んだので，『ガラテヤ
の信徒への手紙註解』でも自然と引用している。聖霊に導
かれる人々は律法が命じる有徳な業に反して行為できな
い。というのも，霊はそうした業を行うよう教えるからで
ある。また，ここにはいかなる強制もない。「新法により
自由な愛の感情が生まれる。というのも，愛するなら，自
由に行為できるから」[14]。霊により生きるなら，あらゆる点
で霊に導かれるだろう。さらに，同じことを述べた重要な
言葉がある。すなわち，聖パウロは「キリストの霊を持た
ないなら，キリストに属していない」（ロマ 8：9）と言っ
ているが，トマスは続けて「だから，霊に導かれる人々は
キリストに属している」[15]と述べている。

---

　13)　*In ad Rom. 8,14, lect.3, nº 635.*『ヘブライ人への手紙』8 章
10 節の註解（*lect.2, nº 404*）はちょうど同じ意味である。「新しい契
約は内的な霊感により与えられた。というのも，新しい契約は聖霊
を心に注いで内的に教えることだからである。だが，知るだけではな
く，行為しなければならない。それゆえ，『聖霊はまず知性を照明し
て教えるが……，同時に心に証印を押して善く行為するよう情動を傾
ける』」。

　14)　*In ad Gal. 4,24, lect.8, nº 260: lex noua generat affectum
amoris qui pertinet ad libertatem, nam qui amat ex se mouetur.*

　15)　*In ad Gal. 5,24-25, lect.7, nº 338. nº 336-340* も参照。

こうして，トマスは霊とキリストが相互に結びついていることを明らかにしているが，新約聖書の言葉に従っているだけのことである。トマスは運よく，このことを明確に述べている聖パウロの言葉「キリスト・イエスにおいて生命をもたらす霊の法は，わたしを罪と死から解放した」（ロマ8：2）を見出した。

第一の意味では，この法は聖霊そのものである。したがって，「霊の法」は「霊としての法」と理解すべきである。事実，法に固有なのは人間を善行に駆り立てることである。アリストテレスによれば……，立法者の意図は善い市民をつくることである。ところが，人間の法は為すべき善を教えることではじめてこれを実現できる。対して，「魂に住む聖霊は，知性を照明して為すべき事柄を教えるだけでなく，正しく行為するよう情動を駆り立てもする」。「父はわたしの名において弁護者として聖霊を遣わすが，この聖霊はわたしがあなたたちに伝えるすべてのことを教え——これは第一の点に関わる——，思い出させてくれる——これは第二の点に関わる」。

第二の意味では，「霊の法」は聖霊の固有結果，すなわち愛を通じて働く信仰と理解できる。この信仰も内的に為すべきことを教える——「御子の油があなたたちにすべてのことを教える」（Iヨハ2：27）——が，行為するよう情動を駆り立てもする——「キリストの愛がわれわれを駆り立てている」（IIコリ5：14）。このようなわけで，この法は新法と呼ばれるが，一つは聖霊と同一視できるからであり，一つは霊そのものにより人間のうちに生じるからである……。また，使徒が「キリスト・イエスにおいて」と付加しているのは，この霊がキリスト・イエスのうちにある人々にだ

第9章　内なる教師　　　323

け与えられるからである。「自然的な生命の息が頭と
つながっていない肢体に達しないように，聖霊も頭で
あるキリストにつながっていない成員には与えられな
い」[16]。

ほとんど強調しなくても，上のテキスト——他にも該当
テキストはいくらでもある——を読めば，御子と聖霊とい
う神的ペルソナの二つの時間的発出が互いに結びついてい
ることが分かる。トマスは聖書註解で入念に救済の歴史の
データを集めているが，こうした救済の歴史にも三位一体
の相互内在が反映している[17]。ここでは，本論とは関係な
い議論に立ち入らず，霊が人間でどのように働くか，トマ
スの説明を追ってみよう。というのも，トマスは聖書の講
義で論じた内容を『神学大全』で理論化しているからであ
る。

———————
16)　*In ad Rom. 8,2, lect.1, n° 602-603 et 605.*

17)　救済の歴史に三位一体的な特徴があることは，*1a 2ae q.106
a.4 ad 3* ではっきり強調されている。「旧法は御父の法にとどまら
ず，前表として示されている御子の法でもあるが，これは『あなた
たちはモーセを信じるなら，わたしも信じることになる。というの
も，モーセはわたしについて書いたからである』（ヨハ5：46）とい
う主の言葉によっている。新法について言えば，キリストの法にとど
まらず，聖霊の法でもあるが，これは『キリスト・イエスにおいて
生命をもたらす霊の法』（ロマ8：2）という言葉によっている。それ
ゆえ，聖霊の法以外の法を期待してはならない」。この解答は，この
106問4項全体の内容と同様に，フィオーレのヨアキム（Joachim de
Flore）とその弟子に向けて書かれているのがすぐに分かる——cf. J.
TONNEAU, *La loi nouvelle*, note 28, p. 129-131. この主題については，
B.T. VIVIANO, *Le Royaume de Dieu dans l'histoire*, « Lire la Bible 96 »,
Paris, 1992, p. 98-107 を参照。

聖霊の衝動

　上で見たように，トマスは聖霊の働きとして，知性を照明して為すべき善を教え，意志を動かしてその善を行えるようにすることを指摘したが，こうした働きは人間のうちで働く霊の業の最も明らかな──こう言ってよければ最も目立つ──部分にすぎない。いかにして神は被造物に遍在し，被造物の存在と働きを支えているか，これを認識するのは偉大なことだが，こうした認識を得れば，恩恵を通じた聖霊の働きも同じ法則に従うことはすぐに分かる。いずれの場合にも，神は被造物の働きを暴力的に歪めることはできないだろう──もしそうするなら御自身を否定することになる。しかし，トマスはここで別の目的を定めているようだ。すなわち，こうした神の働きの親密さ，甘美さも伝えようとしているのだが，聖霊の賜物の教えはまさに格好の例である。

　聖霊の賜物はトマスの教えで第一級の地位にあるが，キリスト教徒の霊的生活でどのような役割を果たすか的確に理解すべきである。実際，聖霊の賜物は本当に必要なのかと問う人もいるだろう。というのも，こうした賜物は霊魂の最内奥で，恩恵により開かれた世界で，徳──徳により霊魂は超自然的領域で認識し愛せるようになる──とともに働くからである[18]。事実，対神徳も聖霊の賜物と同じく神の賜物であり，人間を完成し，神にしたがって働けるようにする。このようなわけで，トマス以前にも以後にも，賜物と徳は区別する必要があるかどうかだけでなく，そも

　18）　前章〔註 11〕で指摘した，恩恵と徳，存在に関わる習慣と働きに関わる習慣の区別を参照。

第9章　内なる教師　　　325

そも賜物はあるのかと強く疑う神学者たちがいた[19]。聖書
では聖霊の七つの賜物がはっきり論じられているので，ト
マスが虚偽をでっちあげているわけでないことは十分分か
る[20]。すなわち，トマスは聖書に基づいて違いを説明して
いる。他のテキストでも確認したことだが，次のテキスト
はトマスの神学的方法を知る上で特に解明的である。とい
うのも，理解するために理性を駆使しているとしても，規
範の役割を果たしているのは聖書だからである。

　　賜物と徳を正しく区別したいなら，「聖書にどのよう
　に書かれているかを参照すべきである」。賜物は聖書
　では，賜物ではなく，霊（spiritus）と呼ばれている。
　こうして，『イザヤ書』11章2節では，「知恵と識別
　の霊がその上にとどまるだろう」等々と言われてい
　る。こうした言葉からはっきり分かるように，この七
　つのものは神の霊感を通じて人間のうちに存在する
　かぎりで列挙されている。「しかるに，霊感は外的な
　ものに動かされることを意味する」。実際考慮すべき
　ことに，人間には二つの動因があり，一つは理性と
　いう内的動因，もう一つは神という外的動因である

───────────
　　19)　O. LOTTIN, *Morale fondamentale*, Tournai, 1954, p. 414-434
の説明は理解に役立つ。Lottin 自身はこの区別を認めない著述家の一
人で，トマスは当時の慣例に従っているだけだとしている。トマスが
どのような役割を賜物に認めたかを考えれば，Lottin の見解には疑問
がある。
　　20)　Cf. Is. 11,2. これは七十人訳聖書とウルガタ聖書の記述に基
づいている。この二つの聖書は，ヘブライ語聖書のリスト──知恵，
識別，思慮，勇気，知識，畏れという六つの賜物しかあげていない
──に敬虔を付け加えている。トマスはこの箇所を註解して，賜物を
詳しく説明している──*Super Isaiam 11*, Léon., t. 28, p. 79-80, lignes
126-212。

第Ⅰ部　三位一体の霊性

......[21]。

　　——しかし，人間を成長させてくれる作用者に動かされるには適性が必要である。例えば，生徒は有名教師のもとで学ぶために，多くの知識を得る必要がある——。このようなわけで，理性に動かされる場合には，人間の徳があれば，人間の内的ないし外的行為は十分完成する。「しかし，神に動かされる場合には，より高次の完全性が必要であり，こうした完全性のおかげで人間はうまく神に動かされる」。

　　「こうした完全性は賜物と呼ばれるが，それは神に注入されるという理由だけでなく，人間が神の霊感にすぐに従うようになる（prompte mobilis）という理由からでもある」。それゆえ，『イザヤ書』50章5節では，「主はわたしの耳を開かれたが，わたしは抵抗せず，退かなかった」と言われている。哲学者も述べるように，「神的衝動に動かされる人々は，人間理性にしたがって熟考する必要がなく，内的衝動に従うだけでよい。というのも，人間理性よりも善い原理に動かされているからである」[22]。

　　非常に異なる文脈から借用されたアリストテレスの主張は，かなり大胆に修正されているが[23]，ここで注目すべきはこのことではなく，トマスの狙いである。すなわち，徳

---

　　21)　この「外部性」が外にあるものでも物質的なものでもないことを理解するには，神に言及するだけでよい。問題となっているのはむしろ他者性である。すなわち，神が「わたしのうちで」働く事柄は「わたしに由来する」事柄に還元できない。

　　22)　*1a 2ae q.68 a.1*: « *prompte mobilis* ab inspiratione divina ». 同じ表現は *2a 2ae q.121 a.1* に見出せるが，次の表現の方が頻出する。« *bene mobilis* a Spiritu Sancto (ou: per Spiritum Sanctum) », cf. *1a 2ae q.111 a.4 ad 4*; *2a 2ae q.8 a.5*; *q.19 a.9*; *q.52 a.1*.

　　23)　Cf. *Éthique à Eudème VII 14, 1248a32*.

第9章　内なる教師　　327

は，神に注入されたものでも，程度の差はあれ人間が自由
に活用できるが，対して賜物は人間が聖霊の働きにすぐ従
えるようにする。こうして人間は，内なる神の働きに依存
し，進んで従う状態にあるなら，もはや理性の判断を気に
かける必要はない。人間は高次の衝動に動かされて，常軌
を逸した事柄についても，真と善をしっかり選ぶようにな
る。聖人の生涯にはこうした態度決定がたくさんあり，彼
らは周囲の人々の忠告にもかかわらず人間的な思慮分別を
ことごとく無視して行動している。トマスは身近な例とし
て聖ドミニクを思い浮かべただろう。ドミニクは設立間も
ないドミニコ会をだめにする危険を冒して，トゥールーズ
に集めた幾人かの修道士をキリスト教世界の隅々にためら
わず派遣した。「わたしに反対しないでください。何をし
ているか，自分でよく分かっています」[24]。

　正当にもある研究者は，上のテキストについて，使わ
れている言葉の独自性を指摘し，それ以上にトマスの考
え方に注目した[25]。何よりもまず，「霊」——正確に訳せば
「息」——という語があるが，とりわけ「衝動」という語
とその語が示す考え方は重要である[26]。単なる統計的見地
からしても，数字を見るだけでかなり強い印象を受ける。
「聖霊の衝動」（instinctus Spiritus Sancti）という表現は 50
回以上，神的衝動への言及は約 30 回，とりわけ預言を論
じる箇所で現れているが，そこだけではない。たいていの

---

24)　*Procès de Bologne nᵒ 26.* こ の 挿 話 に つ い て は，M.-H.
VICAIRE, « Relecture des origines dominicaines », *Mémoire dominicaine*
3 (1993) 159-171 を参照。

25)　簡潔だが貴重な研究 S. PINCKAERS, « L'instinct et l'Esprit
au cœur de l'éthique chrétienne », dans *Novitas et veritas vitae*, p. 213-223
を参照。いくつかの主張はこの研究から借用した。

26)　S. PINCKAERS, *ibid.*, p. 217:「賜物と呼ばれるのは，聖霊
がもたらす息ないし霊感のことである」。上で挙げた数字については，
p. 215 を参照。

第Ⅰ部 三位一体の霊性

場合は，倫理的生，善悪の識別，法との関係，もっと深い意味では，信仰に入る回心の経験で起こる事柄が問題となっている。トマスは回心について，例えば説教を聞く人の耳に響く外的な声と，神が伝える内的な呼び声を区別している。この内的な呼び声は「内的な衝動（per quemdam instinctum interiorem）のようなもので，神はこの衝動により恩恵を通じて人間の心に触れるので，人間は神に向かうようになる。こうして，神は人間を悪い道から善い道に呼び出すのだが，これは『人間の功績ではなく神の恩恵を通じて』起こる」[27]。

　この最後のテキストで強調すべきことは，恩恵は回心する人を先行する功績なしに動かすということである。トマスは初期の著作で，たやすく自覚せずに，セミ・ペラギウス主義的傾向のある共通見解——人間は自力で恩恵を受ける準備ができる——に従っていたが[28]，アウグスティヌス

---

27)　*In ad Gal. 1,15, lect.4, n° 42*; cf. *In ad Rom. 8,30, lect.6, n° 707*：「こうした内的な呼び出しは，精神の衝動のようなもの（quidam mentis instinctus）である。この衝動により，人間の心は神に動かされて，信仰や徳に結びつくようになる……。この内的な呼び声は不可欠である。というのも，人間の心は，神自身が引き寄せないなら，神に向かえないだろうから」。

28)　例えば，*Sent. II d.28 q.1 a.4*：「それゆえ，他の著述家たちと一致しながら（aliis consentiendo），人間は自由意志だけで聖化する恩恵を受ける準備ができると言おう」を参照。トマスは *De ueritate q.24 a.15* でも同じように説明している。少し後になってようやく，オルヴィエト滞在期に，神は恩恵を通じて善に向かう人間のあらゆる運動に先行すると主張するに至った——例えば，*SCG III 149* を参照。H. BOUILLARD, *Conversion et grâce chez S. Thomas d'Aquin. Étude historique*, « Théologie 1 », Paris, 1944, p. 92-122 が適切に明らかにしたように，トマスは，恩恵を論じたアウグスティヌスの後期の著作——それまで詞華集でしか知らなかった『聖人の予定』（De predestinatione sanctorum）や『堅忍の賜物』（De dono perseuerantiae）——を深く読むことで，セミ・ペラギウス主義——トマスはいつもペラギウス主義と呼んでいる——の誤りに気をつけるようになった。

第9章　内なる教師　　　　329

をもっと深く読むことで，この見解を捨て，回心で，とり
わけそこで，「神は人間のうちに働き，意志と行為を生じ
させる」（フィリ2：13）ことを強調するようになった。鋭
いトマス研究者たちの指摘によれば，トマスがキリスト教
的生活は全体として恩恵の影響下にあるとますますはっき
り自覚してきたことと，著作の中で聖霊の衝動に多く言及
するようになったことには関係がある。重要なことだが，
この同じ時期，高次の衝動に関するアリストテレスの引用
が，すぐに霊に従う人のうちで霊がどのように働くかを説
明するのに活用されるようになる[29]。

　こうして，トマスは聖霊の衝動という，霊的生活を論じ
る上で要となる概念を手に入れ，その後は常に霊や神の内
的な動かしに言及するようになるのだが，『ヨハネ福音書』
のイエスの言葉を註解してこのことをきわめて見事に説明
している。「わたしを遣わした父が引き寄せ（traxerit）な

────────────

　29）　Cf. M. SECKLER, *Instinkt und Glaubenswille nach Thomas von Aquin*, Mainz, 1961──E. SCHILLEBEECKX, « L'instinct de la foi selon S. Thomas d'Aquin », *RSPT* 48, 1964, p. 377-408, cf. p. 382 の重要な議論も参照。J.H. WALGRAVE, « Instinctus Spiritus Sancti. Een proeve tot Thomas-interpretatie », *ETL* 45 (1969) 417-431──論文要旨はフランス語で書かれている──も参照。［衝動というこの主題の遠い起源はアリストテレスにあり，アリストテレスは幸運と不運を説明するのにこの概念を活用している（*Éthique à Eudème* VII 14, 1248a27-32）。トマスは人間が恩恵を得る最初のきっかけを説明するにあたり（*ST* 1a 2ae q.109 a.2 et ad 1），また『くじについて』第4章（Léon., t. 43, p. 234-235, lignes 194-291）で摂理の働きが人間のあらゆる行為に先立つのを示すにあたり，アリストテレスを参照している──cf. DEMAN, « Le Liber *De bona fortuna* dans la théologie de S. Thomas d'Aquin », *RSPT* 17 (1928) 38-58; C. FABRO, « Le *Liber de bona fortuna* de l'*Éthique à Eudème* d'Aristote et la dialectique de la divine Providence chez saint Thomas », *RT* 88 (1988) 556-572.『幸運について』のテキスト批判の問題については，R.-A. GAUTHIER, S. THOMAS D'AQUIN, *Somme contre les Gentils*, Introduction, Paris, 1993, p. 80-83 を参照。］

ければ，誰もわたしのもとに来られない」[30]。

　人間は信仰を通じてキリストのもとに行く……。というのも，キリストのもとに行くことはキリストを信じることだからである。しかるに，意志なしには信じることができず，「引き寄せること」（tractio）からはある種の暴力が想定できるので，キリストのもとに行く人は「引き寄せられる」（tractus）かぎりで強制されるのである。

　この見解に対しては，御父が引き寄せることはまったく強制ではないと答えられる。というのも，「引き寄せるものがみな暴力をふるうわけではないからである」。こうして，御父は人間に暴力をふるうことなく，様々な仕方でキリストのもとに引き寄せる。事実，人間が人間を引き寄せる場合でも，論拠で説得することもあれば……，魅力で引き寄せることもある……。例えば，神の偉大さに魅了され御父に引き寄せられる人々もいれば，御子である真理が驚くべき喜びと愛をもたらすことにより御子に引き寄せられる人々もいる。聖アウグスティヌスが言うように，「各人はその喜びにより引き寄せられる」[31]なら，人間が真理，至福，義，永遠の生命に喜びを見出すとき，どうしてキリストに引き寄せられないだろうか。というのも，キリストはこれらすべてだからである。それゆえ，人間

---

　30)　Jn 6,44. 続くテキストを正しく理解するために，次のことを覚えておく必要がある。attire, attraction というフランス語を見れば，引き寄せられる人間の同意を想定できるが，トマスのラテン語では tractus, tractio となっており，引き寄せられる人間の好みに反して引くというニュアンスがはっきり示されている。

　31)　*Trahit sua quemque uoluptas*: VIRGILE, *Bucoliques* II 65, cité par AUGUSTIN, *Homélies sur S. Jean*, tr. 26,4 (*BA* 72, p. 491-493).

第9章 内なる教師　　331

はキリストにより，すなわち真理の喜びにより引き寄せられるべきである……。

　しかし，このように引き寄せる力は，外的な啓示と信じる対象にだけあるのではなく，信じることに駆り立て動かす内的な衝動にもあるので，「御父はこうした神的衝動を通じて多くの人々の心を内側から信じるように動かし，御子のもとに引き寄せる」。「神自身が人間のうちで働くことで，意志と行為が生じる」（フィリ 2：13）。「わたしは人間の綱，愛の絆で彼らを『引き寄せる』」（ホセ 11：4）。「王の心は神の手のうちにある。神は王の心を望むままに『傾ける』」（箴 21：1)[32]。

聖霊の賜物

　この教えを支えている三つの聖書の引用はどれも，事物の最内奥での神の働きが親密なことだけでなく，こうした働きがもたらす甘美さと喜びも示している。指摘するまでもないが，これは霊に導かれる人々を論じた聖パウロの教えでもある。トマスがこの教えを信仰の始まり（initium fidei）と結びつけて展開したのは，回心の場面でこそ人間の自由と共働する神の主導的自由がはっきり浮かび上がるからである。「信じる行為そのものは，『恩恵に動かされた人間の意志の衝動に従い』，知性が神の真理に結びつくことである。だから，信じることは神に向かう自由意志の行

---

32) *Super Ioannem 6,44, lect.5, n° 935*: « Sed quia non solum reuelatio, uel obiectum, uirtutem attrahendi habet, sed etiam *interior instinctus impellens et mouens ad credendum*, ideo *trahit multos Pater ad Filium per instinctum diuinae operationis mouentis interius cor hominis ad credendum* ».

為である」[33]。事実，神の恩恵により人間のうちで働く霊の法には抗いがたい甘美さがある。すなわち，霊の法とは，自明の事柄だけに従うよう知性を照明することであり，提示された善を自由に決断するよう意志を動かすことである[34]。

トマスは事柄を徹底的に追究する性格だったが，これを活かし，七つの賜物がいかなる能力と徳に結びついているかを検討している。この考察は精緻なものだが，トマスは重要なものと見なしていたはずである。というのも，まさに事態を子細に検討しようとして，『命題集註解』から『神学大全』に至るまで，ニュアンスを変えながらこの問題に取り組んでいるからである[35]。ここでは詳細を追わずに，次のことを知るだけでよい。すなわち，トマスがまさに示そうとしているのは，霊的生活が完全かつ常に霊の支配下にあることに他ならない[36]。トマスは，他の時代に主

33) Cf. *2a 2ae q.2 a.9*. 同じ項の *ad 3* にも衝動という表現がある。「信仰者には信じるのに十分な動機がある。信仰者を信じることに駆り立てるのは，奇跡が確証した神的権威，『さらに，信仰に招く神の内的衝動（*interiori instinctu Dei inuitantis*）』である」。

34) 信仰の働きで情動がどのような役割を果たすかは，M.-M. LABOURDETTE, « La vie théologie selon saint Thomas. L'affection dans la foi », *RT* 60 (1960) 364-380 参照。Labourdette がとりわけ指摘するのは，*De ueritate q.14 a.2 ad 10* の見事なテキストである。「信仰の終局について言えば，信仰は情動において完成する。というのも，信仰は愛のおかげで目的に貢献できるからである。しかし，信仰の始まりも情動にある。というのも，知性が信ずべき事柄に結びつくのは意志の決定に基づくからである」。

35) *Sent. III d.34 q.1 a.2* に加え，*1a 2ae q.68 a.4* と，各徳に伴う賜物を論じている *2a 2ae* の様々な箇所を参照。すなわち，トマスは信仰に関しては識別と知識（*q.8-9*），希望に関しては恐れ（*q.19*），愛に関しては知恵（*q.45*），賢慮に関しては思慮（*q.52*），正義に関しては敬虔（*q.121*），勇気の徳に関しては同名の賜物（*q.139*）を論じている。

36) 見事な研究 M.-M. LABOURDETTE, « Saint Thomas et la

第 9 章　内なる教師　　　　　　　　　　　333

張されたように，賜物は「エリートの霊魂」のためのもの
と考えるどころか，反対に賜物は愛そのものとともにすべ
ての人々に与えられるだけでなく，あらゆる賜物が同時に
与えられるとし，賢慮の徳と比較しながら説明している。

　倫理徳は人間の欲求的能力を整えて理性に導かれるよ
うにするものだが，同じく賜物は人間の霊魂のあらゆ
る能力を整えて聖霊に動かされるようにするものであ
る。しかるに，聖霊は愛により人間のうちに住む──
「われわれに与えられた聖霊によりわれわれの心に神
の愛が注がれている」（ロマ5：5）──なら，同様に
人間理性は賢慮の徳により完成する。その結果，倫理
徳が賢慮により互いに結びつくように，聖霊の賜物は
愛により互いに結びついている。「こうして，愛を持

théologie thomiste », dans l'art. « Dons du Saint-Esprit », *DS* 3 (1957),
col. 1610-1635を参照。Cf. M.-J. NICOLAS, « Les dons du Saint-
Esprit », *RT* 92 (1992) 141-152; J.M. MUÑOZ CUENCA, « Doctrina de
santo Tomás sobre los dones del Espíritu Santo en la Suma teológica »,
Ephemerides carmeliticae 25 (1974) 157-243.［聖霊の賜物の教えは，
最近出版された次の二つの業績で豊かになった。一つはより一般向
けの書物 U. HORST, *Die Gaben des Heiligen Geistes nach Thomas von
Aquin*, « Veröffentlichungen des Grabmann-Institutes 46 », Berlin, 2001
である。Horst はトマスの教えがペトルス・ロンバルドゥス以来の
歴史展開の中でどのような位置を占めているか明らかにすると同時
に，トマス自身の発展も検討している。トマスが第2部の1で見ら
れるような新しい考え方を採用し，各賜物を個別的に考察するのは後
のことだからである。もう一つは C. GONZALEZ AYESTA, *El don de
sabiduría según santo Tomás*, Pamplona, EUNSA, 1998 である。この研
究は知恵の賜物を考察しているが，É.-H. WÉBER, *RSPT* 84, 2000, p.
115-116 がきわめて好意的に評価した。］トマスを論じるという明ら
かな方法的制約から活用しなかったが，最上の古典 JEAN DE SAINT-
THOMAS, *Les Dons du Saint-Esprit*, trad. de Raïssa MARITAIN, Juvisy,
1930 も参照。ヨハネス・ア・サント・トマは聖書註解を含めたトマ
スの著作から大きな影響を受けている。

334 第 I 部 三位一体の霊性

つなら，聖霊の賜物もすべて所有することになるが，
愛がなければ，どの賜物も所有できない」[37]。

　この見解は正しくなくても貞潔でなくても善い人間にな
れると考える凡庸な人には一見理解できないものだが，実
は構想の面では，キリスト教的生活を司る徳の結合という
偉大な主張を言い表すものである。ここで注意すべきは，
この見解はエリート主義とは何の関係もないということで
ある。賜物を受けて生きることは少数の人々の特権ではな
い。トマスは決してこのように考えていなかった。という
のも，賜物は救済に必要だとはっきり主張しているからで
ある。この一般化された主張は言い過ぎのように感じるか
もしれないが，トマスはあらかじめ正当化している。賜物
は，神との交わりを実現する愛や他の対神徳と同様に，救
済に必要である。このようなわけで，賜物は愛や対神徳と
ともに与えられる。それでも，トマスの推論をたどり，霊
に従う生活がどのようなものか理解を深めてみよう。全体
の考え方はここでも同じである。純粋に人間的な目的に達
するには理性で十分だが，超自然的な目的に達するには理
性ではまったく不十分である。このようなわけで，神は人
間に恩恵と徳を与える。しかし，徳そのものは人間の裁量
にゆだねられており，人間は徳を遠慮がちに，惜しみなが
ら，おびえつつ，生ぬるく活用することしかできない。ま
さにここで聖霊が必要になる。

　　超自然的次元では，理性は対神徳により「不完全に」
　少しだけ修正されながら人間を動かす。「聖霊の高次
　の衝動がなければ，こうして理性が動かしても不十分

───────────
　37）　*1a 2ae q.68 a.5.* すべての徳が賢慮と愛により結合している
ことはきわめて中心的な教えだが，第 11 章でもっと詳しく論じる。

第 9 章　内なる教師　　　　335

に終わる」。これは「神の霊に導かれるなら，神の子
である。子であるなら，相続人でもある」という聖パ
ウロの言葉，「あなたの善い霊がわたしを正しい地に
導くだろう」（詩 142：10）という『詩編』の言葉に
よっている。理解すべきことに，「聖霊に動かされ引
き寄せられないなら，誰も至福者たちの地の遺産を得
られない」。このようなわけで，この目的を手に入れ
たいなら，聖霊の賜物が必要である[38]。

　救済に必要な聖霊の賜物とは，言うまでもなく，本来的
な意味での聖化する恩恵に属する賜物のことである。だ
が，霊の賜物は他にもあり，スコラ学では「無償で与えら
れる」（gratis datae）恩恵と呼ばれているが，これは今日
「カリスマ」と呼ばれているものに対応している。こうし
た賜物は共同体の益になるように必要に応じて与えられる
が，先の賜物と同じように救済に必ず必要というわけでは
ない。トマスはこのことをはっきり説明している。

　　聖霊の賜物には救済に必要なものがある。こうした賜
　物は聖なる人なら誰にも共通なもので，「決して滅び
　ない」（Ⅰコリ 13：8）愛と同様に，人間のうちに常に
　とどまり，将来の生でも存続する。これ以外の賜物は
　救済に必要ではないが，霊を明らかにするために信徒
　に与えられる。「全体の益となるように，各人に霊の
　働きが現れる」（Ⅰコリ 12：7）……。こうした賜物に
　ついて言えば，聖霊を常に有するのはキリストだけで
　ある[39]。──しかし注目すべきことに，トマスはパウ

――――――――――
　38)　*1a 2ae q.68 a.2.*
　39)　*Super Ioannem 14,17, lect.4, n° 1915*; cf. surtout *1a 2ae q.111
　　a.1.*

336 第Ⅰ部 三位一体の霊性

ロがカリスマを論じる偉大な一節を註解して，決定的
な一文を述べている——。教会では，誰もが聖霊の恩
恵を分有する（nullus est in Ecclesia qui non aliquid de
gratiis Spiritus Sancti participet）[40]。

　話を戻せば，賜物が必要なことと賜物が徳にどのように
関わるかを論じるにあたり，賜物はいわば徳を追い越すと
考えてはならない。反対に，トマスがしばしば繰り返す定
式によれば，賜物は徳が究極目的に達するよう「助けるた
めに」（in adiutorium uirtutum）[41]，人間が臆病で，生ぬるく，
卑小であるにもかかわらず与えられる。信仰や愛をいわば
追い越すものはどこにもないと確言できるが，人間理性は
躊躇したり計算したりするので，信仰や愛はいつも自由に
働くわけではない。それゆえ，神が介入し，いわば人間の
手を取り，決然と神に向かえるようにするわけである。

　　人間理性はすべてを知ることができないし，すべてを
　　実現できるわけでもない。このことは，人間理性が自
　　然の次元で完成したとしても，対神徳により完成した
　　としても妥当する。したがって，人間理性は愚かさや
　　——聖グレゴリウスが異論で論じている——他の同様
　　の悪をことごとく締め出すことができない。しかし，
　　神は知と力ですべてを支配しているので，神が介入す
　　れば，人間は愚かさ，無知，霊的怠慢，頑なな心等々
　　をすべて遠ざけることができる。このようなわけで，

_____

　40）　*In I ad Cor. 12,7, lect.2, n° 725.*

　41）　これは *Super Isaiam 11*, Léon., t. 28, p. 79, ligne 127 の定式だ
が，*3a q.7 a.5 ad 1* の定式と一致する。「徳は霊魂の能力が理性に導か
れるかぎりで能力を完成する。『徳は，いかに完全でも，さらに賜物
——霊魂の能力が聖霊に動かされるかぎりで能力を完成する——の助
けを必要とする』」。

第 9 章　内なる教師　　　　337

賜物は人間がこうした欠点を避け，聖霊の衝動にすぐ
従うために与えられる[42]。

　これらの指摘はきわめて洞察力に富んでいる。人間が聖
霊の賜物により乗り越えるのは，明らかに恩恵に対立する
行為ではない。というのも，新法の下で生きる人には，恩
恵に反して行為しないことは前提条件だから。賜物より上
位にある対神徳を乗り越えるわけでもない。というのも，
対神徳は賜物の根源だから。むしろ人間が賜物により乗り
越えるのは，対神徳が実現するときの「人間的様態」であ
り，これは不完全性と呼ばれるものだが，神の子の栄誉あ
る自由を制限し妨げるものである。したがって，霊の働き
にすぐ従う人は最も自由である。こうした人の働きは全体
として恩恵に依存しているが，恩恵そのものは彼が自由に
行為することを尊重し，かつ根拠づけている[43]。

聖霊の結実

　トマスは賜物を論じた後に，さらに二つの問題を付け加
えている。実を言えば，これらの問題は，トマスから単な

---

42)　*1a 2ae q.68 a.2 ad 3.*

43)　*1a 2ae q.111 a.2 ad 2*:「神は人間なしに人間を義とするので
はない。というのも，人間は義とされるとき，『自分の自由意志で神
の義に結びつく』からである。しかし，こうして人間が神の義に結び
つくことは恩恵の原因ではなく，結果である。それゆえ，すべては恩
恵にかかっている（Unde tota operatio pertinet ad gratiam）」。これはい
わば一般的理論である。トマスは賜物の働きを特殊的に論じるにあた
り，思慮の賜物について次のように説明している。*2a 2ae q.52 a.1 ad
3*:「神の子らが聖霊に動かされるのは，彼らに固有の仕方で，すなわ
ち自由意志を尊重することを通じてである（secundum modum eorum,
saluato scilicet libero arbitrio）」。

338　　　　第 I 部　三位一体の霊性

る精神構造の記述だけを期待する人にはかなり驚くべきも
のだろうが，本書の読者にとってはそうでない。というの
も，すでにトマスが熱心に聖書を読んでいたことを確認し
たからである。それゆえ，トマスは「山上の説教はキリス
ト教的生活の方針をすべて含んでいる」[44]ことをはっきり
自覚していたので，主が福音書——『マタイ福音書』5 章
3-12 節，『ルカ福音書』6 章 20-26 節——で論じている至
福（les béatitudes）について，聖パウロが『ガラテヤの信
徒への手紙』5 章 22-23 節で「聖霊の結実」と呼んでいる
ものについて問うている[45]。この二つを関連づけることは
恣意的な方法ではない。というのも，結実と至福には共通
点がたくさんあるだけでなく，二つとも聖霊という根源に

---

44)　*1a 2ae q.108 a.3*: « Sermo quem Dominus in Monte proposuit,
totam informationem christianae uitae continet ». トマスは『カテナ・ア
ウレア』「マタイ福音書註解」に付したウルバヌス 4 世への献呈の辞
で，似たことを述べている。「福音書により，カトリック信仰の本質
（forma fidei catholicae）とキリスト教的生活全体の規範（totius uitae
regula christianae）が伝えられている」。ここではアウグスティヌスの
影響がはっきり認められる——cf. S. PINCKAERS, « Le commentaire
du sermon sur la montagne par S. Augustin et la morale de S. Thomas
», dans *La Teologia morale nella storia e nella problematica attuale.
Miscellanea L.-B. Gillon*, Roma, 1982, p. 105-126。

45)　*1a 2ae q.69-70*. 詳しくは，*Commentaire sur les Galates 5,22-
23, leçon 6, n° 327-334* の並行箇所を参照。トマスは *Sent. III d.34 q.1
a.6* で，アウグスティヌスにしたがって，この文脈の中で御父に対す
る七つの要求を加えて考察している。*Super Matthaeum 5, n° 396-443*
も参照。その際，前註で挙げた論文に加えて，S. PINCKAERS, « La
voie spirituelle du bonheur selon saint Thomas », dans *Ordo sapientiae et
amoris*, p. 267-284, surtout les p. 276ss. の解説も参照。そこで Pinckaers
は「聖トマスはアリストテレス哲学とキリストの十字架への信仰に
基づいた神学の驚くべき対話を実現している」（p. 284）と論じてい
る。同じ Pinckaers の *Les sources de la morale chrétienne*, p. 154-177 も
参照。この主題について，さらに A. GARDEIL, art. « Fruits du Saint-
Esprit », *DTC* 6 (1920), col. 944-949; Ch.-A. BERNARD, art. « Fruits du
Saint-Esprit », *DS* 5 (1964), col. 1569-1575 も参照。

第 9 章 内なる教師　　　　339

由来しているので，聖霊とのつながりは明らかだからである。この二つの問題は，しばしば『神学大全』の全体的構成からして二次的なものと見なされてきたため，ほとんど読まれてこなかったが[46]，反対に今日の最も優れた倫理神学者たちは高く評価しているものである[47]。彼らによれば，この二つの問題は「霊的生活と霊的成長の見取り図」であり，「霊的人間の全体像を描くのに」役立つ[48]。

　おそらく至福のリストを思い起こす必要はないが，トマスがウルガタ聖書で見出した 12 ある聖霊の結実のリストを指摘することはきっと有益だろう。すなわち，愛，喜び，平和，忍耐，寛大，善意，辛抱，柔和，誠実，謙遜，禁欲，純潔である[49]。何が問題となっているか理解するために知るべきは，至福と結実は徳や賜物とは別の新しい習慣ではなく，単に徳や賜物から生じる働きを述べたものだということである。

　　結実（fruit）という名は，物体的なものに基づいて霊的なものを言い表したものである。しかるに，物体的なもので果実（fruit）と呼ばれるのは，植物が生み出すもののことで，熟して甘くなってきたときにそう呼ばれる。果実は生み出す木に対しても摘む人間に対し

---

　46)　カエタヌスによると，この二つの問題は「頻繁に読み，常に瞑想すべきものだが，註解する必要はない（lectione frequenti, meditationeque iugi egent, non expositione）」（Comm. in loco）。

　47)　見事な研究 D. MONGILLO, « Les béatitudes et la béatitude. Le dynamisme de la *Somme de théologie* de Thomas d'Aquin: une lecture de la *Ia-IIae* q.69 », *RSPT* 78 (1994) 373-388, et « La fin dernière de la personne humaine », *RT* 92 (1992) 123-140 を参照。

　48)　R. BERNARD, annotation 137 à SAINT THOMAS D'AQUIN, *La Vertu*, t. 2, *1a 2ae*, *Questions 61-70*, « Revue des Jeunes », Paris, 1935, p. 382. この洞察力に富む解説は全体として活用できる。

　49)　ギリシャ語の新約聖書では 9 つの結実しかあがっていない。

ても果実と呼ばれる。この例にしたがえば，霊的なものの場合，「結実」という語は二つの意味で理解できる。人間の結実は，第一の意味では人間が「生み出す」もののことで，第二の意味では人間が「摘む」もののことである[50]。

それゆえ，こうして語彙を整理してみると，すでにはっきりすることがある。人間が「生み出す」ものに注目するなら，結実とは明らかに人間の働きのことである。人間の働きは，理性の能力から出てくるなら，理性の結実である。しかし，より高次の力，すなわち徳と賜物のうちで働く聖霊の力から出てくるなら，「『神の種子から生じる』聖霊の結実である」[51]。

しかし，結実を人間が「摘む」ものとして捉えるなら，思いがけないほど豊かな視野が開けてくる。人間の結実は，地の結実と同じように，個別的な産物だけでなく，植物がもたらす収穫全体でもある。人間が摘む結実は，人間の働きの領域で言えば，まさしく人間が享受する究極目的である。「したがって，人間の業は，人間のうちで働く聖霊の結果としてまさに結実のようなものだが，永遠の生命という目的に関わるものであるかぎりむしろ花のようなものである」[52]。トマスは言葉を厳密に使うとよく賞賛される

---

50) *1a 2ae q.70 a.1.* トマスは，明言してはいないが，至福は働きではなく習慣だとするボナヴェントゥラ（*Sent. III d.34 p.1 a.1 q.1; Opera* III 737-738）から距離をとっている——cf. E. LONGPRÉ, art. « Bonaventure », *DS* 1 (1937) 1789-1790。

51) *1a 2ae q.70 a.1.* トマスはしばしば聖霊を種子のイメージで説明する。*Commentaire sur les Galates 5,22-23, lect.6, n° 330*：「霊の結実と言われる。というのも，霊の結実は霊魂のうちで恩恵という霊的な種子から（ex semine spiritualis gratiae）『芽生える』からである」。*1a 2ae q.114 a.3 ad 3*（註63参照）も参照。

52) *1a 2ae q.70 a.1 ad 1.*

第 9 章 　内なる教師 　　　　341

が，必要と思えばためらわず比喩を活用するのであり，特
にこの比喩はよくできている。すなわち，聖霊が霊魂に種
子を植えつけ，人間の善い業という花が咲き，永遠の生命
に結実する過程は，事実上霊的な道のりの全体図である。

　しかし，トマスはパウロにしたがって花よりも結実につ
いて好んで論じている。これは有徳な行為自体に固有の喜
びといわば行為の報いも見出せるからである[53]。それゆえ，
ここで至福が論じられる。「結実」と同じく，「至福」も徳
と賜物から出てくる働きだが，さらに善い働きである点で
結実から区別できる。「至福の概念には結実の概念より多
くのものが必要である……。『至福と呼ばれるのはもっぱ
ら完全な業のことである』。もっとも，このようなわけで，
至福は徳よりむしろ賜物に属する」[54]。至福は，とりわけ人
間が最終的に「摘む」結実と同じ名で呼ばれるので，それ
自体は将来の完成の始まりにすぎなくても，結実のイメー
ジでは捉えきれないのである。

　至福は，聖アンブロシウス（Ambroise）では将来の生
に固有の事柄であり，アウグスティヌスでは現在の生で生
じるものであり，ヨハネス・クリソストムスではどちらで
も起こるとされていたが，トマスは独自の説明方法を探す
必要があった[55]。それゆえ，トマスの解答はたいへん興味
深い。

　　　理解すべきことに，人間は二つの仕方で将来の至福
　　を希望できる。すなわち，一つはこの至福に向けて準
　　備したり適応したりすることで，これは功績を積むこ
　　とである。「もう一つは将来の至福が不完全ながらも

---

　53)　*In ad Galatas 5,22, lect.6, n° 322*:「徳と霊の業は人間にとっ
て最終的なもの（quid ultimum）である」。

　54)　*1a 2ae q.70 a.2.*

　55)　Cf. D. BUZY, art. « Béatitudes », *DS* 1 (1937) 1306-1307.

この世で生きる聖なる人々に生じ始めることである」。
木が実を結ぶのを期待する気持ちは，葉しか見えない
ときと，最初の実が現れ始めるときとでは大きく異な
る。

　こうして，至福の中で，功績として生じるものはど
れも，完全なあるいは生じ始めた至福に向けて準備し
たり適応したりするものである。反対に，報いとして
生じるものはすべて，あるいは完全な，それゆえ将来
の至福に関わるもの，あるいは「聖なる人々や完全な
人々に見出せるような，それゆえ現在の生で生じ始め
た至福に関わるものである」。事実，徳や賜物の行為
で成長し始める人がいるなら，この世の生で完全に
なり，祖国でも完成するだろうと期待できるのであ
る[56]。

　こうした考察が霊的経験を反映していることは疑いな
い。そのような霊的経験は必ずしもトマスの経験では
ないかもしれないが――しかしこの可能性は否定できない
――，少なくとも多くの聖なる人々の経験であり，こうし
た人々は自分なりに至福を例示したのである。トマスが涙
の至福について説明しているように，聖なる人々がこの世
で慰めを得るのは確かである。というのも，慰める霊を分
有するからである。同様に，義に飢え渇く人々も飢えを満
たせる。というのも，こうした人々の食物は，イエスと同
じく，御父の意志を行うことだからである。心の清い人々
について言えば，識別の賜物により何らかの仕方で神を
見ると確言できる[57]。しかし，こうした霊的経験の反映は，
トマスがいかにして結実は互いに区別されつつ結びついて

---

56)　*1a 2ae q.69 a.2.*
57)　*1a 2ae q.69 a.2 ad 3.*

第9章　内なる教師　　　343

いるかを問う一節を読めば，もっとはっきり確認できるだろう。

　結実は，種子や根のような根源から発出するものと見なせるので，聖霊が人間のうちでどのように「発出」（processus）するかにしたがって互いに区別できる。しかるに，この発出は次のようなものである。人間精神（mens hominis）は[58]，まずそれ自体として，次に同等のものに対して，最後に下位のものに対して整えられる。

　人間精神は，順境でも逆境でも完全に自制するとき，それ自体として整えられる。しかるに，人間精神が善に対して最初にどのように関係するかは，最初の欲求であり，人間のあらゆる情動の根源である愛から理解できる（cf. 1a 2ae q.27 a.4）。このようなわけで，「霊の結実で最初のものは愛である」。というのも，愛とともに聖霊が愛の形で特別に与えられるからである。なぜなら，聖霊はそれ自体愛だからである。「われわれに与えられた聖霊により神の愛がわれわれの心に注がれている」（ロマ5：5）。

　「愛には必ず喜びが伴う」。事実，愛するものは愛の対象と一つになることを喜ぶ。しかるに，愛である神は常に御自身が愛する人に現前する。「愛のうちにとどまる人は神のうちにとどまり，神もその人のうちにとどまる」（Ⅰヨハ4：16）。このようなわけで，愛の結果は喜びである。

---

58)　R. Bernard は，ここでも少し後でも，テキストを少しばかり解釈し，「人間精神」を「霊的人間」と訳している。これはおそらく不当ではないだろうが，このように読むと，トマスはすべての人に語りかけようとしているのに，キリスト教徒という特別な人々だけを念頭に置いているように誤解されるかもしれない。

「しかし，喜びの完成は平和である」。これは二つの観点から考察できる。まず，外的なあらゆる妨害に対して静けさを保つことである。事実，愛する善の享受を他のものに阻まれるなら，この善について完全に喜べなくなる。他方反対に，心が唯一の対象に完全に結びついているなら，この一致を妨げるものはどこにもない。というのも，こうした人には他のすべてはどうでもよくなるからである。「あなたの名を愛する人々には大きな平和がある。こうした人々を妨害できるものはない」（詩 118：165）。実際，外的なものが神を享受できないほどに人々を妨害することはない。次に，欲求の動揺が静まることである。事実，喜びの対象が十分でないなら，その対象を完全に享受していない。しかるに，平和はまさにこの二つの条件を満たす。すなわち，外的に妨害を受けないことと，唯一の対象に結びつくことで欲求が休息することである。このようなわけで，愛と喜びに続く第三の結実は平和である[59]。

　続いてトマスは，人間が逆境の中で自分自身を内的に整えることについて，「忍耐」と「辛抱」を論じている。同様に，他人と正しく関わることについても，「善意」，「寛大」，「柔和」——あるいは霊魂を平静に保つこと——，「誠実」——人間に忠実であることと同時に，精神により神に従うことも含む——を論じている。リストは下位のものと正しく関わることを論じて完成するが，「謙遜」，「禁欲」，「純潔」が考察されている。論証を詳しく検討しなくても，上の長い引用を読めば，聖霊の結実と至福が霊的生活でどれほど重要な役割を果たしているか理解できる。事

59）　*1a 2ae q.70 a.3.*

第9章　内なる教師　　　345

実，他の箇所と同じくここでも，すべては関連している。おそらく聖パウロは体系的に論じようとは思いもしなかっただろうが，トマスは事柄が互いにどう関連しているか理解しようとしている。こうした論述は不適切でないばかりか，きわめて解明的なもので，それを読めば，トマスの精緻な分析が理解できるだけでなく，霊的教えの要素も引き出せるのである。

　しかし，こうしたすべてのこと以上にここで指摘すべきは，実際トマスが霊的生活全体は終末論的完成を希望する営みだと考えていることである[60]。「すでに実現しているもの」と「まだ実現していないもの」の関係は，20世紀にも聖書をよく読むことで再発見されたものだが，トマス思想全体に影響を与えている。すでにこのことは，トマスが神学をどのように考えていたか[61]，聖体の秘跡をどのように論じているかを検討したときに確認した[62]。他の箇所で

---

　60)　このことは D. MONGILLO, « La béatitude et les béatitudes », p. 379 が的確に指摘したが，「トマスが至福を分析するときに見出せる最も注目すべき特徴」と述べている。研究方法は異なるが，まったく同じ主張の É.-H. WÉBER, « Le bonheur dés à présent, fondement de l'éthique selon Thomas d'Aquin », *RSPT* 78 (1994) 389-413 も参照。Wéber によれば，トマスはこうして人間が恩寵と賜物を通じて至福を先取りできるとしていたが，トマスの同時代人は至福は世の終末になってようやく実現すると考えていたので，まさにこの点でトマスを同時代人から区別できる。

　61)　本書第1章参照。

　62)　*Initiation*, p. 197-199〔『トマス・アクィナス　人と著作』238-241ページ〕参照。しかし，O sacrum conuiuium という交唱も想起できるのであり，そこでトマスは秘跡の三つの側面を指摘している。「この聖なる食事はキリストを食物として受けとるものだが，この食事により，キリストの受難が祝われ，霊魂が恩寵に満たされ，将来の栄光の保証が与えられる（futurae gloriae nobis pignus datur）」。とりわけ *3a q.73 a.4* と，SAINT THOMAS D' AQUIN, *Somme théologique, L'Eucharistie*, « Revue des Jeunes », Paris, 1960, t. I, p. 352ss. の A.-M. ROGUET の解説を参照。

346   第Ⅰ部　三位一体の霊性

はっきり強調されていることに，霊的生活全体は「完成し
ていない始まり」——人間のうちで働く恩恵——から将来
の完成——霊的生活の終局——に向かう道や段階として理
解できるのである。

　　人間がこの世で所有する聖霊の恩恵は，実現した（in
　　actu）栄光と同じではないが，潜勢的には（in uirtute）
　　同じものである。「ちょうど木の種子がそれ自体に木
　　の全体を含んでいるように」。同様に，永遠の生命を
　　実現できる聖霊は恩恵により人間に住む。このよう
　　なわけで，使徒は聖霊を「われわれの遺産の手付金」
　　（Ⅱコリ 1：22）と呼んでいる[63]。

内なる教師

　聖霊の性質は聖書で多く指摘されているが，聖ヨハネ
は聖霊を「完全な真理に導く」（ヨハ 16：13）「真理の霊」
（ヨハ 14：17; 15：26）と強調して呼んでいる。トマスは
いつものように，人間が真理を探究するときの最も特有な

---

　　63)　*1a 2ae q.114 a.3 ad 3.* こうしたことを論じている箇所は他
にもある。トマスは他の箇所で世の終わりと至福の完成のつながりを
問うて，継起的完成の論理で説明している。「第一の完成は第二の完
成の原因である。しかるに，至福には自然と恩恵という二つの要素が
必要である。至福の完成そのものは世の終わりに起こるが，この完成
には，自然に関しては事物の最初の創造，恩恵に関してはキリストの
受肉——というのも「恩恵と真理はイエス・キリストを通じて到来す
る」（ヨハ 1：18）から——が先に生じる必要がある。『こうして，自
然の完成は七日目に，恩恵の完成はキリストの受肉に，栄光の完成は
世の終わりに見出せる』」。*In ad Eph. 1,14, lect.5, n° 43* も参照。そこで
トマスはわれわれの遺産の「保証」（gage）としての聖霊と「手付金」
（arrhes）としての聖霊の違いを説明している。

第9章　内なる教師　　347

事柄は何か知っていたので，これらの聖句を長い時間をかけて熟考していた。ここでのトマスの教えは，たった今読んだいくつかのテキストほど心理的なものではなくもっと教義的なものだが，それでもやはり霊的経験が反映していると言えよう。次のテキストは，トマスの好む円環的図式が使われている点で，また本論の出発点だった聖霊の性質に言及している点で解明的で，本論を包摂の形で締めくくるのに最適である。

　　聖霊は「真理の霊」である。というのも，聖霊は真理から発出し，真理を語るから……。また，聖霊は真理から発出するので，「わたしは道，真理，生命である」（ヨハ 14：6）と述べる真理，すなわちキリストに導く。事実，人間では真理への愛は真理を思い浮かべ考察することから出てくるが，同様に神でも愛は真理である御子を抱くことで発出する。「さらに，聖霊は真理から発出し，同じ仕方で真理に導く」。「聖霊はわたしに栄光を与える。というのも，聖霊はわたしの善を受けとるから」（ヨハ 16：14）。このようなわけで，アンブロシウスが述べるように，「真なることはすべて，誰が述べようとも，聖霊に由来する」（omne uerum a quocumque dicatur a Spiritu Sancto est）。「聖霊によらずには，誰もイエスは主であると言えない」（Ⅰコリ 12：3）。「わたしがあなたたちに遣わす弁護者である真理の霊が到来するとき……」（ヨハ 15：26）。「それゆえ，真理を明らかにすることは聖霊の特性としてふさわしい。というのも，秘密を明らかにするのは愛だからである」。「わたしはあなたたちを友と呼ぶ。というのも，父から学んだことをことごとく知ら

348 　　　　　　　第Ⅰ部　三位一体の霊性

せたから」（ヨハ 15：15)[64]。

　アンブロシウスに帰している引用——実はエラスムス
（Érasme）がアンブロシアステル（Ambrosiaster）という
異名で呼んだ同時代の匿名作者のものである——は，トマ
スがよく使うもので，しばしば，きわめて多様な文脈の中
で取り上げている[65]。本論から外れるので，この議論には
深入りしないが，ついでに次のことを指摘しておこう。す
なわち，トマスはアンブロシアステルの定式を取り上げる
だけでなく，必要と思えばこの定式を拡大して解釈し，あ
らゆる真理（omne uerum）だけでなくあらゆる善（omne

---

[64]　*Super Ioannem 14,17, lect.4, n° 1916.*

[65]　15 回使われているが，大部分は『命題集註解』5 回と『ヨ
ハネ福音書講解』の 4 回である。おそらくトマスはこの定式を，
PIERRE LOMBARD, *Collectanea in Epist. Pauli, In 1 Co 12,3* (*PL* 191,
col. 1651 A) の表現から借用しただろうが，すでに AMBROSIASTER
は少しだけ異なるように書いていた ——« quicquid enim verum a
quocumque dicitur, a sancto dicitur spiritu » (*Commentarius in Epistulas
paulinas, In Ep. ad Cor. I, 12,3: CSEL,* t. 81,2, Vindobonae, 1968, p. 132;
cf. PL 17, 1879, col. 258 B)。知っておいた方がよいのは，トマスが『パ
ウロ書簡註解』（*In ad 1 Cor. 12,3, n° 718*）で引用の起源を示している
ことと，自然的次元と超自然的次元の聖霊の働きを区別するときに，
特にこの引用を活用していることである。「『真なることはすべて，誰
が述べようとも，聖霊に由来する』。『というのも，この聖霊のおかげ
で，人間は自然の光を受け，真理を把握するよう知的に動かされるか
ら』」(*ST* 1a 2ae q.109 a.1 ad 1)。だからと言って，異論が主張するよ
うに，どんな真理でも真理を述べる人には，必ず，恩恵を通じて聖霊
が住むと加えて述べることはできない。しかし，この文脈で霊が普遍
的に現前し働くのは，御言がすべてのものに普遍的に現前し働いてい
ることと深くつながっている。トマスが他の箇所で説明するには，こ
の世の闇がいかに深かろうと，御言は受肉により光をもたらしたので，
「神の光をまったく分有しないほど暗い知性はどこにもない。事実，
『あらゆる真理は，誰が認識しようが，この闇の中で輝く光に帰すべ
きである』。というのも，『真なることはすべて，誰が述べようとも，
聖霊に由来する』からである」(*Super Ioannem 1,5, lect.3, n° 103*)。

第 9 章　内なる教師　　　　349

bonum）も聖霊に由来すると強調している[66]。この第二の
主張は，第一の主張と同じく，被造物は根本的に善である
という考え方——トマスはいたるところで明言している
——にぴったり一致している。しかし，ここではむしろ三
位一体の文脈にとどまる方がよく，これは『ヨハネ福音
書』ではっきり示されており，トマスもそれと分かる心遣
いで強調しているものである[67]。真理の霊を論じることは，
御子の業を完成する聖霊が御子について証言することを問
題にするだけでなく[68]，何よりも，いかにして人間が真理
の霊を通じて御子に，さらに御子を通じて御父に還るかを
繰り返し述べることである。というのも，御子と聖霊の時
間的派遣は永遠的発出と同様に切り離せないからである。

――――――――――

66）　« Omne uerum et omne bonum est a Spiritu sancto ». このテキ
ストは現在の印刷版には見出せないが，将来の批判的校訂版のテキス
トになると言って差し支えなかろう。というのも，レオニーナ委員
会がインデックス・トミスティクスのために R. Busa に伝えたのはこ
のテキストだからである。« 76773-a spiritus+sanctus » (Sectio II, vol.
21, p. 157), n° 02272 参照。同じ表現は少し後にも見出せる（n° 02275）
――« Omne uerum et *omne bonum* a quocumque fiat a Spiritu sancto »。
この二つの事例は，*Commentaire sur 1 Cor. 12,3* (RIL = *Reportationes
ineditae Leoninae*) のものである。

67）　トマスは「ギリシャ教父」を論駁する長い文章の末尾で次
のことを指摘している。すなわち，福音書記者の「真理の霊は御父か
ら発出する」という言葉は，真理の霊は御父と「御子から」発出する
わけではないという意味ではない。「というのも，『真理の』，すなわ
ち御子の霊という言葉で，御子から発出することも暗示されているか
らである。実際，聖霊の発出が問題となる場合，常に御子と御父は相
互に結びついている」。

68）　霊は三つの仕方で御子を証言する。すなわち，「〔イエス
の〕弟子たちを教え，証言する自信を与えることで……，キリストを
信じる人々に教えを伝えることで……，教えを聞く人々の心を柔らか
くすることで」，霊は御子を証言する（*Super Ioannem 15,26, lect.7, n°
2066*）。

「御子の派遣が御父に導くように，聖霊の派遣は信じる人々を御子に導く」。しかるに，生み出された知恵である御子は真理そのものである。「わたしは道，真理，生命である」（ヨハ 14：6）。したがって，聖霊の派遣により，人間は神の知恵を分有し，真理を知る。「御子は御言なので，人間に教えをもたらすが，聖霊は人間が教えを受け入れられるようにする」。

それゆえ，イエスの「聖霊はあなたたちにすべてを教える」という言葉は，以下のことを意味している。「人間が外部から何を学ぼうとも，聖霊により内的に理解しないなら，無駄な骨折りである」。「霊が開く人の心に住んでいなければ，教える人がいくら語っても無駄である」。「理解を与えるのは全能者の息である」（ヨブ 32：8）。このことは，人間性という器官を通じて語る御子ですら，聖霊を通じて内的に働かないなら無力だと言えるほどに妥当する。

イエスが上で述べたことを思い出そう。「御父から聞いて学んだ人はみな，わたしのもとに来る」（ヨハ 6：45）。イエスはここで何が問題となっているか説明している。というのも，人間は霊に教えられないなら，何も学ばないからである。これは結局，御父と御子の聖霊を受け入れるなら，御父と御子を知り彼らのもとに来ると言うに等しい。人間は霊により内的に照らされ，導かれ，霊的なものに高められてすべてを知る（Facit autem nos scire omnia interius inspirando, dirigendo et ad spiritualia eleuando）[69]。

---

69) *Super Ioannem 14,25, lect.6, nº 1958-1959. 2a 2ae q.177 a.1* では，グレゴリウスの同じ言明が複数回引用されている。「聖霊が開く人々の心を満たさないなら，教える人々の声が身体の耳に届いても無駄に終わる」（*In Evangelia II, hom. 30, nº 3: PL* 76, 1222 A）。ここには，アウグスティヌスが好んだ内なる教師の教え（*De magistro 11,38*）の

第 9 章　内なる教師　　　　351

　トマスは『ヨハネ福音書註解』で，すでに他の箇所で
様々な形で述べた事柄を強調したが，ここではよく出てく
る円環運動を活用して，トマスが見ている世界で，それゆ
えトマス自身の神学思想で，聖霊が「構造的」に不可欠な
ものとして存在していることを新たに示した。すでに霊に
は，自然と恩恵を問わず神のあらゆる賜物を人間にもたら
す役割があったが，今やトマスは，霊には人間が御子の言
葉を受けいれ理解できるようにする役目もあると明言する
ことで，なぜ信じる人々は聖霊を通じてはじめて完全な真
理に至るかを説明している。

　　聖霊は真理から発出するので，信じる人々に真理を教
　　え，始原である御父に結びつけることが聖霊の役割で
　　ある。キリストは「完全な真理」と言っているが，完
　　全な真理とは信仰の真理のことである。この真理は聖
　　霊がこの世で高次の理解を与えて教え，永遠の生命で
　　完全に知られるものである。この永遠の生命の中で，
　　「人間は神に知られているように知ることになる」（Ⅰ
　　コリ 13：12）。というのも，「御子の油がわれわれに
　　すべてを教える」から[70]。

影響が確認できる。この教えは，*Tractatus in Ioannem* (1,7; 20,3; 26,7;
40,5) や説教——例えば，*Sermon 153,1*:「人間は語るが，教化するの
は神である。人間は論じるが，教えるのは神である」——で度々繰り
返されている。Cf. M.-F. BERROUARD, note 4: « Le Maître intérieur »,
dans S. AUGUSTIN, *Homélies sur l'Evangile de S. Jean*, BA, t. 71, Paris,
1969, p. 839-840. にもかかわらず，この点に関するトマスの教えはア
ウグスティヌスの教えと同じではない。というのも，それぞれの教師
論を読めば確信できるように，トマスの教えはかなり異なるからであ
る——トマスについて，*De ueritate q.11* を，B. JOLLÈS, S. THOMAS
D'AQUIN, *Questions disputées sur la vérité, Question XI: Le maître*,
Paris, 1983 の翻訳で参照。

　70)　*Super Ioannem 16,13, lect.3, n° 2102.*

第Ⅰ部　三位一体の霊性

* 　 * 　 *

　聖霊は，真理の根源にして教師であり，その最も卑しい形態から完全な明示に至るまでを司っている。さらに，自然と恩恵のあらゆる善の始原であり，神の子として神を父と呼ぶ恩恵の生の創始者であり，人間のあらゆる行為を絶えず見守り完成に導いており，永遠性の種子として人間の中に入り永遠の至福という結実をもたらす。トマスは，こうした聖霊はまさしく最初の賜物，優れた意味で賜物だと考えており，御父は聖霊を通じて人間を特別に取り計らうのである。加えて，人間は聖霊を通じて御子に，御子を通じて御父に導かれる[71]。

　　71）　おそらく必要ないだろうが，次の文章を挙げておこう。これは聖霊を論じたこれらの章のいわば冒頭に置くべきもので，繰り返し瞑想すべきものである。「人間は御子と聖霊を通じて創造されたので，御子と聖霊を通じて究極目的に結びつく」。

第Ⅱ部

神を前にして世界の中で生きる人間

第 10 章
トマスの創造論

　霊性を論じることはもちろん神を論じることであり，これまでそのように論を進めてきた。しかし，霊性を論じることは人間を論じることでもある。というのも，神は人間，とりわけ聖なる人々と愛の関係を結ぼうとしたからである。それで，これまで人間についても論じてきたわけだが，むしろ論じざるをえなかった。神は預言者，使徒，イエス自身を通じて人間に語りかけるとき，人間の言葉しか使わなかったので，人間は神の言明に関わり合わずに，まったく「超然と」神を論じるわけにはいかなくなる。それゆえ，主題を分類するという口実で，霊的な対話の二人のパートナーを人工的に切り離して考えることは論外だったのである。しかし，人間と神はこれ以上融合すべきでなく，像と範型，被造物と創造主を混同しないよう切り離して考えることは可能であり，時に必要でもある。

　トマスはキリスト教思想に大きく貢献したが，主要な貢献の一つは，まさに事物の自然本性の次元に属する事柄と，無償で賜物を与える神の自由に属する事柄を区別して考えようとしたことである。超自然的次元に関するあらゆる議論以前に[1]，忘れてはならないものとして基本的な自

---

　1)　こうして自然の次元が超自然の次元に先行することは，必ず

第Ⅱ部　神を前にして世界の中で生きる人間

然本性的与件がある。というのも，こうした与件次第で，人間がどのように恩恵の賜物を受けとり活用するかが変わってくるからである。繰り返されても——的確であろうとなかろうと——廃れないスコラ学の古い格言によれば，「恩恵は自然を破壊せず，むしろ完成に導く」[2]。おそらくこの格言はトマスが述べた主張のうちで最も有名なものだが，実に根本的な考え方を言い表していることをすぐに理解すべきである。トマスが人間や世界を理想主義的に思い描くことは決してない。例えば，人間には霊的生活しかな

しも時間的に理解すべきではないが，少なくとも自然の次元では妥当する。単純な例を挙げるなら，わたしは恩恵の賜物を受けとるためには，まず被造物として存在していなければならない。自然本性と同時に恩恵が与えられると仮定しても——最初の人間はこのようだったとトマスは考えている——，自然本性が恩恵を受けとることに変わりはない。

　　2）　*Sent. II d.9 q.1 a.8 arg.3*: « gratia non tollit naturam sed perficit »; *1a q.1 a.8 ad 2*. この格言は *Super Boetium De Trinitate q.2 a.3* に明確に見出せるが，興味深いことにいっそう詳しく説明されている。« Dona gratiarum hoc modo nature adduntur, quod *eam non tollunt set magis perficiunt* » (Léon., t. 50, p. 98). さらに，この格言は存在論的に自明の事柄として述べられている。「恩恵は自然を前提とする」。このことは，信仰，超自然的生，法などの特定の領域に適用できると言って差し支えない。Cf. par ex. *De ueritate q.14 a.9 ad 8*; *q.27 a.6 ad 3*; *1a q.2 a.2 ad 1*: « sic enim *fides praesupponit cognitionem naturalem, sicut gratia naturam* et ut perfectio perfectibile »〔「というのも，恩恵が自然を，完成するものが完成されるものを前提とするように，信仰は自然的認識を前提とするからである」〕; *1a 2ae q.99 a.2 ad 1*; *2a 2ae q.10 a.10*; *q.104 a.6*; etc. この主題の基本的研究はすでに古くなっているが今なお貴重である。J.B. BEUMER, « Gratia supponit naturam. Zur Geschichte eines theologischen Prinzips », *Gregorianum* 20 (1939) 381-406, 535-552; B. STOECKLE, '*Gratia supponit naturam*'. *Geschichte und Analyse eines theologischen Axioms*, « Studia Anselmiana 49 », Roma, 1962.〔J.-P. TORRELL, « Nature et grâce chez Thomas d'Aquin », *RT* 101 (2001) 167-202 も参照。この論文でわたしは，救済の歴史の観点——トマスはこの観点に立って考察していた——から自然と恩恵の関係を論じた。〕

第 10 章　トマスの創造論　　　357

いとか，世界は霊と何のつながりもない物質にすぎないな
どとは考えないのである。トマスはいつも霊と物質は互
いに結びついていると考えており，それというのも神は人
間や世界を自然本性とともに創造したからで，この自然本
性は罪が破壊できず，恩恵が廃棄せずに完成するものであ
る[3]。反対に，こうした自然本性的所与を正確に評価する
ことは，神そのものをどう捉えるかにも関わってくる。す
なわち，被造物をどう理解するかに応じて，創造主につい
ての考え方も変わってくるのである[4]。また，これにより
霊的生活の領域にも影響が出るだろう。

　たった今述べたことを正しく理解するなら，トマスの第
二回パリ大学教授時代を大きく動揺させたうかつに触れら
れない二つの問題が，もっぱら哲学的ではなくても少なく
とも神学以前の考え方に深く関わるものだと知っても，あ
まり驚かないだろう。トマスはこの二つの問題について考
えを述べた結果，強固な敵意と異端の疑いを身に受けるこ
とになったのだが，その問題とは，一つは創造論と世界の
永遠性の問題で，もう一つは人間論，もっと単純には人間
をどう捉えるかという問題だった[5]。人間論については再

---

　3)　トマスが恩恵は「付帯的」なものと主張することで守ろうと
しているのはまさにこのことである――第8章参照。罪が自然本性を
破壊しないことについても，トマスの立場ははっきりしている。「罪
により人間が完全に理性的存在でなくなることは決してない。とい
うのも，もし理性的存在でなくなるなら，『もはや罪を犯すこともで
きなくなる』から。それゆえ，この自然本性の次元は決して廃棄され
ない」(1a 2ae q.85 a.2)。正確な研究 B. QUELQUEJEU, « 'Naturalia
manent integra'. Contribution à l'étude de la portée méthodologique et
doctrinale de l'axiome théologique 'Gratia praesupponit naturam' », RSPT
49 (1965) 640-655 を参照。

　4)　SCG II 3: « Error circa creaturas redundat in falsam de Deo
sententiam »〔「被造物を正しく理解しないと，神についても誤った見
解を抱くことになる」〕。

　5)　二つの問題の簡単な背景と関連文献は，Initiation, p. 268-

358　　第Ⅱ部　神を前にして世界の中で生きる人間

検討するので，以下では創造論について論じよう。

　それゆえ，人間本性に関する問題と同様に——おそらく
もっと——激しい議論の対象だったのは創造そのものの問
題だが，この問題について 1270 年頃のパリ大学の人々は
意見を異にしていた。これは有名な「世界の永遠性」の問
題であり，当時の著作の多く——そのうちの一つはトマス
の著作である——には同じ表題がつけられている[6]。哲学
者と神学者は違ったふうにこの問題に向き合った。神学者
は，この問題は啓示そのものにより解決できると考えた。
というのも，『創世記』は，世界には始まりがあり，それ
ゆえ永遠ではないとはっきり述べているからである。対し
て，哲学者はアリストテレスに従い，世界は永遠より存在
するとためらわずに繰り返した。

　フランシスコ会の神学者たちはこの見解から出てくる帰
結を心配した結果，このようなことは考えられないと公言
し，世界に始まりがあることは理性で証明できると確言し
た。トマスはアリストテレスの論証が厳格なことを心得て

284〔『トマス・アクィナス　人と著作』316-335 ページ〕参照。詳
しくは，É.-H. WÉBER, *La controverse de 1270 à l'université de Paris
et son retentissement sur la pensée de S. Thomas d'Aquin*, « Bibl. thom.
40 », Paris, 1970 参照——この著作の副題は *L'homme en discussion à
l'université de Paris en 1270* である。この著作の批評は重要である
——cf. notamment C.B. BAZÁN, « Le dialogue philosophique entre Siger
de Brabant et Thomas d'Aquin. A propos d'un ouvrage récent de É.-H.
Wéber O.P. », *RPL* 72 (1974) 53-155; W.H. PRINCIPE, dans *Speculum* 49
(1974) 163-167。

　　6)　*De aeternitate mundi*, Léon., t. 43, p. 85-89; trad. fse: *Opuscules
de S. Thomas d'Aquin*, Vrin-Reprise, t. 6, Paris, 1984, p. 551-560. 最近に
なり，この問題について多くの業績が出版されたが——議論の背景と
関連文献は，*Initiation*, p. 268-273〔『トマス・アクィナス　人と著作』
316-322 ページ〕参照——，フランス語で書かれた最高の業績は依然
として『知性の単一性について』に関する A. de Libera の書物である
——本書第 11 章註 17 参照。

第 10 章　トマスの創造論　　　　359

いたので，反対に，世界に始まりがあることは信仰によっ
てはじめて主張でき，証明は不可能だと教えた。トマスに
よると，この点について創造と三位一体は同様であり，不
信仰者の嘲りを受けないように，学知の対象にならない事
柄をそうであるかのように論じないよう注意すべきであ
る。

　　世界に始まりがあることは信仰の対象であり，論証や
　　学知の対象ではない。また，この考え方は有益であ
　　る。というのも，信仰に属する事柄をあまり決定的で
　　ない論拠で証明しようとして，不信仰者の嘲りを受け
　　ないようにするためである。なぜなら，不信仰者はキ
　　リスト教徒がこれほど脆弱な論拠に基づいて信仰の教
　　えを受け入れていると考えるからである[7]。

　この難しい問題は，信仰と理性の各要求を完全に明らか
にすることしか利点がないが，この利点だけで十分価値が
ある。しかし，実はこの問題は，トマスが現実をどのよう
に探究しているか——トマスの一連の見解はこの探究方法
から大きく影響を受けている——についての最も目立つ一
面にすぎない。トマスがどのように被造世界を捉え，世界
での人間の振る舞いを理解しているかは，根本的にはトマ
スの創造論に基づいている。このことは，トマスが被造物
の自立性を認め，被造物の価値を評価する様子から分か
る。こうした評価は主意主義的な判断——神学者が神の創
造したこの世界は悪であるはずがないと後から決める場合

_____

　7)　*1a q.46 a.2.* 不信仰者の嘲りという主題は，神学者が固有の
活動範囲をわきまえ，謙遜に振る舞うよう促すために，トマスがよく
使うものである——cf. *SCG I 9*; *1a q.32 a.1*; *De rationibus fidei 2*, Léon.,
t. 40, p. B 58 (Marietti, n° 956); V. SERVERAT, « L'*irrisio fidei* chez
Raymond Lulle et S. Thomas d'Aquin », *RT* 90 (1990) 436-448。

360 第Ⅱ部 神を前にして世界の中で生きる人間

のように――ではなく，初めから哲学的考察によるもの
で，この考察は事物の本性そのものに基づくものである。
すぐ検討するように，トマスの徳論は人間論を前提として
いるが，まったく同じように，トマスが世界に生きる人間
をどう捉えていたかは創造の形而上学に基づいている。試
みは難しいが，トマスの創造論を簡潔に説明してみよう。
というのも，創造論に基づいてはじめて霊性に関する基本
的な考え方が理解できるからである。トマスは世界を軽蔑
したり見下したりしなかっただけでなく，反対に深く肯定
していたのである。

ある関係

　人間の認識は感覚的経験から始まるので，当然ながら，
神の最初の創造を芸術作品の創作になぞらえて思い描く傾
向がある。すなわち，像は，芸術家の思考や材料となる
木の幹の中ではもっぱら可能的でしかなかったわけだが，
「創作」者の働きにより作られると，新しい形で存在する
ようになる。実際のところ，この図式は誤っている。ここ
で述べられていることは生成であり，単なる変化である。
本来的意味での創造では，何の変化もない。というのも，
変化する基体がないから。このことを理解するには少し考
えるだけでよい。すなわち，あるものが変化するには，ま
ずそのものがなければならない。しかるに，創造以前には
何もない。文字通り，「何もない」のである[8]。それゆえ，
トマスはこの創作のイメージをきっぱり拒絶する。「創造

―――――――――
8)　「無からの」創造（création *ex nihilo*）という表現が意味して
いるのはこのことである。これは無に「基づく」創造と訳してはなら
ない。というのも，「基づく」という言葉は変化のイメージを伴うか
らである。

第 10 章　トマスの創造論　　361

は変化ではない。創造は『被造物が始原に依存すること』
である。だから，創造は関係のカテゴリーに属する」[9]。

　トマスはまさにこの創造の定義——「被造物が始原に依
存すること」——のおかげで，世界の永遠性の問題を容易
に論じられた。事実，この依存関係は世界が永遠であって
も確認できるだろう。依存関係が成立するのに世界が時間
的に始まる必要はまったくない。被造物が始原に関係する
ことは持続の問題ではない。しかし，ここで論じるべきは
世界の永遠性の問題ではなく，創造を定義するのに関係の
カテゴリーを使っていることである。一見，これはきわめ
て適切に思える。だが，よく考えると二つの大きな問題が
持ち上がってくるのであり，この問題を解決するには若干
の分析が必要である。

　何よりもまず，「関係」を論じることは「相互関係」を
論じることである。関係には相互に影響し合う二人のパー
トナーが必要で，この二人は互いに結びつき依存してい
る[10]。しかし，このことは被造物には妥当するが，神には

---

　9)　*SCG II 18, n° 952.* まとまった創造論は，*SCG II 6-38; ST
1a q.44-49; De Potentia q.3-5* 参照。もっと詳しい説明は，J.-H.
NICOLAS, *Synthèse dogmatique, Complément*, Fribourg-Paris, 1993, p.
5-99 参照。かなり専門的な説明として，G. BARZAGHI, « La nozione
di creazione in S. Tommaso d' Aquino », *Divus Thomas* (Bologna) 3
(1992) 62-81; É. GILSON, *Le Thomisme*, Paris, 1986⁶, p. 193-207 を
参照。すでに古くなった書物 A.D. SERTILLANGES, *L' idée de la
création et ses retentissements en philosophie*, Paris, 1945 と，簡潔なが
らも示唆に富む論文 M.-D. CHENU, « La condition de créature. Sur trois
textes de saint Thomas », *AHDLMA* 37 (1970) 9-16 も参照。現在，こ
の問題を研究する人は少ない——cf. J. ARNOULD et al., « Bulletin de
théologie. Théologie de la création », *RSPT* 78 (1994) 95-124.〔Cf. J.-M.
VERNIER, *Théologie et métaphysique de la création chez saint Thomas
d'Aquin*, « Croire et savoir », Paris, Téqui, 1995——S. Th. BONINO, *RT*
97 (1997) 584-586 の紹介と批評も参照。〕

　10)　もちろんこの文章は二つの項の実在的関係を述べている。

362 　第Ⅱ部　神を前にして世界の中で生きる人間

妥当しない。神はいかなるものにも依存しないので，神の
「実在的」関係は論じられないのである。創造について関
係という言葉を使うのは，思考する上で──相互的ではな
いような関係はほとんど思い浮かべられない──どうして
も必要だからである。しかし，神学者たちは創造について
被造物の実在的関係は認めるが，神の場合は「思考上の」，
すなわちもっぱら概念的な関係しか認めない。このことが
意味するのは，神は被造物に無関心だということではなく
──周知のとおり，反対に神は被造物を存在において保ち
続けている──，人間どうしの関係とはまったく別の事柄
が問題になっているということである。神に変化はない。
それゆえ，神に何かが起こるといったことはなく，神は被
造物を超越している[11]。したがって，神は被造物との関係
に従属しておらず，「被造物の原因そのものなので」，被造
物を超越しているのである。

　関係のカテゴリーを使うことで持ち上がる第二の問題は
おそらくもっと解決しづらいが，この解決は論を進める上
できわめて重要である。たった今，創造は被造物が始原に
一方的かつ完全に依存することだと定義した。この定義は
まったく正しいが，被造物が神と関係を結ぶためには，ま

────────────

というのも，二つの項が互いに影響したり依存したりしない関係もあ
るから。知るもの（sciens）と知られるもの（scitum）の関係はこれ
にあたる。知られるものは，たとえ知られても，知るものに影響を与
えたり依存するわけではないから。

　11）　*1a q.27 a.1 ad 3*: « Deus [est] extra totum ordinem creaturae ».
当時の神学的試論がこの主題をどう扱っているかについては，〔第 3
章註 69 で〕すでに指摘した哲学的分析 H. SEIDEL, « De l'immutabilité
de Dieu dans l'acte de la création et dans la relation avec les hommes »,
RT 87 (1987) 615-629 と，神学的分析 M. GERVAIS, « Incarnation et
immuabilité divine », *RevSR* 50 (1976) 215-243 を参照。この二人の著
述家が次のように明言しているのは正しい。創造について神の実在的
関係はないからと言って，根拠として働く神が実在的でなくなるわけ
ではない。すなわち，神は「真に」創造主，主，等々である。

第 10 章　トマスの創造論　　　363

ず被造物が存在しなければならない。これは自明の事柄である。というのも、関係は存在するものどうしが結ぶものだからである。だが、この関係が創造そのものの場合、次のような逆説的帰結が出てくる。すなわち、存在論的秩序、それゆえ存在するものの順序にしたがえば、創造を意味する関係は被造物の「後に」現れるはずである。

　この問題は難しく見えるが、ここでも少し考えてみれば何が問題となっているか理解できる。世界の原因である神と存在し始める世界との間にはまったく何もなく、神の働きすらない——というのも、神の働きは神そのものなので、神と世界の間の中間的なものとは考えられないからである。それゆえ、何ものも介在せず、必然的に以下の帰結が出てくる。すなわち、世界は依存するものとして「時間的に」最初のものであり、創造されること——この事実により被造物は創造主と関係する——は創造されたもの自体より後のものである。これが「無から」の創造の簡単な説明である。創造の働きが先在する質料に及ばないなら、無に対しても働かないことは明らかであり[12]、それゆえ創造の働きは存在を受ける事物そのものに直接働くのである。こうして、ある事物は、知性の世界でも実在の世界でも——専門用語では、intellectu et natura——、創造という行為そのものが確立する神との関係に先行する。トマスはこの主題を検討するたびにきまってこの見解を想起しており[13]、同じ教えを広めているかどで非難された当時の同僚

---

　12)　*De potentia q.3 a.3 ad 1*: « In creatione, non ens non se habet ut recipiens diuinam actionem, sed id quod creatum est »「創造の際、神の働きを受けるのは、存在しないものではなく創造されるものである」。

　13)　*1a q.45 a.3 ad 3*:「創造を変化として理解するなら、被造物は終局である。しかし、創造は実は関係なので、被造物は関係の主体であり、実際には関係に先行するが、これは主体が付帯性に先行するのと同じである」。Cf. *Sent. 1 d.1 a.2 ad 4*——G.Emery によれば、タランテーズのペトルスの主張はおそらくこの箇所に由来する（次註参

364　　第Ⅱ部　神を前にして世界の中で生きる人間

タランテーズのペトルス（Pierre de Tarentaise）を弁護す
ることもあった。

　　創造が実際に被造物にもたらすのは，被造物に存在を
　与える創造主への関係だけであり，この関係はある種
　の付帯性だと言える。「そしてこの関係は，主体のう
　ちにあるという点では，主体より後の付帯性である」。
　しかし，関係は，神の創造の働きの終局という点で
　は，ある意味で先のものである[14]。

　関係の概念の二つの側面を区別できることを踏まえれ
ば，おそらく事態はもっと分かりやすくなる。関係は付帯
性であることにしたがえば，すなわち関係がすでに存在し
それ自体として完全な主体を規定するかぎり，関係は明ら
かに主体より後のものである。それゆえ，創造を関係とし
て論じる場合，関係は被造物より後のものと理解するより
他ない。しかし，関係の本質的側面を考慮するなら，すな
わち関係が「他のものに向かう」（ad aliud）ものであるか
ぎり，あるいは二つの主体の間にある関係そのものである
かぎり，関係はもはや主体に「内属するもの」ではなくな
り，ただ「付加されるもの」にすぎなくなる[15]。この新た

────────────

照）。

　14）　*Responsio de 108 articulis, art. 95*, Léon., t. 42, p. 293: «
Verum est quod creatio secundum rem nihil ponit in creato nisi relationem
tantum, a quo habet esse, que est quoddam accidens. Et hec quidem relatio
quantum ad illud esse quod habet in subiecto, accidens quoddam est et
posterius subiecto; sed in quantum est terminus actionis diuinae creantis,
habet quandam rationem prioritatis ».

　15）　これは内属するもの（inhaerens）と付加するもの（assistens）
の違いである。トマスはこの違いを活用して，付帯性としての関係と，
関係の概念そのもの，すなわち主体に内属するものではない，何かに
向かう単なる関係の区別を説明している──cf. *De potentia q.3 a.3 ad*

第 10 章　トマスの創造論　　365

な観点では，関係は神の働きから出てくるので，創造とい
う関係はいわば創造される主体より先のものである。とい
うのも，神の働きそのものは被造物の直接原因だから[16]。

　こうした説明は，無益には見えないとしても，なじみが
ないと難しく感じるかもしれない。難しく感じるならお許
しを請うばかりだが，実際のところこうした説明はきわめ
て重要なので，少し考えてみてほしい。こうした区別は思
考上の遊びではまったくなく，ただ現実の複雑さを尊重
し，現実を考察する二つの観点を説明するためのものであ
る。創造という関係は実在に依存し実在より後のものであ
ることにより，被造物の実体性，すなわち被造物は自立的
であることがはっきり分かるが，すぐ見るように，トマス
によれば創造主は被造物の実体性と法則を尊重している。
詩人ヘルダーリン（Hölderlin）のきわめて深い意味の言葉
を借りれば，「神は人間を海や大陸のようなものとして創
造し，そこから退いた」。しかし他方で，被造物はこのよ
うに自立的でありながらも，始原に完全に依存しているの
で，被造物の存在と働きは関係的なものなのが分かる。こ
うして，被造物は最初に生じてから，他のものに「向か
う」ものとして，今の例では，他者である神に「属する」
ものとして存在している。被造物はまさにこの関係の中
で，自分が真に有限で依存的であることを理解するのであ
る。

「そして神はこれらのものが善であることを見た」

　こうして創造の形而上学について述べてきたが，このま

3。

16)　*De potentia q.3 a.3 ad 3.*

366 第Ⅱ部 神を前にして世界の中で生きる人間

までは不十分であり，すぐに次のように付け加える必要が
あろう。すなわち，トマスやわれわれのキリスト教的観点
から言えば，神が被造物を創造したのは，被造物から何か
利益を得るためでは決してない[17]。人間の活動は，時に高
貴なものになることもあるが，もっぱら利害のために営ま
れる。しかし，神は御自身のためにだけ働く。創造につい
て驚くべきは，神が御自身の善性だけを追求しながら，そ
の善性を被造物に伝えることである。

　　神は被造物全体を被造物そのもののために欲すると同
　時に，被造物が神自身のために存在することを欲す
　る。この二つはまったく矛盾しない。事実，神が欲す
　るのは，被造物が神自身の善性を目指すこと，すなわ
　ち被造物がそれぞれの仕方で神の善性を模倣し表現す
　ることである。被造物が行うのは神の善性の模倣と表
　現であり，それというのも被造物は神の善性のおかげ
　で存在と本性を保つからである。それゆえ，これは次
　のように述べることに等しい。神はすべてのものを御
　自身のために造った――適切にも『箴言』16章4節
　では「主はすべてのものを御自身のために造った」と
　言われている――と同時に，被造物が自存するために
　被造物を造った――『知恵の書』1章14節では「神
　はすべてのものが自存するためにすべてのものを創造
　した」と言われている[18]。

――――――――――――

　17)　*1a q.44 a.4*:「第一の作用者〔である神〕は何か目的を達成
するために働くのではない。神の目的はただ一つ，御自身の完全性，
すなわち御自身の善性を伝えることである」。もっとも，この同じ理
由のために，「『神だけが完全に自由である』。というのも，神が働く
のは御自身の利益のためではなく，ただ御自身の善性を伝えるためだ
からである」(*ibid., ad 1*)。この主題の詳細は，本書第3章「神と世
界」参照。

　18)　*De potentia q.5 a.4.*

第10章　トマスの創造論　　　367

　世界とそこにあるすべての被造物は，神に造られたとい
うだけで，善にして真である。トマスは聖書の冒頭を読ん
でこのことを理解したが，超越範疇は置換できるという教
えを活用して確証している[19]。このように現実を考察する
なら，被造物は単にそこにあるだけのものではなくなる。
すなわち，被造物の存在には段階があり，その段階は創造
主の真，善，美をどれだけ分有するかに応じて決まる。ト
マスは断固として世界を肯定的に捉えようとするが，その

　19）　長く典拠とされてきたテキストは *De ueritate q.1 a.1* であ
る。非常に長いのでここでは引用できないが，R. IMBACH et M.-H.
MÉLÉARD, *Philosophes médiévaux. Anthologie de textes philosophiques
(XIIIᵉ-XIVᵉ siècles)*, Paris, 1986, p. 79-85 の中に F.-X. Putallaz の見事な
翻訳がある。この教えは *1a q.16 a.3* にも確認できる。「善は欲求との
つながりで定義できるが，同じく真は認識とのつながりで定義でき
る。しかるに，あるものは存在を分有すればするほど，認識されう
るものになる……。ここから，善が存在するものと置換できるよう
に，真も存在するものと置換できるのが分かる。とはいえ，善が存
在に魅力という本質的性格を付け加えるように，真は存在に知性へ
の関係を付け加える」。この教えはとりわけ哲学的観点から絶えず研
究されてきた。Cf. S. BRETON, « L'idée de transcendental et la genèse
des transcendentaux chez saint Thomas d'Aquin », dans *Saint Thomas
d'Aquin aujourd'hui*, « Recherches de Philosophie 6 », Paris, 1963, p. 45-
74; J.A. AERTSEN, « Die Transzendentalienlehre bei Thomas von Aquin
in ihren historischen Hintergründen und philosophischen Motiven », *MM*
19 (1988) 82-102. 美に関するより広範な問題と美が超越範疇の一つ
であることについては，U. ECO, *Le problème esthétique chez Thomas
d'Aquin*, « Formes sémiotiques », Paris, 1993——S.-Th. BONINO, *RT*, 95
(1995), 503-505 の紹介と批評がある ; P. DASSELEER, « Être et beauté
selon saint Thomas d'Aquin », dans *Actualité de la pensée médiévale*,
éd. J. FOLLON et J. MC EVOY, Louvain-Paris, 1994, p. 268-286 を 参
照。[超越範疇の研究は，J.A. AERTSEN: *Medieval Philosophy and the
Transcendentals. The Case of Thomas Aquinas*, « Studien und Texte zur
Geistesgeschichte des Mittelalters 52 », Leiden, Brill, 1996 が取り上げ発
展させたが，多くの書評がある——cf. S.-Th. BONINO, *RT* 96, 1996, p.
575-579; B.C. BAZÁN, « Thomas d'Aquin et les transcendantaux. Retour
sur un livre de Jan A. Aertsen », *RSPT* 84, 2000, p. 93-104.]

368　第Ⅱ部　神を前にして世界の中で生きる人間

背後にはこうした深い考え方がある。

　事物が根本的に善であるという見方だけを取り上げるなら，結果が原因に似るということは再び最も重要な考え方となるが，この考え方は予想以上に広範なものである。とりわけ神学的見地から人間は神の像と考える以前に，自然の次元でも被造物は二つの意味で神に似ていると言える。すなわち，「被造物は神自身と同じように善である」だけでなく，「被造物は神自身が事物の善性の原因なのと同じように，他の被造物を善へと動かす」。この二つの側面に基づいて，神が被造物を統帥する際の二つの働き，すなわち善のうちに保つことと善へと動かすことは理解できる。ただし，これはまったく一般的な言明にすぎない。というのも，神が世界を導く働きを個々の観点から考察するなら，たくさんの働きを検討する必要が出てくるから。なぜなら，神は各被造物をそれぞれに見合う仕方で完成に導くからである[20]。

　摂理の教えにまつわるあらゆる問題[21]——実際，こうした問題は具体的に霊的生活を営む上で非常に重要である——に深入りせずに，ここでは第二の働きを論じるにとどめよう。すなわち，神は被造物に今度は被造物が世界の善の原因になる力を与えた。トマスはこの教えをしばしば検討しているが，ここではこの教えが特別に論じられている二つの箇所を指摘しよう。まず以下で，ほとんど知られていないが見事なテキストを引用したい。トマスはこのテキストで，人間は世界の善の原因だという教えをきわめて素朴なキリスト教徒のために明晰に説明し，この教えから引

---

20)　Cf. *1a q.103 a.4.*

21)　*1a q.22* の説明の他に，*De ueritate q.5*，とりわけ *a.1 ad 9* を参照。そこでトマスは語彙を定義している。すなわち，事物の産出を司る技芸（*ars*）や，事物の調和を定める配置（*dispositio*）とは異なり，摂理（*providence*）は事物を目的に秩序づける。

第 10 章　トマスの創造論　　369

き出せる帰結をかなり詳しく論じている。

　　創造主である神を考察することで，「人間の尊厳」が
　明らかになってくる。実際，神はすべてのものを人間
　のために創造した……。また，人間はあらゆる被造物
　のうちで天使に次いで最も神に似ている被造物であ
　る。「われわれはわれわれの像にかたどって人間を造
　ろう」（創1：26）。ここで問題となっているのは，天
　や星ではなくまさに人間であり，人間の身体ではなく
　不滅の霊魂である。人間の霊魂には自由意志が与えら
　れているが，この自由意志のおかげで人間は他のあら
　ゆる被造物に優って神に似ている……。人間は他のあ
　らゆる被造物よりも尊厳があるので，罪を犯したり物
　体的なものを無秩序に求めたりしてこの尊厳を決して
　傷つけてはならない――物体的なものは人間より下位
　にあり，使用するためのものである。反対に，人間は
　創造の際に神が計画したことにしたがって振る舞うべ
　きである。「事実，神が人間を創造したのは，人間が
　地上のものをことごとく支配すると同時に神に従うた
　めである。だから，人間より下位にある被造物を支配
　し従わせると同時に，神に従い仕えなければならな
　い」。こうしてはじめて，神を享受できるだろう[22]。

　このテキストはトマスの説教から借用したものなので，
説教と聞いて予想するような勧奨的な調子を帯びている。
この勧奨的な調子はなるほど場違いなものではないが，教
義的な内容を無視してはならないだろう。というのも，事

_____

　22)　*In Symbolum 1, Opuscula theologica II, n⁰ 886.*　この『使
徒信経』の説教の非常に見事なフランス語訳として，SAINT
THOMAS D'AQUIN, *Le Credo*, introd., trad. et notes par un moine de
Fontgombault, Paris, 1969, ici p. 56-57 を参照。

実，このテキストでは世界で生きる人間の主要な問題点が考察されているからである。すでに主題の多く——例えば，神の像について——は本書で論じたが，別の主題も説明すべきだろう。すなわち，世界で生きる人間の自由について，被造物と人間に対してどう振る舞うかについて，神は被造物を人間が支配し活用するために与えたが，この被造物をいかに「支配する」かについて，人格の完成にいたる様々な形態について。こうしたことはみな続く各章で検討することになるが，それを読めば，こういった霊性が現実離れしたものでなく，反対にトマスの人間論を特徴づける現実主義に深く根ざしていることが分かるだろう。しかし，トマスは別の特別なテキストの中で，創造についての考え方から何が帰結するかもっと厳密に説明している。

　上のテキストに見出せるような教えが最も徹底的に展開されているのは『対異教徒大全』第3巻である。議論の端緒は，mutakalimoun あるいは motecallemin と呼ばれるイスラム教の神学者たちと哲学者アヴィケブロン（Avicebron）——後にユダヤ思想家イブン・ガビロール（Ibn Gebirol）と同一視される——の見解にある[23]。これらの著述家によれば，「いかなる被造物も自分の働きで自然の働きを生み出せない。例えば，火が熱するのではなく，

23）　こうした著述家の見解に深入りするのは本書の目的ではない。こうした著述家についてトマスがした議論を最も解明的に説明しているのは，É. GILSON, « Pourquoi saint Thomas a critiqué saint Augustin », *AHDLMA* 1 (1926-1927) 5-127 である。Gilson はまずイスラム教徒の誤りを，次にイブン・ガビロールの批判を論じている——cf. p. 8-35。motecallemin という名については，p. 15 参照。calam という語は言葉や言説を意味するので，motecallemin は言説の信奉者という意味である。［motecallemin については，F. NIEWÖHNER, « Die Diskussion um den Kalam und die Mutakallimun in der europäische Philosophiegeschitsschreibung », *Archiv für Begriffsgeschichte* 18 (1974) 7-34 を参照。］

神が火のあるところに熱を生じさせるのであり，自然のどんな働きについても同様である」。この奇妙な見解を弁護しようと，上の述述家たちは一連の論拠を引き合いに出し，物体はすべて働いておらず，下級の原因はみな存在しないと結論した。このような考えからすれば，結局真に働いているのは神だけであり，世界に見出せる原因はどれも見かけ上のものだということになる[24]。

トマスはすぐに反論し，働いているのは神だけというこの奇妙な理論は良識に反すると述べている。「被造物がまったく無力なら，すべてを直接生み出しているのは神だということになるので，神が結果を生み出すために被造物を活用したのは無駄だったと言う他ない」。神が被造物を無益に活用すると考えることは，神の知恵の概念にほとんど一致しない。さらに周知のとおり，「神が存在について御自身の類似性を被造物に伝えて，今度は被造物が自分で存在できるようにしたとすれば，神は働きについても御自身の類似性を被造物に伝えて，被造物も自分で働けるようにしたはずである」。しかし，これで終わりではなく，トマスは適切にも次のことを示そうとする。この教え，すなわちあらゆる原因の力を神に集めることで神を高めようとする教えは，実際には神はきわめて非力だと主張して神を尊重しないことに行きつく。

　　結果が完全であることは原因が完全であることの証拠である。原因の力が強力なほど，結果はより完全なものになる。しかるに，神は働くもののうちで最も完全なので，被造物にも完全性を与えるはずである。このようなわけで，「被造物から完全性を取り去ることは，神の力から完全性を奪うことである」（Detrahere ergo

---

24)　Cf. *SCG III 69, nº 2431-2441.*

perfectioni creaturarum est detrahere perfectioni diuinae uirtutis)。しかるに，被造物がことごとく無力なら，被造世界の完全性は大いに損なわれるに違いない。というのも，あるものが他のものに自分の完全性を伝えることは自分の完全性を満たすことだからである。「それゆえ，被造物はことごとく無力だというこの見解により，神の力は損なわれてしまうのである」──さらに，トマスはこの見解に反対する別の論拠を展開して似たような結論に至っている。神が御自身の善性を被造物に伝えたのは，ある被造物が神から受けとったものを他の被造物に伝えるためである。「したがって，事物は自分で働かないと考えるなら，神の善性を損なうことになる」[25]。

　このテキストは今進めている議論の中心をなすものだが，これで終わりではない。この続きは次のことを強調しており，その内容は到底付随的なものとは言えない。すなわち，「仮に被造物が結果を生み出す際に自分で働かないとすれば，いかなる被造物の本性も結果に基づいて知られないことになるだろう。こうした場合，経験的知識はことごとく失われてしまうに違いない。というのも，経験的知識はとりわけ結果から原因に遡ることで得られるから」。被造物は自分で働かないといった理論が中世のイスラム教世界で現れたことは実に奇妙である。というのも，そこでは当時西洋に知られていなかった諸学問がめざましく栄えていたからである。だが，このことは付随的な指摘にすぎない。ここで特に注目すべきは，上のテキストの強調部分である。トマスは数行の間に，被造物の力を減じれば神に損害を与えることになる旨を三度繰り返している。トマス

---

25) *SCG III 69, nº 2445-2446.*

第 10 章　トマスの創造論　　　373

にとって，人間を犠牲にして神を高めることなど思いもよらない考えだった。ある霊性によれば，被造物は無にすぎず神を讃えるためには人間を破壊する必要があるのだが，トマスはこうした考え方とは反対に，人間が偉大になるほど神も偉大になると確信していた。

　こうしたトマスの考え方は，『神学大全』第 2 部の序文により開かれた展望とも密接に関わっている。「人間も自分で働く根源である。というのも，人間は自由意志を持ち，自分の行為の主人だから」。この「〔人間〕も」という表現は驚くほど大胆なものだが，この表現が言わんとしているのは，人間は同等のパートナーとして神に向き合うとともに，自由ながらも責任を持って——人間には尊厳に基づきふさわしく振る舞う義務がある——世界の中で働くということである。

二次的原因と神

　すぐ理解できることだが，こうしたことはすべて前に述べた創造の形而上学に直接かかわっている。被造物は「存在の豊かさ」[26] を持ち，創造主のおかげで自分で働くよう

―――――――――

　26）　ボナヴェントゥラは，世界は影にすぎない（« ...*totus mundus est umbra*, via vestigium...Unde creatura non est nisi sicut quoddam simulacrum sapientiae Dei et quoddam sculptile »〔「世界は全体として影，道，痕跡である……。だから，被造物はいわば神の知恵をまねたものであり，ある種の像である」〕, *In Hexaemeron XII 14, Opera*, t. V, 386b）と言ったが，トマスはこのようなことを決して述べないだろう。この主題をめぐる参考になる意見交換は，S. VANNI-ROVIGHI（« La vision du monde chez saint Thomas et saint Bonaventure »）と J. CHÂTILLON（« Sacramentalité, beauté et vanité du monde chez saint Bonaventure »）の間で為されたが，*1274. Année-charnière*, p. 667-685 を参照。なるほど Châtillon は，影という表現で世界にある「存在

374   第Ⅱ部　神を前にして世界の中で生きる人間

になっただけでなく，創造主は被造物に与えた法則を尊重している。「被造物の本性を造った神は，被造物の本性に固有のものを取り去らない」[27]。このようなわけで，トマスは確信に満ちて次のように述べるに至ったが，この言明は14世紀の著述家たちの——神の恣意性と絶対的力（potentia Dei absoluta）を同一視するような——考え方と明らかな対照をなしている[28]。すなわちトマスいわく，神自身，事物の本性を変えることはできない。例えば，おそらく神は円を創造しないこともできるだろうが，もし円が存在するなら，円は必ず円いものである[29]。実際のところ，「神は不可能なことを為しえないというよりも，不可能なことは生じえないという方が適切である」。しかるに，人間がロバだったり，四本の足を持ったりするのは不可能なことである[30]。

　イスラム神学者が恐れていたこととは反対に，被造物の働きを尊重することは「神が御自身ですべてを行えないことを意味しない。そうではなく，神は善に満ち溢れているので，被造物が存在するだけでなく他のものの原因ともな

の豊かさ」は少しも損なわれないと確言しているが，こうした表現で世界はしるしにすぎないという考えが強調されることも認めている。

　　27)　SCG II 55, n° 1310: « Deus qui est institutor naturae non subtrahit rebus id quod est proprium naturis earum ».

　　28)　L. BIANCHI et E. RANDI, *Vérités dissonnantes. Aristote à la fin du Moyen Âge*, « Vestigia 11 », Fribourg-Paris, 1993 に挙がっている例を参照。Cf. A. DE MURALT, « La toute-puissance divine, le possible et la non-contradiction. Le principe de l'intelligibilité chez Occam », *RPL* 84 (1986) 345-361.

　　29)　SCG II 55, n° 1299:「あるものに内属する性質はそのものと分かちがたく結びついている。例えば，『円さ』は円に内属する性質だが，青銅にとっては付帯的性質である。それゆえ，青銅が円くなくなることはあっても，円が円くなくなることはない（circulum autem non esse rotundum est impossibile）」。

　　30)　*1a q.25 a.3.*

第 10 章　トマスの創造論　　　375

るために，御自身の類似性を被造物に伝えようとしたのである」。こうして被造物の原因性を認めたとしても，神の原因性は少しも損なわれない。というのも，神の原因性がなければ，何も存在しないし働かないからである。聖パウロに倣って「神が人間のうちで働いてはじめて意志と行為は生じる」（フィリ 2：13）と言えるが，にもかかわらず被造物の働きは有効である。犯してはならない誤りは，創造主と被造物という二つの原因が同じ次元で共働すると考えることである。実際は，〔被造物という〕二次的原因は〔神という〕第一原因に従属しており，その結果各原因は自分の次元で働くことになる。

　　明らかなことだが，同じ働きを自然的な原因と神に帰すのは，同じ働きの一部は神に，一部は自然的作用者に由来しているからではない。「同じ働きは全体として両者から出てくる（totus ab utroque）」が，どのように出てくるかは異なる。同じ働きを全体として道具に帰すと同時に，全体として主要な原因に帰すようなものである[31]。

　上で述べたことを考慮に入れていれば，人間で恩恵がどのように働いているかを論じた後の神学議論の多くは避けられただろう。後の神学者たちがこの単純明快で偉大な原理を見失わなければよかったのだが。本論に直接かかわるかぎりで言えば，このように世界を見ると，多くの帰結が生じる。最も直接的な帰結は，おそらく被造物に対する人間の責任である。この責任はすでに被造物が当然持つ豊かさについて十分あてはまるが，実際ここで考慮できる領域は無限に広がるだろう。というのも，この領域は，トマス

───────────
31)　*SCG III 70, nᵒ 2465-2466.*

が人間の尊厳を配慮しつつ，人間は動物より優位にあると述べるときに開けてくる領域だからである。人間には動物に見出せる自然本性的な保護機能や完全な本能のメカニズムがない〔のにどうして動物より優位なのか〕という反論があるかもしれない。トマスによれば，事実，人間にははるかに良いものがある。というのも，「人間には理性と手があるから。人間は理性と手を使って武器，衣服，生活に必要な他のものを手に入れられるが，こうしたものは無限にある。また，『霊魂論』第3巻（432a1）では，手が『器官の中の器官』と呼ばれている。手が器官の中の器官なのは理性を備える人間にいっそうふさわしい。というのも，人間は概念を際限なく作り出せるし，数えきれないほどの道具を手に入れられるから」[32]。それゆえ，ここで考察の対象となる領域は人間の行為すべてである。この問題は後に別の角度から論じるつもりだが，目下のところは二つの個別的分野をざっと概観するにとどめよう。

20世紀の初頭以来，教皇が相次いで政治，経済，社会の問題をキリスト教的見地から考察するよう促したこともあって，トマスの著作の再解釈が行われた。この再解釈の目的は，こうした新しい問題に直接解答するところまではいかなくても，少なくとも問題を明らかにし，場合によっては解決策になるような原理をトマスの著作の中に見出すことだった。こうした問題はすでに古くなっており——第二次世界大戦の前後に遡る——，時にどうしようもないほど時代遅れになっているが，労働，物質，都市，戦争，世界の中で生きるキリスト教徒等々の問題を神学的に考察しようとするこの試みを見れば，ここで論じている創造の教えがどれほど豊かなものか分かる[33]。Humanisme intégral

---

32) *1a q.91 a.3 ad 2; q.76 a.5 ad 4*; cf. *1a 2ae q.95 a.1.*

33) フランス語圏の著述家ただ一人にとどめるなら，マリー・

のような政治的著作に代表されるジャック・マリタンの社
会哲学は，創造の神学の豊かさをはっきり証言するもので
ある[34]。必ずしもマリタンと同じように独創的だとは言え
ないが，現代のトマス主義者たちもこれらの問題に関心を
抱き，研究を続け[35]，立派な著作を生み出している[36]。

　また，最近の問題についても考えてみよう。例えば，こ
の世界を尊重しなければならないという問題であり，それ
というのも神は『創世記』の冒頭（1：28）でこの世界を
人間に託したからである。不適切にトマスを弁護してはな
らないが，トマスの創造論は現代の自然環境保護の問題を
神学的に説明するのにきわめて適している。だが，トマス
がこうした問題——とりわけ現代的な問題——に解答し
てくれると思ってはならない。このように考えることは
まったく時代錯誤的で，無駄に終わるだろう。事実，トマ
スは現代人がするように地球と動物を直接気遣ってはい

ドミニク・シュニュー（Marie-Dominique Chenu）神父のパイオニ
ア的著作を例に挙げよう。真の神学者にして中世研究家だったシュ
ニューは，トマスから着想を得た研究を，当時最も関心を呼んでいた
問題と関連させつつきわめて具体的に展開することを心がけていた。
著作はたくさんあるが，ここでは M.-D. CHENU, *La Parole de Dieu*,
II. L' Évangile dans le temps, « Cogitatio fidei 11 », Paris, 1964 を参照。
この著作は 1937 年から 1963 年の間に書いたものを集めており，特定
の紀要のための短い報告とより長い論文を交互に収録しているが，こ
うした報告や論文はきわめて完成度の高いものである。この著作の利
点は何よりもシュニューがどのような直観を活用したか見出せるとこ
ろにあり，そうした直観を詳しく検証することは二次的な問題である。
また，この著作は ID., *Théologie de la matière*, « Foi vivante », Paris,
1967 の中で部分的に繰り返されている。

　34）　この問題は本書第 12 章で再検討する。

　35）　第三回聖トマス・アクィナス国際会議を基に作られた三冊
の著作物——*Etica et società contemporanea*, a cura di A. LOBATO, *ST*
48-50, Roma, 1992——が示しているように。

　36）　この方向性を追究した研究として，G. CENACCHI, *Il lavoro
nel pensiero di Tommaso d'Aquino*, *ST* 5, Roma, 1992 を参照。

ない[37]。しかし、トマスは次のことを明確に自覚していた。すなわち、各被造物は創造主の特別な意図を実現するものであり、それぞれの水準で神の善性を表現しようとしている。その結果、ある被造物は他の被造物に欠けているものを補い、こうして世界は全体で神の完全性をいっそう明らかにしている[38]。

トマスによれば、世界全体が表現しているこの善を神への愛で愛すべきであり、理性を持たない被造物も愛すべきである。というのも、理性を持たない被造物は理性的被造物に必要な善として欲求できるからである[39]。確かに理性を持たない被造物と友愛は結べないが、「理性を持たない被造物を神への愛で愛することはできる。というのも、理性を持たない被造物は他の被造物のために欲求できる善であり、神の栄光と人間の有用性のために保つべきものだからである。このようなわけで、神自身も理性を持たない被造物を愛する」[40]。この主張はそれだけで有効ではなく、トマスは理由を明らかにしている。「世界の善には理性的被造物が含まれているが、理性的被造物は至福を享受できる存在なので、他の被造物はすべてこの理性的被造物に秩序づけられている。この考え方によれば、神と人間には世界

---

37) K. BERNATH, « Thomas von Aquin und die Erde », et C. HÜNEMÖRDER, « Thomas von Aquin und die Tiere », *MM* 19 (1988) 175-191 et 192-210 は、トマスが地球や動物を直接気遣っていたと予想して研究を進めていただろうが、この予想は外れた。

38) Cf. *1a q.47 a.1*; *q.44 a.4*.

39) このことを適切に明らかにしたのは、H.J. WERNER, « Vom Umgang mit den Geschöpfen – Welches ist die ethische Einschätzung des Tieres bei Thomas von Aquin ? », *MM* 19 (1987) 211-232; cf. surtout p. 226-227 である。

40) *2a 2ae q.25 a.3.* 重要な並行箇所 *Sent. III d.28 q.unica a.2* を参照。

第 10 章　トマスの創造論　　　379

の善を心から愛する義務がある」[41]。

　トマスが人間という被造物を中心にして被造物を考察していることに驚いてはならない。というのも，人間は神に次ぐ存在で，他の被造物すべてに意味を与える者だからである[42]。また，トマスは地上のものにできるかぎり高い価値を与えようとしているが，被造物を中心に霊性を論じようとは微塵も考えておらず，むしろ被造物を創造主に導こうとしている。このようなわけで，トマスは好んで聖パウロの言葉を繰り返している。「すべてはあなたたちのもの，あなたたちはキリストのもの，キリストは神のものである」（Ⅰコリ 3：22）。

世の軽蔑か

　こうして，トマスが被造世界に対して肯定的だったことを見てきたが，ここで必ずある問題——論を進めるために取り除くべき障害——にぶつかる。トマスが知性の面でどれほど健全だったか知らないなら，トマスが事物や世界を善と見なしていたことに驚くだろう。なぜなら，中世の霊性はむしろ被造物を否定的に評価していたとしばしば言われるからである。事実，中世には一般に「世の軽蔑」（contemptus mundi）と呼ばれる霊性を主張する著述家がたくさんいた[43]。それゆえ，トマスにこうした心性があっ

---

41)　*De caritate a.7 ad 5*: « competit Deo et nobis bonum uniuersi maxime ex caritate diligere ».

42)　Cf. notamment *1a q.65 a.2*; *SCG III 71, n° 2474*: « Res aliae, et praecipue inferiores, *ad bonum hominis ordinantur sicut ad finem* »〔「他のもの，とりわけ下級のものは人間の善という目的に秩序づけられている」〕．この点は第 13 章でもっと詳しく検討する。

43)　世の軽蔑という表現の意味は明確であるとは到底言えない。ここではこの問題に立ち入らず，ただ 60 年間にわたる議論の現

たかどうか問うことは正しい。もしあったなら，これまで説明してきたことを考え直す必要がある。この問いは疑いを取り除くためだけのものだが，価値のないものではない。ただし，この問いには微妙な差異とともに答える必要がある。

これまで論じてきたトマスの神学的見解はきわめてはっきりしたものなので，トマスが自覚的にそのように考えていたことは疑いない。だから，この点でトマスは首尾一貫していたはずである。しかし反対に，トマスの語彙を分析してみると，トマスにはずっと自然発生的な物の見方があったことが分かる。この事実から，トマスが首尾一貫していなかったとまでは言えないとしても，少なくともある「心性」を見てとることができる。この心性はトマスが時代と生まれ育った環境から受けとったものであり，被造物を著しく肯定的に見る態度とは少し異なっている。だが，こうした事態は別段驚くほどのものではない。偉人といえども時代の子であり，トマスも例外ではなかったからである。

今や〔索引という〕仕事の道具を自由に使えるので，容易に検証でき，その検証はすぐに著作の総体に適用できる[44]。当該の事例について，索引から，活用できる以上の

状分析——L.-J. BATAILLON et J.-P. JOSSUA, « Le mépris du monde. De l'intérêt d'une discussion actuelle », *RSPT* 51 (1967) 23-38——を参照するにとどめよう。また，R. BULTOT が作成したこの主題に関する業績リストも参照。Bultot は解明的な論文 « Spirituels et théologiens devant l'homme et devant le monde », *RT* 64 (1964) 517-548 で，この主題については大きな誤解があることを適切に示している。すなわち，宗教家（spirituels）と神学者（théologiens）には言葉上の違いしかないとして性急に両者を同一視しようとする態度は誤っている。事実，被造物の無性や世の軽蔑を強調した著述家の多くは〔神学者として〕プラトンの人間論から大きな影響を受けている。

44) もちろんここで問題となっているのは，ROBERTO BUSA

第 10 章　トマスの創造論　　　381

情報が得られるが，その情報を網羅的に検討しなくても，統計のおかげで少なくとも正確な割合が分かる。以下に数字を挙げることをお許しいただきたいが，これらの数字から考察の手がかりがつかめるだろう。トマスの著作全体の中で，contemnere の名詞形は 446 回——contemptus が 438回と contemptor が 8 回——現れている。このうち，大部分の 420 回は随分思いがけない意味で使われている。すなわち，神，神の法，キリスト，秘跡，霊的なもの等々の軽蔑という意味である[45]。それゆえ，〔ここでは世の軽蔑が問題となっているので，〕この 420 の事例は無視できるが，そうなると検討の対象として残るのは 26 の事例だけである。この 26 の事例はすべてを検討するにはまだ多すぎるが，頻出順に上げると以下のようになる。世の軽蔑[46]は 6回，時間的なものの軽蔑は 6 回，地上的なものの軽蔑は 5回，富の軽蔑は 5 回，家族の軽蔑は 2 回，名誉の軽蔑は 1回，世俗的なものの軽蔑は 1 回。

　世の軽蔑の六つの例のうち，このことを比喩的に表現している一例を除外する必要がある。すなわち，叙階の日に贈られる新任司教の履物は地上的なものの断念を意味している——新任司教は地上的なものを踏みつける——という

───────────────

が作成した Index thomisticus の CD ROM である。しかし，印刷版の索引も使用した。この索引のおかげで，CD ROM よりも容易にトマスに関係している情報を特定できた。

　45)　contemnere という動詞についても，まったく同様の確認ができる。すべて合わせて 576 の事例のうち，520 の事例は神，キリスト，秘跡，神の法，霊的なもの等々の軽蔑を非難する文脈で現れている。残りの 56 の事例はこの世的な事柄，すなわち地上的ないし物体的ないし時間的善，富，名誉等々——ただし，結婚は一度も出てこない——を軽蔑するという意味で現れている。

　46)　軽蔑（mépris）の代わりに蔑視（dédain）という語も使えるが，文脈を考慮すべきであり，contemnere の本来的意味は「無視して差し支えないと考える」なのを思い出す必要がある。

例である。さらに，世の軽蔑という表現が特殊的に使われ
ている一例も除外すべきである。すなわち，トマスが聖書
のすべての諸書について主要な意図を検討した結果，ヒエ
ロニムスに従って『シラ書』が世の軽蔑を教えていると述
べた例である。ここでの文脈にいっそう近い使用例とし
て，トマスは三回，托鉢修道士の目の粗い僧服は世の軽蔑
のしるしだと述べている。〔以上，六つの例のうち五つま
で見てきたが，〕最後の例は以下のテキストの中にある。
このテキストを読めば，世の軽蔑という表現がどれほど幅
広い文脈の中で使われているか分かる。

　　福音書には聖霊の恩恵に関わる事柄しか書かれていな
　　い。福音書を読めば，恩恵に向けて自分自身を準備し
　　たり，恩恵を活用したりできる。恩恵に向けて準備す
　　ることについて言えば，まず知性の観点から，福音書
　　は，聖霊の恩恵が与えた信仰を通じて，キリストの
　　神性と人間性を明らかにしてくれる。次に情動の観
　　点から，福音書は「世の軽蔑に関する事柄（ea quae
　　pertinent ad contemptum mundi）を教えてくれるが，
　　世を軽蔑することで人間は聖霊の恩恵を受けられるよ
　　うになる」。事実，「世――世を愛する人々（amatores
　　mundi）――は聖霊を受けられない」（ヨハ 14：17）。
　　聖霊の恩恵を活用することについて言えば，徳の実践
　　が問題となるが，新約聖書は様々な仕方で徳の実践を
　　勧めている[47]。

　このテキストは世の軽蔑の特徴を二つ示している。何よ
りもまず，「世」をどのように理解すべきか説明している。
この「軽蔑」の対象は悪しき世だけである。聖ヨハネと聖

　47）　*1a 2ae q.106 a.1 ad 1.*

第 10 章　トマスの創造論　　　383

パウロはすでにこの悪しき世を拒絶している[48]。それゆえ，この軽蔑は神が創造した世界が本来持っている価値を否定するものではない。次に，このテキストで世は他の何かと比較して論じられている。この世的な何かを「軽蔑する」ことが問題となる場合，ほとんどがこの比較を前提としている。すなわち，神への愛あるいは招かれている至福と比べれば，地上的なものは「無視して差し支えないものと見なせる」。たいていの場合，即座に福音書が参照してある。「わたしに従いたいなら……」，あるいは「わたしよりも家族を愛するなら……」。福音書のこうした文脈を見れば，地上的なものはそれ自体として悪だとは決して考えられない。トマスの見解は正反対のものである。

> 被造物はそれ自体としては人間を神から引き離すものではなく，神に導くものである……。被造物のせいで神から遠ざかるのは，被造物を愚かに使用するからである。このようなわけで，『知恵の書』14 章 11 節では「被造物は愚かな人には罠となった」と言われている。その上，被造物は人間を神から引き離すことがある事実そのものから，被造物は神に由来していることがはっきり分かる。というのも，被造物がこのように魅力的なのは被造物に善が含まれているからだが，この善は神が与えたものだからである[49]。

以上よりして，こうした珍しいテキストの中に，世界と世界にある善を軽蔑したり拒絶したりする一般的態度を読みとることはまったくできない。したがって，トマスは被

---

48)　『ヨハネの手紙 1』2 章 15 節「世も世にあるものも愛してはならない。世を愛するなら，御父を愛していない」，『ローマの信徒への手紙』12 章 2 節「この世に倣ってはならない」を参照。

49)　*1a q.65 a.1 ad 3.*

384 第Ⅱ部 神を前にして世界の中で生きる人間

造物が本質的に悪を含んでいると考えていたと結論することも当然できない[50]。事態が反対なら驚くべきことだろう。というのも，トマスが世界の中に何らかの悪を見ていたなら，自分の人間論についてアリストテレス的着想を捨ててプラトン的着想を採用したことになるからである。なるほどトマスがこのように首尾一貫していないことはほとんどありそうにないが，念のため確認した方がよいだろう。上のテキストから読みとれる一般的印象は，むしろアリストテレスが述べる寛大な人や有徳な人の態度から説明がつく。すなわち，友人のために富をたくさん費やしそれを気にかけないなら，外的な善を軽視し，外的な善よりも友人を大切にしていることが分かる[51]。こうした人が友人のために行うことは，神自身が人間から期待するものにほとんど一致している。

修道生活と世俗的営み

上で述べたことから分かるように，トマスが時に世の軽蔑という表現を使うからといって，この世界をきわめて肯定的に評価していた事実は揺るがない[52]。ところが，トマ

---

50) ボナヴェントゥラもここで力強く抗議するだろう。「世を軽蔑する人は神を軽蔑する。すなわち，選べるのは，神がこの世界を造ったのではないこと，この世界は軽蔑すべきでないことのどちらかである」。さらに，ボナヴェントゥラは少し後で次のように続けている。「この世界とそこにあるものは愛すべきである」(*In Ecclesiasten, Prooemium q.1, sc.1 et 2, Opera*, t. VI, 6b)。

51) *Sententia libri Ethicorum I 9* (1169 a 18 et 26), Léon., t. 47/2, p. 532-533; éd. Marietti n° 1878 et 1881.

52) とても簡単な比較を以下に補足しよう。これを見れば，世の軽蔑という表現はトマス独自のものではまったくなかったことが分かるだろう。周知のとおり，インデックス・トミスティクスはトマス

スはこの世界をもっと否定的に語ることもあり，このことは「世俗的」（saecularis）という形容詞の用い方や「世俗的営み」（negotia saecularia）をどのように論じているかを見ればすぐに分かる[53]。しかし，世界に対する態度は，saecularis の意味——二つの意味が考えられる——をどうとるかによりだいぶ変わってくる。saecularis を修道生活と対立する悪しき世の意味とするなら，世界とは和解できないと結論するしかなかろう。だが，saecularis を現にある世俗社会の意味で理解するなら，世界をもっと肯定的に評価することはまったく可能なばかりか，世界をキリスト教に基づいて変えることもできる。キリスト教徒はどのようにしてこの世界に関与できるのかという考察はここから始まる[54]。

　saecularis という語が使われる第一の文脈は，聖パウロが「この世の支配者の知恵」（Ⅰコリ 2：6）を罵っている箇所に見出せる。しかし，トマスは古代の思想家が伝えた知恵を考慮せずにはいられなかった。確かにトマスはこうした哲学的知恵を信仰の知恵や神学的知恵から区別しているが，哲学的知恵の正当性を認めていたので，この知恵を「世俗的」と形容することにはかなり慎重になっている[55]。

以外の著作もいくつか考慮してある。統計的観点からすれば，トマス以外の著作は全体の約七分の一でしかないが，contemptus という語がいっそう豊富なことははっきり分かる。すなわち，〔トマスの著作だけの場合と比べてトマス以外の著作の場合，〕contemptus mundi は 6 から 16 に，contemnere は 576 から 1253 に増えている。

　53)　ここでは，B. MONTAGNES, « Les activités séculières et le mépris du monde chez saint Thomas d' Aquin. Les emplois du qualificatif 'saecularis' », *RSPT* 55 (1971) 231-249 の注目すべき調査結果を活用する。

　54)　本書第 12 章参照。

　55)　この主題は広大でここでは展開できない。註 53 で挙げた論文の他に，見事な研究 B. MONTAGNES, « L'intention philosophique et destinée de la personne », *RT* 69 (1969) 181-191; « Les deux fonctions de

386   第Ⅱ部　神を前にして世界の中で生きる人間

実際，知的徳としての知恵〔の活動〕は，全体として真理
の探究を中心に営まれるので，人間のうちに「至福の始ま
りをもたらすものである。というのも，至福は真理を認識
することだからである」[56]。確かに人間の知恵は福音の知恵
に対立することがあり，その場合パウロは人間の知恵に対
し十字架の愚かさを引き合いに出している。それゆえ，ト
マスも使徒に倣って，「人間の知恵の営みは物体の本性や
星の軌道や何であれそうした事柄を認識することではな
く，むしろもっぱらイエス・キリストを知ることである」[57]
と主張している。しかしながら，トマスは人間の知恵が見
事で偉大なことも知っていたので，ためらわずにパウロの
テキストに区別を導入している。

　　　どれほど悪い人間でも，完全に神の賜物を欠いてい
　　る人はいない。「悪い人間について非難すべきは神の
　　賜物ではなく，悪意に由来するものである」。このよ
　　うなわけで，聖パウロは「知恵を滅ぼす」（Ⅰコリ1：
　　19）とだけ言っているのではなく――というのも，す
　　べての知恵は主に由来するから（イザ29：14以降参
　　照）――，むしろ「知恵ある人の知恵を滅ぼす」，す
　　なわち知恵の中でも，この世の知恵ある人が神の真
　　実の知恵に反してこしらえた知恵を滅ぼすと言って
　　いる。こうした世の知恵について，聖ヤコブ（Jacob）
　　は「この知恵は上から来るものではなくこの世から
　　出てくるもので，けものじみた悪魔的なものである」

---

la sagesse: ordonner et juger », *RSPT* 53 (1969) 675-686 も参照。

　　56)　*1a 2ae q.66 a.3 ad 1.*

　　57)　*Super ad Ephesios 1,9, n° 25.* M.D. JORDAN, *The Alleged Aristotelianism of Thomas Aquinas*, « The Etienne Gilson Series 15 », Toronto, 1992, p. 32-40 がこの点を強調しているのはきわめて適切である。

第 10 章　トマスの創造論　　　387

（ヤコ 3：15）と確言している……。それゆえ，世の
知恵ある人は知恵を欠いていたので，神が人となり人
間本性の定めにしたがって死んだことなどありえない
と考えた。さらに，世の知恵ある人は賢明さも欠いて
いたので，恥もいとわず十字架の死を耐え忍んだこと
は神にふさわしくないと見なした（ヘブ 12:2 参照）[58]。

　トマスがパウロに倣ってこの世の知恵を強く非難するの
は，この世の知恵がキリスト教信仰に対立するときだけで
あり，そのとき非難しているのは結局のところ知恵の欠如
に他ならない[59]。この世の知恵がキリスト教信仰に対立し
ないときには，トマスは好意的に評価している。このこ
とについてある研究者が次のように強調しているのはき
わめて適切である。「トマスは哲学的知恵を軽視していな
い。というのも，哲学的知恵も知恵なのは疑いないから。
トマスが哲学的知恵を強く非難するのはそれが世俗性に堕
するときである。しかし，哲学的知恵は本来世俗的なもの
ではなく，世俗的なものになるのはただ誤って評価される
ときだと言える。正確に言えば，人間存在の究極的意味を
教えるものと誤解されるときである。哲学的知恵を『軽蔑
する』ことはそれを無価値と見なすことではなく，正しく
評価することに他ならない。哲学的知恵は遠ざけるべき偽
りのものではなく，すべてのことより優先すべき最高のも
のでもない。哲学的知恵を無視するどころか，単なる手段
に還元できない目的の一つとして尊重すべきである。しか
し，究極目的と混同してはならない」[60]。
　以上，トマスが世の知恵に一定の価値を認めていたこと

58）　*Super I ad Cor. 1,19, n° 50.*

59）　*Super I ad Cor. 1,19, n° 49*:「それ自体として善いものを愚か
なものだと思うのは，知恵を欠いているからである」。

60）　B. MONTAGNES, « Les activités séculières », p. 240.

の本質的理由を見てきたが，おそらくこれに加えてトマスの時代には知恵の営みが聖職者に限られていた〔ため世の知恵を積極的に評価することが難しかった〕という事実を挙げねばならないだろう。〔知恵の営みではなく〕本来的意味での世俗的な仕事，すなわち自由業，商業，軍職などが問題となる場合，事態は少し変わってくる。修道士や聖職者がこれらの仕事を避けるのは，社会の中でうまく仕事を分担するという理由のためだけではない。たとえ正当なものであっても力を使用することは，暴力に堕する可能性がある。また，正しい成果を求めることが奔放な利益の追求に悪化していくこともある。こうした仕事が聖職者以外の人々にとってすでに危険なものなら，職業的に平和で無欲なことが求められる人々にとってはなおさら危険である。それゆえ，この二つの例を見れば，なぜ多くのテキストで世俗的な営みが概して不信の対象となっているか理解できるだろう。

　しかし，この議論は〔世俗的な営みは危険なので避けるべきだという〕一面的判断で終わらせてはならない。同時代のあらゆる思想家と同じように，トマスは『テモテへの手紙2』のよく知られた聖句にしたがって考察していた。「神に仕える人は誰でも，世俗的な営みに夢中になってはならない」（2：4）。このテキストはたった今述べた理由から聖職者に特定の職業を禁じることで，教会法の聖職者に関する規定に大きな影響を与えたが，修道生活の教えにも深い霊感をもたらした。すなわち，世俗的な営みを禁じることは，こうした営みと神への完全な奉仕が両立しないことを教えるだけでなく，人間を真に解放し，愛を完全に発揮できるようにする。

　こうした観点から見ると，トマスが世俗的な営みを修道士にとっての障害（impedimenta）と見なしていたことは疑いない。それゆえ，世俗的な営みは修道士が誓願により

第 10 章　トマスの創造論　　　389

断念する事柄をすべて含んでいる。すなわち，財産を持つ
こと，結婚すること，自分を意のままに扱うことである。
ここには福音書の言う三つの助言がある。これらの助言は
聖ヨハネ（Ⅰヨハ 3：2）が強く非難した三つの欲望にしば
しば関係づけられるが，最終的には修道会の三つの誓願と
なったものである。〔清貧，貞潔，従順という〕これらの
誓願を受け入れるなら，実際にこの世の営みから本質的に
解放されるが，受け入れないなら，反対にこの世の営みに
巻き込まれたままにとどまる[61]。にもかかわらず，トマス
が世に主要的に見られるこれら三つの営みを許されないも
のとして強く非難することは決してない。反対に，トマス
は非常にはっきり，修道士が避けるこうした営みは修道士
以外の人々には許されていると言っている[62]。こうした営
みがそれ自体として悪いものなら，キリスト教徒はみなこ
うした営みを避けるべきだろう。愛を破壊せずにこうした
営みを行えるだけでなく，〔こうした営みを避けるよう勧
める〕助言に従わずに愛を実現することもできる[63]。助言
に縛られることはその人間の優秀さを示すどころか，弱さ
の証拠に他ならない[64]。

---

61)　Cf. par ex. *2a 2ae q.186 a.2 ad 3*; *q.184 a.3*; *q.188 a.2 ad 2.*

62)　*2a 2ae q.184 a.3 ad 3*: a rebus licitis abstinet; *q.184 a.5*: a rebus
saecularibus abstineant quibus licite uti poterant.

63)　*2a 2ae q.184 a.3*: quae tamen caritati non contrariantur; *q.189
a.1 ad 5*──この長い異論解答は，助言を守ることは愛を完成すると
いう唯一の目的に対して道具的役割を果たすことを説明している。

64)　*2a 2ae q.186 a.4 ad 2*. アブラハムのような族長たちは結婚し
大きな財産を持っていながら完全な愛を実現していたが，このことは
例外的に優れた徳に由来するものだった。いっそう弱い（infirmiores）
われわれは自分の力を買いかぶるべきではなく，結婚し財産を持っ
ていながら愛を完成できると考えてはならない。*2a 2ae q.188 a.8 ad
3* も参照。この箇所によると，直接聖霊に従えるのは完全な人だけで
あり，まだ完成に達していない人が他の人々に従うことは非常に有益
である。このような指摘は頻出するが，とりわけ貧しさについてよく

390   第Ⅱ部　神を前にして世界の中で生きる人間

　このように世俗的な営みを相対的なものと見なすことは修道生活に関するトマスの教えの核心部分である[65]。ここで徹底的に論じることはできないが，少なくとも新法の教えの一節を挙げておこう。このテキストは助言――受け入れるかどうかは各人に委ねられている――と掟――本質的には愛の二つの掟のことで，永遠の至福という目的に達するためにすべての人々が守るべきものである――の主要な違いを明らかにしている。どんなことでも永遠の至福という唯一の目的に照らして正しく評価する必要がある。

　　人間は，自分が生きるこの世界にあるものと永遠の至福を実現する霊的善の中間にあるので，一方へ向かえば向かうほど他方から遠ざかる。「地上的なものを生の目的や行動の規範にするところまで地上的なものに夢中になれば，霊的善を完全になおざりにしてしまう」。掟が禁じているのはこうした無秩序である。しかし，霊的善という目的に達するために，世を完全に

見られる。Cf. *q.184 a.7 ad 1*; *q.185 a.6 et ad 1*; *q.186 a.3 ad 5.* すべての人々に求められるのは，精神的にこの世の善から解放されていることであり，それというのも人はこうした善を必要以上に欲求しがちだからである。このように精神的に解放されていれば，清貧，独身，従順の誓いを実際に行うには及ばない。

　　65）　見事な研究 M.-V. LEROY, « Théologie de la vie religieuse », *RT* 92 (1992) 324-343 と M.-M. LABOURDETTE, « L'idéal dominicain », *RT* 92 (1992) 344-354 を参照。A. MOTTE, « La définition de la vie religieuse selon saint Thomas d'Aquin », *RT* 87 (1987) 442-453も参照。[L.-M. POCQUET DU HAUT-JUSSÉ, *La vie religieuse d'après saint Thomas d'Aquin*, « Croire et Savoir 31 », Paris, Téqui, 1999 は，全体を視野に入れた歴史的で総合的な研究であり，テキストに密着しながらも現代に合った考察を展開している。U. HORST, *Bischöfe und Ordensleute. Cura principalis animarum* und *via perfectionis* in der Ekklesiologie des hl. Thomas von Aquin, Berlin, Akademie Verlag, 1999 も参照。]

第 10 章　トマスの創造論　　　391

捨てる必要はない。というのも，地上的な善を活用しながら永遠の至福に到達できるからである。「ただし，地上的な善を生の目的にしてはならないが」。だが，この世の善を完全に断念するなら，もっとやすく至福に到達できるだろう。この理由から助言は与えられている[66]。

　すべては目的に照らして評価すべきなので，ここでも〔究極目的と比べてこの世の善の価値を判断するという〕比較に基づく考え方を見出せるが，この考え方はすでに世の軽蔑を考察した際に言及したものである。以上のことから，ここでの考察の総括として次のように言える。トマスが世俗的な営みに慎重なのは無視できないが，世俗的な営みを警戒すべきだというような説明はそれほど多くない。そうした説明は修道生活の教えという枠組みの中で展開されているので，トマスが他のところでは被造世界を肯定的に評価している事実を再び検討するには及ばない。トマスのテキストのうちに，地上的なものはそれ自体として悪だと言っているような箇所は一つもない。反対にトマスによると，時間的善が神の探究を助けてくれるかぎり，こうした善を軽蔑してはならない[67]。それゆえ，祈りの際に時間的善を求めるのは正しいことである。「時間的善は至福に

───────────

66)　1a 2ae q.108 a.4. この項を読む際，S. THOMAS D'AQUIN, *Somme théologique, La loi nouvelle*, « Revue des Jeunes », Paris, 1981 に収録されている J. TONNEAU の注目すべき解説も参照。

67)　Cf. *2a 2ae q.126 a.1 ad 3*: « Bona temporalia debent contemni, in quantum nos impediunt ab amore et timore Dei...*Non autem debent contemni bona temporalia, inquantum instrumentaliter nos iuuant ad ea quae sunt diuini timoris et amoris* » 〔「時間的善が神を愛し恐れることの妨げとなる場合，こうした善は軽蔑すべきである……。だが，時間的善が道具の役割を果たし，神を恐れ愛することを助けてくれる場合，こうした善を軽蔑してはならない」〕。

392　　第Ⅱ部　神を前にして世界の中で生きる人間

向かう人間を助けてくれる。というのも，身体的生は時間
的善に支えられ，徳の行為はこうした善を道具として活用
するからである」[68]。しかし，主は「心の貧しい人々の至福」
（マタ5：3）について，時間的善に完全に無関心であるよ
う求めているが，このことは助言や徳では実現できず，聖
霊の特別な賜物が必要になってくる。

　　徳のおかげで時間的善にとらわれずにこうした善を節
　　度をもって使えるが，賜物を受ければ時間的善を完全
　　に無視できる（totaliter ea contemnat）。このようにし
　　て，「心の貧しい人々は幸いである」（マタ5：3）と
　　いう最初の至福の意味は理解できる。というのも，富
　　の軽蔑も，名誉の軽蔑も，謙遜〔という心の貧しさ〕
　　で実現するから[69]。

＊　　＊　　＊

　「世の軽蔑」が提起した疑い〔，すなわちトマスは被造
物を肯定的に評価していたのかという疑問〕のために，修
道生活についてざっと述べることで回り道をしたが，本来
の目的を見失ってはならない。トマスは神を信じる神学者
の立場と同時に哲学者の立場からも創造を考察し，被造物
の自立性と価値を認めるに至った。神が被造物を欲したの
は，確かに自分の善性を明らかにし伝えるためだったが，
同時に被造物が固有の法則にしたがって自立的に振る舞う
ためでもあった。被造物は〔神の意志を実現する〕単なる
機会ではなく，キリスト教徒が一時的な端役を務めるよう
な劇場でもない。むしろ被造物は神の救済の意志が創造の
意志を引継ぎ最後まで導く場であり，ただ一つの救済の歴

---

68)　*2a 2ae q.83 a.6.*
69)　*1a 2ae q.69 a.3.*

第 10 章　トマスの創造論　　　393

史の中で神と人間が協力する場である。救済の歴史は世俗
的なものを無価値として排除しない[70]。

　さらに，生命のない被造物も尊重すべきことは確かだ
が，被造世界に本質的な価値があることから特に帰結する
のは，人間の行為には明確な目的があるということであ
る。こうした目的は究極目的ではないにせよ，それ自体追
求に値する中間的な目的であり，すぐに述べる主要な自然
本性的傾向性の順序にしたがって挙げるなら，以下のよう
になるだろう――ただしこのリストをもっと長くすること
は容易である。いたるところで善を実現すること，あらゆ
る形態の下で生命を保つこと，家族を築くこと，子供を育
てること，真理を追究すること，教育を通じて知識を伝え
ること，研究を推進すること，地上的な善がもっとうまく
配分されるよう気遣うこと，政治に関与して自国に益をも
たらすこと，国家間の平和を維持して人類に貢献するこ
と，個人間の友愛から善を引き出すこと等々。こうしたす
べての目的は追求や奉仕に値する真の善であり，究極目的

---

　70)　本章で説明した教えを外から確証するつもりはないが――
というのも，その必要はないから――，パウロ 6 世（Paul VI）の手
紙の一節はきわめて適切で強い印象を与えるものである。「トマスは
理性と信仰の新たな対立の問題に預言的かつ天才的な直観で解答した
が，解答の中心点や要のようなものは『世の世俗性と行き過ぎた福
音主義を調停することであり，こうして世界と世界内の諸価値を否定
すること――これは自然本性に反する傾向性である――を避けたこと
である』。にもかかわらず，トマスは超自然的次元での最高で変化を
受けつけない要求も同時に満たそうとしている。事実，聖トマスの体
系は全体としてこの見事な規範の上に築かれており，この規範は『神
学大全』の冒頭で次のように表現されている。「『恩恵は自然を破壊
せず完成する』。自然は恩恵に，理性は信仰に，自然的な愛は神への
愛に従う」（« Lettre au P. Vincent de Couesnongle, Maître de l'Ordre des
Frères Prêcheurs, pour le septième centenaire de la mort de saint Thomas
»，*RT* 75, 1975, p. 13-14, cf. p. 5-39）。

394　　第Ⅱ部　神を前にして世界の中で生きる人間

から引き離すどころかそこに導くものである[71]。

　キリスト教徒はこうした仕事を行いながら，創造主が人間に託したこの地を教化していく（知9:2-3参照）[72]。もしそうなら，こうした仕事は中途半端にしぶしぶ行うべきではない。反対に，将来の御国のために堅実に働けば，すなわち仕事を無欲に行えば行うほど，神の自由を感じることができるのである。

　71）　このことを適切に示したのは，W.H. PRINCIPE, « Aquinas'Spirituality for Christ's Faithful Living in the World », *Spirituality Today* 44 (1992) 110-131 である。

　72）　トマスが創造されて間もないアダムをどう理解しているかを見れば，深い意味が浮かび上がってくる。Cf. *1a q.96*, et en particulier *a.2*:「人間にはある意味ですべてのものがある。だから，自分の中にあるものをどう扱うかに応じて外部のものをどう扱うかが決まってくる」。

第 11 章

トマスの人間論

　前章の冒頭で「恩恵は自然を破壊せず，完成に導く」という有名な格言を挙げた。むやみに対置を好むわけではないが，本章を始めるにあたり，ほとんど知られていない別の格言を引きたい。すなわち，「受けとられるものは受けとるものの様態に従う」[1]。このことはすでに物質的な次元で確認できる。器に注がれる液体は器の形に従うからである。「受けとるもの」が知的で自由な存在であり，性質や気質や限界は違えど独自に受けとることができ，抵抗したり拒絶するかと思えば受け入れたり更新したりする場合，この格言はなおさら妥当する。この格言は自由に解釈できる。他の領域と同じく，霊性の領域でも自然の法則を見損なうと事はうまく運ばない。この霊性の領域では創造の教えに次いで人間論が問題になる。トマスの人間論は敵対者が大いに疑問視したが，この異議のためにかえってトマスの洞察力が明らかになった。より教義的な問題の中でも，実際この人間論は徳が人間のうちでどう根づき発展してい

---

　1)　格言は〔受けとるのは人間だと〕人間に限定して述べていないので，様々な文脈で使用できる。しかし，最も頻出するのは認識の領域である。すなわち，質料的なものでも人間のうちに存在するときには非質料的に存在する——cf. *Sent. III d.49 q.2 a.1; SCG II 79; 1a q.75 a.5;* etc.。

くかを考察する上で決定的に重要なもので，トマス学派の
霊的神学に直接つながるものと言って差し支えない。この
ような事情から，何が問題となっているかもっと正確に理
解するために，ここで若干の前提的考察が必要である。

問題としての人間

　『神学大全』の人間論は，第1部の末尾にある人間の霊
魂，神の像に関する諸問題がすべてではない。事実，人間
論は第2部の全体にわたって続いており，人間の行為，自
由，良心，情念，徳，社会的生活，法などの不可欠な説明
を含んでいるが，人間の目的や目的に導く手段である恩恵
の考察も忘れてはならない。このことに気づかないと，ト
マスの人間観を完全に歪めてしまうことになる。第1部の
議論は考察の始まり，すなわちトマスが世界全体の中に人
間を位置づける企てを始める場所である。トマス自身，神
を神自身において論じた後に，神を被造物との関連で論じ
ると言っている。トマスは神がすべてのものの始原にして
終局であることの意味を探究するつもりなので，被造物が
どのように神から出てくるかを論じなければならない。す
なわち，まず神の働きとしての創造そのものについて，次
に被造世界を構成している様々な被造物について。ここで
神から出てくるものは，順に三つの大きなカテゴリーに区
別できる。もっぱら霊的な被造物である天使，もっぱら物
体的な被造物である世界，最後に霊的であると同時に物体
的な被造物としての人間である。
　ここまでは題材の配置を述べただけで内容は少しも明ら
かにしていないが，これだけですぐに人間がこの世界でど
のような位置を占めているか分かる。人間は完全に霊的で
も完全に物体的でもなく，霊的であると同時に物体的であ

り，霊魂の次元で霊と非質料性に関わりながら，身体の次元で質料と可滅性を分有している。トマスはこの特異な被造物に驚嘆するよう読者を招いているのだが，人間は〔霊と物質という〕二つの世界が合流する場所，すなわち世界全体が集約されている場所と考えている。

　以下に述べることから，事物のつながりについて驚くべき展望が開かれる。「実際，ある類の最下のものは直接従属する類の最上のものに触れている」。こうして，ほとんど発達していない生命体の中には植物的生を少し超えるだけのものがいる。例えば，牡蠣は移動せず，持っているのは触覚だけで，植物のように地に張りついている。このようなことから，幸いなるディオニシウスは「神の知恵は上級の最下のものを下級の最上のものに結びつけた」と述べている。「ところで，人間の身体は生命体であり，安定した体質を持ち，上級の最下のもの，すなわち人間の霊魂に触れている。他方，人間の霊魂は知的実体の類のうちで最下のものであり，〔感覚に端を発する〕認識の方法がこれを示している。したがって，知的霊魂は質料的世界と非質料的世界が交わる地平線や境界（horizon et confinium）のようなものと見なせる。人間の霊魂は非質料的実体でありながら身体の形相である」。また，知的霊魂と知的霊魂が生かす身体から成る複合体は一なるものであり，火と火が燃やす物質が一なるものなのと同じである。形相が質料に打ち勝てば打ち勝つほど，複合体はいっそう一なるものになる[2]。

---

　2)　*SCG II 68, n° 1453*; cf. *Noms divins VII 3, Dyonisiaca* I, p. 407; cf. *SCG III 61, n° 2362*.「地平線や境界」という表現は，トマスがかなり頻繁に繰り返すものだが，*Liber de Causis, prop. 2* (éd. H.-D. SAFFREY, *Sancti Thomae de Aquino super librum De causis expositio,*

398　　第Ⅱ部　神を前にして世界の中で生きる人間

　このテキストは様々な理由から注目すべきである。ま
ず，トマスがここでどれほど古代の知恵を引き継いでいる
か教えてくれる。というのも，トマスはいくつかの主題だ
けでなくまさに様々な哲学的着想を調和的に総合している
からである。一方，少なくともこのテキストは小宇宙とし
ての人間という古代の教えを明確に示唆している。人間は
自分自身のうちに小さな世界を実現しているという教えで
ある。トマスはこの表現を 17 回以上使っているが，ここ
はこの美しい主題を掘り下げる場所ではない[3]。他方，と

Fribourg-Louvain, 1954, p. 10; cf. C. ANCONA COSTA, TOMMASO
D'AQUINO, *Commento al 'Libro delle Cause'*, Milano, 1986, p. 181) に
由来している。G. VERBEKE, « Man as Frontier According to Aquinas
», dans G. VERBEKE and D. VERHELST, éd., *Aquinas and Problem of
his Time*, Leuven-The Hague, 1976, p. 195-223 はプラトンに由来する
この表現の歴史を振り返っているが，トマスはこの表現の意味を著し
く変えている。また，この表現は特に真理と倫理に関するトマスの教
えにとりきわめて重要なものである。Cf. F. MARTY, *La perfection de
l'homme selon S. Thomas d' Aquin, Ses fondements ontologiques et leur
vérification dans l'ordre actuel*, Rome, 1962, p. 163-198: « L'homme,
horizon entre matière et esprit ».

　　3)　ここで小宇宙としての人間という主題は掘り下げられない
ので，代わりに以下のことを指摘しよう。御言が他の被造物よりもむ
しろ人間本性を摂取して受肉した理由を述べようとするとき，トマス
はきまってこの主題にはっきり言及している。「人間は物体的本性と
霊的本性からできており，いわば両本性の境界に位置している。この
ようなわけで，神が人間を救済するために為したことは被造物全体に
関係している……。それゆえ，すべてのものの普遍的原因が御言とい
うペルソナの一性において〔人間という〕この被造物を摂取し，す
べての被造物とより密接に結びつくことは適切だった」(*SCG IV.* 55)。
きわめて完成度の高い研究 M.F. MANZANEDO, « El hombre come
'Microcosmos' según santo Tomás », *Angelicum* 56 (1979) 62-92を参
照。É.-H. WÉBER, *La personne humaine au XIIIe siècle*, « Bibliothèque
thomiste 46 », Paris, 1991, p. 61-73 は，小宇宙という言葉がどこに由来
し，どのように伝わってきたか明らかにしようとしている。トマスの
人間論については，p. 146-198 を参照。

第 11 章　トマスの人間論　　　　399

りわけこのテキストには「連続性の原理」と呼べるものが
あるが，トマスはこの原理をよく使用する[4]。この原理は
〔新〕プラトン主義的な一者の形而上学とアリストテレス
の存在論から影響を受けており，アリストテレスの経験主
義のおかげで〔新〕プラトン主義の提示する誤った全体像
が修正されている。

　トマスはこの連続性が単に構造上の関係だけにとどまる
とは考えていない。そこで意味されているのは，下級のも
のが上級のものの完全性を分有するということでもある。
下級のものは最も高いところで上級のものに触れ，不完全
ながらも上級のものを模倣し，尊厳に与っている。この原
理は人間論にとって決定的なもので，人間を二元論的に見
る考え方をすべて遠ざける。というのも，人間という被造
物の植物的活動，感覚的活動，霊的活動は途切れることな
く連続しているからである。なぜなら，これらの活動を司
るのは同一の霊魂だからである。人間をこのように捉える
ところにこそ，同時代人とは異なるトマスの独創性があ
る。

　人間が物体的世界と霊的世界の中間にあることからすぐ
に理解できることだが，人間について考えを深めるときに
直面する問題は，霊と物質という相容れない二つの存在原
理がどのようにつながっているかである。たった今引用し
たテキストでは，この問題は解決済みだとされている。と
いうのも，実のところこのテキストは様々な対話相手との
長い議論の結論部分だからである。まず，トマスはプラ
トンとプラトンに従う人々の見解を退ける。彼らによれ

―――――――――

4)　B. MONTAGNES, « L'axiome de continuité chez saint Thomas », *RSPT* 52 (1968) 201-221 は，次の有名な主張を含む 33 の文章を突きとめた。「事実，上級の類の最下のものは常に下級の類の最上のものに触れている」。

400 第Ⅱ部 神を前にして世界の中で生きる人間

ば，人間とは知的霊魂に他ならない[5]。霊魂は身体を使用し身体に運動を与えるが生命は与えず，身体を一時的に借りているだけである[6]。この二元論的な見解には，身体を霊魂に付帯的にしか結びつけられないという欠点があるので，トマスはアリストテレスの見解の方を好んでいる。アリストテレスによれば，知的霊魂は身体を動かすだけでなく，身体の「形相」である。霊魂は身体に生命を与えるほどに身体と分かちがたく結びついており，霊魂と身体は完全に一なる存在である。霊魂は決して人間のすべてではない[7]。

---

5) アウグスティヌスの簡潔な言明を想起できる（*Tractatus in Ioannem* 19, n° 15; *BA* 72, p. 207-209）。「人間とは何か。身体を持つ理性的霊魂である」。実を言えば，この定義は言外の意味を含んでいる。というのも，アウグスティヌスは同じ文脈の中で，「身体を持つ霊魂は二人ではなく一人の人間のことである」とも述べているからである。

6) 他の箇所で（*Sent. II, d.1 q.2 a.4 ad 3*），トマスは別のたとえもプラトンに帰している。霊魂と身体の関係は操縦者と船の関係に等しいというたとえである。しかし，このたとえがアリストテレスとプロティノス（Plotin）を通じて伝わったものなら，プラトンに帰すことは難しくなる——cf. A. MANSION, « L'immortalité de l'âme et de l'intellect d'après Aristote », *RPL* 51 (1953) 444-472, voir p. 456-465。

7) トマスの考え方をこのように要約してみたが，ここでは言及できない多くの事柄が前提となっている。もっとよく理解するために，以下のテキストを一歩一歩たどる必要があろう。*SCG II* 56-90; *1a q.75-83*——SAINT THOMAS D'AQUIN, *L'âme humaine*, « Revue des Jeunes », Paris, 1928 の J.WÉBERT の註も参照 ; *De anima*——この定期討論集は『神学大全』の説明を先取りする重要なものである。さらに，L.-B. GEIGER, « Saint Thomas d'Aquin et le composé humain », dans *L' âme et le corps*, « Recherches et débats 35 », Paris, 1961, p. 201-220 の簡潔で正確な説明と，より完全だが専門的な J.-H. NICOLAS, *Synthèse dogmatique*, t. II, p. 303-347, 一般向けだが単純で深い著作 P.-M. EMONET, *L'âme humaine expliquée aux simples*, Chambray-lès-Tours, 1994 を参照。M.-V. LEROY, « Chronique d'anthropologie », *RT* 75 (1975) 121-142 は，豊富な関連文献を適切に批評しながらこの主題を紹介している。［今後はむしろ，見事な研究 G. EMERY, « L'unité

第 11 章　トマスの人間論　　　401

　以上のように考えるなら，人間は身体でも霊魂でもなく，霊魂と身体が結びついてできた複合体である。「霊魂が生かす身体が問題になるとき，もはやどちらが先でどちらが後かを決めることはできず，霊魂と身体はまったく同時的である。というのも，霊魂が生かす身体と言うのも肉を摂った霊と言うのも同じことだからである」[8]。おそらく霊魂は神が創造した霊的本性のために〔人間の〕最も高貴な部分と言えるが，それだけで存在する実体ではない。自存する個々のものは人間であり，霊魂と身体が結びついてできた全体である。目が見るのではなく目を通じて人間が見るのであり，霊魂が感じ，理解し，働くのではなく，霊魂を通じて人間が感じ，理解し，働くのである。身体に霊魂が必要なら，霊魂にも身体が必要であり，霊魂は身体と「結合できるもの」でしかない[9]。霊魂は霊的本性のために不可滅にして不死で，死後も分離霊魂としてそれだけで存続できるとしても，「霊魂は自然本性的に身体と結びつこうとしてやまない」[10]。さらに，トマスはこのことをきわめてはっきり述べている。「霊魂は人間と定義することも，人間と呼ぶこともできない」[11]。トマスは他の箇所で，霊魂

---

de l'homme, âme et corps, chez S. Thomas d'Aquin », *Nova et Vetera*, 2000/2, p. 53-76 を参照。この論文の優れたところは，トマスの見解をきわめて正確に説明し，トマスが教父や他のスコラ学者や現代の著述家に比べ独創的だったことを指摘している点にある。]

　　8)　*SCG II 89, n° 1752*; trad. de N.A. LUYTEN, « L'homme dans la conception de S. Thomas », dans *L' anthoropologie de saint Thomas*, éd. N.A. LUYTEN, Fribourg, 1974, p. 45.

　　9)　*1a q.75 a.7 ad 3*：「身体は霊魂の本質ではないが，霊魂は本性上身体と結びつくことができるものである（sed anima ex natura suae essentiae habet quod sit corpori unibilis）」。

　　10)　*1a q.76 a.1 ad 6.*

　　11)　*1a q.29 a.1 ad 5*：「霊魂は人間本性の一部分である。それゆえ，分離した状態にあっても自然本性的に〔身体と〕結びつこうとしているので，霊魂は個別的実体，すなわち第一実体と呼べない

が不滅なだけでは至福は得られない，それというのも身体が復活することではじめて救われたいという欲求——人間の心の奥底にある自然本性的欲求——は満たされるからと説明しているが，そこには次のような驚くべき表現も見出せる。「霊魂は人間のすべてではない。わたしの霊魂はわたし自身ではない」[12]。

このように考えることがいかに重要かはすぐに分かる。人間の霊的要素を強調するあまり身体的な要素を無視するおそれのある考え方を前に，堅実な現実主義者のトマスは穏やかに，人間は物体的な存在であり，身体がなければ人間は存在できないと断言している。霊魂が身体と結びついているのは，身体を霊的なものにするためではなく，むしろ霊魂には身体が必要だからであり，それというのも霊魂は身体なしには最も高貴な活動である知性認識を行えないからである[13]。

霊魂と身体がこのように結びついていると説明することは，トマスが順次退けた二つの見解と対立している。というのもトマスは人間を複雑ながらも統一されている存在だと見なしていたので，この二つの見解はその点で不十分に見えたからである。第一の見解を支持するのはここでも

──これは人間の手や他の部分が第一実体と呼べないのと同じである。『このようなわけで，霊魂は人間と定義することも，人間と呼ぶこともできない』」。死により身体から分離した霊魂は自然本性に反しているが，このことについてのトマスの考察は貴重で，それを読めば何が問題となっているかもっと理解できるだろう──cf. *1a q.89 a.1*; A.C. PEGIS, « The Separated Soul and its Nature in St. Thomas », dans *Commemorative Studies* I, 131-158。

12)　*In 1 ad Corinthios 15,19, lect.2, nº 924*: « *Anima* autem cum sit pars corporis hominis, *non est totus homo, et anima mea non est ego* ».

13)　*1a q.84 a.4*:「知的霊魂が身体と結びついているのは身体のためではない……。『真相はむしろ逆で，知的霊魂は固有の活動である知性認識を行うために，特に身体を必要とするのである』」。

第 11 章　トマスの人間論　　　403

様々なプラトン主義者たち——いろいろな形態がある——
だったが，中でもボナヴェントゥラとフランシスコ会の神
学者たちは知的霊魂が身体の唯一の形相であることを認め
なかった。彼らが声をそろえて反対していたのは，最も高
次の霊的活動と，動物と変わらないあらゆる活動を同じ霊
魂に帰すことだった。それゆえ彼らによれば，異なる三つ
の霊魂を認め，人間が営む生の様々な水準——植物的生，
感覚的生，知的生——に対応させるべきだという[14]。彼ら
に対してトマスは断固として次のことを示そうとする。霊
魂のこの三つの役割を果たすのはまさしく同一の霊魂であ
り，それというのも〔霊魂という〕実体的形相の上級の活
動は下級の活動を含み実現しているからである。よく言わ
れるように，難しいことができれば易しいこともできるの
である。こうして，上で引用したテキストで強調されてい
るように，人間という知的本性の一性はより完全に保証さ
れることになる[15]。

　キリスト教の内部で起こったこの論争に加えて第二の論
争が生じたが，そこでは第一の論争で敵対し合っていた
人々が力を合わせて戦うことになった。というのも，彼
らは外から入ってきたアラビア主義に立ち向かう必要が
あったからである。このアラビア主義はすでに当時の哲学
者たちの多くを魅了していたが，こうした哲学者による
と，個々の人間は知性認識という高貴な活動のために自分
で働く必要はまったくなく，それというのも離存的ですべ
ての人々に共通な知性がただ一つあり，この知性が人類す
べてのために働くからである。この主張は魅惑的だと言え
るが，同時に理屈に合わないものだったので，トマスは

————————————————

　14)　例えば，*SCG II 58; 1a q.76 a.3-4* 参照。

　15)　これらの問題の概観については，*Initiation*, p. 273-278: «
L'unicité de la forme substantielle »〔『トマス・アクィナス　人と著作』
322-327 ページ，「実体的形相の単一性」〕を参照。

きわめて簡単に次のように問うことで答えている。では，「この人間が知性認識する」（hic homo singularis intelligit）——これは否定できない具体的事実である——ことをどう説明するのか。「霊魂は身体の形相ではないと主張するなら，知性認識の働きが個々の人間のものなのはいかにしてかを説明せねばならない。というのも，各人は知性認識しているのは自分自身だと経験を通じて知っているからである」[16]。この誤りは「単一霊魂説」の名で知られているが，複雑で多様な形態を含んでいる。ボナヴェントゥラとトマスはこの説をアヴェロエスに帰し，この説を奉じる同時代の人々に強く反対した[17]。

　ここでこの論争を詳しく説明するのは本来の目的から外れることだが，何が争点になっているか明らかにしておこう。というのも，この論争はもっぱら知的側面にしか関わらないように見えるが，実は実践的な問題にも大いに影響するものだからである。トマスは唯一の離存的知性しかないという主張を認めるなら，個々の人間の自由や責任がことごとく消失してしまうことをすぐに見破っていた。というのも，知性だけでなく知的欲求である意志もここで問題

---

16)　*1a q. 76 a.1*; cf. *SCG II 59 n° 1362*:「人間が知性認識すると述べることは適切で，まったく正しい。というのも，知性の本性を探究できるのはまさに知性認識することに基づいてだからである」——これは A. de Libera の訳だが，次註参照；cf. *De unitate intellectus*:「この個別的人間が知性認識することは明らかである。知性認識しないなら，知性が何であるか決して探究できない」（trad. de Libera, n° 61）。この問題はアヴェロエス主義の核心に触れている。1270 年にパリの司教は次の命題を断罪した。「人間が知性認識することは誤っており不適切である」（*Chartul. I, n° 432, prop. 2*, p. 487）。

17)　Cf. *Initiation*, p. 278-284: « Le *De unitate intellectus* »〔『トマス・アクィナス　人と著作』328-335 ページ，「知性の単一性について」参照〕；THOMAS D'AQUIN, *L'unité de l'intellect contre les averroïstes*, suivi des Textes contre Averroès antérieurs à 1270, Texte latin, traduction, introduction…, par A. DE LIBERA, Paris, 1994.

第 11 章　トマスの人間論　　　405

となるからである。「この結論は受け入れられない。というのも，もしこれを認めるなら，倫理思想の全体，ならびに社会的生活のすべてが崩壊するからである」[18]。同じ人間の内に複数の霊魂を認めるという考えについて言えば，この考えでは人間が一なるものであることをうまく説明できないだけでなく，時として身体の蔑視を認めてしまうことにもなる。いずれにせよ，被造物が物体的な側面でも善きものだと正しく評価できなくなる。ところが，トマスが被造物のこうした側面をもっと肯定的に捉えていたことは確実で，神学者として何よりも霊魂に関心があったとしても，霊魂が身体の形相なのを忘れてはいなかったのである。人間は霊魂と身体からできているので，霊魂だけの救済も身体だけの救済もありえない[19]。以下で，トマスが情念についていかに考えていたか見てみよう。そうすれば，トマスのこうした人間論が霊的生活の教えにどのように反映しているかがはっきり見えてくるだろう。

─────────────

18)　*SCG II 60, n⁰ 1374, in fine.*

19)　それゆえ，霊魂に関する論述の冒頭の言葉を誤解してはならない（*1a q.75, Prol.*）。「霊的被造物および物体的被造物を検討した後，霊的実体と物体的実体からできている人間を検討しなければならない……。『人間本性を考察することは，霊魂が問題になる場合は神学者の仕事だが，身体が問題になる場合──ただし，身体が霊魂との関係で問題になる場合は除く──はそうではない』」。トマスはこう述べるとき，身体を考察することは手に余ると言っているのではなく，〔人間本性を〕どこまで検討するか限界を定めているのである。すなわち，身体そのものを考察するのは医者の仕事だが，身体が霊魂といかに関わっているかを検討するのはまさに神学者の仕事であり，このことを常に念頭に置くべきである。

霊魂と情念

トマスが倫理学の考察を至福論から始め，人間の行為が自由で倫理的であることを第一に検討したことはよく知られているが，それに続いて「情念」を検討していることを知る人はあまりいないだろう。事実，倫理学者たちは『神学大全』の情念論にほとんど注目しなかった[20]。トマスの人間観は深いところで統一されているのだが，トマスはこの人間観にしたがって，知性と意志という霊的能力と，認識し意志するという働き——これらは人間に特有のものである——を論じるだけでは満足せず，同じ物体的本性を持つ人間と動物に共通の働きも検討しようとした。こうした働きは，人間にあっては霊的活動に組み込まれている，あるいは少なくとも組み込むべきものである。しばしば出てくる比較にしたがえば，ちょうど人間の認識が感覚的知覚から始まるように，主観的な最初の反応も感覚的欲求ないし感覚的情動の水準，すなわち自然本性的傾向性——これにより生けるものは善あるいは善に見えるものに向かう——の水準で始まる。もちろん，こうした自然本性的傾向性は知的レベルでも見出せるが，それは意志と呼ばれるものであり，普遍的善に向かうものである。このことは後に

---

20) とはいえ，以下の業績を参照。É. GILSON, *Le Thomisme*, Troisième partie, chap. II: « Les passions », Paris, 1986⁶, p. 335-352; M.D. JORDAN, « Aquinas's Construction of a Moral Account of the Passions », *FZPT* 33 (1986) 71-97; S. PINKAERS, « Les passions et la morale », *RSPT* 74 (1990) 379-391; et surtout E. SCHOCKENHOFF, *Bonum hominis. Die anthoropologischen und theologischen Grundlagen der Tugendethik des Thomas von Aquin*, « Tübinger theologische Studien 28 », Mainz, 1987——この業績はまさにトマスの倫理学がその人間論に根ざしていることを示そうとしている。

第 11 章　トマスの人間論　　　407

再検討するだろう[21]。対して，感覚的情動の水準では，反応は個別的善ないし個別的悪に関して生じるが，正当にもトマスはこうした反応を「情念」（Passions）と呼んでいる。というのも，こうした反応は主体が自由に扱えず，むしろ蒙るもので，意識以前のものだからである。すなわち，トマスが情念という語を使うとき，そこに軽蔑的な意味はない。対して，われわれは情念と聞けば，自然とその爆発や行き過ぎを思い浮かべ，情念を軽蔑的な意味で使っている。トマスでは情念はもっぱら感覚の運動を意味するだけである。情念はきわめて些細な印象から始まり，あらゆる情動，感傷，感情のうちに確認できる[22]。

　情念の複雑な構造——トマスの霊魂分析が非常に緻密なことはしばしば指摘される——を完全に叙述することはできないが，少なくとも知るべきはトマスが感覚的欲求を大きく二つに区別していることである。第一のものは「快楽に関わる」（concupiscible）部分と呼ばれるもので，これは感覚的に善に見えるものに向かい，感覚的に悪に見えるものから遠ざかる欲求のことである。この快楽への欲求に関して，対立する三組の情念，すなわち愛と憎しみ，欲求と嫌悪，喜びと悲しみがある。第二に，「怒りに関わる」（irascible）部分があるが——今日では「攻撃的」部分と呼ばれることが多いが，「攻撃的」という語は意味の点で

---

21)　情動に関わる二つの傾向性の整理については，*1a q.80-81* を参照。*De ueritate q.25 a.1* (trad. dans H.-D. GARDEIL, *Initiation à la philosophie de S. Thomas d'Aquin*, t.3, *Psychologie*, Paris, 1957³, p. 185-188) も参照。

22)　きわめて綿密な情念論は，*1a 2ae q.22-48* 参照。碩学 Albert Plé の註を伴う翻訳は，THOMAS D'AQUIN, *Somme théologique*, t.2, Paris, Ed. du Cerf, 1984, p. 169-299参照。Cf. Albert Plé, *Par devoir ou par plaisir?*, Paris, 1980; L. MAURO, '*Umanità' della passione in S. Tommaso*, Firenze, 1974; M. MANZANEDO, *Las pasiones o emociones según santo Tomás*, Madrid, 1984.

408 第Ⅱ部 神を前にして世界の中で生きる人間

あまり適当ではない――，これは反対に戦いへの欲求のことで，困難な善や悪に向かうものである。この欲求には，希望と絶望，大胆と恐れという二組の情念しかない。というのも，怒りという情念は避けられない悪から生じるものだが，怒りに対立する情念は見出せないからである[23]。

　上で述べた各情念にはさらに下位区分があり，もっと詳しく考察されているが，もっと重要なのは，これらの情念が本来的意味での人間の生，したがってキリスト教的生の一部だということである。これらの情念は人間の動物的本性に根ざしているが，単なる感覚ではないので，「霊魂の」情念と呼ぶことは正しい。トマスはこれらの情念をストア派に倣って，悪として当然避けるべき「霊魂の病」――これはキケロ（Cicéron）の言葉である――と見なすどころか，むしろ霊魂の生理学的所与と考えた。このような所与はそれ自体善でも悪でもなく，正しく秩序づければ善用できるものである。

　　　ストア派の人々は情念はみな悪だと考えたので，人間の行為の善性は情念のせいで損なわれると結論することになった。というのも，善は悪と混じる場合，弱まったり，完全に消えさることもあるからだ。このことは，情念が感覚的欲求の無秩序な運動，すなわち障害や病の場合にかぎり妥当する。「しかし，感覚的欲求の運動すべてを情念と見なすなら，その場合，人間の善はこうした情念を理性が統制するときに完成する」[24]。

───────────

23)　快楽への欲求と怒りへの欲求の基本的な説明は，*1a q.81 a.2-3* 参照。さらに，情念論全体に関する最初の説明は，Albert Plé の解明的な表――*op. cit.*, p.181――とともに，*1a 2ae q.23* 参照。

24)　*1a 2ae q.24 a.3.*

第 11 章　トマスの人間論　　　409

　この統制は適切に理解する必要がある。というのも，
「理性の統制」が何を意味しているか，読んですぐには分
からないからである[25]。このことを指摘する機会は別にあ
るだろうが，トマスが使う理性という語は人間の一能力を
意味しない。神学者が常に問題にするのは，神の言葉が照
らし，神の法が形づくり，恩恵が強める，そのような理性
である。そして，この理性は徳を受け入れる能力なら何で
も活用する。このことについては良心を論じるときにもっ
と詳しく検討するだろうが，理性は，このように理解する
と，いわば神の計画を人間に伝えるものとなる。だから，
感覚的欲求が理性の統制を受けることは，正確な中庸とい
う窮屈な理想——これは人間精神の狭量さを思い出させる
ものである——を目指すこととはまったく異なる。実際の
ところ，理性が感覚的欲求を統制するのは，像である人間
が神的範型に似ようとするために他ならない。以上のこと
を踏まえれば，たった今引用したテキストで述べられてい
る確信——「人間の善が完成するのは」，情念が霊的生命
のうちでまっすぐになり，それに同化するときである——
はうまく理解できるだろう。テキストの続きを読むと，こ
の確信の理由が分かる。

　　人間の善は理性に基づいているので，この善が完成
　するのは〔理性が〕人間のより多くの部分に伝わる
　ときである。人間の倫理的善のために，理性が肢体
　の外的な働きを規定することが重要なのは疑いない。
　また，感覚的欲求には理性に従う「性質がある」の
　で[26]，「理性が霊魂の情念そのものを統制することで，

────────────
　25)　L. SENTIS, « La lumière don't nous faisons usage. La règle de
la raison et la loi divine selon Thomas d'Aquin », *RSPT* 79 (1995) 49-69
の説明を参照。
　26)　ここでトマスは先に明らかにした事柄を参照しているが，

410   第Ⅱ部　神を前にして世界の中で生きる人間

倫理的ないし人間的善は完成すると言える」。

　だから，人間が善を欲し実際に実現するのは好ましいことなので，「倫理的善を完成するには，人間が意志だけでなく感覚的欲求を通じても善に向かうことが必要である」。これは『詩編』84章3節の「わたしの心と肉は生ける神に歓喜した」という言葉によっている。ここで「心」は知性的欲求を，「肉」は感覚的欲求を指している[27]。

　トマスは人間が倫理的に完成するには情念を有徳な生に組み入れる必要があることを強調しているが，これほど執拗に強調するのを見て驚かない人はいないだろう。トマスの考察は，人間が霊魂だけでなく感覚性を含む身体でもある事実を深く認識することから始まっている。容易に理解できるように，本章の冒頭で見た偉大な人間観がここに再び見出せる。知性認識するのも，意志するのも，感覚するのも同じ霊魂なので，人間という複合体の実体的形相は一つである。この教えのおかげで，感覚の運動は本来的意味での人間の生の一部に組み込まれることになる。感覚の運動は分有により意志的なものになるので，知性や意志という上級の能力に従うか否かに応じて善にも悪にもなる。こうした運動は取るに足らないものではなく，倫理的生ないし霊的生の無視できない一部である。キリストの教えを体現すべきは人間全体であり，人間は自分のうちにあるすべてのものと一緒に神に向かうのである[28]。

先の箇所では理性が感覚的欲求に及ぼす力は専制的で全能なものではなく，政策的で相関的なものであることを説明している。このことは少し後で再検討する。

　　27）　*1a 2ae q.24 a.3.*

　　28）　有益な示唆を与えてくれる研究 M.-D. CHENU, « Les passions vertueuses. L'anthropologie de saint Thomas », *RPL* 72 (1974)

第 11 章　トマスの人間論　　　　411

自然本性と研鑽——徳について

それゆえ，トマスは確かに緻密に分析しているが，絶え
ず人間を全体として考察している。むしろ人間が肉体に根
ざしていることをいつも念頭に置いている。人間は動物と
共通の部分も含めて神の被造物であり，いつか目標である
神の類似性に達するためには，こうした部分も福音に基づ
いて正しく方向づける必要がある。だが，神学者は仕事を
中途半端に終わらせないために，この方向づけの様相を説
明し，同時に必要となる方法のようなものを提案すべきだ
ろう。トマスの徳論はこうしたもので，おそらく彼の霊的
神学の最も独創的部分の一つだと言える[29]。

　人間は情念を支配すべきだが，この支配を言い表すの
に，トマスはいつも理性と意志が情念に「命令」（imperium）
すると言っている。この表現は正しく理解する必要があ

11-18 を参照。Chenu は非常に適切にも，実体的形相の単一性と倫理
的生の結びつきに気づき，説明している。すなわち，霊魂だけが有徳
なのか，それとも身体を含めた人間全体が有徳なのかを考察する必要
がある。

　29)　トマスにおいて，また倫理的生にとってこの教えが重要な
ことを独創的に弁護したものとして，O.H. PESCH, *Thomas d'Aquin.
Grandeur et limites de la théologie médiévale*, « Cogitatio fidei 177 »,
Paris, 1994, chap. X: « Le sommeil et les bains ou l'amour et les vertus
» を参照。同じ Pesch の基本的研究 « Die bleibende Bedeutung der
thomanischen Tugendlehre. Eine theologiegeschichtliche Meditation
», *FZPT* 21 (1974) 359-391 (« La théologie de la vertu et les vertus
théologales », *Concilium* n° 211, 1987, 105-126——フランス語簡約版)
も参照。[T.F. O'MEARA, « Virtues in the Theology of Thomas Aquinas
», *Theological Studies* 58 (1997) 254-285 は，北アメリカで流行してい
る様々なトマス解釈に対して，トマスの教えの本質が何であり，どう
理解するのが正しいかを明らかにしている。]

412 第Ⅱ部 神を前にして世界の中で生きる人間

る。というのも，理性は，たった今定義したように理解しても，感覚的能力に絶対的な力を行使できるわけではないからだ。感覚の反応の多くは自由に扱えるものではまったくなく，感覚的欲求の運動がイメージや印象から突然引き起こされることもある。事実，理論上，予測できた場合には支配できるように思える事柄すら理性で制御できないこともあり，このことは経験から明らかである。それで，トマスはこの領域の教師アリストテレスの言葉を指摘する。「快楽への欲求と怒りへの欲求に関して，理性は『専制的な』力——主人が奴隷に行使するような——は使えない。そうではなく，『政策的な』力——無条件的に命令を受け入れるわけではない自由人に行使するような——を用いるのである」[30]。

　現代の心理学用語にかなり近い言葉でこのことを表すのに，「熟慮に基づく欲求」あるいは「欲求する知性」と呼んではどうかという意見があったが，これは理性および意志と情念が双方向的に影響し合うことを述べようとしたものである。それゆえ，理性の命令は，道徳厳格主義者——彼らは義務の考え方を拠りどころにしている——が理解するような意味での命令と理解すべきではない。むしろそこで問題となるのは，人間が自由に使えるあらゆる能力を調和することである。「人間が理性で情念を統制するとき，警察ではなくオーケストラの指揮者のように振る舞っていると言える。聖トマスが愛は人間の他の能力を支配すると言うのは，愛が引き寄せ（De caritate 3, rép. et sol. 18），

---

　30)　1a 2ae q.17 a.7; cf. ARISTOTE, I Politique V 6 (1254b5). トマスは情念が抵抗したり，障害となったりすることを知らないどころか，反対にしばしばこうした問題を検討している。最も詳しい箇所 1a 2ae q.58 a.2 に加えて，以下も参照。1a 2ae q.31 a.5 ad 1; q.34 a.1 ad 1; q.82 a.4 ad 1, et le Commentaire sur l'Éthique à Nicomaque VII 14 (1154b6-14), Léon., t. 47/2, p. 437-438.

第 11 章 トマスの人間論 413

呼び出し，招待し，説得するからである。『愛は〔他の能力を〕力強く引き寄せることで支配する。こうして情念は自分より高次の善に引き寄せられる』。いずれにせよ，情念が『理性を分有する』（sol. 2）のは，熟慮に基づく欲求を通じてのみである。というのも，いかに複雑であろうとも人間は一なるものであり，熟慮に基づく欲求を通じてしか一性を実現できないからである。熟慮に基づく欲求の支配が強制的なものになるのは，言うことを聞かない情念を前に説得し損なう場合だけである」[31]。

このテキストは正当にも，情念をキリスト教徒の倫理的生に組み入れるために，愛が果たす主要な役割を強調しているが，ここには第 9 章で聖霊の引き寄せる力を論じるのに使ったのと同じ言葉が見出せる。こうして，たちまちにして〔愛という〕最高の説明原理に達することになるが，人間の豊かな複雑さ，トマスの教えの含蓄ある精妙さも正しく評価すべきだろう。そのためには，このように霊が情念を最も高いところから支配するには，実のところ倫理的修練を伴う長い対神的研鑽が必要だと明言しなければならない。このようなわけで，愛は他の徳なしにはうまく機能しないので，トマスが「習慣」（habitus）と呼ぶこれらの徳について考察してみよう。

ここで少しばかり，不可欠な専門的説明に訴えることをお許しいただきたい。この説明の価値はすぐ明らかになるだろう。すでに述べたように[32]，ラテン語の habitus はギリシャ語の hexis の訳語であり，持っている（habere）もの，身体ないし霊魂の質，人間本性の力を意味するが，これらは使うことで発達していくものである。現在使われている

31) A. Plé, note à *1a 2ae q.24*, THOMAS D'AQUIN, *Somme théologique*, Paris, 1984, t. 2, p. 182, n. 3.

32) 本書第 1 章 25-26 ページ参照。

414 第Ⅱ部 神を前にして世界の中で生きる人間

言葉の中には，このきわめて重要な概念を正確に表すものはない。だから，habitus をそのまま残す必要があるが，〔我が国で訳語として定着している「習慣」は採用できても〕「慣れ」（habitude）と訳すことはできない。というのも，慣れはむしろ反対の意味を示すものだからである。慣れは固定的なメカニズムであり更新できないが，習慣は反対に柔軟で常に更新できる力のことである。さらに，習慣は能力のうちに生じるが，能力を完成し，働きにおいて完全な自由と真の喜びをもたらす。このようにして，習慣は自然本性がある方向で十全に発揮されることを意味している。

それゆえ，職人や芸術家の技量は習慣と呼べるが，こうした習慣を持たない人は彼らの技術的な能力を見て驚く。だが，習慣という語で知性や意志に固有の質も表せる。例えば，学知は知性の習慣である。この習慣は，ある分野の知識を学び徐々に習得するという，人間に固有の能力から出てくるもので，ある知的分野で習慣を有している人は学者と呼ばれる。さらに，学者は学知の習慣をより完全に所有していればいるほど卓越しており，その結果こうした習慣を持たない人が困難を感じる分野でいとも簡単に振る舞えるのである。

徳が何であるか説明する上で，トマスが活用しているのはまさにこの習慣の概念である。習慣の営みは自然本性が嫌悪する命令や掟を使って自然本性を無理やりしつけることではなく，自然本性の真の完成に向けて完全性を補完していくことである。というのも，自然本性は神が造ったものなので，本質的に善に向かうようにできているからである。その結果，人間は有徳な習慣を形成することで，最高の目的である至福により確実に向かうようになる。行為をまっすぐなものにしようと努めるとき，とりわけ情念という本能的な領域——そこでは様々な衝動が行為を破壊して

第 11 章　トマスの人間論　　　415

しまうことがある——でそうするとき，人間は自分自身で
神の業を再現し，自由を発揮して人間としてできるだけ完
全な存在になろうとしている。人間本性の完成は研鑽の結
果であり，まさに徳と呼ばれる善い習慣を形成することで
到達できるものなのである[33]。

　以上のことを踏まえれば，トマスが好んで繰り返す定義
はもっとよく理解できる。すなわち，徳とは業を生み出
す「善い」習慣のことであり，徳を持てば「善い」人間に
なり，業も「善い」ものになる[34]。「善い」という同じ形容
詞が執拗に繰り返されているが，これは単なる冗語ではな
い。業を生み出すこの習慣は善いものである。というの
も，悪い習慣ないし悪徳もあるから。善い習慣を持てば，
業もその領域内でできるだけ善いものになる。というの
も，業がすぐれて容易になることは習慣の概念そのものに
関わっているから。しかしそれに加えて，徳には特異な点
があり，徳を発揮する人は善い人間になるのである。この
最後の特徴は本質的なものであり，これにより徳と，業を
生み出す他のあらゆる習慣を区別できる。このことをもっ

────────────

33)　悪徳や罪のような悪い習慣もある。習慣の概念には完全な
巧みさという要素があるが，悪い習慣はこの巧みさを悪い方向に成長
させるので，悪い習慣を発揮しても究極目的にはたどり着けず，そこ
からますます離れることになる。ここではこの悪い習慣について検
討しないが，『神学大全』第 2 部の 1 がこうした物の見方を反映して
いることは知っておくべきだろう。情念論（第 22-48 問）の後に，習
慣論（第 49-54 問），徳論（第 55-70 問）が続き，最後に罪が考察さ
れる（第 71-89 問）。トマスは習慣を人間の行為の「内的」根源と見
なし，たった今述べた考察をしている。しかし，「外的」根源もあり，
一つは神自身だが，人間を法で教え（第 90-108 問），恩寵で支えるこ
とで（第 109-114 問），善い行為に向けて助けてくれる。もう一つの
外的根源は悪魔だが，人間を誘惑して悪に駆り立てる——このこと
は，きわめて簡潔にではあるが，他の箇所でも論じられている（第 1
部 114 問）。

34)　Cf. *1a 2ae q.55 a.3.*

とよく理解するために，技術と賢慮の徳を比較してみよう。両者とも実践的知性の徳であり，何かを生み出すことを目指すものである。技術は職人に必要なもので，技術があれば技術の定める規則にしたがって見事な作品を作ることができる。賢慮は有徳な人間に必要なもので，賢慮があれば福音の教える規範にしたがって立派に行為できる。また，両者の定義も非常に似ている。技術は制作に関する正しい理性ないし基準（recta ratio *factibilium*）であり，賢慮は人間の行為に関する正しい理性ないし基準（recta ratio *agibilium*）である。このように似ているにもかかわらず，両者は次の点で大きく異なる。「技術は職人にとり，『善く生きる』ためではなく，ただ長持ちする見事な作品を作るためだけに必要である。対して，賢慮は人間にとり，善い人間になるためだけでなく，『善く生き続ける』ためにも必要である」[35]。

救いの喜び

　善いものを作ることと善く行為することの区別は，習慣と徳を見分ける上できわめて重要である。習慣の概念は単なる巧みさを含んでいるが，徳の概念はこの巧みさに倫理的完全性を付け加える。それゆえ，本来的意味で徳の名に値するのは倫理徳だけである。対して，知性の徳が徳の名を持つのは不適切である。善を知るだけでは十分でなく，善を行う必要がある。このようなわけで，「本来的意味で徳が見出せるのは，意志あるいは意志が動かす他の能力だけである」[36]。また，ここですでに述べた情念論に合流する。

---

35)　*1a 2ae q.57 a.5 ad 1.*
36)　*1a 2ae q.56 a.3.*

第 11 章　トマスの人間論　　417

というのも，怒りへの欲求と快楽への欲求が分有により意
志的なものになるかぎりで，これらの欲求にも徳が見出せ
るからである。このようにして，節制は快楽への欲求をし
つけるもので，次のような事柄にいつも抵抗するよう教え
るものである。すなわち，快楽への欲求を簡単に手に入る
快楽で誘惑して善から遠ざけようとする，そのような事柄
である。対して，勇敢は怒りへの欲求を強めるもので，恐
れや臆病のために善から離れてしまうことのないように，
あらゆる障害に立ち向かうよう助けるものである。節制と
勇敢の二つの事例から分かるように，徳は善に結びつこう
とする人間を強化するが，反対に情念の自然本性的傾向性
に屈し続けるなら，人間は崩壊してしまうだろう。

　こうして，徳にしたがって行為する人が徳のおかげでど
のように善い人間になるか見えてきた。徳のおかげで，倫
理的存在としての人間は分裂せずにすみ，感覚的能力も含
めて深いところで統一されるのだが，これはそれだけで十
分利点である。しかし，これに加えて，ほとんど誰も気づ
かない徳の長所も指摘すべきである。強制されて行う行
為が外的な暴力の結果として悲しみを引き起こすのに対
し[37]，有徳な行為は喜びをもたらす。この喜びは有徳な習
慣で働くときに感じる容易さから直接出てくるものであ
る。行為の際に感じる喜びのために，行為の価値は下がる
どころか，反対に行為はより容易になり，功績に値するも
のになる。「有徳な習慣で喜びながら働けば働くほど，行
為はより快適で功績に値するものになる」[38]。トマスはアリ
ストテレスを註解するとき，いささか執拗にこのことを指
摘している。「有徳に行った行為は，当然快適なものにな

37)　Cf. *Quaestio de uirtutibus a.4.*

38)　*Sent. III d.23 q.1 a.1 ad 4*: « *Quanto delectabilius operatur propter habitum uirtutis, tanto actus eius est delectabilior et magis meritorius* ».

る。さらに，行為の際に感じる喜びはかならず徳の定義に含めるべきである。『善く行為する際に喜びを感じない人は，善い人間でも有徳な人間でもない』[39]。明らかなことだが，この見解はかつて非常に広まっていた「本当に功績に値するのは辛いことだけ」という敬虔なスローガンからかけ離れている。このことの帰結として，何かをするとき，義務ではなく喜びだけを動機にすべきと結論してはならないが，十分な愛で行えば喜びを感じることは確かである。徳と悲しみは両立しないのである[40]。アリストテレスからの引用を見て，この主題についてトマスには別の典拠がなかったと推測してはならない。反対に，トマスは『コリントの信徒への手紙2』9章7節の言葉をきわめて見事に註解している。

　　「神は，喜んで与える人を愛する」。以下がその理由である。報いる神は報いに値する事柄，すなわちただ徳の行為にだけ報いる。しかるに，有徳な行為について二つの事柄を考察すべきである。何を行うかと，どのように行うかである。その結果，ある行為は，この二つのどちらか〔の善さ〕が欠けても，真に（simpliciter）有徳な行為とは言えない。このようなわけで，徳に即して完全に正しいと言えるのは，義の業を喜びながら行う人だけである。人間は外に現れたものにしたがって判断するので，徳の行為が何を行うものか見るだけ

---

39)　*Commentaire de l'Éthique à Nicomaque I 13 (1099a17)*, Léon., t. 47/1, p. 47, lignes 85-90.

40)　正当にも，O.H. PESCH, *Thomas d'Aquin*──上記註 29 参照，p. 289ss. は，悲しみが他のどの情念にもまして詳しく検討されていることを指摘している。トマスは同名の罪についてもきわめて真剣に論じている。神がもたらす喜びに対立する悲しみは「倦怠」と呼ばれ，隣人の善がもたらす喜びに対立する悲しみは「妬み」と呼ばれる──cf. *2a 2ae q. 35-36*。

第 11 章　トマスの人間論　　　419

で十分である。しかし，神は心を調べるので，徳の行
為が何を行うものか見るだけでは十分でなく，「正し
く，すなわち喜びながら行為を行う」ことも考慮す
る。それゆえ，神が認め報いるのは，ただ与えるだけ
の人ではなく，「喜んで与える人である。悲しみなが
らしぶしぶ与える人は神に認められない」。「喜んで主
に仕えなさい」（詩 99）。「捧げ物をするときは，喜び
を表しなさい」（シラ 35：11）。「慈善を行うときは，
快くそうしなさい」（ロマ 12：8）[41]。

　ここで補足できることだが——しかしこの補足は二次的
なものではまったくなく，その理由はすぐ明らかになる
——，徳を「賢明に」活用すれば，窮屈さをことごとく締
め出すことができる。徳のおかげで，悲しみだけでなく狭
量さも取り除けるのである。トマスが勇敢の徳に結びつけ
ている付随的な徳の中に，彼が寛大と呼ぶ，魂の偉大さを
示す徳がある。この徳は現行のカテキズムにはあがってい
ないのでほとんど知られていないものだが，「名誉に関す
る中庸」を確立するもので，『神学大全』ではかなり詳し
く論じられている[42]。この徳についてアリストテレスが述
べていること——もっとも，トマスはこれを入念に検討し
ている——に加えて，自分自身の社会的身分からしても，
兄弟たちに社会的な振る舞い方を教えるためもあって，ト
マスはこの寛大の徳について深く考察した。トマスがこの
修道士という身分から影響を受けたことは，いくら強調し
てもしすぎることはないだろう。というのも，トマスが人
間を創造主との関係の中で理解していたことは疑いないか
らである。人間が偉大であればあるほど，神も偉大にな

41）　*In ad 2 Cor. 9,7, lect.1, nº 332.*

42）　*2a 2ae q.129-133.*

る。なるほど人間は神の前で自分の小ささを自覚するが，だからと言って自分の偉大さを忘れてしまうわけではない。このようなわけで，謙遜は寛大を伴うべきである。確かにキリスト教徒は謙遜のためにあらゆる水準で自己を統制し，謙遜と寛大は対神的な希望の概念において結びつく——三位一体の交わりに与ろうと望むことほど大きな栄誉に関わるものはなかろう[43]。しかし，徳が偉大さを目指すものであることと，寛大に対立する悪徳が臆病や狭量と呼ばれていることは注目に値する[44]。

完全な徳

　勇敢と節制の考察を通じて，トマスがどのようにして人間のキリスト教的な完成——動物と共通の感覚的能力に至るまでの——を示そうとしているか見た。こうした考察は無限にあるだろう。というのも，人間の活動領域はどれも習慣を受け入れ，徳を形成できる場だからである。勇敢と

---

　43)　とりわけ，優れた著作 R.-A. GAUTHIER, *Maganimité. L'idéal de la grandeur dans la philosophie païenne et dans la théologie chrétienne*, « Bibl. thomiste 27 », Paris, 1951, p. 295-371 et 443-465 を参照。[L.-Th. SOMME, « La magnanimité chez Aristote », *RT* 99 (1999) 700-735; 100 (2000) 62-78 も参照。Somme は Gauthier に対していくばくかの距離をとりつつ考察しているが，最新の文献も紹介している。]

　44)　Cf. *2a 2ae q.133.* 臆病（pusillaminitas）はラテン語でもフランス語でもまさに同じ名で呼ばれている。他の多くの著述家に倣って「狭量」と訳した事柄は，トマスが parvificentia と呼んでいるものである。実際，狭量に直接対立するのは「気前のよさ」で，寛大ではないが（cf. *2a 2ae q.134-135*），問題となっているのはまさしく同じ霊魂の状態である。福音書に登場するやもめは（ルカ 21：2-4），持っているすべてのものを捧げたが，ここに見られるのは同じ魂の偉大さである。捧げ物がささやかだからといって，この捧げ物が偉大な魂から出てきた事実は少しも変わらない。

第 11 章　トマスの人間論　　　　421

節制は個人的な陶冶の徳であり，それというのも人間はこ
れらの徳のおかげで自分自身の感覚的反応，すなわち情念
に対して正しい関係を保てるからである。しかし，これら
の徳はいわゆる「枢要徳」[45]のうち，最後に挙げられてい
る二つの徳であり，最初の二つの徳は賢慮——すぐに考察
する——と正義である。正義には明確な目的があり，それ
は人間の働きを客観的に統制することだが，その際自分自
身に対する関係だけでなく他者——人間や社会——との関
係も問題になっている。この正義については次章で考察す
るが，そこでは社会的存在としての人間を詳しく論じるだ
ろう。

　これら四つの倫理徳は，それに付随する徳とともに，あ
まねく通用する人間の所与である——この理由でこれらの
四つの倫理徳から説明を始めたわけである——が，神学者
が扱う徳はこれだけではない。仮に人間が自然的能力以外
の素質を備えていないなら，個人としてまた社会的に成功
するにはおそらくこれら四つの倫理徳で十分だっただろ
う。しかし，キリスト教の啓示によれば，人間は自分の能
力を超える至福に招かれており，神の力で「神性を分有す
る」（Ⅰペト 1：4）ことで，いわばこの至福に適合するこ
とが可能である。同時に，神からこの超自然的目的に釣り
合った新しい徳の習慣も授かり，この目的に到達できる
よううまく整えられる。このようにして，「対神徳」（les
vertus théologales）があるわけだが，これらの徳を「対神
徳」と呼ぶのには三つの理由がある。まず，これらの徳が
直接目指すのは神（theos）だからである。次に，これら
の徳をもたらすのはただ神のみだからである——専門用語

---

　45)　周知のとおり，「枢要な」（cardinal）という形容詞はラテン
語の「蝶番」（cardo）に由来している。このことが意味するのは，こ
れら四つの徳が倫理的生全体の中心にあり，人間的およびキリスト教
的生活の大部分を司っているということである。

にしたがえば，神のみが人間にこれらの徳を「注入する」。最後に，聖書にある神の啓示に頼ってはじめて，これらの徳が実際に存在することが分かるからである[46]。

　言うまでもないが，本書が目指しているのは対神的な生を明らかにすることなので，ここで対神徳を詳しく論じる必要がある[47]。だが，ついでに指摘できることに，たとえトマスが第2部の2になってようやく対神徳を詳しく論じているとしても，第2部の1で対神徳が必要なことを明言している事実だけ見ても，次のことは十分分かる。すなわち，トマスが第2部の1で行おうとしていたのは，古代における異教の哲学者たちから引き継いだ倫理学の構造をそのまま繰り返すこと——時にそう非難されてきた——では決してなかったのである。他でもいたるところで見られるように，トマスはアリストテレスやストア派をはじめとした様々な思想家から学んだことを，内側から覆しているとは言わないまでも，根本的に変えている。また，その変化を引き起こしているのはたった一つの事実なのだが，それはすべての人間がそれと知らずに目指す善をイエス・キリストである神と同一視することである[48]。このようなわけで，この目的を考慮に入れれば，自ずから新たな構造——ここでは対神徳——が生じてくるだけでなく，すでにある構造を変える必要も出てくるのである。

　このことは同じく重要な別の事例についても指摘できる。トマスは習慣と倫理徳の構造を入念に引き出した後，

　46）　*1a 2ae q.62 a.1* の議論を参照。この箇所でトマスは対神徳を他の諸徳の複雑な構造の中に位置づけるにとどめている。対神徳は第2部の2で詳しく再検討されるが，信仰，希望，愛の論述は最初の46問を占めている。枢要徳は対神徳に続いて論じられている。

　47）　もっとも，この問題は第13章で再検討するつもりである。

　48）　私の試論 « La philosophie morale de saint Thomas d'Aquin », dans M. CANTO-SPERBER, éd., *Dictionnaire d'Éthique et de Philosophie morale*, Paris, 1996 を参照。

第11章　トマスの人間論　　423

それらの構造をそのままにしておかなかった。トマスは恩
恵によらずに人間が完成することはないと確信していたの
で，徳をそれぞれ注入倫理徳で倍加したが，この注入倫理
徳の役割はこの世で到達できる完成に向けて人間内部の運
動を整えることである。このことは，キリスト教徒でない
人間が行為を繰り返して，生まれつきの適性——神が善に
向けて創造した人間に備わっている——を伸ばすことで，
倫理的に見て非常に優れた状態に到達する可能性を排除す
るものではない。しかし，こうして注入倫理徳を導入する
ことは次のこともきわめて明確に示している。すなわち，
トマス，またすべての神学者——人間の努力は神を前にし
てはまったく釣り合いの取れたものではないことに気づい
ている神学者——は，「注入徳だけが真に完全で徳の名に
値するものであり，それというのも真に究極的な目的に人
間をうまく秩序づけるのは注入徳だからだ」[49]と考えてい
たのである。

危険を顧みない徳

　ここではほとんど概略だけれども，トマスが徳の構造に
ついてどのように理解していたか述べているが，この論述
を終わらせるために少し触れなければならないことがあ
る。そのことが習慣の概念と並んで最も独創的なトマスの
考え方の一つなのは疑いない。すなわち，ここで問題とな
るのは賢慮（la prudence）についての教えであり，トマス
はあらゆる徳の中でもこの賢慮をまったく特別視してい
る。読者はこのことに驚くかもしれない。というのも，現
在の言葉遣いでは，賢慮〔または慎重さ〕と聞けば，むし

---

49)　*1a 2ae q.65 a.2.*

424　　第Ⅱ部　神を前にして世界の中で生きる人間

ろ行為を前に臆病で消極的な態度を取ることを思い浮かべるからである。しかし，トマスの考えでは，賢慮は反対に選択と決定の徳であり，個人的責任に関わり，自覚的にリスクを取ることを可能にするものである。トマスが最終的に結論するところによれば，賢慮とは一定の——決して繰り返されない一回限りの——状況下で行為を規定していく推論の徳である。賢慮には〔慎重さが示唆する〕躊躇のような要素はない。

　　「賢慮は人間の生活に最も必要な徳である。実際，善く生きることは善く行為することである」。しかし，善く行為するには，あることを行うだけでなく，然るべき仕方で，すなわち衝動や情念に動かされてではなく正しい基準に従い選択することで行うことも必要である。だが，選択はある目的を目指す手段に関わるので，選択が正しいものであるには二つのことが要求される。すなわち，正しい目的（debitus finis）と，この正しい目的にふさわしい手段である……。手段に関して言えば，人間は理性の習慣のおかげで正しい手段を選べる。というのも，考量し選択する——これらは手段に関わる働きである——ことは理性の働きだからである。このようなわけで，「理性のうちに知的徳がなければならないが，この知的徳が知性を完成し，うまく手段を選ぶことを可能にするのである。この徳が賢慮である。以上のことから，賢慮は善く生きるのに必要な徳である」[50]。

　　50）　*1a 2ae q.57 a.5*; cf. C.-J. PINTO DE OLIVEIRA, « La prudence, concept-clé de la morale du P. Labourdette », *RT* 92 (1992) 267-292.

第 11 章 トマスの人間論 425

　一般的に言って徳が「善く生きる」ために不可欠な理由
はもはや説明を要しないだろうが，賢慮が「善く生きるこ
と」にどのように貢献するか的確に理解せねばならない。
何よりもまず，賢慮のおかげで知性が徳の構造の中に位置
づけられる。述べたように，徳は人間の情動を統制し，動
機づけ，欲求と嫌悪，喜びと悲しみに関わるものなので，
徳を見出せるのは意志の中であり，それというのも意志は
霊魂の他の能力をどれも動かせるからである。しかし，こ
こから閉ざされた主意主義は導き出せないのであり，この
ような考えはトマスが本当に考えていたことに対立する。
というのも，反対にトマスは，理性が人間の生活を正しく
統制することが必要だと絶えず述べているからである。熟
慮に基づく欲求，あるいは欲求する知性の考え方はすでに
見たが，こうした考え方が正確に表現しているのは，人間
の行為の中で知性と意志がこのように相互に作用しあうこ
とである。ところが，賢慮の徳を考察すると，この相互作
用をはっきり見出せるのである。

　　「倫理徳は」いくつかの知的徳，例えば知恵や学知
　や技術がなくても成立するが，「直知[51]や賢慮がなけ
　れば成立しない」。実際，賢慮がなければ倫理徳はな
　い。というのも，倫理徳は「選択の」(electiuus)，す
　なわち正しい選択を可能にする習慣だからである。し
　かるに，正しく選択するには二つのことが必要であ
　る。第一はふさわしい目的を目指すことだが，これは
　倫理徳の業であり，倫理徳は理性に調和する善——こ
　れがふさわしい目的である——に欲求を傾ける。第二
　は目的を目指して正しい手段をとることだが，これ

――――――――――――
　51）　直知とは直観で真を認識する習慣であり，第一原理の習慣
とも呼ばれる——cf. *1a 2ae q.57 a.2.*

は「ふさわしく考量，判断，命令できる」理性を用いてはじめてできることであり，賢慮と賢慮に付随する徳の業である。「だから，賢慮がなければ倫理徳はない」。

「したがって，直知がない場合も倫理徳はない」。実際，直知に頼ってはじめて，思弁的なものであれ実践的なものであれ，自然本性的に明らかな原理を知ることができる。だから，思弁的領域での正しい理性が自然本性的に知られる原理の直知を前提としている——というのも，正しい理性は直知から出てくるから——のと同様に，賢慮も直知を前提としている。というのも，賢慮は行為に関する正しい理性や正しい規範（recta ratio agibilium）だからである[52]。

理解できるように，ここで問題となっている直知は人間の知性に備わっているものである。直知で把握できる主要な原理は万人に開かれているものであり，教養あるエリートのためだけのものではない。トマスはある異論——有徳であるためには学問を身につける必要はなく，それゆえ倫理徳は知的徳がなくても成立する——に対し，はっきり次のように答えている。

有徳であるためには必ずしも理性がすべての領域で強力である必要はなく，徳が関わる領域でだけ強力であればよい。有徳な人とはすべてこのような人のことである。だから，「世の狡猾さを持たない素朴に見える人々でも賢明になれるのであり」，これは「蛇のように賢く，鳩のように素直でありなさい」（マタ10：

---

52) 1a 2ae q.58 a.4.

第 11 章　トマスの人間論　　　427

16）という福音書の言葉によっている[53]。

　この説明は思うほど取るに足らないものではない。『マタイ福音書』を参照していることから分かるように，トマスはソクラテス（Socrate）ではなく福音に従っているのである。ソクラテスは，倫理的に振る舞えるのは知的な人だけで，品性は知識から出てくると考えた[54]。対して，トマスは倫理徳と理性の規範を同一視しようとはしなかった。しかし，徳を善に向かう——ただし完全に非理性的な——傾向性に還元してしまうことは，なおさらトマスの考えから遠いものだった。こうした傾向性は強力であればあるほど危険なものになるだろう。「だから，倫理徳は正しい理性に一致する事柄に人を傾けることで『正しい理性に従うこと』を可能にする——これはプラトン主義者の主張である——だけではない。それに加えて，アリストテレスの言うように，倫理徳は『理性を伴う』必要がある」[55]。

　それゆえ，またもやここで表現されているのは，人間が実体的に一なるものであるという力強い考え方である。トマスは，人間は知性であり付帯的にのみ本性の動物的部分と結びついているとも，反対に人間は純粋な意志であり知性を持たないとも考えない。このような観点に立ってはじめて，トマスが賢慮に与えている中心的な位置——トマスは徳の調和，あるいはトマスの言葉を借りれば，賢慮を要とした徳の「結合」というきわめて重要な考え方で賢慮の中心性を表現している——は理解できるのである。「倫理徳は賢慮なしには成立しない。……同様に，賢慮は倫理徳なしには成立しない」。この理由はすでに述べた。すなわ

53）　*1a 2ae q.58 a.4 ad 2.*
54）　トマスの念頭にあったのは明らかにこのことである——cf. *1a 2ae q.58 a.2 et ad 2; q.58 a.4 ad 3*。
55）　*1a 2ae q.58 a.4 ad 3.*

428　　第Ⅱ部　神を前にして世界の中で生きる人間

ち，人間は〔倫理〕徳のおかげで正しい目的に向かうことができ，賢慮のおかげで目的に向かう正しい手段を選べるのである[56]。

　実のところ，賢慮を中心とする徳の結合の理論そのものは新しいものではなく，トマスが教父の伝統から受け継いだものである。グレゴリウスはすでに次のように述べていた。「徳は結合していなければ完全ではない。というのも，賢慮は正しく節度があり力強いものでなければ真の徳ではないから」[57]。トマスの新しさはどこにあるかといえば，この理論をより緻密に作り込んだことである。すでに，徳のおかげで徳を所有する人は「善い人間になる」と述べたが，徳により有徳な人間ができあがるとも述べた。しかし，こうしたことが実現するのは，徳を通じて働くのが人間自身だからである。その結果，徳は互いに関係がないどころか，徳の働きに影響し合い，互いを助けるのであり，ある徳の目的を達成するためには他の徳が必要なのである。すでに挙げたイメージを繰り返すなら，徳の一つ一つはオーケストラの楽器であり，それをまとめ調和するのはまさに賢慮の業である。人間が主要な徳の導きで統一されるという考え方は，実は経験的事実に答えようとするものである。すなわち，情念そのものは互いに結びついている。「というのも，情念はみな最初の情念，すなわち愛と憎しみから生まれ，喜びと悲しみという情念に終わるからである。同様に，倫理徳に関係のある働きはどれも互いにつながっており，情念とも結びついている。このようなわけで，倫理徳に関係のある事柄はすべて，賢慮という一つの概念に含まれることになる」[58]。

---

56)　*1a 2ae q.65 a.1.*

57)　*Moralia in Job XXII 1, 2* (*CCSL* 143 A, p. 1092-1093; *PL* 76, 212) cité dans *1a 2ae q.65 a.1.*

58)　*1a 2ae q.1 a.1 ad 3.*

賢慮と愛

　ぜひとも指摘すべきことだが，この賢慮を中心とする徳の結合という新しい理論を直接支えているのは，人間が実体的に一なるものだという最初に見た考え方である。しかし，先ほど対神徳について述べたことを考え合わせれば，次のことが容易に推測できる。すなわち，賢慮が倫理徳を結び合わせていることは，実際のところ中間的な段階にすぎず，事実この結合はそれだけで起こるものではない。キリスト教徒が決定的に統一されるのは愛を持つときである。さらに，このことには二つの水準がある。賢慮と注入徳の次元が一方にあるが，とりわけ対神徳の次元を考慮せねばならない。

　事実トマスによれば，構造的に見て，愛は賢慮が自然的次元で果たしていたのと同じ役割をより高次の次元で果たすものである。この理由は常に同じである。すなわち，人間は愛を持つことではじめて真の目的に向かえるからである。このようなわけで，トマスは愛がなくても人間の徳が成立することに異議を唱えてはいないが，真の徳——キリスト教神学者が理解するような——は愛があってはじめて成立することを絶えず教え続けている。というのも，徳は賢慮が注入されてはじめて実現するが，この賢慮は愛の中でのみ確認できるからである[59]。

　もっとも，逆もまた真である。すなわち，愛は倫理徳がなければうまく機能しない。だから，愛は倫理徳を生む。「愛と同時に倫理徳はみな注入される」[60]。この新しい

---

59)　*1a 2ae q. 65 a. 2.*

60)　*1a 2ae q. 65 a. 3.*

430　　第Ⅱ部　神を前にして世界の中で生きる人間

主張は一見すると驚くべきものだが，神が中途半端に事を為さないことを思い出すなら，すぐに説明がつく。神は究極目的への愛情である愛と同時に，この目的の認識である信仰，この目的への欲求である希望，この目的に到達するための手段としての徳を与える。だから，愛と同時に倫理徳がみな注入されるという上の主張は根拠のないものではないのだが，誤解してはならないことがある。上の主張が言わんとするのは，注入徳には人間の努力が必要でないとか，注入徳は簡単に発揮できるなどということではない。下品な静寂主義ほどトマスの教えから遠いものはないのであり，恩恵の賜物には常に人間の協力が必要なのである。なるほど徳の習慣を萌芽的に有しながら，それを活用しない，あるいは少なくとも容易には活用しないことも考えられる。しかし，この愛の観点――これはトマスの人間観を深いところで統一しているものである――から見て，上の主張が意味するのは次のことではないだろうか。愛を持てば愛に必要な手段は得られ，愛を失えば同時にそれらの手段も失う。

＊　　＊　　＊

　対神徳の結合という問題――トマスは倫理徳の結合を論じた後にこの問題に取り組んでいる――について詳しく説明できなかったので，後の章でもっと詳しく取り上げることにしよう。ここで一つだけ次のことを指摘せねばならない。トマスは徳の構造の頂点に愛を置き，至福が愛の交わりだと述べることで，究極目的という抽象的な概念にも修正を加えている。この概念は簡潔な説明を目指してそれまで使われてきたものだが，これより後はきわめて具体的な内容を持つものになった。すなわち，究極目的とは，聖書の多くの箇所が約束しているように，神との親密な交わりに他ならない。しかし，ここでは徳を論じている，すなわちまだ究極目的が成就していない途上での終末論的観点に

第 11 章 トマスの人間論

立って完全性を論じているので，トマスが究極目的はやがて実現する完成だと指摘している点も強調すべきだろう。人間が肉と結びついているという事実から始まって，「われわれは神に似たものになる。というのも，神をありのままに見るだろうから」（Ⅰヨハ3：2）と言われているときが来るまで，長い研鑽をくぐり抜け，徳の習慣を根気強く形成していく必要がある。

第 12 章
友人とともに生きる

───────────

　「友人なくして誰が生きていきたいと思うだろうか」。ア
リストテレスを読む中で見出したこの問いに対し，トマス
は哲学者と同じように確信をもって答えている。どのよう
な状況，どのような年齢であれ，「友愛は生きていく上で
最も必要なものである」[1]。だが，両者にとり友愛概念が根
本的なものだとしても──友愛概念がどれほど重要かは詳
しく見ていくうちにもっと明らかになる──，ラテン世界
に生きるキリスト教徒トマスはギリシャの思想家アリスト
テレスよりも豊かな意味をこの概念に認めている。

　アリストテレスの言う philia には，われわれの言う「友
愛」よりもはるかに広い意味がある。優れたアリストテレ
ス研究者の一人によれば，「philia という語が表現してい
るのは，他人への愛情や愛着のすべてであり，こうした
愛情には自然発生的なものもあれば，熟考に基づくもの
や，状況に応じたものや，自由な選択から出てくるものが
ある。すなわち，philia が意味するのは，本来的意味での

───────────
　　1)　周知のとおり，アリストテレスは『ニコマコス倫理学』の
第 8 巻と第 9 巻の全体にわたって友愛を論じている（livres VIII et IX,
1155-1172）。トマスはこの部分をすべて註解しており（Léon., t. 47/2,
p. 442-549），ここからきわめて多くの要素を借用し，自分の著作の中
で繰り返している。引用に関しては，Livre VIII 1, p. 442-444 を参照。

第 12 章　友人とともに生きる　　　433

友愛，愛，好意，親切，人類愛である。要するに，愛他主義，社交性のことに他ならない。友愛とは優れて社会的な結びつきのことであり，同国の市民，集団の仲間，仕事の同僚を一つにまとめるものである」[2]。以上から分かるように，こうして開けた展望はきわめて広大である。というのも，philia という語は二人の人間が結ぶ友愛だけでなく，社会的・市民的生の全体を包含するものだからである[3]。

　トマスでは philia は amicitia と訳されているが，これは今で言う「友愛」を意味している。確かにトマスの言うamicitia は，アリストテレスが philia に与えた意味をすべて含んでいる。しかし，amicitia にはラテン世界の伝統に由来する別の意味もあり，この伝統は聖ベルナルドゥス（Bernard）をはじめとする 12 世紀の修道士たちがとりわけキケロから受け継いだものである[4]。ところが，トマス自身も amicitia の意味を修正しており，これは愛を神と人

---

　2)　J. TRICOT, ARISTOTE, *Éthique à Nicomaque*, Nouvelle traduction, avec introduction, notes et index, « Bibliothèque des textes philosophiques », Paris, 1959, p. 381.

　3)　二人の人間どうしの関係を再検討するつもりはないので，ここで二つの研究を参照しよう。これらの研究はトマスの見解をバランスよく精緻に論じている。W.H. PRINCIPE, « Affectivity and the Heart in Thomas Aquinas'Spirituality », dans *Spiritualities of the Heart. Approaches to Personal Wholeness in Christian Tradition*, A. CALLAHAN, éd., New York/Mahwah, 1990, p. 45-63; « Loving Friendship According to Thomas Aquinas », dans *The Nature and Pursuit of Love. The Philosophy of Irving Singer*, D. GOICOECHEA, éd., Amherst, N.Y., 1995, p. 128-141.

　4)　J. MCEVOY, « Amitié, attirance et amour chez S. Thomas d'Aquin », *RPL* 91 (1993) 383-408 が指摘するには（p. 399），トマスはキケロの『友情について』（De amicitia）も，リヴォーのアエルレドゥス（Aelred de Rielvaux）の著作も一度も引用していない。アエルレドゥスを知らなかったことも考えられる。というのも，13 世紀にアリストテレスが強力に導入されたために，トマスの関心がアリストテレスに移ったかもしれないからである。

間の友愛と定義する際に確認できる。実のところ，その際にトマスが参照しているのは，もはやアリストテレスではなく聖ヨハネ——「わたしはもうあなたたちを奴隷ではなく友と呼ぶ」（ヨハ 15：15）——である。たとえ哲学者〔アリストテレス〕が定義の枠組みを提供しているとしても，定義の要素は根本的に変わっている。というのも，神と人間および人間と人間の交わりを支える善は恩恵が伝える神的生命だからである[5]。

それゆえ，本章で友愛を論じるとすれば，きわめて広大な領域にわたって考察しなくてはならず，徹底的に検討できないだろう。しかし，少なくとも標識となる重要な点については論じる必要がある。というのも，人間の社会的本性を論じることは，トマス学派の霊的生活のきわめて重要な側面に光をあてることになるからである。トマスは人間を個人主義的な観点からは決して捉えていない。このような個人主義的な人間観は，ルネッサンスおよび宗教改革以降に西洋文明を支配するようになったものである。トマスは常に人間を救われる人々の集まりに属する者と見なしており，この集まりを教会（ecclesia）と呼ぶこともあれば，キリスト信徒の集まり（congregatio fidelium）および聖徒の交わり（societas sanctorum），あるいはキリストの神秘体と呼ぶこともある。もちろん，トマスは人間を家族から引き離して捉えることは決してなく，生まれたときから家族の一員だという事実を認めている。

---

5) Cf. *2a 2ae q.23 a.1*. この項の中で『ニコマコス倫理学』は五回以上引用されている。トマスは聖ヨハネの他に，聖パウロ（Ⅰコリ 1：9）にも訴えており，ある語を借用しているのだが，それというのも愛の特徴である交わり（communicatio）を表現するために必要だったからである。「神は真実な方で，あなたたちを御子との交わりに招いたのである」。周知のとおり，ウルガタ版の societas はパウロおよびアリストテレスの koinônia を訳したものである。

第12章　友人とともに生きる　　　　435

　第10章で被造物の価値について論じたが，そこで見え
てきた観点に立てば，友愛の社会的側面はますます関心を
引くだろう。恩恵は自然を破壊せず整えて完成に導くとい
う偉大な原則は，ここでも適用できる。もしトマスに従
い，彼の人間観全体に忠実であろうとするなら，次の事実
はぜひとも考慮に入れねばならない。すなわち，人間が能
力を十全に発揮するための社会は，救済の場としての教会
だけでなく，関わり合いのある様々な集まりでもある。こ
れには家族だけでなく世俗国家も該当する。霊的神学の分
野では家族について盛んに論じられてきたが，国家につい
てはあまり論じられてこなかった。しかし，国家の重要性
は家族に劣るものではない。事実，国家の法律によりキリ
スト教的な正しい生活が著しく容易になることもあれば，
反対に決定的に妨げられることもある——集団精神が形成
されてはじめてこうした効果が生まれるのだが。

　一見，この問題は霊的神学が扱うものとはほとんど思え
ないだろう。しかし，霊的神学の外部にあるものではな
い。人間の運命が終局に達するのはただ神においてのみだ
が，人間が究極目的に結ばれるのは家族や社会や教会とい
う共同体の中であり，こうした共同体の中でどう振る舞う
かということも多かれ少なかれ人間本性の深い部分に結び
ついている。おそらくキリスト教徒は誰もが同じように社
会的ないし政治的な面で兄弟に奉仕するわけではないが，
社会生活に参加しないキリスト教徒は一人もいない——た
だ投票権を行使するだけの関わりであっても[6]——のであ
り，トマスがこうした問題を論じるのも理解できる。アウ
グスティヌス以降の多くの思想家と同様に，トマスはキリ

---

　6)　修道士を含めてキリスト教徒なら誰もが関心を持つべき事例
はたくさんある。生命を大切にすること，堕胎を助長する法律に抗す
ること，社会的排斥を認めないこと，平和の維持を助けることなどで
ある。

436　　第Ⅱ部　神を前にして世界の中で生きる人間

スト教徒を〔神の国と地の国という〕二つの国の成員と見なしている。しかし，トマスはこうした多くの思想家以上に世俗国家に固有の目的を尊重し，その目的を人間本性そのものに結びつけて理解していた。さらに，時間的なものと霊的なものを区別することで，何世紀にもわたって続く衝突を避けることができた。トマスには社会的および政治的倫理学を見出せるが，これは倫理的な人間とはいかなるものかという問題——霊性の問題とも言える——と密接に結びついており，トマスはこの倫理学を人々が教会でいかなる役割を果たすか，国家の政治にどう参加するかという問題に至るまで論じたのだった。これらは以下で検討する主題である。

「社会的」動物

　読者は上で述べたような主題をこれから論じ始めるのを見て驚くかもしれない。その違和感を取り除くためには，トマス自身が人間を「社会的」存在と見なすことで，このような道を用意していることを指摘するだけで十分である。この「社会的」という語は，修道生活の論述の中で，修道生活を明確に特徴づけるものとしてしばしば引用されているが，隠遁主義に対立する共同生活を真に弁護するものである。というのも，人間は「動物でも神でもない」ので，同胞と一緒に生きる義務があるからである[7]。周知の

---

　7)　*2a 2ae q.188 a.8 ad 5*.「動物でも神でもない」という表現は，ARISTOTE, *Politique I 2, 14* (1253a29), éd. J. AUBONNET, Paris, 1960, p. 15 から借用したものである。アリストテレスは同じ箇所（1253a7, p. 14）で次のようにも言っている。「偶然にではなく生来国家を持たない者は，堕落した人間か，人間より上級の存在である」。トマスの註解も参照——*Sententia libri Politicorum I*, 1/b, Léon., t. 48, p. A 78-

第 12 章　友人とともに生きる　　　437

とおり，人間は「生まれつき国家で生きるよう定められて
いる」（physei politikon zoon）という考えをトマスが得た
のはアリストテレスからであり，この語はふつう──意味
が不明瞭になる恐れはあるが──「本性上社会的動物」と
訳されている。今度はトマス自身がこの表現を取り上げ，
アリストテレスに非常に近い言葉で次のことをはっきり強
調している。人間が社会的動物でないなら，こうした人間
は，人間に共通の本性よりも上級の人間本性を持ってい
る──洗礼者ヨハネ（Jean le Baptiste）や隠修士アントニ
オス（Antoine l'ermite）のような聖人がそうだったように
──か，あるいは人間以下の堕落した存在のはずである。
アリストテレスはホメロス（Homère）を引用して，この
ような堕落した人間には「仲間も法律も家族もない」と
言っているが，トマスはこれを註解して，「このような人
間は，友情の結びつきがないので『非社会的』であり，法
律に縛られていないので『違法的』であり，理性の規範を
受けつけないので『きわめて悪い』人間である」[8]と述べ
ている。

　トマスはこのアリストテレスの考え方に従っているが，
控えめに修正し，一定の距離を取ってもいる。注意深く読
めば必ず気づくことだが，語彙には変化が見られる。ト
マスは animal *civile* と言うこともあれば[9]，animal *politicum*
と言うこともあり[10]，さらには animal politicum et *sociale*

79。

　8)　*Sententia libri Politicorum I, 1/b*, Léon., t. 48, p. A 78. 洗礼者ヨ
ハネとアントニオスの例は *2a 2ae q.188 a.8* でも言及されている。

　9)　この言葉はほとんど『政治学註解』でしか使われていない。
すなわち，7 回のうち 6 回は『政治学註解』で使われており，そのう
ちの 5 回は chap. *I, 1/b*, Léon., t. 48, p. A 78-79 で確認できる。7 回目の
使用は『ニコマコス倫理学註解』── *I 9*, Léon., t. 47/1, p. 32──に見
出せる。

　10)　この言葉はトマスがアリストテレス註解以外で好んで使っ

とも言っている[11]。最初の二つの語は使う翻訳が異なることから容易に説明がつくとしても，単独で頻繁に使われる第三の語は[12]，トマス独自のもので，アリストテレスとは別の影響が考えられる。実際，sociale は koinônikon を訳したものだが，これはストア派が次のことを意味するために使っていた語である。すなわち，人間は一国家の市民であるだけでなく，当時の世界（oikouménè）に属する市民でもある。これは今日では「世界市民」と呼べるものである[13]。事実，アリストテレスの国家ないしポリスはキリスト教徒にはあまりにも狭いものに思われたのであり，それというのも奴隷や女は排除されていたからである。奴隷や女をキリスト教徒にするところまではいかなくても，トマスはストア派の唱える世界主義の方が〔アリストテレスの考え方よりも〕ずっと優れていると思った。

夫婦関係——というのも，あらゆる結びつきの中で最初のものは男と女の結びつきだから——の後に，また家族関

ていた——11 回中 7 回——ものである。しかし，『ニコマコス倫理学註解』——*VIII 12* (1161b17) et *IX 10* (1169b18), Léon., t. 47/2, p. 488 et 536——でも使っている。なぜなら，この箇所のラテン語の翻訳では politicum となっているからである。

11) 例えば，以下を参照。*SCG III 85, n° 2607; 1a 2ae q.72 a.4; Expositio libri Peryermenias I 2*, Léon., t. 1*1, p. 9——R.-A. Gauthier の重要な註も参照。

12) 約 20 回使われているが，とりわけ以下を参照。*SCG III 117, n° 2897; 128, n° 3001; 129, n° 3013*; etc.; *1a q.96 a.4; 1a 2ae q.95 a.4; 2a 2ae q.109 a.3 ad 1; q.114 a.2 ad 1; 3a q.65 a.1*; etc.

13) Cf. É. BRÉHIER, *Chrysippe et l'ancien stoïcisme*, Paris, 1951, p. 259-270: « La société »; P.-M. SCHUHL, « Préface », à *Les Stoïciens*, « La Pléiade », Paris, 1962, p. XXX:「……ストア派は愛他主義を自然本性的傾向性の一つとした最初の人々だった。愛他主義は家族への愛情から生じ，次第に拡大し，世界という社会を対象とするに至る。これこそ世界市民としてストア派の賢者が主張する世界主義である。人間が能力を十全に発揮するのは，閉鎖的な国家の中ではなく，理性的な人間本性にしたがってのことである」。

第 12 章　友人とともに生きる　　　439

係——というのも，男と女が結ばれるとすぐに家族ができ
るから——の後に，国家が来る。国家はこのように人間の
社会生活の最後の段階だが，にもかかわらず本性的には最
初のものである。それゆえ，国家は〔夫婦や家族といっ
た〕国家に先立つ関係より上位にあるが，そうした関係を
破壊しない。というのも，そうした関係にも，人間を共同
生活に促す要素が少しだけ確認できるからである。トマス
はアリストテレスに従いつつこのことについて述べてい
る。

　　実際，声を発したり叫んだりする動物はいるが，言
　葉（locutio）を使うのは人間だけである……。人間は
　言葉により有益なことや有害なこと，それゆえ正しい
　ことや不正なことを表現できる。正や不正は人間が有
　益なことや有害なことに関わっているかどうかで判明
　する。だから，言葉は人間固有のものである。という
　のも，人間は善悪や正不正やこうした他の現実を言葉
　（sermo）で表現して認識できるが，動物はできない
　からである。
　　言葉は本来〔自然本性的に〕人間が持っており，有
　益なことと有害なことをめぐる価値や，正しいことと
　不正なことをめぐる価値や，またこれに類する他の価
　値を人間どうしが「共有する」（communiquer）ため
　のものなので，自然本性が空しいものにならないこと
　から見て，こうした価値を「共有する」ことが人間に
　とって自然本性的だと結論できる。しかし，まさにこ
　うした価値を「共有すること」（communication）で家
　族や国家は成立するのである。だから，人間は本性上
　家族や国家に属する存在である[14]。

_____

14)　*Sententia libri Politicorum I, 1/b*, Léon., t. 48, p. A 78-79.

440　　第Ⅱ部　神を前にして世界の中で生きる人間

　ここで communiquer および communication という語を強調したが，それはこれらの語の意味が現代の「伝える」──「意見を交換する」や「知らせる」とほぼ同義である──という意味とはまったく異なるからである。communicatio はトマスがラテン訳の中に見出したものだが，実のところアリストテレスの koinônia を訳したものであり，koinônia は「共有」ないし「共同」を意味している[15]。他方，koinônos はこうした共同体を支えている価値や善に賛同する成員のことである。だから，正不正について単に意見を交換すること──人間の特徴である言葉の使用はこれを示唆している──から，国家の成員がみな善を共有して集まることへと議論は移ることになる。このように見てくると次のことが分かる。すなわち，人間が社会的動物だと述べることは，多かれ少なかれ本能的に群れを成すというありのままの傾向性を言わんとするものではなく，むしろ必要な徳を形成しながら社会で生きていくことを意味しているのである。もっとも，トマスはこのことを上の引用に続けて説明している。「人間は自然本性的に徳に向かうものだが，徳を形成するなら動物の中で最良のものになる。しかし，法や正義を無視するならどんな動物よりも劣ったものになる」[16]。

　ここで見えてきた〔徳の形成という〕観点は大きな書物の題材となるに十分だが[17]，このことについては本書の目的にかなう程度ですでに述べた。トマスは共同体的ない

　15）　communio と communicatio について，次の入念な研究を参照。B.-D. DE LA SOUJEOLE, « ‘Société’ et ‘Communion’chez saint Thomas d’Aquin », *RT* 90 (1990) 587-622, voir p. 602-617.

　16）　*Sententia libri Politicorum I, 1/b*, Léon., t. 48, p. A 79.

　17）　『ニコマコス倫理学註解』を読むことは，それだけできわめて有益だが，思いもかけない豊かな発見をたくさんもたらしてくれるだろう。

第12章　友人とともに生きる　　441

し社会的次元は人間から分かつことのできない所与だと述べ，頻繁にこの問題を検討している[18]。これは単に物質的な便宜さをどう実現するかという問題ではない。最も個人的で最も高度な活動すら，うまく行うためには友人の協力が必要なのである。

　　この世での幸福が問題となっている場合，哲学者にしたがって，人間が幸福になるには友人が必要だと言わねばならない。それは友人がいたほうが有用だからではなく——というのも，人間は自足できるから——，行為を善いものにするためである。すなわち，友人に善を行ったり，友人が行う善を喜んだり，自分が行う善に協力してもらうためである。「事実，活動的生にしろ観想的生にしろ，人間には有徳に行為するために友人の協力が必要である」[19]。

　それゆえ，たとえ人々が一緒に生活することは難しいとトマスがはっきり述べているとしても，「社会的な集まり」[20]がもたらす恩恵も賞賛している。というのも，社会的な集まりは愛や正義のような徳を発揮する特別な場であり，それゆえ人間的に成長できる機会だからである。社会がもたらすこの最初の成果はそれだけで十分注目すべきだが，おそらくすぐ気づくことに，この社会がアリストテレスの言う国家の枠組みの中にとどまるかぎり，この社会的友愛の考え方は人間的でもっぱら自然本性的な水準を超え出ることがないだろう。アリストテレスによれば，社会的

---

　18)　この問題は後で再検討するが，さしあたり次のテキストを参照。*SCG III 121, n° 3001*：「人間に必要であるすべてのものの中で最も必要なものは他の人間である」。

　19)　*1a 2ae q.4 a.8.*

　20)　*Sententia libri Politicorum III 5*, Léon., t. 48, p. A 201.

442 　　第Ⅱ部　神を前にして世界の中で生きる人間

友愛を基礎づけるものは理性だが，その理由は述べていない[21]。トマスはこの点についてアリストテレスに忠実に従っており，ここでも文字的解釈を超えて進むことはないが，自分の考えを述べる際には，もっと高いところから事態を考察している。とりわけアウグスティヌスが引き継いだストア派の考え方にしたがって，トマスは自然法の概念に訴えているのだが，この概念のおかげで倫理的義務だけでなく社会的友愛そのものも神に根拠があると主張できたのである[22]。

自然法とその主要な傾向性

　ここで『神学大全』第2部の1を検討せねばならない。この長い基礎的倫理学の部分で，トマスは人間の行為の根源を検討しているが，まず習慣と呼ばれる内的根源に言及している[23]。しかし，人間の行為の根源には「外的な」別の根源もある。トマスはこの外的根源として二つのものを挙げている。すなわち，悪魔と神である。悪魔は人間を誘惑して悪に駆り立てるが，この悪魔については他の箇所で論じている[24]。神は人間の善い行為を実現する外的根源であり，人間を法で教え，恩恵で支えるのだが，この神については第2部の1ではるかに詳しく論じている[25]。超越的な「外的」根源である神は「徳」と呼ばれる善い習慣の原

---

21)　Cf. *Éthique à Nicomaque I 2, 1095b6-7.*

22)　R.-A. GAUTHIER, *La morale d'Aristote*, Paris, 1958, p. 130-131 は，このようにトマスがアリストテレスの倫理学を超え出る様子を異論のない仕方で明らかにしている。

23)　本書第 11 章 413-416 ページ参照。

24)　Cf. *1a q.114.*

25)　トマスは習慣に続けて法を（*1a 2ae q.90-108*），法に続けて恩恵を論じている（*1a 2ae q.109-114*）。

第 12 章　友人とともに生きる　　　　443

因だが，この徳のおかげで被造物は内的に完成し，恩恵の
次元で行為できるのである。恩恵については他のところで
詳しく論じたので，ここでは繰り返さないが，法[26]，とり
わけ自然法について少し述べる必要がある。自然法はトマ
ス倫理学の中でもきわめて独創的な考え方であり，この考
え方を知れば，人間の社会的次元が霊的次元と切り離せな
いことがもっとよく分かるだろう[27]。

　「自然本性」という言葉そのものと同じように，「自然
法」という表現はトマスの教えに精通していない人々には
あまり評判がよくない。だから，自然法とはどのようなも
のか的確に理解する必要がある。というのも，自然法とい
う考え方がどんな寄与をもたらしたか知らないままでいる
のは残念なことだからである[28]。ここで問題となっている
ことを非常に簡潔に述べれば，永遠法は神の支配，すなわ
ち摂理と同一視できるが，自然法は理性的被造物がこの永
遠法を分有することである。実際，たとえ自然法が万物に
備わっており，自然法のおかげで各事物は固有の働きと目

---

26)　周知のとおり，トマスは以下のように法を定義している。
1a 2ae q.90 a.4:「共通善を目指して共同体の代表が発布する理性の規
定のようなもの」。詳しくは説明できないが，この見解がいかに独創
的であるか強調せねばならない。トマスの法の定義で最初に来るのは，
義務の考え方ではなく，共通善への関係であり，共通善は法を守るこ
とで到達できる目的である。だから，法を制定し発布することは，共
通善に責任のある権威者の仕事である。

27)　事柄の都合上，ここではきわめて簡潔な素描しかできない。
とはいえ，次の業績を参照。G. DE LAGARDE, *La naissance de l'esprit
laïque au déclin du moyen âge*, t. II, Paris, 1958², chap. III: « La sociologie
thomiste » は，きわめて明解に思想的なつながりを指摘し，社会につ
いての教えはトマス主義の最も深く最も斬新な考察の一つだと強調し
ている。

28)　ここで「自然本性」という語を解明することはできない
が，次の詳しい研究を参照。M.-J. NICOLAS, « L'idée de nature dans
la pensée de saint Thomas d'Aquin », *RT* 74 (1974) 533-590.

的を追求できるとしても，理性的被造物は自由に目的を目指すことで，自分と他のものに対して固有の摂理となる[29]。この結論はもっぱら演繹的に導き出されたものではなく，聖パウロの有名な聖句と密接に関係している。「法を持たない異教徒が自然と法の命じるところを行っている場合，こうした人々は法を持たずとも自分自身が法なのである。彼らは心に刻まれた法を明らかにしているが，彼らの良心と判断——互いに非難したり賞賛したりしている——がこれを示している」[30]。福音の新法と同様に，自然法も神が人間の心に与えた法（lex indita）である。それゆえ，人間の倫理的な力は神の光が人間に反映したものと理解できる。

　　事実，法を持つのは，規範を制定する人だけでなく，この規範に従う人も分有によりそうなのである。こうして，各人が自分自身法であるのは，法を制定する人が明らかにした秩序を分有するという意味にしたがってである。だから，聖パウロは「彼らは心に刻まれた法を明らかにしている」と明言しているのである[31]。

　自然法はきわめて重要な考え方なので，その効力は自分自身が法である異邦人の事例にとどまるものではない[32]。

29）　*1a 2ae q.91 a.2.* この箇所でトマスは『詩編』4章7節を引用して，主が被造物を祝福した光を自然法と同一視している。しかし，他のいくつかの箇所では，この光は能動知性だとしている。

30）　*Rm* 2,14-15. B. MONTAGNES, « Autonomie et dignité de l'homme », *Angelicum* 51 (1974) 186-211 は模範的な研究であり，トマスがこの聖句をどのように註解したか，またこの聖句を『神学大全』ではどのように使っているか検討している。

31）　*1a 2ae q.90 a.3 ad 1.*

32）　一つだけ例を挙げるとすれば，J.-M. AUBERT, « Permanente actualité de l'anthropologie thomiste », *DC* 45 (1992) 244-250, cf. p. 247

第 12 章　友人とともに生きる　　　445

自然法は人間の本性そのものに結びついており，創造以来人間に備わっているものなので，恒常的にして普遍的であり，それゆえ信仰を受けてからも消えることのないものである。現代の優れた倫理学者によれば，自然法はすべてのものに備わっており，事物の中心に刻みこまれたダイナミズムであると同時に，この欲求が成就するという約束でもある。

　　思うに，「自然本性的」という言葉は，物質的世界
　　——これは霊と自由の世界に対立するものである——
　　に関係するものでもなければ，研鑽を積んでいない
　　人間の状態という「歴史的な」概念に結びついたもの
　　でもない。「自然本性的」という言葉が問題にしてい
　　るのは，人間本性を余すところなく発揮することであ
　　り，人間本性は個人的で自由な人格に備わっているも
　　のである。このような人格が本来的な自己に達するの
　　は，自分自身で歴史を導いていく場合だけである。こ
　　うした人格は天使でも動物でもないので，人間として
　　自己を完成すべきである。人間は自由なので，この要
　　求を満たせないこともあるが，この要求こそ「自然本
　　性」的なものである。人間は複雑な存在なので，自然
　　本性の要求がはっきりした形をとるのは人間の様々な
　　行為の中であるが，人間はこの要求に促されて最も人
　　間的なものに近づこうとする。「自然法」と呼ばれて

が次のように指摘したことは正しい。すなわち，この教えは「人間の権利を最も堅固に基礎づけたのだが，それによると人間の権利はもはや個々の人間ではなく，すべての人間に共通な人間本性から出てくるのである」。Aubert はとりわけ，グロティウス（Grotius）からトマスに遡るとき，ビトリア（Vitoria）を見落としてはならないと指摘している。

446 第Ⅱ部 神を前にして世界の中で生きる人間

いるのは，この内的な要求のことである[33]。

　以下に主要なテキストを挙げたいと思うが，このテキストを読めばこの内的な要求がどのようにして主要な自然本性的傾向性と呼ばれるものに多様化するか分かるだろう。トマスはこうした自然本性的傾向性を知的活動との比較を通じて明らかにしているのだが，ここから多くのことが学べる。認識そのものを目指す知性が最初に把握するのは存在の概念だが，同様に行為を目的とする実践知性が最初に把握するのは善の概念である。

　　実際，働くものはすべて自分が善と考える目的を目指して働く。だから，実践理性にとっての第一原理は善の概念から引き出せる。すなわち，「事実，善とはすべてのものが欲求するものである。したがって，法の最初の掟は『善は追求し悪は避けるべし』である。自然法の他の掟はすべてこの原則に基づいており，実践理性は本性的にこうした掟を人間の善と見なす」。
　　しかし，善には目的の性格があり，悪にはないので，次のことが帰結する。すなわち，「人間が自然本性的傾向性にしたがって目指すものはどれも，理性が本性的に善と見なすものであり，それゆえ追求に値するものである」。他方，対立する悪は避けるべきである。このようなわけで，自然法の掟は自然本性的傾向性の秩序そのものから理解できる。

---

33)　M.-M. LABOURDETTE, « La morale chrétienne et ses sources », RT 77 (1977) 625-642, cf. p. 631. 参考文献を少しだけ拡大するために，J. MARITAIN, La loi naturelle ou loi non écrite, Texte inédit, établi par G. BRAZZOLA, « Prémices 7 », Fribourg (Suisse), 1987 を参照。その際，M.-M. LABOURDETTE, « Jacques Maritain nous instruit encore », RT 87 (1987) 655-663 の紹介も参照。

第 12 章　友人とともに生きる　　　447

　第一に，「人間は本性に適合する善を追求すべきだ
と感じるが，このことは他のすべての実体と共通であ
る」。というのも，実体はすべて固有の本性から自分
の存在を保とうとするからである。この本能よりし
て，人間の生命を保ってくれるもの，およびこの生命
に対立する死を防ぐものはみな自然法に属する。
　第二に，「人間にはより特殊な善を追求する傾向性
があるが，こうした善は人間と他の動物に共通の自然
本性に適合するものである」。このようにして，自然
的本能としてすべての動物に備わっているもの，例え
ば，雌雄が結びつくこと，子を育てることなどは自然
法に属する。
　第三に，「人間には固有の理性的本性に適合する善
に向かう傾向性がある。このようにして，人間は神に
ついて真理を知ること，社会で生きることを本性的に
欲求する」。このようなわけで，こうした固有の傾向
性に結びつくもの，例えば無知を避けること，生活を
ともにする人々に迷惑をかけないこと，このような規
定全般はすべて自然法に属する[34]。

　このテキストは，よく注意して読まなければ，かなり驚
くべきものに見える。というのも，霊性を論じた著述家た
ちが恩恵に頼って自然本性に打ち勝つことを好んで強調し
てきたのに対し，トマスは反対に自然本性的なものはどれ
もそれ自体としては善いものだと主張しているからであ
る。自然本性は神が創造したので自ずから善に向かうもの
であり，自然本性に反することは罪に他ならない[35]。同じ

_____

　34)　*1a 2ae q.94 a.2.* ここで述べたことを補完するために，S.
PINCKAERS, *Les sources de la morale chrétienne*, p. 406-462 を参照。
そこでは五つの主要な傾向性が詳しく説明されている。
　35)　多くある中で一つの表現を挙げよう。*1a 2ae q.109 a.2 ad 2:*

448 第Ⅱ部 神を前にして世界の中で生きる人間

態度は，トマスが情念をそれ自体としては善でも悪でもないと考えるときにも見てとれる——前章参照。情念とは基本的所与であり，抑圧すべきものではなくキリスト教的に形成すべきものなのである。というのも，情念は欠くことのできない人間の一部だからである。さらに，もっと深い次元で，こうした態度の根底には肯定的な物の見方があるが，これはトマスが被造物を神の業として論じるときに見出せるものである。しかし，社会で生きることがどれほど人間本性に共通の傾向性であるかについても指摘すべきだろう。トマスは各傾向性の根底に「共有」（communicatio）があることを三度にわたり強調しているが，この「共有」はアリストテレスの言う koinônia であり，アリストテレスは社会的友愛がそこから生じると説いた。

　トマスに精通していない人々は見落としがちだが，きわめて注目すべきことに，上のテキストを読めば，トマスが古代の人々の知恵を直接受け継ごうとしていたことを再確認できる。たとえトマスが一般的にはアリストテレスに多くを負っていたとしても，より特殊的に言ってここではキケロを介してストア派の影響を受けており，キケロから次の考え方を受け継いだかどうか問うことは正しい。すなわち，万物には基本的傾向性があり，自然法の要求はこうした傾向性に基づいている[36]。おそらく気難しい人間はここ

「罪とは，あるものに本性的に適合する善から逸脱することに他ならない」。自然本性は神が創造し神に向かうものなので，罪とは同時に神の拒絶，神からの離反（aversio a Deo）であることがすぐに分かる。これはトマスがアウグスティヌスの定義にしたがってしばしば繰り返す表現である。

　　36）　この指摘は，S. PINCKAERS, *Les sources de la morale chrétienne*, p. 411-412 のものである。実際，この問題についてトマスとキケロの主張は驚くほど似ている。*De officiis, I 4, 11-14* (éd. M. TESTARD, Paris, 1965, p. 109-110)：「どんな生物にも自分の生命や身体について気遣う本性が備わっている……。さらに，生殖を目指して

第 12 章　友人とともに生きる　　449

で異教の哲学がキリスト教倫理に入り込んでいると指摘するかもしれないが，思うに，そこに見るべきはむしろトマスが神学者としてあらゆる人間とその遺産を受け入れようと気遣っていたことであり，こうした意志は他にも繰り返し見てとれるものである。こう言ってよければ，トマスがキリスト教にしたがって完成しようとしていたのは，自然のままの人間だけでなく，接近できる人間の文化全体だったのである。

　上で論じた法の次元では，法は創造主が被造物に存在とともに与えた不可欠な一部なので，たとえ人間が分有しようとも，神的なものに変わりはなく，人間がつくる実定法のすべてに先立つものである。だから，大部分の人が法を語るときに思い浮かべる次元で考えるなら，自然法——まず情動的な親和性のようなものにより主要な傾向性にしたがって把握されるもの——は人間のすべての実定法の基礎でなければならない。しかし，自然法はそれだけではこの世界の人間の生活体系を統制できない。というのも，自然本性により人間が社会の中で生きようとしても，あるいは徳を行おうとしても，その方法を自然法は教えてくれないからである。多くの社会形態が可能であり，そうした形態を見出しうまく機能させるのは人間である。同様に，主要な倫理的原理を把握することと，そうした原理に基づいて有徳な行為を具体的に行うことは別の問題である。しかし，自然法への関係が基礎的で決定的なのは変わらない。これはまったく根本的な態度決定であり，こうした態度について熟考しないなら，人間と法の正しい関係は決して理解できないだろう。善いもの，正しいものが法に先立

〔雌雄が〕結びつこうとする欲求もすべての生物に共通である……。この同じ自然本性により，人間は理性を用いて人間に関わり，言葉と生活をともにしようとする……。人間に最も固有な事柄は真理を探究することである……」。

つ。制定されているから正しいのではなく，正しいから制定されているのである。人間の生命が神聖なのは，殺人を正当化しようとするあらゆる弁護よりも先の事実である。ただし，法に反するがゆえに不正とされる事柄もあり，事実社会生活では自然法の主要な倫理的原理を個別に適用していかざるをえない。しかし，自然法という根本的な次元で不正な事柄が，法が制定しているからという理由で善いものになったり正しいものになったりすることは決してない[37]。

このように論を進める上でぜひとも強調しなければならないのは，たった今述べたように，自然法がこうして様々な法に展開していくことで，人間は自分自身の摂理になるということである。トマスの好む聖句によれば，「神は人間を人間固有の働きのために創造した。『神は人間の考量を尊重した』（シラ 15：14）」[38]。このことは個人としての人間だけでなく，むしろ様々な共同体の一員としての人間にも関わる問題である。人間が社会で生活していく存在なら，ふさわしい体制を整え，生活の方法を作り出す必要がある。このようなものとして最初に問題となるのが法に他ならない。「神の法が人間と神の関係を統制するために（ad ordinandum homines ad Deum）最初に定められるもの

37）　トマスはこの点について断固たる態度をとっている。*1a 2ae q.95 a.2*：「聖アウグスティヌスによれば，『正しくない法は法ではないと思われる』。法は正義を分有する場合にだけ価値がある。しかるに，人間的な事柄について，あるものが『正しい』と言われるのは，理性の規範に従っているからである。だが，理性の第一の規範は自然法である……。したがって，人間の法が法の価値を持つのは自然法に由来する場合だけである。もし法が何らかの点で自然法から逸脱するなら，その法はもはや法ではなく，法の名に値しないものである」。

38）　*De ueritate q.5 a.5 ad 4.*『シラ書』の聖句は約 20 回言及されているが，大部分は『神学大全』にある——*1a q.22 a.2 ad 4; q.83 a.1; 1a 2ae q.2 a.5; q.10 a.4 sc.; q.91 a.4 arg.2; 2a 2ae q.65 a.3 arg.2;* etc.

第12章 友人とともに生きる　　　451

なら，人間の法は人間どうしの関係を統制するために（ad ordinandum homines ad inuicem）まずもって制定されるものである」[39]。

　法は理性の業なので，まさに社会生活を善いものにすることを目指すが，トマスはこの善い社会生活を共通善と呼んでいる。理解すべきことに，法の条項は一般的な条件を総体的に定めるものだが，そこには次のような狙いがある。すなわち，法とは，意見の交換や伝達，最終的には成員間の友愛を促進し，各人が他人を尊重したうえで自分の完成に到達したり，真に連帯して共通の理想を追求したりできるようにするものに他ならない。こうした見地に立てば，私的な善と共通善の対立は解消する。というのも，「共通善は各人が共同体で生活しながら目指す目的」[40]だからである。それゆえ，

　　「多くの人々の共通善を目指す人は，必然的に自分の善も追求することになる」のだが，これには二つの理由がある。第一の理由は，個人の善は家族や都市や国家の共通善なしにはありえないからである……。第二の理由は，人間は家族や国家の一部なので，自分の善が多くの人々の善に貢献するよう賢明に配慮しなければならないからである。事実，部分がうまく機能しているかどうかは全体との関わりの中で判断されるのである[41]。

------

39)　*1a 2ae q.99 a.3.*

40)　*2a 2ae q.58 a.9 ad 3.*

41)　*2a 2ae q.47 a.10 ad 2.* 驚くべきことに，トマスはここでもストア派から影響を受けている。Cf. CICÉRON, *De finibus bonorum et malorum III 19*, éd. CH. APPUHN, Paris, 1938, p. 235：「人間が互いに親切にすることは自然本性的機能であり，人間は人間であるかぎり同胞に冷たくしてはならない……。このようにして，人間は本性的にグループ，集団，国家を形成するよう定められている。ストア派によれ

452　第Ⅱ部　神を前にして世界の中で生きる人間

　トマスはここで賢明さについて述べているが，同じこと
を他の箇所でも頻繁に繰り返している。社会は人間にとっ
て不可欠ではあっても付随的なものでは決してない。社会
は自然本性が要求するものであり，それゆえ人間と社会の
関係は部分と全体，成員と集団の関係に等しい。「部分は
部分であるかぎり全体に属する。しかるに，社会の中での
人間は全体の中の部分のようなものである。だから，人間
は全体として社会に属する」[42]。全体の善が優先されるのは
このようにしてである。というのも，全体の善は「一個人
の善より神的」[43]だからである。この表現は多くの議論を

　　　　　　　　　　　　　　　　　　　　　　　　　　　　　　　　　
ば，世界は神々の意志に支配されており，いわば人間と神々に共通の
町や国家のようなものだが，各人間はこの世界という全体の部分であ
る。ここから次のことが帰結する。すなわち，『人間が自分の善より
共通善を優先することは自然本性にかなうことである』。法が個人の
安全よりすべての人々の安全を大切にするのと同様，善い市民，賢者，
法に従う人は市民の義務を自覚し，他の人間の善や自分の善にまして
共通善を念頭に置く」。

　　42)　*2a 2ae q.64 a.5*; cf. *q.64 a.2*:「各個人と共同体の関係は部分
と全体の関係に等しい」。Cf. *1a q.61 a.3*; *2a 2ae q.26 a.3*; etc.

　　43)　*Sententia libri Ethicorum I 2* (1094b10), Léon., t. 47/1, p. 9;
cf. *2a 2ae q.99 a.1 ad 1*. 基本的研究 I. Th. ESCHMANN, « A Thomastic
Glossary on the Principle of the Preeminence of a Common Good », *MS* 5
(1943) 123-165 を参照。Eschmann は資料的根拠のある歴史的事情に
関する導入の後で，トマスのテキストの中で共通善が個人の善より
優位にあることを示している箇所を合計 204 箇所再現している。Cf.
ID., « 'Bonum commune melius est quam bonum unius'. Eine Studie über
den Wertvorrang des Personalen bei Thomas von Aquin », *MS* 6 (1944)
62-120. この第二の研究の目的は表題の中にある対照的表現でうま
く要約されている。共通善が個人の善より優位にあるからといっ
て，人間存在が最も大切だという考えは損なわれない。より近づき
やすいものとして以下の研究を参照。J. MARITAIN, *La personne et
le bien commun*, Paris, 1947; J. MARTINEZ BARRERA, « Sur la finalité
en politique: la question du bien commun selon saint Thomas », dans
Finalité et intentionnalité: Doctrine thomiste et perspectives modernes,
Actes du Colloque de Louvain-la-Neuve et Louvain, 21-23 mai 1990, J.

第12章　友人とともに生きる　　453

呼んだが，もちろん自然本性的次元にかぎって理解すべき
ものである。人間と神の関係が問題となる場合，トマスに
はまったく異なる考えがあった。しかし，トマスが究極目
的のことを決して忘れない神学者だったことを思い出せ
ば，人間と神の関係がどれほど大切なものかはるかによく
理解できる。一見して最も「社会学的な」テキストですら
こうした関係から切り離せるものではない。このようにし
て，神は真に究極的な共通善であり，他の善はすべてこの
共通善に従属している。

　　個別的善は共通善を目的とし，共通善に貢献するも
　のである。実際，部分は全体のためにある。だから，
　「共同体の善は一個人の善より神的なものである」。し
　かるに，最高善である神は全世界の共通善であり，そ
　れというのもすべての人々の善は神に依存しているか
　らである。事実，各存在を善いものにする善は，それ
　自体が個別的善なだけでなく，この善に依存する他の
　ものすべての善でもある。したがって，すべてのもの
　は自分の目的に向かうが，この目的とは神という唯一
　の善に他ならない[44]。

　人間と共同体の関係は再検討すべきだが，ここで次のこ
とも指摘しなければならない。もし共同体に共通善に貢献
する法体系が必要なら，法を促進する権威者も必要であ
る。権威者は人間の悪意を考慮して不本意に必要になるも
のではなく，ここでもまさに人間本性が要求するものと理

FOLLON et J. MC EVOY, éd., Paris-Leuven, 1992, p. 148-161; ID., « De
l'ordre politique chez saint Thomas d'Aquin », dans *Actualité de la pensée
médiévale*, J. FOLLON et J. MC EVOY, éd., Louvain-Paris, 1994, p. 247-
267.

　44)　*SCG III 17.*

解すべきであり，たとえ人間が罪を犯さなかったとしても
こうした権威者は必要である。

　　——トマスによれば，支配（dominium）には二種類
　　ある。一つは主人の持ち物としての奴隷を支配するも
　　ので，もう一つは自由な人間を支配するものである
　　——。自由な人間としての他人を支配できるのは，こ
　　の他人を個人的な善や共通善に向けて指揮する場合で
　　ある。人間が人間をこのように支配することは，罪が
　　ない場合でも可能であり，それには二つの理由があ
　　る。まず，人間は本性的に社会的存在だからであり，
　　それゆえ人間は罪のない状態でも社会で生活するので
　　ある。しかし，多くの人々が社会で生活できるのは，
　　誰かがリーダーとなり共通善を促進する場合である。
　　というのも，実際のところ，何の制約もなければ，
　　人々の目指す目標は様々で一致しないが，一人の人間
　　が目指す目標は一つだからである。だから，哲学者が
　　『政治学』の冒頭で述べているように，「多くのものが
　　一つの目的を目指す場合，その中には必ず指導的で主
　　要な役割を担うものが一つある」[45]。

　共通善を促進する権威者が必要なことは，トマスの「社
会学」の大原則の一つだが，これ以上強調する必要はほと
んどない。というのも，人間が人間を支配することについ
ては後で検討するからである。対して，ぜひとも指摘すべ
きことに，上のテキストを読めば，トマスが社会の中でも
人間は自由なのを忘れていないことが分かる。トマスが部
分と全体を比較しているのを見て，人間は自由だという側
面を考慮していないと思うかもしれない。しかし，人間が

　　45）　*1a q.96 a.4*; cf. *q.92 a.1 ad 2.*

第 12 章　友人とともに生きる　　　455

自由なのはきわめて重要なことだという自明の事実を思い
出せば，トマスがこうした問題に配慮しないはずがないこ
とにすぐ気づくだろう。

*　　*　　*

　一般的な具体的状況の中で，キリスト教徒は二つの大き
な社会に属している。すなわち，キリスト教徒は洗礼を受
けてからは教会に属すると同時に，生まれたときから国家
の一員である。周知のとおり，トマスには教会に関する著
作がない。さらに，『神学大全』でも教会について特別に
論じた箇所はない。20 世紀の研究者たちはこのことに少
し驚いた。それゆえ，次のことを示すために多くの業績が
出版された。すなわち，トマスは〔教会という〕この上な
くキリスト教的な現実を無視しているわけではもちろんな
く，教会が特別に論じられていないのは，実のところ人間
が神に還帰する運動のいたるところで教会が問題となって
いるからである[46]。国家についてもほとんど同じように言
える。確かにトマスは『統治について』や『政治学註解』

――――――――――――

　46)　非常におおざっぱに言えば，説得力のあるこの見解は，Y.
CONGAR, « L'idée de l'Église chez S. Thomas d'Aquin », dans *Esquisses
du mystère de l'Église*, « Unam sanctam 8 », Paris, 1953, p. 59-91――
これは同じ表題で *RSPT* 29, 1940, p. 31-58 に，英語では *The Thomist*,
1939, p. 232-241 に所収されている論文の再版である――のもので
ある。Cf. ID., *L'Église de saint Augustin à l'époque moderne*, Paris,
1970, p. 232-241; « Vision de l'Église chez Thomas d'Aquin », *RSPT* 62
(1978) 523-542.〔これらの参照を見れば，教会論や他の多くの領域で
Congar 神父の影響力の大きさがうかがえる。わたしは批判的研究 J.-
P. TORRELL, « Yves Congar et l'ecclésiologie de saint Thomas d'Aquin
», *RSPT* 82 (1998) 201-242 の中で，Congar 神父のいくつかの見解につ
いて留保せざるを得なかったが（p. 201-225），それに続く部分では，
Congar 神父の有名な論文 « Aspects ecclésiologique de la querelle entre
mendiants et séculiers… », *AHDLMA* 28, 1961, p. 34-151 を誤って解釈
する人々に対して彼を弁護している。〕

を書こうとしたが，それらを完成しなかったことを忘れて
はならない。『神学大全』には政治理論の要素があるが，
こうした主題の完全な論述はない。にもかかわらず，社会
的存在としての人間の考察を続けようとするなら，『神学
大全』でこうした主題を論じている部分を集める必要があ
る。この企ては野心的なものかもしれないが，トマスの政
治理論を完全に明らかにしようとするものではない。重要
なのは，完全な論述を目指すことよりもトマス思想の大要
を発見することである。

教会，神の民

　研究者たちは『神学大全』に教会論がないことを非難し
たが，実のところもっと奇妙で時代錯誤的なことに，次の
ことでもトマスを責めている。すなわち，彼らによると，
トマスはピウス12世が回勅 Mystici Corporis――これは約
700年後に出されたものである――に対立しており，また
教会をあまりにも天上的なものと見なした結果，霊的な次
元のみを問題とし，教会の具体的構造や組織を顧みなかっ
たということである[47]。こうした議論はテキストをきわめ
て偏向的に解釈することから生まれてくるもので，ここで
は詳しく述べられないが，少なくとも問題を深く掘り下げ
るきっかけになるものだった。優れた研究が多く出版され
たおかげで，事の真相――とりわけ司祭を位階上どのよう
に位置づけるか，中でも教皇をどう扱うかという問題につ

---

　47)　Cf. A. MITTERER, *Geheimnisvoller Leib Christi nach St
Thomas von Aquin und nach Papst Pius XII.*, Wien, 1950. 次の議論も参
照。Ch. JOURNET, Recension de Mitterer, dans *BT* 8 (1947-1953) 363-
373; Y. CONGAR, *Sainte Église*. Études et approches ecclésiologiques, «
Unam sanctam 41 », Paris, 1963, p. 614-615.

第 12 章　友人とともに生きる　　　　457

いて——が次第に浮かび上がってきたが，トマスがこうし
た問題を正しく認識していなかったと非難することはでき
ない。むしろ事態は反対である[48]。

　これまでトマス思想がどのような霊的深みを含んでいる
か探ってきたが，教会の問題に遭遇するのはこれが三度目
である。一度目はキリストに関して。というのも，教会は
頭としてのキリストの恩恵の湧出だからである。二度目は
教会の心である聖霊との関連で[49]。こうした対神的な観点
がトマス思想の根底にあったことは疑いないのであり，ト

　　48)　後で引用するテキストと同じ方向性のものとして，一つの
　テキストを指摘するにとどめよう。*SCG IV 76, n° 4103*:「明らかなこ
　とだが，たとえ人々が様々な町や地域に分散しているにしても，教会
　が一なるものであるかぎり，キリストに従う人々は一つの民をなして
　いる。だから，唯一の教会に属する個々の民にとってすべての民をま
　とめる司教がただ一人いるように，キリストに従う民の全体にとって
　も全教会をまとめる人物がただ一人いるはずである」。このテキスト
　を読んで，教会を一つにする要因が教皇だけだと結論してはならない。
　トマスは他の司教や，聖書と伝承や，さらには聖体の果たす役割も考
　慮に入れている。Y. CONGAR, « Aspects ecclésiologiques de la querelle
　entre Mendiants et Séculiers dans la deuxième moitié du XIIIᵉ siècle et au
　début du XIVᵉ siècle », *AHDLMA* 28 (1961) 34-151 の基本研究の他に，
　最近の研究から二つの業績だけ指摘しよう。S.-Th. BONINO, « La
　place du pape dans l'Église selon saint Thomas d'Aquin », *RT* 86 (1986)
　392-422; C. RYAN, « The Theology of Papal Primacy in Thomas Aquinas
　», dans C. RYAN, ed., *The Religious Roles of the Papacy: Ideals and
　Realities, 1150-1300*, « Papers in Medieval Studies 8 », Toronto, 1989, p.
　193-225.
　　49)　本書第 6 章「長子の像にかたどって」，第 8 章「教会の心」
　を参照。トマスがどのようにして教会の「霊的」側面と「社会的」側
　面を結びつけているか知りたいなら，教会での教皇の役割と三位一体
　における聖霊の発出の神秘を関連づけている次のテキストを参照して
　ほしい。「実際，神の子であるキリストは教会を聖別し，自分の特質
　にしてしるしである聖霊で特徴づけた……。同様に，教皇はキリスト
　の忠実な僕として教会を指導することで，教会がキリストに従属して
　いるかどうか見守る」(*Contra errores Graecorum II 32*, Léon., t. 40, p.
　A 101)。

458 　第Ⅱ部　神を前にして世界の中で生きる人間

マスはこのような見地から教会をキリストの体，聖徒の交わり，さらには「聖霊の教会」と呼んでいる[50]。このようにして，キリスト教徒に特徴的なのは，恩恵の交わりという最も深い内面性を生きていることである。しかし，本章で問題にしている新たな観点から，もっと多くのことを述べる必要がある。これ以上教会と国家を比較しなくても，次のことは確言できる。国家は人間が生まれ持った資質を十全に発揮するための場だったが，それと同様に教会も人間が超自然的生へと自分自身を準備する場であり，神の子として力を完全に発揮する場である。トマスはこの超自然的次元を絶えず念頭におきつつ，『エフェソの信徒への手紙』2章19節を註解して，教会と国家を比較している。

　　「あなたたちはもはや外国人や寄留者ではなく，聖なる人々の仲間であり，神の家族である」。この言葉を理解するには次のことを知る必要がある。信徒の集まり（collegium fidelium）は，聖書の中で，「家」ないし「家族」（domus）——「神の家，すなわち神の教会の中でいかに生活すべきかを知ってもらいたい」（Ⅰテモ3：15）——と呼ばれることもあれば，「国」（ciuitas）——「エルサレムは一つの国のように建てられている」（詩121：3）——と呼ばれることもある。
　　政治的集まり（collegium politicum）である国と家政的集まりである家族では二つの違いがある。まず，家の集まり（collegio domus）に属する人々が私的な活動を共有する（communicant）のに対し，国の集まり（collegio ciuitatis）に属する人々は公の活動を共有

50）　*In Matthaeum* 20,25, lect.2, n° *1668*. G. SABRA, *Thomas Aquinas' Vision of the Church. Fundamentals of an Ecumenical Ecclesiology*, Mainz, 1987 が，〔トマスの教会論では〕法的ないし位階的要素よりも対神的要素が優勢だと強調したことは正しい。

第 12 章　友人とともに生きる　　　459

する。次に，家の集まりに属する人々は家長というた
だ一人の人物が指導するのに対し，国の集まりに属す
る人々は王が支配する。このようにして，家の家長は
国の王のようなものである[51]。

　だから，信徒の集まりは国に似たところもあれば，
家族に似たところもある。集まりの指導者（rector
collegii）に関して言えば，それは父である──「天
におられるわれらの父よ」（マタ 6：9），「お前はわた
しを父と呼んでいる。わたしから離れることはあるま
い」（エレ 3：19）。だから，この信徒の集まりは家族
である。ところが，集まりに属する人々のことを考え
るなら，信徒の集まりは国に似ている。というのも，
信徒は信仰，希望，愛という特別な業を共有するから
である。このようなわけで，今述べたような信徒の特
徴に注目するなら，信徒の集まりは国に似ているが，
集まりの指導者に注目するなら，家族に似ている[52]。

　「集まり」という語にまさしく対応する言葉は現代には
ないので，この長いテキストを正確に訳すことはかなり難
しいが，にもかかわらず言わんとするところはすぐに分か

　51）　この主張は非常に家長中心的な考え方であり，現代の人々
は受け入れがたいかもしれない。こうした主張が時代の特徴を色濃く
反映していることは否定できないし，トマスも時代の子だったことは
明らかだ。だから，ここでは国と家を正確に比較することから分かる
ことだけに注目すべきである。

　52）　*Super ad Ephesios* 2,19, *n° 124*. 第二段落の冒頭は修正を加え
てある。すなわち，habet の代わりに est と読んだのだが，以下がその
理由である。habet を採用すると，「国は政治的集まりを持つ」と読ま
ざるをえなくなり，これではほとんど意味が通じない。あるいは，「集
まり」の意味を変えて，「国は政治体制を持つ」という意味にとるし
かないが，この読み方は文脈から見て──「集まり」という語は常に
同じ意味を保っている──ふさわしくないと思われる。

460　第Ⅱ部　神を前にして世界の中で生きる人間

る。家族にしろ国にしろ，教会がちょうど似ている社会は
どこにもない。教会は成員がみないくつかの善を共有して
いる点で国に似ているが，まったく特別なこうした善が対
神徳である点で国とは異なる。さらに，教会はただ一人の
指導者がいる点で国と似ているが，この指導者は父なる神
であり，成員はこの父の子としてきわめて親密な愛情関
係を結べるので，こうして教会という社会は家族に変わ
る[53]。社会的カテゴリーを教会に適用することには，この
ように利点と限界があるが[54]，それでもトマスは利点を生
かそうとするのであり，次の第二のテキストはこのことを
よく示している。

　　「川の流れに神の国は喜ぶ」（詩 45：3）。この国は
　教会のことである。「神の国よ，あなたの栄光につい
　て人々は語った」（詩 86：3）。神の国を定義するとき，
　三つの要素がある。

---

　53)　Y. CONGAR, « 'Ecclesia' et 'Populus (fidelis)' dans
l'ecclésiologie de S. Thomas », *Commemorative Studies I*, p. 159-173 の
説明も参照。

　54)　B.-D. de LA SOUJEOLE, « 'Société' et 'communion' chez
saint Thomas d'Aquin », *RT* 90 (1990), p. 588-601 の最初の部分を読め
ば得るところが多いだろう。de La Soujeole は，上で述べた比較を
さらに展開している（p. 601）:「政治的社会は社会的性質を持った，完
全と見なせる唯一の集団である。したがって，教会を論じる上で社会
と比較することは，教会全体を明らかにするために有益である。国
が単なる機構ではなく，成員の有徳な生からできているように，社
会としての教会もただの「構造」ではなく「生命」であり，この生
命が教会を支えているのである」。［これが書かれた直後に，de La
Soujeole は浩瀚な書物を出版したが，教会論に関心を持つ人はぜひ参
照してほしい。厳密なトマス解釈を論じるわけではないと断っては
いるが，トマスの精神を正確に現代に伝える業績である。B.-D. DE
LA SOUJEOLE, *Le sacrement de la communion. Essai d'ecclésiologie
fondamentale*, « Théologies », Fribourg-Paris, Universitaires-Cerf, 1998
——J.-P. TORRELL, *RT* 99, 1999, p. 445-451 の紹介も参照。］

第 12 章　友人とともに生きる　　461

「第一は，神の国は自由な人々の集まりだということとである」。実際，一人の人間やわずかな人々しかいない場合，国は成立しない。奴隷しかいない場合も同様である。しかし，教会はこうした事例とはまさに反対である。「わたしたちは奴隷の女からではなく，自由な女から生まれた子である」（ガラ 4：31）。

「第二は，神の国は自足的だということ（sufficientia）である」。実際，旅の道中では，健康なときであれ病気のときであれ，人間の生活に必要なものをすべては見出せない。しかし，町には生活に必要なものは何でもある。しかし，こうした自足性は教会で確認できる。というのも，教会には霊的生活に必要なものがすべてあるから。「わたしたちはあなたの家の善で満足するだろう」（詩 64：5）。

「第三は，市民が一体となっていることである」。実際，国という名は市民が一体であることに由来している。というのも，国（ciuitas）は「市民が一体であること」（ciuium unitas）が短くなったものだからである。しかし，このことも教会で確認できる。「わたしたちが一つであるように，彼らもわたしたちのうちで一つになりますように」（ヨハ 17：21）。このようなわけで，川の流れのように満ち溢れる聖霊の恩恵に喜ぶのはこの神の国，すなわち教会である[55]。

このテキストの主要な利点は，もはや既知事項である世俗国家と教会の比較ではなく，あたかも国のようなものである教会が自由な人々（multitudo liberorum）から成る事実を強調している点にある。教会が自由な人々から成ることは，『ガラテヤの信徒への手紙』3 章 28 節の聖パウロの

---

55)　*Super psalmum 45,5, n° 3*, éd. Vivès, t. 18, p. 515.

462 第Ⅱ部 神を前にして世界の中で生きる人間

言葉を知っているなら，それほど新しく思われないかもしれないが，ある研究者が次のように強調していることは正しい。

　　教会は自由な人々から成るという主張がどれほど力強いものか知るためには，中世の国家では「上層階級」と「下層階級」があった事実を思い出す必要がある。真に市民的な活動に参加できたのは上層階級の人々だけで，しばしば vulgus, plebs, popularis, populares と呼ばれていた下層階級の人々はこうした活動に参加できなかった……。中世の国家では皆がみな市民の権利を十全に行使できたわけではなかったのである。しかし，聖トマスによれば，教会では誰でも最も高次の活動に参加できる。すなわち，「民自身が教会と呼ばれる」（ipse populus Ecclesia dicitur）[56]。

　以上見てきたように，トマスは本章の冒頭ではアリストテレスの国家概念を世界という次元まで拡大し，その結果人間は国家に属する者だという性質から人間は「社会的」存在だという特徴を引き出した。さらに，人間は天におられる父の子だと指摘することで，市民の比喩を決定的に変えてしまった。ここでも，神の国では誰もが平等で自由だと指摘して，教会という社会に属する人々の特徴を新しく描き出している。

　トマスは体系的な教会論を書かなかったので，必要な概念を入念に仕上げることがなかった。しかし，こうした概念はトマスの著作の中にたやすく見出せるのであり，それらがほとんど評価されていないことは残念である。トマス

---

56) Y. CONGAR, « 'Ecclesia' et 'Populus (fidelis)' dans l'ecclésiologie de S. Thomas », p. 165-166.

第 12 章　友人とともに生きる　　　463

の死後約 30 年経って，ようやく神学者たちが教会論を書き始めた頃，様々な要因のために彼らはトマスが示した方向とは反対に進んだ。コンガー（Congar）神父はこうした教会論を「闘いの教会論」と名づけたが，これは位階的な力をよりいっそう強調して，聖霊を受けた人々はみな同じ尊厳があり平等だという事実を軽視するものだった。対して，トマスは教会での司祭職の役割を正しく認識しながらも，トマスの教会論には，萌芽的にではあれ，第二バチカン公会議ではじめて完成に至る考え方がたくさんあった。もっとも，これによく似た現象は後のページでも確認できる。すべての人々が国家の政治に参加することを論じる際，この問題を検討しよう。

　ここではあまり詳しく述べられないが，次のことは知っておいたほうがよい。すなわち，キリスト論と聖霊論に加えて，秘跡論も教会と霊的生活がつながっていることを示す特別な箇所である。事実，多くのテキストで繰り返し述べられているように，教会は信仰と信仰の秘跡の上に「築かれ」，「建てられ」，「創設され」，「作られている」[57]。秘跡が扱っているのは，十字架から教会が誕生したというきわめて豊かな主題である。東方教会と西方教会を問わず，伝承によれば，イエスのわき腹から流れ出る水と血は洗礼と聖体の象徴である。しかし，たとえトマスが，すべての神学者と同様に，洗礼により教会というキリストの体の一部になると考えていたとしても，アウグスティヌスにしたがって聖体がもたらす善についても大いに強調していたのであり，その善とは恩恵のうちでキリストと親密に交わることだけでなく，教会を統一することでもあった[58]。

───────────

　57)　Cf. *Sent. IV, d.17 q.3 a.1 sol.5; d.18 q.1 a.1 sol.1; 1a q.92 a.3; 3a q.64 a.2 ad 3;* etc.

　58)　参照できるテキストは多くあるが，きわめて明解な次のテキストを引用しよう。*3a q.80 a.4*:「この秘跡がもたらすもの（res）は

464　第Ⅱ部　神を前にして世界の中で生きる人間

さらに，秘跡論では成長という考え方も強調されている
が，この考え方は霊的神学で非常に重要な役割を果たすも
のである[59]。霊的生活と身体的生活を比較することで事態
は分かりやすくなる。「身体的生活には二つの完全性があ
る。一つは人間自身に関わるもので，もう一つは人間が生
きる社会的共同体に関するものである。というのも，人
間は本性上社会的動物だからである」[60]。このようなわけ

―――――――――

二つある。一つはこの秘跡が表示し（signifier）含んでいるもの，す
なわちキリスト自身である。『もう一つはこの秘跡が表示しているが
含んでいないもの，すなわちキリストの神秘体，聖徒の交わりであ
る』」。Cf. *3a q.60 a.3 sc.*; *q.73 a.6.* 忘れてはならないことに，この文脈
で使われる signifier には，もちろん「現実のものになるしるし」（signe
efficace）という秘跡特有の意味がある。すなわち，秘跡は表示するも
のを実現するのである。この主題に関する研究はたくさんある。A.-
M. ROGUET, dans SAINT THOMAS D'AQUIN, *L'eucharistie*, « Revue
des Jeunes », 2 t., Paris, 1959 et 1967 の解説に加えて，最近出版された
見事な研究 M. MORARD, « L'eucharistie, clé de voûte de l'organisme
sacramentel chez saint Thomas d'Aquin », *RT* 95 (1995) 217-250 も参照。

　59）　本書第 14 章「神への道」を参照。

　60）　*3a q.65 a.1.* トマスは〔霊的生活と身体的生活の〕この比較
に特別な関心を抱いていたようである。というのも，この問題につい
て最終的な定式に至るまで何度も論じているからである。*Sent. IV d.2
q.1 a.2* では，罪の癒しという医学的見地が前面に現れている。*SCG
IV 58* では，身体的なものと霊的なものを比較しているが，きわめて
簡潔に論じている。*De articulis fidei et ecclesiae sacramentis 2*, Léon., t.
42, p. 252-253 では，『神学大全』の定式に非常に近い主張が見出せる。
この問題は関心を呼ぶに値するものだったが，同時代の神学者たちは
秘跡の数が七つであることを正当化しようとして，秘跡が七つの大罪
や（アルベルトゥス・マグヌス），四枢要徳と三対神徳（ボナヴェン
トゥラ）に対応していることを示した。しかし，トマスはただ一人，
秘跡のもたらす霊的生活を身体的生活と比較し掘り下げた。というの
も，こうした比較はより自然でいっそう得るところの多いものだった
からである。こうして，徳ないし悪徳，善行ないし罪といった霊的生
活の表現は，もはやキリスト教徒の生活に多かれ少なかれ人為的に付
け加わったものではなく，むしろ生きている人間から出てくるもので
ある。生きている人間は確かに病気になったり，健康を回復したり，

で，聖体がもたらす究極的な善は神秘体を統一することだが，この他にも秘跡が共同体全体に関わっていることは二つの仕方で確認できる。まず，権威者は公の活動を通して多くの人々を指揮するが，霊的生活でこれに相当するものは叙階の秘跡である。というのも，『ヘブライ人への手紙』7章27節によれば，祭司が犠牲を捧げるのは自分たちのためだけでなく民全体のためでもあるから。次に，こうした社会の完全性は本能にまかせた生殖行為で損なわれるので，結婚がこれを解決し人間を完成してくれる。これは身体的生活でも霊的生活でも妥当する。というのも，結婚は秘跡である以前にまずもって自然本性的しきたりだからである。

さらに，トマスは秘跡と教会組織をつなぐ別の関係も見出している。すなわち，秘跡は教会法の基礎である[61]。しかし，この主題は非常に広大なので本書では扱えない[62]。その代り，教会という共同体が時間的なものに根ざしている事実からいくつかの帰結を引き出してみよう。というのも，こうした帰結を知ることで，キリスト教徒がこの世界でどう生きるべきか見えてくるからである。

死んでしまったりするが，普通は成長していくものである。つまり，日々の鍛練で強化したり丈夫にしたりできるのが生きている人間〔であり，ここでこうした身体的生活に比している霊的生活〕なのである。

61) *Sent. IV d.7 q.1 a.1 qcla 1 ad 1*: « fundamentum cuiuslibet legis in sacramentis consistit » 〔「どの法も秘跡に基づいている」〕。

62) Cf. M. USEROS CARRETERO, « *Statuta Ecclesiae* » *y* « *Sacramenta Ecclesiae* » *en la Eclesiologia de Santo Tomás*, « Analecta Gregoriana 119 », Rome, 1962. 法と聖体の関係を論じた様々な論文は，二つの雑誌の特別号を参照。« Pour une théologie du Droit canonique », *RSPT* 57, 1973/2; « La Loi dans l'Église », *Communio*, Paris, 1978/3.

霊的なものと時間的なもの

　トマスが教会と国家をどう考えていたかという問題については多くの研究がなされてきた[63]。本書の目的はそれらの研究よりもはるかにささやかなものである。第 10 章で考察したことに関連づけるために，少し saecularis という語を再検討してみよう。第 10 章ではこの語の意味を正しく評価しようとしたのだった。たとえこの語の第一の意味によりトマスが世界の善に対し修道士として距離をとっていたことが少しだけ判明したとしても，第二の意味はもはやそれ自体としては〔世界の善の是非を〕判断するものではなかった。それゆえ，この語は事実を記述するために，つまり世俗国家（saeculum）と，地上での神の国，すなわち教会がそれぞれ固有の領域と権限を持っていることを示すために使われるものである。したがって，時間的なものと霊的なもの，あるいはもっと正確には国家と教会は区別され[64]，時に一般的次元で対立すると見なされる[65]。こうし

　63）　Cf. par ex. Y. CONGAR, « Orientations de Bonaventure et surtout de Thomas d'Aquin dans leur vision de l'Église et celle de l'État », dans *1274-Année charnière*, p. 691-708. Christianitas という語──実を言えば比較的少ないが，16 回確認できる──がどのように使われているかを考察した研究もある──cf. A. MELLONI, « Christianitas nelli scritti di Tommaso d'Aquino », *Cristianesimo nella storia* 6 (1985) 45-69。予想に反して，christianitas という語が「キリスト教国家」という社会的意味を持つことはめったにない。むしろこの語はキリスト教徒に固有の性質を表している。

　64）　Ainsi en *2a 2ae q.63 a.2*:「霊的なものの分配を時間的なものの分配から区別することは適切である」。

　65）　例えば，「世俗的な」職務は「教会の」職務から（*1a 2ae q.13 a.4 arg.3*），「世俗の事柄を扱う」裁判官は「教会の事柄を扱う」裁判官から（*2a 2ae q.33 a.7 ad 5*）区別される。

第 12 章　友人とともに生きる　　467

た定式はよく見られるもので，多くのテキストを例示でき
る。例えば，トマスは〔国家と教会という〕各社会に固有
の統一性を区別し，内部の分裂により各社会が危険に陥る
様子を論じている。

　　分離と分裂は二つの点で異なる。何よりもまず，分裂
　　は民が霊的に一つであること，すなわち教会の一性に
　　対立する。それに対し，分離は民が時間的次元である
　　いは世俗社会で一つであること，すなわち国や王国の
　　一性に対立する。異なる第二の点は，分裂が霊的次元
　　で生じるのに対し，市民の反乱は物理的戦いに移行す
　　る可能性があるということである[66]。

　同じ区別は，これら二つの社会が固有の力で支配される
ことを述べるときにも見出せる。一方には王の力があり，
他方には高位聖職者の力があるが，彼らにはそれぞれの共
通善に貢献する法を発布し，集団生活を秩序づける仕事が
ある。

　　世俗の王が法を発布し，生得の権利を認め，時間的領
　　域での共通善を促進するのと同様に，教会の高位聖職
　　者は勅令を出すことで，霊的次元での信徒の共通善を
　　促進する[67]。

　このように，時間と霊の二つの領域は比較できるもので
あり，両者は区別され，それぞれの自立性を保っている。
しかし，トマスはこの二つの領域がまったく関わりのない
ものだとは考えておらず，時間的な領域が霊的な領域に従

---

　66)　*2a 2ae q. 42 a. 1 ad 2.*
　67)　*2a 2ae q. 147 a. 3.*

468　　　第Ⅱ部　神を前にして世界の中で生きる人間

属することを認めていた。

　　霊的な力は時間的な力と区別される。しかるに，時と
　　して霊的な力を持った高位聖職者が世俗的力に関わる
　　事柄に取り組むことがある。この権限は何に由来する
　　のか。──この反論に対し，トマスは次のように答え
　　ている──。世俗的な力は霊的な力に，ちょうど身体
　　が霊魂に対するように従属している。だから，霊的な
　　高位聖職者は時間的な事柄に介入できるが，これは越
　　権行為ではない。ただし，こうした時間的な事柄は世
　　俗的な力が高位聖職者の裁量に委ねたものに限る[68]。

　容易に推測できるように，こうしたテキストの背後には
中世の教会で見られた〔時間的なものと霊的なものの〕混
合的な状況がある。また，トマスが若いときに時間的なも
のと霊的なものが錯綜し合う状況に直面し，毅然とした態
度決定をする必要があったことも忘れてはならない[69]。お
そらくこの経験のために，トマスは霊的なものが時間的な
ものよりも優位にあると強調しながらも，それぞれの領域
の自立性をはっきり指摘している。

　　霊的な力と世俗的な力は両方とも神の力に由来する。
　　だから，神は魂を救済することを目指して世俗的な力
　　を霊的な力に従属させる。世俗的な力が霊的な力に従
　　属するのはこのようにしてである。こうした場合，世
　　俗的な力よりも霊的な力に従うほうが善い。「しかし，
　　国家の善（bonum ciuile）が問題となる場合には，霊

　　68）　*2a 2ae q.60 a.6 arg.3 et ad 3.*
　　69）　Cf. *Initiation*, p. 18-21〔『トマス・アクィナス　人と著作』
38-41 ページ参照〕．

第 12 章　友人とともに生きる　　　469

的な力よりも世俗的な力に従うほうが善い。これは
「皇帝のものは皇帝に返しなさい」（マタ 22：21）と
言われていることによっている[70]。

　トマスはこのテキストの続きで，教皇の力という唯一の
事例に言及している。というのも，当時教皇は時間的な次
元でも最高位にあったからである。しかし，教皇の事例は
原則を強固にする例外でしかない。霊的なものが時間的な
ものに介入することはあっても，時間的なものは自立性を
保っている。たとえ霊的なものが時間的なものより優位だ
としても，このことは世俗の王が正当に定めた法を免れる
口実にはならない。今述べたことは，王がキリスト教徒で
なくても妥当する。というのも，「〔恩恵は自然を破壊しな
いので，〕恩恵に基づく神の法で信仰者と不信仰者が区別
されても，自然理性に基づく人間の法はこうした区別で損
なわれないからである。だから，……不信仰者が信仰者を
支配することはこうした区別で解消するものではない」[71]。
ここで問題となっているのは，聖パウロが奴隷に権威者
や主人に従属するよう何度も忠告していることをきっか
けに，トマスが熟考した主題である（cf. Col 3,22；Ep 6,5；
Tt 2,9；1 P 2,18）。

　なぜ聖パウロはこの主題を何度も検討しているのか。
これには理由がある。実際，ユダヤ人のもとである異
端が生じたが，それによると神の奴隷は人間の奴隷で
はない。この異端はキリスト教徒の間でも広まり，あ

---

70)　*Sent. II d.44 expositio textus, ad 4.*

71)　*2a 2ae q.10 a.10*; cf. *ad 3*:「皇帝の権威は信仰者と不信
仰者の区別に先立つ」。より完全な研究として，S.R. CASTAÑO, «
Legitima potestad de los infieles y autonomia de lo político. Exegesis
tomista », *ST* 60 (1995) 266-284 を参照。

470　　第Ⅱ部　神を前にして世界の中で生きる人間

る人々によれば，キリストにより神の子になれば，人間の奴隷ではないという。しかし，キリストが来たのは，信仰により義の秩序を破壊するためではない。むしろ事態は反対で，キリストを信じることで義が守られるのである。しかるに，義によりある人々は他の人々に従うが，この従属は身体に関するものである。事実，人間はキリストにより霊魂に関しては自由だが，身体に従うことと身体が衰えることに関しては自由ではない。しかし，将来の生ではこうした身体的な束縛からも解放されるだろう[72]。

　『テトスへの手紙註解』のこの一節は，『神学大全』のある項と正確に対応しているが，その項を読めば，トマスがどれほどこの問題を考え続けていたかよく分かる。

　キリストを信じることで義が実現するが，これは「神の義はキリストを信じることで得られる」（ロマ3：22）という言葉によっている。だから，この信仰により義の秩序（ordo iustitiae）がなくなることはなく，むしろ堅固になるのである。しかるに，下位の者が上位の者に従うことは義の秩序に属する。さもなければ，人間の社会は全体として崩壊してしまうだろう。それゆえ，キリストを信じているからといって，世俗の王に従わなくてもよいということにはならない[73]。

　ここはこの問題をそれ自体として深く掘り下げる場所で

---

72)　*In ad Titum 1,9, n° 64.*
73)　*2a 2ae q.104 a.6.* この項の *ad 3* では，義の秩序はこのように王に従属することの基礎だとされている。もし王がこの秩序を顧みない場合，従属者たちには王に従う義務はない。前項 *q.104 a.5* も参照。人間が無条件に従う必要があるのは神だけである。

第 12 章　友人とともに生きる　　　471

はないので，次のことだけ確認するにとどめよう。トマス
はきわめて偉大な同時代人たちが考えていたこととは反
対に[74]，教会と国家の関係をはっきり二元論的に捉えてお
り，この主題について一度も意見を変えなかった[75]。しか
し，トマスは時代の子だった。というのも，教会と国家と
いう二つの力が実のところ教皇において結びついており，
国家の目的が教会の究極目的に従属していると考えていた
からである。だが，かなり注目すべきことに，トマスは教
会の領域および権限と国家のそれには基本的な区別がある
こと，それぞれの領域は相互に従属し合うことも説いてい
る。教会と世界がどう関係しているか[76]，宗教の自由とは

────────────

[74]　同時代人としてとりわけボナヴェントゥラとアルベルトゥ
ス・マグヌスが挙げられる。彼らは教会とキリスト教国家が同等であ
るという考え方を中世初期から受けとっていたが，これには聖職者の
支配や皇帝教皇主義といった反対方向の危険もあった。この主題につ
いて，I.T. ESCHMANN, « St. Thomas Aquinas on the Two Powers », *MS*
20 (1958) 177-205, voir p. 192-193 が引用したテキストを参照。

[75]　前註で挙げた Eschmann よりも，ここでは次の研究を参
照。L.E. BOYLE, « The De Regno and the Two Powers », dans ID.,
Pastoral Care, Clerical Education ad Canon Law, 1200-1400, Londres,
1981, et L.P. FITZGERALD, « St. Thomas Aquinas and the Two Powers
», *Angelicum* 56 (1979) 55-556. ここで採用した見解とは反対の方向
性のものとして，W.J. HANKEY, « 'Dionysius dixit, lex divinitatis est
ultima per media reducere'. Aquinas, Hierocracy and the 'Augustinisme
politique' », dans *Tommaso d'Aquino. Proposte nuove di lettura*, a cura di
I. TOLOMIO (= *Medioevo* 18, 1992), Padova, 1992, p. 119-150 を参照。
この研究は，参考文献は豊富だが，上で挙げた多くのテキストを見落
としているようである。

[76]　Cf. par ex. *Gaudium et Spes* n° 36, 2:「もし，地上的なものが
自立していることから，被造物と社会そのものには固有の法則と価値
があり，人間は少しずつそれらを学び，活用し，整えるべきだと主張
するなら，このような自立性はまったくもって正しいものである。こ
うした自立性は現代の人間が求めているものであると同時に，創造主
の意志にかなうものである。『神が創造したからこそ，すべてのもの
は固有の安定性，真理性，卓越性，秩序，法則にしたがって自立す

472　　第II部　神を前にして世界の中で生きる人間

いかなるものか[77]——これらの問題は第二バチカン公会議
が扱った——を明らかにするためには，なお多くの議論を
経なくてはならない。しかし，こうした複雑な現実を明瞭
に理解する手がかりとして，〔時間的には〕遠いが〔教え
としては〕きわめて近いところに，トマス特有の創造の形
而上学があることはほぼ疑いない。

最善の政治形態

　国家が宗教に対して自立的だという主張からは，いかな
る政治形態が社会に最もふさわしいかという著しく異なる
問題についてまだ何も分からない。実を言えば，トマスは

る』」。

　　77)　宗教の自由の教えがどのような思想から出てきたものか探
究する際，すでに Congar 神父のような識者は，主要な思想はアルベル
トゥスとトマスに見出せると指摘した。アルベルトゥスとトマス
は，「自然本性は超自然的な義や罪といった条件からは独立的である
こと，したがって自然の秩序は信仰や愛とは無関係に妥当することを
明らかにし，基礎づけた。第二バチカン公会議の Dignitatis humanae
personae という宗教の自由に関する宣言が従っているのは，根本的
にはアルベルトゥスとトマスのこうした思想傾向である。こうした
影響の下で，この宣言は，人間の市民的で相対的な権利だけでなく，
自然本性的で無条件的な権利として，良心の問題，とりわけ宗教的
な問題についていかなる強制も受けないことを基礎づけている。事
実，公会議は宗教の自由を根拠づけるとき，誤ることのある良心の主
観的権利ではなく，たった今述べた客観的な現実に訴えている。だ
から，宗教の自由の教えで問題となるのは，客観的な次元から主観
的な次元に移行することではまったくなく，客観的な次元の新たな
側面を発見することなのである。この発見は最初にアルベルトゥス
とトマスが，二度目は第二バチカン公会議が行ったものである」(Y.
CONGAR, « Avertissement », dans J. HAMER et Y. CONGAR, éd., La
liberté religieuse, « Unam Sanctam 60 », Paris, 1967, p. 12)。トマスの良
心論は第13章で検討する。

第 12 章　友人とともに生きる　　473

この主題について一度も詳しく述べていないが，二つの問題がつながっていることはすぐに気づく。双方とも多くの人々の共通善が問題となるだけでなく，二つの問題に解答するときに必要となる基本的データは最終的には同じだからである。すなわち，教会と国家の各権限を互いに尊重し合う場合でも，国家の政治で個人の責任を要求する場合でも人間の自立性という考え方が重要になってくる。

　しかし，ここで扱うのはトマス研究で最も議論を呼んでいる問題の一つである。他の主題の多くについても言えることだが，おそらくここではよりいっそう，多くの解釈者たちはトマスのテキスト中に自分たちの擁護していた理論を見出そうとした。例えば，アクション・フランセーズの時代には，有力な神学者の一派はトマスの政治思想を絶対君主政の方向に解釈しようとした。他方，トマス解釈として民主主義的方向を打ち出した人もいれば，トマスは「混合的」な政治を説いたと言う人もいた[78]。にもかかわらず，ここで問題にすべきはこうした解釈が主観的影響を受けているということだけではない。というのも，フランス以外のところでも様々な解釈が生まれたからである。英語圏の著述家たちも時としてかなり異なる見解を主張している[79]。

---

　78)　解明的な研究 R. IMBACH, « Démocratie ou monarchie? La discussion sur le meilleur régime politique chez quelques interprètes français de Thomas d'Aquin (1893-1928) », dans *Saint Thomas au XXe siècle*, éd. S.TH. BONINO, Paris, 1994, p. 335-350. この業績はこの論争がいかなるものだったか正確に叙述しており，ここで取り上げなかったもっと古い文献を紹介している。

　79)　このことを確証するために，J.M. BLYTHE, « The Mixed Constitution and the Distinction Between Regal and Political Power in the Work of Thomas Aquinas », *Journal of the History of Ideas* 47 (1986) 547-565 を参照。この研究の冒頭では対立しあう見解が説明されているが，これは参考になる。

474   第Ⅱ部　神を前にして世界の中で生きる人間

　トマスの主張を調和することはかなり難しいと言わねば
ならない。というのも，トマスは単にアリストテレスを註
解するだけのときもあれば[80]，『統治について』という小著
——この著作は君主に宛てたもので，未完である[81]——を
執筆するときもあり，さらには独自の体系的著作である
『神学大全』で自分の見解を述べることもあるから。これ
ら三つの事例で見解はすでに異なるが，次の事実により事
態はもっと複雑になっている。すなわち，『統治について』
はルッカのトロメオ（Ptolemee de Lucques）が，『政治学
註解』はオーヴェルニュのペトルスが完成したが，彼らの
見解は『神学大全』のトマスの見解とはかなり異なる。こ
のことに加え，『統治について』についてさらに悪いこと
が起こった。すなわち，アエギディウス・ロマヌス（Gilles
de Rome）は自著『君主の支配について』（De regimine
principum）の中で『統治について』から盗用しているが，
トマスの思想を専制君主政の方向へ解釈し，こうして分別

　　80）　*Sententia libri Politicorum*, Léon., t. 48 A.『政治学註解』は
未完であり，第 3 巻 6 章（Bekker, 1280a7）で中断している——cf.
Initiation, p. 340-341〔『トマス・アクィナス　人と著作』397-399 ペー
ジ参照〕。この著作について，レオニーナ版以外のすべての版には重
大な欠陥があり，それらの版が再現しているのは多かれ少なかれ増補
されたテキストである。このテキストはトマスのものではなく，この
著作を完成したオーヴェルニュのペトルス（Pierre d'Auvergne）のも
ので，ペトルスの見解を反映している。

　　81）　*De regno ad regem Cypri*, Léon., t. 42.『統治について』は
『君主の支配について』（De Regimine principum）の名でも知られ
ているが，真正の部分は第 2 巻 8 章の途中で中断している——cf.
Initiation, p. 247-249〔『トマス・アクィナス　人と著作』293-296 ペー
ジ参照〕。フランス語訳として，M.-M. COTTIER: *S. Thomas d' Aquin,
Du Royaume, De Regno*, Paris, 1946 を参照。『フランドル伯爵夫人への
手紙』あるいは『ブラバン伯爵夫人への手紙』（cf. Léon., t. 42, p. 360-
378）も似たような主題を扱っている著作である——cf. *Initiation*, p.
318-321〔『トマス・アクィナス　人と著作』372-376 ページ参照〕。

のある穏健な政治体制の提案——トマス自身の考えだった
と思われる——を歪めてしまったのである[82]。

　思うに，もし問題を提起し直し，諸命題——諸著作の中
で互いに対立している——が直接意味している教義内容よ
りも全体的構想に注目するなら，問題の多くは解消するだ
ろう。事実，『統治について』と『政治学註解』をトマス
の真の構想から区別することは肝要である。未完のこうし
た試みと『神学大全』の教えが同じように重要だと考える
ことはできない。このことは特に『統治について』——
ずっと以前から研究者たちはこの著作に見られる特異性を
不思議に思ってきた——を入念に分析すると分かることで
ある。トマスは状況に迫られてこれら二つの著作を執筆し
始め，間もなく書くのをやめたが，それは結局こうした類
の著作が自分の本当の考えを述べるのにふさわしくなかっ
たからである。トマスは政治哲学の論考を書こうとしたわ
けではまったくない。彼はあくまでもキリスト教的生に基
づく神学的見地から事柄を考察していたのであり，政治的
事柄に関してもこの態度は変わらなかった[83]。こうした理

---

　82)　ある研究者によると，一見相容れないように見えるトマス
の諸見解は，トマスが無条件的に語っているか——有徳な一人の君主
の支配が最善だが，これは例外である——，具体的な現実に即して
語っているか——混合的な政治が好ましい——を注意深く観察する
ことで非常にうまく調和できる。Cf. A. RIKLIN, *Die beste politische
Ordnung nach Thomas von Aquin*, St. Gallen, 1991, p. 31-34——この業
績は同じ表題で *Politik und christliche Verantwortung*, Festschrift für F.-
M. Schmölz, ed. G. PUTZ, H. DACHS, et a., Innsbruck-Vienne, 1992,
67-90 に再録されているが，入手できなかった。しかし，こうした解
釈で十分かどうか問える。後で述べる M. Jordan の提案の方がよりよ
い解決策だと思う。

　83)　トマスが他の箇所で倫理学について述べていることを神学
にも適用できる。*Sententia libri Ethicorum*, Introduction, Léon., t. 47/1,
p. 4:「倫理学は三つの部分に分けられる。第一は『修道的』と呼ばれ
るもので，目的を目指して個人的に行う人間の行為を考察するもので

476   第Ⅱ部　神を前にして世界の中で生きる人間

由から，少なくともここでの議論に限れば，実際トマスが
どのように考えていたか見出せるのは『神学大全』の中だ
けである。しかもその場合，独立した政治神学の論述では
なく，ここかしこに散らばった断片——全体の構想に従っ
てはいるが——を通じてのみトマスの真の考えに接近でき
るのである[84]。

　いずれにせよ，ここでは方法的な観点から，トマスの才
能がいかんなく発揮された体系的著作『神学大全』のテキ
ストで満足することにしよう。これから読む主要な文章の
ほとんどすべてが旧法あるいは新法の論述に由来すること
は偶然ではない。これらのテキストの著者は「法の断固た
る擁護者」であり，法は正しい社会を保証するものであ
る[85]。ここで問題となっているのは，最善の政治が一人に
よるものか，数人によるものか，すべての人々によるもの
かを決定することよりも，むしろ権力者が法にしたがって
支配するかどうか知ることであり，というのも法は民全員
の意志を表すものだからである。

　　本来的に言えば，法が第一に主要な仕方で目指すの
　　は，共通善に貢献する秩序である。共通善に貢献する

─────────────

ある。第二は『家政的』と呼ばれるもので，家庭内での行為を考察す
るものである。第三は『政治的』と呼ばれるもので，市民の行為を考
察するものである」。

　84）　ここでは真に斬新で妥当に思える M.D. JORDAN, « De
Regno and the Place of Political Thinking in Thomas Aquinas », *Medioevo*
18 (1992) 151-168 の提案を要約している。J.I. SARANYANA, « En
busca de la ciencia política tomasiana. Sobre el libro IV 'De regimine
principum' », *ST* 60 (1995) 256-265 は，トロメオが付け加えた部分に
トマス自身の談話の反響を見出そうとしたが，このようなことはほと
んど考えられないと思われる。

　85）　J.M. BLYTHE, « The mixed Constitution », p. 556:「トマスは
法を断固として擁護している」。

第 12 章　友人とともに生きる　　　477

こうした秩序を定めることは，民全員の仕事であるか
（totius multitudinis），民を代表する人の仕事である
（gerentis uicem totius multitudinis）。だから，法を制定
する力を持つのは，民全員か，民の面倒をみる（quae
totius multitudinis curam habet）代表者である。この理
由は，他のどの領域でも同じことだが，目的に貢献す
る秩序を規定するのは目的に責任のある人の仕事だか
らである[86]。

　したがって，このテキストによれば，法を制定する力を
持つのは民衆だけではなく，民の代表者もそうである。し
かし，理解すべきことに，君主自身が法を制定する力を持
つのは民の代理という資格によってのみであり，トマスは
このことを非常にはっきり述べている[87]。このように考え
てくると，次のことを知って驚く人はいないだろう。すな
わち，トマスにとって最善の政治形態は彼が「混合的」と
呼ぶものであり，それというのもこの混合的形態はアリス
トテレスが描いた様々な政治形態を調和したものだからで
ある。通常この形態は，民全員が政治に参加できるという
理由で，民全員の目的に貢献する正しい秩序を確立する上
で最もふさわしい形態である。

　　都市や国家を治める上でどのような体制が善いもの
　　か，考察すべき点が二つある。まず，「すべての人が

───────────

　86)　1a 2ae q.90 a.3.

　87)　1a 2ae q.97 a.3 ad 3：「法をつくることのできる自由な社会
の場合，重視すべきは民の同意であり，この同意に基づいて民は慣習
に由来する条項を守るのである。『したがって，指導者の権威はそれ
ほど重視しなくてもよい。というのも，指導者が法をつくることがで
きるのは民の代表という資格においてのみだからである』。このよう
なわけで，個人では法をつくることはできないが，民が集まればそれ
ができるのである」。

478　　第Ⅱ部　神を前にして世界の中で生きる人間

政治に参加しているかどうかである」。というのも，『政治学』第2巻によれば，すべての人が政治に参加することで国家の平和が保たれるが，すべての人は平和を大切にするからである。もう一点は政治体制に関するものである。周知のとおり，アリストテレスが『政治学』第3巻で区別しているように，政治体制にはいくつかある。主要なのは，有徳な一人の人間が支配する王政，最善の人々あるいは有徳な少数の人々が支配する貴族政である。それゆえ，都市や国家を治めるのに最善の体制は，有徳であるという理由で先頭にただ一人の指導者を置くものだが，この指導者にはすべての人を支配する権限がある。ただし，この権威者の下には一定数の有徳な指導者もいる。「しかし，こうした権力は結局民衆のものである。というのも，すべての人は指導者に選ばれる可能性があり，また指導者を選べるからである」。完全な政治体制とはこのようにうまく混合されたものである（politia bene commixta）。すなわち，卓越した一人の人間による君主政，多数の有徳な指導者による貴族政，最後に民衆の力による民主政──「ただの市民でも指導者に選ばれる可能性があり，指導者を選ぶのは民衆だから」──の混合したものである[88]。

　トマスがアリストテレスの述べた政治体制を調和しようとしていることは明らかだが，こうした意図だけで混合的な政治体制を提案したわけではない。続きを読めばすぐ気づくことだが，トマスはこの混合的な政治体制こそがまさしく神が民のために欲したものだという確信を聖書から得

---

　　88)　*1a 2ae q.105 a.1.* このテキストの普及している翻訳はときに不正確である。

第 12 章　友人とともに生きる　　　479

ている。

　　　実際，モーセとその後継者たちは唯一の普遍的な指導
　　　者として民を支配したが，これは王政の特徴である。
　　　しかし，72 人の長老は功績のために選ばれた（申 1：
　　　15）……が，ここには貴族政の要素がある。民主政に
　　　関して言えば，これは指導者が民の全体から選ばれた
　　　こと（出 18：21）……また民も指導者を選んだこと
　　　（申 1：13）から明らかになる。それゆえ，神の法が
　　　定めていることから，この政治体制が最善なのは明ら
　　　かである[89]。

　聖書に由来するこの論拠は，教父の権威，すなわち
セヴィリャのイシドルス（Isidore de Séville）から借
用した法の定義からも確証できる。「最後に混合的な
（commixtum）政治体制があるが，これは先に述べた政治
体制から成っており，最善のものである（optimum）。こ
のことに関して，法とは『長老たちが民と一致しながら認
めた事柄』だと聖イシドルスは述べている」[90]。
　少数の人々に権力が集中することになるこうした政治が
うまく機能するかどうか疑問を抱く人に対し，トマスはす
べての人が指導者を選ぶことができ，また指導者として選
ばれる可能性があることから，皆が政治に参加できること
を強調している。ドミニコ会士トマスは修道会に属してい
たが，そこでの役職はすべて選挙で選ばれていた。トマス
は個人的な責任の感覚が政治の代表者を選ぶ選挙に参加す
ることで高まることを非常によく知っていた。当時の修道
会で有名だった古い格言によれば，「すべての人に関わる

---

89)　*1a 2ae q.105 a.1.*

90)　*1a 2ae q.95 a.4 (Tertio).*

480 第Ⅱ部 神を前にして世界の中で生きる人間

事柄はすべての人が論じるべきである」[91]。解釈者を困惑さ
せてきた他の著作の文章が何と言っていようと，上で引用
したようなテキストから少なくとも「強力な民主主義的要
素」[92]が読み取れることは確実である。かつてジャック・
マリタンはいくつかの偏向した解釈を前にして，こうした
民主主義的要素が本当に重要なことを的確に指摘した[93]。
ここでトマスはギリシャの政治思想を再発見しているので
あり，トマスの考え方は古代思想，教父思想，中世思想を
独自に組み合わせたものである。他方，トマスはイスラエ
ルの歴史を混合的な政治を行っていた民の歴史として解釈
しているが，こうした解釈はたとえ少しばかり強引だとし
ても，きわめて斬新なものである[94]。

---

91) Cf. Y. M.-J. CONGAR, « Quod omnes tangit, ab omnibus
tractari et approbari debet », *Revue historique de Droit français et
étranger*, 4o série, 1958, p. 210-259——この研究はすでに古くなってい
るが，価値を保ち続けている。A. Riklin, op. cit. は，トマスが知って
いた中世の君主政はほとんどの場合選挙によるものであり——たとえ
国の要人だけが選挙に参加できたとしても——，事実上非常に制限さ
れたものだったと強調しているが，これは正しい。

92) この表現は，R. IMBACH, « Démocratie ou monarchie? », p.
350 のものである。

93) 最も有名な著作だけを指摘したいが，もっともこれらの
著作はトマスのテキストの単なる解釈を大きく超え出るものである。
Du régime temporel et de la liberté, Paris, 1933; *Humanisme intégral.
Problèmes temporels et spirituels d'une nouvelle chrétienté*, Paris, 1936;
Les droits de l'homme et la loi naturelle, New York, 1942; *Christianisme
et démocratie*, New York, 1943. これらの著作は，J. et R. MARITAIN,
Œuvres complètes, t. V-VII, Fribourg-Paris, 1984-1988 に再録されてい
る。

94) Cf. A. RIKLIN, *Die beste*, p. 31-34; J.M. BLYTHE, «
The Mixed Constitution », p. 564; A. HARDING, « Aquinas and the
Legislators », dans *Théologie et Droit dans la science politique de l'État
moderne*, Actes de la Table ronde organisée par l'École française de Rome
avec le concours du CNRS, Rome, 12-14 novembre 1987, « Collection de
l'École française de Rome 147 », Rome, 1991, p. 51-61; M. VILLEY, « La

第 12 章　友人とともに生きる　　　481

　おそらく読者はこれらのテキストを，読者自身がどんな感性を持っているか，国籍はどこか，いかなる社会に属しているかに応じて，いささか異なった仕方で読み理解するだろう。しかし，こうしたことは，本節の冒頭で言及した解釈の多様性とはまったく別の事柄である。そういった解釈はみながみな的確なものではないのである。トマスははっきりと「混合的」政治体制を擁護しており，この態度は人間を社会的存在と見なす考え方とつながっている。事実，人間は自分が属する集団に無関心ではいられず，反対にその一員として積極的に関与していく存在である。この人間がキリスト教徒の場合，個人主義的な態度で，あまりにも「個人的に」他人と関わることで満足するわけにはいかない。というのも，こうした態度は信仰から出てくるものではないから。トマス学派の「霊性」は公の領域に何らかの影響を与えずにはおかないのである。

＊　　　＊　　　＊

　長い本章の終わりにどのような結論を出せばよいだろうか。本章の論述のいくつかは通常「霊的神学」として理解しているものからはかなり離れてしまっているからだ。理解できるように，本章の意図は二つあった。まず，前章で論じ始めた人間の考察を続けることである。教会であろうと，地上の社会であろうと，共同体は霊的な組織であり，トマスによれば，人間は共同体の中に深く根づき，たとえ彼自身のすべてにしたがってではないにせよ共同体の権利を持つ者として共同体にしっかり属している。人間は共同体の善を自分自身の善よりも優先せねばならず，共同体の外部では生きていくことができない。こうした考察がここ

théologie de Thomas d'Aquin et la formation de l'État moderne », *ibid.*, p. 31-49——この業績はおそらく同じ関心を共有していない。

482 第Ⅱ部 神を前にして世界の中で生きる人間

で終わるわけではまったくない。続く章では人間が教会や国家という地上的共同体を超え出ていく様子を検討するつもりである。しかし，人間が社会的存在だということは既知事項として存続する。すなわち，人間にとって共同体は単にうまく生きることを外的に助けてくれるものではない。共同体は人間本性と分かちがたく結びついている。

最後に述べた事実はおそらくここでの議論の主要な成果だが，この事実により，トマスが人間を検討する態度は個人主義的な内面主義——後の数世紀の霊性のほとんどにはこの内面主義の特徴がある——とは無関係だったことがはっきり分かる。たとえトマスが教会論を書かなかった——この理由はまさに彼が『神学大全』を書いたところにある——としても，トマスの霊性はやはり教会と深く結びついている。というのも，トマスはまず個人がいて，この個人が例えば生活を容易にするために他の人々の仲間になることを決断するなどとは考えていなかったからである。むしろ，人間は本性的に生来共同体に結びついており，共同体の外部では能力を十全に発揮できないだけでなく，さらに恩恵により洗礼以来神の養子としてキリストの体にも結びついており，教会の一員として他の成員と密接に関わりながら聖徒の交わりを実現していく存在だと考えていたのである。友愛は本章で言及した様々な水準ですでに可能で，実際に結ばれているが，この友愛が究極的に完成するのはすべての人が同じ最高の共通善を目指す場合だけである[95]。

---

95) すでに述べたことから理解できるように，O.H. PESCH, *Christian Existence According to Thomas Aquinas*, Toronto, 1989, p. 20-25 の見解には同意できない。Pesch によると，神と人間が人格的に交わることには深い意味があるが，トマスはこの深い意味を知ることで，ある種の宗教的個人主義に導かれたということである。補足的考察は，J.-P. TORRELL, « Dimension ecclésiale de l'expérience

第12章　友人とともに生きる   483

　確かに，このように理解した友愛が完成するのは将来の生であり，友愛には祖国で初めて十全に体験できるという終末論的性格があるが，このことによりすでに成立している現実から何かが奪われるわけではない。友愛は日々人間のあいだで結ばれるべきである。というのも，もし神の愛が友愛なら，まだ友愛がないところにもこの愛を浸透させようとするからである。しかし，今になってみればはるかに理解できることだが，この友愛を徹底しようと思えば，個人どうしの関係で満足するわけにはいかない。友愛の実現はむしろ教会の仕事なのである。もっと人間的な社会をつくることは，一人のキリスト教徒の仕事ではなく，キリストの体が全体で行う業である。だから，教会が生命の権利や社会的正義や世界平和を主張して介入するとき，教会は共同体的な次元での人間を守るだけでなく，キリストのメッセージにも従おうとしているのである。というのも，福音はまさに政治や社会に影響を与えるものだからである。

　第二に，本章では第10章で始めた考察を続けることが問題となっている。すなわち，第10章では被造物の価値について論じたが，そのとき掲げた偉大な原理は「恩恵は自然を破壊せず，完成に導く」というものだった。本章での目的は，この格言の意味を余すところなく論じる——実際，このような意味は本書のいたるところに潜在している——ことではなく，むしろこの格言が人間の行為のあらゆる領域に当てはまることを確かめることだった。トマスによれば，自然本性は静的な現実ではなく，むしろ力強く変化していくものである。それゆえ，自然本性を完成するためには研鑽を積むしかない。自然本性的人間とは，粗野で野蛮な状態にある人間のことではなく，あらゆる形をとる

---

chrétienne », *FZPT* 28 (1981) 3-25 参照。

484　　　第Ⅱ部　神を前にして世界の中で生きる人間

真と善を求めて，自然本性の主要な傾向性に従おうとする人間のことである。まさにこの理由から，トマスはギリシャやラテン世界の古い知恵，とりわけ倫理学，人間論，政治学から多くの要素を借用した。トマスはこうした要素をキリスト教的な見地から取り入れたので，著しく修正することになったが，遺産はしっかりと受容している。

　人間はすぐれて政治的で社会的な存在だとする人間観は，この遺産の重要な一部である。この遺産は正確に同定できるキリスト教的影響と結びついているが，この遺産のおかげでトマスは，過度の精神主義——これによれば世界の中には軽蔑すべき物質しかない——という単純な考えにも，またキリスト教的な生を被造物と創造主との単なる関係に還元する誘惑にも屈しなかった。この被造物と創造主の関係はあらゆる見地から見て根本的で最初のものだが，人間はこの関係を結んでいても，世界の中で生きながら，国家で共に生きる他の人々に奉仕できるのである。トマスは個人的な選択により世から退くことを選んだが，世界を顧みなくなったわけではない。別に神学者でなくても，次のことはすぐに分かる。すなわち，一般信徒はこれまで見てきたテキストを読んで，なぜ現代の世界に積極的に関与していく必要があるのか，その根拠と正当性を理解するだろう。時間的に世界に関与するときに実現する霊性の要素がすべて上のテキストの中に見出せるわけではないが，少なくとも基本的な要素は網羅されていると言えよう[96]。

---

　　96)　こ の こ と は，W.H. PRINCIPE, « Western Medieval Spirituality », dans *The New Dicitionary of Catholic Spirituality*, M. DAWNEY, éd., Collegeville, Minnesota, 1993, p. 1027-p. 1039, cf. 1031 がきわめて的確に指摘した。「ボナヴェントゥラがアウグスティヌス的内面主義を見事に繰り返したのに対し，トマスはエイレナイオス（Irénée）の主張を見直すことで，世界に見出せる真の霊性を基礎づけた。エイレナイオスによれば，神が最高度に讃えられるのは，各被造物が全体として神が創造の際に各自に定めた目的に到達するときであ

第 13 章

世界で最も高貴なもの

これまで見てきたように，トマスの考える人間は肉的な条件に深く結びついており，共同体の一員として共同体から切り離せない存在である。人間は動物的本性を持っているので，完成に達するためには，暗い身体性を神性を伝える恩恵の力で完全に克服する必要がある。また，人間は社会的動物なので，所属する様々な社会の外部では成功を望めない。これら二つの関係性は不利な条件であるどころか，反対に神が基本的所与として創造以来与えたものである。罪はこの基本の所与を傷つけたが，破壊したわけではない。キリストの教えにしたがって完成しなければならないのはこの所与である。

しかし，このように人間が身体や社会と結びついていることは最初の条件でしかないのであり，トマスは次のことを知っていた。すなわち，たとえ人間の一部が動物界とつながっているとしても，霊的世界とつながっている他の部分——トマスはためらうことなく最良の部分と言っている——もある。また，たとえ人間が社会という全体の部分を成しているとしても，別の観点ではこの全体を超越していることもトマスはよく理解していた。

る」。

きわめて深遠な『神学大全』第2部の1の序文は，おそらくこうした人間の偉大さを非常に的確に要約しているテキストだと言えよう。神の像である人間は自由意志を備え，自分の行為の主人だが，神の至福を分有することで範型に結びつくよう招かれている。それゆえ，本章ではこの二つの考え方を探究するつもりだが，その前にトマスがペルソナという概念をどのように理解していたか，重要なテキストを挙げつつ考察しておきたい。というのも，この「ペルソナ」という語をうまく理解すれば，おそらく霊魂と霊的活動の世界がどのようなものかよく分かるからである。

世界で最も高貴なもの

　古くからあるペルソナの定義はボエティウス（Boèce）のものだが，これはそれだけで事態を解明するのに決定的なものである。というのも，物体的本性を持つ他のすべての個物とは違って，人間のペルソナはとりわけ「理性的本性を持つ個的実体」[1]だからだ。簡素で厳密なこの定義を見て，哲学的概念にあまりなじみのない人はペルソナの概念に魅力を感じないかもしれないが，トマスは明確に次のように述べている。「ペルソナはあらゆる本性の中で最も完全なもの，すなわち理性的本性において自立するものを

---

1) Cf. BOÈCE, *De duabus naturis*, cap.3, *PL* 64, 1343; cf. BOÈCE, *Courts traités de théologie*, Textes traduits…par H. MERLE, Paris, 1991, p. 59. トマスは頻繁にこの定義を参照しているが，とりわけ三位一体論と受肉論で活用している。例えば，*1a q.29 a.3 et 3a q.2 a.2* を参照。Cf. M. NÉDONCELLE, « Les variations de Boèce sur la personne », *RevSR* 29 (1955) 201-238; M. ELSÄSSER, *Das Person-Verständnis des Boethius*, Münster, 1973.

第 13 章　世界で最も高貴なもの　　487

意味している」[2]。事実，この尊厳は啓示からも確証できる。
というのも，受肉の理由の一つはまさに人間のこの偉大さ
を示すことだからである。「神が人となったのは，人間本
性の尊厳について教えるためだった」[3]。トマスはこの主題
を特別に大切にし，機会あるたびに強調している[4]。しか
し，ペルソナの概念はキリスト論で使われる以前に，まず
三位一体論で入念に練りあげられており[5]，その考察は思
いもかけず多くのものをもたらした。というのも，ペルソ
ナの概念は神的「ペルソナ」そのものにも適用できるから
である。

　ペルソナはあらゆる本性の中で最も完全なもの，すな
わち理性的本性において自立するものを表している。
しかるに，完全なものはすべて神に帰すべきである。

---

2)　*1a q.29 a.3*; cf. *ad 2*:「理性的本性において自立することは
きわめて高貴なことである」。いくつかのテキストとその検討は，S.
PINCKAERS, « La dignité de l'homme selon S. Thomas d'Aquin », dans
A. HOLDEREGGER, R. IMBACH, R. SUAREZ DE MIGUEL, éd., *De
Dignitate hominis, Mélanges offerts à Carlos-Josaphat Pinto de Oliveira*,
Fribourg (Suisse), 1987, p. 89-106 参照。

3)　*3a q.1 a.2. 3a q.3 a.8* も参照。トマスによると，御父や聖霊で
はなく御言が受肉したほうがよかったのは，おそらく御言が被造物の
範型因だからである。しかし，それと同時に，「人間の完成のために
も（ad consummatam hominis perfectionem），神の御言そのものがペル
ソナとして人間本性に結びつくことはふさわしかった」。

4)　*Compendium theologiae I 201*:「神が人となることは人類に
とって必要だった。人間本性の尊厳が明らかになるからである」。Cf.
SCG IV 54 n° 3924:「人間には至福に招かれているという尊厳がある
が，この尊厳は神自身が直接人間本性を摂取することで，最もふさわ
しい仕方で明らかにした」。

5)　この観点に立った考察として，H. SEIDEL, « The Concept of
Person in St. Thomas Aquinas: A Contribution to Recent Discussion », *The
Thomist* 51 (1987) 435-460 を参照。Seidel の分析はトマス主義の伝統
も考慮に入れている。

というのも，神の本質はそれ自体の中にあらゆる完全性を含んでいるからだ。だから，この「ペルソナ」という名を神に帰すことは適切である。しかし，神にペルソナという名を帰す場合，被造物に帰すような仕方ではなく，もっと卓越した仕方でそうすべきである。これは被造物について言われる他の名を神に帰す場合と同じである[6]。

こうして，人間のペルソナは完全性を意味するが，その完全性とは創造主が被造物について変えるべきところは変え，創造主の特権のいくつかを伝えたことで生じたものである。事実，実体という形而上学的な卓越性はここで霊というキリスト教的な意味と結びついており，哲学的な定義はキリスト教的なものに変わり，理性の次元では思いもよらない意味を持つことになった。というのも，結局この定義は次のことを意味するからである。人間がペルソナであるのは，神の像として知的で自由な霊魂を持っているからだ。

こうした非常にはっきりした主張を読んで，おそらく読者は疑問を抱くだろう。というのも，トマスは部分と全体の例を挙げ，何度も検討して，人間が社会でどのような位置を占めるか明らかにしているからである。実際，ペルソナに関する上の主張は，人間が社会にどう関係しているか

---

6)　*1a q.29 a.3*; cf. *De potentia q.9 a.3*:「ペルソナの定義で言われる本性はあらゆる本性の中で最も優れたものである。というのも，この本性はあらゆる豊かさを含む（secundum genus suum）知的本性のことだからである。同様に，ペルソナが表す存在様態は最も卓越したものである。というのも，ペルソナが表すのは自立〔的に存在〕することだからである。また，被造物の中で最も高貴なものはどれも神に帰すべきなので，『ペルソナ』という語を神に帰すことは『適切である』。これは本来的に神について言われる他の名を神に帰すのがふさわしいのと同じである」。

第 13 章　世界で最も高貴なもの　　489

について考えを補完し修正する点で決定的にして不可欠な
ものである。実を言えば，トマスは人間がペルソナである
という考えを決して忘れなかったのであり，様々な仕方で
明らかにしている。このようにして，部分が全体に従属す
るという考えは一義的に理解してはならないものである。

　　もし全体がそれ自体究極目的ではなく，より高次の目
　　的に秩序づけられているなら，全体に属するある部分
　　の究極目的はこの全体ではなく他のものである。しか
　　るに，被造物の全体――人間はこの全体の部分である
　　――は究極目的ではなく，神という究極目的に秩序づ
　　けられている。だから，世界が表す善は人間の究極目
　　的ではない。究極目的は神そのものである[7]。

　明らかなことだが，こうして人間が最終的には神に秩序
づけられている事実より，理性的被造物が未分化の大きな
全体に埋もれる特徴のない一単位ではないことが分かる。
神は世界を導く際，何よりも理性的被造物に注目してい
る。トマスはこのことを『対異教徒大全』の摂理論できわ
めて明瞭に説明しているが，おそらくこの摂理論は摂理が
いかなるものか最も完全に見事な仕方で明らかにしている
テキストである[8]。

　　神の摂理がすべてのものを包摂することは明らかで
　　ある。しかし，指摘すべきことに，他のどんな被造物
　　をとっても，知性的ないし理性的被造物ほど摂理が強
　　力に働いている被造物はない。事実，理性的被造物

　7）　*1a 2ae q.2 a.8 ad 2.*
　8）　もちろんここで問題となっているのは，*SCG III 64-163* であ
る。『ヨブ記註解』とその研究 D. CHARDONNENS, *La Providence de
Dieu et l'homme*, Diss., Fribourg, Suisse, 1995 も参照。

490 第Ⅱ部 神を前にして世界の中で生きる人間

は，本性が完全であることと目指す目的が立派である
こと，この二点で他の被造物に優っている。

　理性的被造物は本性が完全である点で他の被造物に
優っている。というのも，理性的被造物は自分の行為
の主人であり，働くことを自分で決められるが，他の
被造物は自分自身を動かすよりもむしろ動かされるか
らである……。目指す目的が立派である点について言
えば，知性的被造物だけが自分の活動——すなわち神
を認識し愛すること——を通じて世界の究極目的に一
致できる。しかし，他の被造物は何らかの類似性を分
有することでしかこの究極目的に到達できない[9]。

　このことをさらに強調する事実がある。すなわち，特別
に摂理が働くのは知性的被造物一般に対してだけでなく，
知性的被造物それぞれの個別的な現実に対してもそうなの
である。摂理は一人ひとりの人間にまで及ぶ。

　理性的被造物だけが活動の点で神に導かれるが，「こ
の導きは種に対してだけでなく，個々の人間も対象に
している……。理性的被造物は，種の観点からだけで
なくそれ自体として，神の統帥と注目に値する摂理の
対象なのである」[10]。

---

　9)　*SCG III 111 n° 2855.*

　10)　*SCG III 113.* 理性的被造物が種に関してだけでなく個の次
元でも摂理の対象となることの理由は直前の章で説明されている。*III
112 n° 2859-2860*：「世界に存在するものの中で最も高貴なものは『知
性的』被造物である——トマスはここで天使も考慮に入れているが，
すぐに『理性的』被造物のみに考察を絞っている。というのも，最も
神に似ることができるのは理性的被造物だからである。知性的本性は
他のどんな本性よりも全体と深くつながっている。事実，どの知的実
体もいわばすべてのものである。というのも，備わっている知性です
べての存在を包摂できるからである。他方，他の実体はどんなもので

第 13 章　世界で最も高貴なもの　　　491

　以上のことは，すべての被造物を序列化する従属関係を
説明する際にも当然問題になる。理性的被造物はこうした
序列の中でまったく特別な位置を占めている。

　　……それほど高貴でない被造物が最も高貴な被造物の
　ために存在しているのと同様に，人間より下級の被造
　物は人間のために造られたのである。もっと考察を進
　めると，被造物はどんなものでも世界の完成のために
　造られたことが分かる。さらに突き詰めて述べれば，
　全世界は各部分とともに神という目的に秩序づけられ
　ている。というのも，「これらの被造物は何らかの仕
　方で神の栄光を模倣することで神の善性を表してい
　る」からである。しかし，このことは次のことを妨げ
　ない。すなわち，今述べたこと以上に，理性的被造物
　は特別な仕方で神を目的としているが，それというの
　も「認識と愛の働きを通じて神に到達できる」からで
　ある[11]。

　それゆえ，トマスは人間とそれ以外の被造物を，思想を
構築する上で頻繁に訴える考え方に基づいて区別してい
る。すなわち，まず結果は原因に似ているという考え方，
しかしとりわけ人間は神の像だという考え方である。神を
認識し愛することができ，意識的に神を自分自身のうちに
受容できるのは知性的被造物だけである。

　　世界が知性を備えた被造物よりも善性の点で完全で
　あるのは，善性の広がりと展開を考えた場合である。

─────────────
も限定的に存在を分有することしかできない。だから，神がこうした
下級の実体を知的実体のために支配することは『適切である』」。
　11)　*1a q.65 a.2.*

492　　　第Ⅱ部　神を前にして世界の中で生きる人間

しかし，善性の強度と集中という観点に立てば，「知性的被造物のほうが神の完全性により近い。というのも，知性的被造物は最高善を受容できる（capax summi boni）からである」[12]。

だから，たとえ全体の善は個人の善に優るという偉大な法則が妥当だとしても，この法則が真であるのは二つの善が比較可能な場合に限られる。

世界の善が個人の善より偉大なのは，両方の善が同じ類に属する場合だけである。しかし，個人における恩恵の善は全世界の自然本性的善より偉大である[13]。

神性の分有である恩恵により，人間はまったく異なる次元に招き入れられるが，トマスはこの恩恵の偉大さを正当にも有名な文章で説明している。

不敬虔な者が義とされることは，人間が神を分有するという永遠的善を目指すものだが，この成義の業は天地の創造より偉大である。というのも，天地の創造は滅びゆく自然本性的善にしか関わらないからである[14]。

---

12)　*1a q.93 a.2.*

13)　*1a 2ae q.113 a.9 ad 2*; cf. *2a 2ae q.152 a.4 ad 3*:「共通善と私的善が同じ類に属する場合，共通善を優先すべきである。しかし，類の観点から見て私的善が共通善に優る場合もある」。

14)　*1a 2ae q.113 a.9.* パスカルの次の一節も参照。PASCAL, *Pensées*, éd. J. CHEVALIER, nº 930, « Pléiade », Paris, 1954, p. 1342:「物体をすべて合わせてみても，そこからは，取るに足らない考えであっても何らかの考えを生み出すことはできない。物体的次元と精神的次元は異なるので，こうしたことは不可能なのである。また，物体と精神をことごとく究めても，真の愛がどのようなものか知ることはでき

第 13 章　世界で最も高貴なもの　　　493

　ここでの文脈は不敬虔な者が義とされることだが，実の
ところこの文章の述べていることは，人間が初めて恩恵に
招き入れられるときにはいつでも妥当する。罪と分有され
る神的生命は対立しており，この対立により人間と神の断
絶はさらに深まるが，神的生命に近づくことは，たとえ罪
がなくても被造的な力だけでは達成できないものである。
それゆえ，人間の尊厳という思想を支えているのは，いさ
さか素朴な単なる人間中心主義――これによると，かつて
地球が宇宙の中心だったように，人間は世界の中心と見な
される――ではなく，〔恩恵の力で〕神的生命を分有する
という事実そのものである。ここでトマスはこの考え方を
大変強調しているが，人間が共同体にどのように関係して
いるか正確に述べる際にも活用している。「人間は社会的
共同体に対して自分の存在や善の全体にしたがって秩序づ
けられているわけではない……。そうではなく，人間は自
分の本質，持っているもの，為しうるものをことごとく神
に関係づけるべきである……」[15]。

*　　*　　*

　したがって，人間の尊厳は二つの観点から確認できる。
一つは自然的世界との関係にしたがってであり，人間は自
然的世界の物質的側面にも社会的組織にも縛られず，それ
らを超越している。もう一つは神との関係にしたがってで
あり，人間は自分の本質や持っているものをみな神から受
けとっており，神自身の生命を分有するよう招かれてい
る。以上のことを踏まえて以下では，トマスにしたがっ
て，人間の尊厳を特別に表しているものを二つの主要な領

──────────
ない。愛は超自然的次元に属するので，こうしたことは不可能なので
ある」。

　15）　1a 2ae q.21 a.4 ad 3.

域で確認してみよう。一つは倫理的世界であり，そこで人間は良心において自由で責任ある主体として行為する。もう一つは本来的意味での対神的領域であり，そこでは人間の尊厳が最高度に確立されるが，それは神との交わりに招かれることによってである。人間はこうした神との交わりをこの世ですでに始めるが，この世では世の終わりを見据えて見神を目指す途上的境遇に置かれることになる。

良心に従う

　「良心に従う」という表現は現代でも頻繁に使われるので，現代の人々もトマスの教えにたやすく近づけるように見える。トマスは常に良心──たとえ誤っていても──に従わねばならないことを繰り返し主張している。しかし，このことはもっと詳しく検討すべきである。良心という語はトマスが使う場合とわれわれが使う場合とでは完全に同じ意味を持たないだけでなく，著しく異なる文脈で使われている。われわれが使う良心という語にはきわめて主観的な意味合いがある。すなわち，良心は人間が責任を負う最終的な段階と言えるものだが，これは時として一面的に理解されており，自然に考えつく事柄，生まれ育った環境に従った判断と同一視されるが，これはいささか素朴すぎる良心理解である。このように良心を理解する場合，良心に従って行為することは，結局周囲に順応しながら行動することに行きつく。

　トマスはこのように素朴には考えておらず，人間と良心の偉大さをはるかに高く評価していた。なるほど良心はそれに逆らって進むことのできない段階を成すものだが，最終的な段階ではない。人間の尊厳を支えているのは，人間が神を前にして無条件的に自立していると執拗に要求する

第 13 章　世界で最も高貴なもの　　　　495

ことではなく，人間が神に依存していることを受け入れる
ことである。このことについてトマスの教えを理解したい
なら，少し高いところから事態を考察する必要がある。良
心について完全な説明を試みることや，現代の論争に立ち
入ることはできないが，少なくとも，良心とはどのような
ものかをできるだけ正確に指摘し，また良心の教えが霊的
神学にいかなる点で役立つのか明らかにしてみよう[16]。

　まず，第 12 章で自然法，すなわち理性的被造物が永遠
法である神の摂理を分有することについて述べた事柄を思
い出す必要がある。この分有はある固有の習慣で可能にな
るが，トマスはこの習慣をわれわれにはなじみのない「良
知」(syndérèse) という名で呼んでいる。この語はヒエロ
ニムスに由来するが，彼はこれを「良心の火花」と呼び，
罪を犯した後のカイン (Caïn) の心にもあったものだと断
言している。しかし，おそらくこの語はギリシャ語を書き
写す際に綴りを誤ったものにすぎない[17]。たとえこの語の

---

　16)　良知と対をなす良心の教えは，主に以下の箇所で論じら
れている。*Sent. II d.24 q.2 a.3-4; d.39 q.3 a.2-3; De ueritate q.16-17;
1a q.79 a.12-13; 1a 2ae q.19 a.5-6*——誤った良心について；*Quodlibet
III q.12 a.1-2[26-27]*——誤った良心について；以下のページで引用
する聖書註解の箇所。研究を続けるために，多くある業績の中で以
下を参照。S. PINCKAERS, « Notes et appendices », dans S. THOMAS
D'AQUIN, *Somme théologique, Les actes humains*, t. II, « Revue des
Jeunes », Paris, 1966; L. ELDERS, « La doctrine de la conscience de saint
Thomas d'Aquin », *RT* 83 (1983) 533-557, repris dans ID., *Autour de
saint Thomas d'Aquin*, t. II, Paris, 1987, p. 63-94; T.G. BELMANS, « Le
paradoxe de la conscience erronée d'Abélard à Karl Rahner », *RT* 90 (1990)
570-586——この業績には多少極端な表現がある；G. BORGONOVO,
Sinderesi e conscienza nel pensiero di san Tommaso d'Aquino, Fribourg
(Suisse), 1996; より近づきやすいものとして，S. PINCKAERS, « La
conception chrétienne de la conscience morale », *NV* 66 (1991) 688-699;
ID., « La conscience et l'erreur », *Communio* 18 (1993) 23-35 を参照。
　17)　ヒエロニムスが最初に使った synteresis という語は，お
そらく良心を意味する syneidesis が変形したものである。トマス

496　　第Ⅱ部　神を前にして世界の中で生きる人間

意味がこうした歴史的な事情から部分的には明らかになるとしても，この語の果たした役割はさらに重要である。というのも，人間の倫理的生の全体は良知にかかっているからである。

> 人間の行為が正しくあるためには，人間の行為に永続的な原理がなければならないが，この原理は変わることなく正しいもので，人間の業はすべてこの原理の光に照らして判断される。その結果，この永続的原理はあらゆる悪に抵抗し，あらゆる善に同意するものである。良知とはこのようなものであり，その役割は悪をとがめ，善を促すことである。良知は誤らないことも認めねばならない[18]。

　直知（intellectus）は知的領域の第一原理，すなわち「在るものは在り，在らぬものは在らぬ」を直観的に把握する習慣だが，良知はこの直知と同じように，倫理的領域で自明の二つの主要原理，すなわち「善は為すべきであり，悪は避けるべきである」を把握し述べる習慣である[19]。すでに見たように，自然法に由来する五つの主要な傾向性，すなわち善，存在の維持，結婚と子育て，真理の認識，社会

はこの起源を知っていたが，にもかかわらず良知と良心を区別している。より詳しい説明は，Th. DEMAN, S. THOMAS D'AQUIN, *Somme théologique, La Prudence*, « Revue des Jeunes », Paris, 1949, p. 430-437 参照。研究を続けるために，O. LOTTIN, « Syndérèse et conscience au XIIᵉ et XIIIᵉ siècles », dans ID., *Psychologie et Morale au XIIᵉ et XIIIᵉ siècles*, t. II, Louvain-Gembloux, 1948, p. 103-350を参照。A. SOLIGNAC, art. « Syndérèse », *DS* 14 (1990) 1407-1412も参照。Solignac は，良知という語の起源に加えて，この語が神秘主義の歴史の中でどのように使われてきたかも説明している。

　18)　*De ueritate q.16 a.2.*
　19)　Cf. *1a q.79 a.12* et *1a 2ae q.91 a.3.*

第 13 章　世界で最も高貴なもの　　　497

的生活への傾向性を支えているのはこの良知である[20]。し
かし，倫理的および社会的生活の最も重要な直観を把握し
ていることがどれほど重要なことであっても，それだけで
十分なわけではない。事実，自然法の原理のいくつかは，
個人にとっても人類全体にとっても，時として長く教育を
積んで人格を磨いた後になってはじめて理解できるもので
ある。さらに，行為を導く倫理的認識を得るためには，こ
うした究極的な原理を自然本性的に知っているだけでは十
分でなく，具体的な状況に適用せねばならない。実践理性
は一方で人間的にしてキリスト教的な行為を規定する自然
本性的で福音に基づく原理を知っているが，他方でこうし
た知識を駆使して目の前の状況に対応していく必要があ
る。さらに，実践理性は一般的な原理を「今ここで」どの
ように適用するか決める上で，こうした個別的行為に関わ
る人間の性質も考慮に入れねばならない[21]。

　間をとりなす役割で倫理的良心が現れるのはここであ
る。驚くべきことに，良心は能力や習慣ではなく，実践知
性の働きである[22]。一般的な良心理解では，この実践理性
の働きをそれを生む習慣に基づいて説明しようとするが，
この理解はおそらく受け入れられるものであり，その場合
良知そのものが「習慣的な」良心ということになる。だ
が，本来的に言えば，良心と良知は別物である。良心は働
きに他ならず，この働きは実践理性が自由に使えるあらゆ
るデータ，すなわち良知，倫理的知識，経験，様々な確信
や見解等々のデータを集める働きである。実践理性はこ
れらのデータを熟考した末に実践的で規範的な判断を下

---

　20)　本書第 12 章 446-447 ページで訳出した *1a 2ae q.94 a.2* を参
照。

　21)　Cf. M.-M. LABOURDETTE, « Connaissance pratique et savoir
moral », *RT* 48 (1948) 142-179.

　22)　Cf. *De ueritate q.17*; *1a q.79 a.13*.

す23)。行為を規定するゆえに実践的であるこの判断は，しかしながら，認識の領域で生じるものであり，それゆえ真偽の対象となるものである24)。このようなわけで，良心が誤りに陥るという難問，あるいはもっとも簡潔に「誤った良心」と言われる手ごわい問題が持ち上がってくる。トマスによれば，良心は誤っていても拘束力があるのだが，このことには根本的な理由がある。

　　たとえ誤っていても良心は神の法と同じく拘束力がある（idem est ligamen conscientiae etiam erroneae et legis Dei）。事実，良心があることを為し，他のことを避けるよう命じるのは，そのことが神の法にかなっているあるいはかなっていないと考えるからである。「実際のところ，法が人間の行為に適用されるのは，良心の仲介を経た上でのことである」25)。

---

　23)　Cf. *1a q.79 a.13*:「良心は確証し，強制し，促すと同時に非難し，とがめ，叱責すると言われている。しかし，こうしたことはどれもある認識や知識を行為に適用するときに生じるものである」。*Super ad Rom. 2,15, lect.3, n° 219*:「聖パウロの言う良心の証言とは，持っている倫理的知識に基づいてある行為が善か悪か判断することに他ならない」。トマスはアリストテレス——*Éthique à Nicomaque VII 5*——にしたがって，示唆に富んでいるがおそらく誤っている仕方で——というのも，アリストテレスにはなかった厳格さを持ち込むことになるから——，倫理的領域の第一原理を具体的行為に適用する過程を，前提から結論に進む三段論法に比べている——cf. *1a 2ae q.13 a.1 ad 2*; *q. 76 a.1*; etc.。

　24)　良心の判断は最終的なものではなく，実践理性はなおも行為を正しいものにする，すなわち良心の認識を適用して行為を直接規定する必要がある。この役割を担うのは，「為すべき事柄についての正しい理性」（recta ratio agibilium）である賢慮であり，それゆえ賢慮は良心の判断を引き継ぐことになる。しかし，賢慮については第11章ですでに述べたので，ここでは触れない。

　25)　*Super ad Rom. 14,14, lect.2, n° 1120*. この部分（*n° 1119-1122*）は全体として，良心の教えを述べた重要箇所の一つである。少し後の

第 13 章　世界で最も高貴なもの　　　　499

　最後の文章は上で述べたことの簡潔な要約である。倫理
的領域の主要原理が具体的な倫理的行為に適用されるの
は，理性から出てくる良心の判断を介してである。「良心
はいわば理性の命令（dictamen）である」[26]。しかし，ここ
で誤ってはならないことがある。事態がこのようであるの
は，良心の判断が良知と結びついたものであり，自然法に
一致していると見なされるからで，自然法は本質的には神
の法そのものを反映するものだからである。ここにきて，
なぜ良心に反して行為することが罪になるのか理解できる
だろう。すなわち，良心に反して行為するなら，神の法そ
のものと見なす事柄に反して行為することになるのであ
る。

　　「良心においてあることを為すべきだと知ることは，
　　もしそのことを為さなければ神に反して行為すること
　　になると考えることに他ならない」[27]。──トマスはこ
　　こできわめてはっきりした態度をとっている──。人
　　間理性が神の法に反する事柄を提示するかもしれない
　　と思うなら，理性に従うべきではないだろう。もっと
　　もこの場合，理性は完全に誤りに陥っているわけでは
　　ない。しかし，たとえ理性が誤っていても，理性があ
　　る事柄を神の命令として提示する場合，理性の命令を
　　軽視するなら神自身の命令を軽視することになる[28]。

---

lect.3, n° 1138-1140 も参照。

　26)　*1a 2ae q.19 a.5.*
　27)　*Super ad Gal. 5,3, lect.1, n° 282.*
　28)　*1a 2ae q.19 a.5 ad 2.*

良心と真理

　良心の声を神の声と同一視する，こうした絶対的な響きを持つ言明は，条件を考慮して理解する必要がある。すなわち，こうした言明が妥当する前提として，理性が自然法，さらには神自身と一致するよう配慮しなければならないと同時に，このような基本的な従属関係に加えて，他の人々との関係を徳にしたがって調整することも重要である。トマスは『テモテへの手紙1』1章5節「掟の目的は愛である。愛は清い心，正しい良心，偽りのない信仰から出てくる」を註解する際，上で述べた神と隣人に対する二つの態度を結びつけている。

　　なぜ愛が掟の目的なのか……。――どの掟も徳の行為を促すためのものであり，諸徳は愛を頂点として組み立てられていることを知る必要がある――。対神徳は究極目的を目指すものである。他の徳はこの究極目的に到達するのを助けるためのものである。こうして，他の徳はすべて対神徳を目的としている。「対神徳について言えば，究極目的に最も接近する徳が他の対神徳の目的になる。信仰は究極目的を示し，希望は究極目的に向かうが，愛は究極目的と一つになる。だから，すべての徳は愛を目指すものであり，このようにして愛はすべての掟の目的である……」。他の徳について言えば，それらのおかげで人間は隣人に正しく関わることができるのだが，ここから使徒に正しい良心があったことが分かる。というのも，使徒は人にされたくないと思うことを人にしなかったからである……。「それゆえ，隣人を傷つける事柄は良心にも反

第13章　世界で最も高貴なもの　　501

するのである」。使徒が「正しい良心」について語っ
ているわけはここにある。「また，正しい良心を持た
ないなら，神を心から愛することができない」。とい
うのも，正しい良心を持たない人は罰を恐れるからで
ある。ところが，愛には恐れがなく，恐れは神と一つ
になるどころか神を追い出してしまう。「このような
わけで，掟は良心を正しいものにして愛を用意するも
のである」[29]。

このテキストはこれから論を進める上で重要になってく
るものだが，良心についてたった今指摘した欠陥あるイ
メージとはかなり異なる考えを教えてくれる。誤らないの
は聖なる人々の良心だけだと断言しても，おそらくトマス
の考えに反してはいないだろう。事実，トマスは次のよう
に述べている。「聖なる人々の良心は誤ることのない証言
である……。しかし，良心は時に誤ることがあるので，パ

---

29)　*Super I ad Tim. 1,5, lect.1, n° 13-16.* さらに，トマスは『ロー
マの信徒への手紙』14章23節「信仰の確信に由来しないものはみな
罪である」を註解して，信仰について，また信仰と良心の関係につい
て参考になる説明をしている。そこでトマスは信仰という語の二つの
意味，すなわち対神徳としての信仰と良心そのものを結びつけて理解
しているが，一つだけ違いを指摘している。すなわち，対神徳として
の信仰が普遍的な確信なのに対し，良心はこの確信を個別的行為に適
用することである——cf. *In ad Rom. 14,23, lect.3, n° 1140.* トマスはこ
こで古くからある神学的伝統の二つの解釈を引き継いでいる。すなわ
ち，「信仰の確信」を信仰として理解する教父の解釈と，倫理的良心
として理解する12世紀以降のスコラ学の解釈である。Cf. R. ARAUD,
« *Quidquid non est ex fide peccatum est.* Quelques interprétations
patristiques », dans *L'Homme devant Dieu*, Mélanges offerts au Père Henri
de Lubac, « Théologie 56 », t. I, Paris, 1963, p. 127-145; A.C. de VEER,
« Rm 14,23b dans l'œuvre de saint Augustin (*Omne quod non est ex fide
peccatum est*) », *Recherches augustiniennes* 8 (1972) 149-185.

502 第Ⅱ部 神を前にして世界の中で生きる人間

ウロは『聖霊において』と付け加えている」[30]。だから，正しい良心は誤る可能性を常に意識している。良知は誤らないが，良心はそれと同様ではない。というのも，良心は良知を通じて自然法に依存しているだけではなく，他の多くの情報にも左右されるものであり，こうした情報の一部である偏見，固定観念，粗野な意志のせいで良心の判断は取り返しのつかないほど歪むことがあるからだ。このようなわけで，トマスは誤った良心について論じるとき，二段階で論を進めている。すなわち，常に良心に従わなければならない――これは変わることのない基本的主張である――が，このことだけでは善い行為を行うために十分ではない。というのも，〔良心に従っていても〕悪い行為が悪い行為なことには変わりないからである。

　　――行為の善悪は行為の関わる対象そのものが何かということだけで決まるものではない。それ自体としては善い対象，あるいは善でも悪でもない対象でも，どのような意図で行うかで行為者にとり悪いものに変わることがある――。理性がある対象を悪として提示するやいなや，その対象に向かう意志は悪いものになる……。というのも，意志は悪と見なした対象に向かうからであり，そのとき意志は悪を欲するので悪いものになるからだ。――意志の欲した対象はそれ自体としては悪でないとしても，理性が誤って判断することから当人には付帯的な方法で悪になるのである。トマスはこのことをもっとよく理解してもらうために，またこうした事例に潜む逆説的な事態を強調するために，

────────────

30）　*Super ad Rom. 9,1, lect.1, n° 736*; cf. *Super ad Hebraeos 13,18, lect.3, n° 763*:「良心の正しさは神にのみ由来する。それゆえ，パウロは神を信頼しているからこそ良心は正しいものになると考えている」。

第13章　世界で最も高貴なもの　　　503

極端な例を挙げている——。キリストを信じることは
それ自体としては善であり，救済に必要でもあるが，
意志は理性がキリストを信じるよう提示しないかぎり
そこに向かえない。だから，理性がキリストを信じる
ことを悪として提示する——例えば，キリスト教徒で
ない人々を考えてみればよい——なら，意志はキリス
トを信じるとき悪に向かっていることになる……。理
性が正しかろうが誤っていようが，理性に従わない意
志は例外なく悪いものである[31]。

　それゆえ，良心の判断に備わる強制力は良心の判断が
誤っていてもまったく損なわれないのだが，理由は明らか
である。すなわち，「理性が誤るとき理性の判断が神に由
来していないことは本当だとしても，にもかかわらず理性
はこの判断を真なるものとして，それゆえあらゆる真理の
根源である神に由来するものとして提示する」[32]。ここで必
ず次のような問いが生じる。このように，人間は必ず良心
に従う必要があるのだが，果たして良心に従うことで善く
行為すると言えるのだろうか。通常，良心に従って行為す
れば，善く行為したことになると考えられている。トマス
はこのことについてはっきりと述べていないが，良心が判
断を誤ることで，倫理的に見てそれ自体悪い行為が善い行
為になるとは考えていない。それゆえ，トマスは異なる仕
方で問いを提起している。

　　先の問題は結局，誤った良心に拘束力があるかどう
　かを問うものだが，本問題はつまるところ，誤った良
　心が悪を弁解できるかどうかを問うものである。こ

---

31)　*1a 2ae q.19 a.5.*
32)　*1a 2ae q.19 a.5 ad 3.*

504 第Ⅱ部 神を前にして世界の中で生きる人間

の問題に答えるために，他の箇所で無知（と無知の結果——これは行為が自発的かどうかを決定するものである——）について述べたことを活用できる……。無知のために行為が自発的でなくなることもあれば，自発的なまま変わらない場合もある。また，倫理的な善悪は行為が自発的かどうかにかかっているので……，無知のために行為が自発的でなくなる場合，この無知のために当該の行為の倫理的価値もなくなるが，無知であっても行為が自発的である場合は同様ではない……。直接的にであれ間接的にであれ無知を欲するなら，この無知のために行為が自発的でなくなるなどということはない。直接的に無知を欲するというのは，明確に無知を求める態度のことである——すなわち，「わたしはこの行為が善か悪か知りたくない」という場合がこれにあたる。間接的に無知を欲するというのは，怠慢の結果無知が生じる場合のことである。知るべきことを学ぼうとしない場合がこれにあたる……。

　それゆえ，直接的にであれ怠慢によってであれ，理性や良心が意図的に誤る場合，問題となっているのは知る必要のあることなので，こうした理性や良心の誤りを理由として——こうした誤った理性や良心に従って働く——意志の悪について弁解することはできない。しかし，理性や良心の誤りが何らかの状況を知らないこと——ただしこの無知は怠慢の結果であってはならない——に由来する場合，行為は自発的でなくなるので，こうした誤りを理由に悪について弁解できる[33]。

　この議論は専門的であるがゆえに事態をきわめて明瞭に

---

33) 1a 2ae q.19 a.6.

第 13 章　世界で最も高貴なもの　　505

説明している。トマスはいつもの教えどおり，自由な行為
だけが倫理的行為であり，自発的な行為だけが自由な行為
だと考えている。行為が自発的でなくなるなら，行為の倫
理的価値もそれに伴って減少する。だから，良心は誤って
いても拘束力があるとはいえ，ここから良心に従うことで
善い行為を実現できると結論づけてはならない。良心に従
わないことは悪だが，良心に従っているからといって善く
行為できるとは限らない。誤った良心を理由として弁解で
きるのは，せいぜい主観的に自分には罪がないということ
だけである。ただし，それはこうした良心の誤りが克服で
きない無知から出てきたものである場合に限る。誤りが何
らかの自発的なものに由来する場合，行為者は悪い行為に
ついて倫理的に責任を負わねばならない。ここにきて，怠
慢による無知はきわめて重大な要素になる。すなわち，推
論で最初の命題が誤っていれば結論も誤ったものになるよ
うに，倫理的行為の領域でも最初の誤りは撤回されないか
ぎり必ずや他の多くの誤りを生んでいくのであり，怠慢を
重ねていけばついにはうわべだけの善意に基づいて「良心
が形成される」──時に皮肉を込めてこのように言われる
──のだが，この良心はもはや善悪を見分ける役割を果た
さないものである[34]。トマスは聖書の中にこうした事態を
述べる言葉を発見したのだが，使徒パウロにしたがって
「腐敗した」（cauteriata）良心について語っている。

　　壊疽（cauterium）は内部の熱で肉が腐敗することで

---

　34)　トマスは社会に順応することがこうした事態に無視できな
い影響を及ぼすことを示唆している。*Super 2 ad Cor. 1,12, lect.4, n°
31*: 聖パウロは適切にも，他の人々の良心ではなく「われわれの良心
の証言」と言っている。「というのも，自分自身が問題となっている
場合，他の人々の良心の証言ではなく自分の良心の証言を常に優先す
べきだからである」。

あり，この部分からは絶えず腐敗物が流れ出るのである。同様に，転倒した意志，怒り，憎しみ，情欲の熱は潰瘍のようなものであり，良心はそこから害を受けるが，悪魔の誤った教えは害を受けない。「信じない人々の知性や良心は汚れている」（テト 1：15）[35]。

「麻痺した」あるいは「眠った」良心についても同様に論じられよう。トマスはこうした事態を熟知していたが，こうした事態がどのように起こるか指摘する一方で，良心が回復する様子も強調している。「人間は重荷になるものから遠ざかるようにできている。それゆえ，良心の呵責は棘のようなもので，悪い良心の持ち主を苦しめる。その結果，悪い良心の持ち主は罪を離れて清い信仰と正しい良心を取り戻す」[36]。

したがって，今日では「率直さ」の観点から良心の問題を取り上げることが多いが，トマスは自分の考えに忠実に，真理の探究と偉大な愛——この愛のおかげで正しく行為しようとする人は真理に向かえる——を強調している。事態がこのようであるなら，真理を気遣いながら良心に従って行為する人間は正しい意図を保つことになる。こうして真理に注目することで，たとえ良心が誤っていても，正しく善に向かっていることになるのであり，トマスもこのことを認めている[37]。しかし同時にトマスは，外的な行

---

35) *Super 1 ad Tim. 4,2, lect.1, n° 140.*

36) *Super 1 ad Tim. 1,19, lect.4, n° 51.*

37) このことはきわめて適切な見解だが，S. PINCKAERS, *Les actes humains*, t. II, p. 201 が述べたものである。「実際に悪いものである外的行為とそうした行為を行う意志のつながりは，悪い行為だと知らなかったと言えば解消される。したがって，悪い行為を行っているにもかかわらず，意志が善であり続けることも可能である。というのも，意志はその行為が悪いものと知っていれば，欲しなかっただろうから」。

第 13 章 世界で最も高貴なもの 507

為は〔それが悪い行為なら〕善ではないことも強調している。悪が悪であることに変わりはなく，善を行うためには〔良心が〕誤っていてはならないのである。このようなわけで，人間は良心を「前にして」責任を負うだけでなく，良心〔の内容〕「に関して」も気遣う必要がある。

こうした態度は要求の多いものだが，それには深い理由がある。すなわち，良心は最終的な段階をなすものではないということである。極端な場合，良心に従うだけでよいという立場は，神や同胞に対する義務をことごとく無視して，無条件的な個人主義に行きつくだろう。だが，トマスは人間を神および社会的共同体とのつながりの中で理解していたので，彼にとり良心は永遠法と人間を仲介するものにすぎなかった。良心は義務を作り出すものではなく，伝えるものなのである。また，良心は可塑的なもので，他の様々な影響下で作り上げられるが，それに応じて良心の判断も変化していく。だから，自分を縛るこの良心が正しいものかどうかを確認することが肝要である。とりわけ，良心に対するこうした疑いや不安は，知らず知らずのうちに都合のよい無知を持ち出すことで解消してはならないのであり，真理の探究——これは時を経るにつれますます要求の多いものになる——を通じて乗り越えるべきものである[38]。

したがって，良心についてこのように考えてくると，良心を正しいものにするために途方もない努力が必要なこ

---

38) ここでは，時折起こる良心の困惑という問題は取り上げない。この困惑は義務が対立することで頻繁に見られるものだが，困惑を乗り越えるには罪を避けることで十分である。Cf. *1a 2ae q.19 a.6 ad 3*; *Super ad Rom. 14,14, lect.2, n° 1120*; *Super ad Galatas 5,3, lect.1, n° 282*; R. SCHENK, « Perplexus supposito quodam. Notizen zu einem vergessenen Schlüsselbegriff thomasischer Gewissenslehre », *RTAM* 57 (1990) 62-95.

とが分かるのであり、「神は人間の考量を尊重した」(シラ15：14)という言明にどれほど深い意味があるか見えてくる。自分自身の摂理となった人間は偉大だが、同時に責任も負わねばならない。自然界に人間に匹敵するほど偉大なものはないのであり、キリスト教徒でない思想家が人間の最高の尊厳を良心に見出したことも理解できる。だが、トマスにとって良心は人間の偉大さの一側面にすぎなかった。第二の側面は良心に少しも対立せず、別の次元で良心を完成するのだが、これは対神徳のことである。人間は神と新たな関係を結ぶよう招かれている。この関係のために、人間は時間的条件を持ちながらいわば永遠の中に入ることになる。こうした神との交わりはこの世で始まり、祖国で神を顔と顔を合わせてみることで完成する。

すでに生じ始めた永遠の生命

『神学提要』(Compendium theologiae)という著作は、少なくとも名前だけは知られているだろう。「キリスト教信仰の要約」(Abrégé de la foi chrétienne)と呼ぶ人もいるが、「神学の概要」(Précis de théologie)と表現するほうが正しい。というのも、いずれにせよここで問題となっているのは、いささかスコラ学的雰囲気のある要約だからである。事実、トマスは秘書で友人だったレギナルドゥスの求めに応じて、この書物で信仰の教えの本質的部分を集め、比較的簡潔な言葉で短くまとめようとした。トマスは構想の点でアウグスティヌスの『エンキリディオン』から着想を得、三対神徳の順序にしたがって論述を展開している。すなわち、信仰を『使徒信経』の条項の順序にしたがって、希望を『主の祈り』の要求とのつながりの中で、愛をおそらく『十戒』の言明に基づいて論じている。トマスは

第13章　世界で最も高貴なもの　　509

死のためにこの著作を完成できなかったが，第一の部分
〔である信仰論〕は完成しており，第二の部分〔である希
望論〕も冒頭は書かれている[39]。

　ここで参考になるのは著作の構想そのものではなく，む
しろキリスト教的生活の本質が対神徳をめぐって展開され
ることをトマスが確言している点である。トマスは人間
を，神と直接交わることのできる世界で唯一の存在と見な
していたが，この理解に忠実に，キリスト教的生活の中心
に対神徳を置いている——これらの徳が対神徳と呼ばれ
るのは，直接神を対象，動機，目的にしているからであ
る[40]。対神徳は恩恵により分有できる神的生命を実現する
のだが，この神的生命の分有は三位一体である神との交わ
り——この交わりが完全に成就するのは祖国においてであ
る——を時間の中にいながら先取りすることに他ならな
い。対神徳を相互に比較してどれが優位かという問題があ
るが，対神徳に言及するときに通常用いられる順序には意
味がある。この順序は伝承だけが勧めているものでなく，
正しい理性にもかなうものである。

　　実際，愛が正しいものになるのは，まず希望が正しい

---

　39)　補足的データは，*Initiation*, p. 239-243〔『トマス・アクィ
ナス　人と著作』285-289ページ〕参照。批判的校訂版は，レオニー
ナ版第42巻参照。フランス語では，それほど優れたものではないが
二つの翻訳がある。一つは19世紀（1856年）にVÉDRINE神父が
した翻訳——« Vrin-Reprise », Paris, 1984——であり，もう一つはJ.
KREITの翻訳——*Thomas d'Aquin. Bref résumé de la foi chrétienne*, «
Docteur Angélique 6 », Paris, 1985——である。
　40)　この文章は『神学大全』の信仰論の冒頭にある二つの文章
と似ている。*2a 2ae q.2 a.3*:「神が創造した理性的本性だけが神と直
接関係を結べる」（sola autem natura rationalis creata habet *immediatum
ordinem ad Deum*），および*2a 2ae q.4 a.7*:「対神徳の対象は究極目的
である」（necesse est uirtutes theologicas, *quarum obiectum est ultimus
finis*, esse priores ceteris uirtutibus）を参照。

510　第Ⅱ部　神を前にして世界の中で生きる人間

目的を定めたときだが，この希望の働きは真理を認識してはじめて可能になる。だから，まず真理を認識するために信仰を，次に真の目的を欲求するために希望を，最後に愛を完全に正しいものにするために愛を持つべきである[41]。——トマスは他の箇所でもっと簡潔に，だが示唆に富む仕方でこのことを明言している——。信仰は目的を示し，希望は目的に向かわせ，愛は目的と一つにする[42]。

　ここでは信仰に関する神学的議論をくまなく見ることはできないが[43]，『神学提要』の冒頭は貴重である。というのも，この箇所を読めば，本章で述べようとしている事柄全体について明確な展望が開けてくるからである。

　「信仰はいわば永遠の生命という人間の至福を前もって味わうこと（praelibatio quaedam）である」。だから，使徒は『ヘブライ人への手紙』11章1節で，信

---

　41)　*Compendium I 1*, Léon., t. 42, p. 83.
　42)　*Super 1 Tim. 1,5, n° 13*——このテキストは上で良心と対神徳の関係を論じたときにたっぷりと引用した。認識の次元では信仰が優位であることは，次の箇所でもっと詳しく論じられている。*2a 2ae q.4 a.7*:「究極目的は意志が欲求する前に知性が捉えねばならない。というのも，意志は先に知性が捉えたものしか欲求できないから」。
　43)　トマスの信仰論の主要箇所は，*2a 2ae q.1-16* である。いつものことだが，トマスはそこで信仰の徳そのものについてだけでなく，信仰と密接に関係している聖霊の賜物，信仰に対立する罪についても論じている。Cf. R. BERNARD, S. THOMAS D'AQUIN, *Somme théologique, La foi*, « Revue des Jeunes », 2 t., Paris, 1940-1942——註と註解も参照 ; M.-M. LABOURDETTE, « La vie théologale selon saint Thomas: L'objet de la foi », *RT* 58 (1958) 597-622; « La vie théologale selon saint Thomas: L'affection dans la foi », *RT* 60 (1960) 364-380; H. DONNEAUD, « La surnaturalité du motif de la foi théologale chez le Père Labourdette », *RT* 92 (1992) 197-238.

第 13 章　世界で最も高貴なもの　　　511

仰は「希望されるものの本質」と言っているが，これはあたかも信仰のおかげで希望する将来の至福が人間のうちで始まると言わんとするかのようである。主によれば，この至福は二つの事柄，すなわち三位一体の神性とキリストの人間性を知ることである。事実，主は御父に向かって，「永遠の生命とは，唯一にして真の神であるあなたと，あなたの遣わしたイエス・キリストを知ることである」（ヨハ 17：3）と語っている。だから，信仰に関する知識は全体としてこれら二つの事柄，すなわち三位一体の神性とキリストの人間性をめぐるものである。これは少しも驚くべきことではない。というのも，キリストの人間性は人間が神性に到達するための道だからである。したがって，途上にある人間は祖国に到達するために道を知る必要があり，救いの道を知らなければ，祖国で神の恩恵も十分に味わえないだろう[44]。

　この言明は信仰の内容を簡潔に述べたものだが，おそらく本書ですでに論じた事柄も多く見出せる。とりわけ最初に信ずべき二つの事柄（credibilia）があるが，これは神学全体を組織するものだった[45]。しかし，ここで注目すべきは信仰の内容よりも定義である。というのも，この定義を見れば，信仰を活性化し，推進する力のようなものをありありと理解できるからである。同時に，このテキストには『ヘブライ人への手紙』の一節が引用されている。トマスはこの聖句を好んで参照し，他の箇所ではその利点を列挙している。「信仰を正式に定義するならば，信仰とは霊

---

44)　*Compendium I 2.*
45)　Cf. *2a 2ae q.1 a.6-7; q.2 a.5.* 本書第 1 章「神の知の刻印」を参照。

512　第Ⅱ部　神を前にして世界の中で生きる人間

魂の習慣（habitus mentis）であり，この習慣のおかげで，永遠の生命は人間のうちで始まり，人間の知性は目に見えないものに結びつく」[46]。

　同じ定義はすでに『真理論』にあるが，そこではもっと詳しく説明されている。信徒は信仰のおかげで永遠の生命を前もって味わえるのだが，これは欲求される目的の何らかの類似性が信徒のうちに存在するからである。事実，人間があるものを欲求するのは，欲求される目的への比例関係のようなものがその人間のうちにある場合だけである。というのも，人間が目的を欲求し始めるのはこうした比例関係に基づいてだからである。それゆえ，人間が永遠の生命に向かうには，少なくともこの目的のある種の始まりを認識していなければならないが，この認識を可能にするのが信仰に他ならない。「信仰が永遠の生命——これは神の約束に基づいて希望できるものである——のある種の始まりであるかぎり，信仰は『希望されるものの本質』と言われる」[47]。しかし，信仰により将来の目的を前もって味わえるので，欲求は駆り立てられる。というのも，「何であれ，始まったものは完成を強く求める」からである。このことが自然の領域で妥当するなら，神的なものの領域ではもっと妥当するだろう。というのも，神的なものはいったん始まったなら，究極目的に到達して完成することを強く求めるからである[48]。トマスはイエスとサマリアの女の会話（ヨハ4：14）を註解するとき，このことを繰り返している。

---

　46)　*2a 2ae q.4 a.1.*

　47)　*De ueritate q.14 a.2.* この項では始まり（inchoatio）という語が執拗に繰り返されている。すなわち，信仰は「始まり」にすぎないが，真の「始まり」である。研究を続けるために，D. BOURGEOIS, « 'Inchoatio vitae eternae'. La dimension eschatologique de la vertu théologale de foi chez saint Thomas d'Aquin », *Sapienza* 27 (1974) 272-314 を参照。

　48)　Cf. *1a 2ae q.1 a.6.*

第13章　世界で最も高貴なもの　　　513

信仰の中にある生命のダイナミズムはすべての欲求が求めるものである。欲求は所有し始めたものを完全に所有しようと燃え上がる。

　　——知恵の口から「わたしを飲むなら，さらに渇く」（シラ 24：21）と言われているのに，どうしてイエスは「この水を飲むなら，決して渇かない」と言っているのだろうか——。この二つの言明は同時に妥当するものである。というのも，キリストの与える水を飲むなら，もはや渇かないと同時にさらに飲みたいと思うからである。——この水を飲むなら渇かないという点について，自然の水と霊の水を比較して説明できる。自然の水を飲む人は再び渇く。というのも，この水は永遠的なものではないので，その効果はやんでしまうからである——。しかし，霊の水は聖霊という永遠的な水源に由来するのだが，この水源からは絶えず生命が湧き出ている。それゆえ，霊の水を飲むなら決して渇かないのであり，それというのも心の中に生ける水の根源を持つ人は決して渇かないからである。

　　しかし，わたしを飲むならさらに渇くという点についても，時間的なものと霊的なものの違いから説明できる。両者とも渇きを生むが，仕方は異なる。欲していた時間的なものを手に入れても，欲求は静まらない。欲求は消えることなくさらに別のものに向かっていく。「対して，霊的なものを手に入れると，別のものへの欲求は消え，霊的なものへの欲求が増大する」。この理由は簡単である。この世のものは，それを所有していないときには，大きな価値があり欲求を静めてくるものに思われるが，いったん手に入ると，もはやそれほど貴重なものには見えず，欲求を完全に静めてくれないものだと分かる。そして，欲求はさらに別の

514   第Ⅱ部　神を前にして世界の中で生きる人間

ものに向かっていくのである。対して，霊的なものは
所有しているときにだけ認識できるものである――
「受けとる人以外の誰もそれを知らない」（黙 2：17）。
このようなわけで，霊的なものを持たないなら，それ
を欲求することもできないが，それを所有し認識する
なら，心は喜び，欲求は駆り立てられる。この欲求
は，別のものではなく霊的なものへの欲求であり，霊
的なものを十全に所有できない――というのも，受け
とる人は不完全だから――ことから，完全に所有した
いと燃え上がるのである。

　『詩編』41 章 2 節「わたしの魂は生ける水の源であ
る神に向けて渇く」という言葉が言い表しているのは
この渇きである。この渇きはこの世で完全に静まるこ
とはない。というのも，この世では霊的善を完全に把
握できないからである。それゆえ，この水を飲むな
ら，完全な所有に向けてさらに渇く。しかし，それと
同時に永久に渇かない。尽きることのない水を飲むか
らである。というのも，「彼らはあなたの家の豊かさ
に酔うだろう」（詩 35：9）と言われているからであ
る。至福者たちは栄光の生で神の恩恵の水を満足する
まで飲むのでもはや渇くことはない。この世で「義に
飢え渇く人々は幸いである」。永遠の生命を得るとき
には「満たされるだろうから」（マタ 5：6)[49]。

　トマスの生涯と人となりを少し良く知っているなら，こ
のテキストはトマス自身の霊的生活を何らかの仕方で反映
するものと考えられるだろう。しかし，トマスが実際にど
のような生活を送ったかを心理学的に再構成する――これ
は検証のしようがない――ことはあまり意味のないことで

---

49)　*Super Ioannem 4,13-14, lect.2, n° 586.*

第 13 章　世界で最も高貴なもの　　　515

あり，そうせずともこの文章は本論の目的にとり十分解明
的である。祖国での至福を前もって味わうことは落ち着い
た享受ではまったくなく，味わう人の欲求を駆り立てるも
ので，この欲求は至福を最終的に完全に所有することでし
か充足しないとトマスは考えていた。「信仰の認識は欲求
を静めるものではなく，むしろ駆り立てるものである」[50]。

最も高いところに据えられた錨

　トマスは目立つほど執拗に，こうして永遠の生命を前
もって味わうことはまさに信仰の業だと繰り返している
が[51]，信仰は神を求める営みの中で単独で働くわけではな
いことも確かである。順序どおりに取り上げるなら，次に
来るのは希望だが，希望の役割は『神学提要』で強調され
ている。

　　人間には何かを知りたいという自然本性的欲求がある
　　が，ある事柄の認識が問題となる場合，この欲求が静
　　まるのはその事柄の真理をくまなく認識したときであ
　　る――探究している真理を認識すると，欲求は静ま
　　る。しかし，信仰の認識が問題となる場合，欲求はや
　　むことがない。というのも，信仰の認識は不完全だか
　　らである。なぜなら，信じる対象は見えざるものに他
　　ならないから。それゆえ，使徒によれば，信仰は「見

---

　50)　*SCG III 40, n° 2178.*

　51)　*De ueritate q.14 a.2 ad 4*：「人間のうちで希望するものが最
初に存在し始めるのは，愛ではなく信仰によってである。Cf. *2a 2ae
q.4 a.1*：「人間のうちで希望するものが最初に存在し始めるのは信仰に
よってである。というのも，信仰は萌芽的にではあるが，希望すべき
ものをことごとく含んでいるからである」。

えざるもののしるし」（ヘブ 11：1）である。だから，信仰があっても，なおも霊魂のうちには別のものへの傾向性が残ることになるが，この傾向性は信じている真理を完全に把握したいという，またこの真理に導くものを大切にしたいという欲求のことである。さらに，神は人間的な事柄を摂理で導くという信仰の教えがあるが，この教えのために「信徒の心には希望の力が生じる」。信徒はこの希望の力のおかげで信仰に支えられながら，自分が自然本性的に欲すると同時に信仰が伝えるこうした〔永遠的〕善を手に入れようと努力する。このようなわけで，キリスト教信仰を完成するために，信仰の次に希望が必要になる[52]。

このテキストを読んで驚かない人はいないだろうが，他の多くのテキストを読むときよりもいっそう驚くに違いない。というのも，ここでトマスは執拗に欲求の概念を強調しているからである。「希望は欲求を前提とする」（spes desiderium praesupponit）[53]。この欲求という語をあまりにも狭い心理学的な意味で理解するなら，それは誤りである。というのも，この語にもっと形而上学的な意味合いがあるのは明らかだからである。世界のどんな被造物も最初から望ましい状態にはないとトマスは考えていた。被造物はみな発展を経てはじめて完成に達するのであり，自分の存在全体が完成するのを「欲求する」のである。このように完成を切望するのは実に根本的で建設的なことである。この切望は「自然本性的傾向性」と呼ばれるが，人間の場合は「自然本性的欲求」や「自然本性の欲求」と呼ばれる

---

52) *Compendium theol. II* 1; cf. *II* 3：「救いには，信仰の次に希望も必要である」。

53) *Compendium theol. II* 7.

第 13 章　世界で最も高貴なもの　　　517

ことが多い。幸福を求めるこうした欲求は，初めは多かれ
少なかれ曖昧で不明確なものだが，恩恵に照らされ動かさ
れることで，至福への真の欲求になり，この至福は最終的
には生けるまことの神と同一視されるものである[54]。

　トマス学派の霊的生活に従うなら，すぐに見ることにな
るように，決定的に重要になってくるのは至福を追求する
ことである。しかし，このことはすでにある程度述べたの
で，次のことは十分理解できる。すなわち，自然本性の抑
えきれない傾向性は，人間のうちで少しずつ期待に変わ
り，希望という対神徳を経て完成に達する[55]。他の対神徳
と同じように，希望の対象と動機は神である。すなわち，

――――――――――

　54)　トマスが超越的なものへの単なる欲求のために聖書的
な終末論を「考慮に入れていない」と疑うことは，大きな誤解で
あり，こうした見解にはあまりにも限定的な論拠しかない。Cf. J.
MOLTMANN, « Christliche Hoffnung: Messianisch oder transzendent?
Ein theologisches Gespräch mit Joachim von Fiore und Thomas von Aquin
», *MThZ* 33 (1982) 241-260; E. SCHOCKENHOFF, *Bonum hominis*, p.
420.

　55)　ある研究者によれば，希望の情念を掘り下げて研究したの
はトマスが最初だったが，それはまさに徳としての希望の概念を練
り上げるために必要だったからである（*Sent. III d.26 q.1*）――cf. S.
PINCKAERS, « La nature vertueuse de l'espérance », *RT* 58 (1958) 405-
442; 623-642。このことは，E. SCHOCKENHOFF, *Bonum hominis*,
p. 174 も強調したが，Schockenhoff はトマスが希望の情念と徳を
これほど見事に論じた背景には，終末を待ち望む態度があったこ
とを示唆している（p. 418-475）。フランス語では以下の業績を参
照。Ch.-A. BERNARD, *Théologie de l'espérance selon saint Thomas
d'Aquin*, « Bibliothèque thomiste 34 », Paris, 1961――霊的な補足事項
を示そうとしている点で評価できる ; J.-G. BOUGEROL, *La théologie
de l'espérance au XIIᵉ et XIIIᵉ siècles*, Paris, 1985――トマスについては，
t. I, p. 277-289 参照。周知のとおり，トマスは恐れの賜物を希望に関
連づけているが，この主題については L. SOMME, « L'amour parfait
chasse-t-il toute crainte? Le rôle joué par l'expression *Timor filialis* dans
l'œuvre de saint Thomas d'Aquin », dans *Ordo sapientiae et amoris*, p.
303-320 を参照。

518　　第Ⅱ部　神を前にして世界の中で生きる人間

人間が神から期待できるのは神自身である[56]。しかし，トマスは三つの対神徳がもたらす寄与をそれぞれ比較しているのだが，希望の役割を正確に述べるために，微妙な差異のある説明——これはトマスが知的に成長する中で次第に獲得したものだろう——をしている。すなわち，愛は，神が愛の原因であるかぎりで人間を神に結びつけ，愛の感情の中で人間精神を神と一つにする。また信仰は，神が真理認識の根源であるかぎりで人間を神に結びつける。対して，「希望は，神が人間の完全な善の根源であるかぎりで人間を神に結びつけるが，希望のおかげで神の助けに支えられながら至福を目指すことができる」[57]。

　それゆえ，強調点は神の助けにあるが，このことは希望の条件をよく考えればすぐに分かる[58]。希望は欲求を前提としている。というのも，明らかなことだが，欲求の対象でないものは希望できないからである。さらに，恐れや軽蔑の対象も希望できない。しかし，希望が成り立つためにはこれらのことで十分ではない。もし到達不可能な対象を欲するなら，それは希望ではない。欲求の概念と比べて希望の概念には，欲する善が到達可能だと当人が見なしていることが付け加わる。しかし，さらにこの善は上級で，到

---

56)　*2a 2ae q.17 a.2.*

57)　*2a 2ae q.17 a.6*; *De spe, a.4*:「希望という対神徳の直接的対象は神の助けである……」。こうした論じ方を採用するなら，次のことを明言しなければならない。すなわち，希望の真の対象は至福そのものであり，直接的対象と真の対象の関係は作用因と目的因の関係に等しい。

58)　トマスは *De spe, a.1* で，希望の対象の四つの性質を，模範となるような簡潔さで要約している。「希望の対象は，まず『善』でなければならない。これで希望は恐れから区別される。次に，『将来の』善でなければならない。これで希望は喜びや享受から区別される。第三に，『困難な』善でなければならない。これで希望は単なる欲求から区別される。最後に，『獲得可能な』善でなければならない。これで希望は絶望から区別される」。

第 13 章　世界で最も高貴なもの　　　519

達困難なもの（arduum）でなければならない[59]。手に入れるのがとても容易で取るに足らないものの場合，人間はむしろそうしたものを軽蔑するのである。あるいは，今手に入るものの場合，そうしたものは将来のものに関わる希望の対象ではない。しかし，希望する善が手に入れるのにきわめて困難で自力で獲得できない場合，それを手に入れるために他のものに訴える必要がある。他のものが人間の場合は要求する（petitio）のであり，神の場合は祈る（oratio）のである[60]。

　このようなわけで，本来的な希望の徳は何かというと，自分自身でも他の人間でもなく，ただ神に頼ることではじめて抱ける希望のことである……。それゆえ，『主の祈り』の中で主が求めるよう教えているものは，望ましく，獲得可能でありながらもきわめて困難な善である。人間はこうした善に自力だけでは達しえず，ただ神の助けに頼ってはじめて到達できる[61]。

　トマスはただ希望の概念を分析して，希望は単なる欲求

---

59)　R.-A. GAUTHIER, *Magnanimité*, p. 322-327 が非常に適切に明らかにしているように，フランス語の difficile は ardu の意味を正確に表すものではない。ardu は困難さに加えて，偉大（magnum），高尚（altum），卓越（excellens）という意味も含んでいる。

60)　続くページで何度も確認できるように，トマスは祈りについて論じるとき，一般的には要求の祈りを念頭に置いているが，神を前にした人間がとるあらゆる宗教的態度──恩恵の働き，献身，崇拝，要するに敬神の徳の働きすべて（cf. *2a 2ae q.82 ss.*）──をことごとく視野に入れている。しかし，トマスはここで要求（petitio）と祈り（oratio）が対立するとはまったく考えておらず，人間に訴える単なる要求と神に訴える祈りを区別しているにすぎない。両者とも要求に違いないのだが，一方は単なる要求であり，他方は神に訴えてはじめて手に入れられる事柄に関わる要求である。

61)　*Compendium theol. II 7.*

520 第Ⅱ部 神を前にして世界の中で生きる人間

ではなく，必ず成就するという確信を伴う欲求である——というのも，希望は神の助けに支えられており，神の助けは失敗することがないから——ことを発見したわけではない。トマスは『ヘブライ人への手紙』6章18節の比喩にも同じ考えがあることを知っていた。この箇所は信徒に希望を堅持するよう勧めているが，「希望はいわば魂に役立つ，信頼できると同時に堅固な錨のようなもので，至聖所の垂れ幕の内側に通じるものである」。

　　船が錨に結ばれるように，人間は希望を堅持する必要がある。しかし，錨と希望には違いがある。錨は船を下方に固定するものだが，希望は人間を上方に，すなわち神に固定するものである。魂が結びつき，休息できるほど堅固なものはこの世にはない。——希望という錨が据えられている至聖所の垂れ幕の内側とは，将来の栄光のことである——。頭であるキリストが人間の希望を据えたのはこの将来の栄光であり，このことはキリスト昇天祭の前日と当日の集まりで語られている[62]。

　典礼が示唆されていることは稀なことではないが注目に値する。というのも，トマスがこうした祈りの中で研究と教育を行っていたことを物語る一つのしるしだからである。また，トマスは聖書のテキストを註解していて機会を見つけたら，ためらわずに神学的説明をキリスト教的生活に適用している。この特徴はすでに何度も見たが，貴重なものである。

　　——聖パウロによれば，「われわれは神の栄光に対す

---

62) *Super ad Hebraeos 6,18, lect.4, n° 325.*

第13章　世界で最も高貴なもの　　521

る希望を誇る……。さらに，希望は決して欺かない。
というのも，われわれに与えられた聖霊により神の愛
がわれわれの心に注がれているからである」（ロマ5：
3-5）──。この栄光が明らかになるのは将来の生だ
が，現在の生では希望を通じて人間のうちに生じ始め
る。──パウロは希望が苦難から生まれると強調する
ことで希望の力を示している──。実際，あるものを
熱望するなら，そのもののために困難で過酷な試練に
も進んで耐える。健康になりたいと強く望む病人は，
回復するために苦い薬を進んで飲む。われわれがキリ
ストの名において抱く希望がどれほど激しいものであ
るかは，将来の栄光に対する希望だけでなく将来の栄
光のために耐える苦難も誇りにすることから明らかに
なる。だからこそ，使徒は言っている。われわれは栄
光に対する「希望だけでなく，苦難も誇りにする」の
であり，こうした苦難は栄光に至るために経る必要が
ある。また，『使徒言行録』14章21節には，「天の国
に入るためには多くの苦難を経ねばならない……」と
言われている。事実，明らかなことだが，人間は愛し
ているもののためなら困難も容易に耐えられる。だか
ら，永遠的善のためにこの世の逆境を辛抱強く耐える
なら，この事実そのものからこの世の善より永遠的善
を愛していることが分かるのである[63]。

欲求を伝えるもの

　こうした説明が『神学大全』より聖書註解に多く見られ
る事実を確認しておくのはどうでもよいことではない。ト

63）　*Super ad Rom. 5,2-5, lect.1, n° 385-386 et 388.*

マスの考えでは，『神学大全』は教科書であり，必要最小限のことしか含んでいない。対して，聖書の講義は，きわめて簡潔に論じられているとはいえ，一般的に言えばもっと広い視野に立って議論を展開している。しかし，これら二つの仕事のおそらく中間に『神学提要』という一つの手引書がある。希望は，『神学大全』では徳の構造をめぐる議論の中で扱われているが，『神学提要』では希望の徳の考察が祈りの簡潔な論述と結びついている[64]。ここに『神学提要』の独自性がある。『神学大全』は当然この側面を論じていないが，かなり注目すべき定式を簡潔に述べている。祈りは「希望を伝えるもの」（spei interpretatiua）[65]，あるいは「欲求を伝えるもの」（desiderii interpres）[66]である。『神学提要』に同じ定式は確認できないが，そこでの議論は同じ方向性を追求しており，『主の祈り』の様々な要求と結びつけて論じられている。これは単なる論述方法にすぎないと思われるかもしれないが，トマス的な物の見方を色濃く反映するものだろう。事実，トマスは世界を導く摂理の大きな計画の中で祈りを捉えているが，これは重要な考え方である。

---

[64]　ここではこの指摘を掘り下げられないので，S. PINCKAERS, *La Prière chrétienne*, Fribourg, 1989 を参照してほしい。

[65]　*2a 2ae q.17 a.2 arg.2*: « Petitio est spei interpretatiua »; *q.17 a.4 ad 3*: « Petitio est interpretatiua spei ». この表現は『神学提要』にはないが，祈りの意味を完璧に要約するものである。

[66]　*2a 2ae q.83 a.1 ad 1*. 周知のとおり，トマスは第83問で敬神の徳としての要求の祈りについて十分詳しく論じている。この第83問は17項にも及び，『神学大全』の最も長い問題である。「欲求を伝えるもの」という表現は他の箇所にも見出せる——*In orationem dominicam, Prol., nᵒ 1022*; *Super 1 ad Tim. 2,1, lect.1, nᵒ 58*。優れた書物 L. MAIDL, *Desiderii Interpres. Genese und Grundstruktur der Gebetstheologie des Thomas von Aquin*, « Veröffentlichungen des Grabmann-Institutes 38 », Paderborn, 1994 を参照。祈りと希望の結びつきについては，p. 193-204 参照。

第13章 世界で最も高貴なもの 523

　神は摂理の計画ですべての被造物を見守っているが，
「理性的被造物を特別気にかけている。というのも，
理性的被造物は神の像としての尊厳を持っており，善
悪を自由に選べる点で自分の行為の主人であり，認
識と愛の働きを通じて神に到達できるからである」。
──それゆえ，理性的被造物は神を信頼することで，
自分の存在が保たれること望むだけでなく，善を選び
悪を遠ざけることについて神の助けを求めることもで
きるが，これは恩恵の働きである──。「人間は洗礼
により再び生まれることで，より高次の希望を抱くの
だが，これは永遠の遺産を神から手に入れるという
ものである」[67]。……人間は養子にする霊を受けること
で，「アッバ，父よ」（ロマ8：15）と呼ぶことができ
る。こうした希望を抱いて祈るべきことを示すため
に，主は自分の祈りを「父」という言葉で始めてい
る。この一語のおかげで人間は希望するものを手に入
れるために誠心誠意祈ることができる。「というのも，
子は親に倣うべきだからである。だから，神を自分の
父として告白するなら，神に倣って生きようとせねば
ならない。すなわち，自分を神から遠ざけるものは何

　67）　ついでながら，永遠の遺産という表現に注目しよう。トマ
スは地上でうまく生きていくために望んでよいものは何でも神に要求
できると認めていたが，にもかかわらずすべての祈りが目指す第一の
主要な対象は至福なのを心底確信していた。このようなわけで，トマ
スは *2a 2ae q.83 a.4* で，「祈りの対象は神のみか」という問いに，た
めらわず次のように答えている。「どんな祈りであれ，祈りは恩恵と
栄光の獲得を目指すべきなのだが，恩恵と栄光を与えられるのは神だ
けである」。こうして祈りと至福が結びついていることは，時に意表
を突く仕方で表現されている。例えば，動物が祈るのは適切かという
問いに，トマスは否と答えている。「なぜなら，動物は祈りの真の対
象である永遠の生命を分有できないからである」（*Sent. IV d.15 q.4 a.6
qcla 3*）。

524　　第Ⅱ部　神を前にして世界の中で生きる人間

であれ避け，神に似たものにするものはすべて行うべきである」[68]。

　かなり驚くべきことだが，このテキストには本書の途中ですでに言及した多くの主題が含まれている。人間——他の被造物の宿命をことごとく超越する宿命を背負っており，自分の行為の主人として自由に行為するよう定められている人間——の尊厳だけでなく，神の像であること——この事実はたった今述べた人間の性質を明らかにしてくれるので，重要である——も指摘しなければならない。トマスはあらゆる倫理的行為はこの条件〔すなわち神の像であること〕から出てくる——というのも，倫理的行為は善悪を選ぶことだから——と考えていたが，このことからどれほど神の像という考え方を重視していたかが分かる。しかし，トマスはこのテキストで「最愛の子らとして」神に倣うことを指摘しているが，トマスによれば，人間はこの神の模倣を通じて自分の中にある神の類似性を完成する[69]。これらすべてのことはここで希望という観点から再編成されているが，このことからトマスが希望をまさしく至福への「途上にある人間」（homo uiator）の徳と見なしていたことが分かる[70]。この希望の徳と同じように，祈りもこの世に生きる人間に特徴的な態度であり，人間はこの世では，自由だが制約されており，それゆえ神に依存している。

---

　68)　*Compendium theol. II 4.*

　69)　もっとも，『エフェソの信徒への手紙』5 章 1-2 節は次章の冒頭でも繰り返されている——*Compendium theol. II 5, lignes 3-4.*

　70)　Cf. CH.-A. BERNARD, *Théologie de l'espérance*, p. 151. 至福者は対神徳としての希望を持たない——cf. *1a 2ae q.67 a.4; 2a 2ae q.18 a.2; De Spe a.4.*

第 13 章　世界で最も高貴なもの　　　525

神は摂理の秩序にしたがって各存在が固有の目的と本
性に到達できるよう手段を与えたのだが，人間にも普
通の生活を送るために必要なものを神から手に入れる
固有の手段を与えた。事実，人間は望むものを得るた
めに他の者，とりわけ目上の人物に訴えるのが常であ
る。このようなわけで，神は人間が望むものを神から
得るために祈りを命じた。——もちろんこれは人間が
必要なものを神に知らせるためではなく，人間自身が
自覚するためである。しかし，キリスト教の祈りには
ある特徴がある——。人間に対して要求する場合，要
求を聞いてもらうためには相手に親切にする必要があ
る。「反対に，神に対して祈る場合は，神の親密さの
中に入ることになる。神を清い心で崇めるとき，人間
の精神は神へと高められ，霊的な交わりに招き入れら
れる。人間はこのように祈ることで情動的な親密さを
味わうので，次はもっと信頼して祈るようになる」。
こうした事態について，『詩編』16 章 6 節では，信頼
して祈ることで，「神よ，わたしはあなたを呼び求め
た。すると，あなたは聞き届けてくださった」と言わ
れている。最初に祈るときに神の親密さを味わってい
たので，次はもっと信頼して祈ることができたのであ
る。このために，熱心に祈って頻繁に求めることは神
にとって煩わしいものではなく快いものである。「倦
むことなく祈り続けねばならない」（ルカ 18：1）。主
自身がわれわれを祈りに招いている。「求めなさい，
そうすれば与えられる。探しなさい，そうすれば見つ
かる。門をたたきなさい，そうすれば開かれる」（マ
タ 7：7）。反対に，人間に対して要求する場合は，し
つこいとうるさがられる[71]。

---

71)　*Compendium theol. II 2.* 注目すべきことだが，このテキスト

526　　第Ⅱ部　神を前にして世界の中で生きる人間

　情動に基づく信頼が祈りを支えているのだが，この信頼はまさに希望の徳がもたらしたものである。事実，希望が誤りに陥るのは，祈りを聞き届ける者が望みをかなえられない場合だけである。ところが，神は必ず祈りを聞き届けてくださる。というのも，天地を創造し，すべてのものを最高の仕方で導いているのは神に他ならないからである[72]。だから，何でも神に求められるのだが，実際にはわれわれの希望と要求をうまく整えているのは愛である。それゆえ，最初の希望は神がすべてに優って愛されることであり，『主の祈り』の第一の要求「御名が崇められますように」はこのことを言い表している[73]。しかし，第二の要求に対応している第二の希望は，もっと深く人間に関わるものである。神を讃えた後に，「人間が望み求めるものは，神の栄光を分有する（particeps diuine glorie）ことである」[74]。それゆえ，トマスはここで今日では希望の終末論的側面と呼ばれる事柄を再び持ち出してきている。はっきりと述べられてはいないが，事実そうである。おそらく人

───────────────

には親密さ（familiaritas）という主題がある。祈る人間は神の「親友」（familier）になる。ここで問題となっているのは，形而上学者の思い描く神ではまったくなく，愛という対神徳を通じて友愛に招き入れる神に他ならない。

　　72）　トマスは *Compendium theol. II 4 et 6* で，希望がもたらす信頼をとりわけ強調している。

　　73）　Cf. *Compendium theol. II 8.* 神が愛され崇められるためには，まず知られていなければならない。トマスはここで神認識について短くまとめて論じている。自然本性的認識から旧約聖書の啓示に移行し，そこからさらに新約聖書の啓示を知るに至る。このようにして，神認識は始まりから完成へと深まる（ut id quod inchoatum est ad consummationem perueniat）。しかし，神の聖性を示すしるしのうちで「最も明白なものは神の内住で聖なる者となった人々の聖性である」。

　　74）　*Compendium theol. II 9.* 実際，このきわめて長い──レオニーナ版で500行を超え，6ページに及ぶ──章は，簡潔だが完成度の高い至福論である。

第 13 章　世界で最も高貴なもの　　　527

間はすでに栄光を前もって所有している——というのも，
恩恵は栄光を前もって所有することに他ならないから——
が，この栄光を全体としてはまだ所有しておらず，希望を
頼りに栄光を体験しているにすぎない。このことは，きわ
めて聖書的な主題の下で，聖霊との関係の中できわめて明
解に説明されている。

　人間がキリストのうちにあるのは恩恵と栄光という
二つの仕方による。恩恵によると言うのは，聖霊の恩
恵で油を注がれ，キリストの一部としてキリストに結
ばれることにしたがってである……。「栄光の合一に
ついては，人間はまだ実際には（in re）所有していな
いのだが，確かな希望の下で所有している。というの
も，永遠の生命を固く希望しているからである」。人
間が栄光の合一に到達できる点について，こうした希
望の中に二つの確証がある。
　まず明らかな確証があり，信仰によるものだが，洗
礼のおかげで人間はキリストへと形づくられる。キリ
ストへと形成されることは，永遠の生命に到達できる
特別で確かな証拠である。〔もう一つの確証である〕
抵当について言えば，この抵当は最も偉大であり，そ
れというのも聖霊だからである。それゆえ，パウロ
は「神はわれわれの心に手付金として霊を送った」と
言っている。明らかなことだが，いかなる人も自力で
は霊を得られない。しかし，抵当あるいは手付金とい
う言葉から，二つのことが導き出せる。一つに，抵当
は抵当が保証しているものを得る希望を示している。
もう一つは，抵当には抵当が保証しているものを超え
る価値はなくても，とにかく同じ価値があるというこ
とである。この二つの特徴は聖霊にも見出せる。事
実，聖霊は何であるか（substantia Spiritus Sancti）を

528 第Ⅱ部 神を前にして世界の中で生きる人間

　考えてみれば，聖霊は永遠の生命であり，永遠の生命
は神自身に他ならないことは明らかだが，それという
のも永遠の生命は三つのペルソナに共通だからであ
る。「しかし，聖霊をどのように所有するかを考えて
みれば，人間は抵当のおかげで希望は抱けるが，永遠
の生命を所有することはできない。というのも，この
世の生では聖霊を完全には所有できないからである」。
このようなわけで，人間が完全な至福に達するのは，
祖国で聖霊を完全に所有する場合だけである。「あな
たたちには霊のしるしが刻まれている。この霊はわれ
われの遺産の手付金であり保証である」（エフェ1：
13）[75]。

　こうして，希望——希望だけでなくキリスト教的生活の
全体[76]——はすでに所有し始めたものがやがて完成すると
いう期待の中にあるので，希望には，神の至福の分有が
「すでに生じている」が完全には「まだ完成していない」
という終末論的特徴がある。ここで唯一考えるべきは，ど
のテキストを選べばよいかという問題である。というの
も，トマスは至福について，また至福の本質をなし，キリ

　75）　*Super 2 ad Cor. 1,21-22, lect.5, n° 44-46.* 保証としての聖霊の
教えは，*Super 2 ad Cor. 5,5, lect.2, n° 161; Expositio in Symbolum, a.8,
n° 969* でも繰り返されている。
　76）　トマスの終末論の教えの大要を述べるために，参考になる
要素をすべて集めようと思えば，別に大きな章を設ける必要があろう。
あまり役に立たない論争的観点を除外すれば，こうした要素のいくつ
かは P. KÜNZLE, « Thomas von Aquin und die moderne Eschatologie »,
FZPT 8 (1961) 109-120 に見出せる。様々な著作については，M.-M.
LABOURDETTE, « Espérance et histoire », *RT* 72 (1972) 455-474——と
りわけ希望に関する最後の数ページ——を参照。もっと浩瀚なものと
して，とりわけ M. SECKLER, *Le salut et l'histoire, La pensée de saint
Thomas d'Aquin sur la théologie de l'histoire*, « Cogitatio fidei 21 », Paris,
1967 を参照。

第 13 章　世界で最も高貴なもの　　　529

スト教的生活の究極目的である見神についていたるところ
で論じているからである。しかし、愛について検討する前
に、ここでは『神学提要』を紹介するという目的もあるの
で、ある長い章を指摘しておこう。その章でトマスは、究
極的な至福——この至福を得ることではじめて、恩恵に
頼って超自然的生を生きる人間の欲求は静まる——は何に
あるかを体系的に、また感情を抑えつつ明らかにしてい
る。本来何ものにも満足せず常に他のものを求めてやまな
いのが人間の性なのだが、それ以上のものを求めず、つい
に欲求が静まるなら、こうしたものこそ人間の最終的な目
的である。見神だけが永続的な喜びの充溢をもたらしてく
れるのだが、この喜びは神が御自身について持つ喜びを聖
なる人々が分有することで生じる。

　　喜びの充溢は、何を享受するかだけでなく、喜びを感
　じる人間がいかなる状態にあるかにも関係している。
　喜びを感じる人は目の前に喜びの原因があると愛情の
　限りを尽くしてそれに向かう。しかるに、霊魂は神の
　本質を見るとき、たった今述べたような仕方で神を現
　前に捉える。この見神そのもののために人間の情動は
　ことごとく神への愛に燃え立つ。事実、ディオニシウ
　スの言うように、あるものは備わっている美しさと善
　性に応じて愛されるとすれば、「神は美しさと善性の
　本質そのものなので、神を見るなら必ず神を愛するこ
　とになる。このようなわけで、完全な見神には完全な
　愛が伴うのである……」。愛するものを目の当たりに
　する喜びは、そのものを愛していればいるほど大きな
　ものになる。したがって、この喜びが完全なものにな
　るのは、享受する対象だけでなく、喜びを感じる人間
　にもかかっている。こうした見神の喜びは完全な喜び
　であり、人間の至福である。このことについて聖ア

530　　　第Ⅱ部　神を前にして世界の中で生きる人間

ウグスティヌスは，至福とは「真理から生じる喜び」（gaudium de ueritate）だと言っている[77]。

　トマスはいつもは大げさな表現を好まないのだが，真に希望すべき対象である神とのこうした交わりを記述するために，ここでは感情をあらわにし，最上級を多用している。神は「あらゆる善にとっての善」（bonum ominis boni）である。神のもとには「完全な休息と安心」（plena quies et securitas），「至上の安らぎ」（omnimoda pax），「完全な平和の静けさ」（perfecta pacis tranquillitas）等々がある。とりわけ注目すべき表現として，「充足をもたらす最高善が目の前にあり，悪は何一つないので，欲求の動揺は静まる」と述べている。

　こうした記述を過度の内面主義の観点から読もうとする人もいるかもしれない。しかし，トマスが数ページ前で『主の祈り』の最初の言葉について述べていることを思い出すべきである。「わたしの父よ」ではなく「われらの父よ」という言葉が適切に示しているように，キリスト教の祈りは共同体的なものである[78]。「われわれにとって神の愛は私的なものではなく共通的なものであり，すべての人々に伝えられるものである」。同様に，「自分のためだけに」（singulariter）ではなく，心を一つにして（ex unanimi consensu）祈るべきである。さらに，「人間の希望が主として神の助けに支えられているとしても，要求するものをもっとたやすく得るために兄弟に訴えることもできる」。キリスト教の祈りがこのように共同体的なものであること

77）　*Compendium theol. II 9, lignes 385-409.*『告白』第 10 巻（23, 33）が参照されていることから，ここでもアウグスティヌスの影響がうかがえる。

78）　*Compendium theol. II 5.* 続く引用はこの箇所からのものである。

第13章　世界で最も高貴なもの　　　531

を証拠づけるために，トマスは教父や聖書の権威を多数引用しているが，最終的に次のように結論づけている。「人間の希望はキリストがとりなして神に伝えるものであり……，キリストは人間を養子にする独り子なので」，われわれは神を自分たちだけの父とは見なせない。もしそうするなら，われわれだけのものではない権利を独り占めすることになろう。もっとも，こうした共同体的な特徴は祈りにだけ見られるものではなく，至福そのものにも友愛に基づく交わりがある[79]。それゆえ，次に第三の対神徳について詳しく述べよう。

人間は神にならねばならない

周知のとおり，『神学提要』の愛に関する第三の部分は書かれることがなかった。確かにこれは残念なことだ——というのも，この第三の部分は最初の二つの部分と同様に見事な論述だったはずだから——が，愛を論じる場合に問題となるのは，どのテキストを選べばよいかということだけである。というのも，トマスはいたるところで愛について論じているからである[80]。すでに愛についてトマスにし

---

79)　Cf. *1a 2ae q.4 a.8.*

80)　愛の論述（*2a 2ae q.23-46*）に加えて，とりわけ *Sent. III d.27-32* と *De caritate* を参照。«Revue des Jeunes» の3巻は常に参考になる——S. THOMAS D'AQUIN, *Somme théologique, La Charité*, t. 1 et 2, Notes et appendices par H.-D. NOBLE, Paris, 1950², et 1967; t. 3, par H.-D. GARDEIL, Paris, 1957. 入手できるなら，M.-M. LABOURDETTE, *La Charité*, Toulouse, 1959-1960 の講義録を参照。愛について，20世紀には多くの神学議論が為されてきたが，ここで立ち入る必要はない。時に古くほぼ入手不可能な業績を避けて，T.-M. HAMONIC, « Dieu peut-il être légitimement convoité? Quelques aspects de la théologie thomiste de l'amour selon le P. Labourdette », *RT* 92 (1992)

532　第Ⅱ部　神を前にして世界の中で生きる人間

たがって述べたが[81]，第14章でもさらに詳しく検討する予定である。ここでは，本章の観点にとどまりながら，対神的生が深いところで統一されていることを指摘し，また強調したように対神的生には終末論的側面があることを示すつもりである。トマスはこれら二点を常に念頭に置いており，徳の結合を論じ始めるやいなや持ち出してきている。

　　「愛は神への愛だけでなく，神とのある種の友愛も意味している。この友愛という考え方により，何らかの相互的交わりに基づく愛の相互性が愛の概念に付け加わる」が，これは『ニコマコス倫理学』第8巻で説明されていることによっている。こうした愛の条件は，「愛にとどまる人は神のうちにとどまり，神もその人のうちにとどまる」（Ⅰヨハ4：16）や「神は真実な方で，あなたたちを御子との交わりに招いた」（Ⅰコリ1：9）という言葉からも確認できる。しかるに，「こうした人間と神の交わりは，いわば神との親密な交際である。この交わりは恩恵によりこの世で始まり，将来の栄光のうちで完成する。この二つのもの，すなわち恩恵と栄光は，人間が信仰と希望を通じて所有するものである」。だから，人間が誰かと友愛を結ぶには，生活を共にしたり親密に交際したりできると信じ望む必要があるように，人間が愛に他ならないこの友愛を神と結ぶためには，神とこのように交わることができると信じ，こうした交わりに入ることを望む必要があ

239-264 を参照するにとどめよう。この業績の現状分析は大変参考になるもので，付録には Labourdette 神父の見事なテキスト « Faire sa joie de la joie de Dieu » がある。
　　81）　神との友愛としての愛について，*SCG IV 20-22* を参照。これらのテキストは本書第7章でたっぷりと引用した。とりわけ「霊の生命」，「わたしは父のもとへ行く」を参照。

第 13 章　世界で最も高貴なもの　　　533

る。「したがって，愛は信仰と希望があってはじめて成立するものである」[82]。

　上のテキストでは対神的生の統一性がきわめて明確に論じられているので，これ以上強調する必要はないが，友愛としての愛の定義をもっと掘り下げることは可能である。友愛としての愛は人間が互いに愛し合う事態を例にとりうまく理解できる。というのも，そこでは友愛の条件を見出せるからであり，トマスはこうした条件をアリストテレスにしたがって列挙している。相手の善を欲する二人の人間の間には好意の愛情がなければならないが[83]，にもかかわらず友愛は好意の愛情だけでは成立しない。友愛には好意の愛情が相互的なこと（mutua amatio）も必要である。「というのも，友人は互いに愛し合うものだからである」[84]。さらに，こうした相互的愛が成立するには，友人どうしが何かを共有し，何らかの仕方で「交わる」ことが欠かせない。この交わりはアリストテレスが koinônia と呼んでいるものだが，友人どうしが同じ善を共有することを前提としており，共通の活動を行う，すなわち「共に生きる」（conuiuere）ときに実現するものである[85]。

　82）　*1a 2ae q.65 a.5*. ウルガタ訳聖書は koinônia というギリシャ語を，意味をそのままに保ちながら societas と訳しているが，ここでは societas を communion〔交わり〕と訳した。

　83）　*1a q.20 a.1 ad 3*：「愛の対象は二つある。相手に望む善とこの善を望む相手である。本来的に言えば，誰かを愛することは相手に善を望むことである」。

　84）　*2a 2ae q.23 a.1*: « quia amicus est amico amicus ».

　85）　Cf. *2a 2ae q.23 a.1*, notamment. Cf. J. MCEVOY, « Amitié, attirance et amour chez S. Thomas d'Aquin », *RPL* 91 (1993) 383-408 ——Mcevoy はトマスの友愛概念の独創性を強調している；M.F. MANZANEDO, « La amistad según santo Tomás », *Angelicum* 71 (1994) 371-426——この業績は哲学的でややスコラ学的だが，文献表はきわめて完成度が高い。

534   第Ⅱ部　神を前にして世界の中で生きる人間

　同じ善を共有し交わるというこの最後の条件は，愛の相
互性と同様にきわめて重要である。この条件がないと，真
の友愛は成立しない。というのも，人々は大切にしている
価値や善を，共に生活する（conuersatio）中で「共有」でき
ず，一致を実現できないからである。家や国の部外者
は，本来的な意味での家族的ないし市民的友愛に与ること
ができる——別の善を共有することで違う種類の友愛は
結べるとしても。このことを理解するには，聖パウロがキ
リストの体である教会で実現することを説明して，「あな
たたたちはもはや外国人や寄留者ではなく，聖なる人々の仲
間であり，神の家の一員である」（エフェ 2：20）と言って
いるのを思い出すだけで十分である[86]。アリストテレスも
上のことを念頭に置きながら，「例えば神と人間がかけ離
れているように，友人の一人がもう一人の友人からあまり
にもかけ離れている場合，もはや友愛は成立しない」[87]と

――――――

　　86）　「われわれが見て聞いたものをあなたたちに伝えるのは，あ
なたたちがわれわれの交わりに加わるためである。われわれの交わり
は，御父と御子イエス・キリストとの交わりである」（Ⅰヨハ 1：3-4）
という言葉も想起できる。周知のとおり，「交わり」は koinônia の訳
だが，少し後の箇所（Ⅰヨハ 1：7）でも，福音を共有することで兄
弟的な交わりが実現すると述べられている。『使徒言行録』2 章 42 節
および 4 章 32 節も参照。

　　87）　*Éthique à Nicomaque* VIII 9, 1159a4. トマスはこの文章の意
味を完全に理解していた。「例えば人間が神からかけ離れているよう
に，二人の友人があまりにもかけ離れている場合，もはや友愛は成立
しない。――例えば王になってほしいなどと，あまりに大きな善を友
人に望むなら，友人を失うことになる――」（*Sententia libri Ethicorum*
VIII, lect.7, Léon., t. 47/2, p. 465）。〔トマスは次のテキストを知らな
かったようだが，そこでアリストテレスはもっと明確に述べている。
「神的なものや無生物が友愛を結べると考えるのは間違いである。事
実，人間が友愛を結べるのは，互いに愛し合えるからである。だが，
神に対する友愛は相互的なものではない。一般的に言えば，神に対し
て友愛を感じることはできないのである。人間が神と友愛を結べると
は，なんと愚かな考えだろうか」（*Grande morale* II 11, 1208b28-32）。

第 13 章　世界で最も高貴なもの　　　535

書いた。しかし，愛を友愛として定義することに反対する
意見もあるのだが，こうした反論が指摘する困難はまさに
ここにある。

　　哲学者が言うように，「共に生きることはまさしく
　友愛に固有のことである」。しかるに，愛の対象は
　神や天使だが，「人間はこれらの対象と共に生きる
　（conuersatio）ことができない」（ダニ 2：11）。それゆ
　え，愛は友愛ではない[88]。

　キリストが『ヨハネ福音書』で「わたしは言う。あなた
たちは神である」[89]と述べていることを理由に，トマスは
反論できただろう。というのも，事実人間は聖霊の恩恵に
より神になるからである。すなわち，人間は聖霊の恩恵に
より養子になるので，いわば神と同列に並ぶことになり，
相互的な交わりが可能になるのである。にもかかわらず，
トマスは交わりの概念を活用してもっと特殊的に説明しよ
うとする。

　　人間には二つの生がある。第一の生は感覚的および
　身体的本性にしたがった外的な生であり，この生
　に関しては，人間と神ないし天使が「交わること」
　（communicatio）や「共に生きること」（conuersatio）
　は不可能である。もう一つは霊魂の次元で生じる霊的
　な生だが，この生では人間は神や天使と共に生きられ
　る。こうした霊的な生はこの世では不完全なものにな

考察を補完するために，J.-P. TORRELL, « La charité comme amitié
chez saint Thomas d' Aquin », *La Vie spirituelle*, n° 739, juin 2001, p. 265-
283 も参照。]

　88)　*2a 2ae q.23 a.1 arg.1.*

　89)　Jn 10,34-35 avec citation du Ps. 81,6.

らざるをえない——「われわれの交わりは天にある」
（フィリ 3：20）——が，この交わりは「神に従う人々
が神の顔を仰ぎ見る」（黙 23：3）ときに祖国で完成
する。こうして，愛はこの世では不完全だが，祖国で
は完全なものになる[90]。

　神との交わりが霊魂と霊的な能力の次元だけで確認でき
るのは，まったく驚くべきことではない。というのも，こ
れらの能力を使ってはじめて，友愛の交わりに不可欠な認
識と愛の生が実現するからである[91]。それよりもむしろ次
のことを強調せねばならない。すなわち，友愛としての愛
の定義を支えているのは，神と人間が何らかの善を共有し
て交わることができるという考えである。同時に，この友
愛がどのような善に基づくかもはっきり述べる必要があろ
う。「愛は神への愛なら何でもよいというわけではなく，
神を至福の対象として愛する愛でなければならない。信仰
と希望がこの愛に導いてくれる」[92]。それゆえ，予想に反す
るかもしれないが，この愛は直接的には恩恵のことではな
い。もしトマスがここで恩恵を念頭に置いていたなら，い
つものように，神的「本性」の伝達に言及したに違いな
い。したがって，トマスは存在論的意味での恩恵の共有に
加えて，それ以上の何か，すなわち働き，活動，生命の次
元に属する何かを言い表そうとしている。この交わりこそ

────────────────

90)　2a 2ae q.23 a.1 ad 1.
91)　1a q.20 a.2 ad 3:「友愛を結べるのは，理性的被造物に対し
てだけである。すなわち，それは生きていく上で相互的に愛し交わる
ことができ，また善悪の感覚，運命や幸福の自覚を持っている理性的
被造物であり，本来的に言えば，人間はこうした存在に対してだけ好
意を抱けるのである。理性を持たない被造物は，神を愛したり，知的
で至福な生命——これは神の生命である——の交わりに入ったりは決
してできない」。
92)　1a 2ae q.65 a.5 ad 1.

第13章　世界で最も高貴なもの

まさしく至福そのものである。

　「神が人間に御自身の至福を伝えることで，人間と神にはある種の交わりが生じる」ので，この交わりに基づいてある種の友愛が生まれるはずである。「神は真実な方で，われわれを御子との交わりに招いた」（Ⅰコリ1：19）という聖句で問題となっているのはこの交わりである。愛はこの交わりに基づくものである。それゆえ，愛が人間と神のある種の友愛なのは明らかである[93]。

　言い換えれば，神は人間を幸福にしたいだけでなく，御自身の幸福である至福により幸福にしたいのである。だから，人間は愛により，三位一体の三つのペルソナがすでに共有している善，すなわち彼らの生命そのものないし至福に結びつき，彼らの永遠の交わりを分有するに至るわけである。

　──神がすべての被造物を愛する愛の他に──本来的な真実の愛があり，これは友愛に似たものだが，神はこの愛で被造物を，職人が作品を愛するように愛するだけでなく，友愛のある種の交わりを通じて友人が友人を愛するようにも愛するのであり，こうした交わりの喜びを被造物に分かち与えるのである。「したがって，被造物の栄光と至福はまさに神自身の栄光と至福である」。この愛でもって，神は聖なる人々を愛する[94]。

---

93)　*2a 2ae q.23 a.1.*

94)　*Sent. II d.26 q.1 a.1 ad 2.*

538　第Ⅱ部　神を前にして世界の中で生きる人間

　愛は，信仰と希望と同じようにではあるが固有の仕方で，人間のうちに永遠の生命——これは人間の目的である——を実現するのだが，この永遠の生命は始まりの状態で，「希望の中で」，終末論的様態で理解されるものである。それゆえ，信仰と希望と同じく，愛は「すでに」生じていると同時に「まだ」完成していないものなのだが，信仰と希望よりも確実に人間を愛の対象に結びつける——たとえ愛が信仰と希望を前提するとしても。すなわち，愛は愛する人間を愛される神に，愛する神を愛される人間に結びつける。というのも，愛は合一を実現するものだからである[95]。愛は，時間的なものと同じように，一時的で不安定で失いやすいものだが——「われわれはこの宝を土の器におさめている」（Ⅱコリ4：7）——，堅固で保証されたものである。というのも，この友愛の交わりを支えているのはあらゆる善にとっての善に他ならず，この善は友人である神自身だからである。この友人のおかげで人間はこの世にありながら永遠を分有できるのである。

---

　95)　愛の働きを論じた箇所（*1a 2ae q.28*）を参照。あるいは，ここでも *SCG IV 20-22* を参照——この箇所では聖霊が実現する神との友愛が非常に見事に論じられている。

第 14 章

神への道

　霊性の教師たちは，魂がどのようにして神に至るか，その道のりを示してきたが，彼らがみなこの道のりを明確に述べているわけではない。しかし，少なくとも彼らの人格や生き方は聖性に至るための独自の模範と見なされ，弟子に受け継がれた。とはいえ，この道のりをきわめて明確に示した人々もいる。例えば，ボナヴェントゥラの『魂の神への道程』，アビラのテレサの『完徳の道』，十字架のヨハネの『カルメル山登攀』があるが，このような例をさらに挙げることは難しくない[1]。むしろ，話を進める上で問題になるのは，トマスにこうした類の論述を見出せるかどうかである。

　すでに見たように，トマスが神への道のりを論じていることは疑いない。『神学大全』の第 2 部と第 3 部は全体として，「理性的被造物が」キリストに従うことで「どのようにして神に至るか」を論じている。というのも，キリストはその人間性にしたがって「神に至る道」だからである[2]。驚くべきことだが，トマスの主張はこれほど明白な

---

　1)　Cf. E. BERTEAUD, « Guides spirituel », *DS* 6 (1967) 1154-1169.

　2)　*1a q.2 Prol.*

のに，トマスの弟子たちは的確に理解せず強調もしてこなかった。おそらくたくさんの理由が考えられるだろう。主要な理由は，トマス思想の哲学的側面ばかりが関心を呼び，トマス本来の神学的霊感がないがしろにされてきたことである。さらに，トマスが示した「道のり」は多くの回り道を含んでいる——トマスが怠けていたとは到底言えないにせよ——，という批判もあるだろう。しかし，トマスは確かに「道のり」を示しているのであり，しかもその分量は膨大である。すべての被造物はどのようにして神に還帰するか，それがこの道のりの内容であり，人間は救い主に従うことを通じて，固有の仕方で，すなわち自由にこの道のりを踏破するよう招かれている。

　トマスが『神学大全』で被造物の神への還帰を論じていることはきわめて基本的な情報だが，この論述はあまりにも一般的すぎてそこから神への道のりを引き出すことは難しい。しかし，トマスはこの道のりについて，強調はしていないものの十分明確にここかしこで論じているので，それらを活用できる。それらの論述は様々な領域で見出せるが，力強く的確に述べられており，驚くべきものである。トマスが人間をどう捉えていたか——人間は愛の対象と一つになることでしか満たされない欲求を持った存在である——，至福についてどう考えていたか——至福は望みうるすべてを超えたものであり，至福ではないすべてのものから区別する必要がある——，新しい被造物と呼ばれるものは何か——その成長は身体の成長に比べられるものだが，この被造物は完全な愛に通じる諸段階をキリストに従うことで乗り越えて成長を遂げねばならない——，こうした考察はどれも愛という新しい掟に関するものであり，トマスはこうした考察を通じ断固として愛の掟を霊的努力の中心に据えようとしたのである。

第 14 章　神への道　　　541

人間と欲求

　すでに多くのテキストを検討し，神の手から発出する業に刻まれた円環運動を強調したが，ここでそのダイナミズムを再び取り上げるには及ばない。トマスは絶えずこの運動に言及しているが，この事実から分かることに，トマスはきわめて的確にこのダイナミズムを理解しており，何よりも尊重しようとしていた。トマスは恩恵を生み出せるのは神だけである理由を問うときに，このダイナミズムを神学的見地から明確に説明している。

　　　世界の始原と目的は同一なので，恩恵の目的因は恩恵の作出因と連関しているはずである。ここから以下のことが分かる。被造物を存在へと呼び出す最初の働き，すなわち創造は被造物の最初の始原にして究極目的である神だけが行えるのと同様に，恩恵の賜物——これにより霊魂は究極目的に直接結びつく——は神だけが生み出せるものである[3]。

　これまでこの主題に関する多くのテキストを検討したので，本来的に言ってこのテキストには目新しいものはない。しかし，このテキストを読めば，トマスが提案し，ここでわれわれが発見しようとしている道のりが恩恵の道なのがはっきりする。恩恵においては，歩むのは確かに人間だが，主導権をとるのは神である。同様に明解な文章が他にもあるが，それらはこの道のりの様々な形態を提示するものであり，こうした特異性のせいで基本的な方針が損な

---

3)　*De ueritate q.27 a.3 in fine.*

542　第Ⅱ部　神を前にして世界の中で生きる人間

われることはまったくない。

　神の像の考え方のおかげでこのダイナミズムの価値が強調されていることに異論の余地はない。というのも、像が〔範型である〕神に似ることができるのは、神が被造物を「御自身に向けて」創造したからである。被造物はよりいっそう神に似ることではじめて自分自身の完成に近づくのである。

　　　事物は完成を目指すとき、善を求めている。というのも、すべてのものは完全であるかぎりで善だからである。「事物は善を求めるとき、神に似ようとしている」。というのも、すべてのものは善であるかぎりで神に似ているからである。また、個別的な善が求められるのは第一の善に似ているからである。事物が個別的善に向かうのは神に似るためであって、反対ではない。したがって、「すべての事物が目的としての神に似ようとしている」ことは明らかである[4]。

　だから、神はすべてのものの最も深いところに神と一つになりたいという欲求を置いたのである。トマスはこのことを強く確信していたので、次のように述べるに至った。「人間の究極的で完全な至福は神の本質を見ること以外にはない。というのも、人間はなおも欲求できる何かが残っているうちは完全に幸福ではないからだ」。人間の知性が完成に達するのは、第一原因の本質——これが知性の対象である——を認識するときである。このようにしてのみ、人間は神と一つになり、そこに真の幸福を見出す。神に到達するまで、「人間の欲求はその本性からして（naturaliter）満たされない」。「第一原因を知りたいという自然本性的欲

――――――――――
　4)　*SCG III* 24, n° 2051.

第 14 章　神への道　　　543

求が満たされないかぎり，人間は完全に幸福ではない」[5]。
トマスは同じことを至福に関して的確に述べている。「人
間の知性が事物の第一原因に結びつけないなら，自然本性
の欲求は無駄になるだろう」[6]。

　神に夢中になることを述べたテキストを検討して霊的な
事柄を考察した後では[7]，これらのテキストはより「客観
的で」「合理的」にすら思えるかもしれない。実際，こう
した二つの考察方法は相互補完的なもので，人間のアヴァ
ンチュールの完成を述べた先のテキストを真に理解するた
めには，欲求の抑えがたい性格を強調したこれらのテキス
トを参照する必要がある。この欲求についての教えはトマ
ス思想の要諦であり，同じ意味のテキストを 10 ほど引用
できるだろう。

　　自然本性的欲求が無駄になることはありえない。人間
　　が神の本質――これはすべての知性が自然本性的に欲
　　求するものである――を認識できないなら，自然本性
　　的欲求は無駄になるだろう。したがって，離存的実体
　　や人間の霊魂は神の本質を見られると断言できる[8]。
　　――少し先でもトマスの見解は変わらず明確である
　　――。すでに証明したことだが，すべての知性は神の
　　本質を見ることを自然本性的に欲する。しかるに，自
　　然本性的欲求は無駄に終わることはない。それゆえ，

───────────
　5)　*1a 2ae q.3 a.8*: « Ultima et perfecta beatitudo non potest esse
nisi in uisione diuinae essentiae (...). Homo non est perfecte beatus
quandiu restat sibi aliquid desiderandum et quaerendum (...). Ad perfectam
beatitudinem requiritur quod intellectus pertingat ad ipsam essentiam
primae causae. Et sic perfectionem suam habebit per unionem ad Deum
sicut ad obiectum in quo solo beatitudo hominis consistit ».

　6)　*1a q.12 a.1.*

　7)　本書第 4 章「像と至福」を参照。

　8)　*SCG III 51, n° 2284*; cf. *ibid.* 50.

544 　第Ⅱ部　神を前にして世界の中で生きる人間

被造的知性はどんなものでも——下級の本性に属する
ものでも——，神を見ることができる[9]。

　この推論を正確に理解するには，トマスが「自然本性
的」という語をどれほど強い意味で使っているかを知る必
要がある。ある研究者が次のように述べるのは的確であ
る。「自然本性的なものは決して無駄にならない。それら
はみな固有の目的に達するために造られている。このこと
は当該の領域の第一原理のようなものである。だから，神
的原因の本質を知りたいという自然本性的欲求が無駄にな
るなら，それは知性の欠陥に他ならないことになる。自然
本性は自己矛盾的なものではない」[10]。

　ずっと以前のトマス主義者たちは，トマスのこれらのテ
キスト——他にも〔同じことを述べた〕テキストはたくさ
んある[11]——を前に困惑した。事実，ここである問題が生
じたのだが，それは「神を見たいという自然本性的欲求」，

---

9)　*SCG III 57, n° 2334*: «... omnis intellectus naturaliter desiderat
diuinae substantiae uisionem. Naturale autem desiderium non potest esse
inane. Quilibet intellectus creatus potest peruenire ad diuinae substantiae
uisionem, non impediente inferioritate naturae ».

10)　A. GARDEIL, *La structure de l'âme et l'expérience mystique*, t.
I, Paris, ³1927, p. 281.

11)　決定的な研究 J. LAPORTA, *La Destinée de la nature humaine
selon saint Thomas d'Aquin*, « Études de philosophie médiévale 55 »,
Paris, 1965 と，M.-M. LABOURDETTE, *RT* 66 (1966) 283-289 の　好
意的な書評を参照。わたしは上の論述で，*Cours de théologie morale
12, La fin dernière de la vie humaine (La Béatitude)*, nouvelle édition
entièrement refondue, Toulouse, 1990 に見出せるような Labourdette
神父の解釈に与しており，時として同じ表現を繰り返している。S.
PINCKAERS, « Le désir naturel de voir Dieu », *Nova et Vetera* 51 (1976)
256-273 も参照。Pinckaers が強調するには，「神を見たいという自然
本性的欲求に関する，またこの欲求が人間の幸福について果たす役割
に関する議論は，聖トマスがその天賦の才で発見したものである」(p.
260)。

第 14 章　神への道　　　545

言い換えれば——矛盾がもっとよく分かるより簡潔な表現
では——「超自然的な事柄への自然本性的欲求」という問
題である。結局のところ、このことは超自然的なもの、す
なわち恩恵が自然本性に帰属すると主張することになるの
ではないか。というのも、神は人間のうちに無駄に終わる
欲求を置くことはできなかっただろうから。しかし、そう
なると、恩恵は神が無償で与えるものだということはどう
理解すればよいのか。カエタヌスは、神を見たいというこ
の欲求は「超自然的人間にとってのみ自然本性的」だ——
それゆえこの欲求は事実上超自然的なものだ——と主張す
ることで問題を解決できると思い込んでいた[12]。

　結局これは自明の理を述べたものだが、根拠がないわけ
ではない。この超自然的欲求は確かに存在する。というの
も、この欲求は対神徳、とりわけ希望の内容だからであ
る。しかし、ここで問題となっているのはそれとは別の事
柄である。それゆえ、他の偉大なトマス主義者フェラーラ
のシルヴェストル（Sylvestre de Ferrare）はカエタヌスの
この解釈を否定し、代わりにこの欲求を誘発的で自由で条
件的で無力なものだと形容した。その結果、トマスの言う
自然本性の欲求に見られた必然的な性格はもはやなくな
り、トマスの論証の強制力も消えてしまった。この欲求
は、このように形容されると、人間のうちに「おそらく」
存在するであろう従順の能力、すなわち超自然的な次元に
上昇することを「ただ単に拒まない」という特徴を示すも
のでしかなくなってしまったのである[13]。

　ここで何世紀にもわたり知性を捉えてきたこの議論に深

---

　12)　*In Iam q.12 a.1, n° V-X*, Léon., t. 4, Rome, 1888, p. 115-116.
　13)　*In SCG 51*, Léon., t. 14, Rome, 1926, p. 141-143. トマス主
義者たちの見解を明確に力強く要約したものとして、A. Gardeil,
La structure de l'âme et l'expérience mystique, t. I, p. 268-307 を参照。
Gardeil 自身はフェラーラのシルヴェストルの見解に賛成している。

入りすることはできない[14]。この議論からとりわけ分かることに，またこのことは当事者たちも気づいていなかったのだが，自然本性の考え方は 13 世紀と，ルネッサンスと宗教改革以降の時代を比べると完全に変わってしまった。「自然本性」という語はトマスが示した意味とはまったく異なる意味で理解されるようになったのである[15]。ルネッサンス以降，この語はよく言われるように「単なる」本性，すなわちもっぱら理性的動物という定義が示す人間の本性を意味するようになった。このように理解された本性からは，超自然的な賜物や，神的な条件を分有したり神を見たりする能力はまったく除外される。この自然本性が神的生命――トマスによれば自然本性はこの神的生命に向けて造られた――の分有を切望することなどありえないのは明らかで，神的生命を単に拒まないという機能しか果たさなくなってしまった。ちょうど確かにミケランジェロ（Michel-Ange）の手で像になるのだが，それ自体はそれを要求することも望むことも「欲する」こともない大理石

---

14) この議論は最近になって，次に挙げる H. de LUBAC の諸業績が提起した論争の中で変化を蒙った。*Surnaturel: Études historiques*, « Théologie 8 », Paris, 1946; *Augustinisme et théologie moderne*, « Théologie 63 » et *Le mystère du surnaturel*, « Théologie 64 », Paris, 1965. わたしの書評は *RT* 66 (1966) 93-107, H. de Lubac の後の考察は *Mémoire sur l'occasion de mes écrits*, Namur, 1989 参照。［この論争から 50 年後，Institut Saint-Thomas-d'Aquin は 2000 年 5 月 26-27 日にシンポジウムを開催したが，その成果は *Surnaturel. Une controverse au cœur du thomisme au XX* siècle, *RT* 101 (2001) 5-351 として出版された。ここに含まれる歴史的および神学的議論を読めば，論争についてもっとよく理解できるだろう。］

15) カエタヌスについて，O. BOULNOIS, « Puissance neutre et puissance obédientielle. De l'homme à Dieu selon Duns Scot et Cajétan », dans B. PINCHARD et S. RICCI, *Rationalisme analogique et humanisme théologique. La culture de Thomas de Vio 'Il Gaetano'*, Naples, 1993, p. 31-69 を参照。

第 14 章 神 へ の 道 547

のように。

　トマスの言う人間本性はこれとはまったく異なるもの
で，存在するすべてのものの根源を知りたいという自然本
性的，すなわち先天的でそれゆえ必然的な欲求を備えてい
る。こうした自然本性の欲求は人間の存在に結びついてお
り，知性は自分自身を含めたあらゆる存在の根源である存
在そのものを認識してはじめて充足し働きを終え，愛はあ
らゆる善の根源である善そのものに達してはじめて満たさ
れる[16]。ここで問題となっているのはまだ見神の欲求その
ものではないが，自然本性的欲求は充足をもたらすすべて
のものを対象とし，それに達しないかぎり満たされないま
まにとどまる。だから，人間の自然本性は，単に超自然的
なものを拒まないという機能しか果たさないどころか，知
らないままに超自然的なものを切望しているのである。そ

───────────
　16)　たいていの場合，トマスは知性や認識といった語を用いて
考察している。というのも，至福をなす善を捉える能力を検討してい
るからである。このことから，トマスは愛を排除していると結論し
てはならない。それとは反対のことを述べているテキストはたくさん
あるが，例えば次の箇所を参照。*Compendium theol. I 109*:「人間の完
成は究極目的を獲得することにあるが，究極目的は完全な至福であ
り，神を見ることに他ならない……。また，神を見ることで知性と意
志は休息する。というのも，知性について言えば，第一原因──この
第一原因においてすべてのものを認識できる──に到達すれば，探
究は終わるからである。意志について言えば，究極目的──ここには
あらゆる善の充実がある──に到達すれば，もはや何ものも欲求しな
くなるからである……。それゆえ明らかなことに，人間の究極的完
成は知性と意志が完全に休息し静まることである」。至福において知
性と意志がどのように働くかについて，とりわけ *SCG III 26; 1a 2ae
q.3 a.4* を参照。トマスの至福論とパリで 1277 年に断罪された至福の
哲学的解釈の違いを理解するには，次の業績を参照。A. DE LIBERA,
« Averroïsme éthique et philosophie mystique. De la félicité intellectuelle
à la vie bienheureuse », dans L. BIANCHI, éd., *Filosofia e Teologia nel
Trecento*. Studi in ricordo di Eugenio Randi, Louvain-la-Neuve, 1994, p.
33-56.

れゆえ，啓示により善そのものが真の名で知られる時が来ると，この自然本性の必然的欲求は倍加することになる。というのも，恩恵——恩恵のおかげで欲求は終局に達する——に支えられた自由な欲求がそれに付け加わるからである[17]。

神を受容できること

　明らかなことだが，トマスの言う人間本性が上述のようなものであるのは，神にかたどって造られたからである。自然本性の欲求を基礎づけ説明するのはこの神の像という考え方であり，テキストは何度も繰り返してこのことを述べている。キリストがこの地上で至福直観を持つかどうかを明らかにする際，トマスはすべての人間にとって重要なことを指摘している。

　　人間は見神における至福者たちの知に対して可能態にあり，その知を目的として秩序づけられている。事実，「理性的被造物がこの至福の認識を受容できるのは，神の像だからである」。——至福直観は自然本性を超えているので，人間は至福直観のために造られているわけではないと反論するかもしれないが，解答はきわめて明白である——。ある意味では至福直観は理性的霊魂の自然本性を「超えている」——というのも，理性的霊魂は自力では至福直観に到達できないか

　　17）　トマスはこの自覚的欲求について *1a 2ae q.5 a.8* で論じているが，そこで善の一般的意味における至福——人間はみな例外なく至福を欲求する——と，何が至福か知った上で欲求する至福——すべての人々が至福を知っているわけではなく，それというのも何が至福の名に値するか知らない人もいるから——を区別している。

第14章　神への道　　549

ら。しかし，別の意味では至福直観は「自然本性的な
ものである」，すなわち理性的霊魂は自然本性にした
がって至福直観を受容できる。というのも，理性的霊
魂は神にかたどって造られているからである[18]。

　このようなわけで，トマスは人間はみな自然本性的に至
福直観を明確に欲求すると言っているわけではないが，人
間の真の幸福は至福直観以外にないと適切に述べている。
同時に，人間は自然本性的に恩恵という神の賜物を受容で
き──というのも，人間は恩恵を生み出す神にかたどって
造られているから──，恩恵のおかげで人間の自然本性的
欲求は満たされると主張している。こうした考察を支える
テキストはたくさんあるが，トマスはここでアウグスティ
ヌスの文章を取り上げ，恩恵を受容することの「自然本性
的」性格を強調している。「聖アウグスティヌスが述べる
ように，霊魂は『自然本性的に』恩恵を受容できる。『霊
魂が恩恵を通じて神を受容できるのは，霊魂が神の像だか
らである』」[19]。こうした表現は頻繁に見られるが[20]，神学的

────────

18)　*3a q.9 a.2 et ad 3*: « Visio seu scientia beata est quodammodo
supra naturam animae rationalis, inquantum scilicet propria uirtute ad
eam peruenire non potest. *Alio modo uero est secundum naturam ipsius,
inquantum scilicet per naturam suam est capax eius, prout scilicet ad
imaginem Dei facta* ».

19)　*1a 2ae q.113 a.10*: « Naturaliter anima est gratiae capax: 'eo
enim quod facta est ad imaginem Dei, capax est Dei per gratiam', ut
Augustinus dicit ». 引用については *De Trin. XIV 8,11*: BA 16, p. 374 を
参照してほしいが，表現は異なっている。« Eo quippe ipso imago ejus
est, quo ejus capax est, ejusque particeps esse potest; quod tamen magnum
bonum, nisi per hoc quod imago ejus est, esse non potest »〔「霊魂は神の
像なので，神を受容し，分有できる。霊魂が神の像だからこそ，これ
ほど大きな善が実現できるのである」〕．

20)　上で挙げた文章の他に，capax Dei という表現は約10の箇
所で見出せる。とりわけ *3a q.4 a.1 ad 2*; *De uer. q.22 a.2 ad 5* を参照。

550 　 第Ⅱ部　神を前にして世界の中で生きる人間

考察のためだけのものではない。トマスは説教の中で永遠
の生命について論じる際，こうした表現を違和感なく使っ
ている。

　　永遠の生命とは人間の欲求が完全に満たされることで
　　ある。事実，至福者が天において所有する永遠の生命
　　は，彼らがこの世で欲し望んだものを超えた善であ
　　る。この理由は，誰しもこの世の生では欲求を完全に
　　満足させられない，すなわちいかなる被造物も人間の
　　欲求を満たせないところにある。神だけが人間の欲求
　　を完全に静め，それを無限に超えて満足させることが
　　できる。このようなわけで，人間が休息できるのは神
　　のうちだけであり，このことについて聖アウグスティ
　　ヌスは「主よ，あなたはわれわれをあなたに向けてお
　　造りになりました。われわれの心はあなたのうちに安
　　らうまで休息を得ることができません」[21]と言ってい
　　る。また，聖なる人々は祖国で神を完全に所有してい
　　るので，彼らの欲求が完全に静まり，栄光によりさら
　　に満たされていることは明らかである[22]。

　ここでアウグスティヌスが再び登場しているが，驚くに
は値しない。トマスの立場は，バロック時代のスコラ学者
と「単なる」本性という見解よりも，はるかにアウグス
ティヌスの見解に近い。トマスは自然本性的欲求という概
念で，『告白』冒頭の不朽の言葉を自分なりに表現してい
るのである。このように指摘することは，トマスを讃える

────────────
しかし，同じ意味の表現は他にもたくさんある。capax summi boni (*1a
q.93 a.2 ad 3*), capax perfecti boni, capax uisionis diuinae essentiae (*1a
2ae q.5 a.1*), capax uitae aeternae (*2a 2ae q.25 a.3 ad 2*), etc.
　21)　*Confessions I 1,1*: BA 13, p. 273.
　22)　*Explanatio in Symbolum 12, n⁰ 1012.*

第14章　神への道　　551

ためにアウグスティヌスから独自の功績を奪うことではない。むしろここで問題となっているのは，アウグスティヌスの知的遺産を認め，彼が言わんとしたことを正確に再現することである。トマスがアリストテレスにしたがって簡潔に，能力の限界まで進む知的欲求という表現で言い表そうとしているのは，善，真，美を飽くことなく探究することであり，この探究はすべての人間の心に置かれているものである。

幸福を生み出さないもの

　トマスは強い印象を与える簡潔な表現で，像（創1：26）と至福（Ⅰヨハ3：2）を結びつけて理解しているが，だからと言って人間が置かれている歴史的状況を忘れてはいない。トマスはいつものように簡潔にあらかじめ次のように指摘している。「天使のように直接完成に達しえないのがまさしく人間の条件である。それゆえ，『人間は至福を得るために天使よりも長い道のりを踏破せねばならない』」[23]。この自明の事柄を考慮に入れれば，踏破すべき道の考え方は円環運動の考え方と同様にトマスにとって自然なものだった。この図式に照らして霊的な道のりが還帰の道なのは疑いないが，このことは「旅人としての人間」（homo uiator）の性質そのものからすでに分かることである。そしてこれは『神学大全』の第2部を導いている明らかな方針の一つなのである。第2部が究極目的の検討で始まっているのは，もしどの目的に向かって進むべきか分からないなら，人間——その運命は時間の中で展開される——は歩み始められないからである。それゆえ，トマス

───────────

23)　*1a q. 62 a. 5 ad 1.*

552　　第Ⅱ部　神を前にして世界の中で生きる人間

は人間の生の全体に適用できる目的因の分析から始めているが，無条件的に言って人間の究極目的は認識と愛の対象である神に到達することだと結論づけている。至福は，このように理解すると，程度の差はどうであれ人間が思い描くことのできる幸福を無限に超えていることが分かる。人間が至福に動かされ，真の反射反応とまで言えるほどにいかなるときも至福を欲するようになるなら，至福の追求が他に多くある中の一つの企てではなく，きわめて重要な唯一の，かつ失敗の許されない事柄なのは明らかである。

　もし事情がこのようなら，至福について説明しようとする神学者はきわめて正確にこの善を特定する必要がある。それゆえ，トマスはいつものように厳密に——もっともこの厳密さは同時代人には例外なく要求されたスコラ学の方法だった——，この領域で考えられる問題を余すところなく提起している。しかし，トマスは独自の方法にしたがって，否定を重ねて推論を進めようとしている[24]。真の幸福が何かを知るには，まず真の幸福ではないものを知らねばならず，それゆえ「幸福を生み出さないもの」をすべて順々に遠ざけていく必要がある。この議論はそのすべてが等しく新しいというわけではなく，それというのも古代の倫理学にも同じような議論はたくさんあるからである[25]。しかし，そうした議論がどのように再編成されているか，とりわけ議論がどのように展開しどのような結論に至るか

　　24）　トマスは神を探究する際にも同じ方法を採用している。否定に否定を重ねて順々に神の本質ではないものをすべて取り除いていくことで，神の本質を神の本質ではないすべてのものから区別して，神の本質に関する固有の認識に達するのである。神が何でないかを知ることは，神についていかなる知識も得ないことではない。

　　25）　ARISTOTE, *Éthique à Nicomaque* I 2-3 は言うまでもないが，トマスはアウグスティヌスにも多くを負っている。Cf. M.-A. VANNIER, « Du bonheur à la béatitude d'après S. Augustin et S. Thomas », *Vie spirituelle* n° 698 (1992) 45-58.

第 14 章　神への道　　　553

を見れば，トマスの議論が全体として明晰で，匹敵するも
ののないほど力強いことが分かるだろう。トマスがこの主
題について最初に考察しているのは『命題集註解』だが，
そこではまだ註解という制約に縛られている。その後，ト
マスは二つの解釈を打ち出すことになる。一つは『対異
教徒大全』で明確に。もう一つは『神学大全』で簡潔に。
『神学大全』の順序はより厳密なようだが，二つの箇所の
議論の方向性はまさに同じものであり，トマスが目指して
いるのは本質的な善をつきとめることである[26]。

　何よりもまず，幸福を生み出すものは外的な善ではな
い。第一に「富」ではない。自然のものであれ人工的なも
のであれ，富は人間が利用するものであり，反対ではな
い。それゆえ，富は目的になりえない。富に仕えることは
正しい秩序を転倒させることであり，自己を見失うことで
ある。第二に「名誉」ではない。実際，名誉は讃えられる
人間がすでに持っている卓越性を示すものである。名誉は
そうした卓越性を作り出せず，むしろ前提にしている。こ
こからして，最高の卓越性は至福に他ならないが，名誉が
この卓越性をもたらすわけではない。第三に，最高の幸福
を生み出すのは「誉れ」や「名声」でもない。功績が他人
に認められたからと言って，当人の価値は少しも大きくな
らない。しかし，功績が神に知られる場合，事態は異な
る。というのも，人間は神に功績を認めていただくことで

───────────
　26)　*SCG III 27-36*──同様の否定による推論は *Compendium
theol. II 9* にもある ; *1a 2ae q.2 a.1-7.* 示唆に富む分析と註解は，S.
PINCKAERS, « La voie spirituelle du bonheur selon saint Thomas », dans
Ordo sapientiae et amoris, p. 267-284 参照。さらに，Pinckaers は真福
八端の註解を霊的な道のりを提案するものとして読むことを勧めて
いる──cf. *Super Mat. 5,1-9, n° 396-443*。忘れてはならないことだが，
普及版は *n° 444-582* について偽書のテキストを伝えている──cf. J.-P.
Torrell, *Initiation*, p. 495〔『トマス・アクィナス　人と著作』579-580
ページ参照〕。

真に至福になるからである。さらに，人間がもたらす誉れはしばしば誤ったものである……。最後に，「権力」でもない。実際のところ，権力は目的であるよりむしろ行為の根源であり，さらには権力を悪用する人もいる。そうなると，権力はもはや幸福ではなく不幸を生むものである。

要するに，至福は上で検討した外的な善にはないと認めざるをえない。第一に，外的な善は善人と同じく悪人にも帰属する。第二に，外的な善はそれだけで十分なものでは決してなく，さらに健康や知恵などが必要である。第三に，外的な善は有害になりうるもので，そうなると持ち主を不幸にする。第四に，外的な善は外部の原因やしばしば偶然からもたらされるものだが，目的の概念は人間が内的根源により至福に向かう――というのも，人間は自然本性的に至福を目指すから――ことを前提としている。以上のことから，至福はこうした外的な善にはないと言わねばならない。

では，至福は内的な善にあるのか。トマスは同じような否定による推論を用いて徹底的に誤った見解を遠ざけている。真の善は「身体の善」ではありえない。身体の善は生命や健康を維持するためのものだが，それ自体として求めるべき善ではない。「生命」そのものもそれを守るためや正しい機能を保つために造られたものではない――これほど下らない善があるだろうか。そうではなく，生命は人間の目指す真の目的に達するために活用すべきものである。「身体的快楽」でもない。というのもまず，快楽は感覚と結びついており，下級の善から生じるものだからである。次に快楽は求める善を所有した後に生じるもので，それゆえ善そのものではないからである。

こうして内的な善について三つのものを除外したが，次に霊魂の善を検討しよう。これまで「善」という語を「究極目的として欲求されるもの自体」という意味で用いてき

第 14 章　神への道　　　555

たが，この意味では霊魂は真の善ではないと言わねばならないだろう。すなわち，「人間の究極目的は霊魂そのものや霊魂に属する何かではありえない」。この理由はすぐに分かる。霊魂は可能態にあるものである。知識や徳に対して可能態にある霊魂は，完成するために現実態に移行する必要がある。しかるに，可能態にあるものは究極目的にふさわしくない。それゆえ，霊魂がそれ自体として究極目的であることは不可能である。しかし，霊魂に属する他の善も同じく究極目的にはなりえない。というのも，至福は無条件的に完全で自然本性の欲求を満たせるものでなければならないが，霊魂に属する分有的善はどれもこうした条件に当てはまらないからである。

　しかし，「目的」という語には別の意味もある。求められる善の代わりに，この善の獲得，すなわち霊魂がこの善を所有したり使用したりすることも示せるのである。この意味では至福はまさに霊魂の何かであり，トマスは次のように要約している。「目的として欲求されるもの自体はそこで至福が成立するものであり，このものが人間を至福にするのだが，至福そのものはこのものを『所有すること』である。それゆえ，次のように結論できる。至福は霊魂の何かだが，そこで至福が成立するものは霊魂の外部にある」[27]。ここまで見てきた推論の最終段階として次のような結論が引き出せる。

　　至福は「完全な善で，欲求をことごとく静めるもの」でなければならない。さもなければ，欲求すべき何かが依然として残り，至福は究極目的でないことになろ

────────────

27)　*1a 2ae q.2 a.7.* 同じ結論は *ad 3* でも繰り返されている。「至福そのものは霊魂の完全性なので霊魂の善である。しかし，そこで至福が成立するもの，すなわち人間を至福にするものは霊魂の外部にある」。

556　　　第Ⅱ部　神を前にして世界の中で生きる人間

う。しかるに，人間の知性の対象が普遍的真なのと同
様に，「人間の欲求能力である意志の対象は普遍的善
である」。ここから，「人間の意志を静められるのは普
遍的善だけなのが分かる」。この善はいかなる被造物
にも見出せず，神のうちでのみ実現するものである
……。こうして，神だけが人間の意志を満たせるのだ
が，『詩編』102 章 5 節では「あなたの欲求を満たせ
るのは主だけである」と言われている。それゆえ，人
間の至福が成り立つのは神においてのみである[28]。

　この否定による推論の末尾で欲求の概念が再び現れてい
ることを指摘せずにはいられない。人間の欲求が問題と
なっているので，これらのテキストを読んで無関心な態度
はとれないだろう。自然本性的欲求はまさしく密かに働く
バネのようなもので，至福を目指す人間の歩みを最初から
最後まで支えているのである。トマスはあらゆるものを至
福ではないと否定してきたのだが，にもかかわらずこの自
然本性的欲求のために霊的な道のりを肯定的に捉えてい
た。すなわち，霊的な道のりは自然本性に対立するもので
はなく，反対に自然本性の完成を目指すものである。トマ
スは砂漠の師父たちと同じような簡潔な表現で，弟子を至
福に通じる近道に導いたのである。

近　　道

　宗教的行為だけでなく，人間の行為はすべて至福の魅力

---

　28)　*1a 2ae q.2 a.8.*〔至福論については，« Revue des Jeunes
» の新版を参照──S. THOMAS D' AQUIN, *Somme théologique. La
béatitude*, 1a-2ae, questions 1-5, Trad. fr., notes et appendices par S.
PINCKAERS。これは以前の版を多くの点で改良している。〕

第14章 神への道　　557

から生じるものである。しかし，至福を欲求することと至福が実現することの間には至福に至る長い道のりがある。トマスはめったにないほど詳しく緻密な分析——ここから読者は思いがけない，また時に驚くべき理解の手がかりを得るだろう——を駆使して，究極目的に適うあるいは対立する選択を行う自由な行為の仕組み，究極目的に歩むことを助ける徳，妨げる悪徳を入念に検討している。すでに見たように，このことは『神学大全』の第2部の1と第2部の2の主題をなしている。ここでの目的はこれらすべてを振り返ることではない。というのも，これらの主題はここかしこで必要に応じて考察したからである[29]。

　本質的な事柄を述べるならば，直ちに対神徳——神を本質的な動機ないし対象とするためにこう呼ばれる——を検討せねばならない[30]。だから，対神徳は直接目的に関わるものである。すなわち，信仰は「人間のうちで生じ始めた永遠の生命」[31]であり，希望を通じて人間は大胆にも神自身を望むのであり[32]，「愛は神そのものに達し，神以外の何ものも欲することなく神のうちにとどまる」[33]もので，人間を完成する徳である[34]。各対神徳はどれも同じように入

---

　29)　Cf. S.Th. PINCKAERS, *Les sources de la morale chrétienne. Sa méthode, son contenu, son histoire*, Fribourg-Paris, 1993³.

　30)　*2a 2ae q.4 a.7*:「対神徳の対象は究極目的である」。信仰と希望については，第13章で詳しく述べた。

　31)　*2a 2ae q.4 a.1*: « fides est habitus mentis qua inchoatur uita eterna in nobis »; cf. *De ueritate q.14 a.2*. 本書第1章「『敬虔な』学」も参照。

　32)　Cf. *2a 2ae q.17 a.2*.

　33)　*2a 2ae q.23 a.6*.

　34)　*2a 2ae q.184 a.1*:「あるものが完成するのは固有の目的——そこで最終的に完成する——に達したときである。しかるに，『人間を人間精神の究極目的に結びつけるのは愛である』。というのも，『愛のうちにとどまる人は神のうちにとどまり，神もその人のうちにとどまる』からである。それゆえ，キリスト教的生活はとりわけ愛により

念に分析されているが，ここで注目するのは愛である。というのも，至福に至る具体的な道のりを論じる場合，トマスの念頭にあるのはまさにイエスが「あなたの主である神を，心を尽くし，魂を尽くし，精神を尽くして愛しなさい……。同時に隣人を自分自身のように愛しなさい」[35]と言って提案している道だからである。トマスはきまって聖パウロの力強い言葉をこれに付け加えている。「愛を持たないなら，わたしは無である」，「愛は完成の絆である」[36]。

　それゆえ，愛はトマスの神学と霊性の中で唯一無二の役割を果たしているが，ここに驚くべきことは何もない。このことはトマスが愛を友愛と定義するときにすでに明らかである[37]。確かに人間と神の関係を説明するのに情動に関わる概念を活用したのはトマスが最初ではないが，友愛──『ニコマコス倫理学』に見出せる koinônia──の概念をこの領域に取り入れ，豊かな議論に道を拓いたのはトマスの功績だろう[38]。しかし，同様に注目すべきであり，ここでの議論に直接かかわるのは，トマスが愛を途上における人間の徳として説明していることである。生じ始めた至福である愛はその本性そのものからして終局に達するまで休息しないもので，それゆえ通常限りなく成長していくも

───────────

完成する」。

　　35）　Mt 22,34-40. トマスの註解も参照。

　　36）　1 Co 13,2 et Col 3,14. この二つの箇所は *De perfectione vitae 2*, Léon., t. 41, p. B 69 の文脈を考慮に入れて読む必要があるのだが，すぐに検討するだろう。

　　37）　*2a 2ae q.23 a.1.* 本書第 13 章 532-538 ページ参照。

　　38）　Cf. L.-B. GILLON, art. « Charité, Dominicains », *DS* 2 (1953) 580-584. ここでトマスがアリストテレスを利用しているとしても，次のことはぜひとも強調すべきである。すなわち，トマスが愛を検討するとき最初に明確に訴えている権威は，「わたしはもはやあなたたちを僕ではなく友と呼ぶ」（ヨハ 15：14-15）である──cf. *2a 2ae q.23 a.6 sc.*; *In Ioannem, ibid., lect.3,* n° 2010 ss.。

第 14 章　神への道　　　559

のである。

　　この世で愛は成長する。事実，人間は至福の終局であ
　　る神に達していないかぎりで「旅人」（uiatores）と呼
　　ばれる。人間はこの途上で神に近づけば近づくほど進
　　歩を遂げるのだが，物理的な歩みではなく霊魂の情動
　　により神に近づくことは言うまでもない。しかるに，
　　こうした接近を可能にするのは愛である。というの
　　も，愛は人間の霊魂を神に結びつけるからである。こ
　　のようなわけで，この世での愛は成長していくもので
　　ある。さもなければ，人間が地上の生で段階を踏んで
　　歩んでいけないだろう。使徒も「わたしはあなたたち
　　にさらに優れた道を示そう」と言って，愛を「道」と
　　呼んでいる[39]。

　ここで愛の成長は愛の本性そのものに結びついた可能性
として示されているが，愛する主体の課題としても理解で
きる。このテキストを読めば，人間の生が段階を踏んで変
化していくことをトマスが強く自覚していたことが分か
る。人間は時間の中で生きているので，徳の構造にも歴史
性が確認できるのである。上に続くテキストはしばしば繰
り返される比較を用いてこのことを説明している。「愛が
霊的に成長することは，ある意味で身体が成長することに
似ている」。この比較は柔軟に理解すべきで，この成長を
単に量的なものと認識してはならない。そうではなく，自
然の花に潜在期と開花期があるように，

　　愛もその行為のどれによっても現実に成長するという
　　のではまったくなく，各行為は成長を準備するもので

─────────
39)　*2a 2ae q.24 a.4.*

ある。一つの愛の行為により，人間は愛に促されて再びもっと迅速に働くようになるからだ。それから，愛の行為を始めることはもっと容易になり，人間はさらに熱烈な愛の行為へと突き進む。そのとき愛は実際に成長するのであり，愛の成長の過程はこうしたものである[40]。

　愛は完成を目指して変化していく人間の徳なので，数学的な仕方で大きくなるのではない。愛の成長はむしろ人間がどれだけ徳を自分のものとし，神と隣人をさらに柔軟，迅速，熱心に愛し，「愛をよりいっそう聖霊——愛は聖霊の分有に他ならない——に似たものにするか」[41]にかかっている。しかし，愛は必ずしも愛の行為で成長しないというトマスの主張は不思議に感じるかもしれない[42]。だが，この見解は習慣の成長というトマスの教えを参照すれば，すぐに理解できる[43]。すでに述べたように，習慣は働きに関わる能力の規定であり，身につけた技量のようなもので，この技量のおかげで人は当該の領域で容易かつ迅速に働けるのである[44]。霊的生活においても，もし徳が習慣なら——ただし霊的次元の徳は獲得したものではなく，注入された，すなわち神が与えたものである——，徳を働か

---

40)　*2a 2ae q.24 a.6.*

41)　*2a 2ae q.24 a.5 ad 3.*

42)　事実，この問題を扱った項の解説はたくさんある。可能なら，M.-M. LABOURDETTE, *Cours de théologie morale, La Charité (IIaIIae, 23-46)*, Toulouse, 1959-1960, p. 63-89 の明解な説明を参照。それがなければ，『霊性史事典』の « Accroissement des vertus », *DS* 1 (1937) 137-166 の項を参照。これは二部構成で，まずトマスの見解（Th. DEMAN, O.P.）を，次にスアレスの見解（F. DE LANVERSIN, S.J.）を説明している。

43)　Cf. *1a 2ae q.52.*

44)　本書第 11 章 413-414 ページ参照。

第14章　神への道

せること自体は人間にかかっている。人間が愛を持つのは
ひとえに神が与えたからなのだが，愛を活用するかしない
かは人間の自由であり，場合によっては愛を失うこともあ
る。しかるに，自然の領域では通常習慣は行為を繰り返す
ことで完成するのだが，人間は能力の限界まで習慣を使用
せず，全面的に活用しないこともある。そうなると，技量
は繰り返されるルーティンにすぎないものとなり，職人は
可能性に満ちた芸術家ではなく，どこにでもいる日曜大工
になりさがってしまう。人間がより高い次元に進むことが
できるのは，創造的な仕事を行い，完璧を目指して新たな
表現の形を追求する場合だけである。

　類推に基づいて——というのも，愛において主導権をと
るのは神だから——ではあるが，愛についてもほぼ同じよ
うに言える。愛を失うことはないにせよ，常に「生ぬる
く」行為することもでき，そのとき愛は全面活用されてい
ないことになる。おそらくこれは罪ではない——というの
も，徳の行為は罪になりえないから——が，定着している
表現によれば少なくとも不完全性である[45]。他方で，熱意
を込めて行為し，神と隣人を愛するという要求に注意深く
応えていくこともできる。しかし，そのとき特別なことを
しているわけではまったくない——山上の説教を想起し
てほしい。そこで行っているのは愛を「正常に保つこと」
であり，これは普通のことである。愛を成長させるには，
「さらに熱意を込めて」行為する必要がある。ここで介入
してくるのが神であり，それというのも神だけが愛を成長

---

45)　Cf. E. HUGUENY, art. « Imperfection », *DTC* 7 (1923)
1286-1298; A. SOLIGNAC et B. ZOMPARELLI, art. « Imperfection et
imperfection morale », *DS* 7 (1971) 1620-1630. しかし，これらの著述家
が別の文脈に基づきながら，「熱意のない」行為を小罪としているこ
とに気づく。ここでの議論では，これは間違いなく行き過ぎた解釈で
ある。

562　　第Ⅱ部　神を前にして世界の中で生きる人間

させられるからである。ここにきて，愛がどのようにして
成長するかはっきりした。同時に，愛の成長というありき
たりに見える表現が，人間が聖性に至るためにどれほど高
い要求に応えなければならないか，その途方もない努力を
示唆していることも明らかになる。

　トマスが考えていたのはまさにこうしたことだったので
あり，それは続きを読んでいくうちにすぐ分かる。人間が
あまりにも早く霊的な道のりの終局に達したと勘違いしな
いように，トマスは注意を促すためもあって決定的な考察
を付け加えている。

　　「この世での愛の成長に限界は定められない」。実際，
　愛の特殊な本性からして，愛は限りなく成長する。と
　いうのも，愛は聖霊という無限の愛のある種の分有だ
　からである。愛の作出因が無限なことからしても愛に
　限界はない。というのも，愛の作出因は神自身だから
　である。最後に，愛する主体からしても，愛の成長に
　限界は設けられない。というのも，愛が成長するにつ
　れて愛に対する親和性も大きくなるからである。以上
　よりして，「この世での愛の成長にはいかなる限界も
　定められない」ことは明らかである[46]。

　上の議論の本質的主張を読めば，霊的生活における成長
がどれほど大きな広がりを持っているかすぐに理解でき
る。しかし，トマスは十分強調できなかったのではないか
と心配するかのように，この問題を他の形で取り上げてい
る。「この世で完全な愛は持てるか」。

　　愛の完成は二つの仕方で理解できる。一つは愛され

---

46)　*2a 2ae q.24 a.7.*

第14章　神への道　　563

るもの，もう一つは愛するものに関してである。愛さ
れるものについて言えば，愛はこのものを愛すべき程
度に愛するときに完成する。しかるに，神は善なので
愛すべきものだが，神の善性は無限なので無限に愛す
べきものである。だが，いかなる被造物も無限に愛す
ることはできない。というのも，被造物の力は限定さ
れているからである。以上より，愛されるものの観点
からは，いかなる被造物も完全な愛は持てない。神が
御自身を愛する愛だけが完全な愛である。

　愛するものの側から言えば，愛は愛せるだけ愛する
ときに完成する。このことは三つの仕方で確認でき
る。まず，人間の心が全体として間断なく現実態にお
いて神に向かうときである。祖国での愛はこうしたも
のである。この愛はこの世では実現できない。という
のも，人間は弱いので，神のことを間断なく考えた
り，愛を絶えず神に向け続けたりはできないからであ
る。次に，愛が完成するのは，人間が細心の注意を払
いながら神と神的な事柄のための暇を作り出す場合で
ある。このような人間は，現在の生にどうしても必要
なものを除けば，他のすべてを放っておくことをよし
とする。こうした愛の完成はこの世でも可能だが，愛
を持つ誰しもができることではない。最後に，愛が完
成するのは，人間が「習慣的に」神に心を向ける場合
である。「このような人間は神の愛に反するいかなる
ものも欲したり考えたりしない」。こうした愛の完成
は愛を持つすべての人が目指すべきものである[47]。

―――――――――
　47)　*2a 2ae q.24 a.8.* 表現は少し異なるが，*2a 2ae q.184 a.2* と *De perfectione spiritualis uitae* 6――本書 572-573 ページで引用する――
を参照。

愛を持たないなら，わたしは無である

「他のすべてのものを放っておいて神に専心する」という，上で述べた第二のカテゴリーは，修道士の地位を簡潔に述べたものだが，このことに手間取る必要はない。しかしぜひとも指摘すべきは，愛の完成は修道士だけが目指すものではないということである。「神の愛に反するいかなることも欲したり考えたりしない」ことはすべての人に勧められている。現実はこれとは驚くほどかけ離れているが，この理想は文字通りに解釈せねばならない。山上の説教で述べられる理想も同じように厳しいものである。「神への愛の最も低い段階は，神以上のものも神に反するものも愛さず，神だけを愛することである。この完成の段階に達していないなら，掟を守っているとは到底言えない」[48]。実際，これは完成の本質，すなわち聖性の問題である[49]。愛の成長はキリスト教的生活の核心であり，愛は終局に達するまで成長をやめることがない。というのも，愛の終局は神であり，人間は神をこれでもう十分だと言えるほどには愛せないから。「愛は絶えず成長していくものである（semper habet quo crescat）」[50]。成長を拒めば，愛の存立そのものが危うくなるだろう。

　トマスはこの主題について，とりわけ小著『霊的生活の完全性について』の中で見事に自分の考えを述べている。トマスはこの著作を在俗の教授との論争の中で書いたのだが，すでに見たようにそこでは遠慮なく自説を展開してお

---

48)　*2a 2ae q.184 a.3 ad 2.*

49)　適切にもこのことを指摘したのは，A. HUERGA, « La perfección del *homo spiritualis* », *ST* 42 (1991) 242-249 である。

50)　*2a 2ae q.24 a.8 ad 3.*

り，いつものように力強い言葉で，霊的生活の本質が何に
あるかはっきり説明している。

　　——以前見たように，ここでも最初に身体的生活と霊
　的生活が比較されている。動物は完全に成長を遂げ，
　自分の働きを行えるようになってはじめて完成する。
　その他の事柄はむしろ二次的なものである——。同様
　に，人間が霊的生活の面で完成するのは，霊的生活
　の本質をなす事柄との関連においてである……。「し
　かるに，霊的生活は主として愛のうちに成り立つ。人
　間は愛を持たないなら，霊的には無である（quam qui
　non habet nihil esse spiritualiter reputatur）」。聖パウロ
　の「愛を持たないなら，わたしは無である……」（Ⅰ
　コリ 13：2），聖ヨハネの「愛さない人は死にとどま
　る」（Ⅰヨハ 3：15）という言葉はまさにこのことを
　述べている。だから，愛の点で完全な人が霊的生活の
　面で完全なのである……。このことは聖書からも分か
　る。というのも，使徒は人間の完成は主として愛にあ
　ると考えているからである。「何よりも愛を持ちなさ
　い。愛は完成の絆である」（コロ 3：14）。——他の多
　くの事柄について，例えば知識について完成を語るこ
　とができよう。しかし，どれほど完全な知識を持って
　いようとも，「愛がなければ，無である」（sine caritate
　nihil esse iudicetur）——[51]。

　トマスは同じ時代——1270 年の復活祭——のテキスト
で上のテキストと同じ表現を用いているが，何が問題と
なっているかを的確に言い表すために新しい説明をしてい
る。

---

51)　*De perfectione spiritualis uitae 2*, Léon., t. 41, p. B 69.

霊的生活の完全性は愛に基づいて考察すべきである。「愛を持たないなら，霊的には無である」――『コリントの信徒への手紙 1』13 章 2 節，『コロサイの信徒への手紙』3 章 14 節を参照することが強く勧められている。しかるに，愛は愛するものをいわば愛の対象の中に移す力である。ディオニシウスが『神名論』第 4 章で「神の愛は脱自（extasim）を引き起こす。神の愛は愛するものをそのままにしておかず，愛の対象の中に移す」と言うときに説明しているのはこのことである。さらに，全体性と完全性は同一――アリストテレス『自然学』第 3 巻 207a13-14 参照――なので，「愛により全体として神に変容し，すべてのものと自分自身を神のために捧げる人が，完全な愛を持っていることになる……」。神のために自分自身と自分の持ち物をことごとく軽蔑するほど魂が神に夢中になるなら――これは「わたしはキリストを得るため，……わたしにとり有利であるこれらのものをことごとく屑と見なしている」（フィリ 3：7）という使徒の言葉によっている――，このような人こそ完全である。当人が修道士だろうが在俗信徒だろうが，聖職者だろうが一般信徒だろうが，また結婚していようが，そうなのである。事実，アブラハムは結婚して豊かだったが，にもかかわらず主が「わたしに従って歩み，完全な者になりなさい」（創 17：1）と語りかけたのは彼である[52]。

周知のとおり，このテキストには修道士の地位――トマスの時代の表現では完成の地位――を弁護するという背景

52）*Quodlibet III q.6 a.3 [17]*. アブラハムの例は，*De perfectione spiritualis uitae 8*, Léon., t. 41, p. B 73 にもある。

があるのだが，ここで問題となっているのはまだそのことではない。ここで論じられているのは，キリスト教の理想そのものである。キリスト教の理想は誓いにではなく——トマスがフランシスコ会の目的について明言しているように，貧しさの誓いにでもなく——，愛の二つの掟を心から熱意を込めて徹底的に守ることにある。他の箇所と同じくここでも主要な拠りどころは聖書であり，聖書をよく読めば，トマスの直観がどれほど正しく，なぜこれほど力強く考えを述べているか理解できる。

　トマスの直観がどれほど福音に基づくものか知るには，直観のひらめきに注目してテキストを理解する必要があろう。しかし，このテキストの狙いは神学的分析ではないことに気づくのも大切である。トマスは愛が人間を神に直接結びつけると強調しているが，それに加えて愛がキリスト教的生活できわめて中心的な役割を果たすと主張している。事実トマスは，愛は「あらゆる徳の母」[53]と繰り返している。ここで問題となっているのは，反対の格言「怠慢はあらゆる悪徳の母」——これはモラリストたちが要約した知恵である——が示唆していることとはまったく別の事柄である。それはむしろ，愛は徳の「形相」という考えに基づく神学的見解なのである。出現に関する論理的順序では信仰と希望が愛に先立つ——実際には神はこれら三つの徳を同時に与えるとはいえ——のだが，「完成に関する順序では愛が信仰と希望に先立つ。というのも，信仰と希望は愛により形成されることで徳としての完全性を得るからである。『こうして，愛はあらゆる徳の形相なので，あらゆる徳の母にして根源だと言えるのである』」[54]。

---

　53)　*2a 2ae q.186 a.7 ad 1.*

　54)　*1a 2ae q.62 a.4*; cf. *2a 2ae q.23 a.8 ad 3*:「愛はあらゆる徳の目的だと言われるが，それは愛が他のすべての徳を固有の目的に秩序づけるからである。また，母とは男と結ばれて懐胎する者のことなの

実際，倫理的領域で決定的役割を果たすのは目的である。しかるに，愛はまさに究極目的に直接結びつく徳である。このことから，愛にはあらゆる徳を究極目的に秩序づけるという働きがある[55]。一般的な言葉で説明するなら，このことが意味するのは，統帥することなく支配する君主のような仕方で愛が徳の頂点を占めることではなく，もっと根本的に「愛がなければ，真の徳はない」ということである。これはトマスが事態を説明するために自分で作り出した主張ではなく，聖パウロの「愛がなければ，わたしは無である」という言葉が直接表現している事柄なのである。だが，このことが徳の結合というトマスの中心命題と密接に関係していることも忘れてはならない。すでにずっと以前に，古代の倫理学者たちは倫理徳の領域で賢慮が支配的役割を果たすことを発見していた。というのも，賢慮がなければ真の徳はないからである。今度はトマスがこの見解を取り上げ，キリスト教的に洗練することで，真の徳が成立するのは徳の行為が恩恵により完成する場合だけだと強調した。それゆえ，自然の領域での徳は対応する注入徳で完成すると言えるのだが，恩恵は愛があってはじめて機能するので，愛を失えば他の徳もことごとく失うことになるのは明らかである[56]。

この見解のすべてを詳しく見ることはできないので，もっと完全な説明を参照するにとどめよう[57]。しかしながら，上のトマスの見解は，愛なしには善い行為を行えない

で，愛は徳の母と呼ばれる。というのも，愛は究極目的を欲求することで，他の徳を規定しその働きを生み出すからである」。

[55]　2a 2ae q.23 a.8.

[56]　Cf. 1a 2ae q.65, notamment a.3. 本書第11章「危険を顧みない徳」，「賢慮と愛」も参照。

[57]　例えば，M.-M. LABOURDETTE, Cours de théologie morale —— 上記註42参照，p. 49-63を参照。

第14章 神への道 569

と主張するものではない。こうした厳格主義はトマスには
まったくない。そうではなく，上の見解が意味するのは，
ある行為が真に有徳的なものになる，すなわち究極目的に
導くものになるのは，行為者が自覚的であれ無自覚的であ
れ愛を通じて行為を活性化する場合だけだということに他
ならない。この見解は一見唐突で，このままの形ではすべ
ての神学者に受け入れられないだろうが，愛の掟は要求の
多さと福音に適う偉大さの点で最も重要だと端的に主張す
るものなのである。

愛 の 段 階

　トマスが愛をどのように分析しているか見てくると，彼
の主要な見解は読者がそのつど具体的状況に適用し，考察
し，深化させていくものだということがすぐに分かる。き
わめて長い歴史を持つ愛の段階についての教えはこのよう
なものであり，ここでも自然な成長と比較して論じられて
いる。

　　愛の霊的成長は人間の身体的成長と比較できる。お
　そらく様々な段階があるだろうが，成長に応じたその
　ときどきの活動や関心事により一定の段階を区別でき
　る。幼少期は理性を使用する前の段階である。次の段
　階になると，理性と言葉を使用するようになる。その
　次は思春期であり，生殖能力を身につける。完全に発
　達するまでこのように段階を経て成長していく。
　　同じように，愛の段階も進歩に応じて抱く関心事に
　したがって区別できる。最初の主要な関心事は，罪を
　避け，愛に対立する情欲に抵抗することである。こう
　した事柄に関心を抱くのは「初心者」であり，初心者

570　　第Ⅱ部　神を前にして世界の中で生きる人間

は愛を失うことのないよう愛を大切にし強化する必要
がある。第二の主要な関心事は善において成長する
ことである。こうした事柄を気にかけるのは「進歩
者」であり，進歩者は主として自分の成長に従い愛を
堅固なものにしようとする。最後に第三の傾向性が出
てくるが，この段階での主要な関心事は神と一つにな
り，神を享受することである。「完成者」はこのこと
を気遣い，「この世を去ってキリストとともにいたい」
（フィリ1：23）と熱望する。以上が成長の法則に他な
らない。ちょうど身体が生まれたばかりの状態から抜
け出し，徐々に成長し，最後に発達を終えて休息する
ように[58]。

　トマスは実際の生はこの三区分の図式でうまく説明でき
るほど単純ではないことを心得ていた。だから，他の多く
の段階も検討できることをはっきり認めているが，もっと
詳しく見ていけば，上の図式は常に有効なことが判明する
と言っている。しかし，この区分の意味を的確に理解する
ことが重要であり，これらの区分は互いに切り離せるもの
ではない。初心者は罪に抵抗することだけを気にかけてい
るわけではなく，自分が罪に縛られていないと感じれば感
じるほど確実に成長していく。同様に，完成者は成長しな
いと思ってはならない。完成者も確かに成長するのだが，
彼らを駆り立てているのはもはや成長したいという欲求で
はなく，できるかぎり強く神と結びつきたいという不変の
意志である。対して，初心者と進歩者は神と一つになるこ
とを望みながらも，自分にとってより直接的な気遣いと格
闘している[59]。

---

58)　*2a 2ae q.24 a.9.*

59)　同上，異論解答参照。

第 14 章　神への道　　　571

　実を言えば，霊的生活をこのように分類することは，ト
マスが作り出した考えではない[60]。愛の段階の教えは，す
でにロンバルドゥスが『命題集』で，アウグスティヌスの
テキストに基づいて提案していたので，『命題集』を註解
する人々は必ずこの教えを論じなければならなかったが，
トマスも例外ではなかった[61]。このようなわけで，〔愛の成
長を三段階に区分するという〕こうした考え方は，霊性を
論じた書物では最もありふれた論述になったのである[62]。
それでも，トマスはこの教えを大切にし，自分なりに解釈
したことも確かである。トマスはこの教えをすでに青年時
代の著作の中でいかなるスコラ学的制約もなく論じ，見事
な霊的な瞑想を展開している。トマスは当時まだアルベル
トゥスの助手にすぎなかったのだが，きわめて確かな神学
的直観を駆使して，霊的生活の全体が聖霊の導きの中で発

---

　60)　教父に関しては，P. POURRAT, art. « Commençants », *DS*
2 (1953) 1143-1156; A. SOLIGNAC, « Voies (purgative, illuminative,
unitive) », *DS* 16 (1994) 1200-1215 を参照。Pourrat によると，愛の三
段階の教えは時に浄化，照明，一致の三つの道と結びつけて理解さ
れた。ボナヴェントゥラはこのように理解した最初の人物だったよ
うだ——*De triplici via, Opera omnia*, t. 8, 1-17; cf. J.-G. BOUGEROL,
Introduction à saint Bonaventure, Paris, 1988, p. 242-248。トマスは『天
上階層論』第 7 章を読んで——cf. par ex *Sent. II d.9 q.un. a.2*, 三つの
道の教えを知り，1259-60 年に遡るボナヴェントゥラの著作も読んで
いたが，愛の段階の教えと結びつけて理解することはなかった。

　61)　*Sent. III d.29 a.8 qc.1*; cf. S. AUGUSTIN, *Commentaire de la
première épître de saint Jean*, traité V 4, *SC* 75, p. 255: 愛は与えられた
時点で完成しているわけではない。「愛は完成するために与えられた。
与えられた愛は養われ，養われた愛は強められ，強められた愛は完成
に至る」。

　62)　時代の影響を色濃くとどめてはいるが，最も優れた書物は
依然として R. GARRIGOU-LAGRANGE, *Traité de théologie ascétique
et mystique. Les trois âges de la vie intérieure prélude de celle du ciel*, 3 t.,
Paris, 1938 であり，この書物の全体は愛の三段階の教えにしたがって
構成されている。

572 　　第Ⅱ部　神を前にして世界の中で生きる人間

展していく様子を明らかにしている。

　　　霊は「初心者」には，……聖化の根源として，……
　　　洗礼により新たに生まれるときに，……養子の特権
　　　として与えられる。「進歩者」には，……知性を形成
　　　し，……意志を強化するために与えられる。「完成者」
　　　には，……自由の特権として，……一致の絆として，
　　　……遺産の保証として与えられる[63]。

　時代は少し下るが，パリ大学の在俗教授からの攻撃に対
しドミニコ会の理想を弁護せねばならなくなったとき，ト
マスはもっと徹底的にこの問題に取り組み，自分が選んだ
生活の方法を情熱を込めて守り，キリスト教的生活がどれ
ほど優れたものか示している。そこでは，愛の段階が上昇
の道ではなく下降の道にしたがって論じられている。愛が
完全に実現するのは神自身においてのみであり，それとい
うのも神をふさわしい程度に愛せるのは神だけだからであ
る。第二の段階はすでに祖国に到達した至福者たちに見出
せる。というのも，至福者たちは自分の存在のすべてに関
して神に結びついているからである。これら最初の二段階
はどちらもわれわれが実現できるものではない。しかし，
途上における人間が持つべき愛の段階もある。

　　　われわれの神への愛――これに基づいて習慣的ない
　　　し現実的にすべてを神に関係づける――が完全なもの
　　　なら，われわれは神を「心を尽くして，知性を尽くし
　　　て，魂を尽くして，力を尽くして」愛している。われ

---

　　63)　*Super Isaiam 44,3*: Léon., t. 28, p. 188; cf. J.-P. TORRELL et D.
BOUTHILLIER, « Quand saint Thomas méditait sur le prophète Isaïe »,
RT 90 (1990), p. 35-37.

第14章　神への道　　　573

われに命じられているのはこの愛の完全性である。

第一に，人間はすべてを目的である神に関係づける。「食べるにせよ，飲むにせよ，どんなことをしようと，すべて神を讃えるために行いなさい」（Ⅰコリ10：31）。このことは人間が生を神に捧げるときに実現する。その結果，自分のために何をしようと——ただし罪のような神から遠ざかる行為は除く——，それは実質的には神のためになされることである。「心を尽くして」神を愛すのはこのようにしてである。

第二に，人間は信仰を通じて神の啓示を受け入れることで，知性の面で神に従う必要がある。「われわれはすべての知性を虜にしてキリストに従わせる」（Ⅱコリ10：5）。「知性を尽くして」神を愛すのはこのようにしてである。

第三に，何を愛そうと，神において愛し，あらゆる情動を神の愛に結びつける必要がある。「われわれが正気でないなら神のためであり，正気であるならあなたたたちのためである。キリストの愛がわれわれを駆り立てている」（Ⅱコリ5：13-14）。「魂を尽くして」神を愛すのはこのようにしてである。

第四に，外的な行為，言葉，働きがことごとく愛から出てくるように神を愛さねばならない。「何事も愛をもって行いなさい」（Ⅰコリ16：14）。「力を尽くして」神を愛すのはこのようにしてである。

以上が完全な愛の第三の段階であり，新しい掟が命じるもので，すべての人が果たすべき義務である[64]。

この文章を読んで，トマスが修道士に期待している事

64）　*De perfectione uitae spiritualis* 6, Léon., t. 41, p. B 71; *Sent. III d.27 q.3 a.4; 2a 2ae q.44 a.6.*

574 第Ⅱ部 神を前にして世界の中で生きる人間

柄を論じていると考えるのは自然である。実際のところ,
「完成の地位にある人は自分を完全だと思わず,完成を目
指すべきである」[65]ことをトマスは実によく心得ていた。
だから,述べるべきときには完成の地位について論じてい
るのだが,ここでは福音の名においてすべてのキリスト教
徒に語りかけている。確かに身分に応じて霊的な要求の内
容は異なるのだが,その要求の強さが人により違ってくる
ことはない[66]。トマスの論述は,愛の完成は任意の――い
わゆる助言に属する――問題ではなく,掟に属する命令だ
と主張するときに頂点に達する。

　　それ自体として本質的には,「キリスト教的生活の完
　　成は愛にある」。すなわち,まず神への愛,次に隣人
　　への愛である……。しかるに,神と隣人への愛は限定
　　的にだけ有効な掟――それ以上の要求は助言に属する
　　――ではない。このことを確信するには,完成がどの
　　ような表現で示されているかに注目するだけでよい。
　　「あなたの神である主を心を尽くして……愛しなさ
　　い」。また同様に,「隣人を自分自身のように愛しなさ
　　い」。しかるに,人間は自分自身を最も愛する。以上
　　のように書かれているのは,「愛が掟の目的」（Ⅰテモ
　　１：５）だからである。しかるに,目的が問題となる場
　　合,そこに守るべき限界はない。医者は回復を願う健
　　康に限界を定めず,治癒のために命じる薬や食事に制
　　限を設ける。それゆえ,本質的に言って完成が掟に属

---

65)　*2a 2ae q.184 a.5 ad 2*; cf. *a.4*:「完成の地位にない人々が完全
であったり,完成の地位にある人々が完全でなかったりすることは十
分考えられる」。第184問は全体としてこの主題を論じている。

66)　トマスはこの教えを *2a 2ae q.184 a.3* で取り上げている
が,他の箇所も多く指摘できる。これらのテキストの翻訳は,A.-I.
MENNESSIER, *Saint Thomas d'Aquin*, Paris, 1942, p. 220-252 参照。

第 14 章　神への道　　　　575

することは明らかである[67]。

愛 の 賛 歌

『コリントの信徒への手紙1』第13章を示すためにふつう用いられる「愛の賛歌」という表題は，以下の長い引用を導入するにあたりふさわしいものだろう。この引用を読めば，トマスが説教により神学的考察をどのように延長しているか再度確認できるし，学問的著作にはあまり見られない熱気が伝わってくる。

人がみな労苦の多い研究に時間を割けるわけではない。だから，キリストは人間にある法を与えた。この法は簡潔なのですべての人が接近でき，それゆえ無視することの許されないものである。神を愛しなさいという法はこうしたもので，この「短い言葉を主はすべての人に知らせた」[68]。

この法は人間のあらゆる行為の規範となるべきものである。芸術作品は規範にしたがって作られるが，人間の行為も愛の規範に従うとき正しく有徳なものになり，そこから離れるとき悪く不完全なものになる。それゆえ，ここにあらゆる善の根源がある。すなわち，それは愛の法である。しかし，この愛の法には他にも多くの利点がある。

愛は何よりもまず霊的生活を可能にする。愛する心のうちに愛の対象が住むのは自然で明らかなことなの

---

67)　*2a 2ae q.184 a.3*; cf. *ad 2*:「神への愛の完成が掟に属することは疑いない」。

68)　Rm 9,28 selon la Vulgate; cf. J.-P. TORRELL, *La pratique*, p. 235.

で，神を愛する人は自分自身のうちに神を所有するのである。「愛のうちにとどまる人は神のうちにとどまり，神もその人のうちにとどまる」（Ⅰヨハ4：16）。また，愛は愛する人を愛の対象に変容させる。人間は卑しくはかないものを愛するなら卑しく不安定なものになり，神を愛するなら神的なものになる。「主に結びつく人は主と一つの霊になる」（Ⅰコリ6：17）。さらに，聖アウグスティヌスは「霊魂が身体を生かす生命であるように，神は霊魂の生命である」と確言している。愛がなければ霊魂は機能しない。「愛さない人は死にとどまる」（Ⅰヨハ3：14）。たとえ聖霊の賜物をすべて持っていようとも，愛がなければ死にとどまる。言葉や知識の賜物，信仰や預言の賜物，求める賜物が何であれ，愛さないなら死んだままであり，賜物が人を生かすことは決してない。愛さないがゆえに死んでいる人は，どれほど金や宝石〔のような賜物〕を身につけていても，死者であることに変わりはない。

　愛は神の掟を固く守ることを可能にする。聖グレゴリウスは言っている。「神の愛は休息しない。真の愛は常に働き，偉大なことを成し遂げる。働かないなら，それは愛ではない」。愛の明らかなしるしは，神の掟を迅速に満たすことである。周知のとおり，愛する人は愛の対象のために大きく難しい仕事にも取り組む。主は言っている。「わたしを愛する人は，わたしの言葉を守る」（ヨハ14：23）。すなわち，愛の掟を守ることは法をことごとく満たすことである。勧奨的な掟の場合，愛は掟に従う人に愛の充実をもたらす。禁止的な掟の場合も，掟に従う人は愛から従う。というのも，「愛はいかなる不品行も行わない」（Ⅰコリ13：4）からである。

　さらに，愛は逆境から人を守ってくれる。愛を持つ

第14章　神への道

人はいかなるものからも害を受けない。聖パウロは
言っている。「神の友にはすべてが善へと共働する」
（ロマ8：29）。対立や困難も愛する人にとってはきわ
めて甘美に思える。愛の経験とはこうしたものであ
る。

最後に，愛は幸福に導くものである。永遠の至福は
神の友にだけ約束されている。至福に達するのに，愛
以外のものはどれも不十分である……。至福者たちに
違いがあるとすれば，その違いは他の徳ではなく，ど
れほど大きな愛を持っているかに由来するものであ
る。使徒より禁欲的な人々がたくさんいただろうが，
使徒は至福において愛の大きさのために他のあらゆる
人々を凌駕している……。

愛は罪を赦すものである。次のことは愛の経験に
照らして明らかである。すなわち，わたしを害した
人が心の底からわたしを愛するようになるなら，こ
の愛のためにわたしは害されたことを忘れるのであ
る……。明白な例として，マグダラのマリア（Marie
Madeleine）の話がある。主は「彼女は多くの罪を赦
された」と言っているが，なぜだろうか。「というの
も，彼女は大きな愛を示したからである」（ルカ7：
47）。しかし，愛で十分なら，悔悛は何のためにある
のか疑問に思うかもしれない。これには，真に悔い改
めないなら真に愛せないと答えられる。

次に，愛は心を照明する。ヨブは「われわれは闇に
取り囲まれている」（ヨブ37：19）と言っているが，
それはわれわれが何を行い，何を欲すればよいか分か
らないときが度々あるからだ。しかし，愛は救済に必
要なことを余すところなくわれわれに教えるのであ
り，「この油がすべてのことを教える」（Ⅰヨハ2：27）
と言われているとおりである。この理由は愛のあると

ころに聖霊も存在するからで，聖霊はすべてを知っており，われわれを正しい道に導くからである……。同時に，愛は完全な喜びと大きな平安をもたらす。

最後に，愛は人間の尊厳を確立する……。人間は愛のおかげで僕から友になる。こうして，われわれは自由になるだけでなく，子にもなるのであり，子と呼ばれ，実際に子として振る舞うのである。「聖霊そのものとわれわれの霊のおかげで，神の子であることが確信できる。また，われわれは子なら，相続人でもあり，神の相続人，キリストと共同の相続人である」（ロマ 8：17）……。

賜物はみな光である父に由来するが，愛に優るものはない。確かに他の賜物は恩恵や聖霊がなくても所有できるが，愛を持つなら必ず聖霊も所有することになる。「われわれに与えられた聖霊により神の愛がわれわれの心に注がれている」（ロマ 5：5）[69]。

このようなテキストは註解に値するものであり，読者一人ひとりの静かな瞑想に委ねたほうがよいだろう。神の愛の深淵は，神の神秘と同じく，人間の知性では把握できないものである。必要のない補足をするつもりはないが，次のことはおそらく指摘すべきだろう。すなわち，愛の掟に関するこの説教を読めば，まさに説教なので，トマスの福音主義が手にとるように理解できるのである。福音主義という表現を用いるのはいくつかの理由があるが，ここでト

---

69) *De decem preceptis II-IV*, éd. J.-P. TORRELL, *RSPT* 69 (1985), p. 26-30——典拠と並行箇所の情報も参照。ここでは，若干の修正と補足を加えながら，次の見事な翻訳を取り上げた。J.-R. BOUCHET, *Lectionnaire pour les dimanches et fêtes*, Lectionnaire patristique dominicain, présenté par E. de CLERMONT-TONNERRE et M.-A. VANNIER, Paris, 1994, p. 393-395.

第 14 章　神 へ の 道　　　　579

マスの福音主義を指摘するのは偶然ではない。すでに他の
ところで「二重の福音主義」について論じたが，これは修
道生活の教えに関してトマスに霊感をもたらしたものであ
る。しかし，トマスがどれほど自分の属する修道会と創設
者である修道士ドミニク——ドミニクは「福音を生きた人
間」（uir euangelicus）と言われる——に結びついていたか
を十分に強調しなかったかもしれない[70]。忘れてはならな
いことだが，ドミニコ会やフランシスコ会といった托鉢修
道会の人々のおかげで，13 世紀の修道生活のあり方は著
しく変わったのであり，トマスはまさにその当事者だった
のである[71]。

　しかし，豊かな霊的賜物を持ったトマスはドミニコ会士
となり，その結果トマスの神学の営みにはドミニコ会の影
響が見てとれる。同じドミニコ会の熱意ある歴史家だった
シュニュー神父は，ずっと以前に，ドミニコ会の神学がど
れほど福音に根ざしたものだったかを指摘した[72]。この指
摘は，ドミニコ会士が理論と実践（uerbo et exemplo）の
一致を重んじていたことだけを示すものではなく，彼らが
伝統的な聖書的霊感を著しく刷新したことも強調するもの
である。サン・ジャック——そこでは約 30 年前からサン・

　　　70）　Cf. M.-H. VICAIRE, *Histoire de saint Dominique, 1. Un
homme évangélique*, Paris, 1982, p. 10 et 218. Vicaire は uir euangelicus
の訳として「使徒の精神を受け継ごうとする人間」を提案している。

　　　71）　Cf. *Initiation*, chap. V: « Le défenseur de la vie religieuse
mendiante »〔『トマス・アクィナス　人と著作』第 5 章「托鉢修道会
の弁護者」を参照。「二重の福音主義」については 163-164 ページ参
照〕.

　　　72）　Cf. *Introduction à l'étude de saint Thomas d'Aquin*, Paris,
1954², p. 38-43: « L'évangélisme »: « Evangélisme et théologie au XIIIe
siècle », dans *Mélanges offerts au R.P. Ferdinand Cavallera*, Toulouse,
1948, p. 339-346; « Le réveil évangélique », dans *La théologie au
douzième siècle*, « Études de philosophie médiévale 45 », Paris, 1957, p.
252-273.

580 第Ⅱ部 神を前にして世界の中で生きる人間

シェールのフーゴーの指導で聖書の再検討と用語索引の作成が進められていた——の伝統を引き継ぐ者として，トマスはこの伝統の最も優れた成果を生み出したのである[73]。

絶えずとは言わないまでもすでに何度も，トマス神学の様々な領域で聖書的な霊感が見出せることを指摘した。このことは，トマスが霊性を研究する上で，教えると同時に自分が瞑想していた福音書を直接引き合いに出していることから分かる[74]。それゆえ，トマスは福音書にはない方法を提示しようなどとは考えてもみなかったし，狭き門を通って入る道以外の道をそもそも知らなかったので，進んで「法の全体は愛にかかっている（Tota lex pendet a caritate）」[75]と繰り返している。さらに，たとえトマスが霊魂を精緻に分析しているとしても，途上にある霊魂の状態を記述する——このような論述はすぐに増えることになる——つもりはなかった。トマスの著作を何度も読めば，彼が唯一の教師であるキリストの言葉と模範に絶えず言及していることが分かる。この意味で，トマスも「福音を生きた人間」に他ならなかったのである[76]。

---

73) Cf. B. SMALLEY, *The Gospels in the Schools c.1100-c.1280*, London and Ronceverte, 1985, p. 257-279.

74) Cf. *La pratique*, p. 231-233.

75) *De decem preceptis XI*, éd. J.-P. TORRELL, *RSPT* 69 (1985), p. 227.

76) トマスは謙遜から最初聖ドミニコに与えられたこの肩書を拒むだろうが，トマスをこのように呼べると補足的に指摘することは見当違いではない。非常にしばしば，また最近も指摘されたことに，霊性についてドミニコ会的な特徴は論じられるが，本来的な意味で「ドミニコ会の霊性」といったものはない——cf. S. TUGWELL, « Editorial », dans *Mémoire dominicaine* n° 2, Printemps 1993: *Courants dominicains de spiritualité*, p. 9-12。この意味で，トマスの霊的神学は論じられるが，厳密な意味で「トマス的霊性」といったものはない。

第14章 神への道　　　581

あらゆる完全性の範型

　本章の目的よりして，トマスと同じ力強さで，愛がキリスト教的生活でどれほど本質的な価値を持っているかを強調するに至った。愛について考えていくと，うまくいけば永遠の生命がこの世でどのようにして始まるかが分かるのだが，同時にこの愛は段階を持つ道のりであることも判明する。しかし，後戻りや休息は愛にふさわしくない。というのも，愛は本性そのものよりして完成を熱望するからである。

　この愛の成長はこの世で卓越した仕方で実現するもので，キリスト教的生活の全体をすべての領域にわたって規定するものである。このことはとりわけ秘跡による生の領域で確認できるが，トマスはここでも秘跡による生を身体の成長と比較して，七つの秘跡を正当化するために，各秘跡を霊的な成長の大きな段階や恩恵の主要な要求に結びつけて——秘跡には人間を癒すものもあれば強めるものもある——理解している[77]。現代の神学者にはなじみのものとなったこの考え方は，当時ではトマスが独自に生み出したものだったようだ。きわめて豊かなこの考え方を見れば，トマスがキリスト教徒を成長する存在と見なしていたことがここでも分かる。しかし，このことに手間取る必要はない。同じ考え方はキリストに従うことに関しても現れており，それらを確認することで事態はもっと明らかになるだろう。

　キリストがあらゆる徳の最初の範型なら[78]，キリストは

77）　*3a q.65 a.1.*

78）　本書第5章「わたしはあなたたちに模範を示した」を参照。

582   第Ⅱ部　神を前にして世界の中で生きる人間

あらゆる徳を含む愛の完成の模範でもあると考えるのは自然である。さらに言えば，なぜキリストに従い模倣しなければならないのか，その理由はキリストの愛にある。トマスは「わたしが命じることを行うなら，あなたたちはわたしの友である」（ヨハ 15：14）という主の言葉を次のように解釈している。「以前主は自ら模範を示して互いに愛し合うよう促したが，ここでは好意を示すことで，なぜ主の友となった人々がキリストに倣って行為せねばならないかを示している。すなわち，それは主が彼らを愛したからに他ならない」[79]。

　完成のためにキリストに倣い従うことは，強い印象を与える表現で示されている。例えば，湖岸でキリストが最初の使徒たちを招く場面があるが，彼らはすべてを捨ててキリストに従ったのである。

　　　すべてのものを捨てることは，最終的には大したことではない——トマスは他の箇所で，哲学者の多くが富を一切気にかけなかったと指摘している。「完成はむしろ愛によりキリストに従うことにある」。「全財産を貧しい人々に施しても……，愛を持たないならこれらのことはみな何の役に立とう」（Ⅰコリ 13：3）。完成はそれ自体としては，貧しさや純潔などのような外的なものにあるのではない。「これらのものは愛を持つための手段にすぎない」。それゆえ，福音書記者は「そして，彼らはキリストに従った」と付け加えているのである[80]。

「完全になりたいなら，行って持ち物を売り払い，貧し

---

79)　*In Ioannem 15,13, lect.3, n° 2010.*
80)　*In Matthaeum 4,22, lect.2, n° 373.*

第14章 神への道 583

い人々に施しなさい。そうすれば，天に富を積むことにな
る。それから，わたしに従いなさい」[81]。イエスが招いた金
持ちの青年の話（マタ19：21）が，この主題を再び論じ
るのに格好の機会なのは疑いない。それゆえ，トマスは小
著『霊的生活の完全性について』でもこの聖句を取り上げ
ている。文脈は聖書的であると同時に社会的でもあり，必
然的に完成と財産の放棄が比較されている。また，テキス
トからは，修道生活のための貧しさの誓いがいかなる意味
を持っているかについて，トマスが同じ托鉢修道会のフラ
ンシスコ会と論争していた背景も浮かび上がってくる。こ
のことには深入りせず，本論に関係のある事柄だけに注目
しよう。

「完成はキリストに従うことにある」。財産の放棄は完
成への道にすぎない。だから，聖ヒエロニムスの言う
ように，財産を放棄するだけでは十分でない。さら
に，そこに聖ペトロが「われわれはあなたに従いま
す」と言って行ったことを付加する必要がある。――
ここでアブラハムの例も挙げられる。アブラハムには
多くの財産があったが，主は彼に向かってはっきり次
のように言っている――。「わたしに従って歩み，完
全な者になりなさい」。このようにして，主はアブラ
ハムの完成が主に従って歩むこと，すなわち自分自身
と持ち物のすべてを顧みないほどにまで完全に主を愛

─────────

81) *In Matthaeum* 19,21, n° 1593. この箇所の註解は少しだけ詳
しいが，意図ははっきり分かる。「もし完成が財産の放棄にはないと
言うなら，完成は何に存するのか。完成は完全な愛にあると答えね
ばならない。『何よりもまず愛を持ちなさい。愛は完成の絆である』
（コロ3：14）。こうして，完成は神への愛にあり，財産の放棄は完
成への道である……。自分自身と持ち物を顧みないほどに（usque ad
contemptum sui et suorum）神を愛する人，こうした人が完全な愛を
持っている」。

584　第Ⅱ部　神を前にして世界の中で生きる人間

することにある事実を示している。アブラハムは自分
の子を捧げようとして，こうした態度を明確に示した
のである[82]。

　このテキストを読めば，キリストに従うことが明確に強
調されているのが分かる。トマスはこのことを簡潔に表現
している。「わたしに従いなさい」の解釈でも，はっきり
次のように強調している。「『わたしに従いなさい』。ここ
に完成の頂点（finis perfectionis）がある。心を尽くして神
に従う人こそ，完全な人である。『わたしに従いなさい』
とは，キリストの道を模倣しなさいという意味に他ならな
い」[83]。この一節にはとりわけドミニコ会士に関係する文章
が続いているが[84]，このことに手間取る必要はない。上の
言明は十分に普遍的な価値を持っており，キリストの弟子
なら誰にでも適用できるものである。トマスは，主人が報
いとして「全財産を託した」「忠実で賢い」僕に関するイ
エスの話は至福をほのめかすものだとしているが，これは
様々に解釈できる。

　　第三に，この話はキリストとの合一について理解でき

---

　82)　*De perfectione spiritualis uitae* 8, Léon., t. 41, p. B 73. 章の末
尾にも同じ主張が見出せる。「それゆえ，完成に至る主要な道は，財
産を放棄して貧しさを選び，キリストに従うことである」。

　83)　*In Matthaeum 19,21, n° 1598.*

　84)　続く文章は，「すなわち，説教，教育，司牧を通じてキリ
ストを模倣すべきである」である。これはトマスがどれほど個人的に
この論争に関わっていたか，またキリストに従うことをいかに独自に
解釈していたかを示す一例である——cf. J.-P. TORRELL, « Le semeur
est sorti pour semer. L'image du Christ prêcheur chez frère Thomas
d'Aquin », *La Vie Spirituelle*, nov.-déc. 1993, p. 657-670。このことは，
L.B. PORTER, « *Summa Contra Gentiles* III, Chapters 131-135: A Rare
Glimpse Into the Heart as well as the Mind of Aquinas », *The Thomist* 58
(1994) 245-264 も指摘している。

第 14 章　神への道　　585

る。人間はこの世の生で「キリストに倣うことでの
み完成に到達できる」が，将来の生でも同じように，
「キリストと合一することでのみ永遠の至福を得られ
る」。主はこのような人々に全財産を託すだろう。と
いうのも，このような人々の意志は神の意志と一つだ
からである[85]。

　ここできわめて重要なのは，トマスがこの世でキリスト
に従うことと至福においてキリストと合一することを結び
つけて理解していることである。キリストは道であると同
時に終局でもあり，トマスはこのことを機会があるたびに
繰り返し述べている。例えば，「わたしの羊はわたしの声
を聞き分ける。わたしは彼らを知っており，彼らはわたし
に従う。わたしは彼らに永遠の生命を与える」（ヨハ 10：
27-28）の解釈は次のようなものである。

　　ここで考察すべきは，互いに関連している四つの事
　柄である。二つはわれわれがキリストに対してどう振
　る舞うかを述べたもので，残り二つはこうした行為を
　われわれのうちに実現するキリストに関するものであ
　る。
　　第一はわれわれに関するもので，キリストに従うこ
　とである……。第二はキリストに関するもので，われ
　われを選び愛することである……。第三は再びわれわ
　れに関するもので，キリストを模倣することである
　……。第四は再びキリストに関するもので，われわれ
　の行為に報いることである。「わたしは彼らに永遠の

───────────
　85)　*In Matthaeum 24,47, lect.4, n° 2003.* この話の第一の解釈は，
至福を神そのものの享受として理解するもの──というのも，神はあ
らゆる善を超えているから──で，第二の解釈は至福を教会の善い司
牧者が得る報いとして理解するものである。

生命を与える」。これはあたかも次のように言わんとするかのようである。彼らはこの世でわたしに従い，謙遜に罪を避けて生きた。わたしは彼らが将来の生でもわたしに従い，永遠の生命の喜びを味わえるようにしよう[86]。

---

86)　*In Ioannem 10,27-28, lect.5, nº 1444-1449*.［本書の簡単な概観よりもはるかに完成度の高いトマス「倫理学」の説明は，D.J.M. BRADLEY, *Aquinas on Twofold Human Good. Reason and Human Hapiness in Aquinas's Moral Science*, Washington, C.U.A.P., 1997 参照。］

第 15 章

結　論

——中心思想と典拠——

　本書の目的が霊性についてトマスの著作に見出せるすべ
ての要素を余すところなく提示することなら，本書で触れ
ていない要素がまだたくさんあると読者が指摘することは
正しい。そうした要素を数えあげるまでもなく，また推測
するまでもなく——というのも，個人の良心の最も深い部
分に関わるこうした霊的な事柄を知ることができるのは，
結局読者一人ひとりだから——，上で述べたことは本書の
目的ではないと簡潔に述べたい。それゆえ，触れていない
要素がいくつかあるのは，それらを忘れているからでも軽
視しているからでもない。ある主題の論述が別の主題にも
適用できる場合が多々あるので，重複して論じるのはふさ
わしくなかったからである。

　むしろ本書が目指したのは，トマスの主要な考え方の背
後にある霊性に注目を促すことだった。トマスが大哲学者
として賞賛されることは正当であり，確かにそうに違いな
い[1]。しかし最近になって，トマスの著作は大部分が神学

---

　1)　参考までに，トマスの哲学的「小著」の一つに関する専門
家の意見を引き合いに出そう。「『知性の単一性について——アヴェロ
エス派の人々を駁す』は哲学的論証の精華であり，『霊魂論』の解釈，
アヴェロエス主義に対する批判，霊魂と思考の働きに関する概論，ア
リストテレス主義の簡単な回顧を含んでいる。思想史上の重要著作の

的著作だということが認められてきており，このことはき
わめて適切である。このようなわけで，トマスの第一の関
心は信仰と，キリスト教徒が信仰にしたがってこの世でど
のように振る舞うべきかということだった。しばしばトマ
スの著作は平均的なキリスト教徒にはあまりにも知的で難
しすぎると言われるが，こうした考えはひとえに深刻な無
理解から出てくるもので，トマスと同じような深い宗教的
態度で著作を読もうとしないことに由来している。トマス
が自分の信じていることを理解しようとして信仰について
論じるとき，それは単なる論理的作業ではない。反対に，
トマスは全人格をあげて議論しており，弟子にも同じよう
にするよう勧めている。本書で訳した見事なテキストを的
確に読解し，繰り返し読むなら，トマスの神学が霊的なも
のであることははっきり分かる。少なくともいくつかの主
題に関してこのことを示したつもりだが，もっと多くの点
についてこのことを確証するにはさらに検討が必要であ
る。もし本書がきっかけとなり本書では触れていない主題
が他にも持ち上がってくるなら，本書の目的は十分に達せ
られたと言えよう。

　総括を試みるにあたり，二つの主要な点に注意しよう。
まず，トマスの霊的神学の主要な特徴をできるかぎり忠実
に引き出すことが重要である。すでに述べたことを繰り返
すことなく，そこから出てくる帰結をいくつか要約し強調
せねばならない。次に，この霊性に影響を与えた典拠を指
摘する必要がある。言い換えれば，トマスの考察が基づい
ている典拠を特定し，いわば彼が深く根を下ろしている豊
かな土壌を明らかにせねばならない。かつてコンガー神父

――――――――――――
一つに数えられるだろう」（THOMAS D'AQUIN, *L'unité de l'intellect
contre les Averroïstes suivi des Textes contre Averroès antérieurs à 1270*,
Texte latin, Traduction, introduction, bibliographie, chronologie, notes et
index, par A. DE LIBERA, Paris, 1994, p. 73）。

が述べたように，トマスは初めからすべてを知っていたわけではなかった。トマスは独自の特徴を持っているが，同時に伝統も尊重しているので，トマスに影響を与えた人々を指摘することは解明的である。

中 心 思 想

「三位一体の霊性」。トマスのテキストから引き出せる大要をつかもうとするなら，最重要なものがこの三位一体の考え方なのは疑いない。トマスの考えるキリスト教的生活は，三位一体からの「発出」と三位一体への「還帰」の運動の中で，御父の導きと御子と聖霊の働きを通じて展開するもので，その限りで三位一体の神を中心とする対神的なものである。キリスト教的生活が完成するのは，人間が深く直接的な経験を通じて知り愛する神的ペルソナを受容するときである。こうした生の中で霊魂は日に日に神的範型に近づくのだが，やがて恩恵により完全に変容を遂げて，ついに完全な類似性を獲得するに至る。そのとき，霊魂は最終的に三位一体の交わりそのものの中に入ることになる。

御父のペルソナは特に尊重される。というのも，すべてのものの始原にして完成だからである。しかし，御父は計り知れない深淵として観想の対象であり，人間はこの深淵をこの世では至福直観を待ち望みながら予感することしかできない。トマスは神の神秘を概念を用いた推論で横柄にもわがものにできるとはまったく考えておらず，神秘があらゆる理解を超えていることを常に自覚しており，言い表せないものを崇拝して平伏するよう勧めている。にもかかわらず，神秘は完全に他なるもの——宗教史上の恐るべきで触れられない聖なるもののような——ではなく，きわめ

て近しいもので，われわれの兄弟にして主であるイエスの父——この御父が最愛の御子に似せてわれわれを生んだ——に他ならないと考えている。

　キリスト教的なものにこのように接近する中で，御子のペルソナもまったく特別な位置に置かれている。御子は御言として最初の創造を司っているが，同時に受肉した御言として神に還帰する人間を導いている。本書の言葉を使えば，御子は人間の創造と再創造の範型——存在論的範型説——だが，同時にあらゆる徳が完全に具現化したものであり，それゆえキリストに自由に従い倣うすべての人々にとっての模範——倫理的範型説——である。トマスはアリストテレスの学知の概念を知っていたので，一般化できないこの特異で偶然的な〔受肉の〕事実を前に戸惑っただろうが，この問題を棚上げせず，アリストテレスの考え方を破壊してまでも，福音書にしたがってキリストに独自でかけがえのない役割を認めている。それでもトマスの議論は厳密だが，それを導いているのは論理的厳密とは別の一貫性であり，救済の歴史が持つ整合性である。トマスは救済の歴史に見出せる「適切さ」が論理的必然性と一致しないことを心得ていたのである。

　聖霊について言えば，御子と同様に最初の創造を司っているが，普遍的にして絶えざる働き——「聖霊の恩恵」——により，人間がキリストに従って御父に還帰することを可能にしている。聖霊により人間は御父に還ろうと歩み始めるが，御父に到達できるのも聖霊のおかげである。というのも，人間は養子にする霊の恩恵を受けてはじめて本性的な唯一の御子の像に一致するからである。世界での三位一体の働きを司っている愛という観点から，トマスはためらわずに，適合化により，救済の歴史を導く最高の支配的力と，キリスト教徒一人ひとりの生および教会の生を導く主要な役割を聖霊に認めている。以上よりして，霊は神

第15章 結 論 591

の導きと人間の自由の合流点にあって，神自身と像との言い表しがたい愛の交わりの中に見出せると言えよう。

この三位一体の考え方は『神学大全』の構成にも反映されているが，ここはこの問題に戻るべき場所ではない。しかし，次のことを繰り返し述べるのは有益だろう。すなわち，三位一体の考え方を覚えていることは大切であり，この考え方を活用すれば，時に主張されるあまりにも簡単な二者択一を克服できるのである。つまり，トマスの神学は神的ペルソナのうちどれかのペルソナを犠牲にして成立する神中心的あるいはキリスト中心的なものではない。同様に，トマスの霊性は人間だけに関するものではなく，もちろんキリストあるいは聖霊だけに関するものでもなく，むしろ三位一体の神を中心とした対神的なものである。トマスは各ペルソナを等しく強調しており，一にして三である不可分の関係が最終的なものと考えている

「神化の霊性」。神化という語は西方教会の霊性を論じる文脈ではおそらく驚くべきものに見えるだろう。というのも，西方教会の霊性はキリスト教的生活を神化という観点で捉えていないと見なされてきたからである。にもかかわらず，トマスがいたるところで教父の遺産を受容し自分のものにしていることは疑いの余地がない。「御子が人となったのは，人間を神々ないし神の子にするためである」[2]。トマスは神化（deificatio）や神の形（deiformitas）といった語を知っており，とりわけ偽ディオニシウスの註解で使っているが，他のところでも独立的に使用してい

---

2) *Compendium theol. I 214*, Léon., t. 42, p. 168 (éd. Marietti, *n°ᵒ 429*): 恩恵はキリストから人間に発出する。「このようにして，人間を神々ないし神の子にするために御子は人となった」(ita quod Filius Dei factus homo homines faceret deos et filios Dei)。本書第6章「神だけが神にする」を参照。

る。言葉の問題よりも重要なことに，神化の現実そのもの
は恩恵が人間を神に似せ一致させようとする働きそのもの
である。模倣（imitatio）や一致（conformitas）という言
葉は，キリストに従うことを述べるために使われていると
予想するものだが，半分以上は神自身との関係で使われて
いる。この事実はトマスが三位一体を優先的に考えていた
ことの帰結にすぎないが，トマスは忘れずにこれを強調し
ている。したがって，霊的な手引書の多くを読んで抱く印
象とは反対に，トマスは人間の倫理的努力を強調する——
あたかも聖性を自力で獲得できるかのように——ことはあ
まりなく，むしろ人間のうちで働く恩恵——御父は恩恵を
通じて人間を長子の像に形づくる——に重点を置いて論じ
ている。

「客観性を重んじる霊性」。始原にして究極目的である神
は最も大切にすべきものなので，神を前にした人間の根本
的態度はまなざしを神に向け続けることだと言える。人間
の唯一の至福である神は，いかなるものであれ働きや行為
の対象ではなく，ただ観想すべきものである。トマスはキ
リスト教徒がいかに行為すべきかを二つの至福の考察で挟
むようにして論じているが[3]，このことで，最高の幸福を
求める人間の具体的活動の最初と最後を占めるものが観想
に他ならないことを強調している[4]。こうして，人間とそ

　　3）　言うまでもないことだが，ここで問題となっているのは，第
2部の1の冒頭にある5問と，第2部の2の末尾の観想的生活に関す
る諸問題である。さらに，こうした至福の考察はトマスが『神学大全』
で書けなかった部分，すなわちキリストの還帰にも及ぶものである。
というのも，キリストの還帰を論じるとき，顔と顔を合わせて神を見
るという新しい創造も論じることになるからである。
　　4）　観想の概念については，優れた研究 I. BIFFI, « 'Contemplatio'
e 'vita contemplativa' nella Summa theologiae di san Tommaso », dans
ID., Teologia, Storia e Contemplazione in Tommaso d'Aquino, p. 1-85 を

の活動は残らず，すべての存在と行為のアルファにしてオメガであるこの最高の対象（objet）をめぐるものになる。このことにより，ふつう人間は自分自身と主観的な問題から離れることになるが，こうした態度は結果として生じるものにすぎない。最初に目指すべきは神と結びつくことで，世界から離れることではないのだが，このことはしばしば忘れられている。「世を嫌う人が必ずしも神を愛しているわけではない」[5]。

　内省を重視する時代の霊的著述家が行うことになることとは反対に，トマスは霊魂の状態や神を目指す道のりの段階，また祈りの方法，感覚の苦行などについて詳しく述べようとはしなかった。だからと言って，これらすべての事柄を知らなかったわけではなく，むしろはるかに示唆的な仕方で語ることを好み，読者が教えを具体的状況に適用することを期待していた。トマスは何よりも善を行わねばならないと強調している。善を行うことで，悪から離れることになるからである。トマスの霊的教えの中で，徳——きわめて重要なことだが，喜びを感じながら実践せねばならない——，またとりわけ愛の概念は罪の概念よりも強調して論じられている。ここから分かることに，人間は本質的ではないあらゆることから完全に自由になることができる。

　　明らかなことだが，人がみな労苦の多い研究に時間を割けるわけではない。だから，キリストは人間にある法を与えた。この法は簡潔なのですべての人が接近で

参照。トマスの言う観想的生活の「実践」については，見事な書物 J.-H. NICOLAS, *Comtemplation et vie contemplative en christianisme*, Fribourg-Paris, 1980 を参照。

　5）　T. DEMAN, « Pour une vie spirituelle 'objective' », *La Vie spirituelle* 71 (1944) 100-122, cf. p. 101.

き，それゆえ無視することの許されないものである。神を愛しなさいという法はこのようなものであり，この「短い言葉」を主はすべての人に知らせた[6]。

「現実を重んじる霊性」。この語が第一に意味しているのは，霊性を目指す主体が身体を持たない霊魂ではなく，また身体を持った霊魂でもなく，霊魂と身体という二つの構成要素が固く結びついてできた人間だということである。トマスは「ある人間観」を提案しており，そこから内的生活や徳の実践をどのように捉えればよいか明らかになってくる。すなわち，それらは身体や「下級の」力からの「解放」ではなく，人間全体をキリスト教の教えにしたがって次第に整えていくことで，神に正しく向かえるようにするものである。

自然本性の次元を無視する傾向のあるお手軽な超自然主義に対して，「現実主義者」トマスは独自の創造論を展開し，被造物が根本的に善であること，時間的なものが自立していること，中間的な諸目的——こうした目的の特殊的な要求は恩恵の賜物で取り除いたり覆い隠したりできるものではない——がそれ自体価値を持っていることを強調した。これらはどれも一般信徒——この世でどんな仕事についていようとも——に対して説く霊性の不可欠な基礎をなすものであり，一般信徒はこうした教えで保たれ，強化されながら最終的に神を目指すのであり，力のない修道士が陥るいかがわしい「世の軽蔑」からは距離をとる。たとえトマス自身は個人的召命から修道士になったとしても，著作を通じて地上的なものを評価する基礎的な教えを明らかにしたのであり，真の霊性の一部をなす人間的な価値を尊重していたのである。

---

6) 完全なテキストは，本書第14章「愛の賛歌」参照。

第 15 章 結 論 595

「人間の活躍を促す霊性」。おそらくここで「幸福の倫理学」を論じようとする人もいるだろうが[7]、これは適当であり、強調点が少し違うだけである。確かにトマスは人間の生に悪や苦しみが伴うことを心得ていた——このことは『ヨブ記註解』の長い省察を読めばすぐに分かる[8]。しかし、たとえトマスが悪や苦しみについて見事に論じているとしても、十字架を讃えることがトマスの霊性だと要約するのは誤りである。かといって、トマスは快楽主義を称揚しているのではなく、むしろ「本来的な自分になること」を勧めている。トマスが古くからあるこの格言を自分の流儀で理解していることは確実だが、意図を否定しているわけではない。人間とその自由に関するトマスの教えは、人間は神を見出すことでのみ本来的な自分を見出すというものである。神の子は喜びと愛をもって神に仕え、御国を受け継ぐように定められているので、恐れつつ奴隷のように振る舞う必要はどこにもない。トマスが人間と神の神秘的関係を表現するのに、繰り返し友愛の経験に訴えていることからも、人間的なものを高く評価していたことが分かる。こうした人間的なものは純化され、完成される必要があるとしても、トマスの考える霊的生活は放棄や義務ではなく愛の完成を目指すものだったのである。

---

7) Cf. S. PINCKAERS, *Les sources de la morale chrétienne*, p. 470-473, « Eudémonisme et spontanéité spirituelle »:「……善への自然本性的傾向性は……幸福への傾向性でもある。というのも、真の幸福は真の善を目指す愛の完成と完成の喜びにあるのだから……。……倫理的生に関して最も重要なのは幸福の問題である」(p. 471)。

8) Cf. D. CHARDONNENS, *La Providence de Dieu et l'homme.* L'enseignement théologique de l'*Expositio super Iob ad litteram* de Thomas d'Aquin, Diss., Fribourg (Suisse), 1995; L.A. PEROTTO, « La mistica del dolore nel Commento di S. Tommaso al Libro di Giobbe », *ST* 60 (1995) 191-203——この表題は少し不適切に思える。

「共同体に根ざす霊性」。この形容語は二つの理由からぜひとも必要である。まず、人間は本性上「社会的」動物であり、同胞との関係の中でしか能力を発揮できないからである。次に、国家的なものであれ宗教的なものであれ、何らかの共同体に所属しているなら、霊的な次元での完成を目指すべきだからである。人間は必ずしも次のことを自覚していないのだが、どのような領域でも自然本性的なものは恩恵の次元に高められることで完成する。しかるに、人間が恩恵を受けとるのはキリストの体である教会を通じてのみであり、教会の影響力は人間の目では限界を見定められないほどに広大で深いものである。だから、トマスの考えるキリスト教徒は何よりもまず教会の一員である。キリスト教徒は秘跡、とりわけ洗礼と聖体を通じて、教会の頭であるキリストから生命を受けとり、教会の心である聖霊において教会の他のすべての成員と固く結ばれており、これは聖徒の交わりと言われる。この共同体的な次元は、単に、教会を集まり（congregatio ou populus）と定義することで直ちに生じる特徴ではない。霊的向上、祈り、典礼のために教会を活用することは神学的考察に先立つ現実であり、ここから真相が浮かび上がってくる。内的生活は単に私的で個人的な事柄ではない。人間は霊的生活のために所属している共同体から遠ざかるわけではなく、むしろ反対に自然とこうした生活の善さを他の人々と分かち合おうとする。共同体の一片ではなく、成員として。

典　　拠

かつてシュニュー神父は、なぜトマスを愛読するかを、多大な労苦を要しただろう小著の中で簡潔に述べている。

第 15 章 結 論

　われわれはトマス主義者である。ドミニコ会に入会したことで聖トマスの教えを受け継ぐ弟子になったとまで言えるだろう。しかるに，結局のところ，「神学の体系は霊性を表現するものにすぎない」。——その後，シュニューはボナヴェントゥラのアウグスティヌス主義と聖フランチェスコ，あるいはモリナ主義と聖イグナチオとを結びつけて理解できることを述べ，次のように続けている——。「本来的意味での神学とは，霊性の中で生じる宗教的経験を合理的に説明したものである」。聖トマスがドミニコ会に入会したのは歴史の偶然ではなく，ドミニコ会が聖トマスを受け入れたのはでたらめな恩恵の働きによるものではない[9]。

　この主張を詳しく検討するには大きな書物が必要になるだろう。というのも，この説は仮説であり，あまりにも簡潔に述べられているため，その深い意味や問題点はすぐには明らかにならないからである。ドミニコ会士という身分がトマス神学に何らかの影響を与えたことはおそらく本当だろうが，かといって他の影響を排除して，「トマス主義」と「ドミニコ会の霊性」を同一視することはできないのである。というのも，聖ドミニクの弟子もトマスの弟子もこぞって「ドミニコ会の霊性」を示そうとしたことは疑いないからである。同時に，このことにより，トマスが他の典拠に負っている事柄をことごとく軽視することになる。そうした事柄はドミニコ会以外にも広く人間的な経験や教会との関わりに基づいているのである。ドミニコ会の遺産がトマス的霊性に影響を与えたことは確実だが，他の影響も

---

　9)　M.-D. CHENU, *Une école de théologie: Le Saulchoir*, avec les études de G. Alberigo, E. Fouilloux, J. Ladrière et J.-P. Jossua, « Théologies », Paris, 1985, p. 148-149——著作の初版は 1937 年に遡る。

598　　第Ⅱ部　神を前にして世界の中で生きる人間

多く指摘できる。

　「古代の知恵」。霊性に与えた影響はそれほど直接的では
ないかもしれないが，トマスが人間的徳と被造世界の価値
を認めて活用する上で，古代の異教の倫理学に負っている
事柄をくまなく明らかにすることは大切である。ここは本
書の途中で指摘した様々な借用について詳しく論じる場所
ではないが，次のことは指摘できる。今日ではアリストテ
レスの寄与をあまり強調することはなくなり――とはい
え，とりわけ『ニコマコス倫理学』を通じてアリストテレ
スの影響は顕著である――，トマスがアウグスティヌスと
キケロを通じてストア派の哲学に多くを負っていることが
ますます明らかになってきている[10]。実際，トマスは古代
の哲学と倫理学を受容することで，人間を全体として認
め，人類の遺産を積極的に取り入れるようになった。トマ
スの考える人間とは，動物と変わるところのない存在では
なく，教養や徳を身につけた人間のことだった。トマスが
こうして人類の遺産を重んじたのは，とりわけいたるとこ
ろにある真理を尊重し，最終的には真理の根源である神を
讃えるためだった。人間は自覚的にも無自覚的にも恩恵の
力を通じてしか善を行えないのだが，真理も同じで，誰が
述べようとも聖霊に由来しているのである[11]。しかし，ト
マスにはるかに大きな影響を与えたのが本来的意味でのキ
リスト教的典拠なのは間違いない。

　「聖書」。パウロの影響は一目瞭然である。人間をキリス
トに一致させる恩恵やキリストの模倣を強調するために，

---

　　10)　Cf. G. VERBEKE, « S. Thomas et le stoïcisme », *MM* 1 (1962)
48-68; *The Presence of Stoicism in Medieval Thought*, Washington, 1983.

　　11)　本書第9章註65参照。

第15章 結 論 599

トマスはすぐ活用できる材料を『パウロ書簡』の中に見つけだし，たいていの場合それを神学的思想に発展させている。パウロが最も大きな影響源なのは，おそらく余すところなく註解した『パウロ書簡』がトマスの著作の大きな部分を占めていることから説明がつくが，なぜトマスがパウロを愛読したか，その理由も明らかにする必要があろう。少なくとも，二人の思想家が互いに似ていた点を指摘できる。にもかかわらず，『ヨハネ福音書講解』の存在も無視できないのであり，キリストの模倣と聖霊の働きに関して『ヨハネ福音書』が特権的な典拠だったことはすでに見た。さらに，旧約聖書の影響も忘れてはならない。『イザヤ書註解』のコラチオや説教を読めば，トマスがいかに旧約聖書に精通していたかよく分かるからである。

他のあらゆる典拠――哲学的なものであれ神学的なものであれ――以上に，神の言葉はトマスにとって生命の言葉であり，霊感と規範をもたらしてくれるものだった。「聖トマスの神学は全体として聖書の解釈である。トマスはある結論を述べるとき，必ず神の言葉である聖書に訴えている」[12]。この判断は文脈を度外視すれば行き過ぎに思えるが，深い真理を述べたものである。トマス自身も明確に自分の考えを述べている。「神的な事柄が問題となる場合，聖書とは異なる教えを軽率に述べてはならない」[13]。ここか

---

12) É GILSON, *Les tribulations de Sophie*, Paris, 1967, p. 47.

13) *Contra errores graecorum I 1*, Léon., t. 40, p. A 72: « De diuinis non de facili debet homo aliter loqui quam sacra Scriptura loquatur »; cf. *ST 1a q.36 a.2 ad 1*:「神について教える際，言葉に関しても意味に関しても，聖書に見出せるものだけを述べるべきである」。こうした表現は多く確認できるので，トマスの根本的確信だったと言えよう――cf. B. DECKER, « Schriftprinzip und Ergänzungstradition in der Theologie des hl. Thomas von Aquin », dans *Schrift und Tradition*, herausgegeben von der deutschen Arbeitsgemeinshcaft für Mariologie, Essen, 1962, p. 191-221 (cf. notre présentation: *RT* 64, 1964, p. 114-118)。

600 第Ⅱ部 神を前にして世界の中で生きる人間

ら十分分かることだが，はっきりとしたこの見解は，文字
的意味を優先するという神学的方法に反映しており[14]，ト
マス独自の霊的神学に貢献するものだった。トマスがキリ
ストと霊の働きについて論じられたのは，『ローマの信徒
への手紙』第8章や『ヨハネ福音書』の最後の晩餐に続
く話をじっくり熟考した上のことだったのである。

　「典礼」。典礼がトマスに影響を与えたと聞いて，トマス
をよく知っている人は驚くかもしれない。というのも，ド
ミニコ会総長からの相談に直ちに答えるために，聖木曜日
のミサに出席しなかったことがあるとトマス自身が認めて
いるからである[15]。ここから，トマスが祈りより学究を優
先していたと結論した人もいるが[16]，そう考える人は次の
事実を忘れているだろう。トマスが神学教授という身分の
ためにいくつかの義務を免除されたことは考えられるが，
彼にとりミサは日課だったし，同時にトマス神学と教会暦
の典礼との間には一致する点が多く見受けられるのであ
る[17]。トマスは神学者として典礼の経験を大切にしながら

　14）　Cf. M. AILLET, *Lire la Bible avec S. Thomas. Le passage de la
littera à la res dans la Somme théologique*, « Studia Friburgensia N.S. 80
», Fribourg (Suisse), 1993.

　15）　*Responsio de 43 articulis, Prol.*, Léon., t. 42, p. 327. トマスが
総長から手紙を受けとったのは，前日，「ミサの最中のことである」。
おそらく当時のミサは今日のミサほど厳粛に行われてはいなかっただ
ろう。12世紀，ペトルス・ウェネラビリス（Pierre le Vénérable）は，
ミサの最中にある修道士からの手紙を読んでいたと述べている。

　16）　トマスは他のところで，ミサに出席できない代わりに勉学
にいそしむと述べている――*De substantiis separatis, Prol.*, Léon., t. 40,
p. D 41。だが，トマスがミサを欠席した理由は特定できない――cf.
Initiation, p. 321-323〔『トマス・アクィナス　人と著作』376-379ペー
ジ参照〕。

　17）　Cf. L.G. WALSH, « Liturgy in the Theology of St. Thomas »,
The Thomist 38 (1974) 557-583.

生を送ったのであり，典礼の影響は説教や他の著作にも明らかである。そうした箇所では，典礼で歌われている文言が dicitur ないし cantatur という前置きで議論の中に挿入されているが，こうした事例は 33 に上る。言葉の問題を超えて，典礼と神学のこうしたつながりを示す最も見事な例として，キリストの生涯の神秘が現在も効力を持つことを，典礼の挙行が「今日」行われることに関連づけて説明している箇所がある[18]。トマスが若い頃ベネディクト会の献身者だった事実を思い出せば，トマスが次のように述べるとしても違和感はないだろう。「わたしは神学の中で理解したことの大半を，典礼，すなわちキリストの神秘の挙行に負っている」[19]。

「教父，とりわけアウグスティヌス」。「権威」を引き合いに出すというスコラ学の方法により，中世の著述家たちは些細な主張でも過去の著述家の力を借りて根拠づけねばならなかった。この手続きは急速にすたれ，過去の著述家が実際に述べていないことを彼らに語らせようとするやり口も見られるようになり，形骸化の一途をたどった。しかし，忘れてはならないことだが，教父の権威に訴えることは神学的方法の重要にして不可欠な一部をなすものである。この点に関して，多くの時代，少なくともトマスには教会を重んじる態度が見てとれる。すなわち，神学者は一人きりで思想を構築しているのではなく，独創的な主張をしようと躍起になることもなく，伝統に忠実に考察を進めることを欲したのである。トマスが『カテナ・アウレア』を作成したのはこうした態度の表れであり，この著作がそ

---

18) 本書第 6 章 222-223 ページ参照。

19) Y. CONGAR, *Une vie pour la vérité*, Jean Puyo interroge le Père Congar, Paris, 1975, p. 30; cf. ID., *La Tradition et les traditions*, t. 2, *Essai théologique*, Paris, 1963, p. 183-191.

れ以後のトマスの著作に決定的な影響を及ぼしたことがたびたび指摘された[20]。トマスはかつて考えられていたほど独創的な思想家ではおそらくなく，教会の長い伝統に属する人間だったのである。

　トマスがギリシャ・ラテンの先人たちに負っている事柄のすべてを正確に評価するためにはもっと詳しい検討が必要だが，トマスがいたるところでアウグスティヌスから影響を受けている事実を指摘し忘れてはならない。トマスは決定的な点ではアウグスティヌスから距離をとっているが，『ヨハネ福音書講解』にアウグスティヌスの影響が見られることは明らかである。同様に，キリストの体〔としての教会〕の教えがアウグスティヌス的な色調を示していることは異論の余地がなく，トマスは『パウロ書簡』をアウグスティヌスを参照しながら読んでいた。これら以外にもアウグスティヌスの影響は多く指摘できる。『神学大全』にあるアウグスティヌスからの引用は約2000に上るが，これらはすべて「見栄えをよくする」だけのものではなく，議論の本質をなすものであり，トマスがアウグスティヌスと「絶えず対話していた」[21]ことを教えてくれる。トマスとアウグスティヌスを徹底的に対立させる構図はつい最近まで根強かったが，このように見てくると，こうした見解は十分反論できるものなのが分かる。同時に，トマス個人の霊的な成長もおそらくアウグスティヌスとの対話から説明がつく[22]。

---

　　20)　Cf. L.-J. BATAILLON, « Saint Thomas et les Pères: de la *Catena* à la *Tertia Pars* », dans *Ordo sapientiae et amoris*, p. 15-36; G. EMERY, « Le photinisme et ses précurseurs chez saint Thomas », *RT* 95 (1995) 371-398.

　　21)　この的確な表現は L. Elders のものである。

　　22)　Cf. *Initiation*, p. 357-360〔『トマス・アクィナス　人と著作』416-419 ページ参照〕．

第 15 章 結 論　　　603

　「ドミニコ会の遺産」。この表題で論じる必要のあるこ
との大半は，事実上，この入門書の第1巻――『トマス・
アクィナス　人と著作』――ですでに述べた。トマスはベ
ネディクト会よりも――おそらく他の多くの修道会よりも
――ドミニコ会を選んだが，このことにより自分の信念と
ドミニコ会の方針を結びつけて考えるようになり，それら
を熱狂的に――これはトマスについて想像できないような
態度である――守るに至った。このことの最も明らかな証
拠は修道生活を論じるトマスの態度や著作の中にあり，貧
しさ，研究，教育，説教を論じる様子を見ればすぐに理解
できる[23]。当時，在俗の教授と修道士は激しく対立してい
たが，こうした修道会特有の事情を考慮に入れてはじめ
て，〔トマスだけでなく，〕この時代の在俗の教授やフラン
シスコ会の教授がどのような意図で何を主張したかが見え
てくるのである[24]。
　若いトマスの経歴と知的ないし宗教的発展をたどること
で，うまくいけば，ドミニコ会がトマスにどのような影響
を与えたかを突きとめることができる。モンテ・カッシー
ノやナポリでの日々が無視できないなら，アルベルトゥス
の弟子として過ごした長い年月はなおさら注目すべきだろ
う。トマスはアルベルトゥスのもとで神学を学び始めた
が，それは二つの道を通じてだった。すなわち，古代の知
恵，特にアリストテレスを重んじることと，ディオニシウ
スにしたがって神の超越的神秘を尊重することである。し
かし，トマスは創造に関する三位一体の神学を後に発展さ

　23）　『トマス・アクィナス　人と著作』第5章「托鉢修道会の弁
護者」を参照。本書第14章579-580ページも参照。
　24）　貧しさをどう理解するかについてドミニコ会とフランシス
コ会で意見が食い違っていたことを考えるだけで，このことはすぐに
理解できる。

604   第Ⅱ部　神を前にして世界の中で生きる人間

せるのだが，その重要な直観のいくつかもアルベルトゥス
から学んだものである。

　トマスがサン・ジャックから何を得たかは時に推測する
ことしかできないが，もっと正確に述べるには多くの検討
が必要である。できて間もない修道会の熱気の他にも，ト
マスが創立以来大学と密接な関係にあったこの特権的な場
所で，きわめて豊かな人間関係を結ぶと同時に，非常に豊
富な図書館の蔵書を利用したことは間違いない。この時代
のキリスト教世界の最も活気に満ちた現実はことごとく，
常にではないにせよサン・ジャックで生まれていた，ある
いは少なくとも最も直接的な反響をサン・ジャックにもた
らしていたのである。ここではギリシャ，アラビア，ユダ
ヤの新しい思想──ただしかなり混合的な形で──が余す
ところなく受容されていたので，明らかなことだが，トマ
スは知的好奇心を刺激され，それに促されるままに知性を
解放し，人間が生み出した文化の中で価値のあるものはす
べて受け入れるという肯定的な態度を身につけるように
なった。しかし，サン・ジャックの知的で霊的な環境がト
マスに与えた最も明白な影響がある。それは聖書を重んじ
ることであり，こうした傾向はトマスについてきわめて顕
著である。もちろん，聖書を尊重することはドミニコ会だ
けの方針ではないが，サン・シェールのフーゴーとその仲
間の偉大な仕事によりこの方針が明確になったのは疑いな
い。

　トマスが，教義的な教えが明晰だという理由で讃えられ
てきたことは正しい。また，ドミニコ会の使命は信仰の弁
護だとしばしば考えられてきた。聖ドミニクがこうした霊
感の源だったことは疑いない[25]。後にどのような形に発展

─────────────

　25）　ここで知っておくべき事柄は他にたくさんあるので，そ
れらをいちいち参照しているとこの明解な結論が損なわれてしま

第 15 章 結 論   605

しようとも，トマスと聖ドミニクに最初に見られたのは真理への愛だった——あまり強調されてこなかったが，『対異教徒大全』でも『神学大全』でも真理は基本概念だった。それゆえ，トマスも聖ドミニクも真理の観想を第一に考えていた——このことについては多くの証人がいる——が，こうした態度には真理を人々に伝えることも含まれていた。というのも，両者ともに『ヨハネ福音書』のキリストの言葉にしたがって，真理だけが人間を救い解放すること，人間の完成，救済，幸福は真理にあることを心得ていたからである。だから，トマスは神学に励み，使徒的な生活から生じる霊性を大切にすることで，他者を救いたいという同じ情熱をドミニクと共有していたと言える。彼らは福音の真理を知らない人にそれを伝えることで，最も憐れな人々を助けると同時に，神の憐れみという最高の働きを分有しようとしたのである。

　次のことはほとんど指摘されてこなかったが，忘れてはならないことであり，最近ではますます認められてきている。すなわち，『神学大全』について言えば，教義的部分ではなくむしろ第 2 部の倫理学的部分こそが最も斬新で貢献度の高い部分である。しかるに，トマスがこの部分を書くことになったきっかけは，豊かなオルヴィエト時代の経験にあり，そのときトマスには平修道士を教育し，説教や告解のために準備する任務があった。確かにトマスは当時のドミニコ会の教育の限界を意識していたのだが，修道会から課せられたこの任務を忠実に果たそうとして，『神学大全』の執筆に着手したのである[26)]。

う。次の先駆的業績だけを参照。M.-H. VICAIRE, *Histoire de saint Dominique*, 1. Un Homme évangélique, 2. Au cœur de l'Église, 2 t., Paris, 1982. もっと短いがきわめて示唆に富むものとして，G. BEDOUELLE, *Dominique ou la grâce de la parole*, Paris, 1982 を参照。

　26)　Cf. *Initiation*, p. 172-175〔『トマス・アクィナス　人と著作』

606   第Ⅱ部　神を前にして世界の中で生きる人間

〔ドミニコ会の〕より直接的な霊性に関して言えば，トマスへの影響はそれほどはっきりしたものではないが，にもかかわらず突きとめられる。聖ドミニクはドミニコ会士に対して，貧しくあること，罪人のために祈ること，自発的に禁欲すること，絶えず研究すること，たゆまず説教すること，兄弟にふさわしい教育を受けさせることについて，ただ自分を範として勧めるにとどめた。たとえこの模範の影響が決定的で，ドミニコ会の会則に反映しているとしても，ドミニクは他の修道会の創設者のように霊性に至る方法を伝えることはなかった。それゆえ，霊性に関して「ドミニコ会的な方向性」は確かにあるが，本来的意味での「ドミニコ会の霊性」は論じられない[27]。トマスが霊性に至る方法を示すことがなかったのは，おそらくこうしたドミニクの態度から影響を受けたためだろう。すでに試みたように，トマスの著作にこうした方法をほのめかす言明や霊性を目指すダイナミズムをたびたび確認できるとしても，最初から「トマス的霊性」といったものがあるわけではない。

聖ドミニクに直接関わるものとして，彼がドミニコ会士から「修道院長」と呼ばれることを断固として拒んでいた逸話がある。彼は修道士の良心を束縛したくなかったのであり，単に「修道士」ドミニクと呼ばれることを好んだ[28]。トマスは賢慮の徳と良心を人間の行為の規範として強調したが，このことは確かに神学的な考えに基づいている。しかし，トマスはドミニクが修道士たちに個人的責任

209-213 ページ参照〕．

　　27）　本書第 14 章註 76 参照。

　　28）　しかし，すでに聖ドミニクの最初の後継者はドミニクを「父」と呼んでいる——cf. JOURDAIN DE SAXE, *Libellus*, n° 109, dans M.-H. VICAIRE, *Saint Dominique et ses frères. Évangile ou Croisade?*, Paris, 1967, p. 132。

第 15 章 結 論 607

を果たすよう求めたことも知っていたので，賢慮と良心を
論じる際にこうした忠告を念頭に置いていたと考えること
もできる。トマス学派の霊的神学では，行為の規範は行為
者の中にある。霊的人間は自分自身が法なのである。人間
は確かに助言を仰いだり問い合わせたりできるが，最終的
に決めるのは自分自身である。だから，たとえトマスが霊
の教師の助言を求めることに反対していないとしても，そ
の助言は良心を規定するような性格のものではまったくな
い——対して，助言に決定的な役割を認めた他の多くの
人々がいる[29]。おそらくドミニクのこうした教えは，ドミ
ニコ会がトマスに与えた影響の中でも決して小さなもので
はないだろう。

       *　*　*

　本書の冒頭で，トマスに固有の霊性といったものが果た
してあるかどうか問うたが，この問いは未解決にとどまっ
ていた。ウンベルト・エーコ（Umberto Eco）はトマスの
信奉者たちを厳しく批判したが[30]，こうした信奉者の一人
にならずとも，トマスに固有の霊性はあると答えられるだ
ろう。もっとも，今となっては読者が自分で判断できる。
必要なものに限ったとはいえ，判断材料は十分に提示した
ので，読者は正確にトマスを評価し，彼固有の霊性につい
て是非を語ることが可能だからである。

　トマスに固有の霊性があるからと言って，トマスの思想
がすべての点で新しいということにはならない。たった今

---

29)　Cf. notre art. du *DS*, col. 769. ここでは，優れた試論 W.H.
PRINCIPE, *Thomas Aquinas' Spirituality* の主張に喜んで賛成したい。
Principe（p. 24-25）は，「自分で考えること」は，トマスの賢慮の教
えが直接言わんとしている事柄だとしている。

30)　しかし，「トマスは不運にも歴史家よりも信奉者に読まれて
きた」（U. ECO, *Le problème esthétique chez Thomas d'Aquin*, p. 9）と
いう Eco の評価は完全に的外れではない。

608 　第II部　神を前にして世界の中で生きる人間

トマスがどれほど多く先人たちに負っているかを見てきた
が，その後で，もしトマスがすべてを生み出したと述べる
なら，トマスに迷惑をかけることになるだろう。反対に，
この時代の多くの著述家——最も偉大な人物に限れば，ア
ルベルトゥスとボナヴェントゥラを指摘できる——と同じ
ように，トマスにもほとんど変わることのないキリスト教
思想の核心が見出せることを認めねばならない。かつてこ
の時代の膨大な著作はあまり知られていなかったので，ト
マスについて，誤っているとは言わないまでも偏った判断
がなされたこともあったが，そうした評価は今日では通用
しなくなっている。むしろトマスはキリスト教の伝統の中
で思想を構築しており，にもかかわらず，詳しく検討すれ
ばやはり偉大な思想家なのが分かる。

　それゆえ，トマスの独自性を多かれ少なかれ恣意的に選
んだ特徴から推測することはできない。そうではなく，常
に思想の全体に注目することが大切である。というのも，
トマスの思想はある側面を強調するために他の側面を貶め
るようなものではなく，様々な側面を最大限生かすように
して構築されたバランスのとれた体系だからである[31]。こ
のことを理解するには，トマスが神を見たいという人間の
欲求——トマスは何よりもこの考え方にこだわっている
が，それというのも人間の究極的幸福は見神以外にはない
と思っていたからである——と，東方教会の伝統に属する

---

31)　わたしがかつて S. Pinckaers (*Les sources de la morale*, p.
121-123) から着想を得て述べたことを思い出す読者もいるかもしれ
ない。「1) もし『除去の方法』を用いるなら，すなわちどんな形であ
れ他のところで見出されるものを次第に遠ざけていき，この過程に耐
えたごくわずかな核心だけに注目するなら，おそらくトマス独自の思
想は何もないだろう。2) もし『全体を重視する方法』を用いるなら，
むしろトマスが同時に，また驚くべきバランス感覚で福音の教えの全
体を尊重していることが分かるだろう。このような思想家はおそらく
どこにもいない」(*DS*, t. 15, col. 772)。

第 15 章 結 論 609

否定神学——ここからトマスはますます大きくなる神秘の意味を学んだのだが，人間は神秘を把握できず途方に暮れるしかない——を同時に尊重している様子を見るだけで十分である。あるいは，トマスがアウグスティヌスにしたがって人間が十全に能力を発揮するには恩恵が必要だと強調しながら，同時に健全な知性により被造物が根本的には善だと認めていた事実を考えることもできる。ドミニコ会士たちが創立当初から悪い世界というカタリ派の思想と対決せねばならなかったという事情は，トマスが被造物の善性を肯定していたことと関係があるかもしれない。もしそうなら，これはドミニコ会がトマスに与えた影響の一つだと言えよう。

　本書で扱うべき事柄は他にも多くあったかもしれないが，神と人間という二つの主要な主題に限って論じた。というのも，人間が神と交わりながら大胆に霊性を追求する様子を強調したかったからである。この人間と神の交わりの中で，かつて神がその民と結んだ契約は今日——救済の時は常に現在である——でも続いている。しかし，トマス的な物の見方に顕著な深い一性も示したかった。三位一体である神は超越的なゆえに人間が近づけない存在だが，神自身が欲して創造したこの世界に絶えず現前している。三つのペルソナは歴史の中で業を働くときも，永遠という深い生命で一つに結ばれているときも互いに切り離せない。神的ペルソナを前にした人類は，もはや偶然によりこの世界に寄せ集められた個人の集合ではない。人類は神に愛されており，この世界をより善いものにする任務を受けとっている。というのも，人間は世界に関与し，自覚していなくても至福を目指し，少なくとも萌芽的にキリストの体である教会と深く結びついており，最終的には祖国での統一に与る存在だからである。トマスの考える人間は，個人としても共同体としても三位一体の交わりにかたどって造ら

れている。トマスが霊性を探究する上で絶えず念頭に置いていたのはこの考え方である。

第二版のあとがき

　本書は初版を出版してからまだ数年しか経っていない
が，早くも第二版を準備する運びとなり望外の喜びであ
る。このようなわけで，本書が一定の読者の期待に応える
ものになったと考えており，多くの人々が本書を好み広め
てくれたことをうれしく思っている。何よりもまずこうし
た読者の方々に感謝を表したい。たいていの場合，わたし
は彼らを知らないのだが，にもかかわらず無関係な人々で
はない。というのも，すでに同胞として，また同じキリス
ト教徒として深く結びついている上に，もっと特別な善を
共有しているからである。すなわち，トマスの人となり，
世界観，神と人間に関する深い真理を探究し説明する方法
を認め，共有しているのである。

　Initiation à Saint Thomas d' Aquin〔『トマス・アクィナス
　人と著作』〕の第二版が手元にある人は，その「更新情
報」と本書の「あとがき」がかなり異なるのに気づくだろ
う。第1巻は第2巻よりも歴史的観点に立って書かれてい
るので，研究の進捗に伴う修正や補足を考慮に入れる必
要があり，事実「更新情報」ではテキストの校訂版，翻
訳，著作や論文といった新しい研究成果——こうした成果
を見れば中世研究が活気づいているのが分かる——を多く
取り入れた。対して第2巻では，その性格からして，こ
うした几帳面な補足は必要ではなかったが，その代りによ
り一般的な意見に答えるのが適当だろう。このような本を

手にする人は，あらかじめ自分の望む——自分が著者なら当然取り上げるだろう——話題がそこで論じられていることを期待する。だから，大部分の批評家がきわめて熱烈な言葉で——時に感動的な心遣いとともに——本書を読んで気に入った点を述べる一方，驚きや願望，さらにはあるテーマが論じられていないことについての落胆も表明している批評家——時に同一の批評家——もいるのは当然のことである。こうした指摘すべてに感謝を表したい。尊敬に基づく批判はきわめて建設的で有益なので，喜んで受け入れたいと思う。これからそうした批判に答えていくつもりだが，それは自分の意見を正当化するというよりも，本書の意図をもっとよく理解してもらうためであり，そのために必要な助言は参考にしたい。ここで目指すのは，自分のために事細かに弁明することではなく，友人と対話することである。批評家の名を挙げるとしても，それは敵対者として指摘するためではなく，批評家がわたしの解答を確認するためであり，あるいは場合によっては読者自身が彼らのテキストにあたり当該の批判を吟味してほしいからである。

　何よりもまず，満足を与えた主題を記しておこう。こうした意見は励みになるものである。すべてではないにせよ多くの著述家——とりわけ S. Th. Bonino, *RT* 97, 1997, p. 592-595 ; G. Emery, *Sources* 23/1, 1997, p. 45-46 ; H. Jacobs, *NRT* 121, 1999, p. 661-662——は，第 1 章の生きた信仰から霊感を得る神学という主題に注目した。このことから理解できるのは，愛が神学研究の真の原動力であり，神学研究は個人的な神の追求と結びついて豊かになるということである。これはまさに本書の議論の出発点をなす本質的テーマであり，ウォリコー（J. Wawrykow）——*Religious Studies Review* 27, 2001, p. 34-35——も的確に看取したものである。ウォリコーが強調するには，神学と霊性は長く

第二版のあとがき

分離していたが，それらは切り離せないというこの発見に
より，今日のトマス主義者たちはこの主題についていっそ
う考えを深めることになったのである。さらに彼は，神学
と霊性のこうした結びつきなしには，トマス神学そのもの
が考えられないとまで言っている。彼一人ではないにせ
よ，彼が次のように付け加えているのを読むとき，大きな
喜びを感じずにはいられない。神学と霊性は切り離せない
という同じ確信は，最近台頭してきた若い神学者たちの全
員が共有している。

　本書では多くあるトマスのテキストの中から翻訳に値す
るものを選んで引用したわけだが，この選択に異を唱える
批評家は一人もいなかった。彼らは翻訳の質を高く評価し
たが，それは学者の虚栄心からではない。トマスのテキス
トは専門用語が多いために敷居が高く難しいと見なされて
いるが，本書では今日の読者にそうしたテキストを理解し
てもらうことに成功していると考えたからである。また，
『神学大全』以外の著作，とりわけ聖書註解をたくさん引
用したが，このことも批評家たちに好評だった。意図的に
このように行ったわけだが，読者に認められてうれしく
思っている。というのも，トマスの著作が多岐にわたる主
題を論じており，数もたくさんある事実を知ってもらうこ
とはきわめて重要だからである。トマスは当時知られてい
たあらゆる事柄を取り入れながら例外的に優れた哲学的著
作を書いたが，同時に聖書註解者ないし神学者として教会
の長い伝統を反映した著作も多く残したのである。トマス
を正当に評価するためには，あらゆる著述形態を考慮に入
れつつ，彼の著作をくまなく検討する必要があろう。

　自画自賛に陥らずに批評家からの評価を続けて述べるな
ら，トマスの霊性には三位一体の特徴があることを強調し
た点を指摘できる。最初はこの見解に驚いたと述べる批評
家もいたが，申し分なく明白なテキストを前にして，最終

的には全員がこの見解を認めるに至った。中には，「この主張は挑戦にすら思える」と述べる批評家もいた。しかし，彼は次のように続けている。「トレル神父は，西方の霊的神学は三位一体をほとんど論じていないという型にはまった主張には根拠がないことを示した」（S. Th. Bonino ; cf. A. Haquin, *Revue théologique de Louvain* 31, 2000, p. 96-97）。挑戦という表現を除けば——本書にそのような意図はまったくない——，この文章はわたしの意図を正確に言い表している。わたし自身，かつてラテン神学で三位一体が尊重されていないというこの無理解に苦しんだことから，西方神学で三位一体，特に聖霊が重要な位置を占めていることをずっと以前から主張し続けてきた。だから，事情をよく心得た上で次のように確言できる。西方神学には確かにこの点について不足しているところがあるかもしれない。しかし，少なくとも最も重要な神学者たちについて，三位一体ないしキリストをないがしろにしていると批判することはできない。トマスに精通している人々はこのことをよく理解しており，この確信の正しさはトマスのテキストそのものから証明できる。わたしが本書で穏やかに主張しようとしたのはこの確信であり，それゆえこの主張が革新的であり，既成の考え方を覆すようなものだ——ウォリコーはこのように述べ，喜びをあらわにしている——と讃えられるのを見て驚かずにはいられなかった。

　次に，本来的意味での批判について述べるなら，最もよく見られたのは著作の種類そのものに関する批判である。少なくとも一人の読者——A. Wilder, *Angelicum* 74, 1997, p. 614-617——は，本書を読んでいささか面食らったと述べている。というのも，彼は「霊性」という語を聞いて，もっと伝統的な書物を予想し，霊的な構造，すなわち恩恵，徳，賜物，霊的な方向づけ等々に関する体系的な説明，要するに霊魂を完成に促す「手引書」を期待していた

第二版のあとがき　　615

からである。もっとも，ワイルダーは心のこもった賛辞
を述べ，わたしの試みを高く評価してくれてはいるのだ
が……。本書が彼の述べるような手引書に比べて，「少し
ばかり散漫で焦点の絞られていない」(somewhat rambling
and unfocussed) ものなのは確かで，進んでこのことを認
めよう。しかし，わたしはこのことについて本書の冒頭で
十分明確に述べ，その後も何度も指摘してきたのであり，
そもそもワイルダーの言うような手引書を書くつもりはな
かったのである。こうした類の著作はすでにたくさんあ
り，それらを繰り返すつもりも，それらと競争するつもり
もなかった。反対に，いわばトマスのものではない金型を
トマスに押しつけないよう気をつけていたのであり，それ
ゆえトマスが提案しなかった霊的教えを再構成しようとも
思わなかったのである。主題を自由に――しかし恣意的に
ではない――選んで取り上げることで，一種の「霊感」と
も呼べるものに従おうとしたまでのことであり，この霊感
のおかげでより柔軟に論じられたのだが，こうした論述は
おそらくもっと堅固な構成を持った説明では実現できな
かっただろう。読みやすさについて過大評価はできない
が，より多くの人々が本書を読み，トマスを読む喜びを感
じ取ってもらえれば幸いである。

　同じ批評家ワイルダーは，わたしが第2部でいくつか
の主題を論じるとき，その論述は簡単すぎるように思える
が，その点が残念だと述べている。あるいは，別の批評家
――L. Dewan, *The Thomist* 62, 1998, p. 623-631――によれ
ば，本書を褒めちぎりながらではあるが，第2章が方法
的に見てあまり厳密ではないと批判している。こうした批
評家たちの言うことはもっともだと思う。これら同僚たち
は，わたしが深く掘り下げるべき主題の多くを簡単に論じ
るにとどめた理由が，こうした主題が複雑なことをまった
く知らなかったからではなく，熟慮の末にそうした論じ方

を選んだからなのをよく分かってくれていた。信用してほ
しいのだが，わたしは主題を十分に論じていないと感じて
いたし，書きながら，議論をもっと展開したいという気持
ちを絶えず抑えていたのである。というのも，すでに十分
浩瀚である本書をこれ以上長くしたくなかったからであ
る。本書の中で何度も繰り返し述べていることだが，何よ
りも，スコラ学的議論になじみのない読者をうんざりさせ
ないように，また本書を敷居の高いものではなく，誰にで
も魅力的なものにするために，細を穿つ詳細な説明に立ち
入ることを控えていた。三位一体の適合化の理論，見神へ
の自然本性的欲求，創造，実体的形相の単一性などの主題
が問題となるとき，これらの主題のいずれも十分詳しく論
じられていないことは明らかである。しかし，これらの主
題を論じたのは，霊性とのつながりの中でこうした考え方
がどういう役割を果たすか突きとめるためだったのであ
る。読者や批評家でこのことに気づいてくれた人はきわめ
て多かった。特にうれしく思ったのは，計画が首尾一貫し
ていることや，本書の第 1 部と第 2 部が密接に対応して
おり，豊かな相互作用を生んでいることを強調してくれた
批評家がいたことである――cf. T.F. O' Meara, *Theological
Studies* 58, 1997, p. 729-731 ; F.-X. Putallaz, *Nova et Vetera*
1997/1, p. 85-87 ; P.T. Stella, *Salesianum* 60, 1998, p. 585。
このことは重要である。というのも，本書の構造的特徴が
問題となっているからである。本書は『神学大全』の厳密
な構成を真似ているわけではもちろんないが，少なくとも
そこから着想を得ている。本書の統一性を適切に理解して
もらうために，いくつかの町で開かれた出版記念講演を
参照してほしい。というのも，講演の中で本書の第 1 部
と第 2 部がどのように対応しているかはっきりと説明し
たからである――cf. « Saint Thomas d'Aquin, maître de vie
spirituelle », *RevSR* 71, 1997, p. 442-457。

第二版のあとがき　　　　　617

　統一性が実現し，目指していた目的は達成したと考える
ことで，本書は論じる必要のあることを残らず論じている
と言うべきだろうか……。最終的に判断するのはわたし自
身なので，正直に次のことを認めねばならない。実のとこ
ろ，後になってから驚くべき欠落が見つかったのである。
それゆえ，幾人かの批評家は本書では秘跡における受肉
の継続（T.F. O'Meara）や，とりわけ聖体（S. Th. Bonino
; R. Hissette, *RPL* 96, 1998, p. 326-329）が論じられていな
いと指摘したのだが，この意見に進んで賛成したい。聖体
について言えば，*Initiation 1*（p. 189-199）〔『トマス・ア
クィナス　人と著作』229-241 ページ〕で聖体の聖務日課
を取り上げた際，聖体に関するトマスの敬虔な教えをきわ
めてはっきりと論じたのだが，その議論を本書でも取り上
げ詳しく展開するのは容易だったろう。とはいえ，聖体に
ついて何もかも忘れていたわけではない。キリストの生涯
の神秘は秘跡を通じてわれわれに働きかけるのだが，本書
でこの神秘の効力を論じたとき，聖体も同時に問題にして
いたことは疑いない（上記，221-223 ページ参照）。また，
十字架における教会の誕生と教会における聖体が深く結び
ついていることを述べたとき（463 ページ参照），聖体につ
いて明白に論じたのだった。にもかかわらず，こうした主
題が何を意味するか，もっと深く掘り下げる必要があった
だろう。ここはその場所ではないので，この欠落を埋める
議論を含む研究をいくつか指摘するにとどめたい。何より
もまず，*Initiation 1* で聖体の聖務日課と『あなたを崇めま
す』について述べたことを参照してほしい。トマスについ
いて述べたことがわれわれにとっても有効なのは言うま
でもない。次に，すでに上（464 ページ註 58）で指摘した
論文 M. Morard, « L'eucharistie, clé de voûte de l'organisme
sacramentel chez S. Thomas d'Aquin », *RT* 95 (1995) 217-
250，さらに最近の論文 G. Emery, « Le fruit ecclésial de l'

eucharistie chez S. Thomas d'Aquin », *NV* 1997/4, p. 25-40 ; T.-D. Humbrecht, « L'eucharistie "représentation" du sacrifice du Christ, selon saint Thomas », *RT* 98 (1998) 355-386 を参照。これらの著者はトマスのテキストに密着して，本書で論じるべきだった事柄をきわめて正確にかつ詳しく論じている。すでに古くなった論文 A.-M. Roguet, « L'unité du Corps mystique dans la charité *res sacramenti* de l'eucharistie », *La Maison-Dieu* 14 (1950) 20-45，あるいはわたしの研究 « Dimension ecclésiale de l'expérience chrétienne », *FZPT* 28 (1981) 3-25 も参照。これらの業績では聖体と教会の結びつきを強調しているが，驚くべきではない。というのも，この考え方はトマスの重要な教えの一つだからである。にもかかわらず，トマスは聖体がキリストとの親密な交わりをもたらすことや，終末を目指す途上的性格を持っていることも指摘している。このことは『あなたを崇めます』を読めばすぐに分かるのであり，わたしの研究 « *Adoro Te*. La plus belle prière de saint Thomas », *La Vie spirituelle* nº 726 (1998) 28-36 も参照してほしい。おそらくこの論文は本書が含むはずだった聖体に関する論述の代わりになるものである。聖体が終末を目指す途上的なものであることについては，かつてもっと専門的な形で É. Bailleux, « L'eucharistie dans la lumière pascale », *RT* 82 (1982) 206-242 が指摘したが，P.-M. Gy, « Avancées du traité de l'eucharistie de S. Thomas dans la *Somme* par rapport aux *Sentences* », *RSPT* 77 (1993) 219-228 や，もっと最近では D. Chardonnens, « Éternité du sacerdoce du Christ et effet eschatologique de l'eucharistie. La contribution de saint Thomas à un thème de théologie sacramentaire », *RT* 99 (1999) 159-180 も参照してほしい。

　オメラ（O'Meara）は教会論がもっと尊重されてもよいと嘆いたが，この指摘には正直なところ少し驚いた。とい

うのも，本書では教会について異なる二つの箇所で論じているからである。第一は「教会の心」（277-312 ページ）である。この箇所でより直接的に問題になっているのは聖霊だが，論じられているのはまさしく教会の霊性に他ならない。第二の箇所（455-484 ページ）で扱われているのも教会である。教会を世俗国家と比較して論じたのは，人間の共同体的な側面がこの二つの領域で完成することを強調したかったからである。このことは非常に重要に思えたので，本書の末尾でもトマスの中心思想として「共同体に根ざす霊性」を論じている（596 ページ）。しかし，この考察をさらに深めるために，460 ページ註 54 の更新情報で指摘した De La Soujeole, *Le sacrement de la communion* を参照してほしいが，特に 154-179 ページの « Pour une approche renouvelée de la visibilité ecclésiale » と，247-347 ページ——そこで著者は適切にも教会の秘跡の教えを聖体の秘跡を中心にして論じている——を勧めたい。

　ボニーノ（S.-Th. Bonino）神父は本書の統一性を認めながらも，わたしの「革新的考察」をさらに豊かにするために，友愛に基づいて二つの提案をしてくれた。根拠あってのことだろうが，ボニーノは敬神の徳についてもっと詳しく論じるべきだと考えている。「敬神の徳を論じるなら，聖職者として神に仕えて生きるという特別な特徴——例えば，A.-I. Mennessier, *Saint Thomas, l'homme chrétien* (1965) はこの方向性を追究している——をトマスの霊性に与えることになり，これは貴重な貢献になるだろう」。この提案は的確だと思うが，なぜこうした考えが思い浮かばなかったか，自問してみた。確証はないのだが——作品に没頭している著述家はすべてのことを明晰に意識して書いているわけではない——，主要な理由はどのような角度から本書を構成しようとしたか，その点にあると思う。すなわち，本書は倫理神学（『神学大全』第 2 部）よりも教義神

学（『神学大全』第1部および第3部）の側から霊性を論じようとしているのである。トマスがこの二つの領域を切り離していない——この指摘の意味については誤解のないよう十分注意を促した——ことは確かだが，もし敬神の徳を中心にして論じようとするなら，別の書物を作成せねばならなかっただろう。それはある人々が期待したような，霊性を論じた伝統的な手引書にはるかに近いものになっただろうし，おそらく『神学大全』の三部構成を踏襲したものになっただろう——『神学大全』の構成を採用しないのは困難だったと言わねばならない。こうした企ては本書の目的ではなく，何としてでも守るべきものでもなかった。むしろわたしは，トマス思想に含まれている他の主題を余すところなく論じようとすれば，本書は迫力や独創性を欠いてしまうだろうと予想していたのである。

　とはいえ，先ほど挙げたメンシエ神父の著作は，最近になってボニーノ神父とわたしが協力して，Cerf から *L'homme chrétien*, « Foi vivante 392 », Paris, 1998 として再版された。さらに，*Revue thomiste* (1999, p. 5-295) が出版した *Saint Thomas d'Aquin et le sacerdoce* という見事な書物も忘れてはならない。そこでの様々な議論を読めば，聖職者として神に仕える生が持つ霊性について考察を深められるだろう。敬神の徳に関するラブールデット（Labourdette）神父の講義も読むべきだが，それがなければ，視野の広い研究 Y. Floucat, « La théologie de la religion selon le P Labourdette », *RT* 92 (1992) 304-323 や，明晰な研究 G. Berceville, « L'acte de dévotion chez saint Thomas d'Aquin », *La Maison-Dieu*, n° 218, 1999/2, p. 39-52 を参照してほしい。

　ボニーノ神父は他にも次のような提案をしている。「トマスの教えの内容だけでなく，形式そのものも検討すべきではないか。トマスが考え，教え，書く方法そのもののう

第二版のあとがき　　　621

ちに，真理を大切にする霊性や客観性を重んじる禁欲的態度を見出せはしないか」。このことはわたしも十分承知していた。もっと詳しく論じるべきだったかもしれないが，指摘し忘れているという批判は当たっていない。反対に，ボニーノ神父はこのことをはっきり述べている 54-55 ページを指摘しているが，592-594 ページも参照できるのであり，そこでは「客観性を重んじる霊性」がトマスの霊性の主要な特徴として明らかにされている。実のところ，この箇所を読めばすぐ分かるように，本書の着想はわたしがドミニコ会士になりたての頃に抱いた，客観性を重んじる自覚にまで遡るのである――593 ページ註 5 で，わたしに大きな影響を与えたドマン（Deman）神父の研究を参照。トマスがこうした客観的態度を大切にしていたことは疑う余地がないので，これ以上強調する必要はないだろう。この方向性を追究したいなら，先ほど挙げたわたしの論文 *RevSR* 71, 1997, p. 442-457 や，« Ascèse intellectuelle et vie spirituelle », *La Vie spirituelle*, n° 733, déc. 1999, p. 611-621 を参照してほしい。

　鋭く賢明な中世研究家フランソワ・ザヴィエ・プタラ（François-Xavier Putallaz）は，トマスの霊性の特異性についてわたしが慎重な評価にとどまっていることを指摘した。それゆえ，彼が次のように述べるのはきわめて的確である。「この特異性を明らかにするためには，トマスの霊性を同時代のドミニコ会士たちが展開した他の種類の霊性と歴史的および方法の観点から比較する必要があろう。こうしてはじめて，トマスに固有な特徴と当時一般的に広まっていたキリスト教的態度との違いが浮かび上がってくると思われる」。プタラは例として，貧しさについてトマスとフランシスコ会士たちでは考え方や態度が異なっていた事実を挙げている。正確に言って何がその違いをもたら

したのだろうか[1]。……有効な比較を行うのにこうした研究があらかじめ必要なことには進んで同意したいが，このように提案するプタラはわたしの解答をすでに用意してくれていた。「実のところ，これらすべては別の仕事である」。まったくそのとおりである。これは多くの人々の協力を必要とする仕事であり，わたし一人の力で達成できるものではない。こうして，はるかに広大な研究領域がわれわれの前に開けてくる。中世研究の偉大な先人たちは膨大できわめて豊かな研究成果を残し，われわれはそこから多くを学んだが，その中には急いでしたために誤りを含む研究もあり，続く研究者たちもそうした誤りの呪縛からなかなか逃れられなかった。今日，彼らの誤りを繰り返さないよう気をつける必要がある——とはいえ，別の誤りを犯してしまう可能性も十分にあるが。しかし，こうした努力では常に謙虚であるべきだろう——わたしは業績に注目してくれる若い研究者にしばしばこう忠告してきた。というのも，トマスが思想史の中で正確に言ってどのような位置を占めるかを再評価する試みはまだ始まったばかりだからである。他のどの中世の思想家についてもおそらく同じように言えるだろう。だから，もっと正確な比較を行うためには，詳しい研究がたくさん必要なのである。こうした研究成果に

---

1) 最近になってこの問題に答えようとした研究者がいた。K. MADIGAN, « Aquinas and Olivi on Evangelical Poverty: A Medieval Debate and its Modern Significance », *The Thomist* 61 (1997) 567-586 は，適切にも次のように提案している。二人の思想家の違いは，所属修道会が異なっていたということではなく，むしろ以下の事実に由来している。すなわち，トマスは自分で考えて決定することをよしとする，それゆえ救済とは関係ない事柄については自由な選択を認める倫理学に基づいて考察しているが，ヨハネス・オリヴィ（Jean Olieu）はキリストの模倣という観点に立ち，「キリストの考えと模範を唯一の拠りどころにする（Nullam aliam rationem haberemus nisi Christi consilium et exemplum）」（cité p. 586）態度を大切にしている。

第二版のあとがき

基づいてはじめて，真相がはっきり浮かび上がってくるだろう。ある意味で，本書はあまりにも早い試みだったかもしれないが，いくばくかの価値はあると言えば言い過ぎだろうか。

訳者あとがき

———————————

　本書は，1996 年に初版が出版された J.-P. Torrell, *Saint Thomas d'Aquin, Maître Spirituel* の邦訳であり，同著者の *Initiation à Thomas d'Aquin. Sa personne et son œuvre* を教義的側面で敷衍したものである。著者であるトレル神父の紹介は，『トマス・アクィナス　人と著作』（知泉学術叢書 4，2018 年）の巻末で述べたのでここでは繰り返さない。内容についても，本書第 15 章の結論部分で要約されているので参照してほしい。以下では，本書の訳業を通じて訳者が受けた印象を少しだけ述べてあとがきにかえたい。

　何よりもまず，トレル神父の狙いはトマスを霊性の観点から読むことにあった。このことは聖書註解や説教を豊富に引用していることからも分かる。特に我が国では，これまでトマスの哲学思想や哲学的著作に注目が集まり，トマスの著作の大部分は神学的著作であり，信仰を前提とした対神的生に基づいて書かれていることがあまり理解されてこなかったようである。本書はこのような状況を改善してくれるかもしれない。

　次に，本書はトマスの入門書として格好の書物だと思う。ざっと目次をみるだけでも，神の存在証明と神認識，創造と三位一体，神の像，神化の思想，キリスト論，聖霊論，創造の形而上学，人間論，習慣論，社会論，教会論，良心論，愛を中心とする対神徳の理論が論じられていることが分かる。こうした主題でトマス思想の要点がくまなく

整理されていると言っても過言ではないだろう。しかし，本書は研究者にとっても有益で，参照註と文献表によりさらに専門的研究を掘り下げていくことが可能である。

　最後に，本書はかなり読者に配慮して書かれている。内容は密度が高く，一般啓蒙書の類とは一線を画しているのだが，トレル自身が述べているように，できるかぎり専門的な議論は避け，読みやすいものを目指している。トマスの著作からもきわめて豊富に引用しているが，テキストからスコラ学的で難解な印象を受けることはほとんどなく，言わんとすることは容易に理解できる。

　以上，雑感を述べたまでだが，読者がトレルの二巻本である *Initiation*（『トマス・アクィナス　人と著作』）と *Maître Spirituel*（『トマス・アクィナス　霊性の教師』）を合わせて読み，トマスを学ぶきっかけにしていただければ，訳者の望みは達せられたと言えよう。翻訳作業は大変だったが，無事出版でき，一仕事を終えた達成感と安堵を感じている。最後になったが，この訳業を企画してくださった知泉書館の小山光夫社長には心より御礼申し上げる。また，校正をはじめとする面倒な仕事を引き受けてくださった知泉書館の皆様にも記して感謝の意を表したい。両親は翻訳の仕事を陰ながら励まし支えてくれた。この場を借りて感謝したい。

文　献　表

1274—Année-charnière—Mutations et continuités, « Colloques internationaux du CNRS 558 », Paris, 1977.

Actualité de la pensée médiévale. Recueil d'articles, J. FOLLON et J. MCEVOY éd., « Philosophes médiévaux 31 », Louvain-Paris, 1994.

ADRIAEN, M., éd., voir GRÉGOIRE (saint), *Moralia in Job libri XI-XXII*.

AERTSEN, J.A., « The Circulation-Motive and Man in the Thought of Thomas Aquinas », dans *L'homme et son univers au Moyen Age*, p. 432-439.

—————« Die Transzendentalienlehre bei Thomas von Aquin in ihren historischen Hintergründen und philosophischen Motiven », *MM* 19 (1988) 82-102.

—————*Nature and Creature*, Thomas Aquinas's Way of Thought, « STGMA 21 », Leiden, 1988.

AGAËSSE, P., Introd., trad. et notes, voir AUGUSTIN, *Commentaire de la première épître de saint Jean*.

————— et SOLIGNAC, A., Introd., trad. et notes, voir AUGUSTIN, *La genèse*.

AILLET, M., *Lire la Bible avec S. Thomas. Le passage de la littera à la res dans la Somme théologique*, « Studia Friburgensia N.S. 80 », Fribourg (Suisse), 1993.

ALBERT LE GRAND (saint), *Opera omnia ad fidem codicum manuscriptorum edenda...*, ed. Institutum Alberti Magni coloniense, Münster i W., 1951ss.

628   文　献　表

————*Commentaire de la « Théologie mystique » de Denys le Pseudo-Aréopagite suivi de celui des Epîtres I-V*, Introduction, traduction, notes et index par E.-H. WÉBER, « Sagesses chrétiennes », Paris, 1993.

Albert & Thomas Selected Writings, Translated, Edited, and Introduced by S. TUGWELL, O.P., Preface by L.E. BOYLE, O.P., New York-Mahwah, 1988.

ALFARO, J., « Les fonctions salvifiques du Christ comme prophète, roi et prêtre », « Mysterium salutis 11 », Paris, 1975, p. 241-325.

AMBROSIASTER, *Commentarius in Epistulas paulinas*, « CSEL 81 », Vindobonae, 1968.

ANGELUS SILESIUS, *Le pèlerin chérubinique*, « Sagesses chrétiennes », Paris, 1994.

ANSELME DE CANTORBÉRY, *De processione Spiritus sancti, Opera omnia*, F.S. SCHMITT éd., 2 t., Edinburgh, 1946.

————*Pourquoi Dieu s'est fait homme*, R. ROQUES éd., « SC 91 », Paris, 1963.

————*Monologion. Proslogion*, Introduction, traduction et notes de M. CORBIN, Paris, 1986.

APPUHN, Ch., éd., voir CICÉRON, *De finibus bonorum et malorum*.

Aquinas and Problem of his Time, G. VERBEKE et D. VERHELST éd., Leuven-The Hague, 1976.

ARAUD, R., « Quidquid non est ex fide peccatum est. Quelques interprétations patristiques », dans *L'Homme devant Dieu*, Mélanges offerts au Père Henri de Lubac, « Théologie 56 », t. 1, Paris, 1963, p. 127-145.

ARISTOTE, *Éthique à Nicomaque*, Nouvelle traduction, avec introduction, notes et index par J. TRICOT, « Bibliothèque des textes philosophiques », Paris, 1959.

————*Politique*, J. AUBONNET éd., Paris, 1960.

ARNOULD, J. et al., « Bulletin de théologie. Théologie de la création », *RSPT* 78 (1994) 95-124.

文 献 表　　629

AUBERT, J.-M., « Permanente actualité de l'anthropologie thomiste », *DC* 45 (1992) 244-250.

————et PINCKAERS, S., éd., voir *Loi et Évangile*.

AUBONNET, J., éd., voir ARISTOTE, *Politique*.

AUGUSTIN (saint), *La foi chrétienne : De vera religione ; De utilitate credendi ; De fide rerum quae non videntur ; De fide et operibus*, Introduction, traduction et notes par J. PEGON, « *BA* 8 », Paris, 1951.

————*Les Confessions (livres VIII-XIII)*, Texte de l'édition de M. SKUTELLA, Introduction et notes par A. SOLIGNAC, Traduction de E. TRÉHOREL et G. BOUISSOU, « *BA* 14 », Paris, 1962.

————*La genèse au sens littéral en douze livres (I-VII)*, Traduction, introduction et notes par P. AGAËSSE et A. SOLIGNAC, « *BA* 48 », Paris, 1972.

————*Homélies sur l'Evangile de saint Jean (XXXIV-XLIII)*, Traduction, introduction et notes par M.-F. BERROUARD, « *BA* 73A », Paris, 1988.

————*Commentaire de la première épître de saint Jean - In Joannis epistulam ad Parthos tractatus*, Texte latin des Mauristes, Introduction, traduction et notes par P. AGAËSSE, « *SC* 75 », Paris, [4]1994.

————*Le visage de l'Église*, Textes choisis par H.U. von BALTHASAR, Traduction française par Th. CAMELOT et J. GRUMEL, « Unam Sanctam 31 », Paris, 1958.

AVIT (saint), *La lettre 14, MGH, Auctores antiquissimi* VI/2, R. PEIPER éd., Berlin, 1883.

BAILLEUX, É., « La création, œuvre de la Trinité, selon saint Thomas », *RT* 62 (1962) 27-50.

————« Le cycle des missions trinitaires d'après saint Thomas », *RT* 63 (1963) 166-192.

————« Le Christ et son Esprit », *RT* 73 (1973) 386-389.

BARZAGHI, G., « La nozione di creazione in S. Tommaso d'Aquino », *Divus Thomas* (Bologna) 3 (1992) 62-81.

BATAILLON, L.-J., « Un sermon de saint Thomas sur la parabole du festin », *RSPT* 58 (1974) 451-456.

――――「« Saint Thomas et les Pères : de la *Catena* à la *Tertia Pars* », dans *Ordo sapientiae et amoris*, p. 15-36.

――――et JOSSUA, J.-P., « Le mépris du monde. De l'intérêt d' une discussion actuelle », *RSPT* 51 (1967) 23-38.

BAZÁN, C.B., « Le dialogue philosophique entre Siger de Brabant et Thomas d'Aquin. A propos d' un ouvrage récent de E.-H. Wéber O.P. », *RPL* 72 (1974) 53-155.

BEDOUELLE, G., *Dominique ou la grâce de la parole*, Paris, 1982.

BELMANS, T.G., « Le paradoxe de la conscience erronée d'Abélard à Karl Rahner », *RT* 90 (1990) 570-586.

BERMUDEZ, C., « Hijos de Dios por la gracia en los comentarios de Santo Tomás a las cartas paulinas », *ST* 45 (1992) 78-89.

BERNARD, Ch.-A., *Théologie de l'espérance selon saint Thomas d'Aquin*, « Bibliothèque thomiste 34 », Paris, 1961.

――――art. « Fruits du Saint-Esprit », *DS* 5 (1964) 1569-1575.

BERNARD, R., *Notes et Appendices à Saint Thomas d' Aquin, Somme théologique, La Vertu, t. 2 (Ia-IIae, QQ. 61-70)*, Paris, Tournai, Rome, 1935.

――――*Notes et Appendices à Saint Thomas d'Aquin, Somme théologique, La Foi, 2 t. (IIa-IIae, QQ. 1-16)*, Paris, Tournai, Rome, 1941-1942.

BERNATH, K., « Thomas von Aquin und die Erde », *MM* 19 (1988) 175-191.

BERROUARD, M.-F., « Le Maître intérieur », dans S. AUGUSTIN, *Homélies sur l'Évangile de saint Jean*, « *BA* 71 », Paris, 1969, p. 839-840.

――――Introd., trad. et notes, voir AUGUSTIN, *Homélies sur l'Évangile de saint Jean*.

――――« Saint Augustin et le mystère du Christ Chemin, Vérité et Vie. La méditation théologique du *Tractatus 69 in Iohannis Euangelium* sur Io.14,6a », dans *Collectanea Augustiniana*,

文 献 表　　　　631

Mélanges T.J. Van Bavel, Louvain, 1991, t. 2, p. 431-449.

BERTEAUD, E., art. « Guides spirituels », *DS* 6 (1967) 1154-1169.

BETZ, J. et FRIES, H., éd., voir *Église et Tradition*.

BEUMER, J.B., « Gratia supponit naturam. Zur Geschichte eines theologischen Prinzips », *Gregorianum* 20 (1939) 381-406 ; 535-552.

BIANCHI, L. et RANDI, E., *Vérités dissonnantes. Aristote à la fin du Moyen Age*, « Vestigia 11 », Fribourg-Paris, 1993.

BIFFI, I., « Per una analisi semantica dei lemmi *theologia, theologus, theologizo*, in San Tommaso : un saggio metodologico nell'uso dell'Index Thomisticus », *Teologia* 3 (1978) 148-163.

――――*I Misteri di Cristo in Tommaso d'Aquino*, « Biblioteca di cultura médiévale 339 », t. 1, Milano, 1994.

――――*Teologia, Storia e Contemplazione in Tommaso d'Aquino, Saggi*, « La Costruzione della Teologia 3 », Milano, 1995.

――――« 'Contemplatio' e 'vita contemplativa' nella *Summa theologiae* di San Tommaso », dans ID., *Teologia, Storia e Contemplazione in Tommaso d'Aquino,* p. 1-85.

――――« Il giudizio per quandam connaturalitem o per modum inclinationis secondo san Tommaso: Analisi e prospettive », dans ID., *Teologia, Storia e Contemplazione in Tommaso d'Aquino,* p. 87-127.

――――« Il piano della Summa theologiae e la teologia como scienza e come storia », dans ID., *Teologia, Storia e Contemplazione in Tommaso d'Aquino,* p. 223-312.

――――« Ricerche su 'Theologia' e su 'Metaphysica' in san Tommaso », dans ID., *Teologia, Storia e Contemplazione in Tommaso d'Aquino,* p. 129-175.

BIRD, Ph.A., dans K.E. BØRRESEN éd., *Image of God and Gender Models in Judaeo-Christian Tradition*, Oslo, 1991.

BLYTHE, J.M., « The Mixed Constitution and the Distinction Between Regal and Political Power in the Work of Thomas Aquinas », *Journal of the History of Ideas* 47 (1986) 547-565.

BOÈCE, *Courts traités de théologie*, « Sagesses chrétiennes », Textes traduits par H. MERLE, Paris, 1991.

BONAVENTURE (saint), *Opera omnia*, Studio et cura PP. Collegii a S. Bonaventura, 10 t., Quaracchi, 1882-1902.

BONINO, S.-Th., « La place du pape dans l'Église selon saint Thomas d'Aquin », *RT* 86 (1986) 392-422.

————*Thomas d'Aquin. De la vérité, question 2* (La science en Dieu), « Pensée antique et médiévale. Vestigia 17 », Fribourg, 1996.

————éd., voir *Saint Thomas au XXe siècle*.

BORGONOVO, G., *Sinderesi e conscienza nel pensiero di san Tommaso d'Aquino*, Fribourg (Suisse), 1996.

BOUCHET, J.-R., *Lectionnaire pour les dimanches et fêtes*, Lectionnaire patristique dominicain, présenté par É. DE CLERMONT-TONNERRE et M.-A. VANNIER, Paris, 1994, p. 393-395.

BOUËSSÉ, H., « La causalité efficiente instrumentale de l'humanité du Christ et des sacrements chrétiens », *RT* 39 (1934) 370-393.

————« La causalité efficiente et la causalité méritoire de l'humanité du Christ », *RT* 43 (1938) 265-298.

————*Le Sauveur du Monde, 1. La place du Christ dans le plan de Dieu*, Chambéry-Leysse, 1951.

————« De la causalité de l'humanité du Christ », dans *Problèmes actuels de christologie*, p. 147-177.

———— et J.-J. LATOUR éd., voir *Problèmes actuels de christologie*.

BOUGEROL, J.-G., *La théologie de l'espérance au XIIe et XIIIe siècles*, Paris, 1985.

————*Introduction à saint Bonaventure*, Paris, 1988.

BOUILLARD, H., *Conversion et grâce chez S. Thomas d'Aquin*, Étude historique, « Théologie 1 », Paris, 1944.

BOULNOIS, O., « Puissance neutre et puissance obédientielle. De l'homme à Dieu selon Duns Scot et Cajétan », dans *Rationalisme analogique et humanisme théologique*, p. 31-69.

文 献 表 633

BOURASSA, F., *Questions de théologie trinitaire*, Rome, 1970.

——————« L'Esprit-Saint 'communion' du Père et du Fil », *Science et Esprit* 29 (1977) 251-281 ; 30 (1978) 5-37.

——————« Dans la communion de l'Esprit-Saint », *Science et Esprit* 34 (1982) 31-56 ; 135-149 ; 239-268.

BOURGEOIS, D., « 'Inchoatio vitae eternae'. La dimension eschatologique de la vertu théologale de foi chez saint Thomas d'Aquin », *Sapienza* 27 (1974) 272-314.

BOUTHILLIER, D., « Le Christ en son mystère dans les *collationes* du *super Isaiam* de saint Thomas d'Aquin », dans *Ordo sapientiae et amoris*, p. 37-64.

——————« Quand saint Thomas méditait sur le prophète Isaïe », voir TORRELL, J.-P.

BOYLE, L.E., « The De Regno and the Two Powers », dans J.R. O'DONNELL éd., *Essays in Honour of A.C. Pegis*, Toronto, 1974, p. 237-247 ; repris dans ID., *Pastoral Care, Clerical Education and Canon Law, 1200-1400*, Variorum Reprints, Londres, 1981.

——————Preface, voir *Albert & Thomas selected Writings*.

BRACKEN, J., « Thomas Aquinas and Anselm's Satisfaction Theory », *Angelicum* 62 (1985) 501-530.

BRÉHIER, É., *Chrysippe et l'ancien stoïcisme*, Paris, 1951.

BRETON, S., « L' idée de transcendental et la genèse des transcendentaux chez saint Thomas d'Aquin », dans *Saint Thomas d'Aquin aujourd'hui*, p. 45-74.

BÜHLER, P., éd., voir *Humain à l' image de Dieu*.

BULTOT, R., « Spirituels et théologiens devant l'homme et devant le monde », *RT* 64 (1964) 517-548.

BUZY, D., art. « Béatitudes », *DS* 1 (1937) 1306-1307.

Calgary Aquinas Study, A. PAREL éd., Toronto, 1978.

CALLAHAN, A., éd., voir *Spiritualities of the Heart*.

CALVIS RAMIREZ, A., « El Espiritu Santo en la Suma teológica de santo Tomás », dans *Tommaso d'Aquino nel suo settimo centenario*, t. 4, Naples, 1976, p. 92-104.

634 　　文　献　表

CANTO-SPERBER, M., éd., voir *Dictionnaire d'éthique et de philosophie morale*.

CAPELLE, C., *Thomas d'Aquin féministe?*, « Bibliothèque thomiste 43 », Paris, 1982.

CAQUOT, A., « Les énigmes d'un texte biblique », dans *Dieu et l'être*, p. 17-26.

CASEL, O., *Le mystère du culte dans le christianisme*, Paris, 1956.
————*Faites ceci en mémoire de moi*, Paris, 1962.

CASTAÑO, S.R., « Legitima potestad de los infieles y autonomia de lo político. Exegesis tomista », *ST* 60 (1995) 266-284.

Catechismus Romanus seu catechismus ex decreto Concilii Tridentini ad parochos Pii quinti pont. max. iussu editus, P. RODRIGUEZ éd., Cité du Vatican, 1989.

Catéchisme de l'Église catholique, Paris, 1992.

CAZELLES, A., « Pour une exégèse de Ex. 3,14 », dans *Dieu et l'être*, p. 27-44.

Celui qui est. Interprétations juives et chrétiennes d'Exode 3,14, A. DE LIBERA et E. ZUM BRUNN éd., Paris, 1986.

CENACCHI, G., *Il lavoro nel pensiero di Tommaso d' Aquino*, *ST* 5, Roma, 1977.

CESSARIO, R., *The Godly Image*. Christ and Salvation in Catholic Thought from St Anselm to Aquinas, Petersham, Mass., 1990.

CHARDON, L., *La Croix de Jésus* (Paris, 1647), Nouvelle édition, Introduction par F. FLORAND, Paris, 1937.

CHARDONNENS, D., *Dei providentia circa hominem*. Providence divine et condition humaine selon l'*Expositio super Iob ad litteram* de Thomas d'Aquin, Diss., Fribourg (Suisse), 1995.

CHARLIER, A., Introd., trad. et notes, voir THOMAS D'AQUIN, *Commentaire de la seconde épître aux Corinthiens*.

Chartularium Universitatis Parisiensis, H. DENIFLE et E. CHATELAIN éd., t. 1 et 2, Paris, 1889 et 1891.

CHTELAIN, E. et DENIFLE, H., éd., voir *Chartularium Universitatis Parisiensis*.

CHATILLON, J., « Sacramentalité, beauté et vanité du monde chez

文 献 表　　　635

saint Bonaventure », dans *1274-Année-charnière*, p. 679-690.

CHENU, M.-D., « Evangélisme et théologie au XIIe siècle », dans
Mélanges offerts au R.P. Ferdinand Cavallera, Toulouse, 1948,
p. 339-346.

—————— *Introduction à l'étude de saint Thomas d'Aquin*, «
Publications de l'Institut d'études médiévales 11 », Montréal-
Paris, ²1954.

—————— *La théologie comme science au XIIIe siècle*, «
Bibliothèque thomiste 33 », Paris, ³1957.

——————*La théologie au douzième siècle*, « Études de philosophie
médiévale 45 », Paris, 1957.

——————*Saint Thomas d'Aquin et la théologie*, « Maîtres spirituels
17 », Paris, 1959.

——————*La Parole de Dieu*, I. La foi dans l'intelligence ; II.
L'Evangile dans le temps, « Cogitatio fidei 10 et 11 », Paris,
1964.

——————*Théologie de la matière*, « Foi vivante », Paris, 1967.

—————— « La condition de créature. Sur trois textes de saint
Thomas », *AHDLMA* 37 (1970) 9-16.

—————— « Les passions vertueuses. L'anthropologie de saint
Thomas », *RPL* 72 (1974) 11-18.

——————*Une école de théologie : Le Saulchoir*, « Théologies »,
Paris, 1937 et 1985.

CICÉRON, *De finibus bonorum et malorum*, Ch. APPUHN éd.,
Paris, 1938.

——————*De officiis*, M. TESTARD éd., Paris, 1965.

CLÉMENT D'ALEXANDRIE, *Le Pédagogue*, t. 1, H.-I.
MARROU et M. HARL éd., « *SC* 70 », Paris, 1960.

CLERMONT-TONNERRE, É. DE, *Lectionnaire patristique
dominicain*, voir BOUCHET, J.-R.

COINTET, P. DE, « 'Attache-toi au Christ!' L'imitation du Christ
dans la vie spirituelle selon S. Thomas d'Aquin », *Sources* 12
(1989) 64-74.

COLOMBO, G., RIMOLDI, A., VALSECCHI, A., éd., voir

Miscellanea Carlo Figini.

COMBES, A., « Le P. John F. Dedek et la connaissance quasi-expérimentale des Personnes divines selon saint Thomas d'Aquin », *Divinitas* 7 (1963) 3-82.

Concile oecuménique Vatican II. Constitutions, Décrets, Déclarations, Messages, Paris, Centurion, 1967.

CONGAR, Y. M.-J., *Chrétiens désunis. Principes d'un oecuménisme catholique*, « Unam Sanctam 1 », Paris, 1937.

―――――art. « Théologie », *DTC* 15/1 (1946) 342-502.

―――――« L'idée de l'Église chez S. Thomas d'Aquin », dans *Esquisses du mystère de l'Église*, « Unam Sanctam 8 », Paris, 1953, p. 59-91.

―――――« Quod omnes tangit, ab omnibus tractari et approbari debet », *Revue historique de Droit français et étranger*, 4ᵉ série, 1958, p. 210-259.

―――――« Dum visibiliter Deum cognoscimus. Méditation théologique », *La Maison-Dieu*, nᵒ 59 (1959) 132-161.

―――――« Aspects ecclésiologiques de la querelle entre Mendiants et Séculiers dans la deuxième moitié du XIIIᵉ siècle et au début du XIVᵉ siècle », *AHDLMA* 28 (1961) 34-151.

―――――*Les voies du Dieu vivant.* Théologie et vie spirituelle, Paris, 1962.

―――――*La Tradition et les traditions*, t. 2, *Essai théologique*, Paris, 1963.

―――――*Sainte Église.* Études et approches ecclésiologiques, « Unam Sanctam 41 », Paris, 1963.

―――――« Tradition et sacra doctrina chez saint Thomas d'Aquin », dans *Église et Tradition*, p. 157-194.

―――――*Jalons pour une théologie du laïcat*, « Unam Sanctam 23 », Paris, ³1964.

―――――« Avertissement », dans ID. et J. HAMER éd., *La liberté religieuse*, « Unam Sanctam 60 », Paris, 1967, p. 12.

―――――« La pneumatologie dans la théologie catholique », *RSPT* 51 (1967) 250-258.

―――― *L'Église de saint Augustin à l'époque moderne*, Paris, 1970.

―――― « Pneumatologie ou 'christomonisme' dans la tradition latine? », dans *Ecclesia a Spiritu Sancto edocta. Lumen Gentium, 53*, p. 42-63.

―――― « La personne 'Église' », *RT* 71 (1971) 613-640.

―――― « On the *hierarchia veritatum* », *Orientalia christiana analecta* 195 (1973) 409-420.

―――― « 'Ecclesia' et 'populus (fidelis)' dans l'ecclésiologie de saint Thomas », dans *St. Thomas Aquinas 1274-1974 Commemorative Studies*, t. 1, p. 159-174.

―――― « Orientations de Bonaventure et surtout de Thomas d'Aquin dans leur vision de l'Église et celle de l'État », dans *1274-Année-charnière*, p. 691-712.

―――― *Une vie pour la vérité*, Jean Puyo interroge le Père Congar, Paris, 1975.

―――― « Vision de l'Église chez Thomas d'Aquin », *RSPT* 62 (1978) 523-542.

―――― *Je crois en l'Esprit-Saint*, 3 t., Paris, 1979-1980.

―――― « Saint Augustin et le traité scolastique De gratia capitis », *Augustinianum* 20 (1980) 79-93.

―――― « Sur la triologie Prophète-Roi-Prêtre », *RSPT* 67 (1983) 97-116.

―――― *Thomas d'Aquin, Sa vision de la théologie et de l'Église*, Londres, 1984.

―――― *Église et Papauté, Regards historiques*, « Cogitatio fidei 184 », Paris, 1994.

CONUS, H.-T., art. « Divinisation », *DS* 3 (1957) 1426-1432 : « Saint Thomas ».

CORBIN, M., « La Parole devenue chair. Lecture de la première question de la *Tertia Pars* de la Somme théologique de Thomas d'Aquin », *RSPT* 67 (1978) 5-40.

―――― Introd., trad. et notes, voir ANSELME DE CANTORBÉRY, *Monologion*.

COSMAS INDICOPLEUSTÈS, *Topographie chrétienne*, « *SC* 141 », Paris, 1968.

COUESNONGLE, V. DE, « La causalité du maximum. L'utilisation par saint Thomas d'un passage d'Aristote », *RSPT* 38 (1954) 433-444.

——————« La causalité du maximum. Pourquoi saint Thomas a-t-il mal cité Aristote? », *RSPT* 38 (1954) 658-680.

CUNNINGHAM, F.L.B., *St. Thomas'Doctrine on the Divine Indwelling in the Light of Scholastic Tradition*, Dubuque, Iowa, 1955.

DACHS, H. et PUTZ, G., éd., voir *Politik und christliche Verantwortung*.

D' ANCONA COSTA, C., éd., voir THOMAS D'AQUIN (saint), *Tommaso d'Aquino, Commento al « Libro delle Cause »*, Milan, 1986.

DABIN, P., *Le sacerdoce royal des fidèles dans la tradition ancienne et moderne*, « Musseum Lessianum 48 », Bruxelles-Paris, 1950.

DASSELEER, P., « Etre et beauté selon saint Thomas d'Aquin », dans *Actualité de la pensée médiévale*, p. 268-286.

DAWNEY, M., éd., voir *The New Dictionary of Catholic Spirituality*.

DE LAUGIER DE BEAURECUEIL, M.-J. S., « L'homme image de Dieu selon saint Thomas d' Aquin », dans *Études et Recherches* 8 (1952) 45-82 ; 9 (1955) 37-96.

DECKER, B., « Schriftprinzip und Ergänzungstradition in der Theologie des hl. Thomas von Aquin », dans *Schrift und Tradition*, herausgegeben von der deutschen Arbeitsgemeinschaft für Mariologie, Essen, 1962, p. 191-221.

DEDEK, J.F., *Experimental Knowledge of the Indwelling Trinity : An Historical Study of the Doctrine of S. Thomas*, Mundelein, ILL., 1958.

——————« *Quasi experimentalis cognitio* : a Historical Approach of the Meaning of St. Thomas », *JTS* 22 (1961) 357-390.

De Dignitate hominis. Mélanges offerts à Carlos-Josaphat Pinto de Oliveira, A. HOLDEREGGER, et al. éd., Fribourg (Suisse), 1987.

DEMAN, Th., art. « Accroissement des vertus », *DS* 1 (1937) 137-166.

─────« Pour une vie spirituelle 'objective' », *La Vie spirituelle*, t. 71 (1944) 100-122.

─────*Notes et Appendices à Saint Thomas d'Aquin, Somme théologique, La Prudence (IIa-IIae, QQ. 47-56)*, Paris, Tournai, Rome, 1949.

DENIFLE, H. et CHATELAIN, E., éd., *Chartularium Universitatis Parisiensis*.

Dictionnaire d'éthique et de philosophie morale, sous la direction de M. CANTO-SPERBER, Paris, 1996.

Die Mysterien des Lebens Jesu und die christliche Existenz, L. SCHEFFCZYK éd., Aschaffenburg, 1984.

Dieu et l'être. Exégèses d' Exode 3,14 et de Coran 20,11-24, « Études Augustiniennes 8 », Paris, 1978.

DOCKX, S., « Esprit Saint, âme de l'Église », dans *Ecclesia a Spiritu Sancto edocta*, p. 65-80.

DONDAINE, H.-F., *Notes et Appendices à Saint Thomas d'Aquin, Somme théologique, La Trinité, 2 t. (Ia, QQ. 27-43)*, Paris, Tournai, Rome, 1943, 1946.

─────« Hugues de Saint-Cher et la condamnation de 1241 », *RSPT* 33 (1949) 170-174.

─────« L'objet et le 'medium' de la vision béatifique chez les théologiens du XIIIᵉ siècle », *RTAM* 19 (1952) 60-130.

─────« Cognoscere de Deo *quid est* », *RTAM* 22 (1955) 72-78.

─────et GUYOT, B.-G., « Guerric de Saint-Quentin et la condamnation de 1241 », *RSPT* 44 (1960) 225-242.

DONNEAUD, H., « La surnaturalité du motif de la foi théologale chez le Père Labourdette », *RT* 92 (1992) 197-238.

D'ONOFRIO, G., éd., voir *Storia della Teologia*.

DUMONT, C., « La réflexion sur la méthode théologique », *NRT* 83

(1961) 1034-1050 ; 84 (1962) 17-35.

DUPUY, M., voir SOLIGNAC, A., art. « Spiritualité ».

Ecclesia a Spiritu Sancto edocta. Lumen Gentium, 53. Mélanges
théologiques offerts à Mgr Gérard Philips, Gembloux, 1970.

ECO, U., *Le problème esthétique chez Thomas d'Aquin*, « Formes
sémiotiques », Paris, 1993.

Église et Tradition, J. BETZ et H. FRIES éd., Le Puy, 1963.

ELDERS, L., « La doctrine de la conscience de saint Thomas
d'Aquin », *RT* 83 (1983) 533-557.

—————« Le Saint-Esprit et la 'Lex Nova' dans les commentaires
bibliques de S. Thomas d'Aquin », dans *Credo in Spiritum
Sanctum*, Atti del Congresso teologico internazionale di
Pneumatologia, Cité du Vatican, 1983, t. 2, 1195-1205.

—————*Autour de saint Thomas d'Aquin.* Recueil d'études sur sa
pensée philosophique et théologique, 2 t., Paris-Bruges, 1987.

—————éd., voir *La doctrine de la révélation divine*.

ELDERS, L.J. and HEDWIG, K. éd., *Lex et Libertas. Freedom and
Law according to St. Thomas Aquinas*, « Studi Tomistici 30 »,
Rome, 1987.

ELISONDO ARAGÓN, F., « Conocer por experiencia. Un estudio
de sus modos y valoración en la *Summa theologica* de Tomás
de Aquino », *RET* 52 (1992) 5-50, 189-229.

ELSÄSSER, M., *Das Person-Verständnis des Boethius*, Münster,
1973.

EMERY, G., « Le Père et l'œuvre trinitaire de création selon le
Commentaire des Sentences de S. Thomas d'Aquin », dans
Ordo sapientiae et amoris, p. 85-117.

————— *La Trinité créatrice. Trinité et création dans les
commentaires aux Sentences de Thomas d'Aquin et de ses
précurseurs Albert le Grand et Bonaventure*, « Bibliothèque
thomiste 47 », Paris, 1995.

—————« Le photinisme et ses précurseurs chez saint Thomas.
Cérinthe, les Ébionites, Paul de Samosate et Photin », *RT* 95
(1995) 371-398.

─────« Trinité et Création. Le principe trinitaire de la création dans les Commentaires d'Albert le Grand, de Bonaventure et de Thomas d'Aquin sur les Sentences », *RSPT* 79 (1995) 405-430.

EMONET, P.-M., *L'âme humaine expliquée aux simples*, Chambray-lès-Tours, 1994.

ESCHMANN, I.T., « A Thomistic Glossary on the Principle of the Preeminence of a Common Good », *MS* 5 (1943) 123-165.

─────« 'Bonum commune melius est quam bonum unius'. Eine Studie über den Wertvorrang des Personalen bei Thomas von Aquin », *MS* 6 (1944) 62-120.

─────« St. Thomas Aquinas on the Two Powers », *MS* 20 (1958) 177-205.

Etica et società contemporanea, a cura di A. LOBATO (Troisième Congrès de la Société internationale S. Thomas d'Aquin), *ST* 48-50, Roma, 1992.

ÉTIENNE, J., « Loi et grâce. Le concept de loi nouvelle dans la Somme théologique de S. Thomas d'Aquin », *RTL* 16 (1985) 5-22.

EWBANK, M.B., « Diverse Orderings of Dionysius's *Triplex Via* by St. Thomas Aquinas », *MS* 52 (1990) 82-109.

FERRARO, G., « Lo Spirito Santo nel commento di San Tommaso ai capitoli XIV-XVI del quarto Vangelo », dans *Tommaso d'Aquino nel suo settimo centenario*, t. 4, Naples, 1976, p. 79-91.

─────« Il tema dello Spirito Santo nel Commento di San Tommaso d'Aquino all'Epistola agli Ebrei (Annotazioni di dottrina e di esegesi tomista) », *ST* 13 (1981) 172-188.

─────« Aspetti di pneumatologia nell'esegesi di S. Tommaso d'Aquino dell' Epistola ai Romani », *Euntes Docete* 36 (1983) 51-78.

─────« La pneumatologia di San Tommaso d'Aquino nel suo commento al quarto Vangelo », *Angelicum* 66 (1989) 193-263.

─────« Interpretazione dei testi pneumatologici biblici nel

trattato trinitario della 'Summa theologiae' di san Tommaso d' Aquino (*1a qq. 27-43*) », *ST* 45 (1992) 53-65.

FILTHAUT, Th., *La Théologie des Mystères. Exposé de la controverse*, Paris-Tournai, 1954.

Finalité et intentionnalité : Doctrine thomiste et perspectives modernes, Actes du Colloque de Louvain-la-Neuve et Louvain, 21-23 mai 1990, J. FOLLON et J. MCEVOY éd., Paris-Leuven, 1992.

FITZGERALD, L.P., « St. Thomas Aquinas and the Two Powers », *Angelicum* 56 (1979) 515-556.

FOLLON, J. et MCEVOY, J., éd., voir *Finalité et intentionnalité*.

FRIES, H. et BETZ, J., éd., voir *Église et Tradition*.

FROIDURE, M., « La théologie protestante de la loi nouvelle peut-elle se réclamer de saint Thomas? », *RSPT* 51 (1967) 53-61.

GAILLARD, J., « Chronique de liturgie. La théologie des mystères », *RT* 57 (1957) 510-551.

GARDEIL, A., art. « Fruits du Saint-Esprit », *DTC* 6 (1920) 944-949.

————*La structure de l'âme et l'expérience mystique*, t. 1, Paris, ³1927.

GARDEIL, H.-D., *Initiation à la philosophie de S. Thomas d'Aquin*, t. 3, *Psychologie*, Paris, ³1957.

————« L'image de Dieu », dans *Saint Thomas d'Aquin, Somme Théologique, Les origines de l'homme (1a QQ. 90-102)*, Paris, Tournai, Rome, 1963, p. 380-421.

————« La méthode de la théologie », dans *S. Thomas d'Aquin, Somme théologique, La Théologie (1a, Prologue et Q.1)*, Paris, Tournai, Rome, 1968, p. 93-140.

GARRIGOU-LAGRANGE, R., *Traité de théologie ascétique et mystique. Les trois âges de la vie intérieure prélude de celle du ciel*, 3 t., Paris, 1938.

GAUTHIER, R.-A., *Magnanimité. L'idéal de la grandeur dans la philosophie païenne et dans la théologie chrétienne*, « Bibliothèque thomiste 27 », Paris, 1951.

文 献 表 643

————*La morale d'Aristote*, Paris, 1958.

GEFFRÉ, C., « Théologie naturelle et révélation dans la connaissance du Dieu un », dans *L'existence de Dieu*, « Cahiers de l'actualité religieuse 16 », Paris-Tournai, 1961, p. 297-317.

GEIGER, L.-B., « Saint Thomas d'Aquin et le composé humain », dans *L'âme et le corps*, « Recherches et débats 35 », Paris, 1961, p. 201-220.

————« Les idées divines dans l'œuvre de S. Thomas », dans *St. Thomas Aquinas 1274-1974. Commemorative Studies*, t. 1, p. 175-209.

———— « L'homme image de Dieu. À propos de *Summa theologiae*, Ia, 93, 4 », *RFNS* 66 (1974) 511-532.

————*Penser avec Thomas d'Aquin*. Études thomistes présentés par R. IMBACH, « Vestigia 26 », Fribourg-Paris, 2000.

GEISELMANN, J.R., « Christus und die Kirche nach Thomas von Aquin », *Theol. Quartalschrift* 107 (1926) 198-222 ; 107 (1927) 233-255.

GERVAIS, M., « Incarnation et immuabilité divine », *RevSR* 50 (1976) 215-243.

GERWING, M., et RUPPERT, G., éd., voir *Renovatio et Reformatio*.

GILLON, L.-B., art. « Charité, Dominicains », *DS* 2 (1953) 580-584.

————« L'imitation du Christ et la morale de saint Thomas », *Angelicum* 36 (1959) 263-286.

————*Cristo e la teologia morale*, Rome, 1961.

————*Christ and Moral Theology*, Staten Island, 1967.

GILSON, É., « Pourquoi saint Thomas a critiqué saint Augustin », *AHDLMA* 1 (1926-1927) 5-127.

———— *L'esprit de la philosophie médiévale*, « Études de philosophie médiévale 33 », Paris, ²1948.

————*Les tribulations de Sophie*, Paris, 1967.

———— *Le Thomisme*. Introduction à la philosophie de saint

644 文 献 表

Thomas d'Aquin, « Études de philosophie médiévale 1 », Paris, ⁶1986.

GOICOECHEA, D., éd., voir *The Nature and Pursuit of Love*.

GRABMANN, M., *Die Lehre des heiligen Thomas von Aquin von der Kirche als Gotteswerk*, Regensburg, 1903.

GRÉGOIRE (saint), *Moralia in Job libri XI-XXII*, M. ADRIAEN éd., « CCSL 143 », Brepols, 1979.

GRILLMEIER, A., « Généralités historiques sur les mystères de Jésus », « Mysterium salutis 11 », Paris, 1975, p. 333-357.

HAMER, J., éd., voir CONGAR, Y.M.-J., « Avertissement ».

HAMONIC, T.-M., « Dieu peut-il être légitiment convoité? Quelques aspects de la théologie thomiste de l'amour selon le P. Labourdette », *RT* 92 (1992) 239-264.

HANKEY, W.J., « 'Dionysius dixit, lex divinitatis est ultima per media reducere'. Aquinas, Hierocray and the 'Augustinisme politique' », dans *Tommaso d'Aquino. Proposte nuove di lettura*, p. 119-150.

HARDING, A., « Aquinas and the Legislators », dans *Théologie et Droit dans la science politique de l'Etat moderne*, p. 51-61.

HARL, M., éd., voir CLÉMENT D' ALEXANDRIE, *Le Pédagogue*.

HENN, W., *The Hierarchy of Truths according to Yves Congar O.P.*, « Analecta Gregoriana 246 », Roma, 1987.

HÉRIS, Ch.-V., *Notes et Appendices à Saint Thomas d'Aquin, Somme théologique, Le gouvernement divin, t. 1 (Ia, QQ. 103-109)*, Paris, Tournai, Rome, 1959.

HOLDEREGGER, A., éd., voir *De Dignitate hominis*.

HOLTZ, F., « La valeur sotériologique de la résurrection du Christ selon saint Thomas », *ETL* 29 (1953) 609-645.

HUBERT, M., « L'humour de S. Thomas en face de la méthode scolastique », dans *1274-Année-charnière*, p. 725-739.

HUERGA, A., « La perfección del homo spiritualis », *ST* 42 (1991) 242-249.

HUGUENY, E., art. « Imperfection », *DTC* 7 (1923) 1286-1298.

Humain à l' image de Dieu. La théologie et les sciences humaines face au problème de l'anthropologie. Travaux de troisième cycle en théologie systématique des Facultés de théologie des Universités romandes, 1985-1986, P. BÜHLER éd., « Lieux Théologiques 15 », Genève, 1989.

HUMBRECHT, T.-D., « La théologie négative chez saint Thomas d'Aquin », *RT* 93 (1993) 535-566; 94 (1994) 71-99.

HÜNEMÖRDER, C., « Thomas von Aquin und die Tiere », *MM* 19 (1988) 192-210.

IMBACH, R., « *Dieu comme artiste*. Méditation historique sur les lien de nos conceptions de Dieu et du Beau », *Les Échos de Saint-Maurice* N.S. 15 (1985) 5-19.

————« Démocratie ou monarchie? La discussion sur le meilleur régime politique chez quelques interprètes français de Thomas d'Aquin (1893-1928) », dans *Saint Thomas au XXe siècle*, p. 335-350.

———— et MÉLÉARD, M.-H., *Philosophes médiévaux. Anthologie de textes philosophiques (XIIIe-XIVe siècles)*, Paris, 1986.

JEAN DAMASCÈNE (saint), *De fide orthodoxa*, I, *Burgundionis versio*, E. BUYTAERT éd., Louvain-Paderborn, 1955.

JEAN DE LA CROIX (saint), *Œuvres complètes*, Traduction par CYPRIEN DE LA NATIVITÉ, Paris, ⁵1985.

JEAN DE SAINT-THOMAS, *Les Dons du Saint-Esprit*, Traduction de R. MARITAIN, Juvisy, 1930.

JORDAN, M.D., « Aquinas's Construction of a Moral Account of the Passions », *FZPT* 33 (1986) 71-97.

————« De Regno and the Place of Political Thinking in Thomas Aquinas », *Medioevo* 18 (1992) 151-168.

————*The Alleged Aristotelianism of Thomas Aquinas*, « The Étienne Gilson Series 15 », Toronto, 1992, p. 32-40.

JOURNET, Ch., L'Église du Verbe incarné, t. 2, Paris, 1951.

————*La Messe, présence du sacrifice de la Croix*, Paris, 1957.

————« Palamisme et thomisme », *RT* 60 (1960) 429-462.

————« La sainteté de l'Église. Le livre de Jacques Maritain »,
    NV 46 (1971) 1-33.

KÄPPELI, Th., « Una raccolta di prediche attribuite a S. Tommaso
    d'Aquino », *AFP* 13 (1943) 59-94.

KOVACH, F.J., « Divine Art in Saint Thomas Aquinas », dans *Arts
    libéraux et Philosophie au Moyen Age*, Actes du quatrième
    Congrès international de philosophie médiévale, Montréal 27
    août-2 sept. 1967, Montréal-Paris, 1969, p. 663-671.

KÜHN, U., *Via caritatis. Theologie des Gesetzes bei Thomas von
    Aquin*, Göttingen, 1965.

KÜNZLE, P., « Thomas von Aquin und die moderne Eschatologie
    », *FZPT* 8 (1961) 109-120.

L'anthropologie de saint Thomas. Conférences organisées par la
    Faculté de théologie et la Société philosophique de Fribourg à
    l'occasion du 7ᵉ centenaire de la mort de saint Thomas d'Aquin,
    N.A. LUYTEN éd., Fribourg (Suisse), 1974.

LABOURDETTE, M.-M., « Connaissance pratique et savoir moral
    », *RT* 48 (1948) 142-179.

————« Saint Thomas et la théologie thomiste », dans ID., art. «
    Dons du Saint-Esprit », *DS* 3 (1957) 1610-1635.

————« La vie théologale selon saint Thomas : L'objet de la foi
    », *RT* 58 (1958) 597-622.

————*Cours de théologie morale, La Charité (IIa-IIae, 23-46)*,
    Toulouse, 1959-1960.

————« La vie théologale selon saint Thomas : L'affection dans
    la foi », *RT* 60 (1960) 364-380.

————« Espérance et histoire », *RT* 72 (1972) 455-474.

————« La morale chrétienne et ses sources », *RT* 77 (1977)
    625-642.

————« Jacques Maritain nous instruit encore », *RT* 87 (1987)
    655-663.

————*Cours de théologie morale 12, La fin dernière de la
    vie humaine (La Béatitude)*, nouvelle édition entièrement
    refondue, Toulouse, 1990.

文 献 表　　　647

――――« L'idéal dominicain », *RT* 92 (1992) 344-354.

――――« Qu'est-ce que la théologie spirituelle? », *RT* 92 (1992) 355-372.

La doctrine de la révélation divine de saint Thomas d'Aquin, L. ELDERS éd., « Studi Tomistici 37 », Cité du Vatican, 1990.

LAFONT, G., *Structures et méthode dans la Somme théologique de saint Thomas d'Aquin*, Paris, 1961.

LAFONTAINE, R., *La résurrection et l'exaltation du Christ chez Thomas d'Aquin. Analyse comparative de S. Th. IIIa q.53 à 59*, Excerpta ex Diss. P.U.G., Roma, 1983.

――――« La personne du Père dans la pensée de saint Thomas », dans ID. et al., *L'Écriture âme de la théologie*, « Institut d'études théologiques 9 », Bruxelles, 1990, p. 81-108.

LAGARDE, G. DE, *La naissance de l'esprit laïque au déclin du moyen âge*, t. 2, Paris, [2]1958.

LANVERSIN, F. DE, voir DEMAN, Th., art. « Accroissement des vertus ».

LAPORTA, J., *La Destinée de la nature humaine selon saint Thomas d'Aquin*, « Études de philosophie médiévale 55 », Paris, 1965.

LA SOUJEOLE, B.-D. DE, « 'Société' et 'communion' chez saint Thomas d'Aquin. Étude d'ecclésiologie », *RT* 90 (1990) 587-622.

LAVALETTE, H. DE, *La notion d'appropriation dans la théologie trinitaire de S. Thomas d'Aquin*, Rome, 1959.

LECLERCQ, J., « Spiritualitas », *Studi medievali* Serie terza 3 (1962) 279-296.

LÉCUYER, J., « La pérennité des mystères du Christ », *VS* 87 (1952) 451-464.

――――« La causalité efficiente des mystères du Christ selon saint Thomas », *DC* 6 (1953) 91-120.

LEROY, M.-V., « Chronique d'anthropologie », *RT* 75 (1975) 121-142.

――――« Théologie de la vie religieuse », *RT* 92 (1992) 324-343.

L'homme et son univers au Moyen Âge. Actes du septième congrès international de philosophie méviévale (30 août-4 septembre 1982), C. WENIN éd., Louvain-la-Neuve, t. 1, 1986.

LIBERA, A. DE, et ZUM BRUNN, E., éd., voir *Celui qui est*.

─────Introd., trad., notes et index, voir THOMAS D'AQUIN, *L'unité de l'intellect contre les Averroïstes*.

LIVINGSTONE, E.A., éd., voir *Studia Patristica*.

LOBATO, A., éd., voir *Etica et società contemporanea*.

LOHAUS, G., *Die Geheimnisse des Lebens Jesu in der Summa Theologiae des hl. Thomas von Aquin*, « Freiburg. theol. Studien 131 », Fribourg/Br., 1985.

Loi et Evangile. Héritage confessionnels et interpellations contemporaines. Actes du troisième cycle d'éthique des Universités de Suisse romande, 1979-1980, S. PINCKAERS et J.-M. AUBERT éd., Genève, 1981.

LONGPRÉ, E., art. « Bonaventure », *DS* 1 (1937) 1789-1790.

LOTTIN, O., « Syndérèse et conscience au XIIe et XIIIe siècles », dans ID., *Psychologie et Morale au XIIe et XIIIe siècles*, t. 2, Louvain-Gembloux, 1948, p. 103-350.

─────*Morale fondamentale*, Tournai, 1954.

LUBAC, H. DE, *Surnaturel : Études historiques*, « Théologie 8 », Paris, 1946.

─────*Augustinisme et théologie moderne*, « Théologie 63 », Paris, 1965.

─────*Le mystère du surnaturel*, « Théologie 64 », Paris, 1965.

─────*Mémoire sur l'occasion de mes écrits*, Namur, 1989.

LUYTEN, N.A., « L'homme dans la conception de S. Thomas », dans ID., *L'anthropologie de saint Thomas*, p. 35-53.

MADEC, G., *La patrie et la voie*. Le Christ dans la vie et la pensée de saint Augustin, « Jésus et Jésus-Christ 36 », Paris, 1989.

MAIDL, L., *Desiderii Interpres. Genese und Grundstruktur der Gebetstheologie des Thomas von Aquin*, « Veröffentlichungen des Grabmann-Institutes 38 », Paderborn, 1994.

MANSION, A., « L'immortalité de l'âme et de l'intellect d'après

Aristote », *RPL* 51 (1953) 444-472.

MANZANEDO, M.F., « El hombre come 'Microcosmos' según santo Tomás », *Angelicum* 56 (1979) 62-92.

————*Las pasiones o emociones según santo Tomás*, Madrid, 1984.

————« La amistad según santo Tomás », *Angelicum* 71 (1994) 371-426.

MARITAIN, J., *Du régime temporel et de la liberté*, Paris, 1933.

————*Humanisme intégral. Problèmes temporels et spirituels d'une nouvelle chrétienté*, Paris, 1936.

————*Les droits de l'homme et la loi naturelle*, New York, 1942.

————*Christianisme et démocratie*, New York, 1943.

————*Distinguer pour unir ou Les degrés du savoir*, Paris, [5]1946.

————*La personne et le bien commun*, Paris, 1947.

————« Réflexions sur le savoir théologique », *RT* 69 (1969) 5-27.

————*De l'Église du Christ*, Paris, 1970.

————*Approches de Dieu*, dans J. et R. MARITAIN, *Œuvres complètes*, t. 10, Fribourg-Paris, 1985.

————*La loi naturelle ou loi non écrite*, Texte inédit, établi par G. BRAZZOLA, « Prémices 7 », Fribourg (Suisse), 1987.

MARROU, H.-I., éd., voir CLÉMENT D'ALEXANDRIE, *Le Pédagogue*.

MARTINEZ BARRERA, J., « Sur la finalité en politique : la question du bien commun selon saint Thomas », dans *Finalité et intentionnalité*, p. 148-161.

————« De l'ordre politique chez saint Thomas d'Aquin », dans *Actualité de la pensée médiévale*, p. 247-267.

MARTY, F., *La perfection de l'homme selon S. Thomas d'Aquin, Ses fondements ontologiques et leur vérification dans l'ordre actuel*, Rome, 1962.

MAURER, A., « St. Thomas on the Sacred Name 'Tetragrammaton' », *MS* 34 (1972) 274-286.

650 　　文　献　表

————*Being and Knowing*. Studies in Thomas Aquinas and Later Medievals Philosophers, Toronto, 1990, 59-70.

MAURO, L., '*Umanità*' *della passione in S. Tommaso*, Firenze, 1974.

MCEVOY, J., « Amitié, attirance et amour chez S. Thomas d'Aquin », *RPL* 91 (1993) 383-408.

————et FOLLON, J., éd., voir *Finalité et intentionnalité*.

MELLONI, A., « Christianitas nelli scritti di Tommaso d'Aquino », *Cristianesimo nella storia* 6 (1985) 45-69.

MENNESSIER, A.-I., *Saint Thomas d'Aquin*, Paris, 1942, ²1957.

————*Saint Thomas d'Aquin. L' homme chrétien*, « Chrétiens de tous les temps 11 », Paris, 1965.

MERLE, H., « Ars », *BPM* 28 (1986) 95-133.

MERRIELL, D.J., *To the Image of the Trinity*. A Study in the Development of Aquinas Teaching, « Studies and Texts 96 », Toronto, 1990.

MERSCH, E., *Le corps mystique du Christ, Études de théologie historique*, t. 2, Bruxelles-Paris, ³1951.

MEYENDORFF, J., *Introduction à l' étude de Grégoire Palamas*, « Patristica Sorbonensia », Paris, 1959.

Miscellanea Carlo Figini, G. COLOMBO, A. RIMOLDI, A. VALSECCHI éd., Venegono Inferiore, 1964.

MITTERER, A., *Geheimnisvoller Leib Christi nach St Thomas von Aquin und nach Papst Pius XII.*, Wien, 1950.

MOLTMANN, J., *Le Dieu crucifié, La croix du Christ, fondement et critique de la théologie chrétienne*, Paris, 1974.

————« Christliche Hoffnung : Messianisch oder tranzendent? Eine theologisches Gespräch mit Joachim von Fiore und Thomas von Aquin », *MThZ* 33 (1982) 241-260.

MONGILLO, D., « La Concezione dell'Uomo nel Prologo della Ia Ilae », dans *De Homine : Studia hodiernae anthropologiae, Acta VII Congressus thomistici internationalis*, t. 2, Rome, 1972, p. 227-231.

————« La fin dernière de la personne humaine », *RT* 92 (1992)

123-140.

——— « Les béatitudes et la béatitude. Le dynamisme de la Somme de théologie de Thomas d'Aquin: une lecture de la *Ia IIae q.69* », *RSPT* 78 (1994) 373-388.

MONTAGNES, B., « La Parole de Dieu dans la création », *RT* 54 (1954) 213-241.

——— « L'axiome de continuité chez saint Thomas », *RSPT* 52 (1968) 201-221.

——— « Les deux fonctions de la sagesse : ordonner et juger », *RSPT* 53 (1969) 675-686.

——— « L'intention philosophique et la destinée de la personne », *RT* 69 (1969) 181-191.

——— « Les activités séculières et le mépris du monde chez saint Thomas d'Aquin. Les emplois du qualificatif 'saecularis' », *RSPT* 55 (1971) 231-249.

——— « Autonomie et dignité de l'homme », *Angelicum* 51 (1974) 186-211.

MORARD, M., « L'eucharistie, clé de voûte de l'organisme sacramentel chez saint Thomas d'Aquin », *RT* 95 (1995) 217-250.

MOTTE, A., « La définition de la vie religieuse selon saint Thomas d'Aquin », *RT* 87 (1987) 442-453.

MUÑOZ CUENCA, J.M., « Doctrina de santo Tomás sobre los dones del Espíritu Santo en la Suma teológica », *Ephemerides carmeliticae* 25 (1974) 157-243.

MURALT, A. DE, « La toute-puissance divine, le possible et la non-contradiction. Le principe de l'intelligibilité chez Occam », *RPL* 84 (1986) 345-361.

NARCISSE, G., « Les enjeux épistémologiques de l'argument de convenance selon saint Thomas d'Aquin », dans *Ordo sapientiae et amoris*, p. 143-167.

——— *Argument de convenance et Esthétique théologique selon saint Thomas d' Aquin et Hans Urs von Balthasar*, Diss., Fribourg (Suisse), 1996.

NAUTIN, P., *Je crois à l'Esprit-Saint dans la sainte Église pour la résurrection de la chair*. Étude sur l'histoire et la théologie du Symbole, « Unam Sanctam 17 », Paris, 1947.

NÉDONCELLE, M., « Les variations de Boèce sur la personne », *RevSR* 29 (1955) 201-238.

NEELS, M.G., *La résurrection de Jésus sacrament de salut. La causalité salvifique de la résurrection du Christ dans la sotériologie de St. Thomas*, Diss. P.U.G., Roma, 1973.

NICOLAS, J.-H., « Réactualisation des mystères rédempteurs dans et par les sacrements », *RT* 58 (1958) 20-54.

————*Dieu connu comme inconnu*, Paris, 1966.

————*Les Profondeurs de la grâce*, Beauchesne, Paris, 1969.

————« Aimante et bienheureuse Trinité », *RT* 78 (1978) 271-292.

————*Contemplation et vie contemplative en christianisme*, Fribourg-Paris, 1980.

————« Transcendance et immanence de Dieu », *ST* 10 (1981) 337-349.

————*Synthèse Dogmatique*, De la Trinité à la Trinité, Fribourg-Paris, 1985.

————*Synthèse Dogmatique. Complément : De l'univers à la Trinité*, Fribourg-Paris, 1993.

NICOLAS, M.-J., « Les mystères de la vie cachée », dans *Problèmes actuels de christologie*, p. 81-100.

————« L'idée de nature dans la pensée de saint Thomas d'Aquin », *RT* 74 (1974) 533-590.

————« La théologie des mystères selon Thomas d'Aquin », dans *Mens concordat voci (Mélanges A.-G. Martimort)*, Paris, 1983, p. 489-496.

————« Les dons du Saint-Esprit », *RT* 92 (1992) 141-152.

Novitas et veritas vitae. Aux sources du renouveau de la morale chrétienne, Mélanges offerts au Professeur Servais Pinckaers à l'occasion de son 65ᵉ anniversaire, édité par C.-J. PINTO DE OLIVEIRA, Fribourg (Suisse), 1991.

O' DONNELL, J.R., éd., voir BOYLE, L.E., « The 'De Regno' and the Two Powers ».

O' NEILL, C.E., « L'homme ouvert à Dieu (*Capax Dei*) », dans *L'anthropologie de saint Thomas*, p. 54-74, repris dans *Humain à l' image de Dieu*, p. 241-260.

Œuvres complètes du Pseudo-Denys l'Aréopagite, Traduction de M. DE GANDILLAC, Paris, 1943.

Ordo sapientiae et amoris. Image et message de saint Thomas d'Aquin à travers les récentes études historiques, herméneutiques et doctrinales, Hommage au Professeur Jean-Pierre Torrell O.P. à l'occasion de son 65e anniversaire, édité par C.-J. PINTO DE OLIVEIRA, Fribourg (Suisse), 1993.

OWENS, J., « Aquinas-'Darkness of Ignorance'in the Most Refined Notion of God », *The Southwestern Journal of Philosophy* (Norman, Oklahoma) 5 (1974) 93-110.

PAREL, A., éd., voir *Calgary Aquinas Study*.

PASCAL, *Pensées*, J. CHEVALIER éd., « Pléiade », Paris, 1954.

PATFOORT, A., *Thomas d'Aquin. Les clefs d'une théologie*, Paris, 1983.

————« Cognitio ista est quasi experimentalis (1 Sent., d.14, q.2, a.2, ad3m) », *Angelicum* 63 (1986) 3-13.

————« Missions divines et expérience des Personnes divines selon S. Thomas », *Angelicum* 63 (1986) 545-559.

————« Le vrai visage de la satisfaction du Christ selon St. Thomas. Une étude de la Somme théologique », dans *Ordo sapientiae et amoris*, p. 247-265.

PAUL VI, « Lettre au P. Vincent de Couesnongle, Maître de l'Ordre des Frères Prêcheurs, pour le septième centenaire de la mort de saint Thomas », *RT* 75 (1975) 13-14.

PEDRINI, A., *Bibliografia tomistica sulla pneumatologia*, « Studi tomistici 54 », Roma, 1994.

PEGIS, A.C., « Penitus manet ignotum », *MS* 27 (1965) 212-226.

————« The Separated Soul and its Nature in St. Thomas », dans *St. Thomas Aquinas 1274-1974 Commemorative Studies*, t. 1,

654   文　献　表

p. 131-158.

PEGON, J., Introd., trad. et notes, voir AUGUSTIN, *La foi chrétienne*.

PEIPER, R., éd., voir AVIT (saint), *La lettre 14*.

PELIKAN, J., « *Imago Dei*. An Explication of Summa theologiae, Part 1, Question 93 », dans *Calgary Aquinas Study*, p. 29-48.

PEREZ ROBLES, H.R.G., *The Experimental Cognition of the Indwelling Trinity in the Just Soul : The Thought of Fr. Ambroise Gardeil in the Line of Saint Thomas*, Diss. P.U.S.T., Roma, 1987.

PEROTTO, L.A., « La mistica del dolore nel *Commento* di S. Tommaso al *Libro di Giobbe* », *ST* 60 (1995) 191-203.

PESCH, O.H., « Die bleibende Bedeutung der thomanischen Tugendlehre. Eine theologiegeschichtliche Meditation », *FZPT* 21 (1974) 359-391.

————« La théologie de la vertu et les vertus théologales », *Concilium* 211 (1987) 105-126.

————*Christian Existence According to Thomas Aquinas*, Toronto, 1989.

————*Thomas d'Aquin. Grandeur et limites de la théologie médiévale*, « Cogitatio fidei 177 », Paris, 1994.

PIE XII, *Litterae encyclicae de mystico Iesu Christi corpore deque nostra in eo cum Christo coniunctione : Mystici Corporis Christi*, 29 iun. 1943, S. TROMP éd., « Series theologica 26 », Romae, 1963.

PINCHARD, B. et RICCI, S., éd., voir *Rationalisme analogique et humanisme théologique*.

PINCKAERS, S., « La nature vertueuse de l'espérance », *RT* 58 (1958) 405-442 ; 623-642.

————« Recherche de la signification véritable du terme 'spéculatif' », *NRT* 81 (1959) 673-695.

————*Notes et Appendices à Saint Thomas d'Aquin, Somme théologique, Les actes humains*, t. 2 (*Ia IIae, QQ. 18-21*), Paris, Tournai, Rome, 1966.

———« Le désir naturel de voir Dieu », *NV* 51 (1976) 256-273.

———« La loi de l'Évangile ou Loi nouvelle selon saint Thomas », dans *Loi et Évangile*, p. 57-80.

———« Le commentaire du sermon sur la montagne par S. Augustin et la morale de S. Thomas », dans *La Teologia morale nella storia e nella problematica attuale. Miscellanea L.-B. Gillon*, Roma, 1982, p. 105-126.

———« La loi évangélique, vie selon l'Esprit, et le Sermon sur la montagne », *NV* 60 (1985), 217-228.

———« La dignité de l'homme selon S. Thomas d'Aquin », dans *De Dignitate hominis*, p. 89-106.

———« Le thème de l'image de Dieu en l'homme et l'anthropologie », dans *Humain à l'image de Dieu*, p. 147-163.

———« Les passions et la morale », *RSPT* 74 (1990) 379-391.

———« La conception chrétienne de la conscience morale », *NV* 66 (1991) 688-699.

———« L'instinct et l'Esprit au cœur de l'éthique chrétienne », dans *Novitas et veritas vitae*, p. 213-223.

———« La conscience et l'erreur », *Communio* 18 (1993) 23-35.

———« La voie spirituelle du bonheur selon saint Thomas », dans *Ordo sapientiae et amoris*, p. 267-284.

———*Les sources de la morale chrétienne*. Sa méthode, son contenu, son histoire, Fribourg-Paris, ³1993.

———et AUBERT, J.-M., éd., voir *Loi et Evangile*.

PINTO DE OLIVEIRA, C.-J., « Homme et femme dans l'anthropologie de Thomas d'Aquin », dans *Humain à l'image de Dieu*, p. 165-190.

———« La prudence, concept-clé de la morale du P. Labourdette », *RT* 92 (1992) 267-292.

———éd., voir *Novitas et veritas vitae*.

———éd., voir *Ordo sapientiae et amoris*.

PLÉ, A., *Notes à Saint Thomas d'Aquin, Somme théologique*, t. 2, Paris, 1984, p. 169-299.

———*Par devoir ou par plaisir?*, Paris, 1980.

Politik und christliche Verantwortung, Festschrift für F.-M. Schmölz, G. PUTZ, H. DACHS, et al. éd., Innsbruck-Vienne, 1992.

PORTER, L.B., « *Summa Contra Gentiles* III, Chapters 131-135 : A Rare Glimpse Into the Heart as well as the Mind of Aquinas », *The Thomist* 58 (1994) 245-264.

POTVIN, Th.R., *The Theology of the Primacy of Christ According to St. Thomas Aquinas and its Scriptural Foundations*, « Studia Friburgensia N.S. 50 », Fribourg (Suisse), 1973.

POURRAT, P., art. « Commençants », *DS* 2 (1953) 1143-1156.

PRADES, J., « *Deus specialiter est in sanctis per gratiam* ». *El misterio de la inhabitación de la Trinidad en los escritos de santo Tomás*, « Analecta gregoriana 261 », Roma, 1993.

PRINCIPE, W.H., « The Dynamism of Augustine's Terms for Describing the Highst Trinitarian Image in the Human Person », dans *Studia Patristica*, p. 1291-1299.

————— « Toward Defining Spirituality », *Studies in Religion/ Sciences religieuses* 12 (1983) 127-141.

—————*Thomas Aquinas'Spirituality*, « The Étienne Gilson Series 7 », Toronto, 1984.

—————« Affectivity and the Heart in Thomas Aquinas Spirituality », dans *Spiritualities of the Heart*, p. 45-63.

————— « Aquinas'Spirituality for Christ's Faithful Living in the World », *Spirituality Today* 44 (1992) 110-131.

————— « Spirituality, Christian », dans *The New Dictionary of Catholic Spirituality*, p. 931-938.

————— « Western Medieval Spirituality », dans *The New Dictionary of Catholic Spirituality*, p. 1027-1039.

—————« Loving Friendship According to Thomas Aquinas », dans *The Nature and Pursuit of Love*, p. 128-141.

Problèmes actuels de christologie, H. BOUËSSÉ et J.-J. LATOUR éd., Paris, 1965.

PUTZ, G. et DACHS, H., éd., voir *Politik und christliche Verantwortung*.

文 献 表　　　657

QUELQUEJEU, B., « 'Naturalia manent integra'. Contribution à l'étude de la portée méthodologique et doctrinale de l'axiome théologique 'Gratia praesupponit naturam' », *RSPT* 49 (1965) 640-655.

Rationalisme analogique et humanisme théologique. La culture de Thomas de Vio 'Il Gaetano', B. PINCHARD et S. RICCI éd., Naples, 1993.

RE, G., *Il cristocentrismo della vita cristiana*, Brescia, 1968.

Renovatio et Reformatio...Festschrift für Ludwig Hödl..., M. GERWING und G. RUPPERT éd., Münster, 1986.

RICCI, S., et PINCHARD, B., éd., voir *Rationalisme analogique et humanisme théologique*.

RIKLIN, A., « Die beste politische Ordnung nach Thomas von Aquin », St. Gallen, 1991 ; repris sous le même titre dans *Politik und christliche Verantwortung*, p. 67-90.

RIMOLDI, A., COLOMBO, G., VALSECCHI, A. éd., voir *Miscellanea Carlo Figini*.

RODRIGUEZ, P., éd., voir *Catechismus Romanus*.

ROGUET, A.-M., *Notes et Appendices à Saint Thomas d'Aquin, Somme théologique, Les sacrements (IIIa, QQ. 60-65)*, Paris, Tournai, Rome, ²1951.

―――――*Notes et Appendices à Saint Thomas d'Aquin, Somme théologique, L'eucharistie, 2 t. (IIIa, QQ. 73-83)*, Paris, Tournai, Rome, 1960 et 1967.

ROQUES, R., éd., voir ANSELME DE CANTORBÉRY, *Pourquoi Dieu s'est fait homme*.

RUPPERT, G., et GERWING, M., éd., voir *Renovatio et Reformatio*.

RYAN, C., « The Theology of Papal Primacy in Thomas Aquinas », dans *The Religious Roles of the Papacy*, p. 193-225.

SABRA, G., *Thomas Aquinas' Vision of the Church. Fundamentals of an Ecumenical Ecclesiology*, Mainz, 1987.

SAFFREY, H.D., éd., voir THOMAS D'AQUIN (saint), *Sancti Thomae de Aquino super Librum De Causis Expositio*.

Saint Thomas au XX⁰ siècle. Actes du colloque du Centenaire de la « Revue thomiste », 25-28 mars 1993-Toulouse, S.-Th. BONINO éd., Paris, 1994.

Saint Thomas d'Aquin aujourd'hui, « Recherches de Philosophie 6 », Paris, 1963.

SARANYANA, J.I., « En busca de la ciencia política tomasiana. Sobre el libro IV 'De regimine principum' », *ST* 60 (1995) 256-265.

SCHEFFCZYK, L., « Die Bedeutung der Mysterien des Lebens Jesu für Glauben und Leben des Christen », dans *Die Mysterien des Lebens Jesu*, p. 17-34.

————« Die Stellung des Thomas von Aquin in der Entwicklung der Lehre von den Mysteria Vitae Christi », dans *Renovatio et Reformatio*, p. 44-70.

SCHENK, R., « Omnis Christi actio nostra est instructio. The Deeds and Saying of Jesus as Revelation in the View of Thomas Aquinas », dans *La doctrine de la révélation divine de saint Thomas d'Aquin*, p. 103-131.

———— « Perplexus supposito quodam. Notizen zu einem vergessenen Schlüsselbegriff thomasischer Gewissenslehre », *RTAM* 57 (1990) 62-95.

SCHILLBEECKX, E., « L'instinct de la foi selon S. Thomas d'Aquin », *RSPT* 48 (1964) 377-408.

————*Approches théologiques* I. *Révélation et théologie*, Bruxelles-Paris, 1965.

SCHMITT, F.S., éd., voir ANSELME DE CANTORBÉRY, *De processione Spiritus sancti*.

SCHOCKENHOFF, E., *Bonum hominis. Die anthropologischen und theologischen Grundlagen der Tugendethik des Thomas von Aquin*, « Tübinger theologische Studien 28 », Mainz, 1987.

SCHUHL, P.-M., *Préface à Les Stoïciens*, ID. éd., « La Pléiade », Paris, 1962.

SECKLER, M., *Instinkt und Glaubenswille nach Thomas von Aquin*, Mainz, 1961.

———————*Le salut et l'histoire, La pensée de saint Thomas d'Aquin sur la théologie de l'histoire*, « Cogitatio fidei 21 », Paris, 1967.

SEIDEL, H., « De l'immutabilité de Dieu dans l'acte de la création et dans la relation avec les hommes », *RT* 87 (1987) 615-629.

——————— « The Concept of Person in St. Thomas Aquinas : A Contribution to Recent Discussion », *The Thomist* 51 (1987) 435-460.

SENTIS, L., « La lumière don't nous faisons usage. La règle de la raison et la loi divine selon Thomas d'Aquin », *RSPT* 79 (1995) 49-69.

SERTILLANGES, A.D., *L'idée de la création et ses retentissements en philosophie*, Paris, 1945.

SERVERAT, V., « L'irrisio fidei chez Raymond Lulle et S. Thomas d'Aquin », *RT* 90 (1990) 436-448.

SIEBEN, H.J., art. « Mystères de la vie du Christ, I : Étude historique », *DS* 10 (1980) 1874-1880.

SMALLEY, B., *The Gospels in the Schools c. 1100-c.1280*, London and Ronceverte, 1985, p. 257-279.

SMITH, J.C., « Christ as 'Pastor', 'Ostium' et 'Agnus' in St. Thomas Aquinas », *Angelicum* 56 (1979) 93-118.

SOLIGNAC, A., art. « Image et ressemblance », *DS* 7 (1971) 1446-1451.

———————art. « Imperfection et imperfection morale », *DS* 7 (1971) 1620-1630.

——————— « L'apparition du mot spiritualitas au moyen âge », *ALMA* 44-45 (1985) 185-206.

———————art. « Spiritualité », *DS* 14 (1990) 1142-1173.

———————art. « Syndérèse », *DS* 14 (1990) 1407-1412.

———————art. « Voies (purgative, illuminative, unitive) », *DS* 16 (1994) 1200-1215.

SOMME, L., « L'amour parfait chasse-t-il toute crainte? Le rôle joué par l'expression Timor filialis dans l'œuvre de saint Thomas d'Aquin », dans *Ordo sapientiae et amoris*, p. 303-

320.

——————*La filiation divine par adoption dans la théologie de saint Thomas d'Aquin*, Diss., Fribourg (Suisse), 1994.

Spiritualities of the Heart. Approaches to Personal Wholeness in Christian Tradition, A. CALLAHAN, éd., New York/Mahwah, 1990.

St. Thomas Aquinas 1274-1974. Commemorative Studies, A. MAURER éd., 2 t., Toronto, 1974.

STOECKLE, B., '*Gratia supponit naturam*'. *Geschichte und Analyse eines theologischen Axioms*, « Studia Anselmiana 49 », Roma, 1962.

Storia della Teologia, t. 2, *Medioevo*, G. D'ONOFRIO éd., Casale Monferrato, Piemme, 1996.

Studia Patristica 18,3, E.A. LIVINGSTONE éd., Oxford and New York, 1982.

The Nature and Pusuit of Love. The Philosophy of Irving Singer, D. GOICOECHEA éd., Amherst, N.Y., 1995.

The New Dictionary of Catholic Spirituality, M. DAWNEY éd., Collegeville, Minnesota, 1993.

The Religious Roles of the Papacy : Ideals and Realities, 1150-1300, « Papers in Mediaeval Studies 8 », C. RYAN éd., Toronto, 1989.

Théologie et Droit dans la science politique de l'Etat moderne, Actes de la Table ronde organisée par l'École française de Rome avec le concours du CNRS, Rome, 12-14 novembre 1987, « Collection de l'École française de Rome 147 », Rome, 1991.

TESTARD, M., éd., voir CICÉRON, *De officiis*.

THOMAS D' AQUIN (saint), *Sancti Thomae Aquinatis doctoris angelici Opera omnia iussu Leonis XIII. P. M. edita*, cura et studio fratrum praedicatorum, Romae, 1882ss.

——————*Liber de Veritate Catholicae Fidei contra errores Infidelium qui dicitur Summa contra Gentiles*, P. MARC éd., 3 t., Paris, 1967.

文　献　表　　　　661

――――*Super Evangelium S. Matthaei lectura*, R. CAI éd., Taurini-Romae, ⁵1951.

――――*Super Evangelium S. Ioannis lectura*, R. CAI éd., Taurini-Romae, 1952.

――――*Catena aurea in quatuor Evangelia*, A. GUARIENTI éd., 2 t., Taurini-Romae, 1953.

――――*Super Epistolas S. Pauli lectura*, R. CAI éd., 2 t., Taurini-Romae, ⁷1953.

――――*In librum beati Dionysii de divinis nominibus expositio*, C. PERA éd., Taurini-Romae, 1950.

――――*S. Thomas d'Aquin, Du Royaume. De Regno*, Traduction par M.-M. COTTIER, Paris, 1946.

―――― *Sancti Thomae de Aquino super Librum De Causis Expositio*, H.D. SAFFREY éd., « Textus philosophici Friburgenses 4/5 », Fribourg (Suisse), 1954.

――――*Le Credo*, Introduction, traduction et notes par un moine de FONTGOMBAULT, Paris, 1969.

―――― *Commentaire de la seconde épître aux Corinthiens*, Introduction, traduction et notes par A. CHARLIER, 2 t., Paris, 1980.

――――*Questions disputées sur la vérité, Question XI : Le maître*, Traduction de B. JOLLÈS, Paris, 1983.

――――*Opuscules de S. Thomas d'Aquin*, Vrin-Reprise, t. 6, Paris, 1984.

――――*Saint Thomas d'Aquin, Bref résumé de la foi chrétienne-Compendium theologiae*, Traduction par J. KREIT, « Docteur Angélique 6 », Paris, 1985.

――――*Tommaso d'Aquino, Commento al « Libro delle Cause »*, C. D'ANCONA COSTA éd., « I classici del pensiero », Milano, 1986.

――――*Commentaire sur l'Evangile de saint Jean*, Préface de M.-D. PHILIPPE O.P., Traduction et notes sous sa direction, Versailles-Buxy, 3 t. parus, 1981, 1982, 1987.

――――*L'unité de l'intellect contre les Averroïstes suivi des Textes contre Averroès antérieurs à 1270*, Texte latin, traduction, introduction, bibliographie, chronologie, notes et index, par A. DE LIBERA, Paris, 1994.

TILLARD, J.-M.R., « La communion des saints », *La Vie spirituelle*, n° 113, 1965, p. 249-274.

TOLOMIO, I., éd., voir *Tommaso d'Aquino*.

Tommaso d'Aquino nel suo settimo centenario, Atti del congresso internazionale (Roma-Napoli, 17/24 aprile 1974), 9 t., Naples, s.d. (1975-1978).

Tommaso d'Aquino. Proposte nuove di lettura, a cura di I. TOLOMIO (= *Medioevo* 18, 1992), Padova, 1992.

TONNEAU, J., *Notes et Appendices à Saint Thomas d'Aquin, Somme théologique, La loi nouvelle (Ia IIae, QQ. 106-108)*, Paris, Tournai, Rome, 1981.

TORRELL, J.-P., *Inutile sainteté?*, Paris, 1971.
——————« Théologie et sainteté », *RT* 71 (1971) 205-221.
——————*Dieu qui es-tu?*, Paris, 1974.
——————« Révélation et expérience (bis) », *FZPT* 27 (1980) 383-400.
——————« Dimension ecclésiale de l'expérience chrétienne », *FZPT* 28 (1981) 3-25.
——————« La pratique pastorale d'un théologien du XIIIe siècle : Thomas d'Aquin prédicateur », *RT* 82 (1982) 213-245.
——————« Les Collationes in decem preceptis de Saint Thomas d'Aquin. Edition critique avec introduction et notes », *RSPT* 69 (1985) 5-40 et 227-263.
——————« Le traité de la prophétie de S. Thomas d'Aquin et la théologie de la révélation », dans *La doctrine de la révélation divine de saint Thomas d'Aquin*, p. 171-195.
——————« Imiter Dieu comme des enfants bien-aimés. La conformité à Dieu et au Christ dans l' œuvre de saint Thomas », dans *Novitas et veritas vitae*, p. 53-65.
——————art. « Thomas d'Aquin (saint) », *DS* 15 (1991) 718-773.
——————*Recherches sur la théorie de la prophétie au Moyen Age*

文 献 表 663

(XIIᵉ-XIVᵉ siècle). Études et textes, « Dokimion 13 », Fribourg (Suisse), 1992.

————*Initiation à saint Thomas d'Aquin*. Sa personne et son œuvre, « Pensée antique et médiévale. Vestigia 13 », Paris-Fribourg, 1993.

————« Le semeur est sorti pour semer. L'image du Christ prêcheur chez frère Thomas d'Aquin », *La Vie spirituelle*, t. 147 (1993) 657-670.

————*La théologie catholique*, « Que sais-je ? 1269 », Paris, 1994.

————« La scienza teologica in Tommaso d'Aquino e nei suoi primi discepoli », dans G. D'ONOFRIO, dir., *Storia della teologia nel Medioevo*, II : *La grande fioritura*, Casale Monferrato, Piemme, 1996, p. 849-934; en version française sous la forme de deux articles : « Le savoir théologique chez saint Thomas », *RT* 96 (1996) 355-396 (= *Recherches thomasiennes*, p. 121-157) ; « Le savoir théologique chez les premiers thomistes », *RT* 97 (1997) 9-30 (= *Recherches thomasiennes*, p. 158-176).

————« La philosophie morale de saint Thomas d'Aquin », dans *Dictionnaire d'éthique et de philosophie morale*, M. CANTO-SPERBER, éd., Paris, P.U.F., 1996, p. 1517-1523.

————« La vision de Dieu *per essentiam* selon saint Thomas d'Aquin », dans *Micrologus* 5 (1997) 43-68 (= *Recherches thomasiennes*, p. 177-197).

————et BOUTHILLIER, D., « Quand saint Thomas méditait sur le prophète Isaïe », *RT* 90 (1990) 5-47.

TRICOT, J., Introd., trad., notes et index, voir ARISTOTE, *Éthique à Nicomaque*.

TROMP, S., éd., voir PIE XII, *Litterae encyclicae*.

TROTTMANN, C., « Psychosomatique de la vision béatifique selon Guerric de Saint-Quentin », *RSPT* 78 (1994) 203-226.

TSCHIPKE, T., *Die Menschheit Christi als Heilsorgan der Gottheit unter besonderer Berücksichtigung der Lehre des hl. Thomas von Aquin*, Fribourg/Br., 1940.

TSHIBANGU, T., *Théologie positive et théologie spéculative*, Louvain-Paris, 1965.

TUGWELL, S., éd., voir *Albert & Thomas Selected Writings*.

――――« Editorial », dans *Mémoire dominicaine* n° 2, Printemps 1993.

――――« La crisi della teologia negativa nel sec. XIII », *Studi* n.s. 1 (1994), 241-242.

USEROS CARRETERO, M., *«Statuta Ecclesiae» y «Sacramenta Ecclesiae» en la Eclesiologia de Santo Tomás*, « Analecta Gregoriana 119 », Rome, 1962.

VALSECCHI, A., « Gesù Cristo nostra legge », *La Scuola Cattolica* 88 (1960) 81-110 ; 161-190.

――――« L'imitazione di Cristo in san Tommaso d'Aquino », dans *Miscellanea Carlo Figini*, p. 175-203.

――――COLOMBO, G., RIMOLDI, A., éd., voir *Miscellanea Carlo Figini*.

VANNI-ROVIGHI, S., « La vision du monde chez saint Thomas et saint Bonaventure », dans *1274-Année-charnière*, p. 667-678.

VANNIER, M.-A., « Du bonheur à la béatitude d'après S. Augustin et S. Thomas », *La Vie spirituelle*, n° 698 (1992) 45-58.

――――*Saint Augustin et le mystère trinitaire*, « Foi Vivante 324 », Paris, 1993.

――――*Lectionnaire patristique dominicain*, voir BOUCHET, J.-R.

VAUTHIER, E., « Le Saint-Esprit principe d'unité de l'Église d'après S. Thomas d'Aquin. Corps mystique et inhabitation du Saint-Esprit », *MSR* 5 (1948) 175-196 ; 6 (1949) 57-80.

VEER, A.C. DE, « Rm 14,23b dans l'œuvre de saint Augustin (Omne quod non est ex fide peccatum est) », *Recherches augustiniennes* 8 (1972) 149-185.

VERBEKE, G., « S. Thomas et le stoïcisme », *MM* 1 (1962) 48-68.

――――« Man as Frontier According to Aquinas », dans *Aquinas and Problems of his Time*, p. 195-223.

文　献　表　　　　　665

————— *The Presence of Stoicism in Medieval Thought*, Washington, 1983.

VERHELST, D. et VERBEKE, G., éd., voir *Aquinas and Problems of his Time*.

VICAIRE, M.-H., *Saint Dominique et ses frères : Évangile ou Croisade?* Textes du XIIIe siècle présentés et annotés, Paris, 1967.

—————*Histoire de saint Dominique*, 1. Un homme évangélique, 2. Au cœur de l'Église, 2 t., Paris, 1982.

————— « Relecture des origines dominicaines », *Mémoire dominicaine* 3 (1993) 159-171.

VILLEY, M., « La théologie de Thomas d'Aquin et la formation de l'Etat moderne », dans *Théologie et Droit dans la science politique de l'Etat moderne*, p. 31-49.

VIVIANO, B.T., *Le Royaume de Dieu dans l'histoire*, « Lire la Bible 96 », Paris, 1992.

WALGRAVE, J.H., « Instinctus Spiritus Sancti. Een proeve tot Thomas-interpretatie », *ETL* 45 (1969) 417-431.

WALSH, L.G., « Liturgy in the Theology of St. Thomas », *The Thomist* 38 (1974) 557-583.

WÉBER, E.-H., *L'homme en discussion à Université de Paris en 1270. La controverse de 1270 à l'université de Paris et son retentissement sur la pensée de S. Thomas d'Aquin*, « Bibliothèque thomiste 40 », Paris, 1970.

————— « L' herméneutique christologique d'Exode 3,14 chez quelques maîtres parisiens du XIIIe siècle », dans *Celui qui est*, p. 47-101.

—————*La personne humaine au XIIIe siècle*, « Bibliothèque thomiste 46 », Paris, 1991.

—————Introd., trad., notes et index, voir ALBERT LE GRAND, *Commentaire de la « Théologie mystique »*.

—————« Le bonheur dès à présent, fondement de l'éthique selon Thomas d'Aquin », *RSPT* 78 (1994) 389-413.

WÉBERT, J., *Notes et Appendices à Saint Thomas d'Aquin, Somme théologique, L'âme humaine (Ia, QQ. 75-83)*, Paris, Tournai, Rome, Paris, 1928.

WENIN, C., éd., voir *L'homme et son univers au Moyen Age*.

WERNER, H.J., « Vom Umgang mit den Geschöpfen - Welches ist die ethische Einschätzung des Tieres bei Thomas von Aquin? », *MM* 19 (1987) 211-232.

WOHLMANN, A., *Thomas d'Aquin et Maïmonide. Un dialogue exemplaire*, Paris, 1988.

ZEDDA, S., « Cristo e lo Spirito Santo nell'adozione a figli secondo il commento di S. Tommaso alla lettera ai Romani », dans *Tommaso d'Aquino nel suo settimo centenario*, t. 4, Naples, 1976, p. 105-112.

ZOMPARELLI, B., voir SOLIGNAC, A., art. « Imperfection et imperfection morale ».

ZUM BRUNN, É., « La 'métaphysique de l'Exode' selon Thomas d'Aquin », dans *Dieu et l'être*, p. 245-269.

————et A. DE LIBERA éd., voir *Celui qui est*.

人 名 索 引

Aaron（アロン） 238

Abraham（アブラハム） 79,
238, 389, 566, 583-84

Adam（アダム） 198, 311,
394

Aelred de Rielvaux（リヴォーの
アエルレドゥス） 433

Aertsen, J.A. 89, 367

Aillet, M. 600

Alberigo, G. 597

Albert le Grand (saint)（アル
ベルトゥス・マグヌス）
47-49, 58, 63, 76, 85, 87,
91-92, 464, 471-72, 571,
603-04, 608

Alexandre d' Aphrodise（アフロ
ディシアスのアレクサンドロ
ス） 169

Alfaro, J. 237

Algazel（アルガゼル） 31

Ambroise (saint)（アンブロシウ
ス） 341, 347-48

Ambrosiaster（アンブロシアス
テル） 348

André Roublev（アンドレイ・
ルブリョフ） 141

Angelus Silesius 105

Anselme de Cantorbéry (saint)
（カンタベリーのアンセルム
ス） 12-14, 106, 166-67,
208, 251, 255, 291

Antoine, ermite (saint)（隠修士
アントニオス） 437

Appuhn, Ch. 451

Araud, R. 501

Aristote（アリストテレス／哲
学者） 17-19, 21, 49, 61,
133, 169, 171, 179, 211,
223, 262, 265, 271, 309,
316, 322, 326, 329, 338,
358, 374, 384, 399-400,
412, 417-19, 420, 422, 427,
432-34, 436-42, 448, 454,
462, 474, 477-78, 498, 533-
35, 551-52, 558, 566, 587,
590, 598, 603

Arnould, J. 361

Athanase d' Alexandrie (saint)（ア
レクサンドリアのアタナシオ
ス） 204

Aubert, J.-M. 444-45

Aubonnet, J. 436

Augustin (saint)（アウグスティ
ヌス） 11-14, 21, 45-47,
66, 95, 101-03, 105-06, 114,
123, 133-34, 138, 140, 142-
44, 149, 152, 166-67, 173,
178-79, 183, 189, 192, 195-
97, 203, 235, 251, 253, 255-
56, 258, 281, 289-90, 292-
93, 296, 299-300, 316-17,
328, 330, 338, 341, 350-
51, 370, 400, 435, 442, 448,
450, 455, 463, 501, 508,
530, 549-52, 571, 576, 598,
601-02, 609

Averroès（アヴェロエス）
110, 169, 404, 587-88

Avicebron → Ibn Gebirol

Avicenne（アヴィケンナ）
30, 110

Avit (saint)（アウィトゥス）
34

Bailleux, É. 99, 229-30,

人 名 索 引

233, 267, 618
Balthasar, H.U.von　114, 300
Barzaghi, G.　361
Bataillon, L.-J.　274, 276,
　380, 602
Bazán, C.B.　358, 367
Bedouelle, G.　605
Belmans, T.G.　495
Benoît (saint)（ベネディクトゥ
　ス）　35
Bermudez, C.　267
Bernard (saint)（ベルナルドゥ
　ス）　433
Bernard, Ch.-A.　338, 517,
　524
Bernard, R.　339, 343, 510
Bernath, K.　378
Berrouard, M.-F.　196, 351
Berteaud, E.　539
Betz, J.　9
Beumer, J.B.　356
Bianchi, L.　374, 547
Biffi, I.　9, 87, 152, 210, 317,
　592
Bird, Ph.A.　137
Blythe, J.M.　473, 476, 480
Boèce（ボエティウス）　486
Bonaventure (saint)（ボナヴェン
　トゥラ）　21, 46, 49, 85,
　87, 91-92, 185, 255, 340,
　373, 384, 403, 404, 464,
　466, 471, 484, 539, 571,
　597, 608
Bonino, S.-Th.（サージ・ト
　マ・ボニーノ）　48, 100,
　361, 367, 457, 473, 612,
　614, 617, 619
Borgonovo, G.　495
Børresen, K.E.　137
Bouchet, J.-R.　578
Bouëssé, H.（アンベール・ブエッ
　セ）　113, 215, 218, 220-21

Bougerol, J.-G.　517, 571
Bouillard, H.　248, 328
Boulnois, O.　546
Bourassa, F.　295
Bourgeois, D.　512
Bouthillier, D.（ドゥニーズ・ブー
　ティリエ）　7, 117, 190,
　249, 572
Boyle, L.E.　471
Bracken, J.　167
Brady, I.　282
Brazzola, G.　446
Bréhier, É.　438
Breton, S.　367
Bühler, P.　126, 130, 137
Bultot, R.　380
Busa, R.　186, 349, 380
Buytaert, E.M.　57, 203
Buzy, D.　341
Caïn（カイン）　495
Cajetan（カエタヌス）　10,
　216, 256, 339, 545-46
Callahan　433
Calvis Ramirez, A.　245
Camelot, P.-Th.　300
Canto-Sperber, M.　422
Capelle, C.　137
Capréolus（カプレオルス）
　10
Caquot, A.　73
Casel, O.（オド・カゼル）
　218
Cassiodore（カッシオドルス）
　186
Castaño, S.R.　469
Cazelles, A.　73
Cenacchi, G.　377
Cessario, R.　167-68
Chardon, L.（ルイ・シャルドン）
　3, 156, 190, 230-31
Chardonnens, D.（ドニ・シャ
　ルドンヌ）　7, 217, 489,

人名索引

595, 618

Charlier, A. 140

Châtillon, J. 373

Chenu, M.-D.（マリー・ドミニク・シュニュー） 4, 17, 31, 47, 361, 377, 410-11, 579, 596-97

Chevalier, J. 492

Chrysostome → Jean Chrysostome

Cicéron（キケロ） 408, 433, 448, 451, 598

Clément d' Alexandrie（アレクサンドリアのクレメンス） 289, 309

Clermont-Tonnerre, E. de 578

Cointet, P. de 196

Colombo, G. 177

Combes, A. 149

Congar, Y.M.-J.（イヴ・コンガー） 3, 9, 22, 28-29, 171, 235, 237-38, 244, 297, 299-300, 304, 310, 455-57, 460, 462-63, 466, 472, 480, 588, 601

Conus, H.T. 203

Corbin, M. 13, 113-14, 168

Cosmas Indicopleustès 141

Cottier, M.-M. 474

Couesnongle, V. de 211, 393

Cunningham, F.L.B. 145

Cyprien de la Nativité 104

Cyrille d' Alexandrie (saint)（アレクサンドリアのキュリロス） 204

D' Ancona Costa, C. 60, 398

Dabin, P. 237

Dachs, H. 475

Dasseleer, P. 367

David（ダビデ） 238

Dawney, M. 484

Decker, B. 599

Dedek, J.F. 149

Deman, Th.（ドマン） 329, 496, 560, 593, 621

Denys (Pseudo-Denys l' Aréopagite)（偽ディオニシウス・アレオパギタ） 46-48, 50, 57-64, 69, 76, 80, 87, 96, 114-15, 133, 143, 151, 171, 200-01, 232, 397, 529, 566, 591, 603

Dockx, S. 299, 304

Dominique (saint)（ドミニク） 185, 327, 579-80, 597, 604-07

Dondaine, H.-F.（ヤッサント・ドンデーヌ） 46-49, 98-99, 158, 251-52, 255-56, 292

Donneaud, H. 510

D' Onofrio, G. 17

Downey, M. 33

Dumont, C. 22

Dupuy, M. 33

Eco, U.（ウンベルト・エーコ） 367, 607

Elders, L.J. 250, 317, 495, 602

Elie（エリヤ） 238

Elisée（エリシャ） 238

Elisondo Aragón, F. 150

Elsässer, M. 486

Emery, G.（ジル・エメリー） 7, 63, 87, 92, 95, 123, 126, 190, 197, 201, 203, 211, 238, 257, 295, 363, 400, 602, 612, 617

Emonet, P.-M. 400

Érasme（エラスムス） 348

Eschmann, I.T. 452, 471

Étienne, J. 317

Eunome（エウノミオス） 46

Ewbank, M.B.　　62

Ezéchiel（エゼキエル）　　259

Ferraro, G.　　250

Filthaut, Th.　　218

Fitzgerald, L.P.　　471

Florand, F.　　3

Follon, J.　　367, 453

Fouilloux, É.　　597

François d' Assise (saint)（アッシジのフランチェスコ）　　35, 597

Fries, H.　　9

Froidure, M.　　247

Gaillard, J.　　215, 217

Gandillac, M.de　　58

Gardeil, H.-D.　　17, 130, 133, 407, 531

Gardeil, A.　　148, 338, 544-45

Garrigou-Lagrange, R.　　571

Gauthier, R.-A.　　329, 420, 438, 442, 519

Geffré, Cl.　　67, 218

Geiger, L.-B.　　100, 132, 400

Geiselmann, J.R.　　204

Gervais, M.　　122, 362

Gerwing, M.　　209

Gilles de Rome（アエギディウス・ロマヌス）　　474

Gillon, L.-B.　　161, 338, 558

Gilson, É.（エティエンヌ・ジルソン）　　37, 43, 53, 57, 62, 88, 361, 370, 406, 599

Goicoechea, D.　　433

Grabmann, M.　　304

Grégoire de Nazianze (saint)（ナジアンゾスのグレゴリオス）　　201

Grégoire le Grand (saint)（グレゴリウス・マグヌス）　　44-45, 80, 336, 350, 428, 576

Grillmeier, A.　　209

Grotius, H.（グロティウス）　　445

Grumel, J.　　300

Guerric de Saint-Quentin（サン・カンタンのゲリクス）　　47-48

Guillaume d' Auvergne（オーヴェルニュのギョーム）　　45

Guyot, B.-G.　　47

Hamer, J.　　472

Hamonic, T.-M.　　531

Hankey, W.J.　　471

Harding, A.　　480

Hedwig, K.　　317

Henn, W.　　29

Héris, Ch.-V.　　119

Hilaire de Poitiers (saint)（ポワティエのヒラリウス）　　95, 105

Hippolyte de Rome (saint)（ローマのヒッポリュトス）　　305

Hölderlin, F.（ヘルダーリン）　　365

Holderegger, A.　　487

Holtz, F.　　218

Homère（ホメロス）　　437

Hubert, M.　　85

Huerga, A.　　564

Hugueny, É.　　561

Hugues de Saint-Cher（サン・シェールのフーゴー）　　47, 579-80, 604

Hugues de Saint-Victor（サン・ヴィクトルのフーゴー）　　21, 47

Humbrecht, T.-D.　　54, 59, 61-62, 67, 72, 74, 618

Hünemörder, C.　　378

Ibn Gebirol（イブン・ガビロール／アヴィケブロン）

370

Ignace (saint)（イグナティオス）
222

Ignace de loyola (saint)（イグナチオ・デ・ロヨラ） 35,
597

Imbach, R. 99, 367, 473,
480, 487

Irénée de Lyon (saint)（リヨンの
エイレナイオス） 484

Isaïe（イザヤ） 79, 127, 195,
320

Isidore de Séville（セヴィリャの
イシドルス） 479

Jacob（ヤコブ／イスラエル）
69, 80, 238

Jacob (saint)（義人ヤコブ）
386

Jean (saint)（福音書記者ヨハネ）
4, 28, 45, 79, 82, 111, 249,
259, 262, 280, 284, 346,
382, 389, 434, 565

Jean Chrysostome (saint)（ヨハ
ネス・クリソストムス）
105, 191-92, 242-43, 341

Jean Damascène (saint)（ヨハネ
ス・ダマスケヌス） 47-
48, 57-58, 71, 128, 131,
201, 203-04, 231, 235

Jean de la Croix (saint)（十字架
のヨハネ） 35-36, 103-04,
539

Jean de Saint-Thomas（ヨハネ
ス・ア・サント・トマ）
10, 333

Jean Duns Scot 546

Jean le Baptiste（洗礼者ヨハネ）
437

Jean Olieu（ヨハネス・オリヴィ）
622

Jean Scot Érigène（ヨハネス・
スコトゥス・エリウゲナ）

47, 76, 121

Jérôme (saint)（ヒエロニムス）
73, 382, 495, 583

Joachim de Flore（フィオーレの
ヨアキム） 323, 517

Jollès, B. 38, 351

Jordan, M.D. 386, 406, 475-
76

Jossua, J.-P. 380, 597

Jourdain de Saxe 606

Journet, Ch.（シャルル・ジュル
ネ） 216-17, 220, 285,
304, 308-10, 456

Käppeli, Th. 310

Kovach, F.J. 101

Kreit, J. 509

Kühn, U. 247, 318

Künzle, P. 528

Labourdette, M.-M.（ラブール
デット） 37, 332, 390,
424, 446, 497, 510, 528,
531-32, 544, 560, 568, 620

Ladrière, J. 597

Lafont, G. 43, 130, 139, 144,
156

Lafontaine, R. 175, 210, 218

Lagarde, G. de 443

Lanversin, F. de 560

Laporta, J. 544

La Soujeole, B.-D. de 238,
296, 440, 460, 619

Latour, J.-J. 215

Laugier de Beaurecueil, J.S. de
133

Lavalette, H. de 251

Leclercq, J. 34

Lécuyer, J. 216, 218

Léon le Grand (saint)（教皇レオ）
167

Leroy, M.-V. 390, 400

Libera, A. de 358, 404, 547,
588

Livingstone, E.A.　138

Lobato, A.　377

Lohaus, G.　210

Longpré, É.　340

Lottin, O.　325, 496

Lubac, H. de　501, 546

Luyten, N.-A.　126, 401

Madec, G.　197

Maidl, L.　522

Maïmonide（マイモニデス）　62, 73

Mansion, A.　400

Manzanedo, M.F.　398, 407, 533

Marc, P.　61, 184

Marie Madeleine (saint)（マグダラのマリア）　577

Maritain, J.（ジャック・マリタン）　36-37, 43-44, 122, 304, 377, 446, 452, 480

Maritain, R.　333, 480

Martinez Barrera, J.　452

Marty, F.　398

Maurer, A.　73

Mauro, L.　407

McEvoy, J.　433, 533

Méléard, M.-H.　367

Melloni, A.　466

Mennessier, A.-I.（メンシエ）　4, 574, 619

Merle, H.　101, 486

Merriell, D.J.　130, 133-34, 140, 143, 145

Mersch, É.　312

Meyendorff, J.　285

Mitterer, A.　456

Moïse（モーセ）　42, 57, 59-60, 70, 76, 78, 315, 323, 479

Moltmann, J.　122, 517

Mongillo, D.　131, 339, 345

Montagnes, B.　103, 252, 320, 385, 387, 399, 444

Morard, M.　464, 617

Motte, A.　390

Muñoz Cuenca　333

Muralt, A. de　374

Narcisse, G.　114

Nautin, P.　305

Nédoncelle, M.　486

Neels, M.G.　218

Nestorius（ネストリウス）　204

Nicodème（ニコデモ）　249, 313-14

Nicolas, J.-H.　44, 106, 108, 122, 145, 168, 219, 252, 361, 400, 593

Nicolas, M.-J.　215-16, 333, 443

Noble, H.-D.　531

O'Neill, C.E.　126

Origène（オリゲネス）　105, 121

Owens, J.　59

Parel, A.　133

Pascal, B.（パスカル）　154, 492

Patfoort, A.（アルベール・パットフォールト）　9, 142, 148, 150, 154, 168, 247, 257, 273

Paul (saint)（パウロ／使徒）　16, 33-34, 45, 63, 124, 130, 137, 139-40, 168, 174, 182, 199, 209, 211, 225, 227-29, 231, 234-36, 241-42, 253, 258, 260-61, 263, 265, 268-72, 287, 293, 296, 315, 319, 320-22, 338, 345-46, 375, 379, 383, 385-86, 434, 444, 469, 498, 500-02, 505, 510, 515, 520-21, 534, 558-59, 565-66, 568, 577, 598-99

Paul VI (saint)（パウロ 6 世）

393

Pedrini, A. 250

Pegis, A.C. 60, 402

Peiper, R. 34

Pelikan, J. 133

Perez Robles, H.R.G. 148

Perotto, L.A. 595

Pesch, O.H. 411, 418, 482

Philippe, M.-D. 78, 82, 111, 121, 191

Philon（フィロン） 73

Pie XII（ピウス 12 世） 297, 456

Pierre (saint)（ペトロ） 187, 583

Pierre d' Auvergne（オーヴェルニュのペトルス） 474

Pierre de Tarentaise（タランテーズのペトルス） 363-64

Pierre le Vénérable（ペトルス・ウェネラビリス） 600

Pierre Lombard（ペトルス・ロンバルドゥス） 20, 152-53, 161, 186, 209, 282, 285, 287, 333, 348, 571

Pinchard, B. 546

Pinckaers, S.(Th.) 32, 130, 247, 327, 338, 447-48, 487, 495, 506, 517, 522, 544, 553, 556-57, 595, 608

Pinto de Oliveira, C.-J. 137, 424, 487

Platon（プラトン） 309, 380, 398-400

Plé, A. 407-08, 413

Plotin（プロティノス） 400

Porter, L.B. 584

Potvin, Th.-R. 115, 235

Pourrat, P. 571

Prades, J. 112, 145

Principe, W.H.（ウォルター・ヘンリー・プリンシプ）

33, 138, 358, 394, 433, 484, 607

Proclus（プロクロス） 60

Pseudo-Denys → Denys

Pseudo-Jérôme（偽ヒエロニムス） 34

Ptolémée de Lucques（ルッカのトロメオ） 474, 476

Putallaz, F.-X.（フランソワ・ザヴィエ・プタラ） 367, 616, 621

Putz, G. 475

Puyo, J. 601

Quelquejeu, B. 357

Randi, E. 374, 547

Raynald (de Piperno)（ピペルノのレギナルドゥス） 197, 508

Re, G. 229

Ricci, S. 546

Riklin, A. 475, 480

Rimoldi, A. 177

Robert Kilwardby（ロバート・キルウォードビー） 24

Rodriguez, P. 309

Roguet, A.-M. 206, 345, 464, 618

Roques, R. 167

Ruether, R.R. 137

Ruppert, G. 209

Ryan, C. 457

Sabra, G. 458

Saffrey, H.-D. 60, 397

Salomon（ソロモン） 238

Samuel（サムエル） 238

Saranyana, J.I. 476

Saül（サウル） 238

Scheffczyk, L. 209-10

Schenk, R. 186, 507

Schillebeeckx, E. 22, 329

Schmitt, F.S. 13, 106, 291

Schockenhoff, E. 406, 517

人名索引

Schuhl, P.-M.　438
Seckler, M.　87, 329, 528
Seidl, H.　122
Sentis, L.　409
Sertillanges, A.-D.　361
Serverat, V.　359
Sieben, H.J.　223
Smalley, B.　580
Smith, J.C.　194
Socrate（ソクラテス）　427
Solignac, A.　33-34, 130,
　133, 138, 496, 561, 571
Somme, L.　211, 267, 420,
　517
Stoeckle, B.　356
Suarez, F.（スアレス）　216
Suarez de Miguel, R.　487
Sylvestre de Ferrare（フェラー
　ラのシルヴェストル）
　545
Testard　448
Thérèse d' avila (sainte)（アビラ
　のテレサ）　35, 539
Thomas（使徒トマス）　15
Tillard. J.-M.R.　310
Tolomio, I.　471
Tonneau, J.　246-48, 317,
　323, 391
Torrell, J.-P.　3-4, 8, 10, 17,
　32, 34, 47, 60, 111, 117,
　154, 216, 224-25, 249, 263-
　64, 272, 356, 455, 460, 482,
　535, 572, 575, 578, 580, 584
Tricot, J.　433

Tromp, S.　297
Trottmann, C.　47-48
Tschipke, T.　218
Tshibangu, T.　18
Tugwell, S.　48, 580
Useros Carretero, M.　465
Valsecchi, A.　177, 185,
Vannier, M.-A.　290, 552,
　578
Vanni-Rovighi, S.　373
Vauthier, E.　297, 299-300
Védrine (abbé)　509
Veer, A.-C. de　501
Verbeke, G.　398, 598
Verhelst, D.　398
Vicaire, M.-H.　185, 327,
　579, 605-06
Villey, M.　480
Virgile　330
Vitoria, F. de（ビトリア）
　445
Viviano, B.T.　323
Walgrave, J.H.　329
Walsh, L.G.　600
Wéber, É.-H.　59, 75-76, 333,
　345, 358, 398
Wébert, J.　400
Wenin, C.　89
Werner, H.J.　378
Wohlmann, A.　73
Zedda, L.　250
Zomparelli, B.　561
Zum Brunn, É.　70

主 題 索 引

ア　行

愛（Charité）：
　神との友愛　532-38
　人間を神との交わりに導く
　　534-37
　至福の始まり　559
　愛の段階　569-75
　本性上絶えず成長する
　　559-63
　あらゆる徳の母にして「形相」
　　567-69
　愛がなければキリスト教徒は
　　無である　564-66, 575-
　　78
祈り（Prière）　522-26
臆病（Pusillanimité）　420
恩恵（Grâce）：
　神だけが与える──恩恵によ
　　り人間は「神の形」になる
　　から　199-202
　恩恵の「道具」であるキリス
　　トの人間性により人間はし
　　るしを受けキリストに一致
　　する　203-08
　キリストの恩恵は御自身の
　　体である教会に伝わる
　　233-36
　祭司，王，預言者の体
　　237-41
　聖霊の恩恵は三位一体の第三
　　位格ではなく被造的賜物
　　281-89
　人間本性に「付帯するもの」
　　285-87
　自然を破壊せず完成に導く

　355-57

カ　行

学知（アリストテレスの）
　　（Science）：
　原理としての真理と結論とし
　　ての真理　17-18
悲しみ（Tristesse）　417-19
神（Dieu）：
　存在証明　41-44
　「何であるか」は分からない
　　44-50
　原因性，卓越性，否定の道
　　により類比的に知りうる
　　63-67
　否定の道──偶像を排除する
　　50-55
　否定神学と神認識　57-60
　神の名──表示するが定義しな
　　い　67-72
　テトラグラマトン　72-78
　不知と本質直観　44-50
　万物の始原にして目的
　　86-91
　世界における現前　106-
　　12
　世界への愛　117-19, 123-
　　25
　人間の苦しみには関わらない
　　122-23
神の像（Image de Dieu）：
　『神学大全』の構成上の役割
　　128-31, 161-63
　範型に向かう　131-35
　人間──三位一体のかたどり
　　135-41

676　　　　主 題 索 引

三つの段階　　138-39
霊魂が神を愛し認識する働き
　の中ではっきり見出せる
　138-42
範型との一致は祖国で完成す
　る　155-56
寛大（Magnanimité）　419-20
希望（Espérance）：
　対神徳としての　515-21
　祈りは希望の欲求を伝えるも
　　の　521-25
　終末論的特徴　526-33
究極目的（人間的行為の）（Fin
　dernière de l'agir humain）
　→至福
教会（Église）：
　キリストの体　233-37
　頭における塗油の三項構造の
　　分有　237-41
　聖徒の交わり　304-12
　霊魂としての聖霊　298-
　　303
　心としての聖霊　304-05
　信徒の集まり　310
　人間の社会的本性に適う
　　456-65
　国，集まり，家族，民
　　458-62
　秘跡との関係　463-65
　国家との関係　466-72
共通善（Bien commun）：
　自然の領域では個別的善より
　　優位にある　451-55
　恩恵の善は全世界の自然本性
　　的善に優る　492-93
　ペルソナと共通善　488-
　　93
キリスト（Christ）：
　『神学大全』の構想におけ
　　る位置　90-91, 159-66,
　　175
　神への道　159-60, 192-97

神の完全な像　135
　創造全体の範型　162-63,
　　181-82
　人間の範例　177-90
　あらゆる完全性の範型
　　581-86
　信仰と秘跡を通じて救済を働
　　き，様々な神秘のうちで人
　　間を御自身に一致させる
　　221-30
　あらゆる恩恵の根源──神が
　　あらゆる存在の根源である
　　ように　232-33
キリストに従う（Suite du
　Christ）　153-97, 581-86
キリストに倣う（Imitation du
　Christ）　183-97, 581-
　86：
　神に倣う　176-82, 229-30
キリスト論と倫理神学
　（Christologie et théologie
　morale）　160-66
経験（Expérience）：
　知的で情動的な直接的接触
　　150-52
　神に関する経験的認識
　　148-54
　愛を生む認識　152-54
結実（聖霊の）（Fruits du Saint-
　Esprit）：
　霊に動かされて人間が生み出
　　す善い業　337-41
賢慮（Prudence）：
　危険を顧みない徳　423-
　　28
　賢慮と倫理徳　425-28
　賢慮と愛　429-31
痕跡（Vestiges）　→三位一体

サ 行

三位一体（Trinité）：

三位一体と創造　91-96
啓示の理由　97-99
痕跡　101-04
世界の統帥は三つのペルソナ
　の業　119-21
三位一体の交わりから愛が発
　出する　277-81
自然環境保護 (Écologie)
　377-79
自然法の傾向性 (Inclination de
　la loi naturelle)　446-49
至福 (Béatitude)：
　倫理神学を導くもの
　　126-131
　人間が至福に向かうために御
　　言は受肉した　169-75
　この世で始まり栄光の生で
　　完成する神との交わり
　　527-33
　至福であるものと至福でない
　　もの　551-56
　愛と知性の原動力　547
　人間の幸福への欲求を満たせ
　　る唯一のもの　548-51,
　　555-56　→信仰, 希望, 終
　　末論
至福 (Béatitudes)：
　聖霊の賜物より完全な業
　　341-45
　祖国での至福の始まり
　　345-46
至福直観 (Vision bienheureuse)
　44-50, 79-82, 548-51
習慣 (Habitus)：
　一般的説明　25-26, 413-
　　14
　行為を善くする　415-16
　愛の被造的習慣　285
従属理論（神学の）
　(Subalternation)　17-20
修道生活 (Vie religieuse)
　388-89, 572-74

終末論 (Eschatologie)：
　対神徳により祖国での至福
　　を前もって享受できる
　　508-21　→信仰, 希望, 愛,
　　至福
受肉（御言の）(Incarnation du
　Verbe)：
　理由と適切さ　113-16,
　　166-75
衝動（聖霊の）(Instinct du
　Saint-Esprit)　327-31
情念 (Passions)：
　定義　406-08
　徳にしたがって完成すべきも
　　の　408-13
神化 (Divinisation)　199-
　202, 591-92
神学 (Théologie)：
　神学と信仰　12-16
　原理　18-20
　神学と祈り　31-33
　観想的知識　31-32
　実践的知識　24
　従属的学　17-20
　主題と対象　20-23
　神学と見神　17-20
『神学大全』(Somme de
　théologie)：
　円環図式　86-91
　構想におけるキリストの位置
　　159-66
神学の原理 (Principes de la
　théologie)　18-19
信仰 (Foi)：
　対神徳としての　14-16,
　　26-28
　将来の至福の前味わい
　　510-15
　いわば神学の第一原理の習慣
　　25-27
信ずべき事柄 (Credibilia)
　26-28

神秘（キリストの生涯の）
（Mystères de la vie du
　Christ）：
　一般的説明　208-210
　恩恵の賜物を通じて働きかけ
　　る　210-214
　その救済の力は今日のわれわ
　　れにも及ぶ　214-23
聖なる教え（Sacra doctrina）：
　二つの意味　9
　三つの主要要素──「思弁的」
　　「歴史実証主義的」「神秘主
　　義的」　10-11
　神の知の刻印　29-31
聖霊（Esprit-Saint）：
　トマスの著作のあらゆる
　　箇所で論じられている
　　244-50
　聖霊についての説教
　　273-76
　自存的愛の仕方での発出
　　289-95
　永遠的発出と時間的派遣
　　277-81
　信徒を御子に，御子を通じて
　　御父に導く　349-52
　適合化により世界の創造と統
　　帥が帰せられる　120-
　　21, 256-59
　常にキリストと結びついてい
　　る　236, 321-23
　人間を養子にする　266-
　　67
　人間に働きかけてキリスト
　　と神に一致させる　230,
　　265-66
　人間を神の友にし，三位一
　　体は神の友のうちに，神
　　の友は神のうちに住む
　　261-62
　神は聖霊を通じて秘密を啓示
　　する　262-63

　説教者に霊感を与える
　　263-64
　あらゆる霊的賜物の根源
　　264-66
　罪を赦す　267-68
　人間を神との親密な友愛で生
　　かし，人間の意志を自由を
　　尊重しつつ神の意志に一致
　　させる　268-73
　教会の交わりを一つに保つ愛
　　の絆　296-303
　教会の霊魂　298-303
　教会の心　304-05
　新法の主要要素　316-18
　自由の霊　315-19
　真理の霊──あらゆる真と善
　　の根源　346-49　→賜
　　物（聖霊の），結実（聖霊の），
　　至福
世界（Monde）：
　善性──神が造ったから
　　366-79
　トマスの著作には被造物へ
　　の「軽蔑」は見出せない
　　379-84
　世界とその価値は尊重し関与
　　すべきである　375-79,
　　392-94
　世俗的営みを唯一の究極
　　目的にしてはならない
　　384-92　→被造物
創造，被造物（Création）：
　創造と三位一体　91-96
　被造物は創造主に似る
　　99-104
　被造物は神のうちに存在する
　　105-06
　被造物は時間のうちに生み出
　　される　358-59
　被造物は創造主に依存する
　　360-65
　神は純粋な善性により創造

し，被造物はそれ自体とし
て善である 365-68

タ　行

賜物（聖霊の）（Don du Saint-
Esprit）：
徳との違い 324-26
愛とともに与えられる
332-34
救済に必要なもの 335-
37
徳を助けるために与えられる
336-37
適合化（三位一体の）
（Appropriation trinitaire）：
定義 250-56
救済の配剤に関わる事柄
はみな聖霊に帰属する
256-73
徳（Vertus）：
定義 411-16
行為に関わる善い習慣
415-16
注入徳 422-23
対神徳 421-22, 508-38
賢慮と愛における結合
424-31
喜びを伴う 417-19
トマスの福音主義とその教
え（Évangélisme de frère
Thomas et de sa doctrine）
578-80

ナ　行

内住（霊魂における三位一体の）
（Inhabitation de la Trinité dans
l'âme） 145-47
人間（Homme）：
尊厳──創造主は人間に
自分で働く力を伝えた

368-73
人間の尊厳を損なうと，神の
威厳を貶めることになる
371-72
自由で責任ある仕方で神の業
に協力する 373-76
物質と霊の境界，小宇宙
396-99
身体でも霊魂でもなく両者の
複合体 399-402
知性認識の主体 403-04
「社会的」動物 436-41
本性上神を受容できる
548-51
霊的人間には霊と同じ特徴が
ある 313-14 →神の
像，情念，ペルソナ（人間の）
人間の知恵と福音の知恵
（Sagesse humaine et sagesse
évangélique） 385-87

ハ　行

発出（Procession）：
神のうちでの発出と創造
75-96, 277-81
霊の発出──御父と御子の愛
としての 289-95
発出と還帰（Exitus-reditus）：
円環図式と『神学大全』の構
想 86-91
創造は三位一体の発出の延長
91-94
発出と還帰の運動は神の像に
おいて結びつく 140-
41
範型説──倫理的，存在論的
（Exemplarisme, morale et
ontologique） 182, 198-99,
590
秘跡（Sacrements）：
キリストの生涯の神秘の救

680 主 題 索 引

済の力を人間に伝える
221-22
教会での役割　463-65
被造物に対する神の現前
（Présence de Dieu à sa
créature）:
無限の存在　109-11
恩恵による存在　111-12,
145-47
位格的結合による存在
112-16
不可能な想定（Supposition
impossible）　121-22
ペルソナ（人間の）（Personne
humaine）:
世界で最も高貴なもの
486-88
ペルソナと共通善　488-
93
法（Loi）:
新法　316-18
法と自由　321
自然法　442-46
人間は法により自分自身の摂
理になる　450-53
あらゆる共同体に必要なもの
450-55

マ・ヤ 行

交わり，共有（Communion,
communication）　436-42,
534-37
ムタカリムーン（Mutakalimoun/
motecallemin）　370
模範（Exemple）:
言葉より有力　183-85
友愛（Amitié）:
社会的意味　432-36
人間は友人なしに幸福になれ
ない　441
愛は友愛　531-38

欲求（Désir）:
信仰と希望により祖国への
欲求は駆り立てられる
513-17
祈りは欲求を伝えるもの
521-25
神を見たいという自然本性的
欲求　541-48
至福に達してはじめて充足す
る　548-51
喜び（徳の）（Joie）　417-19

ラ 行

良心（Conscience）:
定義　497-98
良心と良知　495-99
神の法と同じ強制力がある
498-99
誤った良心　502-08
良知（Syndérère）　495-97
霊性（Spiritualité）:
三つの意味　33-36
「思弁的に実践的な」知識と
「実際的に実践的な」知識
36-37
三位一体的特徴　589-91
客観性と現実を重んじる
592-94
人間の活躍を促し，教会に根
ざす　595-96
典礼，パウロ，ヨハネ，ア
ウグスティヌスの影響
598-602
ドミニコ会の影響　603-
07
霊的なものと時間的なもの
（Spirituel et temporel）:
教会と国家の区別　466-
72
霊的なものの時間的なものへ
の影響　472-84

トマス著作索引

『命題集註解』(Scriptum super libros Sententiarum)

I Prol. a.3　23
I Prol. a.3 sol. 1 et ad 1　31-32
I Prol. a.3 sol. 2 et ad 2　23
I Prol. a.5 sol.　31
I d.8 q.1 a.1 ad 4　58
I d.10 q.1 a.1　93-94
I d.10 q.1 a.3　290
I d.10 q.1 a.5 ad 1　290
I d.14 q.1 a.1　278-79
I d.14 q.2 a.2　92, 95-96, 281
I d.15　149
I d.15 q.2 ad 5　148
I d.15 q.4 a.2 arg. 4 et ad 4　154
I d.22 q.1 a.1　44
I d.27 q.2 a.2 qc.2 ad 3　103
I d.27 q.2 a.3 ad 6　94
I d.31 q.1 a.2　254-55
I d.31 q.2 a.1 ad 1　254
I d.37 q.1 a.2　109, 111-12
II Prol.　87
II d.9 q.1 a.8 arg.3　356
II d.16 a.2　148
II d.26 q.1 a.1 ad 2　537
II d.26 q.1 a.2 ad 5　140
II d.26 q.1 a.4 ad 3　202
II d.28 q.1 a.4　328
II d.44 expositio textus, ad 4　468-69
III Prol.　116
III d.1 q.1 a.2　172
III d.13 q.2 a.2 qla 2 ad 1　281, 298
III d.19 q.1 a.3 sol.2　226-27
III d.23 q.1 a.1 ad 4　417
III d.27 q.2 a.1 ad 9　202

III d.35 q.1 a.2 sol.1　54-55
III d. 38 q.1 a.4 sol.　35
IV d.7 q.1 a.1 qcla 1 ad 1　465
IV d.15 q.4 a.6 qcla 3　523
IV d.43 q.1 a.2 sol.1 et ad 3　217
IV d.43 q.1 a.2 ad 3　217
IV d.45 a.2 q.1 sol.1　310

『対異教徒大全』(Summa contra Gentiles)

I 9　42
I 14　51-53
I 56, n° 470　30
II 3　357
II 18, n° 952　360-61
II 46, n° 1230　89
II 55, n° 1299　374
II 55, n° 1310　374
II 59, n° 1362　404
II 60, n° 1374　405
II 68, n° 1453　397
II 89, n° 1752　401
III 17　453
III 24, n° 2051　542
III 25, n° 2064　16
III 39, n° 2270　60
III 40　515
III 51, n° 2284　543
III 57, n° 2334　543-44
III 69, n° 2445-2446　371-72
III 70, n° 2465-2466　375
III 71, n° 2474　379
III 111, n° 2855　489-90
III 112, n° 2859-2860　490-91
III 113　490
III 121, n° 3001　441
IV 7, n° 3408　74

IV 13, n° 3494　106
IV 20, n° 3570　257
IV 20, n° 3571　258
IV 20, n° 3572　120-21
IV 20, n° 3572-3573　258
IV 20, n° 3574　259
IV 21, n° 3575　260
IV 21, n° 3576　89, 260-61
IV 21, n° 3577　261-62
IV 21, n° 3578　262-63
IV 21, n° 3579　264-65
IV 21, n° 3580　265-66
IV 21, n° 3582　267-68
IV 22, n° 3585　268-69
IV 22, n° 3586　269-70
IV 22, n° 3587　270-71
IV 22, n° 3588　271
IV 22, n° 3589-90　272-73
IV 26, n° 3633　102
IV 54, n° 3922　168
IV 54, n° 3923　169-70
IV 54, n° 3924　487
IV 54, n° 3926　170
IV 54, n° 3927　171
IV 54, n° 3928　177-78
IV 55　398
IV 55, n° 3937　116
IV 55, n° 3950-3951　184
IV 76, n° 4103　457

『神学大全』(Summa theologiae)
　第 1 部 (1a)
q.1 Prol.　85
q.1 a.1　127
q.1 a.3 ad 2　30
q.1 a.4　24
q.1 a.7　20
q.1 a.8 ad 2　356
q.2 Prol.　41, 86, 159, 539
q.2 a.1　42
q.2 a.2 ad 1　356
q.2 a.3 sc.　42

q.3 Prol.　56
q.3 a.1 ad 2　134
q.4 a.1 ad 3　107
q.4 a.2　106
q.4 a.3　134
q.8 a.1　107
q.8 a.1 ad 2　108
q.8 a.2 ad 3　108
q.8 a.2 ad 4　107-08
q.8 a.3　109
q.8 a.3 ad 3　108
q.8 a.3 ad 4　112
q.12 a.1　543
q.12 a.2　47, 146
q.12 a.6　201
q.12 a.13　67-68
q.12 a.13 ad 1　74
q.13　68
q.13 a.1 et ad 1　69
q.13 a.2　65-66
q.13 a.3 ad 2　69
q.13 a.6　66
q.13 a.7　122
q.13 a.8 ad 2　70
q.13 a.9　73-74
q.13 a.11 ad 1　72
q.16 a.3　367
q.19 a.5　29
q.20 a.1 ad 3　533
q.20 a.2　117-18
q.20 a.2 ad 3　536
q.27 a.1 ad 3　362
q.29 a.1 a.5　401-02
q.29 a.3　486-88
q.29 a.3 ad 2　487
q.32 a.1 sol. 3　97, 99
q.35 a.2 ad 3　135
q.36 a.2 ad 1　599
q.37 a.1 ad 3　292-93
q.37 a.2 ad 3　123-24
q.38 a.1　147
q.38 a.2　279

トマス著作索引　　683

q.39 a.7　252-53
q.39 a.8　76
q.43 a.3　145, 153, 303
q.43 a.3 ad 1　153
q.43 a.5 ad 1　256
q.43 a.5 ad 2　143-44
q.44 a.3　100
q.44 a.4　98, 366
q.44 a.4 ad 1　366
q.45 a.3 ad 3　363
q.45 a.6　94
q.45 a.6 ad 2　120
q.45 a.7　102, 136
q.46 a.2　359
q.54 a.5 ad 2　150
q.62 a.5 ad 1　551
q.64 a.1　151
q.65 a.1 ad 3　383
q.65 a.2　491
q.75, Prol.　132, 405
q.75 a.7 ad 3　401
q.76 a.1　404
q.76 a.1 ad 6　401
q.79 a.13　498
q.84 a.4　402
q.91 a.3 ad 2　376
q.93 a.2　491-92
q.93 a.4　138
q.93 a.4 ad 1　136-37
q.93 a.5 ad 4　229-30
q.93 a.6　136
q.93 a.7　142
q.93 a.8 et ad 1　156
q.96 a.2　394
q.96 a.4　454
q.104 a.1　118-19

　第 2 部の 1（1a 2ae）
Prol.　128, 373
q.1 Prol.　128-29
q.2 a.7　555
q.2 a.8　555-56

q.2 a.8 ad 2　489
q.3 a.8　542-43
q.4 a.8　441
q.17 a.7　412
q.19 a.5　499, 502-03
q.19 a.5 ad 2　499
q.19 a.5 ad 3　503
q.19 a.6　503-04
q.21 a.4 ad 3　493
q.24 a.3　408-10
q.34 a.1　184
q.56 a.3　416
q.57 a.5　424
q.57 a.5 ad 1　416
q.58 a.4　425-26
q.58 a.4 ad 2　426
q.58 a.4 ad 3　427
q.61 a.5　179-80
q.62 a.4　567
q.65 a.1　428
q.65 a.1 ad 3　428
q.65 a.2　423
q.65 a.2 sc.　35
q.65 a.3　429
q.65 a.5　532-33
q.65 a.5 ad 1　536
q.66 a.3 ad 1　386
q.68 a.1　325-26
q.68 a.2　334-35
q.68 a.2 ad 3　336-37
q.68 a.5　333-34
q.69 a.2　341-42
q.69 a.3　392
q.70 a.1　339-40
q.70 a.1 ad 1　340
q.70 a.2　341
q.70 a.3　343-44
q.85 a.2　357
q.90 a.3　476-77
q.90 a.3 ad 1　444
q.90 a.4　443
q.93 a.6 ad 1　319

q.94 a.2　446-47
q.95 a.2　450
q.95 a.4　479
q.97 a.3 ad 3　477
q.99 a.3　450-51
q.105 a.1　477-79
q.106 a.1　280, 316-17
q.106 a.1 ad 1　382
q.106 a.4 ad 3　323
q.108 a.3　338
q.108 a.4　390-91
q.109 a.1 ad 1　348
q.109 a.2 ad 2　447-48
q.110 a.2 ad 3　287
q.111 a.2 ad 2　337
q.112 a.1　200
q.112 a.1 ad 1　203
q.113 a.9　492
q.113 a.9 ad 2　492
q.113 a.10　549
q.114 a.3 ad 3　346

第 2 部の 2（2a 2ae）
q.1 a.2 ad 2　15
q.1 a.7　27
q.1 a.8　27-28
q.2 a.3　509
q.2 a.5　28
q.2 a.9　331-32
q.2 a.9 ad 3　332
q.2 a.10　15-16
q.4 a.1　32, 511-12, 515, 557
q.4 a.2 ad 3　16
q.4 a.7　509-10, 557
q.10 a.10　469
q.10 a.10 ad 3　469
q.17 a.2 arg.2　522
q.17 a.4 ad 3　522
q.17 a.6　518
q.23 a.1　533, 537
q.23 a.1 arg.1　535
q.23 a.1 ad 1　535-36

q.23 a.6　557
q.23 a.8 ad 3　567-68
q.24 a.4　559
q.24 a.5 ad 3　560
q.24 a.6　559-60
q.24 a.7　562
q.24 a.8　562-63
q.24 a.8 ad 3　564
q.24 a.9　569-70
q.25 a.3　378
q.42 a.1 ad 2　467
q.47 a.10 ad 2　451
q.52 a.1 ad 3　337
q.58 a.9 ad 3　451
q.60 a.6 arg.3 et ad 3　468
q.63 a.2　466
q.64 a.2　452
q.64 a.5　452
q.82 a.3 ad 2　173
q.83 a.1 ad 1　522
q.83 a.4　523
q.83 a.6　391-92
q.97 a.2 ad 2　151
q.104 a.6　470
q.126 a.1 ad 3　391
q.147 a.3　467
q.152 a.4 ad 3　492
q.184 a.1　557-58
q.184 a.3　389, 574-75
q.184 a.3 ad 2　564, 575
q.184 a.3 ad 3　389
q.184 a.4　574
q.184 a.5　389
q.184 a.5 ad 2　574
q.186 a.4 ad 2　389
q.186 a.7 ad 1　567
q.188 a.6　264
q.188 a.8 ad 5　436

第 3 部（3a）
Prol.　159-60
q.1 a.1　114

トマス著作索引 685

q.1 a.2 167, 173, 178, 487
q.1 a.3 113
q.3 a.8 487
q.6 a.1 115
q.7 a.5 ad 1 336
q.7 a.9 231
q.7 a.13 146
q.8 a.1 ad 3 304
q.8 a.5 297
q.9 a.2 et ad 3 548-49
q.14 a.1 185
q.19 a.1 et ad 2 207
q.19 a.4 235
q.22 a.1 ad 3 239
q.23 a.2 ad 3 267
q.31 a.2 239
q.34 a.1 ad 1 34
q.40 a.1 ad 3 186
q.40 a.2 ad 1 186
q.46 a.3 187
q.48 a.1 234
q.48 a.2 ad 1 234-35
q.48 a.6 190, 214
q.48 a.6 ad 2 213, 222
q.49 a.1 213
q.49 a.3 ad 1 221-22
q.49 a.3 ad 3 225
q.50 a.6 et ad 3 213
q.56 a.1 211-13, 219
q.56 a.1 ad 1 220, 225
q.56 a.1 ad 3 219
q.56 a.2 ad 2 217
q.57 a.6 ad 1 214
q.62 a.1 ad 2 206-07
q.62 a.5 205-06
q.65 a.1 464
q.69 a.3 226
q.69 a.7 ad 1 226
q.73 a.3 ad 3 226
q.80 a.4 463-64

『真理論』（De ueritate）

q.5 a.5 ad 4 450
q.8 a.1 ad 8 48-49
q.11 a.1 arg. 11 30
q.14 a.2 512
q.14 a.2 ad 4 515
q.14 a.2 ad 10 15, 332
q.14 a.9 ad 3 19
q.16 a.2 496
q.22 a.1 ad 11 124
q.27 a.3 541
q.27 a.4 221
q.29 a.4 297
q.29 a.4 ad 7 304
q.29 a.5 231-33
q.29 a.5 ad 3 233

『能力論』（De potentia）
q.3 a.3 ad 1 363
q.5 a.4 366
q.7 a.2 ad 9 107
q.7 a.5 62-63
q.9 a.3 488
q.10 a.4 230
q.10 a.5 ad 11 294

『愛について』（De caritate）
a.1 285
a.7 ad 5 378-79

『希望について』（De spe）
a.1 518
a.4 518

『自由討論集』（Quaestiones de
　quolibet）
II q.7 a.2 [14] 307-08
III q.6 a.3 [17] 566
VII a.17 ad 5 35

『イザヤ書註解』（Expositio
　super Isaiam ad litteram）
11, p. 79-80, lignes 126-212

325

11, p. 79, ligne 127　336

44, 3, p. 188　572

『ヨブ記註解』（Expositio super
　　Iob ad litteram）

11, p. 76, lignes 112-114　103

19, 25, p. 116, lignes 268-270
　　217

『詩編講解』（Postilla super
　　Psalmos）

33, 9　150-51

44, 5　238

45, 5, n° 3, p. 515　460-61

『マタイ福音書講解』（Lectura
　　super Matthaeum）

1, 1, lect.1, n° 19-20　238-39

4, 22, lect.2, n° 373　582

19, 21, n° 1593　583

19, 21, n° 1598　584

20, 25, lect.2, n° 1668　458

24, 47, lect.4, n° 2003　584-85

『ヨハネ福音書講解』（Lectura
　　super Ioannem）

1, lect.2, n° 91　105

1, 5, lect.3, n° 103　348

1, lect.5, n° 134　110-11

1, 10, lect.5, n° 136　104

1, 16, lect.10, n° 201　163

1, 16, lect.10, n° 202　297-98

1, 18, lect.11, n° 208-221　79-
　　82

1, 18, lect.11, n° 219　83

1, 39, lect.15, n° 292-293　152

3, 8, lect.2, n° 451-454　314

3, 8, lect.2, n° 456　34, 313-14

4, 13-14, lect.2, n° 586　513-14

5, 17, lect.2, n° 740　119

6, 44, lect.5, n° 935　330-31

8, 28, lect.3, n° 1192　76-78

10, 1, lect.1, n° 1366　191

10, 1, lect.1, n° 1367　192

10, 1, lect.1, n° 1368　192-93

10, 1, lect.1, n° 1369　193-94

10, 27-28, lect.5, n° 1444-1449
　　585-86

13, 3, lect.1, n° 1743　176

13, 15, lect.3, n° 1781　183-84

13, 32, n° 1830　201

14, 6, lect.2-3, n° 1865-1870
　　194-96

14, 15, lect.4, n° 1909　284

14, 17, lect.4, n° 1915　335

14, 17, lect.4, n° 1916　347-48

14, 25, lect.6, n° 1958-1959
　　350

15, 10, lect.2, n° 2002-2003
　　187-88

15, 13, lect.3, n° 2010　582

15, 26, lect.5, n° 2058　315

15, 26, lect.7, n° 2061　280

15, 26, lect.7, n° 2066　349

16, 13, lect.3, n° 2102　351

16, 28, n° 2163　120

17, 3, lect.1, n° 2187　78

20, lect.6, n° 2562　15

『ローマの信徒への手紙註解』
　　（In ad Romanos）

Prologue général aux Epîtres n°
　　11　234

1, 1, lect.1, n° 20　239

1, lect.4, n° 73　293

1, lect.6, n° 114-115　64-66

2, 14, lect.3, n° 217　320

2, 15, lect.3, n° 219　498

5, 2-5, lect.1, n° 385-386 et 388
　　520-21

6, 3, lect.1, n° 473　225

6, 3, lect.1, n° 474　226

6, 3, lect.1, n° 477　226

6, 10-11, n° 490　217
6, 10-11, n° 491　217
8, 2, lect.1, n° 602-603 et 605
　322-23
8, 2, lect.1, n° 606　236
8, 14, lect.3, n° 635　313, 320-
　21
8, lect.6, n° 703-706　227-29
8, 30, lect.6, n° 707　328
8, 33-34, lect.7, n° 719-720
　241-42
8, 33-34, lect.7, n° 728　242-43
9, 1, lect.1, n° 736　501-02
14, 14, lect.2, n° 1120　498

『コリントの信徒への手紙 1 註
　解』(In 1 ad Corinthios)
1, 19, n° 49　387
1, 19, n° 50　386-87
11, 1, n° 583　162, 181
12, 7, lect.2, n° 725　336
15, 12, lect.2, n° 915　219-20
15, 19, lect.2, n° 924　402
15, 49, lect.7, n° 998　139

『コリントの信徒への手紙 2 註
　解』(In 2 ad Corinthios)
1, 12, lect.4, n° 31　505
1, 21-22, lect.5, n° 44-46　527-
　28
3, 17, lect.3, n° 111　316
3, 17, lect.3, n° 112　318-19
3, 18, lect.3, n° 114-115　139-
　40
9, 7, lect.1, n° 332　418-19

『ガラテヤの信徒への手紙註解』
　(In ad Galatas)
1, 15, lect.4, n° 42　328
4, 24, lect.8, n° 260　321
5, 3, lect.1, n° 282　499
5, 22, lect.6, n° 322　341

5, 22-23, lect.6, n° 330　340
5, 24-25, lect.7, n° 338　321

『エフェソの信徒への手紙註解』
　(In ad Ephesios)
1, 6 lect.2, n° 16　124-25
1, 9, n° 25　386
1, 14, lect.5, n° 43　346
2, 18, lect.5, n° 121　163
2, 19, n° 124　458-59
5, 1, lect.1, n° 267　180

『コロサイの信徒への手紙註解』
　(In ad Colossenses)
1, 15, lect.4, n° 35　236-37

『テサロニケの信徒への
　手紙 1 註解』(In 1 ad
　Thessalonicenses)
4, lect.2, n° 98　220

『テモテへの手紙 1 註解』(In 1
　ad Timotheum)
1, 5, n° 13　510
1, 5, lect.1, n° 13-16　500-01
1, 9, n° 23　319
1, 19, lect.4, n° 51　506
4, 2, lect.1, n° 140　505-06

『テトスへの手紙註解』(In ad
　Titum)
1, 9, n° 64　469-70

『ヘブライ人への手紙註解』(In
　ad Hebraeos)
1, 9, lect.4, n° 64-66　239-40
6, 18, lect.4, n° 325　520
8, 10, lect.2, n° 404　321
10, 20, lect.2, n° 502　174
13, 18, lect.3, n° 763　502

『ニコマコス倫理学註解』

（Sentientia Libri Ethicorum）
Introduction, p. 4　475-76
I 2 (1094b10), p. 9　452
I 13 (1099a17), p. 47, lignes 85-
　　90　417-18
VIII, 1　432
VIII, 7　534
VIII, 9　265

『政治学註解』（Sentientia Libri
　　Politicorum）
I, 1/b, p. A 78　437
I, 1/b, p. A 78-79　439
I, 1/b, p. A 79　440
III 5, p. A 201　441

『ボエティウス「三位一体論」
　　註解』（Super Boetium De
　　Trinitate）
q.1 a.2 ad 1　44
q.2 a.2　32
q.2 a.2 ad 1　68
q.2 a.3　356
q.3 a.1 ad 4　30
q.5 a.4 ad 8　26

『霊的生活の完全性について』
　　（De perfectione spiritualis
　　uitae）
2, p. B 69　565
6, p. B 71　572-73
8, p. B 73　583-84

『神学提要』（Compendium
　　theologiae）
I 1, 509-10
I 2　32, 510-11
I 109　547
I 201　175, 487
I 202　201
I 214　591
II 1　515-16

II 2　525
II 3　516
II 4　523-24
II 5　530-31
II 7　516, 519
II 8　526
II 9　526, 529-30

『離存的実体について』（De
　　substantiis separatis）
Prol., p. D 41　600

『ギリシャ人の誤謬を駁す』
　　（Contra errores Graecorum）
I 1, p. A 72　599
II 32, p. A 101　457

『信仰の諸根拠について』（De
　　rationibus fidei）
c.5, n° 973　181
c.5, n° 976　172

『108 項についての解答』
　　（Responsio de 108 articulis）
art. 95, p. 293　364

『43 項についての解答』
　　（Responsio de 43 articulis）
Prol., p. 327　600

『十戒の説教』（Collationes in
　　decem precepta）
I, p. 25, lignes 28-52　272
II-IV, p. 26-30　575-78, 593-94
III, p. 29, lignes 43　272
XI, p. 227　580

『使徒信経の説教』（Collationes
　　in Symbolum Apostolorum）
1, n° 886　369
4, n° 919-924　189
9, n° 971　297

トマス著作索引　　689

9, nº 972　310
10, nº 987　305
10, nº 988　306
10, nº 997　307
12, nº 1012　550

『主の祈りの説教』(Collationes
　in orationem dominicam)
Prol., nº 1024　311

VI, nº 1090　311

その他の説教
Beati qui habitant　310-11
Emitte Spiritum　274-75
Exiit qui seminat　263-64
Puer Iesus　186
Seraphim stabant　60

聖 書 索 引

旧約聖書

創世記
1：2　258
1：26　126, 133,
　369, 551
1：27　137
1：28　377
17：1　566
18　79
28：10-19　80

出エジプト記
3：14　70
18：21　479
33：20　81

民数記
23：19　55

申命記
1：13　479
1：15　479
18：15　238

サムエル記上
16　238

列王記上
1　238
19　238

ヨブ記
32：8　350
33：4　258
37：19　577

詩編
4　138
4：7　444
16：6　525
33：9　81
35：9　514

38：4　144
41：2　514
45：3　460
50：14　269-70
64：5　461
84：3　410
86：3　460
99　419
102：5　556
103：30　257
109：3　181
109：4　228
118：63　307-08
118：165　344
121：3　458
138：8　110
139：24　111
142：10　258,
　314, 320, 335

箴言
10：12　267
16：4　366
21：1　331

イザヤ書
6　79
6：2　60
7：9　14
11：2　325
29：14　386
30：21　195
33：22　239
45：15　174
50：5　326
59：19　320-21
64：4　127

エレミヤ書
3：19　459

エゼキエル書
37：6　259

ダニエル書
2：11　535

ホセア書
11：4　331

ヨエル書
2：28　240
3：1　298

マラキ書
3：6　55

旧約聖書続編

知恵の書
1：7　280-81
1：14　366
8：1　285
9：2-3　394
11：21　102
11：25-26　117
13：5　63-64, 80
14：11　383

シラ書
1：7　116
6：23　144
15：14　450, 508
24：5　237
24：21　513
35：11　419

新約聖書

マタイによる福音書
1：21　159
5：3　392

聖　書　索　引　　　　691

5：6　　514
5：8　　45-46, 80-
　　81
5：48　　130-31,
　　163, 179, 202
6：9　　459
7：7　　525
10：16　　426
11：27　　83
12：31　　267
12：34　　314
19：21　　582-83
22：21　　469
22：34-40　　558

ルカによる福音書
1：33　　238
1：52　　213
4：1　　321
7：47　　577
18：1　　525
21：2-4　　420

ヨハネによる福音
　　書
1：3　　98, 105,
　　181
1：14　　233
1：18　　45, 79,
　　229, 346
3：7　　34
3：8　　313, 315
3：13　　174
3：34　　236
4：14　　512
5：17　　119
5：27　　212
5：46　　323
6：44　　175, 329-
　　30
6：45　　144, 350
6：63　　259
8：29　　188
8：42　　88

10　　191
10：10　　169-70
10：27-28　　585
10：34-35　　535
13：3　　176
13：15　　178
14：6　　160, 194,
　　347, 350
14：15　　271
14：17　　346, 382
14：23　　111-12,
　　261, 299, 303,
　　576
14：26　　270
15：14　　582
15：14-15　　558
15：15　　262-63,
　　346-47, 434
15：26　　88, 277-
　　78, 346-47
16：13　　346
16：14　　347
17：3　　28, 45,
　　511
17：21　　461
17：24　　242
18：36　　238

使徒言行録
2：17　　240, 298
2：42　　534
4：32　　534
14：14　　54
14：21　　521
17：24-28　　63
17：28　　274

ローマの信徒への
　　手紙
1：20　　63, 80
2：14　　319
2：14-15　　444
3：22　　470
5：2　　28

5：3-5　　520-21
5：5　　260, 303,
　　333, 343, 578
6：4　　227
8：2　　236, 314,
　　322-23
8：9　　298
8：13　　273
8：14　　271, 320
8：15　　225, 230,
　　266, 271, 523
8：17　　225, 228,
　　578
8：29　　182, 199,
　　577
8：31-39　　241
9：28　　575
12：2　　383
12：5　　305
12：8　　419
14：17　　270
14：23　　319, 501

コリントの信徒へ
　　の手紙 1
1：9　　310, 434,
　　532
1：19　　386, 537
1：25　　168
2：6　　385
2：9　　263
2：14-15　　33-34
2：15　　314
3：16　　261
3：22　　379
6：17　　576
10：31　　573
11：7-9　　137
12：3　　347
12：4-6　　253
12：7　　335
12：11　　298, 315
13：2　　558, 565-

66

13：3　582
66

13：3　582
13：4　576
13：8　335
13：12　80, 351
15：20　211
15：49　139
16：14　573

コリントの信徒へ
の手紙2

1：21　240
1：21-22　265
1：22　346
3：17　258, 272,
314-15
3：18　139, 269
4：7　538
5：8　81
5：13-14　573
5：14　231, 322
9：7　418
10：5　573
12：3　81
13：13　296

ガラテヤの信徒へ
の手紙

3：28　461
4：6　230
4：31　461
5：6　16
5：18　272-73

エフェソの信徒へ
の手紙

1：5　228
1：6　124
1：13　266, 528
1：22-23　306
2：6　242
2：10　287

2：18　195, 253
2：19　458
2：20　534
5：1　130, 163-
64
5：2　238

フィリピの信徒へ
の手紙

1：23　570
2：1　296
2：8　188
2：13　321, 329,
331, 375
3：7　566
3：10　225
3：20　269, 536
4：7　270

コロサイの信徒へ
の手紙

1：15　181
3：14　558, 565-
66, 583

テモテへの手紙1

1：5　500, 574
1：9　318
2：5　167
3：15　458
6：16　45

テモテへの手紙2

2：4　388

テトスへの手紙

1：15　506

ヘブライ人への手
紙

1：3　121, 228
2：10　165-66
2：17　229
4：13　110
6：18　520
7：24-25　216
7：27　465

10：20　173
11：1　511, 515-
16
11：6　27
12：2　175, 387

ヤコブの手紙

1：17　55
3：15　386

ペトロの手紙1

1：4　421
2：9　240
2：21　184, 187
2：22　188

ペトロの手紙2

1：4　199-200

ヨハネの手紙1

1：3-4　534
1：7　310, 534
2：1　242
2：15　383
2：20　240
2：27　322, 577
3：2　45, 126,
389, 431, 551
3：14　576
3：15　565
3：17　265
3：24　261
4：10　188, 284,
303
4：16　262, 343,
532, 576
4：19　284, 303

ヨハネの黙示録

1：5　229
2：17　514
4：1　192
5：10　240
23：3　536

保井 亮人 (やすい・あきひと)

1982 年香川県に生まれる。2005 年同志社大学文学部文化学科哲学及び倫理学専攻卒業。2007 年同大学院修士課程修了。2013 年同大学院博士課程修了。博士（哲学）。〔著訳書〕『トマス・アクィナスの信仰論』（知泉書館，2014 年），『トマス・アクィナス『ヨブ記註解』』（知泉書館，2016 年），J.-P. トレル『トマス・アクィナス　人と著作』（知泉書館，2018 年）。

［トマス・アクィナス　霊性の教師］　　　ISBN978-4-86285-294-6

2019 年 4 月 20 日　第 1 刷印刷
2019 年 4 月 25 日　第 1 刷発行

訳　者　保　井　亮　人
発行者　小　山　光　夫
印刷者　藤　愛　愛　子

発行所　〒113-0033 東京都文京区本郷1-13-2
　　　　電話03(3814)6161 振替00120-6-117170　株式会社　知泉書館
　　　　http://www.chisen.co.jp

Printed in Japan　　　　　　　　　　印刷・製本／藤原印刷

《知泉学術叢書》

J.-P. トレル／保井亮人訳

トマス・アクィナス 人と著作 760p/6500 円

トマス・アクィナス／山口隆介訳

神 学 提 要 522p/6000 円

M. ルター／金子晴勇訳

後期スコラ神学批判文書集 402p/5000 円

C.N. コックレン／金子晴勇訳

キリスト教と古典文化 926p/7200 円
アウグストゥスからアウグスティヌスに至る思想と活動の研究

G. パラマス／大森正樹訳

東方教会の精髄 人間の神化論攷 576p/6200 円
聖なるヘシュカストたちのための弁護

W. イェーガー／曽田長人訳

パイデイア（上）ギリシアにおける人間形成 864p/6500 円

トマス・アクィナス『ヨブ記註解』
保井亮人訳 新書/702p/6400 円

トマス・アクィナスの心身問題 『対異教徒大全』第2巻より
トマス・アクィナス／川添信介訳註 ラテン語対訳版 菊/456p/7500 円

在るものと本質について
トマス・アクィナス／稲垣良典訳註 ラテン語対訳版 菊/132p/3000 円

自然の諸原理について 兄弟シルヴェストゥルに
トマス／長倉久子・松村良祐訳註 ラテン語対訳版 菊/128p/3000 円

トマス・アクィナスの知恵 （ラテン語原文・解説付）
稲垣良典著 四六/212p/2800 円

トマス・アクィナスの信仰論
保井亮人著 A5/250p/4500 円

トマス・アクィナスのエッセ研究
長倉久子著 菊/324p/5500 円

トマス・アクィナスにおける人格（ペルソナ）の存在論
山本芳久著 菊/368p/5700 円

トマス・アクィナスにおける「愛」と「正義」
桑原直己著 A5/544p/8000 円